KRÖNERS TASCHENAUSGABE BAND 380

HAUPTWERKE DER ETHNOLOGIE

Herausgegeben von
Christian F. Feest
und
Karl-Heinz Kohl

ALFRED KRÖNER VERLAG STUTTGART

Hauptwerke der Ethnologie
Herausgegeben von
Christian F. Feest und Karl-Heinz Kohl
Stuttgart: Kröner 2001
(Kröners Taschenausgabe; Band 380)
ISBN 3-520-38001-3

Gesamtherstellung: Heinr. Koch Tübingen

Inhalt

Mitarbeiterverzeichnis

Prof. Dr. Kurt Beck, München
Dr. Bettina Beer, Hamburg
Prof. Dr. Heike Behrend, Köln
Prof. Dr. Brigitta Benzing, Göttingen
Dr. Anna Maria Brandstetter, Mainz
Prof. Dr. Ulrich Braukämper, Göttingen
Klaus Peter Buchheit M.A., Heidelberg
Maren Burkhardt M.A., Mainz
Dr. Christian Carstensen, Frankfurt am Main
Dr. Britta Duelke, Frankfurt am Main
Prof. Dr. Christian F. Feest, Frankfurt am Main
Prof. Dr. Wolfgang Fikentscher, München
Prof. Dr. Till Förster, Basel
Prof. Dr. Erika Friedl, Kalamazoo/Michigan
PD Dr. Martin Fuchs, Neckargemünd
PD Dr. Iris Gareis, Frankfurt am Main
Dr. Jacqueline Van Gent, Perth/Australien
Dr. Volker Gottowik, Frankfurt am Main
Prof. Dr. Hans-Peter Hahn, Bayreuth
Dr. Volker Harms, Tübingen
Dr. Beatrix Heintze, Frankfurt am Main
Dr. Wolfram Heise, Wedemark
Dr. Johann Heiss, Wien
Prof. Dr. Jürg Helbling, Zürich
PD Dr. Bruno Illius, Leipzig
Nicole Janowski M. A., Frankfurt am Main
Dr. Holger Jebens, Frankfurt am Main
Prof. Dr. Ulla Johansen, Köln
Sabine Kalinock M. A., Frankfurt am Main
Dr. Erich Kasten, Berlin
Prof. Dr. Hans G. Kippenberg, Bremen
Dr. Susanne Klaus, Bonn
Prof. Dr. Ulrich Köhler, Freiburg
Prof. Dr. Klaus-Peter Koepping, Heidelberg

Prof. Dr. Karl-Heinz Kohl, Frankfurt am Main
Dr. Jeanette Kokott, Hamburg
Matthias Krings M. A., Frankfurt am Main
Dr. Richard Kuba, Frankfurt am Main
Prof. Dr. Carola Lentz, Frankfurt am Main
PD Dr. Brigitte Luchesi, Bremen
Sonja Lührmann M.A., Marburg
Prof. Dr. Wolfgang Marschall, Bern
Kirsten Mahlke M.A., Frankfurt am Main
Dr. Marion Melk-Koch, Leipzig
Prof. Dr. Mark Münzel, Marburg
Dr. Hagen Neumüller, Bayreuth
Prof. Dr. Michael Oppitz, Berlin
Prof. Dr. Georg Pfeffer, Berlin
Dr. Editha Platte, Frankfurt am Main
Dr. Peter Probst, Bayreuth
Prof. Dr. Johannes W. Raum, München
Dr. Thomas Reinhardt, Wehr
Prof. Dr. Berthold Riese, Bonn
Iris Rödiger M. A., Bayreuth
Dr. Ute Röschenthaler, Berlin
Dr. Lioba Rossbach de Olmos, Frankfurt am Main
HD Dr. Felicitas Schmieder, Frankfurt am Main
Dr. Eleonore Schmitt, Heidelberg
HD Dr. Burkhard Schnepel, Frankfurt am Main
PD Dr. Sylvia M. Schomburg-Scherff, Frankfurt am Main
PD Dr. Susanne Schröter, Frankfurt am Main
Dr. Dorothea E. Schulz, Berlin
Dr. Peter P. Schweitzer, Fairbanks/Alaska
Jerg Seipel M. A., Steinheim
Prof. Dr. Stefan Seitz, Freiburg
Prof. Dr. Gerd Spittler, Bayreuth
Prof. Dr. Justin Stagl, Salzburg
Ulrike Stohrer M. A., Frankfurt am Main
Prof. Dr. Bernhard Streck, Leipzig
Dr. Karl Heinz Striedter, Frankfurt am Main
Prof. Dr. Josef Franz Thiel, Frankfurt am Main

Dr. Eike de Vries, Bremen
Dr. Katja Werthmann, Frankfurt am Main
Prof. Dr. Hartmut Zinser, Berlin
PD Dr. Thomas Zitelmann, Berlin

Vorwort

Die Ethnologie hat sich erst relativ spät einen festen Platz im Kanon der Wissenschaften sichern können. Während ihre Entwicklung als akademisches Fach vor allem in England und Frankreich, den Niederlanden, Russland und den Vereinigten Staaten seit dem 19. Jahrhundert eng an die imperiale überseeische Expansion bzw. an die Binnenkolonialisierung gekoppelt war, hatte die europäische Erschließung der Welt bereits zuvor auch anderwärts zur Gründung ethnologischer Gesellschaften und völkerkundlicher Museen geführt, deren Vorläufer wiederum die großen fürstlichen Sammlungen, die Kuriositätenkabinette und Wunderkammern waren. Andererseits ist das Interesse am kulturell Anderen wahrscheinlich so alt wie die menschliche Kultur selbst. Nach einem häufig zitierten Aperçu des Dänen Kaj Birket-Smith reichen die Anfänge der Ethnologie bis in jene fernen Zeiten zurück, als sich ein paar Menschen am Lagerfeuer zusammentaten und über die seltsamen Sitten ihres Nachbarstammes diskutierten. Jene Form naiver exotischer Neugier, die zwischen Faszination und Abwehr schwankt, hat auch noch die ersten Etappen der Geschichte der Ethnologie als akademische Disziplin geprägt. Zwischen einer »vorwissenschaftlichen« und der frühen »wissenschaftlichen« Ethnologie eine genaue Grenzlinie zu ziehen ist daher nicht leicht. Schon Herodot mit seinem Kulturrelativismus, aber auch die Reisenden der frühen Neuzeit und der Aufklärung hatten Einsichten gewonnen, die den im eurozentrischen Denken befangenen Evolutionisten des 19. Jahrhunderts verschlossen blieben.

Dementsprechend schwierig gestaltete sich die Frage, welche Werke aus einem Zeitraum, der fast zweieinhalb Jahrtausende umfasst, in den begrenzten Umfang des vorliegenden Bandes aufgenommen werden sollten. Trotz einiger Bedenken haben sich die Herausgeber dazu entschlossen, das Schwergewicht der Auswahl auf die Ethnologie des späten 19. und vor allem des 20. Jahrhunderts zu legen. Der Grund liegt auf der Hand: Erst seit ihrer Verankerung als akademisches Lehr- und Forschungsfach konnte die Ethnologie eine kontinuierliche Entwicklung nehmen, die bis heute durch die Herausbildung unterschiedlicher Schulrichtungen, die sich kritisch aufeinander bezogen, und deren sukzessive Ablösung gekennzeichnet ist. Eine ähnliche Kontinuität der Fragestellungen lässt sich für die Vorgeschichte der wissenschaftlichen Ethnologie jedoch nicht belegen. Für die Antike, das Mittelalter und die frühe Neuzeit sind somit nur beispielhaft Werke aufgenommen worden, die für ihre jeweilige Epoche repräsentativ erscheinen und im Blick auf die spätere Fachentwicklung als bemerkenswerte Einzelleistungen früher Forscher erscheinen. Wenn der Leser gerade für das Zeitalter der Aufklärung dennoch die eine oder andere wichtige Abhandlung wie etwa Georg Forsters *Reise um die Welt* oder Herders *Ideen zu einer Geschichte der Menschheit* vermissen wird, dann liegt dies zum Teil daran, dass aus dem kleinen Kreis der an der frühen Geschichte ihres Faches interessierten Ethnologen nicht für jedes, ursprünglich für eine Besprechung vorgesehene historische Werk eine Autorin oder ein Autor gefunden werden konnte. Gleichzeitig bekennen sich die Herausgeber zu einer für eine Zusammenstellung dieser Art unumgängliche Subjektivität ihrer Auswahl.

Von ihren humanwissenschaftlichen Nachbardisziplinen unterscheidet sich die Ethnologie unter anderem dadurch, dass ihre zentralen Theorien in aller Regel nicht in den Bibliotheken oder in den Studierstuben entstanden sind. Der britische Sozialanthropologe Ioan M. Lewis hat einmal die Ansicht geäußert, dass Ethnologen insofern alle Plagiatoren seien, als sie ihre wichtigsten Auffassungen und Ideen den Menschen verdankten, an deren Leben sie, oft über Jahre hin, beobachtend teilnehmen durften: »Was hätte Malinowski ohne die Trobriand-Insulaner getan, Evans-Pritchard ohne die Nuer und Zande, Firth ohne die Tikopia,

Forde ohne die Yako? Alle unsere Verlautbarungen haben nur dann Überzeugungskraft und Authentizität, wenn wir sie im Leben und Denken der von uns untersuchten Menschen verankern können.«[1] Tatsächlich tragen ethnologische Theorien und Analysen geradezu »zwangsläufig den Stempel jener Kulturen, in denen sie zustande kamen«.[2] Dieser Einsicht suchten die Herausgeber dadurch Rechnung zu tragen, dass sie in ihrer Auswahl eine Ausgewogenheit zwischen Ethnographien mit theoretischem Anspruch und rein theoretischen Schriften anstrebten.

Eine weitere Besonderheit der Ethnologie besteht in der in ihrer Bedeutung nicht zu unterschätzenden Rolle, die biographische Momente in der Geschichte des Faches gespielt haben. Seit die Teilhabe am Alltagsleben der zu untersuchenden Kultur zum methodischen Prinzip der empirischen Forschung erhoben worden ist, eignen sich Ethnographen das Wissen um deren Vorstellungen, Sitten und Gebräuche in Form ihrer persönlichen Erfahrung an. Wie man eine fremde Kultur erlebt und wahrnimmt, hängt aber nicht unwesentlich von den eigenen Lebenserfahrungen, Neigungen und Interessen ab. Nicht selten sind anhand ethnographischer Darstellungen überdies auch aktuelle Probleme, persönliche wie zeitgenössische, verhandelt worden. Eine junge Ethnologin wie etwa Margaret Mead, die ihren Universitätsabschluss gerade hinter sich gebracht hatte und noch stark von den Lehren ihres Mentors Franz Boas geprägt war, musste die samoanische Gesellschaft notwendigerweise anders sehen als einer ihrer älteren männlichen Kollegen, der viele Jahre später forschte und ganz anderen Anschauungen verpflichtet war. Die Herausgeber haben die Mitarbeiter des Bandes daher ausdrücklich gebeten, in ihren Beiträgen ausführlicher auf die Lebensgeschichten der Autoren und

1 Ioan M. Lewis, »Anthropologische Feldforschung und exotische Glaubensvorstellungen«, in: Ders., Schamanen, Hexen, Kannibalen. Die Realität des Religiösen, Frankfurt am Main 1989, S. 21.

2 a.a.O., S. 26.

auf die besonderen Zeitumstände, unter denen ihr Werk entstand, einzugehen. Überdies spiegelt sich auch in der unterschiedlichen Herangehensweise und im Stil der Mitarbeiter die persönliche Sicht und die biographische Prägung wider, die von den Herausgebern bei aller Bemühung um Einheitlichkeit der Form weitgehend unangetastet blieb.

Die Inhaltsangaben der vorgestellten Werke sind in der Regel relativ kurz gefasst. Auch dies war beabsichtigt. Gerade deshalb, weil der Sammelband seine Leser wohl vor allem auch unter den Studierenden des Faches finden wird, sollen die einzelnen Artikel insbesondere Hintergrundinformationen zu den aufgenommenen Hauptwerken liefern und dadurch zur Lektüre der Originale anregen.

Der formale Aufbau des Buches richtet sich nach den vom Verlag für die Reihe aufgestellten Vorgaben. Die Einzelwerke sind alphabetisch nach dem Namen ihrer Autoren geordnet und werden durch ein chronologisches Werkverzeichnis, ein Ethnien- und ein Sachregister zusätzlich erschlossen. Die freudige Bereitschaft fast aller angeschrieben Autoren, sich trotz ihrer zahlreichen sonstigen Belastungen an dem Unternehmen zu beteiligen, wurde von den Herausgebern als Ermutigung empfunden. Sowohl hierfür als auch für die überwiegend pünktliche Ablieferung der Manuskripte möchten wir uns bei ihnen bedanken. Unser Dank gilt ferner Frau Astrid Hühnlich für die Erledigung des Schriftverkehrs, Frau Sabine Maiwald für die Überarbeitung der formalen Angaben und für die Erstellung der Register, Herrn Ulrich Nolte, auf dessen Anregung das Werk zurückgeht, und Herrn Peter Donié für die kompetente und sachgerechte Betreuung von Seiten des Verlags.

Frankfurt am Main, den 22. Dezember 2000

Christian F. Feest Karl-Heinz Kohl

José de Acosta

(* 9./10.1540 Medina del Campo; † 15.2.1600 Salamanca)

Historia Natural y Moral delas Indias, en que se tratan las cosas notables del cielo, y elementos, metales, plantas, y animales dellas: y los ritos, y ceremonias, leyes, y govierno, y guerras de los Indios (span.; *Natur- und Sittengeschichte der Indien, in denen gehandelt wird von den bemerkenswerten Dingen* [...]), EA Sevilla 1590.

Auf der Grundlage einer umfassenden humanistischen Bildung schuf der Jesuit José de Acosta mit seiner *Historia natural y moral de las Indias* ein herausragendes Werk, das unvoreingenommen über die »Neue Welt« und ihre Bewohner informiert und die amerikanischen Kulturen mit den europäischen vergleicht und in Beziehung setzt.

Acostas Buch geht v.a. was die Systematisierung der Daten und ihre Interpretation anbelangt in seiner Modernität weit über vergleichbare Texte seiner Zeit hinaus. Viele seiner Gedanken, besonders jene über die Toleranz gegenüber fremden Kulturen und deren Eigenwert, sind noch heute gültig. Mit der *Historia* verfolgte der Autor zum einen das Ziel, in der Amerikaliteratur bis dahin noch ungelöste Probleme wissenschaftlich zu bearbeiten. Zum anderen ging es ihm um den Abbau in Europa bestehender Vorurteile gegenüber den amerikanischen Kulturen. Schließlich setzen sich seine unabhängige Argumentation und seine streng wissenschaftliche Arbeitsweise von vielen zeitgenössischen Publikationen ab.

Mit der *Historia* bot Acosta seinen Lesern eine systematische Zusammenfassung des seinerzeit vorhandenen Wissens über Amerika, in der er gängige Theorien zu den verschiedensten Phänomenen der Natur- und Kulturgeschichte der »Neuen Welt« diskutierte und überprüfte. Das Buch ist also nicht etwa nur eine Kompilation von Informationen, sondern vielmehr eine wissenschaftliche Abhandlung, die den neuesten Stand der gelehrten Diskussion seiner Epoche wiedergibt und selbst neue Lösungen anbietet. Wie Acosta in seiner Vorrede an den Leser programmatisch formuliert, möchte er die Ursachen der Phänomene ergründen sowie Lücken schließen, die in der bisherigen Behandlung verschiedener Probleme entstanden waren. Acosta distanziert sich mit dieser Absichtserklärung von zeitgenössischen Autoren, denen die Aufzählung wundersamer und phantastischer Erscheinungen des amerikanischen Kontinents genügte. Dabei beweist er eine geistige Unabhängigkeit, die man in den meisten Americana seiner Zeit vermisst. Wo andere Autoren nicht wagen, von den Schriften antiker Philosophen oder der Kirchenväter abzuweichen, argumentiert Acosta frei auf der Basis der damals verfügbaren Erkenntnisse und setzt dabei zugleich noch die europäische Antike in Beziehung zu den Kulturen des amerikanischen Kontinents.

Der Titel *Historia natural y moral* legt die inhaltlichen Schwerpunkte fest: Einerseits sind die für Amerika charakteristischen Naturphänomene Gegenstand seines Werkes; andererseits befasst er sich im Rahmen der »Historia Moral« mit den indigenen Kulturen (»Sitten«) des Kontinents, besonders mit jenen Mexikos und Perus. Natürliche Gegebenheiten und kulturelle Erscheinungen bildeten für Acosta gewissermaßen die beiden Komponenten der Realität. Acosta bemühte sich durchweg, die Darstellung auf eine empirische Grundlage zu stellen. Obgleich er 1572–86 in Peru lebte und danach noch ein Jahr in Mexiko verbrachte, bevor er endgültig nach Spanien zurückkehrte, hatte er ab 1576 auf Grund seiner Tätigkeit als Ordensprovinzial der Jesuiten wenig Gelegenheit, eigene Beobachtungen unter der indigenen Bevölkerung zu sammeln. Er wertete daher für sein Buch veröffentlichte Werke, Manuskripte und Informationen von Ordensbrüdern und anderen Autoren aus, führte selbst Befragungen durch und stellte soweit möglich Beobachtungen an.

Acosta bemühte sich für seine Untersuchung um eine möglichst gesicherte Datenbasis. Auch kennzeichnete er – damals nicht allgemein üblich – die von ihm verwendeten

Quellen, was seine Argumentation transparent werden lässt und heutigen Maßstäben für wissenschaftliches Arbeiten entspricht. Das Hauptgewicht liegt in seinem Werk aber nicht in dem Zusammentragen ethnographischer Daten, sondern in der Interpretation der gesammelten Informationen. Acostas Buch ist daher v.a. ein ethnologisches Werk, in dem der systematischen Darstellung und Deutung der indigenen Kulturen der Vorzug vor einer Materialsammlung gegeben wird.

Das Interesse Acostas an Amerika als Teil des von Gott geschaffenen Universums findet eine Entsprechung in seiner Beschäftigung mit den einheimischen amerikanischen Kulturen, die als Teil der Menschheit zur göttlichen Schöpfung gehören und in deren Vielfalt sich Gottes Wille widerspiegelt. Damit haben die indigenen Gesellschaften Amerikas ebenfalls Anteil an der Menschheitsgeschichte und ihre kulturellen Errungenschaften werden für wert erachtet, eingehend studiert und kommenden Generationen überliefert zu werden. Anders als z.B. Bartolomé de las Casas (1474–1566) verfolgte Acosta mit seiner Darstellung der indianischen Gesellschaften nicht unmittelbar konkrete politische Ziele, sondern sein Interesse galt den fremden Kulturen als solchen. Obschon die Erkenntnisse über die autochthonen Völker Amerikas auch der Missionierung dienen konnten, war dieser Aspekt doch nicht für die Arbeit Acostas bestimmend. Vor allen Dingen wollte er eine ausgewogene Darstellung der amerikanischen Kulturen liefern und wissenschaftlich abgesicherte Ergebnisse erhalten. Außerdem propagierte er den Kulturvergleich als Mittel, um zu einer selbstkritischen Beurteilung der eigenen kulturellen Verfassung zu gelangen und den Wert anderer Kulturen zu erkennen. Darin sah er den besonderen Nutzen seines Buches für die europäischen Leser. Im Rahmen seiner Möglichkeiten als Ordensmann, der bereits seit dem zwölften Lebensjahr dem Jesuitenorden angehörte, und als frühneuzeitlicher Gelehrter in der humanistischen Tradition zeichnet sich Acosta durch seine Unvoreingenommenheit gegenüber den indigenen Kulturen Amerikas aus.

Acostas *Historia* ist in sieben Bücher gegliedert, von denen vier auf den ersten Teil die »Historia natural«, d.h. die Naturgeschichte Amerikas entfallen, während die drei Bücher der »Historia moral« den indigenen Kulturen gewidmet sind. Die ersten beiden Bücher schrieb Acosta 1575/76 oder 1581 in lateinischer Sprache noch in Peru. Nach seiner Rückkehr nach Spanien stellte er sie mit dem Titel »De Natura Novi Orbis« als Prolog seinem 1588 veröffentlichten und in der Missionsliteratur sehr einflussreichen Werk *De Procuranda Indorum Salute* voran. Für die *Historia* übersetzte Acosta die beiden Bücher mit geringfügigen Veränderungen ins Spanische, von denen das erste (Lib. I) die Beschaffenheit des Himmels, die Stellung der Himmelskörper und Ansichten antiker Philosophen, v.a. des Aristoteles über die Unmöglichkeit der Existenz von Menschen auf der südlichen Hemisphäre erörtert. Ausführlich diskutiert Acosta die Herkunft der Amerikaner und die Besiedlung Amerikas, die seiner Ansicht nach auf dem Landwege erfolgt sein muss. Lib. II ist den klimatischen und geographischen Verhältnissen gewidmet. Das dritte Buch (Lib. III) komplettiert diese Materie, indem es die Windverhältnisse, das Meer, Seefische und Fischfang sowie die Binnengewässer behandelt. Auch die Erde, ihre Qualität und Beschaffenheit, Vulkanismus und Erdbeben kommen hier zur Sprache. Lib. IV stellt nacheinander die Metalle, Edelsteine, Pflanzen und Tiere Amerikas dar sowie Besonderheiten bei Abbau bzw. Anbau und Haltung. Ein Prolog leitet die hierauf folgende »Historia moral« ein, die »Bräuche und Taten« der Bewohner Amerikas beinhaltet. Das fünfte Buch (Lib. V) handelt von den Religionen der Amerikaner, von Acosta freilich im Sinne seiner Zeit als »Idolatrie« klassifiziert. Im Mittelpunkt der »Historia moral« stehen die Mexikaner (Azteken) und die Inka in Peru. Lib. VI zeigt verschiedene kulturelle Errungenschaften auf, wie Kalender, Schrift, politische Systeme, Wirtschaft, Verwaltung und Geschichte dieser beiden Kulturen. Lib. VII ist der präkolonialen Geschichte der Mexikaner vorbehalten. Acosta beschließt sein Hauptwerk, indem er darlegt, wie göttliche Vorsehung die Christianisierung der Indianer vorbereitete.

Die Rezeptionsgeschichte der *Historia natural y moral* ist bisher noch wenig erforscht. In der spanischsprachigen Welt avancierte Acostas *Historia* noch zu seinen Lebzeiten zu einem der wichtigsten Standardwerke über Amerika. Seine Ausführungen über die amerikanischen Kulturen fanden darüber hinaus auch das Interesse ausländischer Autoren, wie z.B. Thomas Hobbes (1588–1679) und John Locke (1632–1704). Letzterer stützte *Two Treatises on Civil Government* (1690) explizit auf die *Historia* von Acosta. Insbesondere Acostas Ideen über die unterschiedliche politische Organisation der verschiedenen amerikanischen Völker, die er als unterschiedliche Entwicklungsstadien interpretierte, verarbeitete Locke in seinen Thesen zur Entwicklung der politischen Systeme. Für J.-F. → Lafitau war Acosta nicht nur eine wichtige Quelle zur Ethnographie Mittel- und Südamerikas, sondern auch ein Vorläufer seiner Besiedlungstheorie Amerikas.

IRIS GAREIS

Ausg.: Teilausg.: De Natura Novi Orbis, Salamanca 1588. – ND der EA, hg. v. B. G. BEDDALL, Valencia 1977.– Dt. EA.: Geographische vnd historische Beschreibung der vberauss grossen Landtschafft America, Köln 1598. – Moderne Ausg.: C. R. MARKHAM (Hg.), The Natural and Moral History of the Indies, London 1880 (ND New York 1970). – E. O'GORMAN (Hg.), J. de Acosta, Historia [...], México 1940, ^{2}1962. – P. F. MATEOS (Hg.), Obras del P. José de Acosta, Madrid 1954. – J. A. FRANCH (Hg.), J. de Acosta, Historia [...], Madrid 1987.

Lit.: M. MARZAL, Historia de la antropología indigenista: México y Perú, Barcelona/México 1981, ^{4}1993. – A. PAGDEN, The Fall of Natural Man, Cambridge 1982, S. 146–97. – F. DEL PINO DÍAZ, La Renaissance et le Nouveau Monde: José d'Acosta, jésuite anthropologue (1540–1600), in: L'Homme 122–24 (1992), S. 309–26. – C. M. BURGALETA, José De Acosta, S.J. (1540–1600): His Life and Thought, Chicago 1999.

Johann Jakob Bachofen

(* 22.12.1815 Basel; † 25.11.1887 Basel)

Das Mutterrecht. Eine Untersuchung über die Gynaikokratie der alten Welt nach ihrer religiösen und rechtlichen Natur, EA Basel 1861.

Das dickleibige Werk, ursprünglich als Beitrag zur antiken Rechtsgeschichte geschrieben, gehört zu den einflussreichsten evolutionistischen Schriften des 19. Jh. Seine Wirkung ging weit über die Ethnologie hinaus, und es wurde etwa von Literaten, Psychologen, Religions- und Rechtswissenschaftlern, Feministinnen und politischen Aktivisten unterschiedlichster Provenienz rezipiert. Dieser Erfolg ist um so erstaunlicher, da es sich um eine zutiefst im konservativen Denken des 19. Jh. verwurzelte Schrift handelt.

Der Autor, Johann Jakob Bachofen, war Sohn eines Seidenfabrikanten und entstammte einer alten Baseler Patrizierfamilie. Er studierte in Berlin und Göttingen Jura und Altertumswissenschaften, wurde 1841 Professor für Römisches Recht an der Universität Basel, 1842 Richter am Kriminalgericht und 1844 Mitglied des Baseler Stadtrates. Im Zuge einer öffentlichen Anschuldigung, die die Rechtmäßigkeit seiner Professur betraf, legte er 1844 sein Amt und 1845 auch sein politisches Mandat nieder. Fortan lebte er als begüterter Privatgelehrter, unternahm ausgedehnte Reisen, v.a. nach Italien, und publizierte einige Arbeiten über römisches Recht und römische Geschichte, die in Fachkreisen positive Resonanz fanden. Seine Hinwendung zu antiken Mythen und Symbolen, die er als Belege »mutterrechtlicher« Kulturen interpretierte, machte ihn unter Rechtshistorikern zum Außenseiter. 1856 präsentierte er seine Thesen erstmals der Öffentlichkeit in einem »Vortrag über das Weiberrecht«, den er auf der »16. Versammlung deutscher Philologen, Schulmänner und Orientalisten« hielt. 1859 publizierte er die Schrift »Über die Gräbersymbolik der Alten«, in der er die Grundgedanken des *Mutterrechts* bereits skizzierte, und 1861 *Das Mutterrecht*, eine mehr als 1000 Seiten starke Abhandlung über sog. Gynaikokratien in antiken, insbesondere vorhellenischen Gesellschaften.

Der Aufbau des Werkes erfolgt anhand einer regionalen Gliederung und umfasst die Kapitel »Lykien« (§§ 1–10), »Kreta« (§§ 11–22), »Athen« (§§ 23–43), »Lemnos« (§§ 44–47), »Ägypten« (§§ 48–92), »Indien und Zentralasien« (§§ 93–100), »Orchomenos und die Minyer« (§§ 101–118), »Elis« (§§ 119–133), »die epizephyrischen Lokrer« (§§ 134–141), »Lesbos« (§§ 142–145, »Mantinea« (§§ 146–148) sowie den »Pythagorismus und die spätern Systeme« (§§ 149–151). Als Quellen dienten Bachofen Aufzeichnungen antiker Geschichtsschreiber, aber auch Grabinschriften und andere Texte, vereinzelt sogar zeitgenössische Reisebeschreibungen wie die von David Livingstone (1813–1873). Bachofens Forschungsinteresse galt allem, was sich von den patriarchalischen Strukturen seiner Zeit unterschied oder als Evidenz für Frauenherrschaft gedeutet werden konnte: matrilinearen Verwandtschaftstermini bei den Lykiern, matrilinearem Erbrecht bei den Kantabrern, der Weberei der Männer in Ägypten, Amazonensagen, bacchantischen Kulten sowie Geschichten über männermordende Jungfrauen, rachsüchtige Erdgöttinnen u.v.m. *Das Mutterrecht* dokumentiert eine ungemeine Fülle an diesbezüglichen Daten, die in weitschweifigen, mit griechischen und lateinischen Zitaten versehenen Ausführungen präsentiert, kontextualisiert und gedeutet werden.

Die seinen Interpretationen zugrunde liegende Idee war eine Dreiteilung des Prozesses der menschlichen Evolution in (1) eine chthonische Urzeit (»tellurischer Hetärismus«), in der Ehelosigkeit und orgiastische Zustände geherrscht haben sollen, und in der das Gesetz der Natur, sich unentwegt fortzupflanzen, Primat allen Handelns gewesen sei; (2) das »lunarische Muttertum« auf der Grundlage des »demetrischen Prinzips« mit strengen Ehegesetzen, matrilinearem Abstammungs- und Erbrecht sowie einem entwickelten religiösen Kult um Muttergöttinnen; (3) das

Vaterrecht, das selbst eine Umwandlung vom Mond- zum Sonnenprinzip durchlaufen haben soll und mit dem Auftreten von Helden wie Herakles und Perseus sowie dem Sieg des Apoll in der *Orestie* in Verbindung gebracht wird. Die Entwicklung folgt nach Bachofen einer Bewegung vom Stofflichen zum Geistigen, vom *ius naturale* zum *ius civile*, in deren Verlauf sich der Mann aus den sinnlichen Fesseln der Frauen befreit und zum Träger menschlicher Zivilisation wird.

Bachofens in der Romantik und einer tiefreligiösen Grundhaltung verhaftete Ideen diskreditierten seine Arbeit und brachten ihm schon vor dem Erscheinen des *Mutterrechts* den Ruf eines irrationalen Schwärmers ein. Er ließ sich durch diese Kritik jedoch nicht beirren und wandte sich explizit gegen die positivistische Geschichtsschreibung seiner Zeit. Der Kontrahent, gegen den er zeit seines Lebens anschrieb, war Theodor Mommsen (1817–1903), der eine allgemein anerkannte *Römische Geschichte* verfasst hatte. Von zeitgenössischen Ethnologen wurden Bachofens Ideen dagegen mit großem Interesse aufgegriffen. L. H. → Morgan pflegte eine rege Korrespondenz mit ihm und erwähnte ihn in seiner 1877 erschienenen *Ancient Society*. Nach Morgans Tod im Jahr 1881 begann Bachofen einen Briefwechsel mit dem Rechtsethnologen Josef Kohler (1849–1919), der *Das Mutterrecht* als »Geburtsstunde der rechtsvergleichenden Wissenschaft« lobt. P. W. → Schmidt, Alexis Giraud-Teulon (1839–1916), Ernst Grosse (1862–1927), Edvard Westermarck (1862–1939) und Heinrich Cunow (1862–1936) setzten sich mit seiner Theorie auseinander, und Karl Meuli (1891–1968) sieht in ihm gar einen »Vorläufer der Kulturkreislehre«.

War Bachofens Wirkung im 19. Jh. noch weitgehend auf die Evolutionisten beschränkt, so wurde er im 20. Jh. von unterschiedlichen wissenschaftlichen, künstlerischen und politischen Kreisen jeweils neu entdeckt. In den 1920er und 1930er Jahren wurde er insbesondere von den sog. »Kosmikern« um Ludwig Klages (1872–1956), Alfred

Bäumler (1887–1968) und Stefan George (1868–1933) rezipiert, aber auch von Alfred Schuler (1865–1923) oder Carl Albrecht Bernoulli (1868–1937). Für Thomas Mann (1875–1955), Gerhard Hauptmann (1862–1946) und Rainer Maria Rilke (1875–1926) stellte er eine literarische Inspiration dar, und Walter Muschg (1898–1965) würdigte ihn 1927 selbst als großen Schriftsteller.

Erich Fromm (1900–1980) hat Bachofens Nichtbeachtung durch Juristen, Historiker und Philologen auf die Provokation zurückgeführt, die in der Theorie einer matriarchalen Vergangenheit für die Verfechter einer patriarchalen Gegenwart stecke. Für diese These gibt es einige Evidenzen, insbesondere für das 19. und frühe 20. Jh. Während Ernst Howald (1887–1967) Bachofens »Begeisterung für die Weiberkultur« kritisierte, feierten frühe Feministinnen wie Mathilde Vaerting (1884–1977) oder B. Eckstein-Diener (1874–1948) ihn als wissenschaftlichen Revolutionär. Ob er für die Frauenemanzipationsbewegungen jedoch einen so großen Stellenwert gehabt hat, wie manchmal behauptet wird, darf bezweifelt werden. Auf Feministinnen wirkte sein Werk eher polarisierend. Heide Göttner-Abendroth (*1941) bezeichnet ihn 1989 als »Pionier der Matriarchatsforschung«, Marielouise Janssen-Jurreit dagegen hält ihn für einen »verklemmten Erotiker«, dessen guter Ruf nur darauf basiere, dass er nicht verstanden worden sei. Hans-Jürgen Heinrichs (*1945) schließlich interpretiert *Das Mutterrecht* mit einem Verweis auf Bachofens enge Beziehung zu seiner Mutter Valeria Bachofen, auf deren Verallgemeinerung sowohl das Bild der Magna Mater als auch des übermächtigen Phallus zurückzuführen sei.

Hans-Jürgen Hildebrandt (*1947) würdigt Bachofen als Entdecker des »matrilineal complex«. Dies ist nur bedingt richtig, da die empirischen Daten bereits vorlagen. Sein Verdienst liegt vielmehr in der Systematisierung und detailreichen Ausformulierung der These eines historischen Matriarchats. Zusammen mit John F. McLennan (1827–81) und John Lubbock (1834–1913), die 1865, ohne Kenntnis von Bachofens Forschungen, zu ähnlichen Fragestellungen publizierten, war er Initiator der großen evolutionistischen Debatte, die sich dadurch auszeichnete, dass sie die Geschichte der Menschheit untrennbar mit der Entwicklung der Geschlechterbeziehungen verknüpfte. Durch seinen poetischen Stil, die fehlende Stringenz und dem Werk inhärente Widersprüchlichkeiten wirkte Bachofen jedoch weit über diese Debatte hinaus und bot Raum für unterschiedliche Adaptionen, Interpretationen und Aneignungen, die ihm auch heute noch eine gewisse Aktualität verleihen.

SUSANNE SCHRÖTER

Ausg.: Neuausgabe Basel 1897 – vollst., korr., modernisierte und kommentierte Ausgabe in: Gesammelte Werke, Bd. 1–2, hg. v. K. MEULI, Basel 1948 – Frankfurt 1975, ^{8}1993 (Ausw., hg. v. H.-J. HEINRICHS).

Lit.: H.-J. HEINRICHS, Materialien zu Bachofens »Das Mutterrecht«, Frankfurt 1975. – U. WESEL, Der Mythos vom Matriarchat. Über Bachofens Mutterrecht und die Stellung von Frauen in frühen Gesellschaften, Frankfurt 1980. – H. ZINSER, Der Mythos des Mutterrechts. Verhandlung von drei Theorien des Geschlechterkampfs, Frankfurt u.a. 1981. – H. J. HILDEBRANDT, Johann Jakob Bachofen. Die Primär- und Sekundarliteratur. Mit einem Anhang zum gegenwärtigen Stand der Matriarchatsfrage, Aachen 1988.

Georges Balandier
(* 21.12.1920, Aillevilliers)

Anthropologie politique (frz.; *Politikethnologie*), EA Paris 1967, 2. verb. Aufl. 1969.

G. Balandier wurde vor allem durch sein Werk *Anthropologie politique* international bekannt. Die meisten der darin entwickelten Ideen und Thesen finden sich aber auch schon wenigstens im Ansatz in seinen früheren Werken wie *Sociologie actuelle de l'Afrique noire* (1955), *Sociologie des Brazzavilles noires* (1957) oder *Afrique ambigue* (1957). In keinem seiner Werke werden aber seine Ideen so präzise formuliert wie in *Anthropologie politique*. Insofern kann man sagen, dass dieser relativ schmale Band eine Summe der Ideen und Lehren Balandiers darstellt.

Um die Entstehung der Politikethnologie als eigenständige Disziplin geht es Balandier im ersten Kapitel seines Werkes. Er setzt sich zunächst mit den Denkansätzen der Klassiker von Jean-Jacques Rousseau (1712–78) über das von M. → Fortes und E. E. → Evans-Pritchard herausgegebene Standardwerk *African Political Systems* (1940), bis zu den wichtigsten Autoren der sechziger Jahre des 20. Jh. auseinander. Die Hauptrolle spielen dabei naturgemäß angelsächsische Wissenschaftler. Anders als bei M. → Mauss werden deutschsprachige Kollegen (aber nicht nur sie) nur über englische Übersetzungen wahrgenommen.

Das zweite Kapitel steckt den Bereich des Politischen ab: Beginnt diese Domäne bereits dort, wo die Verwandtschaft aufhört (Lucy Mair [1901–86]), oder erst mit der Bildung von Staaten? Sodann versucht Balandier die wesentlichen Elemente des politischen Geschehens herauszuarbeiten: die Rolle des Territoriums, die verschiedenen Felder, auf denen sich politische Tätigkeit konkretisiert, die Art und Weise des Handelns usw.

Danach untersucht Balandier die Berührungszonen zwischen Verwandtschaft und politischer Macht (3. Kap.). Für ihn stehen beide Institutionen in keinem Gegensatz zueinander, vielmehr macht er viele verbindende Elemente zwischen ihnen aus; die verwandtschaftliche Organisation, in Raum und Zeit projiziert, hat vielfach Modellcharakter für politische Strukturen: das Territorium als politischer Rahmen und die generative Nachfolge im Staatsgebilde sind typische Beispiele dafür.

Die soziale Gliederung von Gesellschaften und ihre Beziehungen zur politischen Macht sind Gegenstand des vierten Kapitels. Für Balandier ist es ein Wesenszug des Politischen, dass es die Gesellschaft hierarchisch gliedert. Die politische Macht unterstreicht in offizieller Weise die fundamentale Ungleichheit der Gesellschaft. »Kurz gesagt: es gibt keine Gesellschaft ohne politische Macht und keine Macht ohne Hierarchie und Beziehungen der Ungleichheit zwischen den Individuen und den sozialen Gruppen«.

Das Zusammenwirken und die wechselseitige Durchdringung von Religion und Politik untersucht Balandier im fünften Kapitel. Zu keinem anderen Thema hat sich Balandier öfter und intensiver geäußert, dementsprechend ist dieses Kapitel, in dem zahlreiche in der einschlägigen Literatur bislang wenig beachtete Aspekte des Politischen aufgezeigt werden, auch das originellste des ganzen Werkes.

Im sechsten Kapitel wendet sich Balandier dem traditionellen Staat zu. Hier will er vor allem zeigen, dass die Politikethnologie wichtige ergänzende Beiträge für die allgemeine Politikwissenschaft liefert, so z.B. über die Natur und den Ursprung des Staates. Die zahlreichen Ethnien mit teils noch wenig ausgebildeten Herrschaftsformen bieten wertvolle Paradigmen zur Entstehung des Staates.

Schließlich beschreibt Balandier (7. Kap.), wie sich die traditionellen politischen Gebilde durch den Einfluss der Moderne wandeln, reduzieren oder gar untergehen. Einerseits ist es der Kolonialismus, der die alten Herrschaftsstrukturen aushöhlt oder unterdrückt, andererseits haben die modernen Staaten an den überkommenen Monarchien und kleineren politischen Gebilden kein Interesse mehr oder würgen sie in ihrer Existenz und Funktion ganz ab. Gerade dieser letzte Aspekt – der Übergang der traditionellen Gesellschaft mit ihren Institutionen in die moderne, postkoloniale Zeit – war eines der Hauptanliegen in Balandiers Forschungen.

Viel zu seinem internationalen Ruf als Soziologe der Entkolonisierung trug Balandier auch durch seine breite Lehrtätigkeit bei, zunächst an der Ecole Pratique des Hautes Etudes und ab 1962 an der Sorbonne, wo er als erster das Fach Afrikanische Soziologie lehrte. Seine Haupttätigkeit an diesen Institutionen fällt in die Jahre zwischen 1955 und

1975, also die Zeit, in der die meisten afrikanischen Staaten ihre Unabhängigkeit erlangten.

Balandier war einer der ersten, die nach dem Kriege die Veränderungen in den Gesellschaften und politischen Strukturen in Afrika vor Ort studierten und thematisierten. Sein Ziel war es, die Ethnologie von ihren traditionellen Fragestellungen zu befreien und sie an die brennenden Fragen der Gegenwart heranzuführen. So nahmen in seiner Lehre wie in seinen Schriften die »situation coloniale« oder die »crise sociale« einen breiten Raum ein. Dadurch hatte er einen Zugang zu den Gesellschaften gefunden, um ihre Krisen, Umbrüche, Aufstände und Revolutionen einsichtig oder gar verständlich zu machen. Er zeigte auf, dass die traditionellen Systeme zwar zerschlagen, aber keine neuen Strukturen an ihre Stelle gesetzt wurden. So verglich Balandier diese weitgehend entrechteten Völker mit dem dritten Stand der Französischen Revolution und prägte den Terminus »tiers monde« – Dritte Welt.

Balandier legte zwar großen Wert auf das Verständnis der Gegenwartsprobleme der in die Unabhängigkeit strebenden Völker, aber er bezog in seine Untersuchungen auch immer wieder die Geschichte mit ein, um die gegenwärtige Situation verständlich zu machen. So etwa, wenn er die Kolonialgeschichte der Fang in Gabun heranzog, um ihre Krise verständlich zu machen, oder zum gleichen Zwecke der Geschichte der Bakongo ein ganzes Buch widmete.

Zu seinem großen internationalen Ruf in den sechziger Jahren des 20. Jh. haben zweifellos seine zahlreichen Studenten aus Afrika und dem westlichen Ausland beigetragen. Balandier hat eine ganze Generation von Afrika-Ethnologen und Afrika-Soziologen geprägt. Manche seiner Ideen und Theorien waren nicht unbedingt neu, aber er war damals ein Meister der Rede und des Formulierens. Er konnte seine Thesen so griffig und fasslich ausdrücken oder das Wesentliche eines Werkes so prägnant darstellen und positiv oder kritisch in sein Lehrgebäude einbauen, dass ein harmonisches Ganzes entstand.

Ein Grund für den großen Erfolg der *Anthropologie politique* ist der Zeitpunkt ihrer Entstehung. Sie ist eng mit der Periode der Entkolonialisierung und der politischen Emanzipation der jungen Staaten verbunden. Sie brachte damals neue Einsichten und Erklärungen in das soziopolitische Geschehen, das die Kolonialmächte nicht wahrgenommen hatten oder nicht wahrhaben wollten.

Die tragenden Gedanken der *Anthropologie politique* beanspruchen zwar weitgehend Allgemeingültigkeit – über weite Teile trifft dies auch bezüglich Fragen der Entkolonisierung zu –, aber den roten Faden der Beweisführung und die Beispiele liefert ausschließlich Afrika südlich der Sahara. Nun hat der Autor auch nur hier Feldforschungen durchgeführt – so in Senegal, Gabun und Kongo (Brazzaville).

Mit seiner »sociologie africaine« hat Balandier seit Mitte der fünfziger Jahre die traditionelle französische Ethnologie mit ihrem stark ethnographischen Charakter in den Hintergrund gedrängt. Hinzu kommt, dass die meisten französischen Ethnologen und Afrikanisten damals ehemalige Kolonialbeamte waren. Aus diesem Streben nach Modernisierung und Dynamisierung der Ethnologie erklären sich auch zum Teil die antistrukturalistischen Tendenzen in Balandiers Lehre und Werk. Die Grenze zwischen beiden Lagern verlief bisweilen so schroff, dass sich Studenten für eine Seite entscheiden mussten, da sie die gleichzeitig stattfindenden Hauptseminare nicht ohne weiteres wechseln konnten.

Der wahrscheinlich wesentlichste Punkt in der *Anthropologie politique* ist Balandiers Betonung der Verquickung von Religion und politischer Macht. Bis heute hat diese These nichts von ihrer Aktualität verloren. Balandier hat nicht nur in den traditionellen politischen Strukturen dieses Ineinandergreifen von sakraler und politischer Macht aufgezeigt, sondern er hat auch die zahlreichen neuen Religionen in den ehemaligen Kolonien als Ergebnis der zerfallenden politischen Macht interpretiert. Er sah vor allem in den messianischen Bewegungen Afrikas eine Flucht in eine jenseitige Heilssuche als Ersatz für politische Aktivität.

Eine seiner zentralen Thesen bezüglich des Ineinandergreifens von Religion und politischer Macht lautet (im Anschluss an Herbert Spencer [1820–1903]): »Selbst nach einem langen Prozess der Verweltlichung [behält] der Staat immer etwas Kirchliches. Es gehört zum Wesen der Macht, dass sie – manifest oder verschleiert – eine regelrechte politische Religion pflegt.« Etwas weiter heißt es dann (im Anschluss an Karl Marx [1818–83]): »Diese Wesensverwandtschaft [von Staatsmacht und Religion] beruht darauf, dass der Staat jenseits des realen Lebens in einer Sphäre liegt (oder zu liegen scheint), deren Ferne an die Ferne Gottes oder der Götter gemahnt«.

JOSEF F. THIEL

Ausg.: 2., verb. Aufl. Paris 1969, [3]1978, [4]1984. – Dt. EA (Übers. der 2. Aufl.)u.d.T.: Politische Anthropologie, München 1972, 1976.
Lit.: L. MAIR, Primitive Government, Harmondsworth 1962. – M. MAFFESOLI/C. RIVIÈRE (Hg.), Une Anthropologie des turbulances. Hommage à Georges Balandier, Paris 1985. – E. TERRAY (Hg.), Afrique plurielle, Afrique actuelle. Hommage à Georges Balandier, Paris 1986. – G. GOSSELIN, Les nouveaux Enjeux de l'anthropologie. Autour de Georges Balandier, Paris 1993. – G. BALANDIER, Conjugaisons, Paris 1997.

Heinrich Barth
(* 16.2.1821 Hamburg; † 25.11.1865 Berlin)

Reisen und Entdeckungen in Nord- und Central-Afrika in den Jahren 1849 bis 1855. Tagebuch seiner im Auftrag der Britischen Regierung unternommenen Reise, 5 Bde., EA Gotha 1857–58.

Heinrich Barths Bericht gibt Zeugnis von einer der bedeutendsten wissenschaftlichen Reisen des 19. Jh. überhaupt. Barth hat nicht nur wesentlich zur Kenntnis des bis dahin weitgehend unbekannten Inneren des Kontinents beigetragen, sein Werk markiert einen Wendepunkt in der Ethnologie und der Geographie Afrikas sowie in den afrikanistischen Sprachwissenschaften.

Von 1839 bis 1844 studierte Barth Philologie, Altertumskunde und Erdkunde in Berlin. Anschließend wanderte er durch die Länder Nordafrikas, deren Beschreibung er 1849 veröffentlichte. 1849 habilitierte er sich. Barth war nicht Naturwissenschaftler, sondern sah sich in der Nachfolge der ganzheitlichen Reisedarstellungen der späten Aufklärung. Er wollte »den historischen Zusammenhang des Menschen mit der reichen Gliederung der Erdoberfläche« erfassen und beschreiben.

Auf Empfehlung von Bunsen und Petermann lud ihn die Britische Regierung ein, an einer Reise nach Zentralafrika teilzunehmen. Sie stand unter der Leitung von James Richardson (1806–51) und sollte durch die Knüpfung von Handelskontakten und den Austausch von Gesandten zur Abschaffung der Sklaverei beitragen. Neben Barth und Richardson nahm auch der deutsche Geologe Adolf Overweg (1822–52) an der Reise teil. Die Expedition ging 1849 von Tripolis aus und erreichte 1850 nach einem dreimonatigen Aufenthalt im Aïr, dem »Alpenlande Asben«, dessen Hauptstadt Agades. Hier wie auch im weiteren Verlauf seines Berichtes beschränkte sich Barth nicht auf äußerliche Beschreibungen von Stadt, Landschaft und Bevölkerung. Vielmehr pflegten er – und bis zu seinem Tode im März 1851 auch Richardson – vielfältige Kontakte zu den dort lebenden Menschen. Barth und Richardson trafen in Agades auf Annur, einen der einflussreichsten Führer der Tuareg. Begegnungen und Unterhaltungen mit ihm und anderen Personen aus seiner Umgebung sind genauso Gegenstand des Reiseberichtes wie Schilderungen der Geschichte und politischen Organisation seiner Herrschaft. Voraussetzung dazu waren die umfangreichen Sprachkenntnisse, die sich Barth, der schon des Arabischen mächtig war, während seiner Reisen aneignete. Er wandte sich zunächst dem »Tamasight«, der Sprache der Tuareg zu, lernte dann aber vor allem das Hausa, dessen er sich in der gesamten zentralen Sudanzone als Verkehrssprache bedienen konnte. Daneben widmete er sich dem Studium des Songhay, des Ful sowie des Kanuri und erstellte Glossare vieler kleinerer Sprachen. Insgesamt trug er Material zu 49 Sprachen zusammen.

In Agades hatte sich Barth zunächst von der Expedition getrennt und war nach Süden in das Hausaland gereist. Über Katsina erreichte er Kano, wo er, wie schon in Agades, sehr detailliert Gesellschaft und politische Organisation beschrieb. Seine Schilderung Kanos und der Hausa war lange Zeit so berühmt wie die des sagenumwobenen Timbuktu. Kano war damals »weltberühmter Stapelplatz des Handels und Verkehrs von Mittel-Afrika« und daher mehr als jeder andere Ort geeignet, Menschen aus allen Teilen Westafrikas zu treffen. Die Lebendigkeit von Barths Beschreibungen rührt nicht zuletzt von seiner hervorragenden Beobachtungsgabe her, die es ihm erlaubte, nicht nur die unterschiedlichen Warenströme, sondern auch die feinen Unterschiede in der Kleidung, im Habitus und im Zusammenleben der Menschen zu erfassen.

Von Kano aus reiste Barth weiter nach Kukawa südöstlich des Tschadsees, damals Hauptstadt des Reiches Bornu. Von hier aus durchreiste er 18 Monate lang die Landstriche des Sudan und der angrenzenden Gebiete. Er gelangte in die Mandara-Berge und das Adamawa-Hochland im heutigen Kamerun, nach Bagirmi, Kanem und Wadei um den Tschadsee sowie an den Benue. Nachdem 1852 auch Overweg gestorben war, begab sich Barth zurück in das Hausaland, um von dort allein weiter nach Timbuktu zu reisen – auch Mitte des 19. Jh. noch immer ein Ort, der als Zentrum islamischer Gelehrsamkeit galt und für seinen sagenhaften Reichtum berühmt war. Barth zeichnete dagegen ein ganz anderes Bild der Stadt, die ihn mit ihren »dunklen, schmutzigen Tonmassen« keineswegs in ihren Bann zog. Über ein halbes Jahr wurde Barth in der Stadt festgehalten und entkam nur knapp den gegen ihn gerichteten Feindseligkeiten. Über das Hausaland und die Sahara kehrte Barth nach mehr als fünf Jahren nach Europa zurück.

Barth hatte in dieser Zeit mehr Kenntnisse des Inneren Afrikas zusammengetragen als irgend jemand vor ihm. Carl Ritter (1779–1859), sein ehemaliger Lehrer, nannte ihn den »geistigen Eroberer eines halben Erdteils«. Und sein in fünf Bänden veröffentlichter Reisebericht galt noch nach fast einem Jahrhundert als ein »nicht überholtes Quellenwerk für die Geographie, Geschichte, Völker- und Sprachenkunde des Sudan«.

Doch Barths Bedeutung für die Ethnologie liegt nicht allein in seinen ethnographischen Beschreibungen. Er hat gezeigt, dass Reisen als ethnographische Methode einer intensiven Begegnung mit Menschen nicht entgegensteht. Immer wieder berichtet Barth von Unterhaltungen, die er mit seinen hochgestellten Gastgebern wie mit einfachen Menschen führte. Eine Voraussetzung dafür war sicher sein tiefes Interesse an der Geschichte des Sudan, aber eine andere ebenso wichtige war seine Fähigkeit, sich auf andere Menschen einzulassen, sie ernst zu nehmen und sich ihrer Sprache zu bedienen. Zurecht ist er als ein Wegbereiter der teilnehmenden Beobachtung bezeichnet worden. Barth besteht darauf, dass sich Vertrauen zwischen dem Reisenden und den Menschen bilden muss. Erst wenn es gewachsen ist und der Wissenschaftler weiß, welche Fragen er stellen kann, eröffnet sich ihm die Chance zu einer wirklichen Begegnung. Barth beschreibt seine Gesprächspartner immer als handelnde Menschen, als Akteure mit je eigenen Perspektiven.

Sein Blick auf fremde Menschen und ihre Gesellschaften hat sich, verglichen mit den Reiseberichten der Aufklärung, nicht nur geweitet, er ist ein anderer geworden. Von den ihm wichtig oder typisch erscheinenden Plätzen und Personen fertigte Barth Skizzen an. Sie dienten als Vorlage zu den zahlreichen Illustrationen, die seinem veröffentlichten Reisebericht beigegeben wurden. Die idealisierten Menschen mit schwarzer Hautfarbe, aber in europäischem Kontrapost, wie sie sich in den Reiseberichten des 18. Jh. finden, sind verschwunden. Es fehlen aber auch die Darstellungen des aufrecht stehenden oder sitzenden Europäers inmitten einer Menge von haltlos sich bewegenden Afrikanern, die später so häufig in den Berichten aus der Zeit der imperialistischen Durchdringung des Inneren Afrikas auftauchen. Barths Bilder aus den westafrikanischen Savannen zeigen weite und offene Landschaften, in denen sich die Menschen so bewegen, als gingen sie gerade ihren alltäglichen Beschäftigungen nach. Und seine Portraits der Menschen, die ihm auf seiner langen Reise begegneten, vermittelten dem europäischen Leser ein völlig neues Bild vom Leben in Afrika. Es sind Darstellungen von Männern und Frauen in Alltagskleidung oder mit den Zeichen ihres Ranges. Sie sind typisiert, aber ihnen fehlt alles Prätentiöse oder Herabsetzende. In seinen Skizzen zeigt Barth die Afrikaner als sein Gegenüber, als Menschen, denen er begegnet ist.

TILL FÖRSTER

Ausg.: Dt. Teilausg.: Reisen und Entdeckungen in Nord- und Central-Afrika, in den Jahren 1849 bis 1855, 2 Bde., Gotha 1859–60.
Lit.: A. H. KIRK-GREENE, Barth's Travels in Nigeria, London 1962. – H. SCHIFFERS (Hg.), Heinrich Barth, ein Forscher in Afrika, Wiesbaden 1967. – DERS. (Hg.), Die große Reise, Tübingen 1977.

Adolf Philipp Wilhelm Bastian

(* 26.6.1826 Bremen; † 2.2.1905 Port of Spain)

Der Völkergedanke im Aufbau einer Wissenschaft vom Menschen und seine Begründung auf ethnologische Sammlungen, EA Berlin 1881.

Die Wissenschaft hat Adolf Bastian vergessen. Im Zuge des postmodernen »Tötens« der Gründerväter wurde Adolf Bastian totgeschwiegen. Heutige Ethnologen erinnern sich an ihn als obskure Figur der Forschungsgeschichte und stellen ihn als »Freak« dar, ohne zu merken, dass Bastian wesentlich weiter war als sie, obwohl er scheiterte – weil er scheiterte. So nah an der Erkenntnis, dass Wissen jeweils im sozialpsychologischen Diskurs situiert ist, wollte Bastian dennoch dieses Wissen, weil es nur Schein eines verborgenen Wissens sei, auflösen, um analytisch die elementare Wahrheit wiederzuentdecken. Immer wieder wurde betont, Bastian habe keinen inneren Bezug zu den Anderen gehabt und habe folglich weder ihr Innerstes noch sein eigenes preisgegeben. Doch in Bastians Büchern liegt alles offen: Er verschweigt nichts, er ist radikal, und wenn man genau hinschaut, ist er nicht so anders, wie es scheint: ein ganz Anderer, ein Wahnsinniger. Bastian entzieht sich den vorschnellen Zuschreibungen. Bastian wollte wahrnehmen, die Welt sehen. Er hatte nicht die Zeit, den angeblich gesunden Vorstellungen des authentizistisch Formalen, sei es in Bezug auf das Menschliche, sei es in Bezug auf das Wissenschaftliche, die er als Abschottungen erkannte, Folge zu leisten.

Bastian, der so viele Bücher schrieb (die Bibliographie von 1896 nennt 70 selbständige, oftmals mehrbändige Werke, 236 Aufsätze, 363 Buchbesprechungen), schrieb nur an einem Buch, das die Welt lesbar machen sollte. Deshalb ist bei ihm in jedem Buch alles und doch nichts zu finden. Der Völkergedanke findet sich und findet sich nicht in *Der Völkergedanke*, wie der Elementargedanke sich nicht in *Ethnische Elementargedanken* (1896) nachweisen lässt. Im Duktus des »noch nicht« liefert er ein Wirrwarr vorläufiger Berichte von kulturellen Mentalitäten. Und doch findet man in seinen Sätzen und Bildern, wenn man sie genau liest, was er damit meint, was er, der nichts verstehen, nur sammeln wollte, darunter verstand. Fertige Definitionen sind von Bastian nicht zu erwarten, vielmehr das Aufbrechen von Ideologien. Bastian summiert wild, er bastelt nicht, er sammelt. Er benutzt Methoden, die später von C. → Lévi-Strauss als *bricolage* umschrieben werden, für die andere

Praktiker heutzutage auch den Begriff *collage* verwenden, die aber unseres Erachtens eher einer *assemblage* ähneln.

In *Ein Besuch in San Salvador* (1859) versinnbildlicht Bastian raumsemiotisch drei Stilmöglichkeiten: den naturgestalteten Urwald, den naturgestaltenden englischen Park und den naturentstellten französischen Garten. Bastian vergleicht den Urwald mit den »Naturvölkern«. Er sagt, es gäbe keine Gleichheit unter ihnen, wie es im Urwald, in der Natur keine Gleichheit gäbe, weil sich diese Natur entwickle. Die Natur habe eine Geschichte, der Mensch stehe in der Geschichte. Die Natur entwickle sich selbst, sie bedürfe keines Eingreifens, das jedoch ständig stattfinde. Der Mensch greife zweifach ein: obstruktiv oder konstruktiv. Das Funktionieren der Organe und des Organismus der Natur könne studiert und die Organisationsprinzipien könnten verstanden und somit angewandt werden, wie das analog im englischen Park im Gegensatz zum französischen Garten geschehe. Ein harmonisches Leben sei das Ziel der Geschichte. Bastian denkt in Zweckbestimmungen, eine Idee, die ihn als guten Kenner und wohl auch Nachfolger der Stoiker ausweist, die an eine Entelechie glaubten; für ihn ist die Natur gerichtet, hat ihren Sinn, dessen »apathetische« Ermittlung Aufgabe der Wissenschaft ist. Folglich muss diese Wissenschaft Naturwissenschaft sein; und da der Naturwissenschaftler der Natur idealiter keine Bilder oder Konzepte aufoktroyiert, muss er seine Vorgehensweise der Gangart der Natur parallelisieren, d.h. analysieren und so die Elementarteilchen aufspüren. Bastian bezieht sich hier auf das Lichtenberg'sche und Locke'sche »es denkt«.

Die Welt wird nach Bastian bevölkert von Naturvölkern und Kulturvölkern. Erstere sind noch gänzlich von der Natur bestimmt, als dächte und spräche »es« in und aus ihnen noch fast unmittelbar. Naturvölkern eignet nach Bastian Passivität; dem Eigentlichen am nächsten sind sie zugleich die höchste Form des Uneigentlichen, da sie das Eigentliche nicht zu denken vermögen. Aber gerade diese höchste Form des Uneigentlichen, die jeder eigenverschuldeten Störung entbehrt, ist am durchschaubarsten. Geographische Spezifika lassen sich zu dem bündeln, was Bastian »Geographische Provinz« nennt. Die Natur parzelliert sich in solche Provinzen, und die Naturvölker sind ihr »unmittelbare(r) Abdruck«. Die geographische Provinz ist nicht der Grund, warum und in welcher Art Völker existieren, sie stimuliert sie lediglich, je nachdem, wie weit ihre Selbsterkenntnis fortgeschritten ist. Genetisches Prinzip bleibt das »es«. Da es dem menschlichen Gehirn eingeschrieben ist, sind Kultur- und Naturvölker im Grunde identisch. Die Natur der Erde evoziert ihre Differenzen, die durch die Kultur gesteigert werden. Die Differenzen sind physisch, die Identität ist psychisch. Im Verlauf der Geschichte als Entfaltung des Denkens des »es« kommt es in den geographischen Provinzen zwischen Population und Natur zu dreierlei Effekten: zu naturbestimmten Mutationen, zu natur/kulturkorrelativen Modifikationen und zu kulturoktroyierten Mutilationen. Im ersten Fall entstehen durch das allem innewohnende *a priori* des Denkens des »es« und durch die unvermittelt einwirkende Prägungskraft des Topologischen die spezifischen Unterschiede der Naturvölker. Im zweiten Fall führt die Wechselbeeinflussung und Wechselbereicherung der Hybridisation zu einem Oszillieren zwischen der Naturvorlage und der Kulturauflage; bewusst wird die Entwicklung in die Hand genommen und der Fluss der Geschichte modifiziert. Im dritten Fall mutiert die Kultivierung zu einer zentristisch-hypertrophen Kulturation alles anderen nach dem eigenen Bild; sowohl der Natur als auch anderen Kulturen werden Mutilationen aufgezwungen, ihre Eigenarten werden nicht mehr fruchtbar gemacht, sondern coupiert, um die eigene Art darauf zu kopieren. Bastian bezeichnet das durch Mutation, Modifikation und Mutilation entstandene Bündel von Anschauungen der Welt innerhalb einer geographischen Provinz als Völkergedanken. Bastians »Völkergedanke« ist keine mystische Emanation einer transpersonalen Seele (Eisenstädter 1912), die Summe empirisch fassbarer verbal oder material manifestierter

Anschauungen als interpersonalen Ausdrucksprodukten. Die sich logisch aus seiner Theorie ergebenden von ihm so genannten »Elementargedanken« konnte er nie angeben (zum ideengeschichtlichen Bezug von Elementargedanken und dem stoischen Konzept der *logoi spermatikoi* vgl. Köpping 1983). Erste Versuche musste er zurücknehmen.

Bastian sah die Welt als eine Zweiweltenwelt an: Die eine Welt dachte er als schlicht, einfach und harmonisch; sie wirke wirklich und läge hinter den »Dingen«. Die andere war die konkrete, gegebene Welt, wirklich in ihrer Wirkungsunmöglichkeit und in ihrer Hybris, gerade solches tun zu können: nichts als Irrungen, Wirrungen und vorschnelle Korollarien dazu, genannt Gedachtes – und nichts Geschautes. Ziel der »Geschichte« sei es, diese beiden Welten vordergründig zu verschränken, so dass ein bewusstes Handeln und Umgehen mit dem Elementarsten, dem Leben selbst, möglich würde. Allerwärts seien Religionen, Denksysteme, Naturwissenschaften und selbst psychische Störungen Ausdruck dieses inhärenten Transgressionstriebs, den chaotischen Zusammenhang der phänomenalen Welt zu durchstoßen, um die alles bindende, befreiende Harmonie der wahren Welt in sie einfließen zu lassen. Ideengeschichtlich lässt sich diese zwiefältige Welt aus der Aufklärung und aus der Romantik ableiten (Köpping 1995). Die Romantik strebte nach dem Wesentlichen im Inneren, die Aufklärung forschte nach universalen Gesetzen – beide trafen sich also in ihrer Suche nach einem Absoluten. So versuchte die Aufklärung allgemeine Aussagen über die Natur des Menschen zu verfassen, während die Romantik das *wesentlich* Spezifische der einzelnen Kulturen und ihrer genuinen Schöpfungen betonte. So unterscheiden sich bei Bastian die Völkergedanken voneinander, aber die Elementargedanken, die sich in ihnen Bahn brechen, sind stets dieselben, folglich universal und allgemeingültig.

Das 18. Jh. anthropologisierte sich. Die zeitgenössischen Denker holten Gott auf die Erde. Die Theologie wurde zur Anthropotheologie. Der Mensch des Humanismus entstand in Auseinandersetzung mit den »Griechen«. Die französischen Enzyklopädisten, fasziniert von der Präzision der Uhrwerke, versuchten die Welt horologisch zu denken. Mechanistische Gesetze lägen folglich – ebenso wie einem Uhrwerk – dem Schöpfungswerk »Welt« zu Grunde. Johann Gottfried Herder (1774–1803) lehnte in seiner *Philosophie der Geschichte zur Bildung der Menschheit* (1774) ein solches Denken ab, das dem Menschen angepasst würde, wie ihm Kleider angemessen werden, weil es den einzelnen Völkern die Seele nehme. Jede Kultur habe ihr Wesen, ihre ganz spezifische Seele, die einen jeweiligen Wertekanon sowohl produziere wie verlange. Herder und die im romantischen Geiste der Aufklärung sich entwickelnden Humanwissenschaften des frühen 19. Jh. beeinflussten Bastian. In seinem Werk *Der Mensch in der Geschichte* (1860) sind ihre paradoxen Spuren aufzufinden. Romantiker und Aufklärer suchten nach dem Wesen des Menschlichen am oder im Menschen. War man nun einzeln und etwas ganz Spezielles, dann wären die Anderen unmenschlich. Ließe sich andererseits etwas Allgemeines finden, wären dann nicht die Eigenarten des Einzelnen lediglich Attitüden, Spleens und Degenerationen? Wie sollten die Humanwissenschaften in diesem Dilemma das Humane finden, das allein der Maßstab für eine Handlungsethik sein konnte, da Gott sich zunehmend aus der Welt zurückgezogen hatte? Wie sollten sie das Humane darstellen, wenn jeder Staat, jeder Stand, jede Lebensform ihre eigenen Gebräuche und Brauchtümer hatte? Generelle Klassifikationen stellten alles andere, nur nicht den Anderen, geschweige denn einen selbst dar. Nicht die Spekulation über ausgefeilte Systeme helfe hier; was dringend Not tue, sei die exakte Darstellung des Anderen aus der konkreten Erfahrung und Anschauung, um so zu einer aufgeklärten, aber den Einzelnen nicht unterschlagenden Ethik des Handelns zu finden. In diese Bresche sollte Bastian springen, er wollte sammeln und wurde zum Sammler schlechthin. Allerdings kann man sich schon bei Herder nicht des Eindrucks erwehren, dass hier noch etwas ganz anderes im Spiel war, nämlich die Spiele der Macht; denn sich selbst, dem eigenen Volk, einem anderen Volk gerecht werden, heißt auch, den Anderen in seine Schranken verweisen zu können. Hätte man auf Bastians Warnungen gehört, dass man solche Wesenskerne nicht finden könne, da sie jeweils nur Ausprägungen der psychischen Einheit der Menschen seien, wären solche Selbstbemächtigungen nicht möglich gewesen. Bastian entwickelte Herders Begriffe der Volks- und Gesellschaftsseele weiter zum Völker- und Gesellschaftsgedanken, die nun aber Ausdruck und nicht unabänderlichen Besitz bedeuteten, denn Volk oder Gesellschaft waren Medium und nicht Zentrum. Aus diesem Grund ist Bastian, obwohl er evolutionistische und diffusionistische Ideen nicht ablehnte, weder den Evolutionisten noch den Diffusionisten zuzurechnen; überhaupt ist er keiner festen Richtung beizuordnen, da das Ordnen fester Ordnungspunkte bedarf, und solche Überblickspunkte klassifizierender Macht hatte Bastian nicht zu bieten. Freilich waren auch Bastian die Anderen nur Mittel zum Zweck, er hätte aber niemals Einzelne zu Repräsentanten des Ganzen gemacht, um so all diejenigen, die in dem Repräsentierten nicht präsent waren, als unauthentisch zu negieren. Bei ihm stand jeder im psychischen Grunde gleich unmittelbar zur kosmischen Harmonie.

KLAUS PETER BUCHHEIT, KLAUS PETER KOEPPING

Lit.: A. BASTIAN, Ethnische Elementargedanken in der Lehre vom Menschen, 2 Bde., Berlin 1896. – Festschrift für Adolf Bastian, in: Internationales Archiv für Ethnographie, Supplement 9 (1896). – J. EISENSTÄDTER, Elementargedanken und Übertragungstheorie in der Völkerkunde, Stuttgart 1912. – K. P. KÖPPING, Adolf Bastian and the Psychic Unity of Mankind, St. Lucia u.a. 1983. – DERS., Enlightenment and Romanticism in the Work of Adolf Bastian, in: H. F. VERMEULEN/A. A. ROLDAN (Hg.), Fieldwork and Footnotes, London 1995, S. 75–91.

Gregory Bateson

(* 9.5.1904 Grandchester; † 4.7.1980 San Francisco)

Naven. A Survey of the Problems Suggested by a Composite Picture of the Culture of a New Guinea Tribe Drawn from Three Points of View (engl.; *Naven. Ein Überblick über die Probleme, die sich aus einem aus drei verschiedenen Blickwinkeln zusammengesetzten Bild der Kultur eines Stammes in Neuguinea ergeben*), EA New York 1936, 2. Aufl. 1958.

Bateson wurde 1904 als Sohn des Biologen William Bateson geboren, der am St. John's College in Cambridge tätig war und als ein namhafter Vertreter der Mendelschen Vererbungslehre in England galt. *Naven*, welches auf seinen Feldforschungen bei den Iatmul am Mittleren Sepik (British Papua Neuguinea) 1931–32 beruht, verbindet, wie auch die späteren Bücher Batesons, mehrere Denkansätze miteinander. Es stellt eine komplexe und – wie vom Autor im Nachwort zur zweiten Auflage selbst vermerkt – oft schwer nachvollziehbare Kombination von ethnographischen Untersuchungen zu Transvestismus und theoretischen Erörterungen zum Verhältnis von individuellen Verhaltensmustern und gesellschaftlicher Standardisierung dar. Dabei nimmt Bateson rituelles »cross-dressing« von Männern, die dabei ein albernes, weibliches Verhalten karikierendes Gebaren zur Schau stellen, zum Anlass, um generelle Aussagen zur »Struktur und dem Funktionieren von Mechanismen der Kultur« zu treffen. Bateson belegt seine faszinierenden Einsichten anhand einiger Zeremonien, denen er selbst beigewohnt hatte. Es selbst weist wiederholt auf den fragmentarischen Charakter seiner ethnographischen Daten hin und postuliert, dass ethnologische Theorienbildung dadurch charakterisiert sei, dass generelle Aussagen über gesellschaftliche Interaktion auf der Grundlage von unzureichenden Informationen getroffen würden.

Die Zeremonie *naven* wird bei den Iatmul in Papua Neuguinea vom Mutterbruder (*wau*) vollzogen, um außergewöhnliche Taten seines Schwestersohns (*laua*) zu zelebrieren, so etwa die Tötung eines Menschen, den Bau eines Bootes; oder rituelle Dienste, die der *laua* zuvor für die Familie des *wau* vollbracht hat. In ihrer elaboriertesten Form besteht die Zeremonie darin, dass der Mutterbruder und andere Verwandte, die zur selben klassifikatorischen Kategorie gehören, sich als »Mutter« des *laua* kleiden und in grotesker Weise das Verhalten von Frauen nachäffen. Der *laua* und seine engste Verwandtschaft reagieren mit starker Scham auf diesen Auftritt, der großen Unterhaltungswert für die Allgemeinheit in sich birgt. Bei wichtigen Anlässen für *naven* nehmen neben den klassifikatorischen Verwandten auch andere Familienangehörige an der Zeremonie teil, indem sie ein Verhalten zur Schau stellen, welches im Alltagskontext dem anderen Geschlecht vorbehalten ist.

Bateson arbeitet anhand der *naven*-Zeremonie die kulturellen Standards für geschlechtsspezifische emotionale Ausdrucksformen heraus und postuliert, dass diese Standards auch dem Verhalten in außeralltäglichen Zeremonien zugrunde liegen. Nach Bateson beruht individuelles Verhalten auf kulturell geprägten und sanktionierten kognitiven Mustern (*eidos*) und emotionalen Mustern (*ethos*). Da *ethos* und *eidos* kulturell spezifisch sind, dienen sie Bateson zufolge der Charakterisierung einer Kultur. Selbst wenn nicht alle Männer und Frauen den Verhaltenserwartungen in gleicher Weise nachkommen, sind doch die emotionalen Muster, die ihrem Verhalten zugrunde liegen, einheitlich. Nach Bateson beruht der männliche *ethos* der Iatmul auf einer spektakulären Zurschaustellung von Stolz und der physischen und intellektuellen Überlegenheit über männliche Rivalen und das weibliche Geschlecht. Das zentrale Symbol des männlichen *ethos* ist der Phallus. Der *ethos* der Iatmul-Frauen dagegen, so Bateson, ist durch eine grundlegende Spaltung charakterisiert. Da ihr Leben in erster Linie der Nahrungssuche und dem Aufziehen von Kindern gewidmet sei, sei ihr Alltag von bescheidenem und kooperativem Verhalten geprägt. Nur bei öffentlichen

Anlässen, vor den Augen der Männer, würden auch Frauen den wettbewerbsorientierten Verhaltenskodex der Männer imitieren.

Diese geschlechtsspezifischen *ethoi* stimmen mit dem in *naven* zur Schau gestellten »männlichen« und »weiblichen« Verhalten überein. Die in der Zeremonie enthaltenen Elemente der Travestie sind angesichts der Tatsache verständlich, dass der *ethos* der Männer es ihnen gleichsam unmöglich macht, ihre Gefühle des Stolzes und der Zufriedenheit mit einem anderen Mann öffentlich zum Ausdruck zu bringen, ohne sich selbst lächerlich zu machen. Die Parodierung von Kleidung und *ethos* der Frauen kann somit als ein sanktionierter Handlungsraum verstanden werden, der es möglich macht, mit dieser schamvollen Situation umzugehen und sich gleichzeitig vom »weiblichem« Verhalten zu distanzieren.

Nach Bateson basiert sowohl die Sozialisation, in deren Verlauf das Individuum nach dem von der Kultur vorgegebenen *ethos* geformt wird, als auch der Prozess der Institutionalisierung und Tradierung der geschlechtsspezifischen *ethoi* auf der »Schismogenese«. Diese definiert er als »einen Prozess der Ausdifferenzierung von konstrastivem Verhalten, während die gesamtgesellschaftliche Reproduktion von geschlechtsspezifischen emotionalen Mustern auf der fortgesetzten, dialektischen Bekräftigung des gegensätzlichen ethos von Frauen und Männern beruht«.

Batesons Kombination von Ansätzen aus der experimentellen Psychologie, der Anthropologie und Ethnologie, seine Einbeziehung von Emotion, Reflexivität und subjektiver Bedeutung in seine formale Analyse, stellt ihn in die Tradition von Rivers und Ansätzen, die aus der Torres Strait-Expedition (1898/9) hervorgegangen waren. Darüber hinaus illustriert *Naven*, dass Bateson Elemente der funktionalistischen Ansätze von B. → Malinowski und A. R. → Radcliffe-Brown aufnahm, aber auch über deren Ansätze hinausging. Durch seine Betonung des zeitlich Veränderlichen und Prozessualen setzte er sich von Radcliffe-

Browns Strukturfunktionalismus und von W. H. R. Rivers' (1864–1922) Diffusionismus ab. Anders als Malinowski und Radcliffe-Brown sah Bateson die relative Stabilität eines sozialen Systems nicht als etwas Gegebenes an, sondern als etwas, das erklärt werden musste. Bateson postulierte, dass die Kenntnis des strukturellen Verhältnisses zwischen zwei Komponenten eines gesellschaftlichen Systems nicht ausreiche, um gesellschaftliche Realität zu erfassen und kulturelle Verhaltensmuster zu erklären. Doch obwohl Bateson der Interaktion keine größere Bedeutung als der strukturfunktionalistischen Analyse von formalen und statischen Strukturen beimaß und bei ihm nicht der Begriff der Gesellschaft, sondern der der »Kultur« im Vordergrund stand, ging auch er von einem holistischen Gesellschaftsbegriff aus. Er sah »Kultur« als ein geschlossenes, integriertes und weitgehend homogenes System, dessen Werte von allen Mitgliedern geteilt und akzeptiert würden und dessen interne Logik er in einer synchronen Analyse zu erfassen suchte.

Nach Bateson lassen sich Gesellschaften als relativ geschlossene Einheiten voneinander je nach ihren kulturell vorgeformten, kognitiven und emotionalen Verhaltensmustern unterscheiden. Diese Einprägung kulturell vorgegebener Verhaltensmuster in die individuelle Psyche erfolgt durch Sozialisation und durch Selektion, wobei »diejenigen Individuen bevorzugt werden, die eine angeborene Tendenz zu einer bestimmten Art von psychologischen Prozessen haben«. Die Bedeutung, die Bateson der »Kultur« für die emotionalen und kognitiven Muster des Individuums beimaß, weist auf den Einfluss des amerikanischen »Kultur-und-Persönlichkeit«-Ansatzes hin, insbesondere auf die von R. → Benedict in ihrem Buch *Patterns of Culture* formulierte These, dass »Kultur« einen prägenden Einfluss auf die individuelle Psyche habe und daher anhand der Charaktertypen, emotionalen Reaktionsweisen und Denkweisen, die sie hervorbringe, zu klassifizieren sei. Gleichzeitig unterscheidet sich Batesons Ansatz deutlich von Benedicts

Konzept der »configurations«, da er kulturell vorgeformte Verhaltensmuster als weniger determinierend und feststehend interpretierte als es Benedict tat. In Batesons Ablehnung von Ansätzen, die geschlechtsspezifisches Verhalten aus der physischen Konstitution von Männern und Frauen abzuleiten suchen, in seiner Behauptung, dass diese biologischen Ansätze an sich ein kulturelles Konstrukt seien, und in seiner Feststellung, dass das Leben und der *ethos* der Iatmul-Frauen in erster Linie durch ihre Aufgaben als Mütter charakterisiert seien, sind Einfluss und Forschungsinteressen von M. → Mead spürbar. Insbesondere wird Meads These (die sie während des parallel zu Batesons Forschung stattfindenden Aufenthaltes bei den Iatmul empirisch zu untermauern suchte und später in *Sex and Temperament in Three Primitive Societies* [1935] ausformulierte), dass geschlechtsspezifische Verhaltensweisen kulturell vorgegeben seien, in Batesons Interesse an den kulturell spezifischen und polarisierten *ethoi* von Frauen und Männern, deutlich.

Mit seiner Studie zum Transvestismus kann Bateson als ein Vordenker der Gender Studies angesehen werden. Doch ging es ihm nicht um die Untersuchung von Geschlechterverhältnissen, sondern um die Frage, inwiefern spezifische, mit einem Geschlecht assoziierte Verhaltensweisen aus ihrer gesellschaftlichen Einbettung heraus verstanden werden können. Batesons Interesse an den Mechanismen, durch die eine Gesellschaft typische emotionale Muster sanktioniert und standardisiert zieht sich auch durch seine späteren, gemeinsam mit Mead auf Bali durchgeführten Forschungen und ist besonders auffällig durch die innovative Einbeziehung von ethnographischem Film und Photographie als Untersuchungsmethoden (vgl. ihre außergewöhnliche Photoethnographie des *Balinese Character* [1942]). Dieses Interesse ist auch in Batesons Studien zu »Nationalcharakter« erkennbar, welche er im und nach dem Zweiten Weltkrieg im Auftrag der amerikanischen Regierung durchführte.

Nach 1940 bündelte Bateson seine ethnologisch, psychologisch und behavioristisch orientierten Interessen an menschlicher Interaktion als einem sozialen System im Begriff der »Cybernetics«. Batesons spätes Werk trug zu Diskussionen bei, die sich weitgehend außerhalb der disziplinären Grenzen der Ethnologie, in den Erziehungs-, den Kognitions- und den Umweltwissenschaften abspielten (insbesondere *Steps to an Ecology of Mind* [1972], *Mind and Nature. A Necessary Unity* [1979]), wo es fast stärker als innerhalb der Ethnologie rezipiert wurde (vgl. Wilder-Mott 1981). Der von Bateson popularisierte Begriff des *ethos* wurde durch die symbolische Ethnologie wiederbelebt. Ein Nachhall des Kontrastes zwischen *ethos* und *eidos* findet sich z.B. in C. → Geertz' Gegenüberstellung von *ethos* und *worldview*. Auch die Forschungen von Roy Wagner (*1938) und Marilyn Strathern in Melanesien spiegeln das intellektuelle Erbe von Bateson wider, besonders deutlich etwa durch ihr Interesse an den kulturell variablen Konzeptionen von Natur und Kultur. Dass Batesons Werk im Paris der 1970er Jahren *en vogue* war, wird deutlich in der Verwendung des von Bateson geprägten Begriffes »Rhizome« in *A Thousand Plateaus* (G. Deleuze/F. Guattaris 1983). An der University of Santa Cruz, wo Bateson seine letzten Jahre als »Guru-in-Residence« verbrachte, hinterließen Batesons Arbeiten zu *Cybernetics* ihre Spuren in Studien zur *Anthropology of Science,* so etwa in Donna Haraways »Cyborg Manifesto« (*Simians, Cyborgs and Women*, 1990) oder in Latours Begriff der »Hybride« (*Science in Action,* 1986).

DOROTHEA E. SCHULZ

Ausg.: Stanford ^{2}1958 (ergänzt durch ein Nachwort); ND 1965.

Lit.: R. BENEDICT, Patterns of Culture, Boston 1935. – G. BATESON/M. MEAD, Balinese Character: A Photographic Analysis, New York 1942. – J. D'AMATO, The Wind and the Amber: Notes on Headhunting and the Interpretation of Accounts, in: Journal of Anthropological Research 35/1 (1979), S. 61–84. – D. LIPSET, Gregory Bateson: The Legacy of a Scientist, Englewood Cliffs 1980. – C. WILDER-MOTT (Hg.), Rigor and Imagination, New York 1981.

Ibn Battûta
(* 25.2.1304 Tanger; † 1368/69 oder 1377 Tanger)

Tuhfat an-nuzzâr fî garâ'ib al-amsâr wa-cajâ'ib al-asfâr, kurz »**Rihla**« (arab.; *Geschenk für die Betrachter von Wunderdingen der Länder und Merkwürdigkeiten auf Reisen*; kurz »*Reisebeschreibung*«), 4 Bde., EZ 1357; EA Paris 1852–58.

Ibn Battûtas genauer Blick und seine meist unvoreingenommenen Schilderungen im Bericht über seine 25 Jahre währenden Reisen vermitteln wertvolle Angaben, die für verschiedenste Wissenszweige von Bedeutung sind, insbesondere aber für die Ethnologie; manches aus Geschichte und Gebräuchen der von ihm besuchten Regionen ist von ihm zum ersten Mal beschrieben. Dabei geht Ibn Battûta bisweilen einen Schritt über die reine Beschreibung hinaus und vergleicht Sitten und Gebräuche von Angehörigen unterschiedlicher Kulturen über große Distanzen hinweg.

Ibn Battûta (eigtl. Abû cAbdallâh Muhammad b. cAbdallâh b. Muhammad) al-Lawâtî (vom Berberstamm der Lawâta) at-Tanjî (aus Tanger, arab. Tanja) verließ 21-jährig am 13. Juni 1325 seine Heimatstadt zunächst mit dem Ziel, die Wallfahrt nach Mekka und al-Madîna durchzuführen. Er durchreiste Nordafrika bis Oberägypten, musste dann wieder umkehren und gelangte nach Damaskus; von dort brach er im September 1326 Richtung Mekka auf, von wo er am 17. November desselben Jahres abreiste, um das Gebiet des heutigen Irak und Iran kennenzulernen. Den Rest des Jahres 1327 bis 1330 hielt er sich hauptsächlich auf der Arabischen Halbinsel auf und vollzog weitere dreimal die Pilgerfahrt. Über das Rote Meer gelangte er nach Ostafrika und von dort über Oman an den Persischen Golf. Nach einer weiteren Wallfahrt 1332 bereiste er erneut Ägypten und Syrien, dann Kleinasien und die Gebiete der Goldenen Horde; den dortigen Aufenthalt unterbrach er durch einen Besuch in Konstantinopel, um dann über Transoxanien und Afghanistan am 12. September 1333 im Industal einzutreffen. Die nächsten Jahre hielt er sich als Richter in Delhi auf; am 22. Juli 1342 brach er in offizieller Mission nach China auf, es verschlug ihn jedoch für eineinhalb Jahre auf die Malediven, wo er erneut Richter wurde. Von dort erreichte er schließlich doch über Bengal, Assam und Sumatra den chinesischen Hafen Zaytûn (Ts'üan-chou) und gelangte bis nach Peking. Im Jahr 1347 kehrte er über Sumatra, Malabar, den Persischen Golf und den Irak in den Mittelmeerraum zurück, wo er sich wieder in Syrien und Ägypten aufhielt und ein weiteres Mal die Wallfahrt vollzog. Im Frühjahr 1349 fuhr er mit dem Schiff von Alexandria nach Tunis, von wo er nach einem Abstecher nach Sardinien im November dieses Jahres in Fez eintraf. Nach einem Besuch in Granada brach er im Februar 1352 zu seiner letzten Reise auf von Sijilmasa, wohin er nach zweimaliger Saharadurchquerung im Dezember 1353 zurückkehrte.

Ibn Battûta machte sich bereits auf seinen Reisen Notizen; da er mehrmals schiffbrüchig war und ausgeraubt wurde, blieben nicht alle seine Aufzeichnungen erhalten. Sein ausgezeichnetes Gedächtnis half ihm oft, aber nicht immer über diese Lücken hinweg. So scheinen z.B. die Angaben über seine Reisen in Kleinasien etwas durcheinandergekommen zu sein, und im östlichen Mittelmeerraum, v.a. in Syrien, übernimmt er – meist ohne seine Quelle zu nennen – Einzelheiten aus dem Reisebericht seines Vorgängers, des Spaniers Ibn Jubayr (1145–1217). Auf Verlangen des Marinidenherrschers Abû ᶜInân übergab Ibn Battûta in Fez den Bericht von seinen Reisen dem Gelehrten und Literaten Muhammad b. Juzayy, der die Niederschrift seiner Bearbeitung und Kürzung am 9. Dezember 1357 beendete.

Ibn Battûta war wie viele islamische Reisende in dreifacher Funktion unterwegs: als Pilger zu den heiligen Stätten, als Gelehrter auf der »Suche nach Wissen« und auch als Händler; daneben trieben ihn jedoch bald sein Interesse und seine stets wache Neugier dazu, eine »Vorliebe für Reisen und Umherziehen« (541) zu entwickeln.

Ein Beispiel dafür, wie Ibn Battûta Vergleiche von sozialen Verhältnisse zwischen gänzlich verschiedenen Kulturen über weite Entfernungen durchführt, ist folgende Passage: »Die Lebensweise dieser Leute [d.h. der Massûfa, eines Berberstammes in Nordwestafrika] ist verwunderlich und ihre Situation seltsam. Ihre Männer nämlich kennen keine Eifersucht; keiner von ihnen führt seine Abstammung auf seinen Vater zurück, vielmehr auf seinen Onkel mütterlicherseits. Und ein Mann setzt nur die Söhne seiner Schwester als Erben ein, nicht seine eigenen. Das ist etwas, was ich auf der Welt nur bei den Ungläubigen im Land Malabar, das den Indern gehört, vorfand. Diese hier jedoch sind Muslims, sie halten die Gebete ein, studieren religiöses Recht und lernen den Koran auswendig« (690). Ibn Battûta schildert zunächst fast kommentarlos. Was ihn an den fremdartigen matrilinearen Verhältnissen stört bzw. was er vor Publikum offen zum Ausdruck bringen kann, sind religiöse Bedenken. Bei den Ungläubigen in Malabar nimmt er diese Verhältnisse ohne weitere Bemerkungen so hin, wie er sie vorgefunden hatte, aber bei den muslimischen Massûfa stören ihn, den Rechtsgelehrten (*faqîh*) und ehemaligen Richter, die »unislamischen« Verhaltensweisen, die aus ihrer besonderen sozialen Organisationsform resultieren. Ebenso finden auch das Erbrecht und das Verhalten der Männer (zugleich implizit das der Frauen) sein Missfallen. Anhand dieser Stelle lässt sich auch nachzeichnen, wie Ibn Battûta bei seiner »Datenerhebung« vermutlich vorgegangen war und von welchem Interesse er sich dabei leiten ließ. Matrilineare Verhältnisse sind bei einem kurzen Aufenthalt für einen Außenstehenden nur schwer zu erkennen; für einen Pilger dürften sie ebenso uninteressant gewesen sein wie für einen Händler. Ibn Battûta war allerdings zugleich auch islamischer Rechtsgelehrter. Und als solcher interessierte er sich offensichtlich vor allem für Widersprüche zu diesem Recht. Man kann daher annehmen, dass er sich bei seinen Massûfa-Gewährsleuten auch speziell nach deren Erbschaftsregeln erkundigte.

Abgesehen von seinen religiösen Beweggründen nimmt Ibn Battûta jedoch keine Stellung zu den geschilderten Verhaltensweisen. Als religiöser Mensch kommt er nicht auf die Idee, nach Ursprüngen im Sinn moderner »evolutionistischer« Denkansätze zu fragen. Ebenso verfällt er für gewöhnlich nicht auf die oft nahe liegende Annahme einer Wanderung oder zumindest einer kulturellen Übernahme durch Diffusion

Das Wort, das bei Ibn Battûtas Beschreibungen von Kontakten mit fremden Gesellschaften im Mittelpunkt steht, ist arab. *ᶜâda*, pl. *ᶜawâ'id*. Es wird üblicherweise mit »Gewohnheit, Sitte, Brauch« übersetzt und steht in Zusammenhang mit einer arabischen Wurzel, die als Verb »zurückkehren, zurückkommen« bedeutet. Man könnte somit *ᶜâda* wiedergeben als »etwas, worauf man immer wieder zurückkommt, wohin man immer wieder zurückkehrt«. Im Zentrum von Ibn Battûtas Beobachtungen steht somit ein sehr neutraler und ausgewogener Ausdruck, der für sich genommen keinerlei Wertung transportiert. Erst durch Beiwerke wie Adjektiva oder durch eine Urteile implizierende Umgebung enthält der Ausdruck einen wertenden Sinn. Im Allgemeinen lässt Ibn Battûta das Substantiv *ᶜâda* ohne solche Zusätze stehen, die er nur dann einführt, wenn religiöse Bedenken ihn dazu veranlassen. Mit dem zentralen Begriff der *ᶜâda* zeigt sich Ibn Battûta als von einem Gedanken bestimmt, den sein jüngerer Zeitgenosse und persönlicher Bekannter am Merinidenhof in Fez, → Ibn Khaldûn, in seiner *Muqaddima* wie folgt prägnant formuliert: »Der Mensch ist Kind seiner Gewohnheiten [*ᶜawâ'id*], nicht seiner Abstammung.«

JOHANN HEISS

Ausg.: C. DEFRÉMERY/B. R. SANGUINETTI (Hg.), Paris 1852–58, 4 Bde. (mit frz. Übers. u. Indexbd.), ND Paris 1968. – M. AL-QASSÂS/M. ᶜABD AL-MUNᶜIM AL-ᶜIRYÂN (Hg.), Beirut ³1417 (ND 1996; hier zitiert). – Dt. Teilübers.: H. v. MZIK, Die Reisen des Arabers Ibn Battûta durch Indien und China, Hamburg 1911. – Ibn

Battûtas Reisen ans Ende der Welt, hg. v. M. D. LEICHT, Tübingen/Basel 1974. – Engl. Übers.: H. A. R. Gibb, The Travels of Ibn Battuta, 4 Bde., Cambridge/London 1958–94.
Lit.: H. F. JANSSENS, Ibn Batoutah, le voyageur de l'Islam, Bruxelles 1948. – J. CHELHOD, Ibn Battuta, ethnologue, in: Revue de l'Occident Musulmane et de la Mediterranée 25 (1978), S. 5–24. –A. MIQUEL, L'Islam d'Ibn Battûta, in: Bulletin d'Études orientales 30 (1978), S. 75–83.

Hermann Baumann

(* 9.2.1902 Freiburg i.Br.; † 30.6.1972 München)

Völker und Kulturen Afrikas, ED in: H. Baumann u.a. (Hg.), Völkerkunde von Afrika. Mit besonderer Berücksichtigung der kolonialen Aufgabe, Essen 1940, S. 1–371.

Dieser große Wurf war 30 Jahre lang das deutsche Standardwerk der Völkerkunde Afrikas und markiert den Zenith einer bestimmten, heute obsolet gewordenen kulturhistorischen Richtung der Ethnologie. Während die beiden anderen Teile des Bandes (über Sprache und Erziehung und über Geschichte, Ziele und Methoden der europäischen Kolonisation) keine nachhaltige Beachtung fanden, wurde die auch ihrem Umfang nach dominierende Abhandlung Baumanns nach ihrem Erscheinen als »die« Völkerkunde Afrikas allgemein mit dem Titel des gesamten Buches gleichgesetzt.

Baumann, der von 1921–39 in der Afrika-Abteilung des Museums für Völkerkunde in Berlin tätig war und später in Wien und München Völkerkunde lehrte, führt in diesem Werk frühere kulturhistorische Ansätze weiter. Seiner Darstellung der afrikanischen Kulturen in Zeit und Raum liegen zwei Konzepte zugrunde: (1) Die von L. → Frobenius' und B. → Ankermanns »Kulturkreisen« abgeleiteten und von ihm weiterentwickelten (neun) »Kulturen«, d.h. Gebiete gleichartiger Kulturgestaltung, die »in einem bestimmten Altersverhältnis zueinander stehen«, und (2) die (siebenundzwanzig) »ethnographischen Provinzen« oder »Kulturprovinzen«, in denen sich diese Grundkulturen innerhalb mehr oder minder fest umgrenzter Gebiete in »gleichmäßiger und typischer Mischung« aufgrund historischer, umweltbedingter oder anderer Gegebenheiten aktualisieren. Obwohl Baumann Kulturen als funktionale Einheiten begriff, deren Teile in einem engen Wirkungszusammenhang stünden, blieb sein methodischer Ansatz grundsätzlich historisch-diffusionistisch. Wie schon zuvor F. → Graebner und B. Ankermann hielt Baumann es für möglich, anhand formaler Übereinstimmungen und räumlicher Verteilungsdichte eine Stratigraphie der Kulturen zu erstellen und durch Abdecken der jeweils jüngeren Schicht bis in große zeitliche Tiefe vorzustoßen. Wesentlich war ihm dabei die Berücksichtigung *aller* kulturformenden Faktoren, namentlich auch der bis dahin vernachlässigten physischen Anthropologie, Vorgeschichte und geographischen Umwelt. Rasse, Kultur und Umwelt bildeten für ihn eine Einheit, auch wenn er die Identität von Rasse und Kultur – ein im Dritten Reich staatstragendes Konzept – »noch nicht« überall nachzuweisen vermochte. Das Verhältnis von Kultur und Sprache sei dagegen sehr viel komplizierter. Neben Rassen als den Kulturträgern war für Baumann »das geographische Milieu« ein entscheidender Faktor. Dieser sei aufs Engste mit den Wirtschaftsformen verknüpft, die ihrerseits wiederum alle anderen Kulturteile beeinflussten.

Unter Baumanns afrikanischen »Kulturen« bildet die von ihm herausgearbeitete sog. »eurafrikanische Steppenjägerkultur« die besondere Originalität dieses Ansatzes. Sie hat, ebenso wie seine neuen »vaterrechtlich altnigritischen« und »mutterrechtlichen Mittelbantu«-Kulturen, in der Ethnologie noch lange einen, wenn auch eher indirekten, Nachhall gefunden.

Im Zentrum des Werkes steht aber die umfassende, detailreiche Darstellung der »Kulturprovinzen«, in der die damals zur Verfügung stehenden Kenntnisse kompetent und neuartig verarbeitet wurden. In dieser Fülle und Komplexität hatte es eine solche Darstellung zu Afrika bis dahin nicht gegeben und ist auch später von einem einzelnen Autor nicht mehr erreicht worden. Neben Merkmalen der Sprache, Geschichte, Rasse, Umwelt und Wirtschaftsform liegt jeder »Kulturprovinz« eine »Kulturformel« zugrunde, die in der ausführlichen ethnographischen Beschreibung die Akzente setzt. Allen Aspekten der Kultur gebührt dabei prinzipiell der gleiche Rang. Obwohl Baumann versucht, die verschiedenen Kulturzüge miteinander in Beziehung zu setzen, weisen seine Beschreibungen noch erhebliche Spuren der alten Kulturkreislehre auf, die einzelne Kulturelemente herausarbeitete und isoliert nebeneinander stellte, ein Eindruck, der durch das besondere Interesse des Museumsmanns an materieller Kultur noch verstärkt wird. Bemerkenswert ist die Rezeption jüngster Forschungsergebnisse, die manchmal gängigen Vorstellungen krass entgegenstanden und sich teilweise erst Jahrzehnte später wirklich durchzusetzen vermochten. So betont Baumann mit Hinweis auf neue Grabungen, dass die Steinbauten von Simbabwe nicht von fremden Eindringlingen erbaut wurden, sondern afrikanisch sind, und er stellt klar, dass der »Jaga«-Einfall im Kongo nichts mit den berüchtigten »Jaga« in Angola – die er bereits mit den Mbangala in Verbindung bringt – zu tun habe, zwei die afrikanische Geschichtsschreibung und Ethnologie noch bis in jüngere Zeit beschäftigende Themen.

Der archäologische Nachweis frühen Zerealienanbaus im Vorderen Orient führte Baumann nach dem Zweiten Weltkrieg dann zu einer historischen Neuorientierung. Die bis dahin gültige Abfolge Wildbeuter–Pflanzer– Hochkulturen wurde von ihm aufgegeben, da er nunmehr die Entwicklung der Hochkulturen ohne Zwischenphase direkt aus dem Wildbeutertum für gesichert hielt. Der Knollenbau galt ihm nicht mehr als eigenständige vorhochkulturliche Anbauform, sondern als die umweltbedingte Anpassung des Getreidebaus an die tropischen Bedingungen. Die heutigen bäuerlichen und viehzüchterischen Gesellschaften Afrikas seien deshalb als die Repräsentanten einer in Jahrtausenden immer weiter fortgeschrittenen »Kontaktmetamorphose« (infolge von Wanderungen, Grenzkontakten und Akkulturationsprozessen aller Art) zwischen den Wildbeuterkulturen und den alten Hochkulturen, denen er die große kulturschöpfende Kraft zuschrieb, anzusehen. Alle Versuche, aus den heutigen »metamorphen« Gesellschaften Rückschlüsse auf die Verhältnisse vor Ausbildung der Hochkulturen zu ziehen, seien daher von vornherein zum Scheitern verurteilt. Aufgrund dieser neuen Einsichten hat Baumann auch sein Konzept der afrikanischen »Großkulturen« und »Kulturprovinzen« später mehrfach revidiert, aber nie grundsätzlich aufgegeben. Die sich häufenden archäologischen Funde, medizingeographische Gesichtspunkte und neue linguistische Forschungsergebnisse flossen nun in seine – nicht mehr verbindlich festgelegten und veröffentlichten – Vorstellungen afrikanischer Kulturgeschichte ein, als deren »Leitmotiv« Baumann noch stärker als früher die Wirtschaftsform ansah.

Da Baumanns »Völker und Kulturen Afrikas« während des Krieges erschien, wurde es der internationalen Fachwelt erst viel später bekannt. Die inzwischen ins Abseits geratene deutsche Völkerkunde, die Diskreditierung der physischen Anthropologie und Baumanns politisch bedingte zeitweise Suspendierung haben die geringe Rezeption im Ausland sicher mitbeeinflusst. Außerdem erwuchs ihm in G. P. → Murdocks *Africa* (1959) in der englischsprachigen Welt ein Konkurrenzwerk, das trotz massiver Kritik in methodischer und auch sachlicher Hinsicht überaus rasch eine weite Verbreitung fand. Es stützt sich im Vergleich zu Baumann zwar nur auf eine geringe Quellenbasis und lässt auch zahlreiche Aspekte der Kultur bei der Beschreibung seiner eigenen »Kulturprovinzen« unberücksichtigt, doch lässt es sich für ein schnelles Nachschlagen, besonders der groben Zuordnung und Lokalisierung einzelner Ethnien, besser gebrauchen. Da es der Sprache eine Vorzugsstellung bei der

Gliederung der afrikanischen Kulturen einräumt, nahm es kommende Trends vorweg.

Baumann bereitete später noch einmal eine Synthese vor, in der die Darstellung der einzelnen »Kulturprovinzen« jeweils Spezialisten der betreffenden Gebiete anvertraut wurden. Die besonderen Probleme der Herausgeberschaft eines solchen Werkes und Baumanns schwere Krankheit verhinderten aber, dass es noch zu seinen Lebzeiten in der von ihm erhofften Form erschien. Die posthume Veröffentlichung war dann in vielen Teilen schon bei Erscheinen veraltet. Heute ist eher eine »Geschichte Afrikas« mit der Integration ethnologischer Aspekte denkbar als der erneute Versuch einer alles umfassenden »Völkerkunde Afrikas« herkömmlicher Art.

Trotzdem ist Baumanns »Völker und Kulturen Afrikas« in der Rückschau eine beeindruckende Synthese des damaligen Wissensstandes. Seine Grundkonzepte sind überholt und unsere Kenntnisse haben sich inzwischen außerordentlich erweitert, was in besonderem Maße den Nachbardisziplinen Prähistorie, Botanik, Geschichte und Sprachwissenschaft zu verdanken ist. Die heutige Ethnologie ist hinsichtlich dessen, was sie glaubt, über eine weit zurückliegende Vergangenheit in Erfahrung bringen zu können, bescheidener geworden und stellt deshalb andere, neue Fragen. Dennoch ist Baumanns Werk mehr als nur von wissenschaftshistorischem Interesse. Es vermittelt eine breite Kulturübersicht, wie sie kaum noch jemand beherrscht, und es enthält zahlreiche ungelöste Fragen, über die nachzudenken sich weiterhin lohnen kann.

BEATRIX HEINTZE

Lit.: H. BAUMANN, Die afrikanischen Kulturkreise, in: Africa 7 (1934), S. 129–39. – H. STRAUBE, Hermann Baumann, in: Paideuma 18 (1972), S. 1–15. – H. BAUMANN (Hg.), Die Völker Afrikas und ihre traditionellen Kulturen, 2 Bde., Wiesbaden 1975–79. – B. HEINTZE, Ethnographische Aneignungen. Deutsche Forschungsreisende in Angola, Frankfurt 1999, S. 129–47.

Ruth Fulton Benedict
(* 5.6.1887 New York; † 17.9.1948 New York)

Patterns of Culture (engl.; *Kulturmuster*), EA Boston/New York 1934.

Patterns of Culture ist das meistverkaufte und einflussreichste Buch der Ethnologie des 20. Jh. Es wurde in mehr als zwei Dutzend Sprachen übersetzt, erreichte international eine Auflage von mehr als zwei Millionen Exemplaren, ist bis heute im amerikanischen Buchhandel als Paperback erhältlich und ist noch immer aktuell. Das Buch erschien auf der Bühne »wie eine Offenbarung« (Caffrey), es war der »richtige Text zur richtigen Zeit« (Geertz). Es gab Antworten auf damals drängende Fragen, die in der Ethnologie, in den Sozialwissenschaften und in der amerikanischen Gesellschaft insgesamt gestellt wurden.

Patterns of Culture ist das Werk einer ungewöhnlichen Frau, Dichterin, Philosophin, Feministin und Ethnologin, die nicht nur für den kleinen Kreis ihrer Fachkollegen schrieb. Die literarischen Qualitäten des Buchs, die in der deutschen Übersetzung verlorengegangen sind, trugen zu seiner Popularität bei, machten es aber auch verwundbar: *Patterns of Culture* wurde missverstanden und löste langjährige Debatten über Fragen der Wissenschaftlichkeit und der Subjektivität aus. Benedict selbst hatte Zeit ihres Lebens Gegensätze wie »Kunst gegen Wissenschaft« zurückgewiesen. Ihre eigene Perspektive war viel paradoxer und selbstironischer.

Benedict war eine der ersten Frauen in den USA, die als Wissenschaftlerin zu Ruhm und Einfluss gelangte. Ihr Name steht für ethnologische Konzepte wie kulturelle Pluralität, Integration und Relativität, für Studien zu Kultur und Persönlichkeit und zu Volks- bzw. Nationalcharakteren. Sie war 32 Jahre alt, als sie nach einem Studium der englischen Literatur, beruflichen Erfahrungen als Lehrerin und Sozialarbeiterin und einer scheiternden Ehe das Fach Ethnologie entdeckte. Fünfzehn Jahre später schrieb sie ihr klassisches Werk und wurde zur »führenden Wissenschaftlerin« Amerikas gekürt. Im Zweiten Weltkrieg arbeitete sie wie M. → Mead, G. → Bateson und andere Ethnologen propagandistisch für die amerikanische Regierung. 1946 erschien ihr Lieblingsbuch *The Chrysanthemum and the Sword. Patterns of Japanese Culture*. Als sie im Alter von 61 Jahren starb, war sie eine Berühmtheit, obwohl sie stets unter ihrer Andersheit (sie war infolge einer Kinderkrankheit schwerhörig) gelitten und sich aufgrund ihrer Liebe zu Frauen als Außenseiterin der amerikanischen Gesellschaft empfunden hatte.

Als Benedict, eine nach dem Urteil ihrer Kollegen ungewöhnlich schöne, vornehme, kluge und zurückhaltende Frau, 1919 ihr Ethnologiestudium aufnahm, befand sich die amerikanische Ethnologie im Umbruch. Noch zu Beginn des Jahrhunderts war das Fach eine biologische Wissenschaft, nun errang das Kulturkonzept neue Bedeutung. Die Erforschung von Kultur im Sinne von erlerntem Verhalten wurde zum Angelpunkt der Ethnologie, die sich mit eigenen Standards, eigenen Methoden und eigener Identität als Profession etablierte. F. → Boas, dessen Doktorandin und Assistentin Benedict wurde und der ihr 1931 zu einer Assistenzprofessur an der Columbia University in New York verhalf, war seit Beginn des Jahrhunderts die Zentralfigur der amerikanischen Ethnologie. Doch Diffusionsstudien Boas'scher Manier, zu denen auch noch Benedicts Dissertation von 1923 über das Schutzgeistkonzept in Nordamerika gehörte, begannen sich allmählich als ziemlich steril zu erweisen. Sie vermochten zwar die Entstehung, Ausbreitung oder Übernahme einzelner Kulturzüge aufzuspüren, ließen aber die Frage nach der Integration von Kulturen offen.

Benedicts Antwort auf diese Frage war *Patterns of Culture*. 1922, 1924, 1925 und 1927 hatte sie – jeweils nur kurz, in den Sommerferien – Feldforschungen durchgeführt. Wegen ihrer Schwerhörigkeit arbeitete sie überwiegend mit Informanten, die Englisch sprachen und die sie an einem ruhigen Ort befragen konnte, oder mit Hilfe eines Übersetzers. Sie forschte zunächst bei den Serrano in Kalifornien, dann gemeinsam mit Ruth L. Bunzel (1898–1990) in den Pueblos von Zuni und Cochiti in New Mexico und schließlich bei den benachbarten Pima. Hier war ihr der starke Kontrast zwischen Zuni und Pima aufgefallen, die trotz ähnlicher natürlicher Lebensumstände sehr verschiedene Kulturen ausgebildet hatten. Dieses Problem der kulturellen Vielfalt verlangte eine Erklärung und wurde zum Leitmotiv von *Patterns of Culture*.

Drei lange ethnographische Kapitel (4–6) sind umrahmt von drei kurzen Einleitungs- und zwei ebensolchen Schlusskapiteln, in denen Benedicts ethnologische Konzepte und ihre Thesen enthalten sind: Menschliches Verhalten ist kulturell bedingt. Es gibt aber nicht nur eine Kultur, sondern viele. Unserer eigenen Kultur den Vorzug zu geben ist provinziell, imperialistisch oder basiert auf Rassenvorurteilen (Kap. 1). Kulturelle Vielfalt ergibt sich daraus, dass jede Kultur aus einem universellen »Kreisbogen« verfügbarer Möglichkeiten eine eigene Auswahl trifft und diese Aspekte in komplexer Weise miteinander verflicht (Kap. 2). Menschliches Verhalten ist zwar kulturell bedingt und äußerst variabel, aber keineswegs chaotisch. »Eine Kultur stellt, einem Individuum vergleichbar, ein mehr oder weniger konsistentes Denk- und Handlungsmuster dar« (Kap. 3). Kulturelle Integration hat nichts Geheimnisvolles an sich, sondern ist der Entstehung eines Kunststils vergleichbar. Kulturen müssen – hier greift Benedict Gedanken der deutschen Kulturphilosophen Wilhelm Dilthey (1833–1911) und Oswald Spengler (1880–1936) ebenso wie der Gestaltpsychologen Kurt Koffka (1886–1941) und Wilhelm Köhler (1887–1967) auf – als Konfigurationen, als Ganzheiten, als Gestalten erforscht werden, denn das Ganze bestimmt seine Teile (Kap. 3; vgl. Benedict 1932).

Es folgen die drei ethnographischen Hauptkapitel, in denen Benedict die Komplexität menschlicher Kultur durch Nebeneinanderstellung unterschiedlicher Lebensweisen vermittelt. Benedict porträtiert die zu ihrer Zeit ethnologisch gut erforschten Kulturen der Zuni, Dobu und Kwakiutl und damit drei verschiedene Wirklichkeitsversionen. Sie beschreibt sie – und implizit eine vierte: die amerikanische Kultur – mit Hilfe der rhetorischen Strategie der Kontrastierung als kulturelle Konfigurationen neu. Als Dichterin konstruiert sie ihre Argumente poetisch durch Bilder – Bilder, die sie so nebeneinander stellt, dass das nur allzu Vertraute und das abenteuerlich Exotische ihre Plätze vertauschen. Die Lebensweise der Zuni charakterisiert sie in Anlehnung an die von Friedrich Nietzsche (1844–1900) benutzten Kategorien des Apollinischen und Dionysischen als apollinisch. Benedict zufolge betont die Pueblo-Kultur Kooperation, Harmonie und Mäßigung und misstraut individualistischen Bestrebungen. Vor diesem Hintergrund entwirft Benedict die melanesischen Dobu als paranoide, von mörderischem Konkurrenzstreben angetriebene Puritaner und die Kwakiutl als größenwahnsinnige Verschwender, die in Wettkämpfen prahlend Reichtümer verteilen, um ihre Rivalen durch Großzügigkeit zu beschämen. Am Ende sind die drei gegensätzlichen Porträts zu Zerrspiegelbildern der amerikanischen Gesellschaft geworden.

Die beiden Schlusskapitel enthalten Benedicts Sozialphilosophie und moralisches Plädoyer. Sie diskutiert zunächst selbstkritisch und selbstreflexiv Möglichkeiten und Grenzen ihres Konfigurations-Ansatzes. Nicht alle Kulturen weisen einen so hohen Grad an Integration auf wie die drei von ihr ausgewählten Beispiele. Konfigurationen sind nicht statisch, Kulturmerkmale und Institutionen können sich verändern, in Konflikt zueinander treten und eine neue Integration erfordern. Auch besteht immer die Möglichkeit, dass nicht die Kultur selbst, sondern ihre Beschreibung einen Mangel an Integration aufweist oder aber die besondere Art der Integration für den Beobachter nicht wahrnehmbar ist (Kap. 7). Dann greift Benedict das Verhältnis von Individuum und Kultur auf und kommt zu dem Schluss, dass sowohl die Kultur das Individuum prägt, als auch das Individuum die Kultur beeinflussen kann. Hier wird sie zu einer subtilen, aber scharfen Kritikerin der amerikanischen Kultur. Sie diskutiert amerikanische Aggressivität, Prüderie und die Stigmatisierung von Außenseitern im vergleichenden Licht der Mäßigung bei den Zuni und des Größenwahns bei den Kwakiutl (Kap. 8). Am Ende definiert sie den Begriff der Normalität neu. Normal sind die Menschen, die in die Bandbreite des von ihrer Kultur akzeptierten Verhaltens und der akzeptierten Institutionen hineinpassen, während die, die nicht hineinpassen, als anormal gelten, obwohl sie in einer anderen Kultur vielleicht vollkommen akzeptabel wären. Der Schlussabsatz des Werks ist ein Plädoyer für Toleranz, für die Anerkennung kultureller Relativität und Vielfalt.

Anfänglich wurde das Buch von Benedicts Kollegen positiv aufgenommen. Die Zustimmung von Boas hatte es bereits erhalten, als dieser bereit war, eine Einleitung zu schreiben. M. → Herskovits rühmte im *Herald Tribune* Benedicts prägnanten Stil und ihre Fähigkeit, komplexe Vorstellungen und Lebensweisen mit einmaliger Klarheit darzustellen. A. L. → Kroeber schrieb die Rezension im *American Anthropologist*, nannte das Buch einen wichtigen Beitrag und gab seiner Hoffnung Ausdruck, dass Benedict mit ihrem Konfigurations-Ansatz der Ethnologie neue Anstöße geben möge (vgl. Kroeber 1944). Bald brachte das Buch jedoch eine Debatte an die Oberfläche, in der sich die Identitätskrise der damaligen Ethnologie spiegelte, die sich hauptsächlich an dem Kontrast apollinisch/dionysisch entspann und um die Frage kreiste, ob Ethnologie primär eine »historische« und interpretative, oder eine »wissenschaftliche« und werturteilsfreie Disziplin sei. *Patterns of Culture* zeigte das Potential integrativer Studien auf, aber auch die Gefahr, dass die Ethnologie ihren Status als Wissenschaft verlieren und auf spekulative Positionen des 19. Jh. zurückfallen könnte. Für Ethnologen, die das Potential erkannten, war das Buch befreiend, inspirierend und richtungsweisend. Für jene, die in ihm eine Gefahr sahen, war es »unwissenschaftlich«, zu vage, zu interpretativ, kurz: zu subjektiv – das vernichtendste Urteil in der damaligen Zeit.

Benedicts Konfigurations-Konzept, das im Gegensatz zum Funktionalismus die Form (das Muster, die Konfiguration) vor der Funktion betonte, wurde für die amerikanische Ethnologie außerordentlich einflussreich, der »Kultur-und-Persönlichkeit«-Ansatz zur wichtigsten Strömung der 1930er und 1940er Jahre.

Außerhalb der Ethnologie hatte *Patterns of Culture* eine breite Wirkung. Es trug zur endgültigen Akzeptierung eines grundlegenden Paradigmenwechsels in den Sozialwissenschaften und im amerikanischen Denken bei, indem es die jahrzehntelange Debatte über den Einfluss von Biologie gegenüber Kultur im menschlichen Leben zugunsten der »enormen Rolle des Kulturprozesses« entschied, ohne »die kleine Reichweite biologisch bedingten Verhaltens« außer Acht zu lassen (Kap. 2). Kultur war vom Menschen gemacht, war offen gegenüber individuellem und sozialem Wandel, schien der Schlüssel zu einer veränderbaren, besseren Welt zu sein. Amerikanische Leser erkannten sich in der exzessiven Prüderie der Dobu oder im verschwenderischen Größenwahnsinn der Kwakiutl wieder. Sie lasen das Buch als eine Kulturkritik, als Parodie auf das viktorianische Amerika.

Heute erscheint *Patterns of Culture*, abgesehen von einigen, den vergleichend-interpretierenden, kulturkritischen Intentionen widersprechenden Zugeständnissen an das damalige wissenschaftliche Umfeld, zeitgenössisch aktuell, wie eine frühe Vorwegnahme postmoderner Interessen an einer feministischen Perspektive, an »wissenschaftlichem Kolonialismus«, an kulturellen Texten, an der Rhetorik der Ethnographie, am Schnittpunkt von Wissenschaft und Kunst und an Ethnologie als Kulturkritik.

Sylvia M. Schomburg-Scherff

Ausg.: Zahlreiche Neuausgaben, darunter bes. New York 1989 (m. Vorwort von M. MEAD). – Dt. EA u.d.T.: Kulturen primitiver Völker, Stuttgart 1949; Neuausgabe u.d.T.: Urformen der Kultur, Reinbek 1955.

Lit.: R. BENEDICT, Configurations of Culture in North America, in: American Anthropologist 34 (1932), S. 1–27. – A. L. KROEBER, Configurations of Culture Growth, Berkeley/Los Angeles 1944. – M. MEAD, Ruth Benedict, New York 1974. – J. S. MODELL, Ruth Benedict. Patterns of a Life, Philadelphia 1983. – C. GEERTZ, Works and Lives, Stanford 1988. – M. M. CAFFREY, Ruth Benedict. Stranger in This Land, Austin 1989. – B. A. BABCOCK, »Not in the Absolute Singular«: Rereading Ruth Benedict, in: R. BEHAR/D. A. GORDON (Hg.), Women Writing Culture, Berkeley u.a. 1995, 104–30.

Franz Boas

(* 9.7.1858 Minden; † 21.12.1942 New York)

The Social Organization and the Secret Societies of the Kwakiutl Indians (engl.; *Sozialorganisation und Geheimbünde der Kwakiutl-Indianer*), ED in: Report of the U.S. National Museum for 1895 (1897) 311–738, EA New York 1970.

Franz Boas' *Social Organization and the Secret Societies of the Kwakiutl Indians* gilt als sein wohl wichtigstes ethnographisches Werk, obwohl es nicht den Anspruch einer in sich geschlossenen Ethnographie erhebt. Das zunächst als Ausstellungskatalog konzipierte Buch behandelt das Geheimbundwesen der an der amerikanischen Nordpazifikküste lebenden Kwakiutl, die sich heute Kwakwaka'wakw (Sprecher des Kwak'wala, der Sprache der Kwakiutl) nennen und denen – nach anfänglichen Studien bei den Inuit auf Baffin Island – Boas' besonderes Forschungsinteresse galt. Wie kaum ein anderes seiner Werke spiegelt es Boas' beharrliches Ringen um die von ihm propagierten neuen Methoden der Datenerhebung und deren zumindest teilweiser Realisierung wider, womit er kulturelle Phänomene in ihrem jeweiligen Kontext zu erfassen und dem Leser (oder Museumsbesucher) zu vermitteln versucht.

Boas' Interesse an den komplexen Kulturen der Nordpazifikküste wurde erstmals im Jahre 1885 durch die Beschäftigung mit der von dem norwegischen Schiffskapitän Johan Adrian Jacobsen (1853–1947) angelegten bedeutenden Sammlung aus dieser Region am Berliner Museum für Völkerkunde geweckt. Die Begegnung mit einer Gruppe von Bella Coola, die ein Jahr später im Rahmen der Hagenbeckschen Völkerschauen von Jacobsen nach Berlin gebracht wurde, gab ihm die Richtung für seine weitere Forschungen vor, indem sie ihn erahnen ließ, welch ein »wealth of thought« sich hinter jenen Masken und anderen Objekten verbarg. Doch erst auf der letzten seiner zunächst fünf Forschungsreisen an die Nordwestküste konnte er dem Anspruch einer inhaltlich-kontextualen Analyse weitgehend gerecht werden, und zwar als er im Herbst 1894 während der Zeit der Winterzeremonien bei den Kwakiutl zu Gast war. Anders als bei seinen früheren Forschungs- und Sammelreisen in der Region, bei denen er gemäß einer damals geboten erscheinenden »salvage anthropology« unter erheblichem zeitlichen und finanziellen Druck hastig von einem Ort zum anderen eilte, verbrachte er nun immerhin drei Wochen in Fort Rupert. Aus dieser Zeit stammt auch der überwiegende Teil des Materials, das dem Werk zugrunde liegt. Dieser für Boas wohl ergiebigste Aufenthalt an der Nordpazifikküste wurde durch drei Forschungsaufträge von verschiedenen Institutionen ermöglicht. Allerdings hatte er sich gleichzeitig unterschiedlichen Fragestellungen zu widmen, was auch den Umfang und die Vielfalt der gewonnenen Ergebnisse erklärt. Sein wesentlicher Auftrag bestand darin, sich für die Anfertigung von Figurengruppen im American Museum of Natural History in New York und im U.S. National Museum in Washington selbst ein Bild davon zu verschaffen, wie die Objekte dem Museumspublikum in möglichst realistischer Nachstellung ihrer tatsächlichen Umgebung zu vermitteln seien. Dabei galt sein

Interesse nicht nur den Objekten selber, sondern vor allem auch ihrer Verwendung und Bedeutung in den von ihm beobachteten zeremoniellen Handlungen ebenso wie den damit verbundenen Reden und Gesängen wie auch den Texten und ergänzend dazu erhobenen Erzählungen. Das Kwak'wala-Material versuchte Boas am folgenden Morgen auf der Grundlage eigener Notizen mit seinem bei den Kwakiutl lebenden Mitarbeiter George Hunt (1854–1933), dem Sohn einer Tlingit und eines schottischen Händlers, zu rekonstruieren.

Nach der von Boas seit 1886 vehement vorgetragenen Kritik an damaligen typologisch-evolutionistisch ausgerichteten Erklärungsansätzen und entsprechenden Darstellungen ethnographischer Objekte in Museen kommt er mit diesem Werk seinem Anspruch ihrer kontextualen Erfassung am nächsten. Konsequent versucht er verschiedene Techniken der Datenerhebung miteinander in Einklang zu bringen, da er sich deren jeweiliger Beschränkungen und Unzulänglichkeiten bewusst war. Dazu zählt die Methode der teilnehmenden Beobachtung hinsichtlich der Verwendung von Objekten in den hier zu erfassenden zeremoniellen Handlungen, wie auch die Aufzeichnung und Auswertung damit im Zusammenhang stehender Texte, um indigenen Sichtweisen mehr Raum zu geben. Die dabei in diesem Buch vorübergehend erreichte Synthese verschiedener methodischer Ansätze lässt Boas dann in seinen späteren Werken wieder fallen, wenn er sich bei den in Auftrag gegebenen Textsammlungen lediglich auf die unkommentierte Herausgabe des Kwak'wala-Textes mit englischer Übersetzung – ohne Berücksichtigung der jeweiligen Kontexte, unter denen die Texte aufgezeichnet wurden – beschränkte.

Das Buch weist eine deutliche Zweiteilung auf, bei der Boas zunächst die notwendigen Hintergrundinformationen zum Verständnis der dann im zweiten Teil ausführlich beschriebenen Winterzeremonien gibt – wobei der erste Teil weitgehend auf der Zusammenstellung offenbar bereits auf früheren Forschungsreisen gewonnener Erkenntnisse beruht. Das Werk beginnt mit einem Überblick über die Völker der amerikanischen Nordpazifikküste (Kap. 1), die soziale Organisation und das Rangwesen der Kwakiutl (Kap. 2), wie Rang und Status auf Potlatch-Festen erworben werden kann (Kap. 3) und es erklärt Heirat unter dem Aspekt entsprechender Potlatch-Transaktionen (Kap. 4). Es folgen Beispiele von »Klan-Legenden« bzw. den besonderen oralen Traditionen einzelner korporativer Gruppen oder Familienverbände (*'na̱'mim*), mit denen bestimmte zeremonielle Privilegien begründet werden (Kap. 5) sowie die in diesen Texten thematisierte Rolle von mythischen Wesen und deren Beziehung zu *'na̱'mim*-Mitgliedern (Kap. 6). Es wird dann die grundlegend andere Art der sozialen Organisation zur Zeit des Winters in Form von Geheimbünden dargestellt, die sich auf die entsprechenden mythischen Wesen bezieht, durch die man initiiert worden ist und welche sich in den nun ausführlich beschriebenen Winterzeremonien realisiert (Kap. 7). Unter den dabei im einzelnen aufgeführten Tänzen wird der *hamat'sa*-Zyklus besonders eingehend abgehandelt, aber auch alle weiteren Tänze werden mit den dazugehörigen Masken und anderen zeremoniellen Gegenständen sowie mit den entsprechenden Gesängen ausführlich dargestellt (Kap. 8). Im nächsten Kapitel (9) werden bestimmte Initiationsvorgänge in einige der zuvor beschriebenen Geheimbünde hinsichtlich affinaler Beziehungen erörtert. Schließlich wird der Ablauf des von Boas beobachteten Ausschnitts der in Wirklichkeit weitaus umfangreicheren Winterzeremonien minutiös wiedergegeben (Kap. 10). Es folgen einige Beispiele der Winterzeremonien bei anderen Kwakiutl-Gruppen (Kap. 11) und der Hinweis auf Tänze, welche die Kwakiutl sowohl im Sommer als auch während der Winterzeremonien zeigen (Kap. 12). Den Schluss bildet eine Übersicht über religiöse Zeremonien bei anderen Völkern der Nordpazifikküste, mit Einschätzungen zur Entwicklung des Geheimbundwesens bei den Kwakiutl im Vergleich zu anderen Gruppen (Kap.

13). Ein Anhang enthält Gesänge mit Notenbeispielen sowie – wie auch sonst in diesem Buch – in Kwak'wala und Englisch abgefasste Texte und Erzählungen. Dabei handelt es sich jedoch um Fragmente, die erst in einer späteren gemeinsamen Textsammlung mit Hunt in ihrer vollständigen Fassung erscheinen. Darüber hinaus ist das Buch reichlich illustriert mit Zeichnungen der jeweiligen Masken und anderer zeremonieller Gegenstände und es enthält – für die damalige Zeit noch unüblich – eine Vielzahl von Fotos.

Das Werk mit den in ihm beschriebenen Winterzeremonien und dem Geheimbundwesen der Kwakiutl ist auf Grund des Detailreichtums und der Vielschichtigkeit der Informationen bis heute ein zentraler Referenztext zur Kultur der Kwakiutl gegen Ende des 19. Jh. Generationen von Ethnologen nach Boas bot es – zusammen mit seinen weiteren Werken bzw. Textsammlungen – das wohl wichtigste Material zur Begründung von Potlatch-Theorien, welche dann wiederum von verschiedenen Schulen für ihre jeweilige Theoriebildung herangezogen wurden. Es lieferte die Grundlage zu kulturpsychologischen (R. → Benedict), strukturalistischen (Rosman/Rubel), religiös-symbolischen (Goldman), kulturmaterialistischen (Marvin Harris [*1927]) und transaktionalen (Kasten) Erklärungsansätzen des Potlatch, wobei dieser auf Grund seiner Komplexität und der ihm innewohnenden Dynamik wohl am ehesten als »totales Phänomen« (M. → Mauss) zu begreifen ist. Auch in anderer Hinsicht verhalf das Buch bis in die jüngste Zeit durch die Problematisierung einiger ihm zugrunde liegender Methoden der Datenerhebung immer wieder zu diesbezüglichen Debatten und neuen Erkenntnissen, wie im Falle der Informantenproblematik oder der Repräsentativität vermeintlich indigener Sichtweisen am Beispiel von George Hunt. Dabei macht gerade der von Boas gegenüber dem Leser bewusst verborgene oder heruntergespielte multiethnische Hintergrund seines Schlüsselinformanten sowie dessen gleichzeitige Verankerung in der traditionell-indigenen wie auch in der kanadischen »frontier society«

denselben für aktuelle ethnologische Theorien besonders interessant, als einen mit wichtigem innovativen Potential ausgestatteten Grenzgänger zwischen den Kulturen.

ERICH KASTEN

Ausg.: EA New York 1970.
Lit.: F. BOAS/G. HUNT, Kwakiutl Texts, Leiden 1902–05. – H. CODERE, Fighting with Property, New York 1950. – A. ROSMAN/P. RUBEL, Feasting with mine Enemy, New York 1971. – I. GOLDMAN, The Mouth of Heaven, New York 1975. – M.-F. GUÉDON, La Formation des sociétés secrètes amérindiennes de la côte nord-ouest, in: Recherches amérindiennes au Québec 14/2 (1984), S. 35–45. – E. KASTEN, Maskentänze der Kwakiutl, Berlin 1990. – A. JONAITIS (Hg.), Chiefly Feasts. The Enduring Kwakiutl Potlatch, New York u.a. 1991.

Race, Language, and Culture (engl.; *Rasse, Sprache und Kultur*), EA New York 1940.

Zwei Jahre vor seinem Tod veröffentlichte der 81jährige Franz Boas, der wie kein anderer die amerikanische »Anthropology« der ersten Hälfte des 20. Jh. geprägt hat, auf 647 Seiten eine Auswahl von 62 zwischen 1887 und 1937 entstandenen Aufsätzen, die einen großen Teil der Bandbreite seiner wissenschaftlichen Interessen und Ansätze abdecken. Mit den Stichworten des Titels sind auch drei der vier Disziplinen (Humanbiologie, Sprachwissenschaft, Ethnologie/Kulturanthropologie) angesprochen, die gemeinsam mit der Vorgeschichte (im vorliegenden Band unter »Kultur« subsumiert) die von Boas aus Europa importierte und in den USA in der Lehre verankerte Einheit der »anthropologischen Wissenschaften« bilden.

Zur Ethnologie kam der Sohn eines liberalen jüdischen Geschäftsmannes auf dem Umweg über sein Dissertationsfach Physik und die Geographie. Zur Überprüfung der gängigen umweltdeterministischen Theorien der Anthropogeographie unternahm Boas 1883–84 eine einjährige Feldforschung bei den Inuit von Baffinland, wo ihm die von H. Klutschak (1848–90) in dem Buch *Als Eskimo unter Eskimos* (1881) dargestellte Überlebensstrategie der Anpassung an die indigenen Lebensgewohnheiten als Vorbild diente, auch wenn er von einem Diener begleitet war und sich abends der Kant-Lektüre widmete. Nach seiner Rückkehr war er Assistent von A. → Bastian am Museum für Völkerkunde in Berlin und stand auch unter den Einfluss des darwinskeptischen Arztes und Anthropologen Rudolf Virchow (1821–1902), ging aber nach seiner 1886 erfolgten Habilitation im Fach Geographie endgültig in die USA, forschte an der kanadischen Nordwestküste und bekleidete vorerst verschiedene Stellen als Wissenschaftspublizist, Universitätslehrer und Museumsmitarbeiter, bis er ab 1895 (bis 1905) eine Stelle als Kustos der ethnologischen Abteilung am American Museum of Natural History in New York innehatte. Von hier aus leitete er zwischen 1901 und 1905 die internationale Jesup North Pacific Expedition zur Erforschung der Kulturbeziehungen zwischen Nordostasien und Nordwestamerika. 1899 erhielt er eine Professur an der Columbia University in New York, wo er einen Großteil der ersten Generation professioneller Ethnologen in den USA ausbildete.

Während Boas schon in seiner Hinwendung von der Physik zur Geographie (»The Study of Geography«, 1887) das naturwissenschaftliche Bemühen um Verallgemeinerungen als gegensätzlich zum Interesse des Historikers an den Einzeltatsachen darstellte, so sah er doch die zwei Ziele der Ethnologie als komplementär (»The Aims of Ethnology«, 1888): die verstehende Analyse der sprachlichen und kulturellen Merkmale einzelner Völker, die zugleich Quellen zur Rekonstruktion der Geschichte der Menschheit darstellten, bildete dabei die Voraussetzung für die auf der Grundlage des Vergleichs angestrebte Suche nach den durch die psychische Einheit der Menschheit vorhandenen Gemeinsamkeiten und ihrer Entwicklung. Unter seinen Schülern führte diese doppelte Zielsetzung später zur heiß diskutierten Frage, ob denn die Ethnologie nun Naturwissenschaft oder Geschichte sei, die von Boas selbst mit »weder noch« beantwortet wurde (»History and Science in Anthropology«, 1936). Und während der Neoevolutionist L. → White Boas als Gegner des Evolutionismus schmähte, sah ihn R. → Lowie als jemand, der nicht der kulturellen Evolution selbst, sondern nur der Spekulation darüber abhold war. Die Einsicht, dass Generalisierungen (und damit das zweite und »wahrscheinlich wichtigere« Ziel) erst nach gründlicher Kenntnis der Fakten möglich sein würden, verstärkte sich bei Boas im Laufe seiner Forschungen und führte dazu, dass man seinen Namen in erster Linie mit Theorienscheu, Eklektizismus und historischem Partikularismus verbindet. Allein schon die von Boas forcierte Verwendung der Mehrzahl »Kulturen« gegenüber der bei E. B. → Tylor üblichen Einzahl »Kultur« deutet an, wo er in seinem Werk die Priorität gesetzt hat.

Antievolutionismus und Theorienscheu sind missverstandene Schlussfolgerungen aus der harten Kritik, die Boas an den vorliegenden Erklärungsansätzen übte. Dabei folgt er dem einfachen Schema, nach Darstellung der entsprechenden Theorie möglichst objektives Datenmaterial auszubreiten, um damit Ausnahmen zu den von der Theorie vorausgesagten Verhältnissen zu belegen und somit die Theorie als falsch zu erweisen, die der Komplexität der Situation nicht gerecht wird, weil eine gründliche Analyse zeigt, dass mehr als ein Faktor das Resultat beeinflusst. Ein klassisches Beispiel dafür ist Boas' Aufsatz »Decorative Designs of Alaskan Needlecases« (1908), in dem er anhand der Form von beinernen Nadelbüchsen der Eskimo Alaskas zeigt, dass weder die Entwicklung abstrakter Formen aus figürlichen Darstellungen noch der umgekehrte Fall als allgemeine Erklärung für die Entstehung von Ornamentik brauchbar ist. Aber auch die alleinige Erklärung kultureller Ähnlichkeiten entweder auf der Grundlage der psychischen Einheit oder durch Diffusion wird als irrig entlarvt (»The Limitations of the Comparative Method of Anthropology«,

1896; Rezension von F. → Graebners *Methode der Ethnologie*, 1911; »The Methods of Ethnology«, 1920; »Evolution or Diffusion«, 1924). Lediglich im kleinräumigen Vergleich besteht nach Boas Hoffnung auf die »Beobachtung« der dynamischen Veränderungen von Kulturen, die freilich keine wirkliche Beobachtung ist, sondern ebenfalls nur eine Schlussfolgerung (»Relationships between North-West America and North-East Asia«, 1933). Warum, fragt Lowie (1933) in Anlehnung an Boas' eigene Methode der Theorienkritik, sollte die Ähnlichkeit der Mythologien Nordasiens und Nordwestamerikas das rezente Eindringen der Eskimo nach Alaska und die »uralte Verbindung« zwischen Indianern und Paläo-Sibiriern wahrscheinlich machen, während der panägyptische Diffusionismus eines Elliott Smith (1871–1937), der ebenfalls auf der Annahme einer langen Konstanz von Kulturelementen beruht, abzulehnen ist?

Der Vorrang des geduldigen Erhebens von Fakten durch Feldforschung, die Betonung der Empirie gegenüber spekulativer Theorienbildung ist das Erbe des naturwissenschaftlichen Hintergrunds, den Boas in die Ethnologie eingebracht hat. Schon frühzeitig erkannte er als beste Möglichkeit zur »Objektivierung« der Daten das Sammeln eingeborener Texte (von denen er allein rund 10.000 Druckseiten veröffentlichte), die ohne Interpretation durch den Forscher »für sich selbst« sprechen sollten. Dies ließ ihn nicht nur zum Mitbegründer und jahrzehntelangen Herausgeber des *Journal of American Folklore*, sondern auch zum Verfasser zahlreicher Beiträge zu Inhalt, Form und Geschichte der Oralliteratur werden. So stellt »Stylistic Aspects of Primitive Literature« (1925) etwa die für Boas typische Frage nach dem Verhältnis von »allgemeinen geistigen Merkmalen« des Menschen und spezifischen historischen Bedingungen in der Entwicklung von Poesie und Erzählkunst, während »Romance Folk-Lore among the American Indians« (1925) zeigt, wie romanische Einflüsse in verschiedenen indigenen Erzähltraditionen nicht nur aufgenommen, sondern vor allem assimiliert wurden.

Die umfassende Beschäftigung mit Texten machte Boas in seiner Zeit auch zu einem der herausragenden Erforscher der indigenen Sprachen Nordamerikas, deren Hauptfragen er in seiner Einleitung für das ebenfalls von ihm gegründete *International Journal of American Linguistics* (1917) umreißt, während sich andere Beiträge speziell mit Sprachklassifikation und der Metaphorik bzw. der religiösen Terminologie in der Sprache der Kwakiutl befassen.

Während nur 40 Seiten des Buchs von »Sprache« handeln, widmet Boas annähernd 200 Seiten dem Thema »Rasse«, was tatsächlich seine Bedeutung bei der wissenschaftlichen Bekämpfung des Rassismus widerspiegelt. In mehreren Aufsätzen konnte Boas auf der Grundlage der statistischen Auswertung anthropometrischer Daten die Instabilität genetischer Typen nachweisen; zugleich bot ihm das Studium von Einwandererbevölkerungen nach Nordamerika die Möglichkeit, den Einfluss der natürlichen und sozialen Umwelt auf körperliche Eigenschaften des Menschen zu demonstrieren. Gemeinsam mit der unbestreitbaren Tatsache, dass menschliche Populationen auch ohne Veränderung ihres genetischen Bestands kulturellem Wandel (auch der »Höherentwicklung« in einem eurozentrischen Sinn) unterliegen können, führt ihn dies zur Schlussfolgerung, dass Kultur und »Rasse« voneinander unabhängige Eigenschaften sind, und dass für die Annahme kausaler Beziehungen zwischen »Rasse« und Kultur bzw. Charakter jeder Beleg fehlt.

Seine wissenschaftlichen Erkenntnisse hat der vom politischen Liberalismus geprägte Franz Boas stets auch einem breiteren Publikum zu vermitteln versucht. Die in *Race, Language, and Culture* versammelten Texte enthalten unter anderem Vorträge bei der Tagung des Verbands der amerikanischen Lebensversicherungsärzte oder vor dem Deutschen Gesellig-Wissenschaftlichen Verein von New York. Sein anhaltendes Interesse an der Rolle der Erziehung bei der Gestaltung der Persönlichkeit und der Befreiung des Individuums spiegeln Boas' lebenslange Beschäftigung mit

Fragen der persönlichen Freiheit, die letztlich auch an seiner Ablehnung von evolutionistischen und deterministischen Theorien beteiligt war, die der persönlichen Entscheidungsfreiheit nur einen geringen Stellenwert einräumten. Vor allem in den beiden letzten Jahrzehnten seines Wirkens ging Boas verstärkt auf die Frage nach dem Verhältnis zwischen Individuum und Kultur ein und bereitete so den Weg für den »Kultur-und-Persönlichkeit«-Ansatz in der Ethnologie (vgl. z.B. R. → Benedict, A. → Kardiner, R. → Linton, M. → Mead).

CHRISTIAN F. FEEST

Ausg.: ND Chicago 1982.

Lit.: A. L. KROEBER u.a., Franz Boas, 1858–1942, Menasha 1943. – M. J. HERSKOVITS, Franz Boas: The Science of Man in the Making, New York 1953. – W. GOLDSCHMIDT (Hg.), The Anthropology of Franz Boas, Menasha 1959. – L. A. WHITE, The Ethnography and Ethnology of Franz Boas, Austin 1963. – G. W. STOCKING, JR. (Hg.), The Shaping of American Anthropology, 1883–1911: A Franz Boas Reader, New York 1974. – M. DÜRR/E. KASTEN/E. RENNER (Hg.), Franz Boas. Ethnologe, Anthropologe, Sprachwissenschaftler, Wiesbaden 1992. – V. J. WILLIAMS, Rethinking Race: Franz Boas and His Contemporaries, Lexington 1996. – R. DARNELL, And Along Came Boas: Continuity and Revolution in Americanist Anthropology, Amsterdam/Philadelphia 1998. – D. COLE, Franz Boas: The Early Years, 1858–1906, Seattle 1999.

António de Oliveira de Cadornega

(* ca. 1610 Vila Viçosa; † ca. 1690 Luanda?)

História Geral das Guerras Angolanas (port.; *Allgemeine Geschichte der angolanischen Kriege*), EZ 1680–81; ED Bd. 2, in: Portugal em África 8/9, Lissabon 1901–02; EA Lissabon 1940–42, 3 Bde., hg. von J. M. Delgado/M. Alves da Cunha.

Cadornegas dreibändiges Werk über Angola ist eine frühe und zugleich außergewöhnliche Quelle zur Geschichte und Ethnologie Afrikas. Es fasziniert nicht nur durch seine

Themenvielfalt, sondern vor allem durch die systematische Darstellung und Kombination von Geschichte und »vor Ort« betriebener Ethnographie, die sich über einen Zeitraum von Jahrzehnten erstreckte.

Über das Leben des portugiesischen Autors ist wenig Sicheres bekannt. 1639 begleitete er den neuen Gouverneur als einfacher Soldat nach Angola. Hier machte er zunächst eine militärische Karriere, bevor er Funktionen in der Gemeindeverwaltung übernahm, die seiner Neigung und Begabung besser entsprachen. In späteren Jahren war er ein angesehenes Ratsmitglied in Luanda. Ein schwerer Schicksalsschlag traf Cadornega 1662 mit der Verhaftung seiner Mutter und seiner Schwester durch die Inquisition. Als Neuchristin bezichtigte man sie, weiterhin dem jüdischen Glauben anzuhängen. Trotz aller Unschuldsbeteuerungen wurde die Mutter als Ketzerin zum Tod auf dem Scheiterhaufen verurteilt. Da sie jedoch im Kerker starb, konnte 1668 an ihrer statt nur eine Puppe öffentlich in Lissabon verbrannt werden. Der Schwester gelang es, ihr Leben durch ein »Geständnis« zu retten. Die Vermutung liegt nahe, dass diese über die Familie hereingebrochene Katastrophe Cadornegas späte schriftstellerische Tätigkeit beeinflusst hat. Protest, Rechtfertigung, Kompensation, Bewährung – ein Bündel von Motiven mögen zum inneren Antrieb für sein großes Werk geworden sein. Das Ereignis mag auch seiner Rückkehr in die Heimat im Wege gestanden sein.

Cadornegas Hauptwerk, die *História Geral*, das erst Mitte des 20. Jh. veröffentlicht wurde (und von dem das Manuskript eines weiteren Bandes verschollen ist), zerfällt in zwei Teile. Die ersten beiden Bände konzentrieren sich auf die Beschreibung portugiesischer Feldzüge in Angola bis zum Jahr 1680, wobei der Inhalt wesentlich reicher und vielfältiger ist, als es der Titel vermuten lässt; die Amtsperioden der portugiesischen Gouverneure bilden hier das Gliederungsprinzip. Der dritte Band ist dagegen »Land und Leuten« gewidmet und beschreibt systematisch alle

Provinzen, Regionen und Königreiche, von denen der Autor Nachricht hat. Nach eigenem Bekunden verfasste Cadornega sein Werk, um die Geschichte der portugiesischen Eroberung Angolas vor dem Vergessenwerden zu bewahren.

Die persönlich verbürgte Glaubwürdigkeit war dem Autor ein zentrales Anliegen. Soweit Schriftliches existierte, zog er es heran. Um die Authentizität seiner Berichterstattung zu erhöhen, schloss er sogar gelegentlich ganze Dokumente im Wortlaut ein, darunter solche, die im Original inzwischen längst verloren sind. Aber sein Wissensdrang ging weit über das schriftlich Fixierte hinaus. Nachdrücklich und systematisch befragte er jeden, der ihm über die Geschichte und Beschaffenheit des Landes, seine Bewohner und ihre Sitten Auskunft zu geben vermochte. Hierzu zählten vor allem die alten Konquistadoren, zu denen auch sein Schwiegervater gehörte, der einer seiner wichtigsten Gewährsleute wurde. Andere Informationen stammten von Missionaren und von den Kaplanen, die die kämpfende Truppe betreuten. Weniger erfolgreich waren seine Bemühungen, auch mündliche Traditionen zu erhalten, weil er weder Zugang zu den einheimischen Mbundu-Historikern noch zu ihren Herrschern besaß. Ab 1639 war Cadornega für viele Ereignisse und Sachverhalte selber Augenzeuge. Hier ist sein Werk unersetzbar und von außergewöhnlicher Reichhaltigkeit und Authentizität. Da er allerdings ganz hinter seine Schilderungen zurücktrat, kann man seine direkte Beteiligung an Geschehnissen oft nur vermuten.

Cadornega trug größte Sorge, den Leser nicht zu langweilen. Daher benutzte er als Stilmittel, neben häufigem Themenwechsel und angestrebter Themenvielfalt, auch direkte und indirekte Rede sowie Einschübe über »merkwürdige« oder »wunderbare« Vorkommnisse. Er war erstaunlich belesen und stellte geschickt immer wieder Vergleiche mit der Weltgeschichte an, wobei er von den klassischen Werken der Antike bis zu den jüngeren iberischen Historikern alles Erreichbare verarbeitete. Auf diese Weise suggerierte er dem Leser bewusst die Gleichrangigkeit und Bedeutung der seiner Meinung nach bisher völlig übersehenen angolanischen Geschichte. Da die Fronten klar waren (hier Weiße, Portugiesen und gute Katholiken – dort Schwarze, wilde Heiden, Götzendiener und ketzerische Holländer), enthielt er sich meist weitergehender eigener Urteile, die aber dennoch, diesem Schema folgend, überall durchscheinen. Seine Kommentierungen beschränkten sich weitgehend auf das Einstreuen von Sprichwörtern und Sentenzen, die seinem Bericht eine zusätzliche Distanz verleihen, aber auf diese indirekte Weise auch moralische Belehrungen einfließen lassen. Unschätzbar für Afrikaforscher sind die überaus zahlreichen afrikanischen Bezeichnungen mit ihren Erläuterungen, so dass hinter den portugiesischen Stereotypen die afrikanische Begriffswelt erfassbar wird.

Von vornherein wollte der Autor nicht nur Kriegsgeschichte schreiben, sondern auch von anderen Besonderheiten und Begebenheiten des Landes erzählen. Die Feldzüge, für deren Beschreibung Cadornega durch jahrelange eigene Erfahrungen besonders prädestiniert war, stehen jedoch im Vordergrund. Über die bloße Dokumentation hinaus, ging es dem Autor darum, Vorurteilen in Europa entgegenzutreten, dass es sich dabei lediglich um Sklavenrazzien gehandelt habe, und zu zeigen, dass sich die militärischen Auseinandersetzungen im fernen Afrika an persönlichem Risiko, Mut, Taktik und Aufopferung durchaus mit dem großen europäischen Kriegsgeschehen messen konnten. Daher hielt er auch zahlreiche Details der Kriegführung (beider Seiten!) für mitteilungswürdig, so dass zuweilen überaus lebendige, authentische Bilder entstehen, die aus anonymen Gegnern individuelle Menschen unterschiedlicher Kulturen machen, wie sie in dieser Fülle und Farbigkeit in keiner anderen zeitgenössischen Quelle Zentralafrikas zu finden sind. Da nicht nur der Hauptfeind, sondern auch die lebenswichtigen Partner der Portugiesen Afrikaner waren, rücken diese zwangsläufig in den Mittelpunkt. Und weil Cadornega alle nur irgendwie in

Erscheinung tretenden Akteure mit Namen anführt, oft mit einer zusätzlichen Charakterisierung persönlicher, geographischer, historischer oder anderer Art, entsteht ein detailreiches Panorama des Landes und seiner Bewohner, wie es aufgrund der übrigen Quellen nicht annäherungsweise zu rekonstruieren wäre.

Cadornega fällt aus der simplen Zweiteilung in Reisende in Afrika auf der einen und Lehnstuhlkompilatoren in Europa auf der anderen Seite heraus. Wie viele seiner Zeitgenossen verzeichnete auch er das für europäische Begriffe »Merkwürdige« und »Sonderbare« in der Pflanzen- und Tierwelt sowie in den Kulturen der »heidnischen« Afrikaner. Aber sein Werk ist keine Ansammlung von Kuriositäten. Da er selbst viele Jahre lang in die berichteten Ereignisse involviert war und da das Land seiner Forschungen schließlich zu seiner neuen Heimat wurde, sind seine Beobachtungen viel weniger oberflächlich und fragmentarisch als die von Reisenden. Die jahrzehntelange Nähe zu seinen »Studienobjekten« verhinderte einen Sensationsbericht über ungewöhnliche »Entdeckungen« und eine bloße Anhäufung angeblicher Absonderlichkeiten. Die sachliche und hartnäckige Wissbegierde Cadornegas ließ ihn vielmehr sein Augenmerk gerade auch auf den facettenreichen Alltag in diesen anderen Kulturen richten und über das bloße Registrieren hinaus auch immer wieder Begründungen erfragen. Dabei blieb er fast immer im Konkreten. Philosophische Erörterungen und allgemeine Ursprungs- und Herkunftsfragen lagen ihm fern. Weil Cadornega nicht nur als durchreisender Ethnograph oder als missionierender Anwalt des Christentums exotische Sitten und Kulturmerkmale sammelte, sondern als Historiker vor allem an politischer Geschichte interessiert war, an der in Angola die Afrikaner auf beiden Seiten einen wesentlichen, höchst aktiven und meist entscheidenden Anteil hatten, konnte es in seiner Darstellung keine simple Dichotomie europäisch/exotisch, zivilisiert/barbarisch geben. Eher noch verschrieb er sich dem Freund/Feind-Schema. Gewiss standen die portugiesischen Akteure, wenn auch keineswegs unbesehen, im Zentrum seiner Wertschätzung. Unterhalb dieser Ebene ist die Darstellung jedoch wesentlich differenzierter.

Der afrikanische Kontinent ist nicht reich an gehaltvollen Arbeiten über das 17. Jh. Cadornegas noch viel zu wenig bekanntem Werk gebührt deshalb ein herausragender Platz. Es bietet dem Laien eine spannende Reise in die afrikanische Vergangenheit und dient dem Historiker und Ethnologen als eine schier unerschöpfliche Quelle.

BEATRIX HEINTZE

Ausg.: ND Lissabon 1972
Lit.: A. DE OLIVEIRA DE CADORNEGA, Descrição de Vila Viçosa, hg. von H. GOMES TEIXEIRA, Lissabon 1983. – B. HEINTZE, António de Oliveira de Cadornegas Geschichtswerk über Angola. Eine außergewöhnliche Quelle des 17. Jh., in: Paideuma 42 (1996) 85–104.

Johannes von Plano Carpini (Giovanni Da Pian Del Carpine)

(* ca. 1182 bei Perugia (?); † ca. 1252 Antivari)

Ystoria Mongalorum (lat.; *Kunde von den Mongolen*), EZ 1247, ED (Auszug) London 1598, EA Paris 1824.

Die *Ystoria Mongalorum* enthielt für das mittelalterliche Europa die ersten systematischen Informationen über das völlig neu in ihren Gesichtskreis getretene, bedrohliche Volk der Mongolen, wurde dementsprechend intensiv rezipiert und bildete die wichtigste Grundlage des spätmittelalterlichen Mongolen- und Asienbildes. Gleichzeitig ist der Augenzeugenbericht eine der wenigen Schriftquellen, die der modernen Forschung über Lebensformen, religiöse Anschauungen und gesellschaftliche Organisation der Mongolen auf dem Höhepunkt ihrer Expansion im 13. Jh. zur Verfügung stehen.

Im Jahre 1241 hatten die Mongolen, die in Zentralasien schon seit Jahrzehnten ihr Weltreich aufbauten (wovon vereinzelte Nachrichten auch nach Europa gedrungen, dort aber nicht ernst genommen worden waren), zwei abendländische Ritterheere in Schlesien und Ungarn vernichtend geschlagen, sich dann jedoch zunächst zurückgezogen. Die europäischen Reaktionen reichten von Panik über traditionelle Abwehrmaßnahmen bis hin zur Sammlung aller erreichbaren Einzelinformationen über die Invasoren und ihre Absichten, um für die Zukunft gerüstet zu sein. Aus diesem Grund sandte im Jahre 1245 Papst Innozenz IV. (1243–1254) Boten in jene Regionen des Vorderen Orients und Osteuropas, aus denen man von mongolischen Einfällen erfahren hatte. Der bedeutende Rechtsgelehrte Innozenz trug maßgeblich zur Entwicklung völkerrechtlicher Ideen im christlichen Europa bei. Er war entgegen verbreiteten Positionen bereit, auch nichtchristliche Herrschaft als legitim anzuerkennen, sofern sie sich der Oberaufsicht des Papstes unterwarf und christliche Mission in ihrem Bereich zuließ. Aus diesem Selbstverständnis heraus wandte er sich in einem Sendschreiben an die Mongolen und wählte zu dessen Überbringung Mönche aus den beiden jungen Missionsorden der Franziskaner und Dominikaner aus (unter ihnen auch den Franziskanermönch Johannes von Plano Carpini). Als Gelehrter auf der Höhe der Wissenschaft seiner Zeit ging der Papst zudem besonders systematisch vor und versah die Gesandten mit einem Katalog von Fragen, die sie über die Herkunft, die Religion, die Lebensform, die militärische Stärke, die diplomatischen Gepflogenheiten und die Vertragstreue des fremden Volkes beantworten sollten. Dreifache Aufgabe der Boten war es also, als Diplomaten, Missionare und Kundschafter tätig zu werden und eine um militärisch-diplomatische Desiderata erweiterte, möglichst umfassende Völkerbeschreibung zu liefern.

Johannes von Plano Carpini nahm den Weg über Osteuropa, erreichte die ersten mongolischen Vorposten und ließ sich – anders als seine Kollegen, die im Vorderen Orient blieben – durch ganz Zentralasien bis in das Stammgebiet der Mongolen weiterschicken; mehr als zwei Jahre später kehrte er mit reichem Wissen zurück. Kongenial füllte er die päpstliche Systematik aus und ergänzte sie nicht nur durch seinen eigenen Reisebericht, sondern auch durch ausführliche Nachrichten über die Geschichte des Weltreiches, dessen Existenz er entdeckt hatte. Da er Vorsorge treffen wollte, dass die Christenheit nicht noch einmal unvorbereitet und praktisch wehrlos einem Überfall der Mongolen ausgesetzt sein sollte, stellte er deren bisherige Erfolgsgeschichte samt Überlegungen für eine künftige Gegenwehr dar. In den elf Kapiteln seines Werkes trug Carpini zahllose hervorragende Informationen zusammen (I) über das Land der Tartaren, seine Lage, seine Beschaffenheit und sein Klima; (II) über die Menschen, deren Bekleidung, Behausungen, Besitztümer und Heiratsbräuche; (III) über ihre religiösen Vorstellungen, Riten, vor allem Sünden, Wahrsagungen, Reinigungsriten, und Begräbnisbräuche; (IV) über ihre guten und schlechten Sitten, ihre Speisen etc.; (V) über die Geschichte der Tartaren, ihres »Kaisertums« und ihrer Fürsten; (VI) über ihre Kriegführung, ihre Schlachtordnung, ihre Waffen, ihre Hinterlist im Kampf, ihre Grausamkeit gegenüber Gefangenen und ihre Treulosigkeit gegen Unterworfene; (VII) über ihre Friedensschlüsse, über die Namen der von ihnen eroberten Länder, über ihre Tyrannei gegenüber den Unterworfenen etc.; (VIII) über die verschiedenen Kriegstaktiken, die man anwenden sollte, wenn man ihnen entgegentritt; sowie (IX) über die Gebiete, die er mit seinen Gefährten durchreist hatte, über den Hof des »Kaisers« der Tartaren (samt detaillierter Beobachtung der Erwählung Güyüks zum Großkhan) und über dessen Fürsten.

Bei aller Mühe und Sorgfalt hatte Johannes wie jeder Reisende unter fremden Völkern bestimmte Erwartungen. Er maß mit seinen eigenen Maßstäben, verstand aufgrund des eigenen Vorwissens und fand oft genug das, was er suchte. In seinem Falle wurde diese Haltung durch den hohen Grad an

Fremdheit und den determinierten Vorstellungshorizont eines mit dem mittelalterlich-christlichen Bildungskanon vertrauten Abendländers noch verstärkt. Das abendländische Weltbild galt als vollständig, denn man war überzeugt, aus antiken, heidnischen und christlichen Traditionen alle Länder und Völker der Schöpfung zu kennen. So versuchte man jede geo- wie ethnographischen Information in altbekanntes Wissen einzuordnen – auch die Mongolen brauchten dementsprechend nur »wiedergefunden« werden. Aufgrund ihres bisherigen Verhaltens gab es zudem bereits diverse Theorien darüber, wie sie einzuordnen seien. Sie reichten bis zu ihrer Identifikation mit Gog und Magog, den apokalyptischen Völkern der biblischen Endzeit, die man fern im Osten, am Rande der Welt, hinter Bergen eingeschlossen glaubte.

Allerdings fand Johannes im Verlauf seiner Reise immer weniger von dem, was er ursprünglich erwartet hatte, so dass er vor der Deutung weitgehend verstummte, dafür aber Zeugen benannte, die bestätigen konnten, dass er tatsächlich überall gewesen war. Andererseits war er jedoch noch nicht in der Lage, die ihm selbstverständliche Tradition grundsätzlich in Frage zu stellen. Gerade deshalb aber beobachtete er um so genauer, sammelte Informationen und schrieb sorgfältig nieder, was er hatte in Erfahrung bringen können. Dies und die Systematik, die ihm von vornherein aufgegeben war, wurden neben der Tatsache, dass er der Erste war, der zusammenhängende und umfangreiche Nachrichten aus Zentralasien nach Europa brachte, verantwortlich für den großen Erfolg, den seine *Ystoria Mongalorum* im mittelalterlichen Europa fand. Die Berichte der Dominikaner, die zeitgleich mit Carpini ausgesandt wurden und nur bis in den Vorderen Orient gelangt waren, gingen dagegen bis auf Auszüge verloren (1248, Simon de Saint-Quentin, zugl. mit der *Ystoria* in des Vincent de Beauvais [† ca. 1264] *Speculum Historiale*). Das knapp zehn Jahre später verfasste, viel farbigere und ebenso inhaltsreiche, aber unsystematischere *Itinerarium* (1253–55) des Franziskaners Wilhelm von Rubruk († ca. 1270) wurde kaum rezipiert. Johannes' *Ystoria* dagegen schrieben sich Interessenten bereits ab, als der Text noch gar nicht endgültig fertig war. Aus den frühen schriftlichen Bearbeitungen seines Berichts geht hervor, dass die ersten Rezipienten das nachholten, was Johannes in ihren Augen versäumt hatte: Sie interpretierten nach Maßgabe des damaligen Wissenskanons, nahmen Identifikationen und Einordnungen vor. Auf längere Sicht blieb allerdings die Sprengkraft, die seinen Informationen für das traditionelle Weltbild innewohnte, nicht ohne Wirkung: die Erkenntnis von Neuheit nämlich. Über Jahrhunderte hin schrieben Enzyklopädisten, Chronisten, Gelehrte seinen Text immer wieder ab, deuteten ihn und werteten ihn aus. Zudem fand er Nachahmer. Seine Erzählungen trieben weitere Reisende nach Asien, die das neue Wissen ergänzten. Für die Missionsgeschichte gipfelte der insbesondere von den Franziskanern vorangetriebene Vorstoß in die mongolischen Reiche Zentral- und Ostasiens in der Einrichtung der katholischen Erzbistümer von Peking 1307 und von Sultaniyah (Persien) 1318; für das geographische Weltbild bedeutete die begonnene Öffnung letztlich, dass Kolumbus auf einem neuen Weg gen Westen in den Osten der Erde zu gelangen versuchte.

FELICITAS SCHMIEDER

Ausg.: M. A. P. D'AVEZAC (Hg.), Paris 1824. – P. DAFFINÀ u.a. (Hg.), Storia dei Mongoli, Spoleto 1989. – F. SCHMIEDER, Kunde von den Mongolen (1243–1245). Übersetzung und Kommentar, Sigmaringen 1997.

Lit.: Fra Giovanni di Pian di Carpine nel VII centenario della sua morte (1252–1952), Assisi 1952. – G. A. BEZZOLA, Die Mongolen in abendländischer Sicht (1220–70). Ein Beitrag zur Frage der Völkerbegegnung, Bern/München 1974. – J. RICHARD, La papauté et les missions d'Orient au Moyen Age (XIIIe–XVe siècles), Rom 1977. – D. SINOR, Inner Asia and its Contacts with Medieval Europe, London 1977. – F. SCHMIEDER, Europa und die Fremden. Die Mongolen im Urteil des Abendlandes vom 13. bis in das 15. Jh., Sigmaringen 1994.

Napoleon Alphonseau Chagnon
(* 1938, Port Austin)

Yanomamö. The Fierce People (engl.; *Yanomamö: Das grimmige Volk*), EA New York 1968.

Chagnons Monographie über die »wilden« Yanomamö ist eines der meistgelesenen Bücher der Amerikanistik, vielleicht sogar der Ethnologie. An vielen amerikanischen Colleges und Universitäten gehörte es im späten 20. Jh. für Tausende Studenten zur Pflichtlektüre. Die ersten beiden Ausgaben erreichten eine Auflage von zusammen über 750.000 Exemplaren. »Yanomamö« wurde dadurch zum wohl bekanntesten südamerikanischen Ethnonym.

Die erst seit Mitte der 1950er Jahre permanent kontaktierten damals etwa 21.000 Yanomamö leben als Pflanzer, Sammler und Jäger im bergigen Regenwald des Grenzgebiets von Südostvenezuela und Brasilien. Die etwa 350 politisch selbständigen Dörfer haben jeweils 30 bis 90 Einwohner; in Venezuela einige auch bis zu 200.

Zwischen 1964 und 1966 führte Chagnon im Rahmen eines Dissertationsprojekts seine erste sechzehn Monate dauernde Feldforschung bei den venezolanischen Yanomamö durch. Seine Beschreibung der Ankunft im Dorf Bisaasiteri in Begleitung eines Missionars und seines von ihm so genannten »Kulturschocks« gibt den ersten Eindruck wieder, der vielleicht auch die weitere Einschätzung der Yanomamö durch den damals 26jährigen bestimmte:

»Mir [...] stockte der Atem, als ich ein Dutzend stämmiger, nackter, dreckiger, abscheulicher Männer sah, die uns mit schussbereiten Pfeilen auf den gespannten Sehnen fixierten. Gewaltige Rollen grünen Tabaks zwischen ihren Unterlippen und Zähnen ließen sie noch scheußlicher aussehen, und dunkelgrüner Schleim hing in Strähnen aus ihren Nasen. Wir kamen an, als die Männer gerade eine halluzinogene Droge geschnupft hatten. [...] Als nächstes musste ich entdecken, dass ein Dutzend bösartiger, unterernährter Hunde nach meinen Beinen schnappte. [...] Dann überfiel mich der Gestank von faulenden Pflanzen und Unrat und mir wurde fast schlecht. Ich war zu Tode erschreckt.«

Das Dorf war kurz zuvor überfallen, Frauen waren geraubt worden; die Männer erwarteten einen weiteren Angriff. Von da an sind das oft aggressive Verhalten der Yanomamö untereinander, das von Chagnon als »fierce« übersetzte Männlichkeitsideal *waiteri* (Wildheit, Gewalttätigkeit, Aggressivität) und die zahlreichen Überfälle und Kriege zwischen Yanomamö-Siedlungen Chagnons Thema.

Chagnon beschreibt sehr eindrucksvoll – auch humorvoll – die Bedingungen seiner Feldforschung, seine Arbeitsmethoden; er porträtiert einfühlsam seine wichtigsten Informanten (Kap.1). Sein Ziel ist es, die Zusammensetzung von Verwandtschaftsgruppen und den Austausch von Frauen zwischen ihnen zu erforschen, um dadurch zu verstehen, nach welchem Muster einerseits Dörfer Allianzen bilden und andererseits größere Siedlungen sich aufspalten.

Der Ethnographie der Yanomamö sind Kap. 2 und 3 gewidmet. Chagnon formuliert hier ein zentrales Problem der Yanomamö-Forschung, das von allen weiteren Ethnologen aufgegriffen wurde: Die »Frauenknappheit«, die mit der Häufigkeit der Kriege in Zusammenhang gebracht wird. Die Yanomamö praktizieren aber auch Mädcheninfantizid und Polygynie und müssen Frauen u.U. auch an stärkere Allianzpartner abgeben. Frauen sind also tatsächlich knapp. Gleichzeitig schockieren Chagnons Berichte von Gewalt gegen Frauen (Kap. 3): Frauen, die ihren häuslichen Pflichten »nicht rasch genug« nachkommen oder die eines Seitensprungs verdächtig sind, werden deshalb von ihren Männern geschlagen, mit glühenden Holzscheiten verbrannt, mit Macheten verletzt oder sogar mit Widerhakenpfeilen in Gesäß oder Beine geschossen. Betrogene Ehemänner schneiden ihren Frauen die Ohren ab, einige töten sie sogar. Die Männer demonstrieren auf diese Weise und durch kriegerische Leistungen, dass sie *waiteri* sind.

Dieses Verhalten ist sozial anerkannt und führt zu höherem Prestige und Status.

Die politischen Allianzen (Kap. 4) werden bestimmt von der Suche nach Bündnispartnern, indem eine militärisch schwache Gruppe – die etwa gerade einen Überfall erlitten und Krieger verloren hat und nicht zu ihrer Pflanzung zurückkehren kann – so lange Asyl erhält, bis sie sich erholt und eine neue Pflanzung angelegt hat, u.U. mehr als ein Jahr. Erfolgreiche Allianzen kulminieren im Austausch von Frauen, wobei die stärkeren »Gastgeber« oft mehr Frauen verlangen und gewöhnlich auch erhalten. Die detaillierte und spannende Schilderung der Vorfälle bei einem Fest der Bisaasiteri mit Gästen aus drei Dörfern ist sicherlich der Höhepunkt des Buches. Solche Feste dienen nicht nur der Bündnispolitik und dem Warentausch; sie können auch misslingen: Streitigkeiten (v.a. wegen Frauen) können zu Duellen und schließlich zu kollektiven Kämpfen und nachfolgenden Kriegen führen.

Ausschließlich den Formen der Gewaltanwendung ist Kap. 5 gewidmet. Als »Kriege« bezeichnet Chagnon nur die Überfälle auf ein anderes Dorf. Diese sind aber nur eine Form der Gewalt am Ende einer Skala abgestufter und nach festen Regeln ablaufender Aggressionsakte. Bei Streit zwischen Individuen kommen mehrere Austragungsformen in Frage: Das »Brustschlagen« folgt auf kleinere Kränkungen, z.B. üble Nachrede, den Vorwurf der Feigheit, Geiz mit Nahrungsmitteln oder kleinliches Verhandeln beim Gütertausch. Selbst nach diesem »harmlosesten« Duell spucken die Teilnehmer oft noch Tage später Blut, besonders wenn es mit Steinen in den Fäusten ausgeführt wurde. Das »Seitenschlagen« mit der flachen Hand oder der Breitseite der Machete auf die Region zwischen Brustkorb und Hüfte soll schon Todesopfer gefordert haben.

Gravierendere Vorwürfe – etwa Ehebruch, Diebstahl von Früchten der Pflanzung oder Schadenszauber – führen zu Keulenduellen, die in Lanzenduelle übergehen können, da die bis zu drei Meter langen Keulen am dünneren Ende zugespitzt sind. Solche Kämpfe finden auch zwischen Angehörigen verschiedener Dörfer statt. Keulenkämpfe um Frauen gibt es in größeren Dörfern öfter; sie eskalieren leicht und sind nach Chagnon auch der häufigste Grund für die Aufspaltung des Dorfs. Oft resultieren daraus Kriege zwischen den nun getrennt lebenden Parteien.

Alle Duelle zielen darauf ab, dem Gegner so schwere Streiche zu versetzen, dass er den Kampf abbricht, womit das eigene Image, *waiteri* zu sein, gewahrt bleibt, ohne eine weitere Eskalation erforderlich zu machen. Das Ziel kriegerischer Überfälle ist es hingegen, einen oder mehrere Feinde überraschend oder aus dem Hinterhalt zu töten und möglichst unerkannt und unbehelligt zu entkommen. Nur Überfälle ohne eigene Verluste gelten als Erfolg, unabhängig von der Zahl der getöteten Feinde.

Als höchste Steigerung der Aggression wertet Chagnon das »Verratsfest« *nomohoni*, bei dem ein Dorf in der Absicht eingeladen wird, in einem geeigneten Moment alle Männer hinterrücks zu töten und sich der Frauen zu bemächtigen. Letzter und häufigster Grund für Gewalttätigkeiten ist der Wettbewerb um die »reproduktive Ressource« Frauen.

Obwohl sich Chagnons Grundthese (»Dorfinterne Konflikte wegen Frauen führen zur Spaltung des Dorfs und letztlich zum Krieg«) durch das ganze Buch hindurch zieht, muss er schließlich doch zugeben, dass zwar »einige« Überfälle mit dem Ziel durchgeführt werden, Frauen zu erbeuten, und dass die Entführung heiratsfähiger Frauen stets ein »erwünschter Nebeneffekt« der Kriegszüge ist, nicht jedoch der sie auslösende »direkte« Grund. Die meisten Überfälle versteht er in Übereinstimmung mit der eigenen Erklärung der Yanomamö als Feldzüge zur Rächung von Schadenszauber, Mord, Keulenkämpfen um Frauen oder der Toten eines früheren Krieges. Das Beispiel eines Kriegszugs, mit dem Chagnon sein Buch beendet, ist schließlich ein Rachefeldzug, ausgelöst durch einen Rachefeldzug: Die Yanomamö-Gruppe der Patanoetheri wurde während Chagnons Feldforschung fünfundzwanzigmal überfallen und zahlte dies nun ihren Feinden nach Möglichkeit heim.

Über die Ursachen dieser Kriegshäufigkeit wird seit 1968 eine lebhafte Debatte geführt, in der sich – grob gesprochen – Kulturmaterialisten und Kulturmentalisten gegenüberstehen. Die Diskussion dreht sich vor allem um die Bedeutung der Aggressivität für die Kultur der Yanomamö und um den oder die Auslöser ihres chronischen Kriegszustands.

Chagnon erklärt ihn damit, dass die Yanomamö eben *waiteri* sind: wild, gewalttätig, leicht reizbar, kriegsbereit. Und: Die Yanomamö sind unsere »primitiven Vorfahren«, die so leben, wie wir »vor Tausenden von Jahren«. Die aggressive Disposition des Menschen und die männliche Konkurrenz um Status und Frauen führen zum Krieg »jeder gegen jeden«. – Dass uns indigene Völker einen so klaren Blick in die eigene Vergangenheit bieten, war schon 1968 als Irrtum erkannt, und Chagnons schlichter Soziobiologismus hat denn auch viele alternative Darstellungen der Yanomamö – die lesenswertesten stammen von Jacques Lizot (*1938) und Kenneth Good (einem ehemaligen studentischen Mitarbeiter Chagnons) – und konkurrierende Kriegsursachentheorien provoziert.

Marvin Harris (*1927) meint, die Knappheit des Jagdwilds – also Proteinmangel – sei der eigentliche Kriegsgrund. Kriegsgegner müssten weit voneinander entfernt siedeln, das »Niemandsland« zwischen den Dörfern diene dem Wild als Rückzugsgebiet und sichere so die Regeneration der Ressource Fleisch. Brian Ferguson sieht im Wettbewerb um knappe Handelsgüter – v.a. Macheten, Äxte und Gewehre, deren Besitz wiederum zu »mehr Frauen« verhilft – und letztlich der Präsenz der Weißen den Hauptauslöser für die Kriege der Yanomamö.

Weshalb keine der Theorien, die von einer wie auch immer gearteten Ressourcenknappheit und einer »positiven« Funktionalität des Krieges zu deren Behebung ausgehen, allen Facetten des Problems gerecht wird, hat Jürg Helbling

(*1954) erklärt. Er macht plausibel, dass Wild-, Güter- und Frauenknappheit, Zaubereianklagen und Racheakte nicht Ursachen, sondern Folgen des kriegerischen Wettbewerbs zwischen Lokalgruppen sind, und zeigt mit Hilfe der Spieltheorie, wie u.a. das Fehlen einer übergeordneten Sanktionsgewalt und eingeschränkte Mobilität der Lokalgruppen zu einem »Gefangenendilemma« und schließlich zu einem ausweglosen »Nullsummenspiel«, dem permanenten Kriegszustand, führen.

Christian Häusler (*1968) schließlich legt vor dem Hintergrund der »Writing Culture«-Debatte überzeugend dar, wie unser Bild von »Gewaltkulturen« nicht zuletzt durch selektive Darstellungsweisen und Überbetonungen einzelner Züge – etwa des *waiteri* – geprägt wird. Der Ruf eines Mannes oder eines ganzen Dorfes, *waiteri* zu sein, soll vor allem einschüchtern und abschrecken. *Waiteri* ist nicht der »Volkscharakter« der Yanomamö, es ist – wie die fein abgestuften Duellformen – Teil einer Strategie, die verhindern soll, dass Konflikte eskalieren.

Chagnon hat ein zentrales Problem der Sozialethnologie mit einem eindrucksvollen Beispiel illustriert und eine bis heute andauernde, fruchtbare Diskussion angeregt. Chagnon ist »gut zu lesen«, und es ist gut, Chagnon zu lesen – mit wacher Skepsis und wenigstens einer Arbeit von Lizot, Good, Helbling oder Häusler daneben.

BRUNO ILLIUS

Ausg.: Fort Worth [5]1997. Stark verändert u. ergänzt u.d.T: Yanomamö: The Last Days of Eden, San Diego 1992. – Dt. EA u.d.T.: Die Yanomamö. Leben und Sterben der Indianer am Orinoko, Berlin 1994 [Übers. d. Ausg. San Diego 1992].

Lit.: N. CHAGNON, Yanomamö: Warfare, Social Organization, and Marriage Alliances, [Diss.] Ann Arbor 1966. – DERS., Studying the Yanomamö, New York 1974. – J. LIZOT, Le cercle des feux, Paris 1976. – M. HARRIS, Animal Capture and Yanomamö Warfare, in: Journal of Anthropological Research 40 (1984), S. 183–201. – K. GOOD, Into the Heart, New York 1991. – J. HELBLING, Weshalb bekriegen sich die Yanomami?, in: Kea Sonderband 2 (1995), S. 195–223. – R. B. FERGUSON, Yanomami Warfare, Santa Fe 1995. – H. D. HEINEN/B. ILLIUS, The Last Days of El Dorado, in: Anthropos 91 (1996), S. 552–60. – C. HÄUSLER, Kopfgeburten, Marburg 1997. – Ders., Das Bild von Gewalt und Aggression als Quelle kulturellen Mißverstehens, in: Ibero-Amerikanisches Archiv 25 (1999), S. 397–418.

Mary Douglas
(* 25.3.1921 San Remo)

Purity and Danger. An Analysis of Concepts of Pollution and Taboo (engl.; *Reinheit und Gefährdung. Eine Studie zu Vorstellungen von Verunreinigung und Tabu*), EA London 1966.

Dass Mary Douglas heute als die große alte Dame der britischen Sozialanthropologie angesehen werden kann, hat vor allem mit zwei ihrer Publikationen zu tun: *Natural Symbols* und *Purity and Danger*. Während *Natural Symbols* im Allgemeinen als ihr bestes Buch gilt, ist *Purity and Danger* zweifellos ihr bekanntestes.

Die beiden genannten Publikationen, die gegen Ende der sechziger Jahre des 20. Jh. entstanden sind und sofort über die Grenzen der Sozialanthropologie hinaus Beachtung gefunden haben, weisen eine Reihe thematischer Überschneidungen auf. In beiden Werken vertritt Douglas die These, dass in Ideen und Vorstellungen soziale Bedingungen ihren symbolischen Ausdruck finden. Und in beiden Werken zielt ihr übergreifendes Erkenntnisinteresse darauf, die Funktion sozialer Bedingungen für die Ausbildung spezifischer Vorstellungsstrukturen auf der Ebene der Symbolsysteme einer Kultur zu bestimmen. Insofern ihr dies gerade auch in *Purity and Danger* auf paradigmatische Weise gelingt, nimmt sie bis heute einen prominenten Platz an der Schnittstelle zwischen britischem Funktionalismus, französischem Strukturalismus und einem Zweig der US-amerikanischen Kulturanthropologie ein, der für gewöhnlich symbolische Anthropologie genannt wird. Dass die wissenschaftlichen Ideen und Vorstellungen von Douglas selbst Ausdruck der sozialen Bedingungen sind, unter denen sie aufgewachsen ist, hat ihr Schüler und Biograph Richard Fardon hervorgehoben.

Mary Douglas wurde als Margaret Mary Tew während eines Urlaubsaufenthaltes ihrer Eltern in San Remo geboren. Da ihre Eltern zumeist in Burma lebten (ihr Vater stand im Dienst der dortigen britischen Kolonialverwaltung), wuchs Douglas bei ihren aus Irland stammenden Großeltern in Südengland auf. Die Erziehung, die sie hier erfuhr, folgte überkommenen konservativ-katholischen Traditionen, zu denen auch der Besuch einer Klosterschule gehörte.

Nach dem Zweiten Weltkrieg studierte Douglas am Oxford Institute of Social Anthropology bei E. E. → Evans-Pritchard, Franz Steiner (1909–1952) und anderen, doch am nachhaltigsten wurde sie zweifellos von den Ideen É. →Durkheims beeinflusst. Eine Feldforschung führte sie 1949/50 und 1953 nach Belgisch-Kongo zu den Lele, aus der zahlreiche Aufsätze und ihre Monographie *The Lele of the Kasai* (1963) hervorgegangen sind. Einen besonderen Einschnitt markiert das Jahr 1951: Die frisch promovierte Ethnologin heiratet James Douglas, einen Politiker der Konservativen Partei, bekommt ihr erstes von insgesamt drei Kindern und wechselt zum University College nach London, wo sie mehr als 25 Jahre unterrichten wird.

In die Zeit ihrer dortigen Lehrtätigkeit fällt auch die Entstehung ihres Buches *Purity and Danger*, das zuerst 1966 erschienen ist und bis in die Gegenwart hinein zahlreiche Neuauflagen im In- und Ausland erfahren hat. In dieser vergleichenden religionsethnologischen Abhandlung geht es im weitesten Sinne um kulturspezifische Vorstellungen von der richtigen Ordnung der Dinge, die zumeist mit religiös sanktionierten Konzepten von rein und unrein verbunden sind. Wenn man die übergreifende Fragestellung des Buches mit einem einzigen Satz zum Ausdruck bringen wollte, müsste dieser folgendermaßen lauten: Warum wird die Grenze zwischen dem Reinen und dem Unreinen nicht in allen Kulturen gleich gezogen?

Ihre zunächst einmal banal anmutende Antwort auf diese Frage, derzufolge Schmutz nichts Absolutes ist, sondern immer nur vom Standpunkt des Betrachters aus existiert, bildet nur den ersten Schritt einer längeren Argumentationskette: Schmutz, so die weiterführende These, verstößt gegen eine relative Ordnung; Aufräumen und Saubermachen sind von daher positive Anstrengungen, die darauf zielen, die Ordnung wiederherzustellen, die Umwelt zu organisieren und unsere Erfahrungen zu vereinheitlichen. Der entscheidende analytische Kunstgriff, den Douglas hier anbringt, besteht jedoch darin, Vorstellungen von Ordnung und Verunreinigung zu einem Zeitpunkt untersuchen zu wollen, als der uns heute geläufige Konnex von Hygiene und Krankheitsvermeidung aufgrund fehlender bakteriologischer Kenntnisse noch nicht gegeben war. Nur so kann sie Schmutz als etwas definieren, das schlicht fehl am Platz ist und letztlich mit Unordnung gleichsetzen. Wo aber von Unordnung die Rede ist, gibt es Vorstellungen von Ordnung – und auch davon, was diese gefährden könnte.

Die Art der Kontakte, die für gefährlich gehalten werden, haben Douglas zufolge eine symbolische Bedeutung, insofern sie eine allgemeine Sicht der sozialen Ordnung zum Ausdruck bringen. Douglas verdeutlicht diesen Punkt anhand von Konzepten geschlechtlicher Verunreinigung, die ihrer Einschätzung nach aufgeboten werden, um Männer und Frauen an ihre gesellschaftlichen Rollen zu binden. Als schmutzig gelten hier wie auch in anderen Bereichen diejenigen Vorstellungen und Praktiken, die die gängige Ordnung in Frage stellen oder geläufige Klassifikationen durchkreuzen. Dass solche Reinheits- und Ordnungsvorstellungen nicht nur – wie es bei Douglas heißt – primitive Gesellschaften kennzeichnen, sondern im Prinzip auch in modernen Gesellschaften anzutreffen sind, ist die zentrale Aussage und die eigentliche Herausforderung ihres Buches.

Die Universalität des von ihr behaupteten Ordnungsprinzips unterstreicht Douglas am eindrucksvollsten anhand ihrer viel gerühmten Analyse der im Dritten Buch Mose festgeschriebenen Speisegebote: Für die Israeliten, die vor allem von der Viehzucht lebten, bildeten paarzehige, wiederkäuende Huftiere das klassifikatorische Muster, nach dem sich die Reinheit von Tieren bemisst. Von daher fallen zum Beispiel Kamel und Schwein aus der Kategorie der reinen und genießbaren Tiere heraus. Nachdem Douglas diese und einige andere Grenzfällen ausgeklammert hat, gelingt es ihr, die den mosaischen Speisegeboten zugrundeliegende Logik aufzudecken. Die Reinheit von Tieren wird nach ihrer typischen Bewegungsweise bestimmt: Als rein gelten diejenigen Tiere, die für die richtige Fortbewegung in bzw. auf ihrem jeweiligen Element (Luft, Wasser, Erde) vollständig ausgestattet sind; als unrein gelten hingegen diejenigen Tiere, die sich nicht eindeutig fortbewegen und insofern gegen die zugrundeliegende klassifikatorische Ordnung verstoßen.

Die von Douglas erprobte Verfahrensweise, sich vom Alten Testament über moderne literarische Texte bis hin zu den eigenen ethnographischen Daten auf alle verfügbaren Materialien zu beziehen, um die Struktur kollektiver Vorstellungen herauszuarbeiten, ist bis heute in der Ethnologie eher unüblich geblieben. Aufgrund der von ihr angestellten Vergleiche zwischen der eigenen Gesellschaft und den von ihr als primitiv bezeichneten Kulturen hat sie gleichwohl stark popularisierend gewirkt, sich aber auch der Kritik argumentativer Beliebigkeit ausgesetzt. Mehr als drei Jahrzehnte nach dem Erscheinen ihres Werkes wird man jedoch einräumen müssen, dass die Selbstverständlichkeit, mit der die Ethnologie heute zur Untersuchung der eigenen Gesellschaft herangezogen wird, aus einer Entwicklung innerhalb des Faches resultiert, die von Douglas mit angestoßen wurde.

Die hier angesprochene Entwicklung hat Douglas ab 1977 von den USA aus verfolgt, wo sie zunächst für die Russel

Sage Foundation in New York tätig war, bevor sie 1981 eine Professur an der Northwestern University nahe Chicago bekleidete. Mary Douglas emeritierte Ende der achtziger Jahre und lebt heute auf ihrem Familienwohnsitz im Norden von London.

VOLKER GOTTOWIK

Ausg.: ND 1970, 1992. – Dt. EA u.d.T.: Reinheit und Gefährdung, Berlin 1985 (ND Frankfurt 1988).
Lit.: R. FARDON, Mary Douglas. An Intellectual Biography, London 1999. – V. GOTTOWIK, Wiedergelesen. Mary Douglas, Ritual, Tabu und Körpersymbolik, in: Paideuma 45 (1999), S. 293–304.

Cora Du Bois

(* 26.10.1903 Brooklyn; † 7.4.1991 Cambridge)

The People of Alor. A Social-Psychological Study of an East Indian Island (engl.; *Die Leute von Alor. Eine sozialpsychologische Studie über eine ostindische Insel*), EA Minneapolis 1944, 2 Aufl. Cambridge 1969.

The People of Alor stellt eine Pionierstudie psychologischer Ethnographie dar und gehört zu den wichtigsten Arbeiten der amerikanischen »Kultur-und-Persönlichkeit«-Schule. Sie dokumentiert die fruchtbare Verbindung zwischen Ethnologie und Psychoanalyse, die unter dem Einfluss von A. → Kardiner in den dreißiger Jahren an der Columbia University entwickelt wurde. Ähnlich wie R. → Benedict und Edward Sapir (1884–1939) untersuchte Kardiner die Beziehung zwischen Kultur und Persönlichkeit, wobei er, in einer Umkehrung der Freudschen Diktion, Kultur als determinierende Konstante definierte, der gegenüber sich Persönlichkeit als Variable verhält.

Du Bois' Interesse an psychologischen Fragestellungen wurde durch den Einfluss von F. → Boas und R. Benedict bereits während ihres Studiums angeregt, entwickelte sich aber explizit erst nach einer Reihe von empirischen Studien, die sie bei nordamerikanischen Indianern, insbesondere bei den Wintu, durchgeführt hatte. Diese Forschungen, so schrieb sie 1944 in der Einleitung zu *The People of Alor*, hätten ihr vor Augen geführt, wie unzureichend das methodische Instrumentarium der Ethnologie allein geeignet sei, »blinde Flecken« des Forschungsprozesses zu erhellen. 1935 begann sie ein einjähriges Psychologie-Studium in Harvard, lernte Kardiner kennen und folgte 1936 seiner Einladung, im Rahmen eines gemeinsamen Seminars der New Yorker Psychoanalytischen Gesellschaft die Bedeutung Freuds für kulturelle Studien zu diskutierten. Kardiner und Du Bois entwickelten einen theoretischen Ansatz, der sowohl streng interdisziplinär als auch kulturvergleichend war. Im Zentrum der Debatte stand die Frage, was die Menschen einer bestimmten Kultur von denen einer anderen insbesondere hinsichtlich ihrer Persönlichkeitsstruktur voneinander unterscheidbar mache.

1938 brach Du Bois zu einer Feldstudie nach Alor im östlichen Indonesien auf, um die im Seminar entworfenen Thesen empirisch zu überprüfen. Achtzehn Monate lang blieb sie in der Dorfgemeinschaft Atimelang, wo sie ihre Studien mit ethnologischen und psychologischen Methoden, sogenannten projektiven Tests wie dem Rorschach-Test, dem Porteus-Maze-Test und einem Wortassoziationstest durchführte. Zusätzlich ließ sie Kinderzeichnungen anfertigen und nahm acht detaillierte autobiographische Schilderungen auf, die nach ihrer Rückkehr von Kardiner analysiert wurden. Die Zeichnungen wurden von der Psychoanalytikerin Schmidl-Waehner, die Rorschach-Protokolle von dem Psychiater Oberholzer und die Porteus-Maze-Tests von dem Psychologen Porteus interpretiert.

In *The People of Alor* kommen außer Du Bois selbst auch Kardiner und Oberholzer mit eigenen Beiträgen zu Wort. Das Werk beginnt mit einem einleitenden Kapitel, in dem Du Bois und Kardiner ihre erkenntnisleitenden Thesen vorstellen, und einer kurzen ethnographischen Einführung in den kulturellen Raum Alor. Die wichtigste Frage, die es zu beantworten galt, war die, warum ein Alorese sich von einem Amerikaner unterscheidet. Dabei bemühte Du Bois kulturrelativistische Positionen wie die Idee einer gemeinsamen psychischen Grundausstattung (»psychic substructure«) aller Menschen und der Anerkennung universeller Erfahrungen und psychischer Spannungen, zu denen sie etwa Hunger, Müdigkeit, Geburt und Tod, Wachstum und sexuelles Begehren zählte. Ihrer Theorie zufolge entwickeln sich daraus unter kulturellem Druck und durch Anpassung an kulturelle Institutionen sogenannte »Basispersönlichkeiten«, kollektive psychische Grundstrukturen, die ihre Wirksamkeit unabhängig von den individuellen psychischen Mustern entfalten.

Der erste inhaltliche Teil, die eigentliche Ethnographie, befasst sich mit Aspekten der Sozialisation, dabei insbesondere frühkindlichen Erfahrungen, den Beziehungen zwischen Männern und Frauen, der Religion, der Heirat und der Möglichkeit, Reichtum zu akkumulieren. Kardiners analytische Kommentare schließen diesen Teil ab. Den größten Umfang nimmt die Dokumentation der Autobiographien ein, die, jeweils mit einer Genealogie versehen, ebenfalls von Kardiner kommentiert werden. Der letzte Teil dokumentiert die Auswertung der psychologischen Tests.

Du Bois und die beteiligten Psychologen interpretierten die Felddaten und Tests ohne Kenntnisnahme ihrer gegenseitigen Ergebnisse, um eine gegenseitige Beeinflussung zu vermeiden. Alle kommen zu einem ähnlichen Schluss und bescheinigen den Aloresen eine ängstliche und misstrauische Basispersönlichkeit, die sie maßgeblich auf frühkindliche Traumata zurückführen. Ausschlaggebend, so Du Bois, sei die frühe Trennung von der Mutter, die ihr Kind in der Obhut des Vaters, älterer Geschwister oder anderer Verwandter im Dorf zurücklasse, während sie ihrer Feldarbeit nachginge. Obgleich dem Kind Brei und vorgekaute Nahrung angeboten würden und es den ganzen Tag auf dem Arm getragen würde, vermutete Du Bois, dass es an Hunger und fehlender Zuwendung leide, ein Mangel, der sein zukünftiges Leben präge und die gesamte Kultur determiniere.

The People of Alor war ein Novum in der Geschichte der Ethnologie. Die strenge Systematik des Werkes, die radikale Kombination ethnologischer und psychoanalytischer Methoden während der Feldforschung und die Interpretation der Daten durch Psychologen machte es zu einer Pionierstudie, die innerhalb des Faches entsprechend gewürdigt wurde, wenngleich sie nicht immer überzeugt haben mag. So meldete H. → Powdermaker in ihrer 1945 erschienenen Rezension im *American Anthropologist* Zweifel sowohl an der Repräsentativität der befragten und getesteten Personen als auch am methodischen Vorgehen an, Gesprächspartner zu festgesetzten, bezahlten Interviewterminen zu bestellen, um sie über ihre inneren Empfindungen Auskunft geben zu lassen. Darüber hinaus kritisierte sie Du Bois' Schlussfolgerung, dass lange Abwesenheiten der Mutter, die ihrer Auffassung nach in jeder Pflanzergesellschaft zu beobachten seien, notwendig zu kindlichen Frustrationen führten, wenn andere Personen die Versorgung übernähmen. Auch die Besprechung von B. Seligman in *Man* (1950) bezweifelte Du Bois' Kernthese und bemängelte die fehlende vergleichende Perspektive. Honigmann (1967) und Adler (1993) vermuteten, Momente der sogenannten »Gegenübertragung«, bei der Du Bois eigene unbewusste Ängste auf ihre Gesprächspartner projiziert habe, könnten ausschlaggebend für ihre abwertenden Beurteilungen sein, und Beuchelt (1983) sah ethnozentrische Befangenheiten letztendlich als Ursache für das Scheitern der gesamten »Kultur-und-Persönlichkeit«-Forschungsrichtung.

Du Bois wurde durch ihre Monographie über Alor international bekannt und gilt heute als eine der wichtigsten Vertreterinnen einer psychologisch orientierten Ethnologie. Dieser Ruf lässt meist vergessen, dass die enge Zusammenarbeit mit Psychologen wie Kardiner nur eine kurze Phase ihrer wissenschaftlichen Laufbahn bestimmte. Bereits

1942 begann sie für die amerikanische Regierung zu arbeiten, 1950–51 stand sie im Dienst der WHO, und von 1951–54 war sie Direktorin des Institute of International Education. Von 1954–69 lehrte sie als Professorin auf dem Radcliffe Zemurray-Lehrstuhl in Harvard. Im Verlauf dieser Neuorientierungen entfernte sie sich zunehmend von einigen ihrer in *The People of Alor* dargelegten Thesen und modifizierte deren Generalisierbarkeit. In der zweiten Auflage des Werkes sprach sie nicht mehr von »Basispersönlichkeit«, sondern lediglich von »Modalpersönlichkeit«, worunter sie den statistisch am häufigsten vorkommenden Typus verstand.

SUSANNE SCHRÖTER

Ausg.: ND Minneapolis 1960, Cambridge [2]1969.
Lit.: V. BARNOUW, Culture and Personality, Homewood [2]1973. – J. HONIGMANN, Personality in Culture, New York 1967. – P. K. BOCK, Continuities in Psychological Anthropology, San Francisco 1980. – E. BEUCHELT, Psychologische Anthropologie, in: H. FISCHER (Hg.), Ethnologie. Eine Einführung, Berlin 1983, S. 345–61. – M. ADLER, Ethnopsychoanalyse. Das Unbewusste in Wissenschaft und Kultur, Stuttgart 1993.

Louis Dumont

(* 1911 Griechenland; † 19.11.1998 Paris)

Homo Hierarchicus. Essai sur le système des castes (frz.; *Homo hierarchicus: Versuch über das Kastenwesen*), EA Paris 1966.

Louis Dumonts *Homo hierarchicus* bricht inhaltlich, theoretisch-methodisch und in der technischen Präsentation mit allen anderen Arbeiten über das Kastenwesen. Die indische Ordnung wird nicht als System der sozialen Schichtung vorgestellt, und die These des Autors erscheint nicht als Konsequenz seiner empirischen Befunde, sondern seine anfängliche umfassende Formel wird im Verlauf des Werkes mit der Ethnographie konfrontiert. Schließlich bieten die als Endnoten gedruckten Belege, Kommentare und Beweisführungen zum Haupttext eine eigene Schrift von über hundert Seiten.

»Die Implikationen des Kastensystems« (so der Untertitel des 2. Auflage) werden in der Tradition des französischen Intellektualismus erforscht. Dumont schreibt das Manuskript zu diesem Thema, bis sein Verleger einen kürzeren Obertitel vorschlägt, der das komparative Anliegen hervorhebt. Der hierarchische Mensch steht in Opposition zum »westlichen« *homo aequalis* (vgl. Dumont 1976–91), dem Ausgangspunkt des modernen Faches Soziologie. Der Wert »Gleichheit« ist also an einen bestimmten Gesellschaftstypus – den individualistischen – gebunden. Seine soziologische Verallgemeinerung auf die Menschheit ist für Dumont ein gravierender »soziozentrischer« Fehler, weil sie alternative Wertideen anderer Gesellschaften als sekundär diskriminiert.

Anders als die gesellschaftlich eingeschlossenen Disziplinen untersucht und vergleicht Dumonts Sozialanthropologie als einschließende Disziplin jeweils verabsolutierte Wertmuster der unterschiedlichsten Gesellschaften, die wechselhafte Teile der menschlichen Gesellschaft bilden. Werte sind dabei den Verhaltensregelmäßigkeiten nicht nachgeordnet, sondern das *Sollen* ist selbst ein Teil des *Seins*. Die indische Werteordnung wird exemplarisch für derartige Alternativen vorgestellt.

In der Einleitung stellt Dumont die Frage, ob Ungleichheit, zweifellos ein wichtiger Aspekt von Kaste, den Begriff prägen soll, so dass Kaste von vornherein als Abweichung vom Gleichheitsgrundsatz erscheint. Demgegenüber sieht er die Kastenordnung als eigenständig entwickelten Gesellschaftsentwurf, dessen Züge als solche bloßgelegt und wie in der »verstehenden Soziologie« von Max Weber (1864–1920) idealtypisch reflektiert werden sollen.

Die fundamentale Opposition von Reinheit und Unreinheit ist der Ausgangspunkt. Dumont bezieht sich zunächst auf Célestin Bouglé (1870–1940) aus dem

Durkheim-Kreis, der schon 1908 das Kastensystem als Verbund hierarchisch geordneter erblicher Gruppen definiert, die in einigen wichtigen Bereichen (Heirat, Speise, körperliche Kontakte) abgesondert, in anderen (Arbeitsteilung) abhängig voneinander erscheinen. Die drei Prinzipien Hierarchie, Trennung und Interdependenz ergeben sich für Dumont aber erst aus der Opposition von rein und unrein: Hierarchie bedeutet Überlegenheit des Reinen, Trennung und Interdependenz notwendige Unterscheidung und dauerhafter Gegensatz. Das ideologische Ganze basiert auf der notwendigen und hierarchischen Koexistenz der beiden oppositionellen Teile.

Hierarchie wird unabhängig von natürlichen oder politisch-ökonomischen Ungleichheiten verstanden. Sie gilt für Dumont vielmehr als Prinzip, durch das die Elemente eines Ganzen in Bezug auf das Ganze einer Rangordnung unterliegen. In den meisten Gesellschaften bietet die Religion den Gesamtblick, ist die Natur der Rangordnung religiös. Sie ist das Einschließende, und Hierarchie die Beziehung zwischen dem Einschließenden und dem Eingeschlossenen, dem Ganzen und den Teilen.

Im Anschluss an diese Schlüsselthese geht Dumont deduktiv und dialektisch bei der Ausarbeitung der Implikationen des Kastensystems vor. Das ideologische Modell schließt das Ganze der sozialen Wirklichkeit ein. Es reicht aber nicht aus, um alles zu erklären, ebenso wie die eingeschlossenen Teile, die ethnographischen Tatbestände, für Erklärungen notwendig aber nicht ausreichend sind. Dumonts dritter und entscheidender Schritt macht die Originalität und die Qualität der Arbeit aus, nämlich die fortwährende Konfrontation von Ideenordnung und beobachtetem Verhalten. Der größte Teil des Werkes enthält diese Konfrontation.

Nach der entscheidenden Einleitung bietet das erste Kapitel die Ideengeschichte zum Thema Kaste. Im zweiten zeigt der Autor, wie die Kastenordnung als ein rationales System der Ideen und Werte zu verstehen ist. Seine binäre

Opposition macht es zur Struktur. Die oppositionelle Ordnung liegt bereits im Vierersystem der *varna* oder Stände vor, das die klassischen Texte verbreiten (Kap. 3). Obwohl die indische Gegenwart keine substantiellen Stände dieser Art kennt, entspricht die Hierarchie der Kasten oder *jati* der der *varna*. Die Viererfolge wird von Dumont nicht als lineare Ordnung interpretiert, sondern als System der Gegenüberstellungen und Einschlüsse. Macht, repräsentiert durch den König, wird Status, dem Priester, untergeordnet, von ihm abgetrennt und eingeschlossen. Auf der nächstniedrigen Ebene dagegen verbinden sich Priester und König gegenüber dem dritten Stand, dem der freien Bauern, und alle drei schließen in einer letzten Opposition die Kategorie des dienenden Volkes ein.

In den folgenden Kapiteln zeigt Dumont, wie die traditionale Arbeitsteilung oder *jajmani*-Ordnung religiösen und nicht ökonomischen Grundsätzen folgt, wie die hypergame Heiratsordnung Hierarchie reflektiert und wie die Dichotomie von Reinheit und Unreinheit auch die Klassifikation von Speisen und Kontakten bestimmt. Sodann werden Territorium und Macht, Rechtsprechung und Autorität abgehandelt. Letztere definiert sich über Hierarchie, ist aber ohne deren Gegenteil Macht unvollständig. Macht ist also – untergeordnet – in Dumonts Kastentheorie enthalten, während in den Werken anderer Autoren die politisch-ökonomischen Beziehungen das System bestimmen.

Kapitel 9 über Sekten und Askese zeigt im Gegensatz zum »kollektiven Mensch« der Kaste den indischen Weltentsager. Dumont bezweifelt die Überlebensfähigkeit der Institution ohne ihr personifiziertes Gegenteil. So wie der indische Holismus immer mit seiner individualistischen Umkehrung auskommt, so ergibt der Vergleich, dass der »westliche« Individualismus auf unterer Ebene wechselhafte holistische Versionen erlebt. Dumonts spätere Theorie über den Nationalsozialismus (1991) orientiert sich an dieser Gegenüberstellung.

Kapitel 10 über Kaste in anderen Religionsgemeinschaften zeigt ähnliche Phänomene bei Muslims und Christen, soweit diese im engen Kontakt zu Hindus stehen. Kaste soll deshalb nicht, wie z.B. die »Offizierskaste« der Umgangssprache, ohne den gesamtgesellschaftlichen Kontext betrachtet werden, und nur dann kann von Kaste die Rede sein, wenn Status und Macht getrennt und einander gegenübergestellt sind.

Der soziale Wandel in Indien, abschließend behandelt, wird in der Literatur regelmäßig übertrieben. Für Dumont hat es Veränderungen *in* der indischen Gesellschaft aber nicht solche *der* Gesellschaft gegeben. Der Glaube an die revolutionäre Kraft der innovativen Technik, von Marx wie den Missionaren des Kapitalismus vertreten, hat sich als Illusion erwiesen. Tatsächliche Veränderungen belasten heute das Prinzip der Interdependenz. Selbständige, nahezu identische Kastenblöcke konkurrieren miteinander in dem von Dumont »Substantialisierung« genannten Prozess. Er widerspricht dem traditionalen Relativismus, hat aber wenig mit individualistischer Gleichheit zu tun.

Jeder anspruchsvolle Beitrag zur Ethnologie Südasiens hat sich in den letzten dreißig Jahren direkt oder indirekt auf Dumont bezogen. Der Pariser hat auch die allgemeine ethnologische Theorie in Chicago, Oxford und Leiden maßgeblich beeinflusst, während er in Deutschland, wo er als Kriegsgefangener in Hamburg zur Indologie fand, nahezu unbekannt geblieben ist.

GEORG PFEFFER

Ausg.: Homo hierarchicus: Le système des castes et ses implications, Paris ^{2}1979 (überarb. Aufl.). – Dt. EA u.d.T.: Gesellschaft in Indien: Die Soziologie des Kastenwesens, Wien 1976.

Lit.: L. DUMONT, Homo aequalis. 1: Genèse et épanouissement de l'idéologie économique, 2: L'idéologie allemande, Paris 1976–91. – J.-C. GALEY (Hg.), Différences, valeurs, hiérarchie: Textes offerts à Louis Dumont, Paris 1984. – M. FUCHS, Theorie und Verfremdung: Max Weber, Louis Dumont und die Analyse der indischen Gesellschaft, Frankfurt 1988. – M. SEARLE-CHATTERJEE/U. SHARMA

(Hg.), Contextualising Caste: Post-Dumontian Approaches, Oxford/Cambridge1994.

Émile Durkheim

(* 15.4.1858 Epinal/Lothringen; † 15.11.1917 Paris)

Les Formes élémentaires de la vie religieuse. Le système totémique en Australie (frz.; *Die elementaren Formen des religiösen Lebens. Das totemistische System in Australien*), EA Paris 1912.

In den *Formes élémentaires de la vie religieuse* verknüpft Durkheim die Suche nach dem Ursprung der Religion mit der Frage, welche Funktion und Bedeutung der religiöse Glaube für einzelne Gesellschaften hat. Durch die Gewinnung dieser neuen Fragestellung bereitet er die Ablösung evolutionistischer Konzepte in den Sozialwissenschaften durch einen struktur-funktionalistischen Ansatz vor. Die *Formes élémentaires* gelten von daher als eines der wichtigsten Werke der französischen soziologischen Schule, die sich um die von Durkheim herausgegebene Zeitschrift *L'Année Sociologique* konstituiert hat.

Durkheim stammt aus einer in Lothringen ansässigen orthodox-jüdischen Familie. Er wuchs in Epinal auf, studierte bei Numa Denis Fustel de Coulanges (1830–89) in Paris und verbrachte ein Studienjahr in Deutschland, wo er auf den in Leipzig lehrenden W. → Wundt aufmerksam wurde. Nach kurzer Tätigkeit als Gymnasiallehrer konnte Durkheim 1887 in Bordeaux den ersten soziologischen Lehrstuhl Frankreichs bekleiden, bevor er 1902 einen Ruf an die Sorbonne erhielt. Die *Formes élémentaires de la vie religieuse* sind nach *Les règles de la méthode sociologique* (1895) und *Le suicide* (1897) sein wichtigstes und zugleich letztes großes Werk.

In den *Formes élémentaires* verfolgt Durkheim nicht weniger als vier verschiedene Zielsetzungen: (1) eine allgemeine Definition von Religion vorzulegen; (2) den Ursprung der

Religion zu bestimmen; (3) eine Theorie des Totemismus zu entwerfen; und (4) einen Beitrag zur Erkenntnistheorie zu formulieren.

Grundlage und Ausgangspunkt dieses anspruchsvollen Programms, das im weitesten Sinne um eine allgemeine Theorie der Religion kreist, ist die Untersuchung von Baldwin Spencer (1860–1929) und Frank J. Gillen (1855–1912) über die zentralaustralischen Aranda, die Durkheim durch die zum Teil abweichenden Beobachtungen von C. → Strehlow ergänzt. Durkheim macht das genannte ethnographische Material zum Ausgangspunkt seiner Überlegungen, da die Aranda in seinen Augen dem Ursprung der Evolution am nächsten stehen und sich das Wesen der Religion am besten an seinen elementarsten Formen bestimmen lässt. Diese glaubt Durkheim im australischen Totemismus erkennen zu können.

Durkheim zufolge entsteht Religion nicht aus dem Glauben an geistige Wesen oder aus einem inneren Bedürfnis des Menschen heraus; sie ist für ihn vielmehr Ergebnis der kategorialen Unterscheidung in profane und sakrale Phänomene. Religion und die mit ihr verknüpften Rituale schreiben dem Menschen sodann vor, wie er sich dem Sakralen gegenüber zu verhalten habe. In diesen Vorschriften spricht Durkheim zufolge jedoch nicht Gott, die Sittlichkeit oder die Vernunft des Menschen zum Menschen, sondern die Gesellschaft zu ihren Mitgliedern. Insofern gelangt er zu der These, dass die Religion nicht nur das Abbild der Gesellschaft ist, sondern sich diese in ihr selbst anbetet. In der Religion verehrt der Gläubige jedoch nicht die empirisch beobachtbare Gesellschaft, sondern die Gesellschaft in ihrer idealisierten Form. Religion und Moral gründen demnach auf dem kollektiven Leben und drücken kollektive Vorstellungen aus.

Am Anfang des religiösen Denkens steht die Idee einer anonymen, unpersönlichen Kraft (*mana*), die in jedem Individuum präsent ist (Seele) und es mit dem Sakralen verbindet (Totemprinzip). Vorstellungen dieser Art erwachsen Durkheim zufolge aus der überwältigenden Macht des Gruppenerlebnisses, im weitesten Sinne aus der Erfahrung kollektiver Erregung; so wird die Gruppendynamik vom Einzelnen als eine Kraft außerhalb seiner selbst erfahren und darüber zur Quelle der Religion.

Der Einfluss der Religion erwächst ausschließlich aus der Kraft, die die Menschen ihr zusprechen; dass dieser Einfluss in einem hohen Maße sozial wirksam ist, zeigt sich nicht zuletzt darin, dass die Religion eine Vielzahl von Menschen in eine moralische Gemeinschaft zu verwandeln vermag.

Die Rezeption der *Formes élémentaires* ist bis heute alles andere als einhellig. Das Buch wurde 1913 von B. → Malinowski als »a scientific event« begrüßt; dagegen kanzelte der Katholik E. E. → Evans-Pritchard (1981) seinen Autor in einem posthum veröffentlichten Text als »a militant atheist« und »a propagandist of unbelief« ab. Vor allem über A. R. →Radcliffe-Brown hat Durkheim in die britische Sozialanthropologie hineingewirkt, aber auch Talcott Parsons (1902–79) und Robert K. Merton (*1910) in den USA sowie V. → Turner und M. → Douglas wurden nachhaltig von ihm beeinflusst. In Frankreich sind es vor allem C. → Lévi-Strauss und Pierre Bourdieu (*1930), die seine Ideen aufgegriffen haben; dagegen setzte seine Rezeption in Deutschland verspätet ein – was nicht zuletzt an der erst 1981 erfolgten deutschsprachigen Übersetzung des Werkes deutlich wird.

Die Kritik an den *Formes élémentaires* konzentrierte sich insbesondere auf die räsonierende und deduzierende Beweisführung Durkheims, die mit den Aranda im Wesentlichen auf nur einem einzigen Fallbeispiel basiert. Dass die Aranda das primitivste Volk seien, es sich beim australischen Totemismus um die elementarste Form der Religion handele und die Zweiteilung der Welt in profane und sakrale Phänomene universale Verbreitung gefunden habe, ist bereits von Zeitgenossen Durkheims nachdrücklich in Abrede gestellt worden. Heute gilt der von Durkheim vertretene evolutionistische Ansatz als obsolet und der

Totemismus als eine wissenschaftliche Erfindung, um die sogenannten Primitiven verschiedener zu machen, als sie tatsächlich sind (vgl. Lévi-Strauss 1965).

Dennoch kommt Durkheim bis heute mehr als nur wissenschaftshistorische Bedeutung zu; dafür ist der Grund vor allem in seiner Theorie der sozialen Konstitution der Kategorien zu sehen: Kategorien gründen Durkheim zufolge weder auf individueller Erfahrung noch sind sie natürliche Größen, vielmehr sieht er in ihnen sozial vermittelte Symbole, konstruierte Konzepte, mit denen die Menschen versuchen, sich ein Bild von der Welt zu machen. Da auch Logik und Vernunft auf diesen Kategorien beruhen, ist die Erkenntnis der Wirklichkeit stets sozial und historisch vermittelt. Durkheim nimmt mit dieser Theorie, die er bis zu einem gewissen Grade gemeinsam mit seinem Neffen M. → Mauss in *De quelques formes primitives de classification* (1903) vorbereitet hatte, in den *Formes élémentaires* aber erstmals auch auf moderne Gesellschaften bezieht, erkenntnistheoretische Ideen vorweg, die erst mit der sog. »Sapir-Whorf«-Hypothese und dem »linguistic turn« in den Sozialwissenschaften in vollem Umfang zum Tragen gekommen sind.

Durkheim ist vor allem auch als Begründer und Herausgeber der international renommierten Zeitschrift *L'Année Sociologique* hervorgetreten. Er verstand es, für dieses Projekt, das gemeinhin mit den Anfängen einer modernen Soziologie in Frankreich gleichgesetzt wird, junge Wissenschaftler wie zum Beispiel Robert Hertz (1882–1915), Henri Hubert (1872–1927) und M. Mauss zu gewinnen. Viele seiner Mitarbeiter und Studenten, darunter auch sein Sohn André, kamen während des Ersten Weltkriegs ums Leben. Biographen wie Lukes oder Giddens zeigen sich davon überzeugt, dass Durkheim darüber zerbrochen ist. Er starb 1917 in Paris.

Volker Gottowik

Ausg.: Dt. EA: Frankfurt 1981

Lit.: C. Lévi-Strauss, Das Ende des Totemismus, Frankfurt 1965. – R. Aron, Hauptströmungen des soziologischen Denkens,

Bd. 2, Köln 1971. – S. LUKES, Émile Durkheim. His Life and Work, London 1973. – A. GIDDENS, Durkheim, Glasgow 1978. – E. E. EVANS-PRITCHARD, On Durkheim, in: Journal of the Anthropological Society of Oxford 12/3 (1981), S. 150–64.

Edward Evan Evans-Pritchard

(* 12.9.1902 Crowborough/Sussex; † 11.9.1973 Oxford)

The Nuer. A Description of the Modes of Livelihood and Political Institutions of a Nilotic People (engl.; *Die Nuer. Eine Beschreibung der Lebensweisen und politischen Institutionen eines nilotischen Volkes*), EA Oxford 1940.

Seit Beginn der englischen Eroberung des Sudan hatten die Nuer, die zwischen Blauem und Weißem Nil leben, erheblichen Widerstand gegen die Kolonisierung geleistet. Die genaue Kenntnis ihrer Gesellschaftsordnung sollte ihre Unterwerfung erleichtern. Ihre Erforschung, mit der Evans-Pritchard von der Regierung des anglo-ägyptischen Sudan beauftragt wurde, war daher von Anfang an politisch begründet. Ein Schwergewicht von Evans-Pritchards Beschreibung der Nuer liegt auf deren sozialer Organisation, die auf dem Segmentationsprinzip beruht und ohne politische Zentralinstanz auskommt. *The Nuer* stellt die erste detaillierte Untersuchung über eine akephale afrikanische Gesellschaft dar und sollte zum Vorbild zahlreicher ähnlicher Studien werden.

Nach einem Sprach- und Geschichtsstudium in Oxford war Evans-Pritchard an die London School of Economics gekommen, kurz nachdem B. → Malinowski dort zu lehren begonnen hatte, zu dessen ersten Studenten er zählte. Feldforschung zu betreiben, Daten aus erster Hand zu erheben und nicht nur Berichte von Reisenden und Missionaren auszuwerten, war das neue Credo der jungen Wissenschaft. Seine erste Feldforschung hatte Evans-Pritchard zu den Azande in den anglo-ägyptischen Sudan geführt. Zu den Nuer, bei denen er sich zwischen 1930 und

1936 wiederholt aufhielt, war er im Auftrag der Regierung gekommen. Die Arbeitsbedingungen bezeichnete er später als schlecht, da sie in ihm zunächst einen Feind sahen. Dennoch sollte er in den folgenden Jahren zwei bedeutende Monographien und mehrere Aufsätze über die Nuer schreiben.

Evans-Pritchard beginnt seine Studie mit einem Kapitel über das ausgeprägte Interesse der Nuer an den Rindern. Er stellt die Bedeutung heraus, die Rinder für sie sowohl ganz allgemein als auch in den unterschiedlichsten Bereichen haben. Ihre enge persönliche Beziehung zu einzelnen Tieren wird ebenso behandelt wie ihr Bestreben, möglichst große Herden zu halten. Der Rinderreichtum ist für das Ansehen eines Mannes oder eines Klans entscheidend. Bei Heiraten werden die Tiere als Brautgut verwendet und je nach der Verwandtschaftsbeziehung zur Braut umverteilt. Im Streben nach mehr Rindern sieht Evans-Pritchard auch die Streitlust der Nuer begründet, die Überfälle auf ihre Nachbarn als daraus motiviert.

Das zweite Kapitel beschreibt Umwelt und Lebensbedingungen der Nuer. In der von zwei Jahreszeiten – Regenzeit und Trockenzeit – geprägten Region sind neben der Rinderzucht Fischfang und Gartenbau wichtige Nahrungsquellen. Die Menschen sind zur Wanderung zwischen verschiedenen Lagern genötigt. Dabei kommt es zwischen den Gruppen immer wieder zu Streit und blutigen Kämpfen um Weidegründe und Wohnplätze. »Time and Space« – das dritte Kapitel – zeigt zum einen die zeitliche Gliederung des Alltags, vom Tagesablauf bis zum Jahreszyklus; zum anderen die räumlichen Beziehungen der Menschen zueinander. Für beide Bereiche, Zeit und Raum, führt Evans-Pritchard die Begriffe strukturale Zeit und strukturalen Raum ein. Gemeint ist damit, wie die Menschen Zeit und Raum wahrnehmen und bewerten.

Im vierten Kapitel wird das politische System der Nuer vorgestellt. Es basiert auf der Aufteilung in Stämme und Sektionen und der Opposition dieser Stämme und

Sektionen zueinander sowie der Loyalität innerhalb der Stämme und Sektionen. Auch rechtliche Aspekte, hauptsächlich des Fehdewesens, werden beschrieben. Konflikte werden durch das Prinzip der oppositionellen Segmentation geregelt. In der egalitären Gesellschaft ausgeprägter Individualisten ist die einzig herausragende Person, mit teilweise politischer und ritueller Macht, der »leopardskin-chief«, der bei Fehden ausgleichend eingreifen kann. Eine politische Zentralinstanz kennen die Nuer aber nicht. Zum Problem der Propheten, die nach staatlicher Auffassung beim Widerstand gegen die englische Regierung eine zentrale Rolle spielten, schreibt Evans-Pritchard wenig, ja er spielt ihre Rolle in und ihre Bedeutung für die Nuergesellschaft sogar herunter, indem er ihr Amt als neuere Entwicklung ohne traditionelle Verankerung beschreibt.

Die beiden letzten Kapitel sind dem Lineage-System und dem Altersklassensystem gewidmet. Darin beschreibt Evans-Pritchard das System der Abstammungsgruppen, das sich auf verschiedenen Ebenen manifestiert, von der Kernfamilie über kleine und große Lineages bis hin zu Klan und Stamm. Neben dieser vertikalen Gliederung bilden die Nuer Altersklassen. Der Eintritt des Knaben in seine Altersklasse wird durch Übergangsriten markiert. Die Mitglieder einer Altersklasse sind einander auch über Lineage-Grenzen hinweg verpflichtet. Älteren Altersklassen gegenüber schulden sie Respekt, von jüngeren dürfen sie diesen erwarten.

The Nuer liest sich leicht, ja fast unterhaltsam. Es ist eine relativ knappe Ethnographie von nur 266 Seiten. Evans-Pritchard berichtet sehr persönlich, erzählt zunächst einmal von seinen Schwierigkeiten, zu den Nuer zu kommen und bei ihnen zu forschen, bedauert auch, ihre Sprache nur unzureichend beherrscht zu haben. Doch streicht er zugleich heraus, dass es ihm trotz all dieser Probleme möglich war, eine umfassende und zuverlässige Beschreibung der Nuer geliefert zu haben. Immer wieder geht Evans-Pritchard direkt auf den europäischen Leser zu, greift dessen Vorkenntnisse, Erwartenshaltungen und Wertungen auf. Photos und Zeichnungen illustrieren den Text und ergänzen ihn durch visuelle Eindrücke. Mit zahlreichen graphischen Darstellungen versucht Evans-Pritchard die komplizierte soziale Struktur der Nuer anschaulich zu machen. Seine immer wieder bekräftigte fachliche Kompetenz lässt den Leser die Behauptungen des Autors, auch gewagte und später kritisierte Behauptungen, gern glauben. Sein Stil wurde als der Schäferdichtung des Barock angelehnt bezeichnet, wodurch er die Nuer in ein mythisches, naturnahes Zeitalter versetzte.

Eine der ersten Reaktionen auf *The Nuer* war 1941 die ausführliche Rezension von A. → Richards in *Bantu Studies*. Obwohl Richards das Buch gleich im ersten Satz als besonders wichtiges Werk bezeichnet, macht allein schon der Titel der Besprechung »A Problem of Anthropological Approach« klar, dass sie eigentlich nicht damit einverstanden ist. Wiederholt bemängelt sie, dass Evans-Pritchards abstrakte Analyse voreilig und ohne ausreichende Beschreibung der Kultur sei, er die Gesellschaft als statisches System darstelle und sein Werk voller persönlicher Wertungen stecke. Später wurde ihm etwa vorgeworfen, die Rolle der Frauen völlig ausgeklammert zu haben, wodurch fundamentale Lücken bei der Darstellung des Gesellschaftssystems entstanden seien.

Als erste ausführliche Beschreibung einer segmentären Gesellschaft schon immer als Klassiker anerkannt, gewann das Werk Anfang der achtziger Jahre des 20. Jh. durch die »Writing Culture«-Debatte neue Popularität. Gerade die sehr persönlich geprägte Darstellung machte *The Nuer* für Ethnologen, die auf der Suche nach einer neuen und besseren Form ethnographischer Repräsentation waren, interessant. C. → Geertz bezeichnet Evans-Pritchards Stil als »slide show« und sieht als Hauptzweck seiner anschaulichen, visualisierenden, transparenten Darstellung nicht zuletzt auch eine Bestätigung des Wertesystems der europäischen Leser.

Aus neuerer Zeit stammen zwei weitere Ethnographien über die Nuer. Seit 1980 forscht bei ihnen Sharon E. Hutchinson (*1952) und hat mit *Nuer Dilemmas* (1996) eine umfangreiche Beschreibung der neueren Entwicklungen und der Auswirkungen des Bürgerkriegs im südlichen Sudan vorgelegt unter dem die Nuer besonders zu leiden hatten. Viele leben heute nicht mehr in ihrem eigentlichen Siedlungsgebiet, sondern finden sich in den Slums von Khartum. Ihre gesellschaftliche Organisationsform hält den Anforderungen der modernen Welt nicht mehr stand, die Menschen verlieren ihre sozialen Netzwerke und damit die persönliche Sicherheit. Douglas Johnson (*1949) betrachtet in *Nuer Prophets* (1994) genau den Aspekt der Nuer, den Evans-Pritchard zwar untersuchen sollte, aber in seinen Darstellungen weitgehend ausgeklammert hatte. Johnson versucht auch das Leben einiger der Propheten, die schon vor und zu Zeiten von Evans-Pritchard bedeutende und einflussreiche Persönlichkeiten waren, zu rekonstruieren. Eine weitere wichtige Quelle zu den Nuer sind die bisher wenig beachteten Aufzeichnungen des Kolonialbeamten Percy Coriat, der zur Zeit von Evans-Pritchards Forschung für die Region zuständig war.

ELEONORE SCHMITT

Ausg.: ND Oxford 1947ff.; [18]1987.

Lit.: I. KARP/K. MAYNARD, Reading The Nuer, in: Current Anthropology 24 (1983), S. 481–503. – M. DOUGLAS, Evans-Pritchard, Brighton 1980. – R. ROSALDO, From the Door of his Tent, in: J. CLIFFORD/G. E. MARCUS (Hg.), Writing Culture (Berkeley 1986), S. 77–97. – C. GEERTZ, Works and Lives, Stanford 1988. – J. BURTON, An Introduction to Evans-Pritchard, Fribourg 1992. – P. CORIAT, Governing the Nuer, Oxford 1993.

Raymond William Firth
(⋆ 25.3.1901 Auckland)

We, the Tikopia. A Sociological Study of Kinship in Primitive Polynesia (engl; *Wir, die Tikopia. Eine soziologische Untersuchung von Verwandtschaft im primitiven Polynesien*), EA London 1936.

Mit dem Untertitel werden Ziel und Inhalt des Buches von Firth gut wiedergegeben. Es handelt sich um seine erste monographische Arbeit über die am Ostrand der Salomonen liegende sehr kleine Pazifik-Insel Tikopia, die von Polynesiern bewohnt wird. Ihr folgten im Laufe der Jahrzehnte eine umfangreiche Reihe weiterer Bücher, in denen jeweils spezifische Aspekte der Kultur der Tikopia dargestellt wurden. Der Auftaktcharakter des hier besprochenen und besonders bekannt gewordenen Werkes ist vermutlich dafür verantwortlich, dass es zu den besonders umfangreichen der insgesamt acht Monographien umfassenden Reihe gehört.

Raymond Firth, in den zwanziger Jahren des 20. Jh. Schüler von B. → Malinowski, der auch ein Vorwort zu *We, the Tikopia* verfasste, gehörte mit der empirisch orientierten Bearbeitung des Themas Verwandtschaft bei der Erstveröffentlichung des Buches im Jahre 1936 zu den Pionieren einer neuen Generation von ethnologischen Forschern. Dieser Umstand ist nicht zuletzt daran ablesbar, dass eine zweite, textlich unveränderte Auflage erst im Jahre 1957 notwendig wurde, nachdem lange Zeit das Thema Verwandtschaft in der Ethnologie keine übermäßige Beachtung gefunden hatte. Dies änderte sich im Laufe der 1950er Jahre. grundlegend. Im Jahre 1949 waren die epochalen Werke *Les Structures élémentaires de la parenté* von C. → Lévi-Strauss und *Social Structure* von G. P. → Murdock erschienen und signalisierten das neue Interesse an der Verwandtschaftsforschung im Fach.

Anders als Lévi-Strauss und Murdock, die in ihren Werken außerordentlich materialreich und weltumspannend, zugleich aber auf einem sehr hohen Abstraktionsniveau argumentieren, besteht Firth darauf, das Wirken von Verwandtschaft durch eine umfassende und in alle Einzelheiten gehende Fallstudie zu erschließen. Seine Methode besteht darin, auf der Basis sorgfältiger Beobachtungen und Beschreibungen des Verhaltens der von ihm aufgesuchten Menschengruppe die Prinzipien zu ergründen, von denen jenes Verhalten bestimmt wird. Dabei verliert Firth die vor und während der Zeit seiner Untersuchung gegebene theoretische Diskussion über Probleme der Verwandtschaftsforschung im ethnologischen Kontext keineswegs aus den Augen. Auch wenn er sich nur an zwei Stellen seines Buches ausdrücklich kritisch mit den Werken von L. H. → Morgan auseinandersetzt, findet sich dieser Rückbezug unausgesprochen auch in weiteren Passagen von *We, the Tikopia*. Das ist etwa dann der Fall, wenn Firth nachdrücklich das besondere Verhältnis hervorhebt, das zwischen Eltern und ihren leiblichen Kindern gegenüber demjenigen herrscht, das zwischen Kindern und ihren nur klassifikatorischen Vätern oder Müttern besteht.

In neuerer Zeit wurde das Werk von Firth in die »Writing Culture«-Debatte hineingezogen, die in der ersten Hälfte der 1980er Jahre begann. Dabei wendete sich als erster C. → Geertz bei dem Bemühen, seine Position in dieser Debatte zu bestimmen, dem Text von *We, the Tikopia* zu. Die von Firth gewählte strikte Anbindung theoretischer Aussagen an eine minutiös und in größtmöglicher Ausführlichkeit betriebene Ethnographie ergibt für Geertz (1988) ein geeignetes Beispiel, an dem er seine These vom »Being there« (»Dort sein«) entwickeln kann. Mit dieser These meint er, dass ein Ethnologe als Autor beim Lesepublikum am erfolgreichsten ist, wenn er es davon überzeugen kann, wirklich an dem Ort gewesen zu sein, über den er berichtet.

Um dies zu belegen, führt Geertz die einleitenden eineinviertel Seiten des 1. Kapitels von *We, the Tikopia* an. Darin kommen Sätze wie die folgenden vor:

»Der trübe graue Tag mit seinen tiefhängenden Wolken verstärkte meinen grausigen Eindruck eines alleinstehenden Gipfels, der wild und sturmumbraust aus einer Wasserwüste emporragte. [...] Wir glitten über Bord auf den Korallenfelsen und fingen an, an den Strand zu waten, Hand in Hand mit unseren Gastgebern, wie Kinder auf einer Party, wobei wir als Ersatz für etwas Verständlicheres oder Greifbareres einstweilen ein Lächeln austauschten. [...]«

Verglichen etwa mit den Einleitungskapiteln der ein bis zwei Jahrzehnte früher vom Hamburger Museum für Völkerkunde als Ergebnisse der Südsee-Expedition veröffentlichten ethnographischen Monographien über einzelne Inseln im westlichen Pazifik, die mit nüchternen Verweisen auf Berichte aus der Geschichte der europäischen Entdeckungen in Ozeanien beginnen, oder mit den in einem noch strengeren Raster formulierten Südsee-Monographien des »Bernice P. Bishop Museum Bulletin« aus Hawaii, die zeitgleich mit den Büchern von Firth publiziert wurden, stellt das Schreiben des Letzteren ohne jeden Zweifel eine weit poetischere Leistung dar. Und die insbesondere in der Auseinandersetzung mit seinen britischen Kollegen eher ambivalent einzuschätzenden Ausführungen von Geertz sind im Falle seiner Besprechung des Buches von Firth wohl tatsächlich wohlwollend und bewundernd gemeint.

Annähernd zur selben Zeit war Firth im gleichen theoretischen Zusammenhang der »Ethnographie-Debatte« auch einer kritischen Attacke durch seinen früheren Schüler E. → Leach ausgesetzt (1989). Die dabei sehr dezidiert, aber relativ ungeschützt von Leach vorgetragene These, »After all, I hold that all ethnography is fictional«, gab dem zu jener Zeit schon 86-jährigen Firth Gelegenheit, ebenso dezidiert, aber mit den wirksameren Argumenten zu replizieren. Er stellte zunächst einmal fest, »The Trobriands are not Laputa, Tikopia is not Lilliput«, und führt dann weiter aus, dass nach seiner Ansicht Leach, auch wenn in jeder seiner Äußerungen ein Korn Wahrheit zu erkennen sei, mit seinem absoluten Anspruch »das Kind mit dem Badewasser ausschütte«

(Tonkin u.a. 1989). Firth endet mit einem klaren Bekenntnis zu dem methodologischen Standpunkt eines, wie er ihn nennt, »modified empiricist«, den er auch schon im Schlusskapitel von *We, the Tikopia* im Jahre 1936 ebenso nachdrücklich wie eloquent begründet hatte.

VOLKER HARMS

Ausg.: ND London 1957. – Vom Verf. gekürzte Ausg.: Boston 1957, Stanford 1983.
Lit.: C. GEERTZ, Works and Lives, Stanford 1988. – E. TONKIN u.a. (Hg.), History and Ethnicity, London 1989, S. 34–47. – D. QUIGLEY, Raymond Firth on Social Anthropology. An Interview, in: Social Anthropology 1/2 (1993), S. 207–22. – R. FEINBERG/K. A WATSON-GEGEO, Leadership and Change in the Western Pacific: Essays Presented to Sir Raymond Firth on the Occasion of his Ninetieth Birthday, London/Atlantic Highlands 1996.

Robert J. Flaherty
(* 16.2.1884 Iron Mountain; † 23.7.1951 New York)

Nanook of the North (engl.; *Nanuk aus dem Norden*), EA 1922.

Nanook of the North ist ein früher Film über die Eskimo der östlichen Arktis und einer der ersten ethnographischen Filme überhaupt.

Robert Flaherty war das älteste von sieben Geschwistern. Seine Mutter stammte aus Koblenz, sein Vater war der Sohn eines irischen Einwanderers. Bereits im Alter von zwölf Jahren begleitete Flaherty seinen Vater, der als Bergbauingenieur für verschiedene Minengesellschaften arbeitete, in die entlegenen Gebiete Kanadas. Als Erwachsener trat er vorerst in die Fußstapfen des Vaters. Mit der Suche nach neuen Eisenerzvorkommen beauftragt, erkundete er die damals weitgehend unbekannte kanadische Wildnis. Als der kanadische Unternehmer William

Mackenzie (1849–1923) ihn 1910 an die östliche Hudson Bay schickte, um dort Eisenerz zu finden, kam Flaherty in Kontakt mit den Itivimiut Inuit der Gegend von Inoucdjouac (Port Harrison), über die er später seinen ersten Film drehen sollte. Flaherty unternahm mehrere monate- und jahrelange Expeditionen in dieser Region, bei denen er von Inuit begleitet und unterstützt wurde und so deren Lebensweise kennen und schätzen lernte. Anfangs hatte Flaherty auf seinen Reisen nur einen Photoapparat dabei. Später nahm er auch eine Filmkamera mit, um noch bessere Reisebilder vom Land und dem Leben dort aufzunehmen. Flahertys erster Film ging verloren und die Originale eines auf der vierten Expedition 1914–15 gedrehten Filmes verbrannten später durch ein Missgeschick. Eine Kopie dieses verbrannten Films war jedoch vorhanden und konnte einem kleinen Publikum vorgeführt werden. Der Erfolg war mäßig. Das Publikum nahm die Bilder nicht so wahr, wie Flaherty selbst das Leben der Inuit, die Dramatik ihrer Jagd und den Kampf um das Überleben unter den extremen klimatischen Bedingungen empfunden hatte und abgebildet zu haben meinte. Flaherty erkannte, so Rotha (1983), dass das Medium Film mehr leisten könne, als nur »visuelle Notizen« des Gesehenen zu erstellen, und dass es vielmehr als »Instrument für Ausdruck« dienen könne. Flaherty beschloss, eine weitere Reise zur Hudson Bay zu unternehmen, allein um einen Film über die Inuit zu drehen. Im August 1920 hatte er die Hauptfigur des Films, Nanook, und drei weitere Inuit sowie deren Familien für seine Filmarbeiten verpflichtet. Die Gruppe blieb ein Jahr lang an der Hudson Bay zusammen. Nicht nur die Filmaufnahmen wurden gemeinsam produziert, auch am technischen Entwicklungsprozess des Filmes, der unter den klimatischen Bedingungen besondere Sorgfalt und auch Erfindungsgabe verlangte, waren alle beteiligt. Das erste Publikum der Filmaufnahmen schließlich waren die Darsteller selbst.

Das zentrale Thema des Filmes *Nanook of the North* ist die Auseinandersetzung der Menschen mit der unwirtlichen

Natur der Zentralarktis. Um dieses Thema konkret zu vermitteln, wählte Flaherty einen biographischen Ansatz und begleitete Nanook und seine Familie mit der Kamera. Zu Beginn des Filmes stellt Flaherty die Familie vor und zeigt sie auf einer Reise zur Handelsstation. Die Zuschauer lernen die verschiedenen Güter und Transportmittel der Inuit kennen. Im Text des Stummfilms wird darauf hingewiesen, dass der Hunger eine ständige Bedrohung für die Menschen dort ist. Doch Nanook erweist sich als erfolgreicher Jäger. Er wird beim Angeln gezeigt, und die Walross- und Robbenjagd sind regelrecht spannend anzusehen. Als die Familie auf der Robbenjagd ist, wird für die Übernachtung ein Iglu gebaut. Alle Tätigkeiten der Familie – das Essen, Schlafen, Aufstehen, Versorgen der Kinder, Spielen – werden von der Kamera eingefangen. Die für die Mobilität so wichtigen Hunde sind ebenso Thema der Bilder wie die einzigartige Schnee- und Eislandschaft mit ihrer Kälte und ihren Stürmen.

Als Flaherty *Nanook of the North* der Öffentlichkeit vorstellte, gab es den Begriff des Dokumentarfilmes noch nicht. Dieser wurde von dem Filmemacher John Grierson (1898–1972) in einer Besprechung von Flahertys zweitem Film *Moana* (1926), der über ein samoanisches Dorf berichtet, ins Gespräch gebracht, als er dem Film »dokumentarischen Wert« zusprach. Diese Kennzeichnung brachte die Debatte über filmische Dokumentationen in Gang und ihr folgte die Einordnung von Flahertys Werken als ethnographische Dokumentarfilme. Daher wird Flaherty, obwohl er weder *Nanook of the North* noch *Moana* mit dieser Absicht gedreht hatte, oft die Idee des filmischen Dokumentierens und des ethnographischen Filmes zugeschrieben. Tatsächlich datieren sowohl reine ethnographische Dokumentarfilme, wie die von Rudolf Pöch (1870–1921) 1907 in Südafrika aufgenommenen, und Dokufiktionsfilme wie *In the Land of the Headhunters* (1914) von Edward S. Curtis (1868–1952) deutlich früher als Flahertys Werke.

Flaherty griff in seinen Filmen zentrale Geschichten aus dem Leben der Menschen an einem bestimmten Ort auf und erzählte sie in Bildern. Seine Kunstfertigkeit im Umgang mit der Kamera machte seine Filme eindrucksvoll. Obwohl Flaherty auch in seinen nachfolgenden Filmen seiner Idee treu blieb, war *Nanook of the North*, sein erster Film, der Höhepunkt seines Filmschaffens.

Flahertys Werk hat viel Bewunderung, aber auch Kritik erfahren. Die Bedeutung von *Nanook* als ethnographische Dokumentation wurde angezweifelt, weil einige Szenen eindeutig gestellt waren und nicht den tatsächlichen Handlungsablauf wiedergaben. So wurde der Iglu, in dem die Familie übernachtete, für die Filmaufnahmen extra groß gebaut, damit die Kamera mit dem fixen Objektiv überhaupt zum Einsatz gelangen konnte. Ein Teil der Kritik bezog sich auch auf Flahertys Arbeitsweise, die nicht unbedingt direkt nachvollziehbar war. Flaherty interessierte sich nicht für das Schaffen der damals neu entstehenden Filmindustrie. Er nahm weder an deren Diskurs teil noch diskutierte er seine eigenen Kriterien für die Aufnahmen und den Schnitt. Er arbeitete ohne Skripte oder Vorlagen nach seinem eigenen Empfinden und machte seine Filme »unter Qualen aus dem Bauch heraus« (Rotha 1983).

Flaherty hat es jedoch verstanden, in seinen Bildern mehr wiederzugeben als einzig die Szenen, die sich vor der Kamera abspielten. Er vermittelt den Zuschauern eine emotionale Wahrnehmung der harten Lebensbedingungen der Inuit und Verständnis für die eigenartige Schönheit der Arktis. Mit dem Film *Nanook of the North* gelang es ihm, das Leben der Inuit zu zeigen und bedeutungsvoll zu vermitteln. Flaherty wurde zum Vorwurf gemacht, seine Filme dokumentierten nicht nur, sondern interpretierten auch. Doch gerade dieses mit filmischen Mitteln zu leisten, darin bestand Flahertys Können. Die Debatte darüber, inwieweit Dokumentationen sich auf einen objektiven Standpunkt zurückziehen oder aber eine symbolische Sprache zur Vermittlung von Inhalten verwenden sollten, ist aktuell und nicht auf das Filmgenre begrenzt. In denselben Kategorien wird in der Ethnologie die angemessene und autorisierte Darstellung der Anderen in den ethnographischen Texten diskutiert. Eine größere Vielfalt von Ausdrucks- und Textformen sowie die Einbeziehung der Beforschten in die Produktion der Ethnographien werden gefordert. Zunehmend wird der ethnographische Film heute als eine dieser Ausdrucksformen verstanden. Flaherty erfüllte damals, als er *Nanook of the North* machte, bereits zentrale Kriterien, die einzuhalten ethnographische Filmemacher heute aufgefordert sind. Er lebte mit den Menschen, die er filmen wollte, und kannte sie. Und er beteiligte seine Darsteller am Herstellungsprozess des Filmes. Damit erscheint Flaherty nicht nur als Vorreiter in Sachen dokumentarischer Film, sondern auch in den Dingen der ethnographischen Repräsentation.

EIKE DE VRIES

Ausg.: Nanook of the North. 1922. Stummfilm s/w 75min. – Tonversion Juli 1947. – Neu hg. und restauriert von David Shepard, 64 min. – Dt. EA u.d.T.: Nanuk, aus dem Norden, 48 min.

Lit.: W. T. MURPHY, Robert Flaherty. A Guide to References and Resources, Boston 1978. – P. ROTHA, Robert J. Flaherty. A Biography (hg. v. J. RUBY), Philadelphia 1983. – R. BARSAM, The Vision of Robert Flaherty. The Artist as Myth and Filmmaker, Bloomington/Indianapolis 1988. – R. J. CHRISTOPHER, Through Canada's Northland: The Arctic Photography of Robert J. Flaherty, in: J. C. H. KING/H. LIDCHI (Hg.), Imaging the Arctic, London 1998, S. 181–89.

Meyer Fortes
(* 25.4.1906 Britstown; † 27.1.1983 Cambridge)

Edward Evan Evans-Pritchard
(* 12.9.1902 Crowborough/Sussex; † 11.9.1973 Oxford)

(Hg.) **African Political Systems** (engl.; *Afrikanische politische Systeme*), EA London 1940.

Dieser Sammelband mit acht Fallstudien zur politischen Organisation afrikanischer Gesellschaften, die von den Herausgebern in den Rahmen einer dichtomisierenden Typologie von »primitiven Staaten« versus »staatenlosen Gesellschaften« beruhenden Typologie gestellt werden, ist ein Klassiker der Politikethnologie. Vielen gilt er sogar als ihr Gründungsdokument. Obwohl die vorgeschlagene Typologie schon bald als ahistorisch und zu schematisch kritisiert wurde, haben die mit *African Political Systems* vorgelegten Erkenntnisse zu politischer Macht und Herrschaft in Afrika das Feld lange beherrscht.

Fortes und Evans-Pritchard gehörten, wie auch die meisten anderen Autoren des Sammelbands, zur jüngeren Generation von britischen und südafrikanischen Ethnologen, die an den Forschungsseminaren an der London School of Economics unter B. → Malinowski teilgenommen hatten und eng mit dem 1925 in London gegründeten International African Institute (IAI) verbunden waren. Alle hatten in den 1930er Jahren in den britischen Kolonien in Afrika ausgedehnte Feldforschungen unternommen; die meisten – so Fortes selbst, A. → Richards, S. F. → Nadel, Isaac Schapera (*1905), Kalervo Oberg (1901–73) und der Deutsche Günther Wagner (1908–1952) – mit Stipendien der Rockefeller-Stiftung, die ein Forschungsprogramm des IAI zu den Folgen des kolonialen »Kulturwandels« in Afrika förderte. Das IAI finanzierte auch die Drucklegung von *African Political Systems*, obwohl es dessen Herausgebern dezidiert um eine Analyse der »traditionellen« politischen Systeme unter Ausblendung der kolonialen Situation ging.

Die Idee zu einem vergleichenden Sammelband über afrikanische politische Systeme kam Fortes 1937 bei einem Besuch bei Schapera in Kapstadt, als er die Druckfahnen zu dessen *Handbook of Tswana Law and Custom* (1938) las und vom Kontrast der in Häuptlingstümern organisierten südafrikanischen Tswana zu den »staatenlosen« Tallensi in Nordghana fasziniert war, die er selbst gerade erforscht hatte. Fortes' Freund Evans-Pritchard, damals Lektor in Oxford, ließ sich von dem Projekt begeistern, in dem er wohl auch eine Möglichkeit sah, sich von Malinowski abzugrenzen und eigene Akzente zu setzen. Zu dieser Strategie der »Schulenbildung« gehörte auch, seinen Mentor A. R. → Radcliffe-Brown statt Malinowski das Vorwort schreiben zu lassen und den Band dem britischen Doyen der Afrikaforschung, C. G. Seligman (1873–1940), zu widmen. An namhaften Autoren des Sammelbandes soll noch M. → Gluckman, der dritte Südafrikaner im Bunde, genannt werden, der später ganz andere politikethnologische Wege als Fortes und Evans-Pritchard beschritt. Das kündigte sich bereits in Gluckmans Beitrag zu den *African Political Systems* an, der stärker historisch argumentierte als die Herausgeber und die koloniale Situation explizit thematisierte. Aufschlussreich ist schließlich noch ein Blick auf zwei Ethnologen im Umfeld des IAI, die nicht um Mitarbeit gebeten wurden: Margery Perham (1895–1982), die anders als Fortes und Evans-Pritchard keine Mikrosoziologie isolierter Einzelkulturen betreiben, sondern die koloniale Administration erforschen wollte; und Y. → Kenyatta, der spätere Präsident Kenias, der bei Malinowski studiert und bereits 1938 seine nationalistisch-romantisierende Ethnographie der Kikuyu, *Facing Mount Kenya*, veröffentlicht hatte – eine »aktivistische Anti-These« zu den *African Political Systems* (Zitelmann 1997).

Ungeachtet des Anspruchs auf systematischen Vergleich und die Herausarbeitung von Universalien der politischen Organisation – Radcliffe-Brown verstand die Ethnologie als »Naturwissenschaft der menschlichen Gesellschaft« (xi) –, ist

African Political Systems ein heterogenes Buch. Die Beiträge von Gluckman zum Zulu-Königreich, von Schapera zu den Ngwato (einer Untergruppe der Tswana), von Richards zu den Bemba in Nordost-Rhodesien, von Oberg zu den Ankole in Uganda und von Nadel zu den nupe-sprachigen Kede in Nordnigeria beschäftigen sich alle mit afrikanischen »Staaten« (entsprechend der Typologie der Einleitung). Doch die untersuchten Gemeinwesen sind hinsichtlich Größe, Organisationsprinzipien und Geschichte so unterschiedlich, dass die von den Herausgebern vorgeschlagenen allgemeinen Charakteristika nicht recht zu greifen scheinen. Außerdem setzen die Autoren ihre eigenen Akzente, z.B. auf die Probleme der politischen Souveränität der Häuptlinge auch und gerade im kolonialen Kontext (Schapera, Richards) oder auf mythische Herrschaftsbegründungen und kulturelle Aspekte der politischen Organisation (Oberg). Auch Wagners Beitrag zu den Bantu-Kavirondo in Kenia, eine »staatenlose« Gesellschaft, passt nicht gut ins idealtypische Schema der Einleitung des Sammelbands. Der Begriff des Politischen ist bei Wagner, der sich später in Deutschland bei R. → Thurnwald habilitierte und im Reichsprogandaministerium als Zensor ethnologischer Literatur tätig wurde, stark durch das Konzept der »Führung« geprägt; als politische Einheit werden diejenigen definiert, die sich als Gemeinschaft fühlen und gelegentlich auch als solche handeln.

Sowohl die Kanonisierung der *African Political Systems* zum Klassiker als auch die Kritik späterer Ethnologengenerationen beziehen sich in erster Linie auf das Vorwort und die Einleitung sowie die beiden Fallstudien der Herausgeber zu den »staatenlosen« Gesellschaften der Nuer im Südsudan (Evans-Pritchard) und der Tallensi in Nordghana (Fortes). Das von Radcliffe-Brown formulierte Problem einer universellen Definition des Politischen, die nicht von vornherein die Existenz des modernen Staats voraussetzt, ist auch heute noch eine der zentralen Fragen der Politikethnologie. Seine Definition von Politik als

»Aufrechterhaltung oder Herstellung von sozialer Ordnung in einem territorialen Rahmen« durch die »Anwendung oder Androhung der Anwendung von physischer Gewalt« – »Recht« nach innen, »Krieg« nach außen (xiv) – orientiert sich allerdings paradoxerweise an Max Webers (1864–1920) Konzept des europäischen Territorialstaats. In Gesellschaften, wo diese Kriterien nicht greifen, deutet Radcliffe-Brown darum in evolutionistischer Manier moralische und religiöse Sanktionen, Rituale und Fehden als »embryonische Formen« und »Rudimente« von »Gesetz« und »Krieg« (xv, xvii).

Auch Evans-Pritchards und Fortes' Unterscheidung zwischen Gesellschaften »ohne« und Gesellschaften »mit« zentralisierter Autorität, Administration und rechtlichen Institutionen knüpft implizit an die evolutionistische Vorstellung einer Entwicklungsfolge von auf Verwandtschaft und auf Territorialität basierenden Gesellschaften (*societas* versus *civitas*) an, deutet sie aber in ein räumliches Nebeneinander um. Die zentrale Frage war nun, wie in den Gesellschaften »ohne« zentrale Autorität politische Einheiten abgegrenzt und Recht und Ordnung hergestellt wurden. Ausgehend von den eigenen Fallstudien sprachen Fortes und Evans-Pritchard dabei insbesondere den Lineages, auf Abstammung basierenden, körperschaftlichen Verwandtschaftsgruppen, eine zentrale Rolle als Träger von Recht und Krieg zu. Bei Evans-Pritchards Nuer etwa sind die lokalen, kleineren Verwandtschaftsverbände (*minimal lineages*) zugleich Segmente von größeren, inklusiven Abstammungsgruppen (*maximal lineages*). Hierarchie und kontextgebundene Pflicht zu Solidarität verknüpfen die Segmente miteinander. Zwei derselben größeren Abstammungsgruppe angehörende *minimal lineages*, die sich in bestimmten Kontexten befehden, kooperieren miteinander, wenn es um Auseinandersetzungen mit anderen *maximal lineages* geht – ein Modell »segmentärer Opposition«, das an das Konzept der »mechanischen Solidarität« von É. → Durkheim anknüpft. Die größte politische Einheit (»Stamm«) umfasst darum alle Verwandtschaftsverbände, die sich auf diese Weise beistehen und interne Konflikte durch Ausgleichszahlungen statt durch »Krieg« beizulegen bereit sind. Im Modell der »segmentären Opposition« manifestiert sich ein zentrales Anliegen der *African Political Systems*, nämlich die Mechanismen aufzudecken, mit denen Gesellschaften – in naturwissenschaftlicher Metaphorik als »lebendige Organismen« verstanden – ihr »Gleichgewicht« bewahren oder wiederherstellen (xxii). In den Gesellschaften »mit« Staat wird das Gleichgewicht durch die reziproken Verpflichtungen von Herrschern und Beherrschten und die Machtbalance der verschiedenen Institutionen (König gegenüber Ältestenrat, Königinmutter usw.) sichergestellt, in staatenlosen Gesellschaften begrenzen sich die Verwandtschaftsverbände gegenseitig in ihrer Machtfülle.

Dieser Entwurf eines Konsens- und Gleichgewichtsmodells politischer Organisation in Afrika trug *African Political Systems* später den Vorwurf der Ahistorizität, der Ausblendung der kolonialen Situation und der Depolitisierung afrikanischer Gesellschaften ein (Asad 1973). In der Tat hat *African Political Systems* wesentlich zu dem noch heute verbreiteten und problematischen Bild von Afrika als Kontinent sakraler Königtümer und »segmentärer Gesellschaften« beigetragen. Kritik richtete sich auch gegen die dichotomisierende Typologie, die weder den vielen Untertypen noch der historischen Interaktion von Staaten und staatenlosen Gesellschaften Rechnung trug. Autoren wie J. → Middleton und D. → Tait bemühten sich darum um die Ausdifferenzierung der Typologie; andere betonten die Bedeutung von nicht-verwandtschaftlichen Institutionen gesellschaftlicher Integration wie Altersklassen und Geheimbünden. Unbestritten bleibt jedoch das Verdienst von *African Political Systems*, sich erstmals mit der politischen Organisation »staatenloser« Gesellschaften nicht als unterentwickelter Anomalität, sondern als hochkomplexer »geordneter Anarchie« (296) beschäftigt zu haben.

CAROLA LENTZ

Ausg.: Dt. Teilübers.: Einleitung, in: F. KRAMER/C. SIGRIST (Hg.), Gesellschaften ohne Staat, Bd. 1, Frankfurt 1978, S. 150–74; E. E. EVANS-PRITCHARD, Die Nuer im südlichen Sudan, in: ebda., S. 175–200; G. WAGNER, Wesenszüge der politischen Struktur der Kavirondo-Bantu, in: Afrika. Studien zur Auslandskunde 2 (1942), S. 7–54.
Lit.: T. ASAD (Hg.), Anthropology and the Colonial Encounter London 1973. – J. VINCENT, Anthropology and Politics. Visions, Traditions, and Trends, Tucson 1990. – J. GOODY, The Expansive Moment. The Rise of Social Anthropology in Britain and Africa 1918–1970, Cambridge 1995. – A. KUPER, Anthropologists and Anthropology, The Modern British School, London ^{3}1996. – T. ZITELMANN, Formen und Institutionen politischer Herrschaft, in: J.-G. DEUTSCH/A. WIRZ (Hg.), Geschichte in Afrika. Einführung in Probleme und Debatten, Berlin 1997, S. 201–29.

Reo Franklin Fortune
(* 27.3.1903 Coromandel; † 25.11.1979 Cambridge)

Sorcerers of Dobu. The Social Anthropology of the Dobu Islanders of the Western Pacific (engl.; *Die Zauberer von Dobu. Die Ethnologie der Dobu-Insulaner des westlichen Pazifiks*), EA London 1932, 2. Aufl. 1969.

Sorcerers of Dobu ist vielleicht die bekannteste, sicher aber neben *Manus Religion* (1935) die beste Monographie des in Neuseeland geborenen, unter anderem in Cambridge ausgebildeten und in New York promovierten Reo Fortune. In seinem auf Anregung von Fortunes erster Ehefrau, M. → Mead, geschriebenen Vorwort reklamiert B. → Malinowski das Buch für die von ihm selbst propagierte »funktionalistische Methode«, indem er es als »einen ihrer Triumphe im Feld« rühmt und ihm einen »dauerhaften Wert« bescheinigt. Heute gilt Fortune als einer der großen Pioniere in der Geschichte der ethnographischen Erschließung von Melanesien.

Die empirische Grundlage für *Sorcerers of Dobu* besteht in den Daten, die Fortune zwischen 1927 und 1928 bei seiner ersten Feldforschung erhob, als er sich in der D'Entrecasteaux-Inselgruppe der heutigen Milne Bay Province von Papua-Neuguinea, südlich der durch Malinowski bekannt gewordenen Trobriand-Inseln, fünf Monate auf Tewara und einen Monat lang auf Fergusson Island aufhielt. Zu Beginn und am Ende des Buches formuliert Fortune die Intention, durch eine weitgehend umfassende Darstellung der Kultur das über die Region bereits vorhandene Wissen zu ergänzen. Dabei verwendet er den Begriff »Dobu« gleichermaßen für diese Kultur insgesamt, für die Menschen, für ihre Sprache sowie für eine der Inseln.

Das erste Kapitel ist zugleich das längste und bildet damit den Schwerpunkt des Buches. In ihm behandelt Fortune die soziale Organisation, ausgehend von der Beschreibung eines »typischen« Dobu-Dorfes, das sich aus vier bis zwölf matrilinearen und exogamen Verwandtschaftsgruppen, den sogenannten *susu*, zusammensetzt. Die Mitglieder der *susu* eines Dorfes begreifen sich als miteinander verwandt, reden sich, wenn sie derselben Generation angehören, gegenseitig mit den Begriffen für »Bruder« und »Schwester« an und werden von Fortune als »owner« bezeichnet. Seiner Ansicht nach ist für die Dobu ihre *susu* wichtiger als die durch die Ehe gestiftete Kernfamilie. Dies zeigt sich insbesondere aufgrund der alternierenden Wohnfolgeordnung, nach der sich ein Ehepaar jeweils für ein Jahr abwechselnd im Dorf des Mannes und der Frau aufhalten muss. In jedem Fall steht eine relativ geschlossene Front von »owners« einer heterogenen Gruppe von Hinzugeheirateten – Fortune nennt sie »those-resulting-from-marriage« – gegenüber, die sich, aus verschiedenen Dörfern und *susu* stammend, nicht miteinander solidarisieren können. Im Dorf eines Ehepartners sieht sich ein oder eine Dobu daher jeglicher Unterstützung beraubt, er oder sie bewegt sich inmitten von potentiellen Feinden und ihm oder ihr bleibt nur äußerste Wachsamkeit, um sich vor gegnerischen Zauberei-Attacken (»sorcery«) zu schützen und um zu verhindern, dass sich der Ehepartner einem zwar verbotenen, aber praktisch nur schwer zu verhindernden »Dorf-Inzest« mit einem ihrer oder seiner »Dorf-Geschwister« hingibt. – Damit formuliert Fortune im ersten Kapitel bereits die zentrale These, auf die er später immer wieder zurückkommt: Der Gegensatz von *susu* und Kernfamilie führt zusammen mit der alternierenden Wohnfolgeordnung und den verbreiteten »sorcery«-Vorstellungen und -Praktiken zu einem allgegenwärtigen Klima von Eifersucht, Misstrauen und Furcht.

Es folgen Ausführungen über den Gartenbau (Kap. 2), den als »black art« bezeichneten Schadenszauber (Kap. 3–4) und die Wirtschaft, zu der Fortune Tauschhandlungen aus Anlass von Heirat und Tod ebenso zählt wie vor allem die Teilnahme an den im Rahmen des *kula*-Ringtausches zweimal jährlich zu benachbarten Inseln unternommenen Handelsexpeditionen (Kap. 5). Die letzten vier Kapitel schließlich gelten dem Geschlechtsleben (Kap. 6), dem Inhalt und Aufbau unterschiedlicher Liedtypen (Kap. 7), Beispielen für Mythen (Kap. 8) sowie zuletzt dem Lebenslauf eines fiktiven Individuums von Geburt, Heranwachsen und Pubertät über die Teilnahme am *kula* bis hin zu Heirat, Tod und Begräbnis (Kap. 9).

Vom Dobu-Dorf im ersten bis zum Lebenslauf eines Individuums im letzten Kapitel präsentiert Fortune durchgehend idealtypische Konstruktionen, die er mit Zitaten aus Mythen, Liedtexten und magischen Formeln, vor allem aber mit Beobachtungen beziehungsweise Erlebnissen seiner Feldforschung illustriert. Allerdings gelingt es Fortune nicht, einen kohärenten Erzähl- oder Argumentationsstrang durchzuhalten, so dass zum einen die Verortung der einzelnen Daten im Buch mitunter als ebenso beliebig erscheint wie die Reihenfolge der sehr heterogenen Kapitel und zum anderen einzelne Themen nicht geschlossen, sondern in vielen verstreuten Passagen abgehandelt werden. Geradezu leitmotivisch kommt Fortune dabei immer wieder auf das bereits angeführte Klima von Eifersucht, Misstrauen und Furcht zurück und die in *Sorcerers of Dobu* vorgestellte Kultur müsste in der Tat einen insgesamt eher düsteren Eindruck machen, enthielten die von Fortune angeführten Beschreibungen eigener Beobachtungen beziehungsweise Erlebnisse nicht auch Hinweise auf Toleranz und Freiheit. Dobu ist, wie Fortune an einer Stelle schreibt, der letzte Ort, an dem man Konformität erwarten dürfe. Während eine eindimensionale Darstellung der Dobu als gewissen- und gnadenlose Zauberer die Distanz zwischen ihnen und dem Leser vergrößern würde, geht es Fortune gerade um die Überbrückung dieser Distanz, indem er mehrfach den Bogen vom Fremden zum Eigenen schlägt und versucht, die behandelten Phänomene nicht aus westlicher Sicht zu bewerten, sondern aus ihrem eigenen kulturellen Kontext heraus zu verstehen.

Sorcerers of Dobu ist in Auszügen in einem Sammelband über »witchcraft« und »sorcery« abgedruckt (Marwick 1975) und in einer Einführung in die Ethnographie Melanesiens zu dem Kapitel »Sorcery on Dobu Island« verarbeitet (Silitoe 1998). So gilt das Buch gewöhnlich in erster Linie als Abhandlung über Schadenszauber, wobei jedoch zumeist gerade jenes Bild der Dobu als gewissen- und gnadenlose Zauberer vorherrscht, das der Sichtweise von Fortune allenfalls partiell entspricht. Diese Rezeption geht im Wesentlichen auf R. → Benedict zurück, die Fortunes Daten in ihrem Hauptwerk *Patterns of Culture* (1934) paraphrasiert, dabei aber seine Hinweise auf Toleranz und Freiheit ebenso in den Hintergrund drängt wie seine Übersetzungsversuche. Im Ergebnis erscheinen die Dobu fast ausschließlich als hinterhältig, argwöhnisch und grausam, so dass Benedicts Darstellung als »gnadenloses Portrait« (Chowning 1964) beziehungsweise als »Travestie der Dobu-Kultur« (Young 1980) bezeichnet wurde.

Außer mit dem Thema Schadenszauber wird *Sorcerers of Dobu* – sicher nicht zuletzt wegen dessen »besitzergreifendem« Vorwort – auch mit Malinowski verknüpft und als Beispiel für die von seinen Schülern verfassten Monographien betrachtet. Mead zufolge hat Fortune Malinowskis *Argonauts of the Western Pacific* (1922) als Vorbild angesehen und sich während seiner ersten Feldforschung Nacht für Nacht darin vertieft (Mead 1973). Tatsächlich lassen sich Einflüsse von Malinowski sowie insbesondere von A. R. → Radcliffe-Brown nachweisen, in späteren Jahren distanzierte sich Fortune jedoch nicht nur von übergreifenden Paradigmen wie dem des Strukturfunktionalismus im Allgemeinen, sondern auch von Radcliffe-Brown und Malinowski im Besonderen. Veröffentlichte Spuren dieser Auseinandersetzung finden sich jedoch nur in der im Jahre 1963 erschienenen zweiten Auflage von *Sorcerers of Dobu*, in der nahezu alle nachträglichen Änderungen Kritik an Malinowski enthalten.

Im Großen und Ganzen hat Fortune allerdings seine Kritik an der Missrepräsentation oder Missachtung seiner Daten beziehungsweise an ihm als falsch erscheinenden Aussagen und Ansätzen lediglich im Rahmen privater Briefe, Notizen und unveröffentlichter Manuskripte artikuliert. Dies mag zusammen mit der späteren Einstellung seiner Publikationstätigkeit dazu beigetragen haben, dass Fortune nie einen Lehrstuhl erhielt und in wissenschaftsgeschichtlichen Darstellungen eine eher marginale Rolle spielt. Fortunes Zurückhaltung lässt sich möglicherweise durch die von seiner Nichte, Ann McLean, aufgestellte These erklären, nach der er sachliche Irrtümer als moralische Verfehlungen begriff und kaum zwischen inhaltlichen und persönlichen Auseinandersetzungen zu differenzieren vermochte (McLean 1992). Aus einer solchen Sichtweise könnten die hohen Ansprüche resultieren, denen er im Feld und am Schreibtisch zu genügen versuchte: McLean spricht von »rückhaltloser Aufrichtigkeit«, und tatsächlich scheut sich Fortune in *Sorcerers of Dobu* nicht, auch Daten zu präsentieren, die seinen eigenen Interpretationen widersprechen oder die ihn selbst in ein negatives Licht setzen. Zudem gibt er – im Gegensatz übrigens zu Malinowski – durchgehend genau an, ob er einzelne Informationen eigenen Beobachtungen oder den Berichten anderer verdankt. – Wenn der Autor von *Sorcerers of Dobu* ein rastloser und bei allen berechtigten Einwänden auch ein vor allem in linguistischer Hinsicht begnadeter Feldforscher sowie darüber hinaus ein zumindest teilweise brillanter Analytiker war, andererseits aber vielfach unterschätzt wird, so mag es überraschen, dass bis heute noch keine intellektuelle Biographie über Reo Fortune vorliegt.

HOLGER JEBENS

Ausg.: London ^{2}1963
Lit.: R. BENEDICT, Patterns of Culture, Boston 1935. – A. CHOWNING, [Rez. von] R. F. Fortune, *Sorcerers of Dobu*, in: American Anthropologist 66 (1964), S. 455–57. – M. MEAD, Blackberry Winter. My Earlier Years, New York 1973. – M. YOUNG, Reo Fortune (1903–1979), in: Canberra Anthropology 3 (1980), S. 105–08. – A. MCLEAN, In the Footprints of Reo Fortune, in: T. HAYS (Hg.), Ethnographic Presents, Berkeley 1992, S. 37–67.

James George Frazer
(* 1.1.1854 Glasgow; † 7.5.1941 Cambridge)

The Golden Bough. A Study in Magic and Religion (engl.; *Der goldene Zweig. Ein Studie über Magie und Religion*), 2 Bde., EA London 1890, 12 Bde., ^{3}1911-15.

Frazers Monumentalwerk *The Golden Bough*, das nur eines von zahlreichen, zum Teil mehrbändigen Werken dieses Autors darstellt, erschien erstmals 1890 in zwei Bänden, um in der dritten Auflage (1911–15) auf zwölf Bände anzuwachsen. Frazer studierte in Cambridge zunächst klassische Fächer wie Griechisch, Latein und Philosophie. Sein Interesse an der zu seiner Zeit noch jungen Disziplin der Anthropologie wurde bald durch die Lektüre von E. B. → Tylors *Primitive Culture* (1871) sowie durch seine Bekanntschaft mit W. R. → Smith geweckt. Bei seinen unermüdlichen Forschungen wurde Frazer durch seine Frau von Alltagseinflüssen abgeschirmt. Frazer kannte die Welt seines Studierzimmers; das Leben »draußen«, sei es das der

»Wilden« oder das seiner eigenen Landsleute, war ihm dagegen weitgehend fremd (vgl. Ackerman 1987, Downie 1970).

Frazer war ein führender Vertreter der von evolutionistischen Erkenntnisinteressen geleiteten Ethnologie des 19. Jh. Vertreter dieser Denkrichtung sahen ihre Aufgabe darin, die Ursprünge menschlicher Institutionen und ihre Entwicklungen zu bestimmen. Ihre als »comparative method« bekannte Herangehensweise bestand zunächst darin, eine angeblich universelle Institution – im *Golden Bough* war dies das sakrale Königtum – als solche zu entdecken und sie daraufhin bei einem bestimmten Stamm als in ihrer ursprünglichsten Form zu identifizieren. Sodann suchte man ihre Entwicklung weltweit zu rekonstruieren. Auf einer weiteren Stufe der Abstraktion galt es, allgemeingültige Gesetze des menschlichen Fortschritts zu formulieren und Stadien der Evolution zu benennen, durch die alle Menschen schon geschritten oder noch zu schreiten bestimmt seien. Das ganze Unterfangen wurde mit Material belegt, das Händler, Missionare, Kolonialbeamte und Reisende zugeschickt hatten. Den meist dreistufigen Evolutionsschemata – Frazer spricht von den Zeitaltern der Magie, Religion und Wissenschaft – war gemein, dass Mitglieder außereuropäischer Kulturen jeweils an das eine Ende der Skala gestellt wurden, während der wissenschaftlich denkende Bürger des Okzidents das andere Ende einnahm.

Der *Golden Bough* besteht in der Kurzversion aus 69 Kapiteln, die sich in drei Teile aufgliedern lassen. Der erste Teil (Kap. 1–16) handelt von den Prinzipien der Magie und der Evolution des sakralen Königtums. Der zweite Teil (Kap. 17–28) untersucht Tabus und setzt sie in Beziehung zu Gebräuchen, die sich um den Brauch des Königsmordes ranken. Der dritte Teil (Kap. 29–69) ist eine Anhäufung von Beispielen aus Mythos und Ritual des sterbenden Gottes.

Nach Frazer basiert Magie auf zwei Gesetzen des Denkens: dem Gesetz der Ähnlichkeit und dem der Berührung. Die Logik beider Prinzipien beruhe auf einem

Denkfehler, der darin bestehe, ideelle Verbindungen als tatsächliche zu betrachten. Magie sei »eine falsche Wissenschaft« (Kap. 1), die allerdings in einer gewissen Wahlverwandtschaft zur »richtigen« Wissenschaft stehe, ja ihr Vorläufer sei, denn »beide nehmen die Aufeinanderfolge der Ereignisse als vollkommen regelmäßig und sicher an, da sie durch unwandelbare Gesetze bestimmt ist« (Kap. 4). Dahingegen stehe Religion in völligem Gegensatz sowohl zur Magie als auch zur Wissenschaft, da sie den Glauben an übernatürliche Wesen, die willkürlich die Welt beherrschen, beinhalte. Die Rolle des Magiers war nach Frazer so bedeutend, dass dieser sich in einer bestimmten Phase der Menschheitsgeschichte den Rang eines Königs aneignen konnte. Die Macht ging dann von einer Oligarchie der Alten in die Hand des fähigsten, aber auch skrupellosesten Individuums über. Als das Zeitalter der Magie allmählich von dem der Religion abgelöst wurde, übernahm der König zunehmend priesterliche Funktionen.

Im Mittelpunkt des zweiten Teils steht das, was man mit Frazer als »Die Last der Königswürde« (Kap. 17) bezeichnen kann. In einem gewissen Stadium der Geschichte glaubte man, so Frazer, dass der Lauf der Natur der Herrschaft des Königs unterstellt sei. Deshalb machte man ihn auch für schlechtes Wetter, Missernten und ähnliches Unheil verantwortlich. Da seine Kräfte somit nicht nur die Quelle von Wohlergehen, sondern auch von Leid sein konnten, musste das Leben des Königs durch eine Reihe von Schutzmassnahmen kontrolliert werden. Aber warum erlaubte man dem König und Gott nicht, alt und schwach zu werden und eines natürlichen Todes zu sterben? Frazers Antwort auf diese zentrale Frage des Buchs lautet: »Welche Katastrophen können nicht aus der allmählichen Abnahme seiner Kräfte und deren Erlöschen mit dem Tod entstehen? Es gibt nur einen Weg, diese Gefahren abzuwenden. Der Menschengott muss getötet werden, sobald bei ihm Anzeichen auftreten, dass seine Kräfte zu schwinden beginnen, und seine Seele muss auf einen stärkeren

Nachfolger übertragen werden« (Kap. 24).

Im dritten Teil liefert Frazer zahlreiche Beispiele vom Mythos des sterbenden Gottes. Ob Adonis in Syrien, Osiris in Ägypten, Dionysos in Griechenland oder Balder in Skandinavien, in der Mythologie all dieser Protagonisten wird von ihrer Liebe zu einer Göttin berichtet, die durch das Wirken einer bösen Macht zum Ende kommt. Der Held wird getötet und entschwindet in die Unterwelt, aber dank seiner Geliebten wird er wieder zum Leben erweckt. Frazer argumentiert, dass diese Mythen oft von Riten begleitet werden, durch die, wie in einem heiligen Drama, die Stationen von Liebe, Tod, Abkehr, Wiederbelebung und Rückkehr erinnert werden und die magisch-rituelle Handlungen repräsentieren, mittels derer der »Wilde« versuche, Naturphänomene zu beeinflussen. Der Tod und die Wiedergeburt des Gottkönigs versinnbildlichen somit den Wechsel der Jahreszeiten und den Lauf des menschlichen Lebens zugleich. Der sakrale König ist gewissermaßen ein Mann ohne Winter: im Herbst seines Lebens wird er getötet, um im Frühjahr wiedergeboren zu werden.

Ein sakraler König aus unserem eigenen Kulturkreis, Jesus Christus, nimmt in der zweiten Auflage des *Golden Bough* noch einen bedeutenden Platz im Text ein, während er in der dritten Auflage nur in Fußnoten erscheint und in der gekürzten Fassung unerwähnt bleibt. Frazers Vergleich von »primitiven« Ritualen und Mythen mit christlichen Doktrinen und die darin mitschwingende Theorie, dass das Christentum heidnischen Ursprungs sei, rief im England seiner Zeit einige Entrüstung hervor, der er Rechnung trug. Trotzdem steht Jesus Christus auch ungenannt im Zentrum des intellektuellen Vorhabens vom *Golden Bough* (Feeley-Harnik 1985). Frazers Ethnologie lässt sich damit trefflich als »imaginäre Ethnographie« im Sinne Kramers (1977) charakterisieren, denn letztlich ging es ihm um die Fragen, was die moderne westliche Gesellschaft ist oder sein sollte, und wie sie zu dem, was sie vermeintlich ist, werden konnte. Die geschilderten und aus ihren gesamtgesellschaftlichen

Verhältnissen gerissenen kulturellen Phänomene werden nicht aufgrund der ihnen je eigenen Charakteristika wahrgenommen, sondern nur mit verzerrendem Bezug auf die eigene Kultur. Das Werk hat somit seine Leser von jeher zur Selbstreflexion angeregt und sie sahen sich in ihm mit all ihren eigenen Ambivalenzen, Wünschen und Dilemmata konfrontiert.

The Golden Bough gehört zu den meistverkauften Werken der Ethnologie, wobei seine Leserschaft weit über das Fachpublikum hinausgeht. Einige seiner Leser, unter ihnen B. → Malinowski, inspirierte das Buch dazu, das Studium der Ethnologie aufzunehmen, andere wiederum ließen sich davon künstlerisch anregen, um nur T. S. Eliots »Waste Land« zu nennen (Vickery 1973). In der ethnologische Fachgemeinde gab es von den 1920er Jahren an allerdings heftige Kritik am *Golden Bough*. Vertreter der Schule von É. → Durkheim bemängelten, dass Frazer mit seinen intellektualistisch-psychologischen Spekulationen über den »Wilden« nicht in der Lage sei, soziale Tatsachen zu erklären, britische Funktionalisten verwarfen generell evolutionistische Entwürfe der Frazerschen Art als pseudo-historische Spekulationen, und die Überheblichkeit im Ton Frazers stieß überall auf scharfe Gegenpolemik. Seit Feldforschung im Gefolge Malinowskis zur Grundbedingung der Ethnologie avancierte, erschien die Schreibtischgelehrsamkeit Frazers darüber hinaus als vollends veraltet (Evans-Pritchard 1981). Trotzdem ist der Einfluss, den der 1914 geadelte Frazer innerhalb und außerhalb der Ethnologie (z.B. auf Sigmund Freud, 1856–1939) gehabt hat, nicht zu gering zu bewerten. Seine Theorien werden bis heute heftigst diskutiert – dies auch in der 1922 gegründeten »Frazer Lecture«. Selbst wenn diese Vorlesungsreihe schon früh den Charakter einer sich alljährlich vollziehenden rituellen Tötung ihres Namensgebers annahm, erlebt Frazer, ähnlich wie die von ihm beschriebenen Könige, immer wieder Comebacks.

Burkhard Schnepel

Ausg.: 3 Bde., London ^{2}1900; 12 Bde. ^{3}1911–15. – Gekürzte Ausg.: 2 Bde., London 1922. – Dt. Teilausg. Leipzig 1928, ND Köln/Berlin 1968, Frankfurt 1977, Reinbek 1989, 2000.
Lit.: R. A. DOWNIE, Frazer and »The Golden Bough«, London 1970. – J. B. VICKERY, The Literary Impact of »The Golden Bough«, Princeton 1973. – F. KRAMER, Verkehrte Welten. Zur imaginären Ethnographie des 19. Jh., Frankfurt 1977. – E. E. EVANS-PRITCHARD, A History of Anthropological Thought, London 1981, S. 132–52. – G. FEELEY-HARNIK, Issues in Divine Kingship, in: Annual Review of Anthropology 14 (1985), S. 273–313. – R. ACKERMAN, J. G. Frazer. His Life and Work, Cambridge 1987. – H. WISSMANN, James George Frazer 1854–1941, in: A. MICHAELS (Hg.), Klassiker der Religionswissenschaft, München 1997, S. 77–89.

Leo Frobenius

(* 29.6.1873 Berlin; † 9.8.1938 Biganzolo)

Erlebte Erdteile. Ergebnisse eines deutschen Forscherlebens, 7 Bde., EA Frankfurt 1925–29.

Unter den Buchreihen, mit denen dieser fruchtbarste Vertreter der deutschen Völkerkunde und Begründer der Kulturmorphologie über seine empirischen Jahre 1904 bis 1915 Bilanz zog, geben die *Erlebten Erdteile* den besten Aufschluss hinsichtlich Genese, Fragestellung, Methode und Präsentation dieses ethnologischen Sonderwegs aus der ersten Hälfte des 20. Jh. Im Gegensatz zu anderen Vertretern expressionistischer Richtungen erreichte der wie besessen sammelnde, reisende und nacherzählende Frobenius in den zwanziger und dreißiger Jahren des 20. Jh. akademische Anerkennung und befruchtete selbst noch die Ethnologie im Nachkriegsdeutschland.
Die sieben Bände bieten, obwohl der erste zu einem guten Teil aus älteren Abhandlungen – noch vor der ersten Ausfahrt 1904 geschriebenen – besteht und die Bände 4, 6 und 7 auch außerhalb der Reihe erschienen sind, eine einmalige Mischung aus Autobiographie, Expeditionsbe-

richt, Folkloresammlung und Kulturstilisierung, die in auffälligem Kontrast zu der zeitgleich in England und Frankreich entstehenden modernen Ethnologie mit ihren Stammesmonographien und strukturfunktionalistischen Synthesen steht. Dieser Gegensatz lässt sich nur teilweise aus der unterschiedlichen Überseepolitik erklären; schon vor dem Verlust des eigenen Kolonialreichs verfolgten deutsche Ethnologen andere Fragestellungen als ihre westlichen Kollegen. Frobenius ging es in erster Linie darum, das Volksgedächtnis zu erforschen, und zwar in von der Schrift noch nicht kontaminierten Regionen. In zweiter Linie bemühte er sich um eine alternative Weltgeschichte, in deren Reichtum die offiziell anerkannte und schriftlich beglaubigte »wie ein verhärteter Brocken« umherschwimme.

Nach der Art frühkolonialistischer Handelsexpeditionen hatte Frobenius bis zum Ersten Weltkrieg verschiedene Teile Afrikas durchzogen und dabei sowohl Ethnographica als auch Erzählungen eingetauscht. Mit Ersteren belieferte er die ihn unterstützenden Völkerkundemuseen, mit dem Erzählgut versuchte er, Afrika morphologisch zu verstehen. Dieses Bemühen um fremde Formensprachen lässt sich aus den sieben Bänden *Erlebte Erdteile* herauslesen. So jämmerlich ihm die gegenwärtige Lage der kolonisierten Afrikaner bisweilen vorkam, ihre Geschichten empfand er als »gewaltig« und »göttlich«. Ihre Wiedergabe konnte nur in adäquatem Nachdichten (»Übertragen« statt »Übersetzen«) erfolgen und als Präsentation empfahl sich ihm jene »polygraphische« Methode, die den Systematiker verwirrt, für Populär- oder Trivialliteratur aber viel zu anspruchsvoll und auch zu tiefsinnig ist.

Im mündlichen Dichten offenbarte sich für Frobenius der »Eigensinn« Afrikas, insbesondere der »Kinder der Erde«, wie er die Berg- und Savannenbauern des Sudangürtels begriff, und ihrer Gegenspieler, der vom Vieh, von Gewalt und Magie besessenen »Hamiten«. Wo beide Kulturstile sich mischen, entsteht »höhere« Kultur: Priestertum, Stadtkönige, fahrende Ritter, Berufssänger. Diese Synthesen kamen nach Frobenius' Meinung von außen, von Asien vor allem, während die Ausgangsformen sich in Afrika noch in voller Kraft studieren ließen.

Diese Kraft aber war für Frobenius eine sterbende, schwindende, notwendigerweise auf dem Rückzug befindliche vor den Wellen der Ratio, wie sie in Gestalt der Pastoralisten, der Eroberer, der Muslime und der Europäer nacheinander den Kontinent betreten hat. Die in *Erlebte Erdteile* aufbereiteten Expeditionsergebnisse sind darum auch Rettungsforschung, sichergestelltes Kulturgut, bevor die heiligen Bücher und gesetzlichen Vorschriften die afrikanischen Volksgeister (die bei Frobenius Paideuma [= Zucht] heißen, wie der Titel von Band 4, der schon 1921 erschienen war, und wie die seit 1938 existierende Zeitschrift) »zivilisieren«. Die »Seele eines Erdteils« wird vom »Geist« bedroht – in dieser von Friedrich Nietzsche stammenden und von Ludwig Klages (1872–1956) in *Der Geist als Widersacher der Seele* (1929–32) systematisierten Dualität sieht Frobenius die gesamte Weltgeschichte. Europa ist auf dem »Weg von Babel bis London« den anderen Kontinenten vorangegangen.

Frobenius' Ethnologie ist archaistisch; sie sucht das Leben in seiner Ursprünglichkeit. Für alles gibt es die lebendige Urform und die Erstarrungs- oder Zerfallsformen. Die *Erlebten Erdteile* geben Ruinenerlebnisse wieder, Entdeckungen grandioser Trümmer, die Frobenius' Phantasie beflügelten. Richtige Rekonstruktionen werden eigentlich nur in *Monumenta Africana*, dem VI. Band versucht, z.T. auch in *Monumenta Terrarum*, *Der Geist über den Erdteilen*, einer hier als letzter Band angeschlossenen Überarbeitung des schon 1923 erschienenen *Vom Kulturreich des Festlandes*. Die anderen Bände bieten eher aphoristische Bewältigungen des Unglaublichen und langatmige Geschichten als Dokumente eines Zeitverständnisses, das der modernen Ökonomie querliegt, und eines Lebenssinns, der sich vor allem in Nachahmung und Steigerung der Natur erschöpft.

Zum archaistischen Verständnis von Afrika und Ozeanien

(die anderen Erdteile kommen erst im 7. Band richtig zur Sprache) gehört die grauenhafte Großartigkeit, an der Erzähler wie Nachdichter sich gleichermaßen berauscht zu haben scheinen. Die Faszination des Schreckens und die Priorität der Ausnahme vor der Regel entstammen der romantischen Tradition der Mythologie und waren im Expressionismus des 20. Jh., insbesondere nach dem Ersten Weltkrieg, wiedergekehrt. Frobenius fand zu diesen Mysterien zuerst über die Masken der Museumsmagazine, dann über seine Erlebnisse auf der »Hohen Schule Afrikas«, bis »der Riss« von 1914 den Schlussstrich unter die Genese der »Kulturmorphologie« zog.

Die in *Erlebte Erdteile* eklektisch, aphoristisch oder nur stachyskopisch angesprochenen Themen des »altgläubigen« Afrika wurden die Forschungsprogramme der Kulturmorphologie. Zum Teil machte sich Frobenius noch selbst an die Systematisierung, wenngleich darin nicht seine Stärke lag. Noch der Aufbau seines reifsten Werkes, der *Kulturgeschichte Afrikas* von 1933, zeugt von seiner nie abgelegten intuitionistischen Arbeitsweise. Aber was Ad. E. → Jensen, Ewald Volhard (1900–1945), Helmut Petri (1907–1986), Karin Hahn-Hissink (1907–1981), Adolf Friedrich (1914–1956), Hermann Niggemeyer und viele andere mit großer Akribie später verfolgten, war durch die Einfälle und Assoziationen, intuitionistischen Synthesen und kreativen Würfe aus den *Erlebten Erdteilen*, anderen ähnlich entstandenen Publikationen oder aus dem direkten mündlichen Kontakt angeregt worden.

Frobenius versiegte als Quelle der Inspiration zur Kulturgeschichte Afrikas wie der Gesamtmenschheit, als sich 20 Jahre nach Ende des Zweiten Weltkriegs der okzidentale Forschungsrealismus auch in Westdeutschland breit machte und in Afrika nicht mehr Erlebnisse, sondern Analysen gesucht wurden. Von der kulturmorphologischen Ruinenromantik blieb nach dieser adaptiven Rationalisierung und Professionalisierung des Faches wenig übrig; wie Frobenius in seinem Gesamtwerk vorausgesagt hatte, verdrängte auch in der von ihm so originell vertretenen Disziplin der Sinn für Tatsachen alle Ergriffenheit.

BERNHARD STRECK

Ausg.: Auszüge: Vom Schreibtisch zum Äquator. Afrikanische Reisen, hg. v. U. LUIG, Frankfurt 1982
Lit.: H. NIGGEMEYER, Das wissenschaftliche Schrifttum von Leo Frobenius, in: Paideuma 4 (1950), S. 377–418. – H.-J. HEINRICHS, Die fremde Welt, das bin ich. Leo Frobenius: Ethnologe, Forschungsreisender, Abenteurer, Wuppertal 1998.

Clifford Geertz

(* 23.8.1926 San Francisco, USA)

The Interpretation of Cultures. Selected Essays (engl.; *Die Deutung von Kulturen. Ausgewählte Aufsätze*), EA New York 1973.

Das hier zur Diskussion stehende Werk markiert den Anfang einer neuen Etappe in der Auseinandersetzung um den anthropologischen Kulturbegriff. Geertz versuchte den in seinen Augen diffusen und uneinheitlichen Gebrauch von »Kultur« innerhalb der amerikanischen Kulturanthropologie dadurch zu präzisieren, dass er die Perspektive der (Text-)Hermeneutik auf die Gesamtheit der kulturellen Phänomene übertrug und den Akt der Interpretation, der Generierung von Bedeutungen auf Seiten der Gesellschaftsangehörigen wie der Analytiker, ins Blickfeld rückte.

Clifford Geertz hat bei seinen theoretischen und methodologischen Überlegungen zum Status und Gegenstand der Ethnologie stets Kontakt zu Diskussionen in den Nachbardisziplinen und der jüngeren, sprachtheoretischen Philosophie gehalten. Schon seine frühen ethnographischen und analytischen Arbeiten zeigten enge Bezüge zur Soziologie. Im hier besprochenen Band wird die Verbindung zur Soziologie bei der Erörterung des Kulturbegriffs deutlich: in der Rede von »kulturellen Systemen«, in der

Bezugnahme auf das Kultur- und Religionsverständnis von Max Weber (1864–1920) und in der handlungstheoretischen Orientierung des Autors. Geertz hatte bereits in den 1960er Jahren, basierend auf seinen Feldforschungen, systematisch-kulturvergleichende Untersuchungen vorgelegt (z.B. *Islam Observed. Religious Development in Morocco and Indonesia*, 1968). Er begreift die einzelnen Kulturen als unterschiedliche Auslegungen der conditio humana. Gleichzeitig begann Geertz, in engem Bezug zu Ansätzen der sprachanalytischen (G. Ryle, 1900–76) und interpretativen Philosophie (S. Langer, 1895–1985; Paul Ricoeur, *1913) einerseits, zu literaturwissenschaftlichen Ansätzen (K. Burke, 1897–1993) andererseits, seinen neuen, symbolistischen Kulturbegriff zu entwickeln und sich überdies mit dem ethnographischen Prozess zu befassen. Diese Entwicklung ist in der hier behandelten wie in der nachfolgenden Aufsatzsammlung, *Local Knowledge: Further Essays in Interpretive Anthropology* (1983) dokumentiert. Geertz' Überlegungen fanden zunächst in den USA und England, später auch in Deutschland breite Resonanz und lösten eine teilweise heftige Diskussion zur Frage der ethnographischen Repräsentation aus. Geertz ging darauf mit gewisser Verzögerung in einem Buch über die ethnographische Autorschaft ein (*Works and Lives. The Anthropologist as Author*, 1988), sich gleichzeitig von bestimmten aktuellen Entwicklungen distanzierend wie neue Fragen aufnehmend. *After the Fact: Two Countries, Four Decades, One Anthropologist* (1995) schließlich, zieht eine Art Resümee seiner kulturvergleichenden Forschungen und des von ihm (indirekt) ausgelösten Wandels im Selbstverständnis der Ethnologie.

The Interpretation of Cultures umfasst 15 Beiträge. Bis auf den einleitenden, programmatischen Text – »Thick Description: Toward an Interpretive Theory of Culture« (zugleich Teil I des Buches) – waren alle anderen bereits zwischen 1957 und 1972 publiziert worden. Die Präsentation im Buch folgt nicht der Chronologie der Entstehung der Artikel, sondern einer groben thematischen

Aufteilung. Die Mehrzahl der Beiträge dokumentiert verschiedene Vorphasen und Vorstufen seines ausgearbeiteten kulturanalytischen Ansatzes. Teil II sucht eine Integration von kulturtheoretischer und biologischer Konzeption des Menschen. Der folgende Teil III erörtert den Bereich der Religion als »kulturelles System«. Teil IV kreist um politische Fragen, insbesondere dekolonisierter Staaten, und die Kultur der Politik (Ideologie). Der letzte Teil schließlich versammelt Beiträge unterschiedlichen Charakters, eine Kritik an C. → Lévi-Strauss' Strukturalismus, einen Artikel zum kulturellen Konzept der Person auf Bali und als abschließenden Beitrag den vielleicht bekanntesten, jedenfalls meistdiskutierten Aufsatz von Geertz, »Deep Play: Notes on the Balinese Cockfight«. Zusammen mit dem Einleitungsbeitrag erfasst dieser den Kern der von Geertz erarbeiteten methodologischen und theoretischen Position.

In den beiden zentralen Beiträgen entwickelt Geertz die Einsicht in den Symbolcharakter von Kultur zu einer Theorie der Interpretation weiter und vollzieht damit den letzten und entscheidenden Schritt zu einer bedeutungstheoretischen Wende der Ethnologie. Kultur ist, nach einer berühmt gewordenen Metapher von Geertz, ein Bedeutungsgewebe, das die Menschen selbst geschaffen haben und in das sie zugleich verstrickt sind: »Believing, with Max Weber, that man is an animal suspended in webs of significance he himself has spun, I take culture to be those webs, and the analysis of it to be therefore not an experimental science in search of law but an interpretive one in search of meaning« (5). Die soziale Welt erschließt sich über die Bedeutungsdimension. Geertz entwickelt den Bedeutungsbegriff am Vorgang des Interpretierens. Dabei stützt er sich, angeregt durch Paul Ricoeur, auf das Modell der Textauslegung. Ethnographische Forschung sei vergleichbar mit dem Lesen eines Manuskripts. Was die Ethnographen (schriftlich) fixierten, sei der (generalisierte) Bedeutungsgehalt, das *noema* des sozialen Diskurses, die »informelle Logik« sozialen Lebens. Dazu müssen

Bedeutungen von den unmittelbaren Handlungsbezügen, in die sie eingelassen sind, abgelöst und als Teile eines zusammenhängenden Bedeutungssystems rekonstruiert werden.

Andererseits betont gerade Geertz, dass nicht nur der Wissenschaftler interpretiert, sondern dass die Angehörigen einer Kultur selbst Bedeutungen artikulieren. Die sozialen Akteure sind auch Interpreten oder Kommentatoren ihrer Welt. Kultur ist damit schon im Moment ihrer Definition verdoppelt, ist im Kern reflexiv und dynamisch. Der Ethnologe oder Kulturwissenschaftler liefert danach nur Interpretationen zweiten oder dritten Grades: Interpretationen anderer Interpretationen.

Textualisierungsmodell und Akteurmodell der Bedeutungskonstitution stehen zueinander in einem Spannungsverhältnis. Im Aufsatz »Deep Play« über den balinesischen Hahnenkampf versucht Geertz eine Verknüpfung. Er begreift die von den männlichen Einwohnern Balis inszenierten Hahnenkämpfe als einen sozialen Selbst- oder »Meta-Kommentar« über die in dieser Gesellschaft herrschende Statushierarchie, als in Handlung gegossene »Geschichte«, die sich die Balinesen »selbst über sich erzählen«. Dem Ethnologen obliege es dann, dieses »Ensemble von Texten« gewissermaßen »über die Schultern« der Gesellschaftsangehörigen zu »lesen«. Demnach wären dann die Praktiken der Gesellschaftsmitglieder (verstanden als »Selbstkommentare«) der kulturelle Text.

Geertz schuf die Voraussetzungen für die Entwicklung einer kulturanalytisch bereicherten Theorie der Handlung (»agency«). Die symbol- oder allgemeiner texttheoretische Fundierung des Bedeutungsbegriffs erlaubt Geertz, Bedeutung als etwas »Öffentliches« und (interpretativ) Zugängliches, als »intersubjektiven Bereich der Verständigung« und »extrinsische Informationsquelle« zu etablieren. Dabei überträgt er jedoch das Bild des Textes auch auf nichtsprachliche Gebilde, nämlich Handlungskomplexe und institutionelle Bereiche. Gleichzeitig beginnt er den dialogischen oder Gesprächscharakter der Feldforschungssituation anzuerkennen und erstmals das Augenmerk der Ethnologie gezielt auf den Vorgang der *Repräsentation* zu lenken. Gegen den erkenntnistheoretischen Realismus streicht Geertz den »fiktionalen« weil interpretativen Charakter ethnographischer Texte heraus: Ethnographien sind etwas »Hergestelltes«, »Gemachtes«. Als textuelle Interpretation gehorcht Ethnographie (wie jeder wissenschaftliche Text) damit auch literarischen, rhetorischen Gestaltungskriterien. Gegenüber einer behavioristischen, positivistischen Gegenstandsdarstellung plädiert Geertz für eine Darstellung, die die Vielfalt der Bedeutungsaspekte und Bedeutungshintergründe betont, für »dichte Beschreibung«. Geertz' metaphernreiche Sprache erschwert jedoch den Lesern, aber bisweilen wohl auch ihm selbst, ein stets eindeutiges Verständnis seiner Begrifflichkeit.

Geertz' Neukonzeption des Kulturbegriffs fand (zunächst außerhalb Deutschlands) schnell ein breites Echo. Als Alternative zum zeitgenössischen Strukturalismus erhielt er weit über die Ethnologie hinaus Anerkennung. Geertz' Ansatz trug mit dazu bei, die Gewichte in den Human- und Sozialwissenschaften zugunsten qualitativer Ansätze zu verschieben und die Ethnologie in eine zentrale Position zu rücken. Besonders groß war die Resonanz der Metapher von »Kultur als Text« innerhalb der Literaturwissenschaften und der mit textlichen Quellen und narrativen Methoden arbeitenden Fächer wie der Geschichte.

Innerhalb der Ethnologie war es insbesondere die Behandlung der epistemologisch-methodologischen Dimension, die in den Vordergrund rückte. Das Werk von Geertz, der nur wenige direkte Schüler hat, wurde zum Auslöser und Kristallisationspunkt einer breiten Debatte zur Frage und Kritik der ethnographischen Repräsentation (»Writing Culture«). In den Bemühungen um eine »reflexive Ethnologie« trafen hier postkoloniale und politökonomische (Selbst-)Kritik der Ethnologie, postmoderne Kritik der Idee der Autorschaft wie der Identitätslogik und der Ursprungsphilosophie (»Dekonstruktion«) mit der kulturanthropologischen Hermeneutik von Geertz zusammen und wurden mit den wiederentdeckten Gedanken von Michail Bakhtin (1895–1975) und mit diskursanalytischen Ansätzen verbunden. Die Debatte ging dabei über Geertz hinaus und wandte sich teilweise gegen ihn.

Geertz wurde insbesondere der schillernde Gebrauch des Textkonzepts vorgeworfen. Einerseits benutze er es in metaphorischer Weise zu methodologischen Zwecken – Kultur als Analogon zum Text –, andererseits werde Kultur mit Text identifiziert, als Text behandelt. Der Versuch aber, Bedeutung aus dem flüchtigen, wechselhaften Prozess sozialer Interaktion herauszulösen, gehe leicht auf Kosten der Kontexte der Bedeutungsverwendung und -generierung (einschließlich innergesellschaftlicher Interpretationskonflikte) und übergehe die Gestaltungs- und Auslegungsfähigkeit der sozialen Akteure. Speziell im Aufsatz über den Hahnenkampf werde deutlich, dass der Analytiker am Objektivismus der älteren Ethnographie festhalte und das Interpretationsprivileg des Ethnologen zu bewahren suche. Die Idee der Dialogik, der interaktiven Bedeutungskonstitution, wird von Geertz noch nicht richtig eingelöst. Geertz nimmt sich und das eigene Tun aus der Betrachtung der Forschungsinteraktion, von wenigen einleitenden Sequenzen abgesehen, weitgehend heraus. Der Kernvorwurf, der Geertz gemacht wird, besteht darin, dass er das Potential seines eigenen Ansatzes nicht ausschöpfe, dass er ihn im Gegenteil zum Teil selbst wieder verenge.

MARTIN FUCHS

Ausg.: Neuauflage New York ^{2}1975, London 1993; ND New York 2000. – Dt. Teilübers. in C. GEERTZ, Dichte Beschreibung. Beiträge zum Verstehen kultureller Systeme, Frankfurt 1983, ^{4}1995.
Lit.: J. CLIFFORD/G. MARCUS (Hg.), Writing Culture. The Poetics and Politics of Ethnography, Berkeley 1986. – C. GEERTZ, Works and Lives, Stanford 1988 (dt.: Die künstlichen Wilden, München/Wien 1990). – E. BERG/M. FUCHS (Hg.), Kultur, soziale

Praxis, Text. Die Krise der ethnographischen Repräsentation, Frankfurt 1993. – V. GOTTOWIK, Konstruktionen des Anderen. Clifford Geertz und die Krise der ethnographischen Repräsentation, Berlin 1997. – S. ORTNER (Hg.), The Fate of »Culture«: Geertz and Beyond, Special Issue Representations 59 (1997). – F. INGLIS, Clifford Geertz: Culture, Custom and Ethics, Cambridge 2000.

Arnold van Gennep

(* 23.4.1873 Ludwigsburg; † 7.5.1957 Bourg-la-Reine)

Les Rites de passage (frz.; *Die Übergangsriten*), EA Paris 1909.

Seit Beginn des 20. Jh. bis heute hat das Hauptwerk van Genneps wichtige Anregungen zum Ritual- und Symbolverständnis gegeben und dazu beigetragen, Rituale zu einem bevorzugten ethnologischen Untersuchungsgegenstand zu erheben.

Zur Entstehungszeit des Werkes war der wissenschaftliche Diskurs noch vom Evolutionismus geprägt. Während der Diffusionismus nach den Kulturelementen suchte, dominierte in Frankreich die Soziologenschule von Durkheim und in Großbritannien bildete sich die funktionalistische Sozialanthropologie heraus. Van Gennep bewahrte sich eine unabhängige Haltung. Es gelang ihm zwar nicht, sich vollständig von evolutionistischen Begriffen und Vorstellungen zu befreien, er spricht z.B. von »Halbzivilisierten«, war aber von der intellektuellen Gleichheit aller Menschen überzeugt und wies darauf hin, dass sog. »primitive Gesellschaften« nicht homogen sind und sehr komplexe soziale Strukturen aufweisen können.

Van Gennep interessierte besonders das Verhältnis zwischen dem statischen und dynamischen Aspekt einer Gesellschaft. Jede Gesellschaft besteht aus verschiedenen heterogenen Gruppen (wie Altersklassen, Verwandtschafts-, Status- und Berufsgruppen, religiösen Vereinigungen, politischen und territorialen Einheiten). Im Laufe ihres

Lebens wechseln Menschen immer wieder ihre Gruppenzugehörigkeit. Diese Grenzsituationen werden als bedrohlich empfunden. Die Funktion der Riten ist es, das Individuum oder die Gruppe von einer genau definierten Situation in eine andere hinüberzuführen, Orientierung und Sicherheit zu geben und Störungen der Sozialordnung zu vermeiden. Sie sind einander ähnlich, weil sie denselben Zweck verfolgen, und van Gennep fasst sie unter dem Begriff der Übergangsriten zusammen. Seiner Meinung nach sind die Trennungslinien zwischen den Gruppierungen bei »Halbzivilisierten« stärker herausgebildet, da das Sakrale alle Bereiche des sozialen Lebens durchdringt. Die Riten markieren eine Verschiebung in der Definition des Sakralen und Profanen. Van Gennep stellt keine strenge Dichotomie auf, sondern gibt eine neue Analyse des Begriffs, indem er auf die Relativität und Ambivalenz des Sakralen hinweist, das je nach Standort und Person und im Verlauf des Rituals unterschiedlich definiert sein kann.

Zunächst formuliert van Gennep eine Klassifizierung von Riten und geht auf das Verhältnis von Religion und Magie ein, die für ihn voneinander untrennbar sind: Religion ist die Theorie, Magie die Praxis (z.B. die Riten) (Kap. 1). Als Erster weist er darauf hin, dass alle Arten von Übergängen mit der Vorstellung einer räumlichen Grenzüberschreitung verbunden sind. In Analogie sieht er die Gesellschaft als ein Haus mit Zimmern und Fluren (Kap. 2). Nach Behandlung der rituellen Eingliederung von Fremden (Kap. 3), widmet er sich überwiegend Ritualen im Zusammenhang mit individuellen Lebenskrisen (Kap. 4–8). Kap. 9 behandelt andere Arten von Übergangsriten, vor allem saisonaler und kalendarischer Natur.

Van Genneps besonderes Interesse gilt der sozialen Bedeutung der Riten. Wichtige Auswirkungen hatte seine Feststellung, dass soziale Übergänge nicht unbedingt mit biologischen Veränderungen identisch sind, dass z.B. Initiationsriten nicht das Erreichen der physischen, sondern der sozialen Pubertät markieren. Die Phasen der verschiedenen Übergänge werden häufig in Form von Tod, Verwandlung und Wiedergeburt dramatisiert: Das alte Leben wird abgestreift und das neue beginnt.

Nicht ein bestimmtes Ritual oder die äußerliche Übereinstimmung von Ritualen steht im Mittelpunkt der Betrachtung, sondern deren Sequenz und ihre Stellung im rituellen Gesamtkomplex. Nach van Gennep weisen Übergangsriten eine Dreiphasenstruktur aus Trennungsriten (»rites de séparation«), Schwellen- bzw. Umwandlungsriten (»rites de marge«) und Angliederungsriten (»rites d'agrégation«) auf, die er auch als präliminale, liminale und postliminale Riten (»préliminaire«, »liminaire«, »postliminaire«; von lat. limen = »Schwelle«) bezeichnet. Je nach Kultur und Ritualkomplex können die Phasen unterschiedlich stark betont oder die Schwellenphase so stark ausgebildet sein, dass sie ihrerseits entsprechend dem Dreiphasenmodell weiter untergliedert ist. Übergangsriten können auch weitere Bedeutungen haben und z.B. Schutz- und Fruchtbarkeitsriten einschließen. Van Gennep wollte kein feststehendes Gesetz aufstellen, wie es ihm etwa M. → Mauss vorwarf, und betonte immer wieder, keinen Anspruch auf absolute Gültigkeit seines Strukturschemas erheben zu wollen. Das Dreiphasenmodell erlaube es jedoch, die chaotische Vielzahl ritueller Praktiken zu ordnen und systematisieren.

Die Arbeit beruht allein auf Literaturstudien. Van Gennep plädiert für die vergleichende Methode und führt Beispiele aus verschiedenen Zeiten und unterschiedlich strukturierten Gesellschaften an, um die allgemeine Gültigkeit seines Modells darzulegen, kritisiert aber die Vorgehensweise anderer Forscher, Riten isoliert ohne Einbettung in ihren Sinnzusammenhang zu betrachten. Gegenüber evolutionistischen und diffusionistischen Ansichten argumentiert er, dass es sich bei Ritualen um »lebendige Tatsachen« handle, die gegenwärtige gesellschaftliche Beziehungen zum Ausdruck bringen. Bereits andere Forscher hatten auf den prozesshaften Charakter von Ritualen hingewiesen, und besonders Robert Hertz (1882–1915) nahm in seiner Arbeit über kollektive Vorstellungen vom Tod in *L'Année Sociologique* (1905/06) einige grundlegende Gedanken vorweg. Van Gennep war jedoch der Erste, der ihre universelle innere Struktur und Logik und ihre Funktion für die gesellschaftliche Ordnung aufzeigte. Sein Interesse an diesen Zusammenhängen hat dazu geführt, dass er als Strukturalist und Funktionalist charakterisiert wurde. Er gehörte keiner der beiden Schulen an, hat sie aber maßgeblich beeinflusst.

Les Rites de passage zählt zu den frühen Veröffentlichungen van Genneps, dessen umfangreiches Gesamtwerk über 400 Titel umfasst. Es ist die Publikation, der er seine Bekanntheit verdankt. Während er sich in der ersten Phase seiner wissenschaftlichen Tätigkeit vor allem der Ethnologie widmete, beschäftigte er sich nach 1924 fast ausschließlich mit der Volkskunde Frankreichs. Beide Disziplinen gehörten für ihn zusammen, da sie das Studium lebendiger kollektiver Fakten (»des faits collectifs vivants«) betreffen. Zeit seines Lebens blieb er von der Gültigkeit seines Strukturschemas der Übergangsriten überzeugt. Seine zahlreichen volkskundlichen Arbeiten dienten der Verifizierung dieses Schemas. Allerdings entwickelte er es theoretisch und analytisch nicht weiter, sondern benutzte es einzig zur Ordnung seines Materials. Ein Lehrstuhl blieb ihm, bis auf eine kurze Anstellung in der Schweiz, verwehrt.

In Frankreich stieß das Buch überwiegend auf negative Resonanz. Mauss zweifelte an dem theoretischen Erkenntnisgewinn der Arbeit, da es eine »Binsenweisheit« sei, dass ein Ritus immer einen Übergang impliziere. Einzelne Forscher hingegen wendeten van Genneps Strukturschema in ihren Untersuchungen von Ritualkomplexen an. In seiner Monographie *The Life of a South African Tribe* bemerkt z.B. der Schweizer Missionar Henri Alexandre Junod (1863–1934) bereits 1913, dass van Genneps Arbeit ihm geholfen habe, »mysteriöse Sitten« im Leben der Thonga von Mosambik zu verstehen. Im Vordergrund späterer Arbeiten standen zunehmend Rituale im Lebenszyklus, die man, im Gegensatz zu van Gennep, von Intensivierungsriten bei die gesamte Gruppe betreffenden periodischen Veränderungen unterschied.

Bekannt wurde das Buch besonders nach seiner Übersetzung ins Englische 1960. Vor allem dem britischen Strukturfunktionalismus nahestehende Forscher wie M. → Gluckmann griffen seine Gedanken auf und beschäftigten sich mit den sozialen Funktionen von Ritualen. Seine Bekanntheit verdankt die Arbeit so auch dem Werk von V. → Turner und dessen Rezeption. Turner geht vom Dreiphasenmodell der Übergangsriten aus, legt den Schwerpunkt seiner Untersuchung aber auf die mittlere, liminale Phase, auf deren herausgehobene Bedeutung schon van Gennep hingewiesen hatte. Andere Untersuchungen stellen die Universalität des Modells in Frage und wenden z.B. ein, dass Initiationsriten von Frauen eine andere symbolische Vorstellung zu Grunde liegt, auf die das räumliche Modell nicht anwendbar ist. Während ein Großteil von Studien in Einklang mit van Gennep die integrative Funktion von Ritualen herausstellt, betont V. Crapanzano (*1939) deren traumatisierenden Aspekt und verlangt eine stärkere Bezogenheit auf die Besonderheiten des jeweiligen kulturellen Kontexts und die Perspektive der Betroffenen.

Indem van Gennep als Erster die zugrunde liegende Struktur darlegte, trug er dazu bei, die Funktion und innere Logik der Übergangsriten als Teil allgemeinen menschlichen Verhaltens zu begreifen. Dies bot die Möglichkeit, auch Parallelen zu unserer eigenen Gesellschaft zu ziehen. Van Gennep hat keine ausgearbeitete Theorie entwickelt, aber einen kulturübergreifenden Begriff geprägt, der sich in den folgenden Jahrzehnten bewährt hat und auf verschiedene Weise weiterentwickelt wurde. Sein Modell und seine Terminologie der Übergangsriten sind grundsätzlich akzeptiert und werden bis heute von Ethnologen, Religionswissenschaftlern, Sozialpsychologen und Volkskundlern häufig benutzt und auch auf komplexe und säkulare

Gesellschaften angewendet, ohne dass man sich notwendigerweise mit seiner Arbeit näher beschäftigt.

SABINE KALINOCK

Ausg.: Dt. EA: Frankfurt 1986 (Nachwort v. S. M. SCHOMBURG-SCHERFF), ^{2}1999.

Lit.: N. BELMONT, Arnold van Gennep, Paris 1974. – R. L. ZUMWALT, The Enigma of Arnold van Gennep (1873–1957), Helsinki 1988. – W. W. BELIER, Arnold van Gennep and the Rise of French Sociology of Religion, in: Numen 41 (1994), S. 141–62. – S. SCHOMBURG-SCHERFF, Arnold van Gennep, in: A. MICHAELS (Hg.), Klassiker der Religionswissenschaft, München 1997, S. 222–33. – C. BELL, Ritual. Perspectives and Dimensions, New York 1997.

Max Herman Gluckman

(* 26.1.1911 Johannesburg; † 13.4.1975 Jerusalem)

Order and Rebellion in Tribal Africa. Collected Essays, with an Autobiographical Introduction (engl.; *Ordnung und Rebellion in Stammesafrika. Gesammelte Aufsätze mit einer autobiographischen Einleitung*), EA London 1963.

Diese Textsammlung gilt als klassisches Werk der »Manchester Schule« der britischen Social Anthropology. Dies gilt vor allem für den bereits 1952 als Frazer Lecture entstandenen Aufsatz »Rituals of Rebellion in South-East Africa« (110–136), in dem Gluckman das Incwala-Ritual der Swazi beschreibt und deutet, das den König (als Person), das Königtum (als Institution), die Nation und das Territorium der Swazi alljährlich symbolisch vereinte. Eine Sequenz des Rituals drückte den Konflikt zwischen dem König und dem Klan der Dlamini-Prinzen, der Halbbrüder des Königs, aus. Gluckman variierte hier ein Thema, das er vorher am Beispiel staatlicher Gesellschaften (Königreiche) in Süd- und Südostafrika betrachtet hatte, deren Strukturen durch periodische Rebellionen gegen die Person des jeweiligen Königs geprägt waren, ohne die Institution des Königtums in

Frage zu stellen. Gluckman entwickelte die Vorstellung eines spannungsreichen aber repetitiven sozialen Systems. Afrikanische Gesellschaften neigten aus seiner Sicht zu einer relativen Stationärität. Konflikte wurden nicht durch Veränderungen in der Ämterordnung gelöst, sondern durch den Wechsel der Personen, die diese Ämter innehatten.

Gluckman war kolonialkritisch und antirassistisch eingestellt. Das Studium an der Universität von Witwatersrand (1928–34, bei A. R. → Radcliffe-Brown, Agnes W. Hoernle [1885–1960] und Isaac Schapera [*1905]) und die generellen Erfahrungen in Südafrika hatten Gluckman für radikale Formen gesellschaftlichen Wandels sensibilisiert. Nach Erlangung eines D. Phil. in Oxford (1938) schloss er sich in Großbritannien einer → B. Malinowski kritisch gesinnten Gruppe von Ethnologen an, die mit dem von M. → Fortes und E. E. → Evans-Pritchard herausgegebenen Sammelband *African Political Systems* (1940) prominent an die Öffentlichkeit trat. Während sich Evans-Pritchard und Fortes auf staatenlose, segmentäre (akephale) Gesellschaften konzentrierten, betrachtete Gluckman staatliche Organisationsformen. Diese Arbeiten reflektierten zunächst seine Feldforschungen unter den Zulu (1936–39). Gluckman schätzte Malinowskis Feldforschungen, kritisierte jedoch seine sterile Vorstellung von sozialem und kulturellem Wandel. Zwei Aufsätze in *Order and Rebellion* reflektieren diese Position. Gluckman knüpfte an *African Political Systems* an, betonte aber in Abweichung von dem an É. → Durkheim orientierten methodischen Kollektivismus der Hauptlinie der Socialanthropology (Radcliffe-Brown) stark situative und individuelle Momente. In den Jahren 1939–41 war Gluckman ethnologische Hilfskraft am Rhodes-Livingstone Institute of Northern Rhodesia (im heutigen Sambia), dann bis 1947 dessen Direktor. 1949 wurde er Professor für Social Anthropology an der Victoria University von Manchester und nahm damit eine schulenbildende Position ein.

»Rituals of Rebellion in South-East Africa« beruhte auf Beobachtungen, die Hilda Kuper (1911–92) Mitte der dreißiger Jahre des 20. Jh. gemacht hatte. Was Gluckman an Kupers Material faszinierte, war die Verbindung zweier Ritualelemente und Sequenzen. Einerseits gab es das Element des Erstfrucht-Rituals, das König und Königtum in einen jahreszeitlichen Wachstumszyklus einreihte (ein Thema bei J. G. → Frazer) und den Zusammenhang von königlicher Macht und öffentlichem Wohlergehen naturalisierte; andererseits gab es einen ritualisierten Protest gegen den König, den Gluckman als symbolischen Ausdruck der periodischen Rebellionen wertete, die ihm aus der Geschichte der Zulu-Staaten bekannt waren. Die ritualisierte Rebellion sah er als eine Art Sicherheitsventil der staatlichen Ordnung. Gerade durch rituelle Dramatisierung sozialer Spannungen und Konflikte wurde gesellschaftliche Stabilität und Kohäsion untermauert. Derartige Sicherheitsventile sind aus zahlreichen Gesellschaften als karnevaleske und zeitlich begrenzte Herausforderungen öffentlicher Ordnung bekannt (Apter 1997).

Aus ritualtheoretischer Perspektive gab es immer wieder Einwände gegen Gluckmans Interpretation. Ihm wurde vorgeworfen, das Incwala nicht als kompaktes Ritual des Königtums wahrgenommen, sondern einzelne Sequenzen zu sehr auf politische und soziale Funktionen reduziert zu haben (Bloch 1987). Ein anderer Vorwurf weist paradoxerweise darauf hin, dass Gluckman hier nicht ausreichend situativ und kontextuell gearbeitet habe (Lincoln 1989). Eine Sequenz im Incwala wurde von Gluckman und Kuper nicht eindeutig gewertet. Riefen die Dlamini-Prinzen zur Rebellion gegen den König oder zur Migration auf? Lincoln betont Letzteres und argumentiert, dass die ritualisierte Rebellion, die König und Dlamini konfrontiert, eine Innovation des 19. Jh. darstellte. Vor der Kolonialphase hatten die Swazi-Könige ein wirkungsvolles Mittel, um gegen Rebellen vorzugehen: Sie konnten die Todesstrafe verhängen. Mit dem Beginn der Kolonialphase 1898–99 durch Buren und Briten wurde dieses »Recht« durch die Kolonialverwaltung untersagt. Mehr als zwanzig Jahre fiel das Incwala-Ritual aus, weil der König zu jung und damit »schwach« war. Im Jahre 1934, als Hilda Kuper das Incwala zum ersten Mal beobachtete, war der König auf dem Höhepunkt seiner Macht und »stark«. Jetzt hatte sich jedoch Sinn und Zweck des Incwala geändert. Was im 19. Jh. die Rebellion der Dlamini bannen sollte, war in den zwanziger und dreißiger Jahren des 20. Jh. zu einer kulturellen Manifestation von Swazi-Königtum und Swazi-Nation gegen den britischen Kolonialismus geworden. Die Dlamini riefen daher nicht zur Rebellion, sondern zur Emigration aus dem britischen Herrschaftsbereich auf (Lincoln 1989). Dieser Hinweis auf die Doppeldeutigkeit der Symbolik innerhalb des Incwala ergänzt Gluckman um eine Nuance.

Das autobiographische Vorwort zu *Order and Rebellion* weist Gluckman als Kenner von Aristoteles, Marx, Lenin, Stalin und Trotzki aus. Selbst der berüchtigten Sozialfaschismusthese Stalins zollte er Anerkennung. War die reformorientierte Sozialdemokratie nicht auch nur eine Variante von Rebellion, die zur repetitiven kapitalistischen Ordnung beitrug (11)? Die Frage, wieviel Unordnung ein System aushalten konnte, bevor es zu revolutionärer Veränderung kam, beschäftigte Gluckman Zeit seines Lebens. In den siebziger Jahren wurde ihm deshalb ein latenter Konservativismus unterstellt (Van Teffelen 1980). In den dreißiger Jahren sah Gluckman in Rebellion und Bürgerkrieg notwendige institutionelle Formen politischer Ordnung. Davon distanzierte er sich in *Order and Rebellion*. »Cross-crutting ties«, die untergründigen Beziehungen zwischen konflikthaften Elementen, blieben ein Thema.

Das von Gluckman entwickelte Konfliktmodell und seine kontext-bezogene Ethnographie hatten einen nachhaltigen Einfluss auf die Politikethnologie Afrikas. Es beeinflusste seit den sechziger Jahren handlungsorientierte und interaktionistische Ansätze. In der gegenwärtigen »Manchester-Schule« tauchen Themen Gluckmans in der Diskussion um plurale Arenen, post-koloniale Identität in Afrika, und als *connivance*, der stillen Übereinstimmung gegensätzlicher Akteure, wieder auf.

THOMAS ZITELMANN

Ausg.: Engl. Teilausg.: Rituals of Rebellion in South-East Africa, Manchester 1954. – Dt. Teilausg.: Rituale der Rebellion in Südost-Afrika, in: F. KRAMER/C. SIGRIST (Hg.), Gesellschaften ohne Staat, Bd. 1, Frankfurt 1978, S. 250–80.
Lit.: T. VAN TEEFFELEN, The Manchester School in Africa and in Israel: A Critique, in: S. DIAMOND (Hg.), Anthropology: Ancestors and Heirs, The Hague u. a. 1980, S. 347–75. – M. BLOCH, The Ritual of Royal Bath in Madagascar, in: D. CANNADINE/S. PRICE (Hg.), Rituals of Royalty, Cambridge 1987, S. 271–87. – B. LINCOLN, Discourse and the Construction of Society, Oxford/New York 1989. – A. APTER, Festivals, Carnivals, and Rituals of Rebellion, in: J. MIDDLETON (Hg.), Encyclopedia of Africa South of the Sahara, Vol. 2, New York 1997, S. 127–31.

Fritz Graebner
(* 4.8.1877 Berlin; † 13.7.1934 Berlin)

Kulturkreise und Kulturschichten in Ozeanien. ED in: Zeitschrift für Ethnologie 37 (1905), S. 28–53.

Bernhard Ankermann
(* 14.2.1859 Tapiau, Russland; † 26.10.1943 Berlin)

Kulturkreise und Kulturschichten in Afrika. ED in: Zeitschrift für Ethnologie 37 (1905) S. 54–90.

Die Titel der Beiträge von Graebner und Ankermann weisen über die Texte selbst hinaus und sind als Programm zu verstehen. Zusammen mit der im Anschluss abgedruckten Diskussion dokumentieren die Beiträge eine bewegte Sitzung der Berliner Gesellschaft für Anthropologie, Ethnologie und Urgeschichte am 19.11.1904. Ankermann und Graebner hatten – auf Veranlassung des Erstgenannten hin – die Titel ihrer Beiträge miteinander abgesprochen und bei der Materialsammlung zusammengearbeitet. Das Datum wird häufig als Geburtsstunde der kulturhistorischen Methode genannt, auch wenn diese erst später, vor allem in F. → Graebners *Methode der Ethnologie* (1911), ausgearbeitet wurde.

Beide Autoren nennen ausdrücklich die für sie in methodischer Hinsicht verbindlichen Werke von L. → Frobenius, *Der Ursprung der afrikanischen Kulturen* (1898) bzw. »Die Kulturformen Ozeaniens« (1900), an erster Stelle. Frobenius hatte in diesen und anderen Texten eine »statistische« Methode vorgestellt, die er als Weg zur Rekonstruktion der bislang als »geschichtslos« bezeichneten Kulturen auffasste. Dabei versuchte er aus dem Vergleich von Formen der materiellen Kultur die Verwandtschaft von Kulturen in ihren Gruppierungen und Übergängen darzustellen und damit ihre Geschichte zu erschließen. Mit dieser Zielsetzung wurde Frobenius' frühere Arbeit Maßstab für Ankermann und Graebner, auch wenn diese vorsichtiger bei der Beurteilung ihrer Ergebnisse bleiben. Allen drei Autoren gemeinsam ist die Vorstellung von »Kulturkreisen« als Verbreitungsgebieten charakteristischer Formen materieller, sozialer und religiöser Kultur. Die Zusammenstellung dieser Kulturkomplexe ist rein additiv – ihre konstitutiven Elemente müssen unabhängig voneinander sein, um sich nicht gegenseitig zu bedingen. Sie werden als Zeugen alter, heute in der Regel nicht mehr unvermischt zu beobachtender »primärer Kulturen« verstanden, deren historische Herkunft und Ausbreitung unbekannt sind. Beschreibt der Begriff des Kulturkreises zunächst die heutige geographische Verbreitung, so bezieht sich die Bezeichnung »Kulturschichten« auf das Ergebnis der Analyse: Jede beobachtbare Kultur ist mehr oder minder durch die Überlagerung verschiedener Kulturkreise entstanden, wobei die entstehenden Schichten wie die der Archäologie eine chronologische Abfolge widerspiegeln. Ziel der kulturhistorischen Methode ist die Beschreibung der einander überlagernden Schichten lokaler Kulturen und ihrer überregionalen Zusammenhänge. Als Vorbild nennt Graebner die Indogermanistik bzw. die mit ihr verbundenen kulturgeschichtlichen Arbeiten. Beide Autoren beschreiben für Ozeanien wie für Afrika überwiegend übereinstimmende Kulturkreise, die einander zum Teil überlappen und – bei den ältesten Schichten – nur in Fragmenten zu erkennen sind, gemeinsam jedoch eine relative Chronologie bilden. Nach Ankermann sind dies 1. der nigritisch-westpapuanische Kulturkreis; 2. der westafrikanisch-ostpapuanische Kulturkreis; 3. ein vom westpapuanischen Kreis abgeleiteter Kulturkreis; 4. der altsudanische Kulturkreis (ohne Verbindung damit für Ozeanien: melanesischer Kulturkreis); 5. der hamitische Kulturkreis (ohne Verbindung damit für Ozeanien: polynesischer Kulturkreis); und 6. der neusemitische Kulturkreis (ohne Verbindung damit für Ozeanien: junge malaiische Kultur).

Eine Karte, die mit leichten begrifflichen Abweichungen die Verbreitung der älteren Kulturkreise zeigt, hatte bereits Frobenius 1897–98 veröffentlicht. Wesentlich für das Verstehen der Karte ist seine Annahme, alle afrikanischen Kulturen hätten einen externen Ursprung, überwiegend in Südasien oder (die jüngeren Kulturkreise betreffend) im Vorderen Orient. Unter Verzicht auf eine Neuauflage dieser Karte beschränken sich die Autoren auf Verbreitungskarten einzelner Kulturmerkmale innerhalb der jeweiligen Regionen, da es ihnen um die Präzisierung und um das Beibringen von Belegen geht. Ankermann ist hier besonders vorsichtig, spricht mehrfach nur von der »Möglichkeit« einer Verbindung und stellt z.B. den nigritisch-westpapuanischen Kulturkreis nicht als eine erwiesene Tatsache dar. Beiden Autoren fällt auf, dass die älteren Kulturschichten sehr große Gebiete umfassen, die jüngeren Schichten dagegen enger umgrenzt sind. Dies wird auf die Überlagerungen und die Schwierigkeit der genauen Bestimmung der erhaltenen Fragmente der Kulturkreise zurückgeführt.

Gegenüber dem Frühwerk von Frobenius, von dem sie sich auch durch die größere Bescheidenheit der Zielsetzung unterscheiden, stellen die Verfasser die Notwendigkeit der Präzisierung der Methode und der Beschreibung in den Vordergrund. Als Grundlage dient ihnen überwiegend das reichhaltige Material aus den damals rasch wachsenden ethnologischen Museen. Hinter den inhaltlichen Aussagen und der vorgeschlagenen Methode steht der Wunsch, das junge Fach Ethnologie als gleichwertig neben etablierte Disziplinen wie etwa die Geschichtswissenschaft zu stellen, die im ausgehenden 19. Jh. als die zentrale Disziplin der Geisteswissenschaften galt. Ohne sie ausdrücklich zu zitieren, dürfte für Graebner und Ankermann die bereits 1889 von Ernst Bernheim (1850–1942) beschriebene »geographische Methode« wegleitend bei ihrem Versuch gewesen sein, »Licht in das Dunkel der geschichtlichen Zusammenhänge der schriftlosen Völker« (Graebner) zu bringen.

Ankermann bezieht sich ausdrücklich auch auf die Arbeiten des Kulturgeographen Friedrich Ratzel (1844–1904), der schon 1891 in seiner *Anthropogeographie* – vor Frobenius, aber ohne den Begriff »Kulturkreis« in dessen Sinn zu verwenden – »ethnographische Länder« beschrieben hatte, denen wegen der Ähnlichkeit ihrer materiellen Kultur ein gemeinsamer Ursprung zuzuschreiben sei, wobei sich kulturelle Merkmale und Formen über Kontinente hinweg durch Wanderung (Diffusion) verbreitet hätten. Graebner schloss seinen Vortrag mit dem Hinweis auf die »Unmöglichkeit, irgendeine in den verschiedensten Gebieten der Erde vorkommende Erscheinung als ursprüngliches Gemeingut der Menschheit zu erweisen.« Im Gegensatz etwa zum »Elementargedanken« A. → Bastians beruht die kulturhistorische Methode wie andere diffusionistische Ansätze auch auf der Annahme, dass keine Erfindung zwei Mal gemacht wurde und daher das Vorkommen identischer Kulturelemente an zwei Orten nur mit ihrer Wanderung zu erklären sei. Diese Unterstellung menschlicher Erfindungsarmut blieb allerdings auch nach Frobenius, Graebner und Ankermann umstritten.

Die Frage nach den Formen und der Reichweite der Diffusion sowie nach ihren inhaltlichen Konsequenzen sorgten noch über Jahrzehnte hinweg für lebhafte theoretische Debatten um die kulturhistorische Methode. Während etwa Michael Haberlandt (1860–1940) die Diffusion als Erklärungsmodell ganz ablehnte, forderte Karl Weule (1864–1926), auch die Möglichkeit der Konvergenz von Kulturerscheinungen mit in Betracht zu ziehen: Gleiche Umweltbedingungen oder gleichartige Wirtschaftsweisen könnten demnach auch ähnliche Formen materieller Kultur oder sozialer Organisation hervorbringen. Demgegenüber behauptete Ankermann, kulturelle Formen seien niemals nur aus Wirtschaft und Umwelt heraus zu erklären. Die kulturhistorische Methode gehe statt dessen davon aus, dass zunächst eine Idee von der Form vorhanden sei, die weitergetragen werden und dann an die jeweiligen Bedürfnisse angepasst werden könne.

Die Kritiker wiesen auch auf die Entfernungsproblematik hin: Es bleibe unklar, auf welchem Wege sich in frühester Zeit bestimmte Kulturmerkmale zwischen Ozeanien und Afrika ausgebreitet hätten. Während Ankermann eher dazu neigte, tatsächliche Wanderungen von Menschengruppen anzunehmen, ließ Graebner die Möglichkeit einer reinen Diffusion der Kulturmerkmale offen. Die Frage nach den Gründen solcher Übernahmen wird nicht erörtert.

Frobenius äußerte in der Diskussion zu den Referaten, die »statistische Methode« treffe nicht die Realität der Kulturen. Er übt damit auch Selbstkritik, zumal er die materielle Kultur als »Knochengerüst der Kultur« und als wichtigste Quelle zur Rekonstruktion der Kulturkreise bezeichnet hatte: Nicht berücksichtigt würde die notwendige Bedingung des Zusammenwirkens aller Elemente, ohne die keine lokale Kultur fortbestehen könne. Eine solche Verbindung zwischen »inneren« und »äußeren« Kulturmerkmalen fehle bei Graebner und Ankermann. Als mechanistisch sei ihr Versuch zu bezeichnen, alle kulturellen Merkmale einer der sechs angenommenen Kulturschichten zuordnen zu wollen.

Die Möglichkeit der Entstehung grundlegend neuer Kulturformen werde dabei außer Acht gelassen.

Grundsätzlich illustrieren die Referate aus dem Jahre 1904 eine neue Sichtweise von Kulturen, deren Formen für Graebner und Ankermann nicht bloße Reaktionen auf bestimmte Bedürfnisse oder durch Umwelt und Wirtschaft vorgegebene Notwendigkeiten waren, wie es aus evolutionistischer Sicht als selbstverständlich angenommen worden war. Kulturelle Formen sind in dieser Perspektive primär Ausdruck der jeweiligen Geschichte, auch wenn diese mit den Mitteln der kulturgeschichtlichen Methode immer nur als Überlagerung von Kulturkreisen beschrieben werden kann. Jenseits dieser Beschränkung ist es das Verdienst der beiden Autoren, gezeigt zu haben, dass jede lokale Kultur ihren eigenen Ausdruck hat, der ein Resultat ihrer Herkunft, und damit – zumindest mittelbar – auch ihrer Identität ist.

HANS PETER HAHN

Lit.: M. HABERLANDT, Zur Kritik der Lehre von den Kulturschichten und Kulturkreisen, in: Petermanns Mitteilungen 57 (1911), S. 113–18 (Graebners Erwiderung, ebda., S. 228–30). – K. WEULE, Zusammenhänge und Konvergenz, in: Petermanns Mitteilungen 66 (1920), S. 69–77, 153-57. – P. LESER, Zur Geschichte des Wortes Kulturkreis, in: Anthropos 58 (1963), S. 1–36. – K. E. MÜLLER, Grundzüge des ethnologischen Historismus, in: W. SCHMIED-KOWARZIK u.a. (Hg.): Grundfragen der Ethnologie, Berlin ²1993, S. 197–232.

Fritz Graebner

(* 4.3.1877 Berlin; † 13.7.1934 Berlin)

Methode der Ethnologie, EA Heidelberg 1911.

Fritz Graebners *Methode der Ethnologie* stellt innerhalb der deutschen Ethnologie den ersten Versuch dar, die damals noch junge Wissenschaft auf eine solide methodische Grundlage zu stellen.

Graebner studierte Geschichte, Deutsche Philologie, Geographie und Botanik in Marburg und Berlin. Nach kurzer Tätigkeit am Museum für Völkerkunde in Berlin und Wehrdienst war er von 1907 an am Rautenstrauch-Joest-Museum in Köln tätig, von 1925 an als Direktor. Als Graebner 1914 bei Kriegsausbruch an einem Kongress in Australien teilnahm, wurde er interniert und bis 1919 festgehalten. Von 1921 an lehrte er an der Universität Bonn, von 1926 an als Honorarprofessor an der Universität Köln. 1928 trat er in den Ruhestand und kehrte nach Berlin zurück.

Graebner war während seines Studiums vor allem als Historiker ausgebildet worden, und er hatte bereits mehrere Arbeiten über mittelalterliche Geschichte vorgelegt, ehe er sich schließlich der Ethnologie zuwandte, die damals noch kaum an den Universitäten vertreten war. Er beklagte die »Unmethodik« und »Disziplinlosigkeit« der damals noch jungen Wissenschaft und der sich in subjektiven Spekulationen verstrickenden Kulturkreislehre und schlug die Übertragung historischer Methoden auf die Ethnologie vor. Insbesondere ging es ihm um die vergleichenden Methoden, wie sie die Geschichtswissenschaften in der Quellenkritik anwenden, aber auch die Linguisten beim Sprachvergleich oder die Biologen beim Vergleich der Arten. Er berief sich ausdrücklich auf die Geschichtswissenschaft als Vorbild und bezog sich – vor allem im einleitenden Abschnitt über Quellenkritik (7–54) – explizit auf Ernst Bernheim (1850–1942) und sein *Lehrbuch der historischen Methode* (^{5}1908), ja, er betrachtete ausdrücklich die Ethnologie als Zweig der Geschichtswissenschaft, wenn er auch einräumte, dass das ethnographische Material keine zeitliche Tiefe besitze. Er hoffte jedoch, aus der räumlichen Verteilung kultureller Phänomene auf ihre zeitliche Dimension und ihre Entstehung schließen zu können. Seine Betonung der historischen Einzeltatsache rückt ihn in die Nähe des Historismus, doch sah er andererseits – wohl nicht ganz konsequent – die Aufgabe der Ethnologie nicht in der

Einzelfallstudie, sondern im Kulturvergleich, in der Untersuchung gleichartiger kultureller Erscheinungen, die dann den gleichen Ursprung repräsentierenden »Kulturkreisen« und aus Überlagerungsprozessen entstandenen »Kulturschichten« zuzuordnen seien. Als Fernziel schwebte ihm eine auf dieser Grundlage rekonstruierte Universalgeschichte der menschlichen Kultur vor.

Graebner verwarf grundsätzlich monokausale Erklärungsversuche und wandte sich damit gegen die evolutionistischen Ansätze seiner Zeit (E. B. → Tylor, J. G. → Frazer und vor allem A. → Bastian). Allerdings lehnte er nicht den Entwicklungsgedanken an sich ab, sondern nur starre Entwicklungsmodelle wie in L. H. → Morgans *Ancient Society*. Die Alternative zum Evolutionismus sah er in einem zu historischen Schlussfolgerungen führenden Kulturvergleich: »So bleibt denn als Erstes und Grundproblem der Ethnologie wie der ganzen Kulturgeschichte die Herausarbeitung der Kulturbeziehungen« (107). Weil es nur Kriterien für die Annahme von Kulturbeziehungen, nicht aber für die eigenständiger Entwicklungen gebe, seien letztere nur in Betracht zu ziehen, wenn Diffusion auszuschließen sei. Dieses Dogma, das logisch nicht überzeugender erscheint als seine evolutionistische Umkehrung, ist mehr oder weniger Glaubensbekenntnis jeder kulturhistorisch orientierten Ethnologie geblieben und unterscheidet diese vom historischen Partikularismus der Schule von F. → Boas. Graebner knüpfte mit seiner Methode bewusst an den Kulturgeographen Friedrich Ratzel (1844–1904) an, der die Kulturkreislehre begründet, die Bedeutung von Wanderungen und der Diffusion von Kulturelementen für die Untersuchung kulturhistorischer Zusammenhänge hervorgehoben und damit die historische Methode in die Ethnologie eingeführt habe. Graebner übernahm das von Ratzel eingeführte und von L. → Frobenius weiterentwickelte »Formkriterium«, nach dem gleiche Formen auf einen gemeinsamen historischen Ursprung verweisen. Seine Skepsis gegenüber Frobenius und dessen Vorstellungen war jedoch unverkennbar: nicht nur hielt er ihm terminologische Unsauberkeit vor (seine »geographisch-statistische Methode« habe mit Statistik nichts zu tun), sondern er argwöhnte auch, Frobenius sei mit der Einführung seiner entwicklungsgeschichtlichen Methode naturwissenschaftlichem Denken erlegen, was er wohl für die Todsünde des historisch orientierten Ethnologen schlechthin hielt. Nur der geographisch-statistischen Methode maß er hinreichende wissenschaftliche Objektivität bei, und ihr habe sich im Gegensatz zu Frobenius' Ansatz die entwicklungsgeschichtliche Methode unterzuordnen. Graebner warf Frobenius durchaus zu Recht vor, nach naturwissenschaftlichen Leitbildern zu schielen: »Er spielt mit naturwissenschaftlichen Begriffen, ohne ihren Sinn immer richtig erfasst zu haben« (102).

In Graebners Kulturkreislehre wurde das Formkriterium zum maßgeblichen Mittel für die Rekonstruktion von Kulturbeziehungen. Signifikant ist die Form eines kulturellen Phänomens natürlich nur, wenn sie als kulturbedingte Prägung verstanden werden muss, nicht aber, wenn sie durch die Funktion eines Gegenstandes erklärt werden kann. Als zweites Kriterium zog Graebner das Ausmaß der Übereinstimmungen zwischen zwei Regionen heran. Dieses »Quantitätskriterium« besäße größere Objektivität und damit auch größere wissenschaftliche Bedeutung als die alleinige Ähnlichkeit der Form, deren Bewertung stets subjektiv geprägt sei. Dabei machte Graebner keinen Unterschied zwischen den verschiedenen kulturellen Phänomenen und schien etwa der Sprache keine größere Signifikanz beimessen zu wollen als irgendeinem materiellen Gegenstand, da »sie als Teil der menschlichen Kultur doch qualitativ auch nur auf gleicher Linie mit deren übrigen Teilen steht und dass ihr eine methodische Sonderstellung einzuräumen in keiner Weise berechtigt ist« (111). Graebners statistische Methode betrachtete die »Kulturelemente« außerdem als isolierte Einheiten und ließ etwa funktionale Zusammenhänge außer Acht.

Eine kulturelle Beziehung oder Verwandtschaft wurde da vermutet, wo Kulturelemente in Form und Zahl hohe Übereinstimmung aufwiesen. Handelte es sich dabei um geographisch entfernte Kulturen, so sah Graebner einen zusätzlichen Beweis für ihre Verwandtschaft dann gegeben, wenn sich eine »Kulturbrücke« zwischen den jeweiligen Gebieten nachweisen ließ (»Kontinuitätskriterium«): die beiden Kulturen seien ehemals ein Ganzes gewesen, jedoch durch das Vordringen einer anderen Kultur aufgespalten worden, wobei jedoch im Gebiet der Überlagerung noch Elemente der alten Kultur erhalten blieben. Im Prinzip war für Graebner (wie für Ratzel) freilich die Kontinuität oder Nicht-Kontinuität eines Verbreitungsgebietes methodologisch irrelevant, denn die beständige Ausbreitung und damit verbunden auch die allfällige Überlagerung von Kulturen erschien ihm als historische Realität. Es blieb allerdings schwierig, aus der flächenhaften Verteilung von Kulturelementen auf die Existenz von Kulturschichten und ihr relatives Alter zu schließen. Graebner bot dafür einige Modellbeispiele, aber keine Methode an. Wo z.B. das Gebiet einer Kultureinheit durch eine andere Kultur auseinandergerissen wurde, stellte, zumindest im fraglichen Gebiet, die Letztgenannte die jüngere Kulturschicht dar. Die Erforschung der Ausbreitung von Kulturen und die Feststellung ihrer Urheimat stellten das zentrale Erkenntnisinteresse der Kulturkreislehre dar, aber gerade da musste Graebner einräumen, dass seine Methode nicht weiterführte; so meinte er zum Problem der Urheimat: »Ein besonderes und in mancher Hinsicht letztes Problem bildet die Frage nach der Heimat der verschiedenen ursprünglichen Kultureinheiten. Hier fehlen uns im gegenwärtigen Stadium noch die wesentlichsten Kriterien« (150).

Mit der Frage historischer Schlussfolgerungen aus im Grunde gleichzeitigen Quellen befasste sich fünf Jahre nach Graebner auch Edward Sapir (1884–1939), der aber nicht allein die prinzipielle Überlegenheit direkter Evidenz aus datierten schriftlichen oder urgeschichtlichen Quellen und oralen Traditionen anerkannte, sondern sich auch in der Beschränkung auf kleinräumigere Vergleiche, eine differenziertere Behandlung der Lagerungskriterien und die Nutzung innerer Widersprüchlichkeiten zur »internen Rekonstruktion« sowie sprachlicher Evidenz von Graebner unterschied. Während Sapir und die Boas-Schule von Graebner unbeeinflusst blieben, bildete die *Methode der Ethnologie* das Rüstzeug für einen Großteil der deutschsprachigen kulturhistorischen Ethnologie der ersten Hälfte des 20. Jh. und die Grundlage für P. W. → Schmidts *Handbuch der Methode der kulturhistorischen Ethnologie* (1937).

Graebners Entwurf einer historischen Ethnologie gehört ohne Zweifel bis heute zu den methodologisch klarsten Konzeptionen der deutschen Ethnologie. Sein Streben nach Objektivität ließ ihn jedoch so viele Relativierungen vornehmen, dass seine Methode nur bedingt einsetzbar war. Angesichts des höchst fragmentarischen ethnographischen Materials und dessen nicht selten fraglicher Zuverlässigkeit, muss Graebners Versuch einer wissenschaftlichen Auswertung dieser Daten als sehr kühnes Unternehmen erscheinen. Als besonderes Verdienst wird ihm häufig die Historisierung der Ethnologie angerechnet, doch wird angesichts seiner eigenen Schriften nicht ganz klar, was dies nun an Erkenntnis erbracht hat.

KARL HEINZ STRIEDTER

Ausg.: ND Oosterhout 1966.

Lit.: E. SAPIR, Time Perspective in Aboriginal American Culture. A Study in Method, Ottawa 1916. – P. LESER, Fritz Graebner. Eine Würdigung. Zum 100. Geburtstag am 4. März 1977, in: Anthropos 72 (1977), S. 1–55. – J. HENNINGER, Fritz Graebner und die kulturhistorische Methode der Ethnologie. Zum 100. Geburtstag von Fritz Graebner (4. März 1977), in: Ethnologica, N.F. 8 (1979), S. 7–51.

Marcel Griaule

(* 16.5.1898 Aisy-sur-Armançon; † 23.2.1956 Paris)

Dieu d'eau. Entretiens avec Ogotemmêli (frz.; *Gott des Wassers. Gespräche mit Ogotemmêli*), EA Paris 1948.

Dieu d'eau ist eines der aus einer ethnologischen Forschung hervorgegangenen Bücher, welche auch außerhalb der unmittelbaren Fachkreise bekannt wurden. Mit *Dieu d'eau* wurde dem europäischen Publikum die komplexe Kosmogonie eines afrikanischen Volkes vorgelegt. Das ursprünglich 1948 erschienene Buch wurde in der ethnologischen Fachwelt erst nach der Veröffentlichung einer englischen Übersetzung (1965) und einer französischen Neuauflage (1966) breit diskutiert. In der Ära der »Krise der Ethnologie« nach dem Ende des Kolonialismus galt Griaules Buch den einen als ein Zeugnis für die Eigen- und Widerständigkeit afrikanischer Kulturen, den anderen als ein idealisiertes, wenn nicht gar verzerrtes Bild einer »geschichtslosen« Gesellschaft.

Marcel Griaule war ein Schüler von M. → Mauss und gilt als Begründer der empirischen Ethnologie in Frankreich. Die von Griaule geleitete Dakar–Djibouti-Expedition (1931–33) war die erste in einer Reihe von wissenschaftlichen Missionen, bei denen er mit Sprachwissenschaftlern, Medizinern, Geographen und Musikethnologen zusammenarbeitete. Bei dieser ersten Forschungsexpedition begegnete Griaule in Französisch-Sudan, dem heutigen Mali, erstmals den Dogon, die er bis kurz vor seinem Tode immer wieder besuchte. Obschon Griaule gelegentlich die Ziele und Methoden der französischen Kolonialverwaltung in Westafrika kritisierte, opponierte er nicht gegen den Kolonialismus als solchen, wie es sein Mitarbeiter M. → Leiris tat. Griaule identifizierte sich mit den großen Entdeckern des afrikanischen Kontinents und nahm gegenüber Afrikanern eine paternalistische Haltung ein. Die Dogon-Studien Griaules und seiner Mitarbeiterinnen und

Mitarbeiter waren der Beginn einer bis heute andauernden Forschungstradition und führten dazu, dass die Dogon eine der meist untersuchten Volksgruppen in ganz Westafrika sind. Die pittoresken Dörfer im Felsabhang des Bandiagara-Plateaus und die spektakulären Maskenfeste der Dogon sind heute auch ein touristisches Ziel.

Griaules Forschungen wurden durch den Zweiten Weltkrieg unterbrochen. Von seiner ersten Reise nach dem Krieg 1946 erhoffte er sich die Bestätigung seiner bisherigen Kenntnisse über die Kultur der Dogon. »Die Dogon entschieden es anders und gaben Griaule durch die Stimme eines alten, blinden Jägers Gelegenheit, die Perspektive seiner Untersuchung völlig neu zu überdenken« (Geneviève Calame-Griaule in Griaule 1980). Unter einem Vorwand gelang es Ogotemmêli, mit dem Weißen Kontakt aufzunehmen. Im Verlauf von 33 Gesprächen gab Ogotemmêli Griaule einen tiefen Einblick in die religiöse Vorstellungswelt der Dogon. Das Buch folgt in seinem Aufbau dem Ablauf dieser Gespräche, in denen Ogotemmêli über die Entstehung der Welt und die Urzeit der Menschen erzählt. Unterbrochen werden die Erläuterungen Ogotemmêlis von Schilderungen kleiner Alltagsbegebenheiten, die sich innerhalb und außerhalb des Gehöfts abspielen, in dem das Gespräch stattfindet.

In der Abfolge einer Reihe von »göttlichen Worten« entfaltet sich die Schöpfung. Am Anfang erschafft der Gott Amma die Erde aus einem Lehmklumpen. Die Erde ist weiblich und besitzt einen Ameisenbau als Sexualorgan mit einem Termitenhügel als Klitoris. Amma will sich mit der Erde vereinigen, aber der Termitenhügel richtet sich auf und versperrt den Eingang. Amma schlägt ihn ab und vereinigt sich mit der beschnittenen Erde. Aus dieser Vereinigung von Amma und Erde entspringt der Fuchs, das erste, noch unvollkommene Wesen. Weitere Vereinigungen bringen das Zwillingswesen Nommo hervor, das die ursprüngliche Lebenskraft des Wassers symbolisiert. Die Nommo sind die Kulturschöpfer, welche die Weberei, den Anbau von Getreide und die anderen grundlegenden Techniken wie das Schmieden und die Töpferei einführen. Sie errichten eine Himmelsleiter, auf der die Ahnen, Pflanzen und Tiere zur Erde herabsteigen. Mit Hilfe der Nommo erschafft Amma ein Menschenpaar aus Lehm, die Ureltern der acht Ahnen des Dogon-Volkes. Vielfältige symbolische Bedeutungen profaner Gegenstände (z.B. Korb oder Webstuhl) verweisen auf die Beziehungen zu den spirituellen Mächten, die sich im Erdkult, im Ahnenkult und im Maskenwesen ausdrücken.

Drei verschiedene Textarten sind in der fortlaufenden Erzählung zu unterscheiden: die wörtliche Rede Ogotemmêlis, die Fragen und Kommentare Griaules und seines Übersetzers Kogem und die Überlegungen, die sich auf Griaules Vorwissen über die Kultur der Dogon gründen. Es wird oft nicht deutlich, wo die Trennlinie zwischen Ogotemmêlis Darstellungen und Griaules Deutungen verläuft. Der Text ist illustriert mit Schaubildern, die modellhaft einige Teile des kosmologischen Systems darstellen.

Griaule verfasste das Buch bewusst in einem literarischen Stil, der es auch Laien ermöglichen sollte, sich in die religiöse Vorstellungswelt eines afrikanischen Volkes zu vertiefen. Er wollte dem europäischen Publikum vor Augen führen, dass es in Afrika Gesellschaften gibt, die über einen ebenso reichen Schatz an Mythen verfügen wie die archaischen Kulturen des Mittelmeerraumes. Kritiker warfen Griaule vor, seinem Informanten westliche Begrifflichkeit in den Mund zu legen und sich in unhaltbare Spekulationen zu versteigen, etwa wenn er eine Verbindung zwischen der Mythologie der Dogon und den Tierkreiszeichen vermutet. Auch bemängelte man, dass die Dogon-Forschungen von Griaule und seinen Mitarbeitern generell die alltagsweltliche Dimension vernachlässigten und ein idealisiertes Bild einer afrikanischen Gesellschaft bzw. des »afrikanischen Denkens« zeichneten.

Clifford (1983) und van Beek (1991) gliedern das Werk Griaules in drei Phasen bzw. eine Ära vor und eine nach

Ogotemmêli: (1) eine »deskriptive« oder »dokumentarische« Phase, in der sich Griaule auf materielle Aspekte der Kultur der Dogon konzentrierte, insbesondere auf die Masken; (2) *Dieu d'eau* als Zeugnis einer »dialogischen« oder »initiatischen« Phase; und (3) eine »mythologische« Phase, welche die Arbeit Griaules bis zu seinem Tod prägte und die in das gemeinsam mit Germaine Dieterlen (1903–99) verfasste, nach seinem Tod veröffentlichte Werk *Le Renard pâle* (1965) mündete. Ähnelten die Methoden von Griaule und den Mitgliedern seiner Forschungsmissionen früher eher »Verhören«, durch die den mehr oder weniger unwilligen Gesprächspartnern Informationen entlockt wurden, so befand sich Griaule in den Gesprächen mit Ogotemmêli in der Position eines Initianden, dem schrittweise esoterisches Wissen enthüllt wurde.

Mehrfach – zuletzt gestützt auf eine Wiederholungsstudie (van Beek 1991) – wurde der Verdacht geäußert, Griaule habe durch sein Insistieren auf mythologische Aspekte der Kultur der Dogon die detaillierte Ausgestaltung der Kosmologie erst hervorgerufen. Wie jedoch Clifford schon 1983 betonte, ist es prinzipiell nicht möglich, Griaule (oder irgendeinem anderen Ethnologen) nachzuweisen, seine Ergebnisse seien »falsch«. Jede Begegnung zwischen einem Ethnologen und einem Repräsentanten einer anderen Gesellschaft beruht auf und kreiert spezifische Bedingungen der Kommunikation, die in einen wechselseitigen Prozess der »Erfindung von Kultur« münden. In *Dieu d'eau* wird dieser Prozess in einer für seine Zeit bemerkenswerten Transparenz nachvollziehbar.

KATJA WERTHMANN

Ausg.: Neuausgabe 1966. – Dt. EA (Übers. v. J. JAHN): u.d.T.: Schwarze Genesis. Ein afrikanischer Schöpfungsbericht, Frankfurt 1980.

Lit.: M. GRIAULE/G. DIETERLEN, Le Renard pâle. Tome I: Le mythe cosmogonique, fascicule I: La création du monde, Paris 1965. – J. CLIFFORD, Power and Dialogue in Ethnography. Marcel Griaule's Initiation, in: G. W. STOCKING (Hg.), Observers Observed,

Madison 1983, S. 121–56. – W. E. A. van Beek, Dogon Restudied. A Field Evaluation of the Work of Marcel Griaule, in: Current Anthropology 32/2 (1991), S. 139–58.

P. Martin Gusinde, S. V. D.

(* 29.10.1886 Breslau; † 18.10.1969 Mödling)

Die Feuerland-Indianer, 3 Bde. in 4 Teilen, EA Mödling 1931–74.

In einer monumentalen Monographie dokumentierte Martin Gusinde die Kulturen der Feuerland-Indianer buchstäblich in letzter Minute vor ihrem endgültigen Untergang. Sein vierteiliges Werk ist damit die erste und zugleich letzte umfassende, auf Feldforschung beruhende Abhandlung über die indigenen Feuerländer.

Gusinde, selbst Mitglied des katholischen Missionsordens Societas Verbi Divini, wurde in seinen Forschungen durch seinen Lehrer und Ordensbruder P. W. → Schmidt gefördert, was seine Sicht auf die Feuerländer wesentlich bestimmte. Im Einklang mit der Schmidtschen Lehre glaubte Gusinde in den Feuerländern »Altvölker«, d.h. Vertreter der »Urkultur«, vor sich zu haben, die im religiösen Bereich v.a. durch den Glauben an einen einzigen Hochgott gekennzeichnet sein sollte. So blieb die wissenschaftliche Ausrichtung Gusindes auf die Lehren P. W. Schmidts nicht ohne Folgen auf das Bild, das er von den Feuerländern entwarf. In dem Bemühen, die von ihm erhobenen Daten ganz im Sinne der Thesen Schmidts zu interpretieren, idealisierte und verzerrte Gusinde die Kulturen der Feuerländer zu einem Musterbeispiel für Schmidts Urmonotheismus-Theorie. Manche Idealisierungstendenzen in der Darstellung dieser Kulturen sind freilich auch darauf zurückzuführen, dass Gusinde es als seine besondere Aufgabe betrachtete, negative Urteile früherer Autoren – darunter Charles Darwin (1809–82) – über die Feuerländer zu revidieren, die aus dem einfachen materiellen Kulturinventar zugleich auf geistige und kulturelle Primitivität geschlossen hatten. Wenn also Gusindes Deutung der Feuerländer als urzeitliche Naturkinder heute auch als obsolet angesehen werden muss, so hat er doch insgesamt einen unvoreingenommenen Blick auf sie gerichtet und ihnen mit seinen detaillierten Aufzeichnungen ein bleibendes Denkmal gesetzt.

Gusinde unternahm zwischen 1918 und 1924 insgesamt vier Forschungsreisen nach Feuerland. Nach Chile war er bereits 1912 gekommen, wo er zunächst als Lehrer im Schuldienst tätig war, ab 1913 jedoch schon als Volontär unter der Leitung von Max Uhle (1856–1944) am Völkerkunde-Museum von Santiago de Chile arbeitete. 1918 übernahm Gusinde neben dem Schuldienst die Stellung eines Abteilungsleiters im Museum. Zum Zeitpunkt seiner ersten Feuerland-Reise von Dezember 1918 bis Mai 1919, waren die Angehörigen der drei ethnischen Gruppen Selk'nam (Fremdbezeichnung: Ona), Yamana (Yahgan) und Halakwulup (Alakaluf) durch europäische Krankheiten und die Verfolgung durch weiße Viehzüchter bereits auf wenige hundert Personen dezimiert. Gusinde fühlte sich hierdurch zu größter Eile angetrieben und beantragte schon kurz nach seiner Rückkehr bei den chilenischen Behörden und seinen Ordensoberen die nächste Forschungsreise. Bei seinem ersten Aufenthalt hatte er v.a. Kontakte schließen können und sich einen Eindruck von den Feuerländern verschafft. Im Dezember 1919 schiffte er sich zum zweiten Mal nach Feuerland ein. Mit Unterstützung der Yamana Nelly Lawrence, die mit dem Sohn eines anglikanischen Missionars verheiratet war, gelang es Gusinde, die geheime Jugendweihe der Yamana nicht nur zu beobachten, sondern selbst initiiert zu werden. Die Yamana stellten Gusinde sogar die weitere Initiation und die Teilnahme an der geheimen Männerfeier (*kina*) in Aussicht, wenn er wiederkäme. Anfang des Jahres 1920 brach Gusinde in Begleitung seines Mitbruders und engen Mitarbeiters von P. W. Schmidt, P. Wilhelm Koppers (1886–1961), zum dritten Mal zu den

Feuerländern auf. Auf Grund der Berichte von Gusinde war Schmidt zur Überzeugung gelangt, dass die ethnographische Forschung bei diesen Gruppen seine Thesen zur Kulturentwicklung untermauern könnte, weshalb er Koppers nach Chile entsandte. Die Yamana veranstalteten nochmals eine Jugendweihe für die beiden Forscher und anschließend die sechs Tage währende, geheime Männerfeier, wobei Gusinde und Koppers während der Zeremonie schriftliche Aufzeichnungen anfertigen durften. Auf Betreiben von Schmidt wurde Gusinde ab Ende 1922 vom Schuldienst freigestellt, um sich ganz seinen Forschungen über die Feuerländer widmen zu können. Bei seiner vierten und letzten Reise stand Gusinde daher nicht mehr unter Zeitdruck. Als vordringliche Aufgaben seiner vierten Feldforschung nahm er sich vor, die Medizinmannschule der Yamana kennen zu lernen, an der geheimen Männerfeier der Selk'nam (*kloketen*) teilzunehmen und die Halakwulup zu studieren. Bei seiner Ankunft hatten sich die Yamana schon versammelt und Gusinde durchlief die verschiedenen Stadien der Yamana-Medizinmannschule. Den Winter verbrachte er bei den Selk'nam, wo er sich eine Hütte errichtete und auf die Veranstaltung der *kloketen*-Feier wartete. Schließlich wurde seine Geduld belohnt und er durfte auch hier der Jugendweihe und Männerfeier beiwohnen und darüber hinaus sogar mit Erlaubnis der Selk'nam seine Beobachtungen schriftlich festhalten. Schwieriger gestalteten sich die Untersuchungen bei den Halakwulup, die als Wassernomaden in einem riesigen geographischen Gebiet unterwegs waren. Im September 1923 traf Gusinde schließlich auf eine Gruppe, konnte sich aber wegen mangelnder Sprachkenntnisse nur schwer mit ihnen verständigen. Auch gelang es ihm nicht, sie zur Veranstaltung ihrer Zeremonien zu bewegen, die nach den eingeholten Auskünften denen der Yamana und Selk'nam ähnlich gewesen sein müssen. Im März 1924 beendete Gusinde seine Feldforschung bei den Feuerländern, um im Sommer 1924 nach Europa zurückzukehren.

Nach der Promotion 1926 widmete sich Gusinde der Publikation seiner Feldforschungsergebnisse. Als erster Band erschien 1931 die 1176 Seiten lange Abhandlung über die Selk'nam und 1937 die noch etwas umfangreichere über die Yamana. 1939 folgte ein weiterer Teilband zur physischen Anthropologie der drei Feuerland-Gruppen. Die noch ausstehende Monographie über die Halakwulup konnte erst 1974 posthum veröffentlicht werden, nachdem das bereits fertiggestellte Manuskript zusammen mit anderen Aufzeichnungen Gusindes zu Ende des 2. Weltkriegs zerstört worden war. Der Neuabfassung wandte sich Gusinde im fortgeschrittenen Alter zu und schloss das Buch kurz vor seinem Tode ab. Der deutlich geringere Umfang des Halakwulup-Bands ist zum einen auf den Verlust des ersten Manuskripts und die mühselige, Jahrzehnte später erfolgende Rekonstruktion zurückzuführen; zum anderen erfuhr Gusinde von den kulturellen Institutionen und Zeremonien der Halakwulup nur aus den Berichten der kleinen Gruppe, mit der er zusammentraf. Es ist daher nicht verwunderlich, wenn die erzählerische Dichte dieses Bands gegenüber den lebendigen und anschaulichen Beschreibungen der beiden anderen Kulturen zurückfällt.

Alle drei Monographien folgen dem gleichen Plan: Im ersten Teil stellte Gusinde nach einer Einführung in die geographische Beschaffenheit und die Pflanzen- und Tierwelt des jeweiligen Lebensraums der drei Gruppen die Forschungsgeschichte dar. In einem weiteren Kapitel behandelte er Stammesnamen, Sprach- und Siedlungsgruppen, Herkunft, Verhältnis zu den anderen Feuerländern, Demographie sowie die jüngste Entwicklung der jeweiligen Gruppe und die Auswirkungen der europäischen Landnahme in ihren Siedlungsgebieten. Der zweite Teil subsumiert unter der Überschrift »Wirtschaftsleben« den materiellen Kulturbesitz, Subsistenzwirtschaft und Siedlungsform. Im dritten Teil befasst sich der Autor ausführlich mit der Sozialordnung, der politischen Organisation, Rechtsordnung sowie Besitz- und Eigentumsverhältnissen.

Der vierte und letzte Teil der Bände ist jeweils der Rubrik »Geisteswelt« vorbehalten, in der Glaubensvorstellungen, religiöse Riten, Mythen und Göttergestalten dargestellt werden. Eingehend beschreibt Gusinde das Medizinmannwesen und die großen Feierlichkeiten bei der Jugendweihe und den geheimen Männerzeremonien. Ein Abschnitt mit dem Titel »geistige Befähigung« handelt vom ästhetischen Empfinden der jeweiligen Gruppe, bestimmten Kenntnissen in der Heilkunde, Zeitrechnung u.ä. Alle Bände sind mit einer Fülle von Strichzeichnungen und Lichtdrucktafeln versehen, die besonders den dinglichen Kulturbesitz sehr gut veranschaulichen.

In ihrer Verbindung einer unerhörten Fülle eigener Beobachtungen mit einer kritischen Würdigung der übrigen Quellenliteratur ist Gusindes Trilogie unbestritten das Standardwerk zu den Feuerländern. Der beispielhaften Umsetzung seiner ethnographischen Erfahrungen in dichte und überaus anschauliche Beschreibungen verdanken wir die Tatsache, dass die physisch vernichteten Kulturen der Feuerländer doch zumindest als geistiges Erbe fortleben.

Iris Gareis

Lit.: F. Bornemann, P. Martin Gusinde (1886–1969). Mitglied des Anthropos-Institutes, Rom 1971. – A. Brüggemann, Der Trauernde Blick. Martin Gusindes Fotos der letzten Feuerland-Indianer, Frankfurt 1989.

Herodot

(* ca. 485 v.Chr. Halikarnassos; † ca. 424 v.Chr. Thurioi oder Pella)

Historiai (griech.; *Historien*), EZ verm. zw. 445 und 424 v.Chr., EA Venedig 1502.

Herodot gilt seit Cicero (106–43 v.Chr.) als »Vater der Geschichtsschreibung« (Cicero, *De legibus,* 1, 1, 5). Dennoch waren die vollständig erhaltenen neun Bücher seiner

Historien bereits in der Antike Gegenstand zum Teil heftiger Kritik (Plutarch, »Über den schlechten Charakter Herodots«). Auch wirkten sie mit ihrer weitläufigen, häufig abschweifenden Struktur insgesamt weniger stilbildend als die kritische Monographie, wie sie von dem etwa 30 Jahre nach Herodot geborenen Thukydides (ca. 455–395 v.Chr.) mit seiner *Geschichte des Peloponnesischen Krieges* erstmals vorgelegt wurde. Gerade die zahlreichen Exkurse zu geographischen und ethnographischen Themen, von denen der Hauptstrang der Erzählung immer wieder unterbrochen wird, sind es jedoch, die Herodot auch zu einem der Väter der Ethnographie machen.

So bekannt das Werk ist, so wenig Zuverlässiges lässt sich über das Leben seines Verfassers sagen. Geboren um das Jahr 485 v.Chr. in Halikarnassos, nahe dem heutigen Bodrum im Südwesten der Türkei, musste Herodot bereits als junger Mann seine Heimat gegen das Exil eintauschen. Er verbrachte einige Jahre auf Samos und kehrte um das Jahr 454 v.Chr. nach Halikarnassos zurück, wo er am Sturz des Tyrannen Lygdamis beteiligt gewesen sein soll, bevor er um das Jahr 444 v.Chr. endgültig seiner Geburtsstadt den Rücken kehrte und in die neu gegründete Stadt Thurioi in Süditalien übersiedelte. Nach eigener Auskunft unternahm Herodot zahlreiche ausgedehnte Reisen, die ihn unter anderem nach Babylon (I, 182), nach Phönizien (II, 44), nach Ägypten (III, 12), ins Schwarzmeergebiet (IV, 17f.), zu den Skythen (IV, 81) sowie in den gesamten griechischen Siedlungsraum (einschließlich der südlichen und westlichen Kolonien) führten. Er war bekannt mit den führenden Männern seiner Epoche, darunter Perikles (ca.500–429 v.Chr.) und Sophokles (ca. 496–406 v.Chr.), und las in Athen und bei den olympischen Spielen öffentlich aus seinem im Entstehen begriffenen Werk vor.

Anders als die große Mehrzahl seiner Vorgänger auf dem Gebiet der Geschichtsschreibung verzichtete Herodot auf eine Herleitung der Geschichte aus der Mythologie und legte den Schwerpunkt seiner Darstellung auf die vom

Menschen aktiv gestaltete und schriftlich oder oral dokumentierte jüngere Vergangenheit. Schon im Proömium macht er deutlich, dass die Darlegung seiner Erkundung (»historíes apódexis«) sich zwar vor allem mit dem Krieg zwischen »Hellenen und Barbaren« und seinen Ursachen beschäftigen wird, dass dabei aber zugleich jede allzu offensichtliche Parteinahme für die Sache der Griechen vermieden werden soll. Tatsächlich stößt der Leser dann auch im gesamten Text immer wieder auf Passagen, in denen die Überlegenheit der »Barbaren« gegenüber den Griechen auf bestimmten Gebieten vorbehaltlos anerkannt wird. Zwar ist es gewiss übertrieben, in Herodot bereits einen frühen Kulturrelativisten zu sehen, gleichwohl zeichnen sich seine länderkundlichen und ethnographischen Exkurse, inspiriert möglicherweise von der sich etwa zeitgleich herausbildenden Geistesströmung der Sophistik, durch eine bemerkenswerte Sachlichkeit und Neutralität aus. Herodots Begründung dafür klingt erstaunlich modern: »Denn wenn man an alle Völker der Erde die Aufforderung ergehen ließe, sich unter all den verschiedenen Sitten die vorzüglichsten auszuwählen, so würde jedes, nachdem es alle geprüft, die seinigen allen anderen vorziehen« (III, 38).

Die *Historien* sind formal in neun Bücher unterschiedlicher Länge gegliedert. Diese Unterteilung geht jedoch nicht auf Herodot selbst zurück, sondern auf eine spätere Bearbeitung durch Aristarchos von Samothrake (ca. 220–150 v.Chr.), der wahrscheinlich auch für die inzwischen wieder aufgegebene Zuordnung der einzelnen Bücher zu den neun Musen verantwortlich zeichnete. Der thematische Fokus liegt auf den Perserkriegen, deren Entwicklung entlang der Herrschaftsperioden der persischen Könige von Kyros (558–529 v.Chr.) bis Xerxes (486–465 v.Chr.) den Hauptstrang der Erzählung bildet. Der von den *Historien* abgedeckte historische Zeitraum umfasst somit lediglich knapp einhundert Jahre. Gleichzeitig wird jedoch der gesamte zu Herodots Zeit bekannte geographische Raum mit seinen zum Teil fabelhaften Bewohnern durchmessen, von den Hyperboreern im Norden bis zu den Libyern im Süden, vom Ozean jenseits der Säulen des Herakles im Westen bis zu den Indern im äußersten Osten. Dies geschieht, vor allem in den ersten sechs Büchern, in Form von mehr oder weniger ausführlichen Exkursen, von denen der Bericht über den Krieg zwischen Griechen und Persern regelmäßig durchbrochen wird. Erst in den letzten drei Büchern, die den Zug des Perserkönigs Xerxes gegen Griechenland zum Gegenstand haben, findet Herodot zu einer Geschlossenheit der Darstellung, die ohne weitere Exkurse den Fortgang der Geschichte in der parallelen Erzählung der Vorgänge auf persischer und griechischer Seite referiert.

Die disparate äußere Form der *Historien* ist häufig als Indiz für eine nur allmähliche Entwicklung Herodots vom Periegeten zum Historiker gewertet worden (z.B. Fritz 1967), gerade in den letzten Jahren hat jedoch die unitarische Interpretation, die von einer bewussten Konzeption des Textes in der erhaltenen Form ausgeht, an Gewicht gewonnen (Corbet 1971, Meister 1990). Tatsächlich ist Herodots singuläre Leistung wohl vor allem in der bis dahin beispiellosen Verknüpfung von räumlicher Breite und historischer Tiefe in einer einzigen Welterkundung (»historie«) zu sehen.

Für die Ethnologie von besonderem Interesse sind vor allem die natur-, landes- und völkerkundlichen Exkurse der Bücher I–VI, die in Einzelfällen durchaus den Charakter kleinerer Monographien annehmen und sich durch eine enorme thematische Vielfalt auszeichnen. Arabische Fettschwanzschafe, die ihren Schwanz auf einem eigens dafür gefertigten kleinen Wagen hinter sich herziehen (III, 113), begegnen dem Leser ebenso wie die Weibergemeinschaft bei den Massageten (I, 216), den Agathyrsen (IV, 104), den Nasamonen (IV, 172) und den Auseern (IV, 180), die Bestattungsriten der Skythen (IV, 71–73) oder die unterschiedlichen Arten von ägyptischen Männern und Frauen, Wasser zu lassen (II, 35). Nicht immer erweist sich

Herodot dabei als zuverlässiger Gewährsmann. Zwar machte er als vermutlich erster Geschichtsschreiber die eigene Anschauung (Autopsie) zum bestimmenden Prinzip seiner Datenerhebung, erwies sich diese aber als undurchführbar, vertraute er durchaus auch auf sein »eigenes Urteil« oder »eigene Erkundigungen« (III, 99). So verwundert es denn auch kaum, dass im Verlauf des Textes etwa das Nilpferd mit einer Rossmähne ausgestattet wird (II, 71) oder die Inder sich »öffentlich begatten wie das Vieh« und im Übrigen einen ebenso schwarzen Samen haben wie die Aithioper (III, 101). Derartig phantastische Ergebnisse der Herodotschen Erkundungen stellen jedoch, bei aller Prominenz, die sie für den heutigen Leser haben mögen, im Gesamtkontext des Werkes lediglich Ausnahmen dar. In den meisten Fällen erscheinen sie zudem explizit markiert als Informationen, die gerade nicht auf eigener Anschauung beruhen, sondern so »gehört« und nur der Vollständigkeit halber und mit einer entschiedenen Distanzierung eingeleitet in den Text aufgenommen wurden. Daher scheint es auch wenig gerechtfertigt, aus ihrem Vorkommen abzuleiten, die vorgebliche Herodotsche Autopsie sei wenig mehr als ein schöner Schein zur Etablierung der auktorialen Autorität (so etwa Fehling 1971). Im Gegenteil, gerade die Wiedergabe des Unwahrscheinlichen und Unglaubhaften lässt Herodot zu einem der Ahnherren der Ethnologie werden. Wenn er programmatisch erklärt, es sei seine Pflicht, alles, was er hört, zu berichten, nicht aber, alles Berichtete zu glauben (VII, 152), so lässt sich darin bereits, wenn auch noch unscharf, die Definition einer der wichtigsten Aufgaben der späteren Ethnologie ausmachen: einen Wust disparater mündlich gegebener Informationen in einen kohärenten schriftlichen Text umzuformen.

THOMAS REINHARDT

Ausg.: Dt. EA Augsburg 1535. – Historien, hg. v. H. W. HAUSSIG, Stuttgart ^{4}1971.
Lit.: K. VON FRITZ, Die griechische Geschichtsschreibung, Berlin 1967. – J. COBET, Herodots Exkurse und die Frage der Einheit

seines Werkes, Wiesbaden 1971. – D. FEHLING, Die Quellenangaben bei Herodot. Studien zur Erzählkunst Herodots, Berlin 1971. – K. E. MÜLLER, Geschichte der antiken Ethnographie, 2 Bde., Wiesbaden 1972–80 (^{2}1997). – K. MEISTER, Die griechische Geschichtsschreibung, Stuttgart u.a. 1990.

Melville Jean Herskovits

(* 10.9.1895 Bellefontaine; † 25.2.1963 Evanston)

Man and his Works. The Science of Cultural Anthropology (engl.; *Der Mensch und seine Werke*), EA New York 1948.

Bei seinem Erscheinen war *Man and his Works* die einzige englischsprachige Gesamtdarstellung, die Laien wie Fachleuten die theoretische und empirische Reichweite der nordamerikanischen Kulturanthropologie zugänglich machte. Das Buch war kurz nach Ende des Zweiten Weltkriegs veröffentlicht worden und dürfte in den USA eine ganze Generation von Nachkriegsethnologen im Studium begleitet haben. Der Verfasser Melville Jean Herskovits war Schüler von F. → Boas, dem Begründer der nordamerikanischen »Cultural Anthropology«. Das hier zur Debatte stehende Buch ist nicht seinem späten, wohl aber seinem gereiften Lebenswerk zuzuordnen. Nach einer Reihe ethnographischer Veröffentlichungen und Beiträgen zu Kulturwandel, Wirtschaftsethnologie und Afroamerika gilt *Man and his Works* als Krönung von Herskovits' theoretischem Denken.

Der Titel hat wiederholt zu Kommentaren Anlass gegeben. Er sei irreführend, wurde bemängelt, da »Werke« an etwas Technologisches gemahne, und dass das Buch besser »Grundlagen der Ethnologie« geheißen hätte. Man kann den Titel aber auch als Bekenntnis zur nordamerikanischen Kulturanthropologie lesen. Der »Mensch« im Singular steht für die Einheit der menschlichen Gattung im Unterschied zu den oft beschworenen Rassenunterschieden. Das in den Plural gesetzte Titelsegment »seine Werke« hingegen zielt auf die Vielfalt, die sich aus der ungeheuren Menge kombinierbarer Kulturelemente ergibt, mit denen der Mensch sein Leben einrichtet. Dies ist die Bedingung für die Existenz zahlloser gleichwertiger, aber unterschiedlicher Kulturen, die jeweils eigene Einheiten darstellen.

Eine Kulturtheorie steht am Ende des 38 Kapitel und acht Teile umfassenden Werkes. Verankert wird sie in einer »Anthropologie als Wissenschaft vom Menschen« (Teil I) in der nordamerikanischen Tradition, d.h. als Bündelung der an sich getrennten Fächer Archäologie, Linguistik, physische und kulturelle Anthropologie mit einer noch dazu engen Beziehung zu Geschichte, Psychologie und Philosophie. Zunächst aber geht es um Fragen der Natur, Form und Funktionsweise von Kultur. Die »Natur der Kultur« (Teil II) hält nach Herskovits Paradoxe bereit, die aus der Frage erwachsen, ob der Mensch die Kultur oder diese den Menschen bestimme. Denn Kultur sei ein universelles Phänomen, ihre regionalen Manifestationen hingegen seien einzigartig. Sie neige zur Stabilität, sei aber dynamisch und einem steten Wandel unterworfen. Sie präge den Menschen und dringe doch selten in sein Bewusstsein vor. Sie werde vom Menschen geformt, überdauere aber seine individuelle Lebensgrenze. Die Beziehung der Kultur zur Gesellschaft und zum Individuum ist deshalb gleichermaßen wichtig. Während Herskovits selbst den Begriff »Enkulturation« für den bewussten und unbewussten Prozess prägte, mit der eine Kultur ein Individuum zum vollwertigen Mitglied formt, rekurrierte er auf Kultur- und Persönlichkeitsstudien seiner Kollegen, um die Ausprägung einer Kultur durch die Persönlichkeitsstrukturen ihrer Mitglieder zu erklären. Auch der Kulturrelativismus, also die beschränkte, nur für den betreffenden Kontext gültige Beurteilung und Bewertung von Aspekten einer Kultur, ergibt sich aus der Natur von Kultur. Komplexität und Einfachheit hält Herskovits nicht für Entwicklungsstufen, sondern sie können, z.B. als rudimentäre Technologie und komplexes religiöses Weltbild, in ein und derselben Kultur parallel existieren. All dies zu untersuchen, dafür hatte die Völkerkunde eine eigene Methode entwickelt, die laut Herskovits neben B. → Malinowskis Feldforschungsmethode und William H. Rivers' (1864–1922) genealogischer Methode auch »Aufrichtigkeit, Feingefühl und Humor« erforderlich mache.

Unter der Überschrift »materielle Grundlagen der Kultur« (Teil III) präsentiert Herskovits den Evolutionsprozess des Menschen, wie er sich in den zeitgenössischen Forschungen der physischen Anthropologie und Archäologie darstellte. Die Gleichzeitigkeit unterschiedlicher Entwicklungsstufen hat nach seiner Meinung schon die frühe Menschheitsgeschichte begleitet. Statt der herkömmlichen Rassentypologie interessierte ihn die Variabilität innerhalb einer Rasse, die er daraufhin befragte, ob kulturelle Regeln, wie die Endogamie, oder historische Faktoren, wie Migration, auf physische Aspekte des Menschen Einfluss nehmen.

Auch wenn der Strukturalismus schon sein Erscheinen in der Ethnologie ankündigte, blieb Herskovits in seinen Aussagen zur »Struktur der Kultur« (Teil IV) dem nordamerikanischen Diffusionismus mit seinen Kulturzügen, Kulturkomplexen, Kulturräumen oder auch Kulturmustern verpflichtet, welche er aber im Unterschied zu R. → Benedicts ganze Kulturen umfassenden Stilprinzipien als spezifische Verhaltensweisen von Alters-, Status- oder Berufsgruppen innerhalb der Kultur definierte. Allerdings schien ihm Malinowskis Funktionalismus ein geeignetes Modell für die Integration der Einzelaspekte in die Gesamtkultur zu sein.

Nach der Darstellung der »Aspekte der Kultur« (Teil V), die mit Technologie, Wirtschaft, Sozialorganisation etc. alle konventionellen, aber mit Musik, Drama und Sprache, auch die weniger beachteten Bereiche der Ethnologie umfasste, wandte sich Herskovits einem seiner bevorzugten Themen zu, der »Kulturellen Dynamik« (Teil VI). Im Mittelpunkt seines Interesses stand von jeher der Kulturwandel und die Frage, welche kulturellen Aspekte länger als andere an Tradiertem festhalten und welche Mechanismen den

Kulturwandel begleiten, etwa wenn alte Bedeutungen neuen Dingen oder neue Werte alten Formen zugeschrieben und diese damit »reinterpretiert« werden. Von seinem Lehrer Boas hat Herskovits die Vorsicht gegenüber der Formulierung von Gesetzen und der Vorhersagbarkeit von kulturellen Prozessen im naturwissenschaftlichen Sinne übernommen. Sie bestimmt die wesentlichen Aussagen über die »kulturelle Variation« (Teil VII).

Herskovits' »Theorie der Kultur« ist die »Zusammenfassung« (Teil VIII) des zuvor Gesagten. Sie baut auf keiner zentralen Leitidee auf, wie etwa der »Allianz« in C. → Lévi-Strauss' fast gleichzeitig veröffentlichten *Structures élémentaires de la parenté* (1949). Sie integriert vielmehr Forschungen unterschiedlicher Disziplinen und umfasst acht Feststellungen: Danach ist Kultur erlernt; sie leitet sich aus den materiellen, psychologischen und historischen Bedingungen des Menschseins her; sie ist strukturiert, in Aspekte unterteilt, dynamisch und variabel; sie weist Regelmäßigkeiten auf, die sich mit wissenschaftlichen Methoden erklären lassen; sie ist ein Instrument zur Anpassung an die Umwelt und ein Mittel des schöpferischen Ausdrucks.

Das Werk kann als Synthese von Herskovits' wissenschaftlichem Denken gelten und baut auf früheren Arbeiten des Autors auf. Zum einen integriert es seine älteren Forschungen zur physischen Anthropologie oder »Anthropometrie«. Zum anderen schöpft es aus der Fülle von Feldforschungen, die den Autor in die Karibik, nach Westafrika, Südamerika und vor die eigene Haustür führten und die den Fundus für das an ethnographischen Einzelheiten reiche Buch abgaben. Die Kulturwandelproblematik begleitete Herskovits, seit er 1936 mit R. → Redfield und R. → Linton das richtungweisende *Memorandum for the Study of Acculturation* veröffentlichte. Die Afroamerikaner, deren Geschichte und Kultur Herskovits bis zu ihrem westafrikanischen Herkunftsort zurückverfolgte, sah er stets als Testfall für seine Überlegungen zum Kulturwandel an, den er allerdings als universales Phänomen verstanden wissen wollte. Andere frühere ethnographische Arbeiten schließlich hatten Anregungen aus der »Kultur-und-Persönlichkeit«-Debatte aufgegriffen, die auch in *Man and his Works* ihren Einfluss geltend machten. Ein Themenkomplex freilich, dem Herskovits sich erst später verstärkt nochmals zuwandte, war der Kulturrelativismus, an dessen Entstehen er offensichtlich größeren Anteil hatte als gemeinhin vermutet. Für Herskovits war Kulturrelativismus keine Doktrin der Beliebigkeit und noch weniger ein Argument, um Ungerechtigkeiten der eigenen Kultur zu rechtfertigen. Komplexere Fragen, wie z.B. die Beziehungen von universalen Wertkategorien, wie Schönheit, Moral oder Gerechtigkeit, zu den absoluten Setzungen, die diese Kategorien in den jeweiligen Kulturen oder Epochen erfuhren, gedachte er nach seinem Rückzug aus dem aktiven Berufsleben zu vertiefen und damit auch vor der Philosophie zu bestehen.

Im Unterschied zu den teils bissigen Tönen anderer Veröffentlichungen zeichnet sich das vorliegende Buch von Herskovits durch ein hohes Maß an Sachlichkeit und Ausgewogenheit aus. Keine gewagten Thesen, sondern die gesicherte Erkenntnis stellt der Autor vor. Das Buch entstand zu einer Zeit, als die großen Erzählungen der Moderne noch plausibel waren, bei Herskovits die Frage, wo die Ordnung in der kulturellen Vielfalt des Menschen zu finden sei.

Herskovits widmete das Buch seinen Studenten und unterstrich damit, dass er es auch als Lehrbuch für das Studium verstanden wissen wollte. Nach acht unveränderten Neuauflagen von *Man and his Works* erschien 1955 die einzige veränderte Neuausgabe. Es war eine im Umfang, kaum aber bei den Themen gekürzte Fassung unter neuem Titel. G. P. → Murdock hielt sie für überholt, Raymond T. Smith (*1925) hingegen den Anforderungen eines guten Lehrbuches für angemessen.

Es ist fraglich, ob heutige Ethnologen *Man and his Works* gewinnbringend für die Erörterung aktueller Fragestellungen und Probleme konsultieren können. Es handelt sich aber um eine Arbeit von großem wissenschaftshistorischen Wert, und zwar nicht nur weil sie die nordamerikanische Kulturanthropologie in ihrer klassischen Phase repräsentiert, sondern weil sie belegt, wie sehr jüngere interpretative oder auch symboltheoretische Ansätze letztlich hier ihren Ausgang nahmen.

LIOBA ROSSBACH DE OLMOS

Ausg.: Gek. Ausg. u.d.T.: Cultural Anthropology, New York 1955. – Cultural Dynamics (Vw. v. J. G. GREENBERG), New York 1964.
Lit.: A. P. MERRIAM, Melville Herskovits, in: American Anthropologist 66/1 (1964), S. 83–109. – G. E. SIMPSON, Melville J. Herskovits, New York 1973. – W. JACKSON, Melville Herskovits and the Search for Afro-American Culture, in: G. W. STOCKING, Jr. (Hg.), Malinowski, Rivers, Benedict and Others, Madison 1986, S. 95–126. – J. W. FERNANDEZ, Tolerance in a Repugnant World and other Dilemmas in the Cultural Relativism of Melville J. Herskovits, in: Ethos 18/2 (1990), S. 140–64.

Adolf Ellegard Jensen

(* 1.1.1899 Kiel; † 20.5.1965 Mamolsheim/Taunus)

Mythos und Kult bei Naturvölkern. Religionswissenschaftliche Betrachtungen, EA Wiesbaden 1951

Seit die Vertreter der sog. Cambridge-Schule anhand antiker Materialien gegen Ende des 19. Jh. die Hypothese aufgestellt hatten, dass Mythen Erklärungen von Ritualen darstellten, deren eigentlicher Sinn in Vergessenheit geraten sei, ist der Zusammenhang zwischen religiösen Vorstellungen und Handlungen in der Religionswissenschaft und Ethnologie immer wieder zum Gegenstand von Kontroversen und Spekulationen geworden. A. E. Jensen hat mit seiner Abhandlung über *Mythos und Kult bei Naturvölkern* in dieser Auseinandersetzung eine originelle Position vertreten, die zugleich als der späte Versuch einer systematischen

Grundlegung der von seinem Lehrer L. → Frobenius begründeten Kulturmorphologie angesehen werden kann.

Jensen hatte nach seiner Teilnahme am Ersten Weltkrieg ein Studium der Naturwissenschaften in Bonn und Kiel aufgenommen, das er 1922 mit einer Dissertation über Max Planck (1858–1947) und Ernst Mach (1838–1916) abschloss. Ein Jahr später machte er zufällig die Bekanntschaft von Leo → Frobenius, die für ihn zu einer Art Konversionserlebnis werden sollte. Jensen trat als wissenschaftlicher Mitarbeiter in das von Frobenius 1898 gegründete Institut für Kulturmorphologie ein und widmete sich fortan mit aller Leidenschaft der Ethnologie. Nach seiner Teilnahme an der Südafrika- (1928–30) und Libyen-Expedition (1932) seines Lehrmeisters habilitierte er sich an der Universität Frankfurt mit einer Arbeit über Beschneidungs- und Reifezeremonien. Von 1934–35 leitete er eine eigene Forschungsexpedition nach Südäthiopien. Ein Jahr später zum Kustos am Frankfurter Völkermuseum ernannt, zu dessen Direktor Frobenius 1934 berufen worden war, unternahm er 1937–38 eine weitere Forschungsreise zu der Molukkeninsel Ceram. Als Frobenius 1938 starb, wurde Jensen als dessen Nachfolger nominiert. Sein Amtsantritt scheiterte jedoch am Widerstand der nationalsozialistischen Machthaber, da Jensen ihnen als politisch unzuverlässig galt und zudem auch mit einer Frau jüdischer Herkunft verheiratet war. 1940 wurde ihm die Lehrbefugnis entzogen, drei Jahre später erfolgte sein Einzug in den Kriegsdienst. Nach seiner Rückkehr aus der Kriegsgefangenschaft wurde Jensen 1945 zum Direktor des Museums und ein Jahr später zum ersten Ordinarius für Kultur- und Völkerkunde der Frankfurter Universität ernannt, ein Amt, mit dem in Personalunion zugleich die Leitung des in Frobenius-Institut umbenannten ehemaligen Instituts für Kulturmorphologie verbunden war.

In den folgenden Jahren arbeitete Jensen die Ergebnisse seines Forschungsaufenthalts auf Ceram zu einer umfangreichen ethnographischen Veröffentlichung aus, die 1948 unter dem Titel *Die drei Ströme* erschien. Sie fanden ebenso in *Das religiöse Weltbild einer frühen Kultur* Eingang – eine noch im selben Jahr publizierte Studie über das bei sog. Pflanzerkulturen weltweit verbreitete Mythologem von der getöteten Gottheit – und sie bestimmten nicht weniger wesentlich auch die theoretischen Betrachtungen in Jensens Hauptwerk, das er drei Jahre später veröffentlichte.

Mythos und Kult bei Naturvölkern sollte bis heute der letzte große systematische Entwurf der Religionsethnologie im deutschsprachigen Raum bleiben, einer Subdisziplin des Faches, die gerade hier auf eine lange Tradition zurückblicken konnte und einige zentrale Werke hervorgebracht hat, für die Namen wie K. T. → Preuß, C. → Strehlow oder P. W. → Schmidt stehen. Jensen selbst betrachtete das Buch als ersten Versuch, »zu einer neuen, nämlich zu einer kulturmorphologischen Religionswissenschaft zu gelangen.« Tatsächlich sind es denn auch die Überlegungen von Leo Frobenius, des Gründers dieser Schulrichtung, die den eigentlichen Leitfaden des Buches abgeben. In seinem organizistischen Modell menschlicher Kulturentwicklung hatte Frobenius drei Phasen unterschieden, die seiner Ansicht nach alle kulturellen Schöpfungen gleichförmig durchlaufen: das Stadium der »Ergriffenheit«, das des »Ausdrucks« und das der »Anwendung«. In *Mythos und Kult bei Naturvölkern* versucht Jensen den Nachweis dafür zu erbringen, dass dieser gleichsam gesetzmäßige Ablauf auch die Entwicklung religiösen Denkens und Handelns bestimmt. Allerdings wollte er dieses Schema nicht in einem evolutionistischen Sinn als Gleichsetzung von Onto- und Phylogenese missverstanden wissen. Nichts lag Jensen ferner als die in der Ethnologie des 19. Jh. und auch noch des frühen 20. Jh. weit verbreitete Annahme, dass sich die sog. Primitiven noch in einem kindhaften Stadium der Menschheitsentwicklung befänden oder dass sie weniger folgerichtig denken könnten als die sog. Zivilisierten. Entschieden wendet er sich daher sowohl gegen E. B. → Tylors Animismustheorie als auch gegen Preuß' These von der »Urdummheit« des frühen Menschen.

Ebenso wenig findet aber auch P. W. Schmidts Theorie vom Glauben an ein allmächtiges Höchstes Wesen als ältester Religionsform überhaupt seine Billigung. In all diesen mehr oder weniger spekulativen Hypothesen sah Jensen nichts anderes als eine Projektion moderner *rationaler* Denkformen in archaische und »naturvölkische« Kulturen, die den Weg zu einem wirklichen Verständnis ihrer religiösen Überzeugungen und Handlungen eher versperrte als ihn zugänglich zu machen. Am Beginn einer jeder Religion, so hielt Jensen den intellektualistischen Argumentationen eines Tylor, Preuß oder Schmidt entgegen, habe die gefühlsmäßige Ergriffenheit von einer Idee über das Sosein der Welt gestanden, eine »in unmittelbarer Anschauung gewonnene« und letztlich überwältigende Erkenntnis über das »Wesen der lebendigen Wirklichkeit«. Diese Erfahrung finde ihren Ausdruck in den mythischen Schöpfungen einer jeden Kultur. So werde zum Beispiel in den bei den sog. Knollenpflanzern verbreiteten heiligen Erzählungen von mythischen Urzeitwesen, die einen gewaltsamen Tod erlitten und deren Körperteile sich in die von den Menschen angebauten Nutzpflanzen verwandelten, die Erkenntnis thematisiert, dass der Tod die Voraussetzung für den Fortbestand des Lebens sei. Da die Sprache aber nur eine der vielen Kommunikationsmöglichkeiten des Menschen darstelle, verschaffe sich die im Zustand der Ergriffenheit erlangte Einsicht in die Ordnung der Welt auch auf zahlreichen anderen Ebenen Ausdruck. Eine dieser Ebenen ist laut Jensen der religiöse Kult. Die kultischen Begehungen seien eine dem Spiel im Sinne Johan Huizingas (1872–1945) eng verwandte Darstellung und Dramatisierung jener Urzeitvorgänge, die der Mythos beschreibt. Doch nicht nur der Kult, sondern auch zahlreiche andere rituelle Handlungen und kulturelle Institutionen wie zum Beispiel Reifezeremonien, Fruchtbarkeitsrituale, Kopfjagd, Anbautechniken und soziale Organisationsformen seien von denselben Grundideen geprägt, die sich in den Mythen am sinnfälligsten Ausdruck verschafften. In den Mythen, die

Antworten auf die Frage nach dem Ursprung der Dinge und des Menschen gäben, spiegle sich daher das ganzheitliche Weltbild der geschlossenen frühen Kulturen wider.

In späteren Phasen der Kulturentwicklung lässt sich nach Jensen dann jedoch ein Verfalls- und Erstarrungsprozess beobachten. Der ursprüngliche Sinn der religiösen Überlieferungen und Handlungen gerate in Vergessenheit. Die »echten Mythen« verwandelten sich in »ätiologische Mythen«. Im Stadium der »Anwendung« büßten sie ihre ursprüngliche religiöse Dimension ein. Sie würden zu rationalen Zweckbegründungen und mehr oder weniger banalen Erklärungen, deren Abwegigkeit auf der Hand läge. Auch die Kulte unterliegen seiner Auffassung nach einem ähnlichen Degenerationsprozess. Das Wissen darum, dass es sich bei ihnen eigentlich um Darstellungen von Urzeitvorgängen handelte, gehe verloren. Sie verwandelten sich in sinnentleerte Rituale, und die Abwehr von Unheil wie die Erwartung des Heils würden an den Ablauf der Handlungen selbst geknüpft.

Jensens Religionstheorie steht ganz in der Tradition des deutschen romantischen Denkens. Schleiermachers These, dass Religion in erster Linie »Anschauung und Gefühl« sei, wird hier auf die Glaubensüberzeugungen und religiösen Handlungen der sog. Naturvölker übertragen, die Jensen trotz seiner Kritik an den Rekonstruktionen des Evolutionismus tendenziell mit archaischen Kulturen gleichsetzte. In einer bemerkenswerten Umkehrung der evolutionistischen Position kann der Ansatz Jensens, des »Metaphysikers und Mystikers unter den Ethnologen« (Fuchs), dennoch als ein Versuch der »Rehabilitation des Primitiven« (Streck) angesehen werden. Jensen feiert die Größe der Anfänge, für die bei ihm, trotz mancher seiner Ansicht nach bereits »erstarrten Formen«, die Mythen und Kulte der sog. Naturvölker einstehen. Indem er sich ganz auf die Fragen der Erfassung von Weltbildern konzentriert, eröffnet er gerade durch seinen »lebensphilosophischen Irrationalismus« (Fuchs) einen Zugang zum Verständnis nicht-westlicher

Denkformen, der dem des britischen Strukturfunktionalismus diametral entgegengesetzt war. Dies geschah freilich zu einer Zeit, als die romantische Geisteshaltung, in deren Tradition sich die Kulturmorphologie von Frobenius und Jensen ansiedelt, durch die Ereignisse zwischen 1933 und 1945 gründlich in Misskredit geraten war. Vor allem im Ausland trat man Jensens Werk mit erheblichen Reserven entgegen. Als die in Chicago erschienene englische Übersetzung der Abhandlung 1965 zum Gegenstand einer internationalen Debatte in der Fachzeitschrift *Current Anthropology* gemacht wurde, waren die Urteile der 18 Fachvertreter, die zu dem Buch Stellung nahmen, zum Teil vernichtend. Mochte sich Jensen von der Veröffentlichung von *Mythos und Kult bei Naturvölkern* eine Neubelebung des kulturmorphologischen Ansatzes in der Ethnologie versprochen haben, so erwies sich das Buch faktisch doch als das Grabmonument dieser einst in Deutschland sehr einflussreichen ethnologischen Schulrichtung. Die Kulturmorphologie schien nicht mehr in eine Wissenschaftslandschaft zu passen, in der szientistische Ansätze unterschiedlichster Couleur ihren Siegeszug anzutreten begonnen hatten.

Eine Neubewertung des Werks sollte sich erst gut dreißig Jahre später anbahnen. Bei aller Distanz gegenüber den irrationalen Grundtönen des Buches ist die Wiederentdeckung Jensens und seiner Religionstheorie von der Einsicht getragen, dass die Kategorien der Zweckrationalität und Funktion allein nicht ausreichen, um die Glaubensvorstellungen und religiösen Handlungen anderer Kulturen wirklich zu verstehen. Es sind gerade diese eher dunklen Grenzbereiche, in denen die Ethnologie dringend eines »guide noir« (Streck) bedarf.

KARL-HEINZ KOHL

Ausg.: NA Wiesbaden ²1960, ND München 1992 (Vw. E. HABERLAND).

Lit.: W. E. MÜHLMANN, Homo creator (Wiesbaden 1962). – [Rez. v.] A. E. Jensen, *Myth and Cult Among Primitive Peoples*, in: Current Anthropology 6/2 (1965), S. 199–215. – F. KRAMER, Die Aktualität des Exotischen. Der Fall der Kulturmorphologie von Frobenius und Jensen, in: R. FABER/R. SCHLESIER (Hg.), Die Restauration der Götter, Würzburg 1986, S. 258–70. – B. STRECK, Fröhliche Wissenschaft Ethnologie. Eine Führung, Wuppertal 1997. – H. FUCHS, Die Religions- und Kulturtheorie Ad. E. Jensens [...], Aachen 1999.

Abram Kardiner

(* 17.8.1891 New York; † 20.7.1981, Easton)

The Individual and His Society. The Psychodynamics of Primitive Social Organization (engl.; *Das Individuum und seine Gesellschaft. Die Psychodynamik der primitiven Sozialorganisation*), EA New York 1939.

Der Beitrag des Neo-Freudianers Abram Kardiner zur »Kultur-und-Persönlichkeit«-Diskussion steht als frühes interdisziplinäres Werk am Schnittpunkt der Disziplinen Ethnologie und Soziologie einerseits und Psychologie andererseits. Die Wirkung gesellschaftlicher Institutionen auf die Persönlichkeitsbildung des Individuums, vor allem im frühkindlichen Stadium, und die Suche nach kulturspezifischen Persönlichkeitszügen der Mitglieder einer Gesellschaft, den »basic personality structures« (Grundpersönlichkeitsstrukturen), stellen den Schwerpunkt dieser Arbeit (und von *The Psychological Frontiers of Society*, 1945) dar. Dieser resultierte nicht zuletzt aus der durch österreichische und deutsche Immigranten wie Wilhelm Reich (1897–1957), Erich Fromm (1900–80) und Karen Horney (1885–1952) unter dem Eindruck des Faschismus hervorgerufenen Frage nach kulturell bedingten gemeinsamen Persönlichkeitszügen von Mitgliedern einer spezifischen Gesellschaft.

Das Buch entstand aus einer Reihe von Seminaren, die der Psychiater Kardiner ab 1933 am New York Psychoanalytic Institute und später an der Columbia University zusammen mit Ethnologen wie R. → Benedict, C. → Du Bois und vor allem R. → Linton hielt. Kardiner ist daher auch nicht der alleinige Autor des Buches: Lintons Feldaufzeichnungen von den Marquesas 1920–21 (60 Seiten) und den Betsileo und Tanala auf Madagaskar 1927 (40 Seiten) liefern das Material, an Hand dessen Kardiner seinen Ansatz auf insgesamt rund 500 Seiten darlegt. Kardiner entwickelt eine Beweisführung, mit der er sich im Rahmen der von F. → Boas herrührenden Infragestellung biologisch bedingter menschlicher Grundformung eindeutig auf die Seite derer stellt, die von einer Prägung des Menschen durch seine Umwelt ausgehen.

Der Mensch kommt nicht »vorgefertigt« zur Welt, sondern ist durch seine grundsätzliche »Plastizität« in der Lage, in unterschiedlichen Umwelten zu überleben und in diesen seine biologischen Grundbedürfnisse zu befriedigen. Da die Bedingungen zur Befriedigung dieser Bedürfnisse in unterschiedlichen Umwelten jeweils verschieden sind, entwickeln sich unterschiedliche Lösungsmöglichkeiten, unterschiedliche Kulturen mit unterschiedlichen Institutionen. Unter Letzteren versteht er »any fixed mode of thought or behavior held by a group of individuals (i.e., a society)«; sie sind allgemein akzeptiert, können weitergegeben werden, und ihre Veränderung kann Irritationen im Individuum und in der Gruppe auslösen. Unter Kultur versteht er die Summe der Institutionen einer Gesellschaft.

Als ausgebildeter Psychiater geht er, Sigmund Freud (1856–1939) folgend, zunächst davon aus, dass nicht alle menschlichen Bedürfnisse frei befriedigt werden können und/oder dürfen. Frühkindliche Erziehung lenkt über Belohnung und Bestrafung (gesellschaftlich institutionalisiert) die spontane Verwirklichung natürlicher Bedürfnisse in geregelte Bahnen und bewirkt dadurch Ängste und Frustrationen, die sich in der Persönlichkeitsentwicklung niederschlagen.

»Primäre Institutionen«, zu denen er etwa die Art der sozialen Organisation (einschließlich der Kindererziehung), die erlaubten Möglichkeiten der sexuellen Befriedigung, die Art des Hygienetrainings, dazu eingesetzte Disziplinierungsmaßnahmen und die Art der Nahrungsbeschaffung und -aufnahme zählt (Kap. 7, 10), werden dem Kleinkind, in der Regel von den Eltern, in Form gewünschter Handlungsmuster beigebracht. Diese werden dann (und hier greift er Freuds Gedanken aus *Die Zukunft einer Illusion* von 1927 auf) auf andere ähnlich gelagerte Situationen »projiziert« und können, gesellschaftlich gesehen, zur Bildung von »sekundären Institutionen« führen (Kap. 4). Zu diesen zählt er etwa Religion, Hierarchienbildung, Rituale, Mythen und Märchen sowie Denkmuster (Kap. 10). Primäre Institutionen prägen die Persönlichkeit am stärksten, produzieren gesellschaftsspezifische Grundpersönlichkeitsstrukturen, die wiederum in sekundären Institutionen ihre Wirkung und spezifischen Ausformungen entfalten. (Sekundäre) Institutionen bestätigen und bestimmen die Erziehung weiterer Generationen und etablieren sich auf diese Weise in einem sich selbst bestätigenden Kreislauf – nicht Persönlichkeitsstrukturen sind somit vererbt, sondern Institutionen, die zur Bildung der individuellen Persönlichkeit beitragen; ähnlich einer Matrix bilden sie ein Gerüst, innerhalb dessen sich der persönliche Charakter des Individuums entwickeln kann (Kap. 3). Eine Gesellschaft besitzt nach Kardiners Ansicht keine »eigene Persönlichkeit« (wie dionysisch oder apollinisch), doch erfahren die individuellen Persönlichkeiten ihrer Angehörigen eine kulturspezifische Prägung, die insgesamt zu ähnlichen »Grundpersönlichkeitsstrukturen« führt.

Gesellschaften, so Kardiner in seiner Interpretation der Kultur der Zuni im Südwesten der USA (Kap. 4), in denen sich aufgrund der Erziehungsmethoden (Disziplinierung als primäre Institution) keine Ängste gegen einen übermächtigen Vater aufbauen, zeigen auch in ihrem religiösen Bereich (sekundäre Institution) kein von Angst bestimmtes Verhältnis zum Übernatürlichen, wie es in der christlich-jüdischen Tradition der Fall ist (Kap. 10), sondern bitten die Geister um Hilfe in dem Bereich, der ihnen am meisten Angst einflößt: bei den Zuni, dass Regen fallen möge, um ihre Pflanzen wachsen zu lassen und somit die Ernährung zu sichern.

Zur Illustration kulturspezifischer »Grundpersönlichkeitsstrukturen« bedarf es der Erfassung einer Vielzahl von Individuen, in denen diese entsprechend verankert sind. Dies kann Kardiner hier zunächst nur für die amerikanische Gesellschaft versuchen, für die er Fälle aus seiner Praxis heranzieht, die eine »neurotische Persönlichkeitsstruktur« aufweisen, welche mit ihren Problemen am besten die Wirkung von Institutionen zeigen (Kap. 2). Er diskutiert dazu die Beziehungen zwischen Primärinstitutionen und Ego (von Kardiner hier verstanden als ganzheitliche Persönlichkeitsstruktur des Individuums und nicht als einer von drei Bestandteilen im Freudschen Sinne); insbesondere die der Familienorganisation, die Anerziehung des Sexual- und Hygieneverhaltens, die Verbindung von Subsistenztätigkeit mit Status (eine hohe ökonomische Position verleiht Ansehen) sowie Formen der Aggressionskanalisierung.

Für andere Gesellschaften leitet er diese aus den ethnographischen Beschreibungen ab, die ihm zur Verfügung stehen. Dabei geht es vornehmlich um die Sicherheit, die das Individuum (zum Überleben in der Gesellschaft) und die jeweilige Gesellschaft (Existenzsicherung) aus den Institutionen, die auf sie einwirken, erfahren. Er vergleicht dazu in einem ersten Kapitel Trobriander, Zuni, Kwakiutl, Tschuktschen und Eskimos (Kap. 3, 4), um den Vergleich anschließend auf die Marquesaner (Kap. 5, 6) und Tanala und Betsileo auszudehnen (Kap. 7, 8). Bei letzteren geht es um den dynamischen Aspekt des Kulturwandels, den er im Auftauchen von Nassreisanbau (Primärinstitution) und dem damit einhergehenden Wandel in den Sekundärinstitutionen (Kooperation, Hierarchiebildung) beschreibt.

Das letzte Drittel des Buches ist einer Auseinandersetzung mit Freuds Theorien gewidmet, wobei er z.B. dessen Übertragung der individuellen Persönlichkeitsentwicklung über mehrere Stadien auf die Entwicklung menschlicher

Gesellschaften (z.B. in *Totem und Tabu* [1913]) ablehnt. Außerdem hinterfragt Kardiner die Annahme eines universellen Ödipuskomplexes und zeigt am Beispiel der Marquesaner, dass dieser, aufgrund eines dort anzutreffenden anderen Verhältnisses zur sexuellen Aktivität Jugendlicher, nicht in allen Gesellschaften anzutreffen ist.

Eines der Hauptverdienste Kardiners ist die Weiterentwicklung von Freuds eurozentrischen Theorien zur Erklärung kultureller Phänomene (wie z.B. unterschiedlicher religiöser Systeme) aus der frühkindlichen Sozialisation, wodurch er der »Kultur-und-Persönlichkeit«-Diskussion einen entscheidenden Impuls gab. So ließen sich mit diesem Ansatz z.B. religiöse Erscheinungsformen direkt auf die frühkindliche Prägung des Individuums zurückführen. C. → Du Bois wandte bei ihrer Feldforschung auf der indonesischen Insel Alor (1937–39) Kardiners Methodik an und veröffentlichte 1944 ihre Ergebnisse zusammen mit der Auswertung eines Teils ihrer Daten hinsichtlich einer »Grundpersönlichkeitsstruktur« durch andere Wissenschaftler in *The People of Alor*.

Allerdings wurde Kardiners Leistung bei der Zusammenführung zweier Disziplinen nur wenig honoriert, da er von jeweils »orthodoxen« Vertretern beider Fächer wegen seiner Vorgehensweise angegriffen oder nicht beachtet wurde. Seine institutsinterne Konkurrenz an der Columbia University zu weit prominenteren Vertretern, wie M. → Mead, die seine Leistung und seinen Einfluss auf die Ethnologie später weitestgehend ignorierte (was er persönlich als eine Kränkung ansah), ließen ihn sozusagen zwischen den Stühlen der Disziplinen verschwinden (Manson 1988).

Kritik entzündete sich an der Annahme, dass Kultur »in der Person« und nicht »in der Gesellschaft« ihren Sitz hat (Bidney 1953), vor allem aber daran, dass die primären Institutionen als gegeben hingenommen wurden und sich nach Kardiners Ansicht, der sich dieses Schwachpunkts durchaus bewusst war, nur »historisch« herleiten ließen (10).

Harris (*1927) sah in dem von ihm vertretenen »Kulturmaterialismus« eine Möglichkeit, die primären Institutionen von den gegebenen Umweltbedingungen herzuleiten, auf die Kardiner bereits 1945 als Teilaspekt einer solchen Genese eingegangen war. In dieser Hinsicht entwickelten Whiting und Child (1953) den Ansatz von Kardiner weiter, indem sie die primären Institutionen in Erhaltungssysteme (»maintenance systems«) und Erziehungspraktiken (»child rearing practices«) unterschieden, den entscheidenden Einfluss der Ersteren auf die letzteren annahmen und mit Material aus den von G. P. → Murdock begründeten »Human Relations Area Files« kulturübergreifend belegten. Trotz aller Kritik und (vermeintlich) geringer Beachtung von Kardiners Werk (Manson 1988) steht *The Individual and His Society* als Ergebnis eines konsequent interdisziplinär arbeitenden Projektes als früher Meilenstein einer umfangreichen Literatur psychoanalytisch ausgerichteter Werke der Ethnologie.

CHRISTIAN CARSTENSEN

Ausg.: Westport [2]1974
Lit.: A. KARDINER/R. LINTON/C. DU BOIS/J. WEST, The Psychological Frontiers of Society, New York 1945, [2]1981. – D. BIDNEY, Theoretical Anthropology, New York 1953. – J. W. M. WHITING/I. L. CHILD, Child Training and Personality, New Haven 1953. – M. HARRIS, The Rise of Anthropological Theory, New York 1968. – W. C. MANSON, The Psychodynamics of Culture. Abram Kardiner and Neo-Freudian Anthropology, New York 1988.

Jomo Kenyatta

(* zw. 1890 u. 1898 Ng'enda; † 22.8.1978 Nairobi)

Facing Mount Kenya. The Tribal Life of the Gikuyu (engl.; *Im Angesicht des Keniaberges. Das Stammesleben der Kikuyu*), EA London 1938.

Facing Mount Kenya ist eine Monographie über die in Zentralkenia lebenden Kikuyu. Der Autor, Jomo Kenyatta, wurde später erster Präsident seines Landes. Das Buch ist bemerkenswert als die erste Ethnographie einer vorindustriellen Gesellschaft, die von einem ihrer Angehörigen geschrieben worden ist, der zudem Ethnologie studiert hatte und ein entsprechendes Abschlussdiplom vorweisen konnte. Es ist jedoch nicht nur ein wissenschaftliches Werk, sondern gleichzeitig ein politisches Manifest für die Sache der Kikuyu im kolonialen Kenia. In der Ethnologie funktionalistischer Prägung hatte Kenyatta eine geistige Waffe gegen die Herrschaftsideologien der Kolonialzeit gefunden. Das Buch könnte außerdem wichtig für das Image der Ethnologie in Afrika werden.

Facing Mount Kenya entstand aus mehreren Vorträgen, die Kenyatta zwischen 1935 und 1937 im Rahmen seines Studiums der Sozioanthropologie (»Social Anthropology«) bei B. → Malinowski in London hielt. Malinowski, der Kenyatta sehr schätzte und ihm zu einem Stipendium und einer Stelle verholfen hatte, betreute ihn bei der Zusammenstellung der Vorträge zu einem Buch und verfasste ein Vorwort.

Facing Mount Kenya unterscheidet sich von herkömmlichen Monographien durch drei methodologische Besonderheiten: (1) Der Autor war sein eigener und einziger Informant. Malinowski erließ ihm die sonst obligatorische einjährige Feldforschung, wohl weil er seine ersten Lebensjahrzehnte als angemessenes Äquivalent betrachtete. (2) Kenyatta beschreibt seine eigene Ethnie. Malinowski verteidigt dies in seinem Vorwort durch Beispiele aus anderen wissenschaftlichen Disziplinen. Ein Vorteil ist dabei die bei Kenyatta vorhandene hohe kulturelle Kompetenz. Von den bekannten Nachteilen macht sich vor allem die starke Positivdarstellung bemerkbar. (3) Diese ist gleichzeitig eine Folge der dritten Besonderheit, nämlich seines politisch interessierten Standpunktes: Kenyattas gesamtes Leben war von Jugend an der Sache der Kikuyu gewidmet, die im kolonialen System nur sehr bedingt Mündigkeit genossen und deren Landbesitz zu großen Teilen enteignet worden war. Eine neutrale, »ausgewogene« Darstellung wäre bei seiner Person unglaubwürdig gewesen. Konsequenterweise versucht er das auch gar nicht, sondern legt seinen Standpunkt offen dar.

Malinowskis Funktionalismus beschreibt eine Kultur als selbständiges, integriertes Ganzes, von dem, wie Kenyatta betont, kein Teil isoliert betrachtet werden dürfe (Kap. 13). Durch die Beschreibung einer Kultur als etwas sinnvoll Organisiertes und in sich Logisches bot der Funktionalismus Alternativen zu evolutionistischen Beurteilungsmaßstäben: Kategorien wie »zivilisiert vs. barbarisch«, die den Kolonialismus legitimierten, konnten durch solche wie Funktionalität und Angepasstheit ersetzt werden.

Facing Mount Kenya beschreibt die Gesellschaft und Kultur der Kikuyu, wie wir das von klassischen Monographien her gewohnt sind. Das Buch gliedert sich in Kapitel über Ursprungslegenden und Verwandtschaft, Landbesitz, Wirtschaft, Technologie, Erziehung, Initiation, Sexualität, Ehe, politische Organisation, Religion und Magie. Kenyatta hat jedoch in jedes Kapitel die kolonialen Veränderungen der beschriebenen Einrichtungen eingearbeitet. Man braucht kein Funktionalist zu sein, um Landenteignung oder Entmündigung negativ zu bewerten, aber die Darstellungsweise unterstützt diese Bewertung sozusagen von selbst: Veränderungen erscheinen regelmäßig als Systemstörungen. Besonders intensiv widmet sich Kenyatta solchen Störungen in den Kapiteln über Initiation und Landbesitz. Zur Initiation gehört bei den Kikuyu die Frauenbeschneidung, um die es seit den zwanziger Jahren eine heftige Kontroverse zwischen Kikuyu und Missionaren gegeben hatte. Neben einer Beschreibung der Zeremonien und der Bedeutung der Initiation für die Kikuyu liefert Kenyatta auch eine Widerlegung des Standpunktes der Missionen und verteidigt die Beschneidung. Im Kapitel über den Landbesitz beschreibt er die verschiedenen Formen von Besitz, Pacht und Verwaltung. Er wendet sich dabei vor allem gegen die Behauptung der Kolonialregierung, Land sei im kommunalen Besitz gewesen oder es habe im Gebiet der Kikuyu Land ohne Eigentümer gegeben – Argumentationen, mit denen die Enteignung von Land und dessen Vergabe an weiße Siedler gerechtfertigt worden waren.

Dass Kenyatta sich jahrelang in England aufgehalten und westliche Bildung bis zum Universitätsniveau erworben hatte, hätte Zweifel an seiner Loyalität wie auch an seiner Kompetenz, Aussagen über die Kikuyu zu machen, aufkommen lassen können. Um seine Identität als Kikuyu zu betonen, ließ er sich für das Titelbild des Buches im Affenfell und mit einem Speer ablichten. Seit seiner Veröffentlichung verwendete er außerdem anstatt seines englischen Vornamens Johnstone den Kikuyu-Namen Jomo (*njomo*, mit stummem »n« = »das Schwert«).

Facing Mount Kenya fand nach seinem Erscheinen zunächst nur die Aufmerksamkeit der Fachwelt. Die Verkaufszahlen beliefen sich auf wenige Hundert. Das änderte sich 1953 schlagartig: Die Mau-Mau-Unruhen in Kenia, die vor allem von den Kikuyu getragen wurden und in deren Verlauf die britische Kolonialregierung den Notstand ausrief, hatten die Weltöffentlichkeit auf die Kikuyu aufmerksam gemacht. Das Buch wurde zum Bestseller. Besonders bei zwei Gruppen stieß es auf heftige Kritik: Die weißen Siedler in Kenia sahen darin eine Bedrohung, war es doch ein Angriff auf ihre Privilegien. Missionare, die Kenyatta in dem Buch häufig kritisierte, warfen ihm vor, die Vergangenheit zu verklären und gegen jeden Fortschritt eingestellt zu sein. Der Vorwurf der Verklärung ist nicht ganz unberechtigt: Man gewinnt bei der Lektüre von *Facing Mount Kenya* den Eindruck, die Kikuyu seien eine Gesellschaft ohne Missstände gewesen. Hier einige Beispiele von Aussagen, die offensichtlich beschönigend sind: (1) Nach Kenyatta wurden Frauen bei den Kikuyu nicht gegen ihren Willen verheiratet. Es sind aber Fälle bekannt, in denen das geschah. Da nicht zuletzt aufgrund des Brautpreises starke materielle Interessen mit einer Eheschließung verknüpft werden konnten, dürften solche Fälle nicht allzu selten gewesen sein. (2) Was unfruchtbare Frauen angeht (Kap. 8), erwähnt Kenyatta zwar, dass auf einer solchen Frau ein soziales Stigma lastet, fügt aber hinzu, dass sie bei ihrem Mann bleiben und Kinder adoptieren kann, wenn sie sich mit ihm gut versteht. Unangenehmere Folgen wie die, dass sie durchaus auch verstoßen werden und in einem solchen Fall kaum einen neuen Mann finden kann, erwähnt er nicht. (3) Die physische Operation bei der Frauenbeschneidung spielt Kenyatta herunter als einen kurzen Schnitt, den die Frau kaum spürt. Betroffene Frauen vermitteln da ein völlig anderes Bild. Um der Gruppe, die er politisch vertrat, stärkeres Gewicht zu verleihen, zählt Kenyatta einfach einige Nachbarethnien, nämlich die Bewohner der Bezirke Embu und Meru, zu den Kikuyu (Vorwort). Diese Ethnien betrachten sich aber nicht als Kikuyu und werden auch von diesen nicht als ihresgleichen gesehen.

In der 1966 erschienenen Übersetzung des Buches ins Swahili wurde Malinowskis Vorwort, das neben viel Lob auch durchaus einige kritische Töne enthält, durch ein neues von Kenyatta ersetzt. Er klagt darin die Ethnologie an, an dem verzerrten Afrikanerbild, mit dem Europäer die Kolonisierung gerechtfertigt hätten, massiv mitgewirkt zu haben. Darüber, dass sie ihm selbst auch für gegenteilige Interessen dienlich war, verliert er kein Wort. Malinowski wird im Klappentext, bei dem Kenyatta durch Bereitstellung von Informationen mitgewirkt haben dürfte, als Soziologe ausgegeben. Kann man denn nicht Freund und Feind im selben Fach haben? Ethnologie und ethnologische Forschung werden von vielen Afrikanern als kolonialistisches Dominanzverhalten verstanden. Dass wir Kenyatta zu unseren Kollegen zählen können, ist ein Argument gegen eine solche Sichtweise: Der Ethnograph, der in seiner Beschreibung und Analyse den im Fach üblichen Mustern folgt, hat seine politische Karriere gerade im antikolonialen Kampf gemacht und auch sein Buch zu diesem Zweck geschrieben.

In Gesprächen mit jungen Kikuyu über Praktiken der vorkolonialen Lebensweise stößt man heutzutage oft auf Unglauben, den auch die Berufung auf Ethnographien nicht ausräumen kann. Findet sich eine Aussage aber bei Kenyatta, wird einem normalerweise geglaubt. Was in *Facing Mount Kenya* steht, ist sozusagen schon auf seine Interessenverträglichkeit geprüft.

Facing Mount Kenya gehört zu den Klassikern, die der an Ostafrika interessierte Ethnologe kennen sollte. Wer sich umfassender über die Kikuyu informieren möchte, dem sei daneben auch die Ethnographie von Leakey empfohlen.

HAGEN NEUMÜLLER

Ausg.: ND u.d.Tit.: Facing Mount Kenya. The Traditional Life of the Gikuyu, Nairobi 1978. – Übers. ins Swahili: Naushangilia Mlima wa Kenya. Maisha ya Kabila la Gikuyu, Nairobi 1966.
Lit.: J. MURRAY-BROWN, Kenyatta, London 1972, ^{2}1979. – L. S. B. LEAKEY, The Southern Kikuyu Before 1903, 3 Bde., London 1977 (EZ 1939). – D. WEPMAN, Jomo Kenyatta, London 1988.

Ibn Khaldûn

(* 27.5.1332 Tunis; † 17.3.1406 Kairo)

Muqaddima (arab.; *Einleitung*), EZ 1377, EA 1857 Bulaq und 1858 Paris.

Die *Muqaddima* kann nicht einem einzelnen Fach zugeordnet werden. Wahlweise wird sie als Klassiker der Geschichtswissenschaft, der Soziologie, der Philosophie oder der Ethnologie angesehen. Ihr Verfasser Ibn Khaldûn war als

Hofbeamter, Diplomat, Richter und Gelehrter in verschiedenen Hauptstädten Nordafrikas tätig. Von 1375 bis 1378 zog er sich von den Staatsgeschäften zurück, um eine »Weltgeschichte« (*Kitâb al 'Ibar*) zu schreiben. Die *Muqaddima* (»Einleitung«) ist der erste Band eines siebenbändigen Manuskriptes, das vor allem die Geschichte der Araber und Berber behandelt. Der letzte Band enthält auch eine Autobiographie des Autors. Schon zu Lebzeiten des Autors wurde die *Muqaddima* als eigenständiges Werk angesehen. Die ersten arabischen Druckausgaben erschienen 1857 in Ägypten und 1858 in Frankreich, die erste französische Übersetzung 1862–68. Heute dient in der Regel die dreibändige englische Übersetzung von Rosenthal (^{2}1967) als Textgrundlage. Die *Muqaddima* enthält eine Einleitung und sechs Kapitel, die folgende Themen behandeln: Menschliche Kultur im Allgemeinen (I), beduinische Kultur (II), Dynastien und Königsherrschaft (III), städtische Kultur (IV), Berufe (V) und Wissenschaften (VI).

Die gesamte »Weltgeschichte« wurde bisher nur in Auszügen übersetzt. Abgesehen von Historikern, die sich mit Nordafrika beschäftigen, gilt sie im Gegensatz zur vielgerühmten Einleitung (*Muqaddima*) den meisten Interpreten als uninteressant. Neuerdings hat Cheddadi in seiner Einleitung zu einer Auswahl gezeigt, dass sie als Völkergeschichte gerade für Ethnologen aufschlussreich ist. Völker sind für Ibn Khaldûn Bevölkerungseinheiten, die eine – manchmal fiktive – Abstammung besitzen und sich dann im Laufe der Zeit zahlenmäßig und regional ausgedehnt haben. Völker in diesem Sinne sind z.B. Griechen, Römer, Perser und schließlich Araber und Berber, die im Mittelpunkt seines Interesses stehen.

Genealogisch ableitbare Einheiten unterhalb der Ebene der Völker sind Stämme mit weiteren Untergruppen. Dies sind die politisch relevanten Einheiten. Ihren Zusammenhalt beziehen sie aber nicht aus der Genealogie als solcher, sondern aus der alltäglichen Kooperation. Das daraus resultierende Gemeinschaftsgefühl (*'asabiya*) nimmt bei Ibn

Khaldûn einen zentralen Stellenwert ein. Die *'asabiya* bildet die Grundlage für militärische Überlegenheit und Herrschaftsausübung. *'Asabiya* ist auf kleine Gemeinschaften beschränkt. Nur der religiöse Glaube vermag die Divergenzen innerhalb und zwischen Gruppen zu überwinden. Durch die Verbindung von religiösem Glauben und Gemeinschaftsgefühl konnten große Dynastien errichtet werden (z.B. die Berberdynastien der Almoraviden und Almohaden in Nordafrika und Spanien). Die Herausbildung und der Verfall von Staaten und Dynastien sind ein zentrales Thema bei Ibn Khaldûn.

Grundlegend für die in der *Muqaddima* entwickelte Gesellschafts- und Geschichtstheorie ist der Begriff der »Kultur« oder »Zivilisation« (*al-ᶜumrân*). Ibn Khaldûn sieht sich selbst als Begründer einer neuen »Wissenschaft von der Kultur«. Er unterscheidet zwei Typen von Kultur, die ländliche oder beduinische und die städtische Kultur. Zu den Beduinen rechnet er sowohl Bauern wie Viehzüchter. Die Beduinen haben im Hinblick auf Essen, Kleidung und Wohnung einfache Bedürfnisse. Vor allem die Kamelnomaden sind auch mit Mangel und Hunger vertraut. Dieser Mangel in der Ernährung wirkt sich positiv aus. Sie haben einen besseren Körperbau, ihr Charakter ist ausgeglichener und ihr Verstand offener für die Wissenschaft. Auch sind sie, wegen der Gewöhnung an Mangel und Hunger, religiöser als diejenigen, die im Überfluss leben. Sie sind es gewöhnt, sich selbst zu verteidigen und nur auf sich selbst zu vertrauen. Solange die Beduinen ihre Lebensweise beibehalten, sind sie mächtiger als die anderen, die im Luxus leben.

Wohlstand und Reichtum führen zwar unweigerlich zur Dekadenz, sie sind aber auch die Voraussetzung für ein blühendes kulturelles, wirtschaftliches und wissenschaftliches Leben. Die städtische Kultur stellt für Ibn Khaldûn den Höhepunkt menschlicher Zivilisation dar. In seinem über 1.400 Seiten umfassenden Werk widmet er den Beduinen nur ein Kapitel mit 60 Seiten, während allein die

Darstellung der Wissenschaften und Literatur über 500 Seiten umfasst.

Die Ambivalenz bei der Beurteilung der beduinischen und städtischen Kultur zieht sich durch das ganze Werk. Ibn Khaldûn beschreibt die Verfeinerung, die für den Luxus kennzeichnend ist, durchaus positiv. Andererseits macht er den Luxus für den Niedergang der städtischen Kultur verantwortlich. Es ist weniger der Luxus als solcher, den er kritisiert, sondern die Abhängigkeit von ihm, in die Menschen geraten können. Sobald er zur Gewohnheit, zur Notwendigkeit wird, zeitigt er fatale Folgen.

Die beduinische und die städtische Zivilisation stehen nicht unverbunden nebeneinander, sondern sind miteinander verknüpft. Die beduinische Lebensweise und ihre einfachen Bedürfnisse bilden den Anfang. Auf sie folgen Komfort und Luxus, die sich nur in der Stadt realisieren lassen. Die beduinische Zivilisation ist allerdings nicht mehr autark, sondern hängt nun von der Stadt ab. Aus diesem Ungleichgewicht ergibt sich, dass die Städter sich nicht nach dem Beduinenleben sehnen, sondern umgekehrt viele Beduinen nach der Stadt. Der Drang der Beduinen zur Stadt bildet die Grundlage der Prozesse, die den Aufstieg und Niedergang von Dynastien bestimmen. Ibn Khaldûn entwickelt hier eine zyklische Geschichtstheorie. Die Beduinen erobern dank ihrer *'asabiya* den auf eine städtische Zivilisation begründeten Staat, der durch die Entwicklung des Luxus nicht mehr Widerstand leisten kann. Schlimmstenfalls wirken die Beduinen nur zerstörerisch. Bestenfalls begründen sie eine neue Dynastie, die aber dann demselben Verfallsprozess unterliegt wie ihre Vorgängerin. Sie gewöhnen sich an den Luxus, und im Lauf von drei Generationen ist ihre Dekadenz so weit fortgeschritten, dass sie dem Ansturm einer neuen Beduinengruppe erliegen.

Ibn Khaldûn erhebt den Anspruch, mit seiner Analyse eine allgemeine Theorie der gesellschaftlichen Entwicklung zu formulieren. Erstaunlich für einen islamischen Gelehrten ist nicht nur der weitgehende Verzicht auf religiöse Erklärungen, sondern auch die Ablehnung der spekulativen Philosophie zugunsten einer empirisch orientierten Kulturwissenschaft. Das lässt ihn im mittelalterlichen (sowohl islamischen wie christlichen) Kontext als einen modernen Wissenschaftler erscheinen.

Wie empirisch ist Ibn Khaldûns Kulturwissenschaft? In großen Teilen seines Werkes stützt er sich auf ältere arabische Reisende und Historiker. Seine unmittelbaren Erfahrungen beziehen sich auf Nordafrika und Andalusien. Als hochrangiger Hofbeamter und Diplomat im Dienste mehrerer nordafrikanischer Herrscher besaß er eine intime Kenntnis des Herrschaftssystems. Als Bewohner verschiedener Großstädte kannte er das städtische Leben aus eigener Anschauung. Unklar bleibt, wie vertraut er mit dem Gegenpol, der beduinischen Kultur, war. Aus seiner Autobiographie geht hervor, dass er als Diplomat öfters Kontakt mit Beduinenstämmen aufnahm und sie als politische Gegner und Verbündete kennenlernte. Als er die *Muqaddima* verfasste, lebte er mehrere Jahre lang unter dem Schutz eines Beduinenstammes, allerdings nicht im Zelt, sondern auf einer Burg.

Ibn Khaldûns Stellung als früher Klassiker ist nahezu unbestritten. Eine Ausnahme bildet Aziz Al-Azmeh, der sowohl Ibn Khaldûns *Muqaddima* (Al-Azmeh 1982) wie die Forschung über ihn (Al-Azmeh 1981) einer scharfen Kritik unterzieht. Lohnt sich heute noch die Auseinandersetzung mit Ibn Khaldûn oder ist er – so die Interpretation von Al-Azmeh – nur als Kind seiner Zeit zu sehen? Für die Erforschung der Geschichte und Ethnographie der Berber bleibt er eine unverzichtbare Quelle. Aber auch darüber hinaus verdient er eine intensive Lektüre. Seine Konzeption von Völkergeschichte besitzt Ähnlichkeiten mit Herders *Ideen zu einer Philosophie der Geschichte der Menschheit* (1784–91), wobei bei ihm Dynastien eine viel zentralere Rolle spielen. Seine Ausführungen über die einigende Kraft der *'asabiya* und des Glaubens legen einen Vergleich mit den Überlegungen Max Webers (1864–1920) zum Legitimitätsglauben nahe. Auch die Beschäftigung mit seiner Theorie der Bedürfnisentwicklung könnte sich als ertragreich erweisen. Zentral ist aber vor allem seine Analyse der Interaktion zwischen beduinisch/ländlicher und städtischer Kultur. Ethnologen konzipierten diese beiden Typen entweder als voneinander unabhängig (autonome Stammeskulturen versus Staaten) oder als politische und kulturelle Unterordnung der Bauern (»peasant society«). Ibn Khaldûn zeigt hier weitere Varianten von Interaktionen: die Distanzierung der Beduinengesellschaft von der Stadt und die Beherrschung von Stadt und Staat durch die Beduinen.

Die oft konstatierten Widersprüche im Werk Ibn Khaldûns sind eher als Vorteil zu sehen. Er wechselt häufig die Perspektive und betrachtet die beduinische Kultur manchmal aus deren eigener, manchmal aus städtischer Sicht. Die Unabhängigkeit der Stämme beschreibt er einmal als Freiheit, ein andermal als Ungehorsam. Diese Ambivalenzen ergeben insgesamt ein sehr differenziertes Bild, das sich von der Einseitigkeit vieler anderer Autoren, die Nomaden entweder romantisch verklären oder als Barbaren verdammen, abhebt.

Die ethnologische Auseinandersetzung mit Ibn Khaldûns Werk lohnt sich, aber sie ist bisher ein Desiderat. Zwar wird er häufig ritualisiert als Klassiker genannt. Aber mit Ausnahme Ernest Gellners (1926–95) lässt sich kein westlicher Ethnologe nennen, der sein Werk wirklich gründlich gelesen und sich mit ihm auseinandergesetzt hätte.

GERD SPITTLER

Ausg.: The Muqaddimah. Übers. und hg. von F. ROSENTHAL, 3 Bde., Princeton 1958, ^{2}1967. – Le Voyage d'Occident et d'Orient (Autobiographie). Übers. und hg. v. A. CHEDDADI, Paris 1980. – Peuples et nations du monde (Ausz. a. d. *Kitâb al Ibar*). Übers. und hg. v. A. CHEDDADI, 2 Bde., Paris 1986. – Buch der Beispiele: die Einführung al-Muqaddima. Übers. und Ausw. M. PÄTZOLD, Leipzig 1992.

Lit.: A. AL-AZMEH, Ibn Khaldûn in Modern Scholarship. A Study in Orientalism, London 1981. – DERS., Ibn Khaldûn. An Essay in

Reinterpretation, London 1982.– E. GELLNER, Muslim Society, Cambridge 1981. – M. TALBI, Ibn Khaldun, in: Encyclopedia of Islam, Bd.2, Leiden 1986, S. 825–31.

Gustav Friedrich Klemm

(* 12.11.1802 Chemnitz; † 26.8.1867 Dresden)

Allgemeine Cultur-Geschichte der Menschheit, 10 Bde., EA Leipzig 1843–52.

Mit seinem Hauptwerk *Allgemeine Cultur-Geschichte der Menschheit* griff der Dresdner Hofrat und universitätsfremde Dr. Gustav Friedrich Klemm das Konzept der Universalgeschichte des 18. Jh. wieder auf. Das Werk entstand in der ersten Hälfte des 19. Jh. noch vor der Institutionalisierung der Ethnologie an den Universitäten.

Nach einem vorwiegend historischen und philosophischen Studium in Leipzig und einer bibliothekswissenschaftlichen Promotion wurde Klemm königlich-preußischer Bibliothekar und später Direktor der königlichen Porzellan- und Gefäßsammlung in Dresden. Nachdem er sich in zahlreichen Veröffentlichungen zunächst poetischer, literarischer und germanisch-vorgeschichtlicher Thematik widmete, markiert die *Cultur-Geschichte* den Übergang zu kulturgeschichtlichen Interessen. Klemm verband hier seine theoretischen Kenntnisse mit praktischen Aktivitäten: Er legte sich privat eine umfangreiche kulturgeschichtliche Sammlung an, aus der später das Museum für Völkerkunde zu Leipzig hervorging. Diese Sammlung enthielt neben Objekten aus der Natur auch Kuriositäten und wertvolle Ethnographika. Die geplante Struktur der Sammlung ist in der Beilage des ersten Bandes der *Cultur-Geschichte* (1843) dargestellt. Mit ihr forderte Klemm als einer der ersten in seiner Zeit eine systematische Sammlungsbearbeitung. Klemms dienstliche Aufgaben in Dresden ermöglichten ihm einen erweiterten Zugang zu musealen Gegenständen und literarischen Werken, die neben seinen eigenen Beständen die Grundlage der *Cultur-Geschichte* bildeten.

Klemm sprach sich gegen »Spezialgeschichten« aus. Er wollte nicht nur einen Ausschnitt aus der Geschichte der Menschheit betrachten, sondern die Aufeinanderfolge der gesamten Erscheinungen der menschlichen Entwicklung. Vorbilder für seine Konzeption fand Klemm z.B. bei → Herodot und Diodor dem Sizilianer (1. Jh. v. Chr.) bzw. Voltaire (1694–1778) und Kant (1724–1804). Dieser universalistische Anspruch an eine Kulturgeschichte lehnte sich ferner an den von Johann Gottfried Herder (1744–1803) an.

Klemms Ausführungen in der *Cultur-Geschichte* sind nicht aus eigenen außereuropäischen Forschungsreisen hervorgegangen. Seine Quellen bildeten überwiegend die Veröffentlichungen von Missionaren oder Reisenden, wie Georg Forster (1754–94) und Maximilian Prinz zu Wied (1782–1867), oder Klassikern wie Herodots *Historien*. Sagen, Felsinschriften, bildliche Darstellungen und sonstige »Denkmale« der Kultur erkannte Klemm bereits als Quellen für seine Kulturgeschichtsschreibung an.

Von besonderer Bedeutung sind der erste und der vierte Band des zehnbändigen Werks. In Band eins beschreibt Klemm seine Vorstellungen von der Erde, den Urzuständen und der Entwicklungsgeschichte der Menschheit. Eine seiner Grundthesen ist die Einteilung der Menschheit in zwei zusammengehörige Hälften, eine aktive und eine passive. Diese zwei »Rassen«, auch als männlich und weiblich bezeichnet, unterscheiden sich nach Klemm durch körperliche und geistige von der Vorsehung in sie gelegte Anlagen. Die »Verbreitung der activen Menschenrasse über den Erdball« stellt der Autor im vierten Band dar. In der ästhetischen Beurteilung der verschiedenen Völker wird Klemms vom klassischen Altertum geprägtes Humanitätsideal deutlich. Dennoch kritisierte er an früheren Rasseneinteilungen, z.B. jener von Johann Friedrich Blumenbach (1752–1840), dass diese zu viel Wert auf Äußerlich- bzw. Körperlichkeiten legten.

In der *Cultur-Geschichte* arbeitete Klemm eine »muthmasliche Aufeinanderfolge« der verschiedenen Völker aus, wobei er den Anspruch hatte, die Entwicklung der Menschheit analog zu der eines Lebewesens objektiv zu beschreiben (Bd. 1). Klemm unterschied – in Anlehnung an die klassische Dreistufeneinteilung – drei Grundzustände in der Entwicklungsgeschichte: den Zustand der Wildheit, den der Zahmheit und den der freien Nationen. Kriterien zur Einteilung in diese Entwicklungsstufen waren unter anderem die Art des Nahrungserwerbs, die Wirtschaftsweise und das Besitztum. Die natürliche Umgebung diene als Vorbild für die Tätigkeiten der Menschen, so für Hausbau und Werkzeuge. In der *Cultur-Geschichte* werden Aspekte des Lebens wie Nahrungserwerb, Zusammenleben, Kriege oder religiöse Vorstellungen dargestellt. Begriffe wie Nation und Volk definiert Klemm nicht klar und gebraucht sie meist im Sinne von »Bewohner von«. Die »Wilden« in Amerika, Australien und Südafrika werden zunächst behandelt (Bd. 1), darauf folgen die »Jäger- und Fischervölker« in Nordamerika und Grönland (Bd. 2) und die »Hirtenvölker« (Bd. 3). Danach schildert Klemm die Urzustände der »aktiven« Menschheit (Bd. 4), altmexikanische und altägyptische Kulturen (Bd. 5), China, Japan (Bd. 6), »das Morgenland« (Bd. 7), das alte vorchristliche Europa (Bd. 8) und schließlich das christliche Europa (Bde. 9–10). Eine populäre Zusammenfassung der ersten sechs Bände der *Cultur-Geschichte* hat Klemm in *Freundschaftliche Briefe* (1847, ^{2}1850) veröffentlicht.

Der Mensch als der eigentliche Gegenstand der Geschichte steht bei Klemm im Vordergrund, so dass er Völkerkunde synonym mit Geschichte gebraucht (Bd. 1). Historiker seiner Zeit sahen die Ethnologie dagegen als ahistorisch und von der Geschichte getrennt an. Klemm bezog außereuropäische Völker in seine *Cultur-Geschichte* mit ein, weswegen sein Werk von Geschichtswissenschaftlern (z.B. J. G. Droysen [1808–84]), die nur Kulturvölker von der Kulturgeschichte behandelt sehen wollten, als dilettantisch verurteilt wurde.

Eng mit der *Cultur-Geschiche* ist die *Allgemeine Culturwissenschaft* (1854–55, 2 Bde.) verbunden, die eine Darstellung der fortschreitenden Ausprägungen der Kultur beinhaltet, die Klemm als das Resultat der Wechselwirkungen zwischen Mensch und Natur bezeichnet. Er zählt damit zu den ersten Autoren, die einen umfassenden Kulturbegriff benutzten. Implizit in seinem Werk beinhaltet Kultur als objektive Leistung der Menschheit in ihrer Entwicklung sowohl geistige als auch materielle Errungenschaften. Dennoch knüpfte er mit seinem Kulturverständnis an den Herderschen Gebrauch des Begriffs im Sinne einer fortschreitenden Kultivierung an. Klemm beeinflusste E. B. → Tylor, der den Begriff »Kultur« 1871 in *Primitive Culture* präzise definierte.

Klemms *Cultur-Geschichte* und die *Allgemeine Culturwissenschaft* waren vielen Zeitgenossen wie A. Bastian oder A. H. L. F. Pitt Rivers (1827–1900) geläufig. Tylor (1867) würdigte die *Cultur-Geschichte* als »unschätzbare Sammlung von Thatsachen« und nutzte Klemms Werke als ethnographische Quelle. Karl Marx (1818–83) sah seine Theorie über Arbeitsprozesse in der *Allgemeinen Culturwissenschaft* bestätigt. Bereits zu Lebzeiten müssen die Schriften des Privatgelehrten Klemm bekannt gewesen sein, wurden aber im universitären Milieu nicht anerkannt. T. → Waitz lehnte z.B. Klemms Rasseneinteilung und Schematisierungen ab. Auch nach Klemms Tod kam es zu widersprüchlichen Einschätzungen: So wurde er als bedeutender Kulturhistoriker bezeichnet, als Pionier der Ethnologie, zugleich aber als intellektuell beschränkt, naiv und unkritisch. Wenngleich die *Cultur-Geschichte* Handbuch und Standardwerk gewesen sein soll, wird Klemm auch als von fast niemandem beachtete Alternative zum wissenschaftlichen Diskurs seiner Zeit eingestuft (vgl. Ryding 1975, Rödiger 1996).

Im Zuge des wachsenden Interesses an Rassenforschung seit Anfang des 20. Jh. wurde Klemms Rasseneinteilung gewürdigt und »Die Verbreitung der activen Menschenrasse über den Erdball« 1906 neu aufgelegt. Ludwig Woltmann (1871–1907) bezeichnete ihn als den eigentlichen Begründer der Rassentheorie und aufgrund ähnlicher Ideen als Vorläufer von Arthur Gobineau (1816–82), der die *Cultur-Geschichte* gekannt haben muss. Allerdings lehnte Woltmann Klemms Konzept der »Völkerehe« und seine Idee, dass ein Teil der Menschheit wie ein Geschlecht das andere brauche, ab.

In der Tradition von Aufklärung und Romantik vertrat Klemm in der *Cultur-Geschichte* Ideen, die man später als evolutionistisch bezeichnete. Auf dem Gebiet der Altertumskunde, wie auch bezüglich seiner Sammlung, der frühen Sammlungssystematik und seinem umfassenden Begriff der Kultur wird Klemm bis heute zitiert. Eine eingehende Beschäftigung mit den in der *Cultur-Geschichte* behandelten Theorien Klemms erfolgte jedoch nicht.

IRIS RÖDIGER

Lit.: J. N. RYDING, Alternatives in Nineteenth-Century German Ethnology, in: Sociologus 25 (1975), S. 1–28. – I. RÖDIGER, Ethnographische Sammeltätigkeit und Theorie im 19. Jh. Der Kulturgeschichtler Dr. Gustav Klemm, Frankfurt 1996 (unveröff. Magisterarbeit).

Peter Kolb

(* 10.10.1675 Dörflas; † 31.12.1725 Neustadt a.d. Aisch)

Caput Bonae Spei Hodiernum. Das ist, vollständige Beschreibung des Afrikanischen Vorgebürges der Guten Hofnung, EA Nürnberg 1719.

Dieses häufig unter den Titeln *Beschreibung des Vorgebuerges der Guten Hoffnung* (1745) oder *Reise an das Vorgebirge der Guten Hoffnung* angeführte Werk enthält eine umfassende Beschreibung der niederländischen Kolonie im Südwesten Afrikas, wie sie der Verfasser nach dem Abschluss seines

Studiums an der Universität Halle von 1704 bis 1713 selbst erlebt und bereist hat. Es umfasst 846 Folioseiten, weist 25 ganzseitige Kupferstiche auf, besteht aus drei Teilen und enthält eine ausführliche Inhaltsübersicht über die 64 Briefe am Anfang und ein erschöpfendes Register am Ende. Es ist in der Form von Briefen an den Gönner Kolbs, den damaligen Markgrafen von Bayreuth, verfasst.

Im ersten Teil wird die langwierige Seereise ans Kap sowie Lage und Beschaffenheit der Kolonie einschließlich der Flora und Fauna sowie der Böden und Bodenschätze beschrieben. Der zweite Teil, in dem die »Sitten und Gebräuche« der »Hottentotten« (heutige Bezeichnung: Khoikhoi) beschrieben werden, stellt den für die Ethnologie bedeutsamsten Abschnitt dar. Im dritten Teil fügt der Verfasser weitere Nachrichten über die Geschichte und die damals aktuellen Ereignisse in der Kapkolonie hinzu und beschreibt seine Rückreise nach Europa. Allerdings enthalten auch der erste und dritte Teil hochinteressante Informationen nicht nur über die Verhältnisse am Kap, sondern auch über die Lebensweise der Khoikhoi um 1700 wie z.B. über deren Nutzung der einheimischen Pflanzen, Mineralien und Tiere und ihr Verhältnis zu den eindringenden Europäern. Man erfährt im ersten Teil u.a., welche Vorstellungen die Khoikhoi über Hundsaffen hegten, Vorstellungen, die sich mit den Mythen anderer Afrikaner in erstaunlicher Weise decken, die im 20. Jh. gesammelt wurden.

Auch wenn Kolb viele seiner Urteile aufgrund seiner Verstrickung in die politischen Auseinandersetzungen in der Kapkolonie um 1700 gefällt haben mag, so kann nicht geleugnet werden, dass er in seinem Buch das unmenschliche Vorgehen mancher Kolonisten und Angestellten der Vereinigten Ostindischen Kompanie gegen die einheimische Bevölkerung verurteilt. Nach einer Beschreibung, wie vorgebliche Viehhändler ein Gehöft der Khoikhoi heimtückisch umstellten und niederbrannten sowie die flüchtenden Bewohner niederschossen, werden diese ausdrücklich als »Busch- und Strauch-Räuber« gebrandmarkt. Spätere Autoren haben diese Vorwürfe gegen die eindringenden Europäer meist verschwiegen, obwohl sie weitgehend gerechtfertig waren.

Kennzeichnend für das Werk ist, dass Kolb sich kritisch mit früheren Veröffentlichungen über die Kapkolonie und die Khoikhoi auseinandersetzt, aber auch weltweite Vergleiche anstellt, wobei die Quellen stets in vorbildlicher Weise angeführt werden. So wird der Behauptung eines früheren Autors, die Sprache der Khoikhoi gleiche dem Kollern von Truthähnen und könne daher nicht erlernt werden, mit dem überzeugenden Argument begegnet, dass die Kinder der Kolonisten diese fließend sprechen könnten, auch wenn Kolb selbst sie nicht einmal mit Hilfe eines einheimischen Sprechers zu erlernen vermochte, wegen »der Schläge, welche mit der Zunge gegen den Gaumen, und die fördere Zähne des Mundes müssen gemachet werden.« In einer Wortliste wird konsequent versucht, diese Schnalzlaute mit besonderen Zeichen wiederzugeben.

Manche Einzelheiten, die berichtet werden, beruhen auf Hörensagen, wie Aussagen über Nashörner, die Kolb auch in der weiteren Umgebung der Kapstadt wohl kaum noch selbst hat beobachten können. Andererseits zeugen die Überlegungen zu den Aussagen der Gewährsleute unter den Khoikhoi von einer Kritikfähigkeit, die zu jener Zeit nicht üblich war. Sie bieten die Gewähr dafür, dass das meiste, was der Verfasser über die Khoikhoi berichtet, zutreffend ist, auch wenn manche spätere Autoren Zweifel an seinen Ausführungen anmeldeten. Sie decken sich indessen weitgehend mit den Aussagen früherer Beobachter am Kap.

Das Buch enthält zahlreiche Angaben über die gesellschaftlichen Verhältnisse bei den Khoikhoi. Von besonderem Interesse für den heutigen Leser dürfte sein, dass festgestellt wird, die Khoikhoi hätten große Hochachtung vor ihren Frauen ganz allgemein und würden diese niemals verprügeln. Bei einem Streit zwischen zwei Männern konnte eine Frau zwischen diese treten, worauf die Streitenden sofort die Auseinandersetzung abbrachen. Die politischen Verhältnisse werden ebenso beschrieben wie die Kriegführung mit »Backeley-Ochsen«, Speeren und Keulen. Im Gegensatz zu den »Potentaten« in Europa begannen die Khoikhoi-Völker keinen Krieg miteinander, ohne ausreichenden Grund dafür zu haben. War einmal der Friede geschlossen, so hielten sie die Verträge unverbrüchlich ein, auch wenn diese nur im Gedächtnis bewahrt wurden. Ausführlich werden die Durchgangsriten bei Geburt, Initiation, Eheschließung und Bestattung geschildert, die alle unter dem Begriff zusammengefasst werden, den die Khoikhoi dem Verfasser dafür nannten, nämlich »Andersmachen«. Das Töten eines Zwillings wird auf Armut zurückgeführt, weil dieser Brauch aus diesem Grunde auch bei den Chinesen und Japanern vorkomme.

Das Buch enthält sorgfältige Darstellungen der materiellen Kultur der Khoikhoi, wie etwa von deren Gehöften und Behausungen sowie von deren Viehzucht und verschiedenen Handwerken, wie denen des Kürschners, Metzgers oder Mattenflechters. Die Töpfe der Khoikhoi waren im Gegensatz zu denjenigen der Töpfer in Europa vollkommen wasserdicht, obwohl sie nur mit der Hand und nicht mit der Töpferscheibe geformt wurden. Sowohl die schmalen Öffnungen als auch die Öhren und der spitz zulaufende Boden waren für die Khoikhoi als Rindernomaden besonders gut geeignet, weil die Töpfe mit Riemen sicher getragen und auf Packochsen befestigt werden konnten. Die Beschreibung des Handwerks der Eisenschmiede wirft Fragen auf, weil Kolb nicht nur beschreibt, wie diese Eisen bearbeiteten, sondern weil er an mehreren Stellen im Werk behauptet, dass sie durchaus auch Eisen aus dem am Kap vorhandenen Eisenerz gewonnen haben, wobei die ausführliche Darstellung indessen Ungereimtheiten aufweist.

Auch wenn das Werk und sein Autor heute in Deutschland – weniger in Südafrika – in Vergessenheit geraten sind, haben sie bis ins frühe 20. Jh. einen tiefgreifenden Einfluss ausgeübt. Jean-Jacques Rousseau (1712–78) hat es als Quelle benutzt, um sein Idealbild des Naturmenschen zu entwickeln. Immanuel Kant (1724–1804) dagegen hat kritiklos ausschließlich diejenigen Stellen exzerpiert, in denen Kolb Dinge über die Khoikhoi berichtet hat, die in den Augen der Europäer des späten 18. Jh. als verabscheuungswürdig erscheinen mussten. Kolb selbst bemühte sich im Gegensatz zu diesen Schreibtischgelehrten redlich darum, ein sachliches Bild der Khoikhoi zu zeichnen, wobei er weder ihre guten noch ihre schlechten Eigenschaften verschwieg, wie er diese wahrnahm. Nicht selten lobt er ihre Verhaltensweisen und vergleicht diese mit denjenigen der Christen und zwar eindeutig zu deren Nachteil.

JOHANNES W. RAUM

Ausg.: Von den stark gekürzten Fassungen von P. GERMANN (Leipzig 1922), H. BRAUN (Marktredwitz 1975) und W. JOPP (Basel 1979) ist abzuraten, ebenso von der Ausg. F. W. BEER (Hg.), Beschreibung des Vorgebuerges der Guten Hoffnung (Frankfurt 1745).

Lit.: O. F. RAUM, Kolb(e)(n), Peter, in: D. W. KRÜGER/C. J. BEYERS (Hg.), Dictionary of South African Biography 3 (1977), S. 474-76. – A. WOLFSCHMIDT, Magister Peter Kolb. Ein Forscher und Lehrer aus Franken, Neustadt a.d. Aisch 1978. – M. FIRLA, Kants Bild von den Khoi-Khoin (Südafrika), in: Tribus 43 (1994), S. 60–94. – J. W. RAUM, Reflections on Rereading Peter Kolb with Regard to the Cultural Heritage of the Khoisan, in: Kronos 24 (1997), S. 30–40, mit Kommentar von N. Penn, S. 41–45.

Alfred L. Kroeber
(* 11.6.1876 Hoboken, USA; † 5.11.1960 Paris, Frankreich)

Clyde Kluckhohn
(* 11.1.1905 Le Mars, USA; † 29.7.1960 Santa Fe, USA)

Culture. A Critical Review of Concepts and Definitions (engl.; *Kultur. Ein kritischer Überblick über Begriffe und Definitionen*), EA Cambridge1952.

Culture stellt Anfänge und Entwicklung der Definitionen von »Kultur« dar – dem wichtigsten Konzept der Ethnologie. Alfred L. Kroeber, Schüler von F. → Boas und zum Zeitpunkt des Erscheinens der »große alte Mann« der amerikanischen Ethnologie, und Clyde Kluckhohn, ein führender Theoretiker der jüngeren Generation, stellen zu Beginn die Geschichte des Wortes Kultur innerhalb der Wissenschaft dar. Zuerst erschien das Wort in diesem Kontext Ende des 18. Jh. in Deutschland. Meist wurde es zu dieser Zeit, wie auch noch im 19. Jh., synonym mit »Zivilisation« gebraucht, dem damals in England und Frankreich üblicheren Wort. Erste Verwendungen des Wortes, die über die Bedeutung von »Anbau« oder »Kultivierung« hinausgingen, fanden sich 1852 bei G. F. → Klemm. Die Autoren weisen nach, dass E. B. → Tylor, der 1871 als Erster den Begriff »Kultur« definierte, sich auf Klemm bezog. Später als in Deutschland bürgerte sich »Kultur« (culture) im englischen und französischen Sprachgebrauch ein. Erste Definitionen und Erläuterungen zum Kulturbegriff kamen aus der Ethnologie und wurden von anderen Wissenschaften übernommen. Die Autoren ziehen deshalb auch solche von Psychologie über Biologie bis zu den Wirtschaftswissenschaften heran und zeigen jeweils unterschiedliche Akzente, die in diesen Disziplinen gesetzt wurden. Der untersuchte Zeitraum umfasst also rund achtzig Jahre. Kroeber und Kluckhohn stellen insgesamt über 160 Definitionen in Gruppen zusammen und kommentieren sie. Die Anordnung der Definitionen entspricht der Erweiterung und Präzisierung des Kulturbegriffs. Seit den ersten Definitionen veränderte sich die Betonung der Merkmale, letztlich steht hinter den meisten jedoch ein Kern von gemeinsamen Grundannahmen. *Culture* kann nicht nur als Übersicht, sondern auch als Nachschlagewerk verwendet werden: es enthält einen Index der Autorennamen und aller konzeptuellen Elemente der zitierten Definitionen.

Die Darstellung beginnt mit aufzählenden und beschreibenden Definitionen, unter denen die Tylors eine der bekanntesten ist. Die Autoren kritisieren daran, dass sie nicht dem Prinzip der Definition entsprächen, da sie nicht das Wesentliche abstrahierten. Eine solche Aufzählung könne nie vollständig sein und habe auch deshalb beschränkten Nutzen. Der letzte Teil von Tylors Definition führt jedoch darüber hinausgehende Merkmale an: Kultur umfasse Fähigkeiten und Gewohnheiten, die der Mensch als Mitglied der Gesellschaft erworben habe. Sie ist demnach nicht angeboren, sondern erlernt und überindividuell.

Die »historischen Definitionen« stellen den Aspekt der Tradierung in den Mittelpunkt, Kultur als soziales Erbe. Die – wenn auch nicht völlig unveränderte – Weitergabe einer Lebensweise von Generation zu Generation unterscheidet Kultur von kurzlebigen Moden. Kultur existiert schon vor der Geburt des Individuums. Dieses Merkmal impliziert, dass jeder einzelne Kultur erlernen muss. Diesen Aspekt haben später vor allem Psychologen aufgegriffen. Verhalten, das auf Instinkte oder Reflexe zurückzuführen ist, gehört demnach nicht zum Bereich des Kulturellen. Zu den »historischen Definitionen« zählen auch solche, die zwischen »Kultur« und »eine Kultur« unterscheiden. Beide Bedeutungen werden meist nebeneinander gebraucht: Zum einen wird Kultur als universales, tradiertes Organisationsprinzip aller menschlichen Gesellschaften aufgefasst, zum anderen aber auch ihrem sich unterscheidenden »Inhalt« nach als Charakteristikum bestimmter Gesellschaften verstanden und dann abgrenzend für einzelne Ethnien, Regionen, Nationen oder historische Perioden verwendet. In diesem Spannungsfeld zwischen Einheit und Vielfalt bewegt sich die Ethnologie: jede Theorie bezieht sich letztlich auf die Frage, wie sich sowohl Unterschiede als auch Gemeinsamkeiten menschlicher Lebensweisen erklären lassen.

Unter »normativen Definitionen« sind diejenigen zusammengefasst, die den Aspekt der Einschränkung und Standardisierung individuellen Verhaltens durch Sanktionen, Regeln, Normen, Ideale und Werte hervorheben. Sie zeigen den Zusammenhang zwischen der organisierenden Form von Kultur und tatsächlichem Verhalten.

»Psychologische Definitionen« beziehen sich stärker auf Ziele und Funktionen von Kultur. Sie sei Mittel der Problemlösung oder Instrument der Anpassung menschlicher Daseinsformen an die äußere Umwelt. Diese Definitionen wiesen mehrere Schwächen auf: Kultur löse nicht nur Probleme – sie schaffe auch welche. Daneben würden Bedürfnisse voreilig als Tatsachen angenommen, die durch Kultur befriedigt würden. Tatsächlich ist jedoch nur das Verhalten beobachtbar und Bedürfnisse sind Vermutungen. Außerdem formulierten diese Definitionen Ursachen und Ziele von Kultur, ohne zu beschreiben, was Kultur an sich ausmacht.

»Strukturelle Definitionen« stellen Verbindungen zwischen verschiedenen Aspekten von Kultur in den Mittelpunkt. Kultur wird als »System«, »organisatorisches Prinzip« oder »Konfiguration« beschrieben. Diese Definitionen betonen, dass Kultur eine Abstraktion, ein konzeptuelles Modell sei, das beobachtbares Verhalten interpretiere, aber nicht damit gleichzusetzen sei. Auch die Unterscheidung zwischen offener (»overt«) und verdeckter (»covert«) bzw. zwischen expliziter und impliziter Kultur wurde in diesem Zusammenhang eingeführt. Explizite Kultur sei direkt wahrnehmbar und von den »Kulturträgern« beschreibbar, während die impliziten Aspekte eine Abstraktion auf einer anderen Ebene darstellten.

Unter »genetischen Definitionen« sind solche zusammengefasst, die sich mit Voraussetzungen und Erklärungen für das Entstehen von Kultur befassen. Einige Wissenschaftler betonten als wichtigste Voraussetzung den Zusammenschluss von Menschen, andere die Existenz von Ideen und wieder andere die menschliche Fähigkeit zur Nutzung von Symbolen – alles Merkmale von Kultur, die schon in anderen Definitionen enthalten sind, wenn auch weniger explizit.

Im Anschluss an die Definitionsgruppen sind Erläuterungen zahlreicher Wissenschaftler zu einzelnen Problembereichen des Kulturkonzeptes und damit verbundener theoretischer Annahmen wörtlich wiedergegeben und kommentiert. Diese Sammlung von Exzerpten konzentriert sich auf die Natur der Kultur, ihre unterscheidenden Eigenschaften, verschiedene Komponenten von Kultur, Kultur und Psychologie, das Verhältnis von Sprache und Kultur sowie die Beziehung von Kultur und Gesellschaft, Individuum, der Umwelt und Artefakten. Dabei werden viele in den Definitionen bereits genannte Aspekte erneut aufgegriffen und an längeren Textabschnitten der jeweiligen Autoren diskutiert. Entsprechend der damaligen Bedeutung der amerikanischen Kultur- und Persönlichkeitsforschung in den USA werden die Beziehungen zwischen Psychologie und »Cultural Anthropology« sehr ausführlich dargestellt. Kluckhohn, der in Wien bei Sigmund Freud (1856–1939) studiert hatte, und Kroeber als ehemals praktizierender Psychoanalytiker referieren die Ansätze dennoch kritisch. Sie betonen Gemeinsamkeiten der beiden Disziplinen, die sich mit menschlichem Verhalten und korrespondierenden mentalen Phänomenen befassen; Kultur und Psyche seien jeweils Abstraktionen davon, in beiden Fällen seien Universalien und Gemeinsamkeiten ebenso wichtig wie Unterschiede.

Die Diskussion um Beziehungen zwischen Sprache und Kultur wurde von Linguisten und Ethnologen geführt, die Sprache in die Kultur ein- bzw. als separaten Bereich ausschlossen. Deutlich wird, dass Sprache einer der am stärksten automatisierten und unbewussten Anteile der

Kultur ist (verdeckte oder implizite Kultur). Das ist für jeden Laien nachvollziehbar, der versucht hat, einem Fremden die Grammatik der eigenen Muttersprache zu erläutern. Auch die Beziehung zwischen sozialen und kulturellen Phänomenen, zwischen Gesellschaft und Kultur wurde kontrovers diskutiert. Plausibel ist die Schlussfolgerung der Verfasser, dass Kultur und Gesellschaft Abstraktionen von menschlichem Verhalten auf derselben Ebene seien, nur mit unterschiedlichen Schwerpunkten: Gesellschaft betone zwischenmenschliche Beziehungen innerhalb von Gruppen, während das Kulturkonzept die Muster von und für Gruppenbildung sowie soziale Beziehungen in den Mittelpunkt stelle.

Die von Kroeber und Kluckhohn aus der zusammenfassenden und kritischen Durchsicht der damaligen Konzepte abgeleitete Definition gibt den Stand der fünfziger Jahre wieder. Sie ist weniger spezialisiert als heutige Definitionen, erscheint dennoch nach wie vor brauchbar. Danach besteht Kultur aus expliziten und impliziten Mustern von und für Verhalten. Erworben und weitergegeben wird sie durch Symbole (einschließlich ihrer Verkörperung in Artefakten), welche die besondere Leistung menschlicher Gruppen darstellen. Der Kern der Kultur besteht aus traditionellen (historisch überlieferten und ausgewählten) Ideen und damit verbundenen Werten.

Die britische »Social Anthropology« und ihre Ableger standen dem Kulturkonzept »als vager Abstraktion« (A. R. → Radcliffe-Brown) von jeher ablehnend gegenüber. Neuere Versuche, das ethnologische Kulturkonzept wegen seiner Bedeutung für die – von manchen als politisch unkorrekt und essentialistisch aufgefasste – Beschreibung der Unterschiede zwischen Gruppen aufzugeben, scheiterten daran, dass schon klassische Kulturbegriffe gerade auch Universalien sowie die menschliche Kultur in ihrer Gesamtheit berücksichtigten. So bewegt sich die heutige Ethnologie weiterhin in Bahnen, die den einen oder anderen der schon damals genannten Aspekte stärker betonen, ausführen und weiterentwickeln, jedoch nicht grundsätzlich davon abweichen.

BETTINA BEER

Ausg.: NA New York o.J.
Lit.: A. L. KROEBER, The Nature of Culture, Chicago 1952. – L. WHITE/J. GREENBERG, [Rez. v.] A. L. Kroeber, *The Nature of Culture*, und A. L. Kroeber/C. Kluckhohn, *Culture*, in: American Anthropologist 56/3 (1954), S. 461–71. – L. L. LANGNESS, The Study of Culture, Novato ²1987.

Joseph-François Lafitau
(* 31.5.1681 Bordeaux; † 3.7.1746 Bordeaux)

Mœurs des sauvages amériquains, comparées aux mœurs des premiers temps (frz.; *Sitten der amerikanischen Wilden, verglichen mit den Sitten der ältesten Zeiten*), 2 Bde., EA Paris 1724.

Dank seiner Jahrzehnte vor der Prägung der Begriffe »Ethnographie«, »Völkerkunde« und »Ethnologie« verfassten *Mœurs des sauvages amériquains* gilt der Jesuitenpater und Missionar Lafitau seit seiner Wiederentdeckung durch die Ethnologie des 20. Jh. durch A. van → Gennep und P. W. → Schmidt gemeinhin als einer ihrer wichtigsten Vorläufer, wenn nicht gar als ihr Begründer. Tatsächlich verband Lafitau – anders als die meisten vergleichbaren Autoren des 18. und frühen 19. Jh. – theoretischen Anspruch und methodische Strenge mit eigener »Felderfahrung«; dennoch war die vorrangige Zielsetzung seines Buchs eine keineswegs ethnologische.

Mit 15 Jahren trat Lafitau dem Jesuitenorden bei und erhielt eine Ausbildung in Rhetorik, Theologie und Philosophie. 1711 ersuchte er um Versetzung als Missionar nach Kanada, wo er 1712–17 bei den katholischen Mohawk von Saint-Louis du Sault (dem heutigen. Kahnawake) lebte, die sich aus dem Verband der Irokesenliga zurückgezogen hatten. Er nahm nach irokesischer Sitte den Namen des verstorbenen Missionars J. Bruyas († 1712) an, der ein Werk über die Mohawk-Sprache verfasst hatte, wurde von J. Garnier († 1730), der sechs Jahrzehnte in der Mission bei Algonquin und Irokesen tätig gewesen war, in die Lebensumstände seiner Gemeinde eingeführt und widmete sich neben der seelsorgerischen Tätigkeit dem Studium der alten Missionsberichte. In dem Bericht über seine Entdeckung der Ginsengpflanze in Kanada (*Mémoire [...] concernant la précieuse plante du Ginseng*, 1718) erwähnt er seine Befragung von Gewährsleuten zu Fragen der irokesischen Medizin und Pflanzenkunde; selbst wenn *Mœurs* keine entsprechenden Angaben enthält (wohl, um den Verdacht zu vermeiden, seine Daten seien von seinen Theorien gefärbt), ist Lafitaus aktives Bemühen um ein Verständnis der irokesischen Kultur auch hier unverkennbar.

Manches spricht dafür, dass Lafitaus Hauptwerk nach der Rückkehr aus Kanada auf Anregung seiner Ordensbrüder oder -oberen entstand, zumal er selbst rasch in die Mission zurückkehren wollte; seine »Feldforschung« war offenbar noch nicht auf die Themenstellung der *Mœurs* ausgerichtet. Das in der zweibändigen Quartausgabe 1100 Seiten umfassende Buch entstand 1719–22 nach zwei Besuchen in Rom, wo er sich für den Schutz der christlichen Mohawk gegen den Alkoholhandel einsetzte und möglicherweise Quellen für sein geplantes Werk studierte. Zwischen 1722 und 1741 (unterbrochen durch einen Aufenthalt als Superior der Station in Kahnawake, 1727–29, dessen Ergebnisse nicht dokumentiert sind) war Lafitau als Prokurator der kanadischen Missionen in Frankreich tätig; ein zweites umfangreiches, jedoch weniger einflussreiches Buch (*Histoire des découvertes et de conquêtes des Portugais dans le Nouveau Monde*) erschien 1733.

Mœurs des sauvages amériquains lässt sich zwar als Quelle über die Kultur der Irokesen lesen, zielte jedoch auf einen wechselseitig erhellenden Vergleich der Sitten und Gebräuche der amerikanischen Völker mit jenen der Völker des Altertums ab (Kap. 1: »Absicht und Entwurf dieses

Werks«). Das in Kanada gesammelte Material ergänzte Lafitau nach seiner Rückkehr nach Frankreich durch umfangreiches, aber keineswegs umfassendes Studium der Quellen sowohl über Amerika wie über die Antike, von denen er 210 zitiert. Methodisch lehnte sich Lafitau wohl an de la Créquinières *Conformité des coutumes des Indiens Orientaux avec les Juifs & des autres Peuples de l'Antiquité* (1704) an, in dem ebenfalls die vollständigere Kenntnis einer lebenden Kultur zur Interpretation der fragmentarischen Quellen über das Altertum herangezogen wurde. (William Fenton erkannte in dieser Vorgehensweise einen Vorläufer seiner eigenen Methode des »up-streaming«, bei der historisch-ethnographische Quellen aus den Erfahrungen der eigenen Feldforschung gedeutet werden.)

Gleichzeitig lieferte der Vergleich Lafitau Argumente für die altweltliche Herkunft der Uramerikaner von den Pelasgern und Hellenen, insbesondere aber der Irokesen und Huronen von den Lykiern (Kap. 2: »Von dem Ursprunge der amerikanischen Völker«). Hierbei unterschied er generische von spezifischen Ähnlichkeiten, von denen ihm nur Letztere als sichere Anzeichen historischer Beziehungen galten.

Die gemeinsame Abkunft alt- und neuweltlicher Völker legte nicht nur eine Besiedlung Amerikas aus Asien nahe, sie bildete auch einen wichtigen Beleg für die physische und psychische Einheit der Menschheit, die sich in der Universalität von Institutionen wie Ehe, Herrschaft, Initiation oder Religion widerspiegelte (Kap. 3: »Abbildung und Eigenschaft der Wilden überhaupt«). Wie für John Locke (1632–1704) waren für ihn die amerikanischen Völker lebendige Repräsentanten der Urzeit, die allerdings anders als bei Locke nicht in einem kulturlosen Naturzustand lebten.

In dem weitaus längsten Abschnitt des Buchs (Kap. 4: »Von der Religion«) entwickelt Lafitau eine Degenerationstheorie, nach der die modernen Religionen der amerikanischen Völker als Reste des geoffenbarten Urmonotheismus anzusehen seien. Damit stellt er sich gegen die von Deisten und Atheisten vertretene Meinung, Religion und andere kulturelle Praktiken beruhten lediglich auf einer Übereinkunft zwischen den Menschen. Die zentrale Bedeutung dieser Frage für Lafitau wird darin deutlich, dass er 1726 ein weiteres Manuskript über die Urreligion abgeschlossen hatte, das von den Ergebnissen dieses Kapitels ausging. Dieses Werk erhielt zwar die kirchliche, nicht aber die königliche Druckerlaubnis und gilt seit 1752 als verschollen.

Die folgenden Kapitel 5 bis 10 widmen sich der vergleichenden Diskussion der politischen und sozialen Organisation (einschließlich der geschlechtlichen Arbeitsteilung, des Kriegs und des Austauschs). Dabei liefert Lafitau auf der Grundlage des Materials über Irokesen und Huronen die erste umfassende Darstellung einer matrilinearen Gesellschaft, die lediglich dadurch getrübt wird, dass er dafür → Herodots auf die Lykier angewandte, irreführende Bezeichnung »Gynäkokratie« übernimmt. Zu den vor allem im 20. Jh. gewürdigten Leistungen dieser Kapitel zählen auch Lafitaus Beschreibungen der teilweisen Gleichsetzung linearer und kollateraler Verwandter in der irokesischen Verwandtschaftsterminologie (ohne freilich diese Tatsache zu benennen oder zu erklären), der irokesischen Dorforganisation und der Bedeutung des relativen Alters zur sozialen Klassifikation.

Die übrigen Kapitel (11–15) beziehen sich auf Jagd und Fischfang (deren Behandlung der Verfasser wegen ihrer Bekanntheit als weitgehend überflüssig ausklammert), Spiele, Krankheit und Heilung, Tod und Bestattung sowie Sprache. Die 41 das Werk begleitenden Kupferstiche sind teils dem Vergleich zwischen Amerika und der Antike gewidmet, teils illustrieren sie – nicht immer korrekt – ethnographische Beobachtungen Lafitaus.

In ihrer Beschreibung irokesischer Kultur stellen die *Mœurs* einen Vorläufer der »Gedächtnisethnographie« der Boas-Schule dar, da vor allem in der Missionsstation Saint-Louis du Sault »die Wilden viel von ihren alten Gewohnheiten verloren, und ihre Sitten geändert haben«, während Lafitau ihre Gebräuche so darstellt, »wie sie vor ihrer Änderung gewesen« seien. Die von ihm in Aussicht gestellte Geschichte ihrer Christianisierung, die diesen Veränderungen gewidmet sein sollte, ist offenbar niemals verfasst worden. An manchen Stellen führt Lafitaus Vermutung, die Sitten der amerikanischen Völker seien »überhaupt einander ziemlich gleich«, zu Problemen der kulturellen Zuordnung bestimmter Beobachtungen.

Lafitaus apologetische und anti-rationalistische Haltung hat die Rezeption der *Mœurs* durch die französische Aufklärung geprägt. Voltaire (1694–1778) machte sich in seinem *Essai sur les mœurs* (1756) über ihn lustig; sein engerer Landsmann Charles de Montesquieu (1689–1755) ignorierte sein Werk; A.-Y. Goguet (1716–58) beutete ihn in *De l'Origine des lois* (1758) aus, ohne ihn zu zitieren; Cornelius de Pauw (1739–99) kritisierte ihn in den *Recherches philosophiques sur les Américains* (1768–69) wegen seiner zu positiven Darstellung der Uramerikaner; lediglich Charles de Brosses (1709–77) bekannte sich zu Lafitaus Methode des Vergleichs zwischen alten und exotischen Kulturen.

Außerhalb Frankreichs wurde Lafitau großzügiger zur Kenntnis genommen, wie auch niederländische (1733, 1751) und deutsche Übersetzungen (1752) zeigen. Sowohl Jens Kraft (*Kort Fortælning af de Vilde Folks fornemmeste Indretninger, Skikke og Meninger*, 1760) als auch Adam Ferguson (1723–1816; *An Essay on the History of Civil Society*, 1767) und William Robertson (1721–93; *History of America*, 1777) zitieren ihn allerdings als Zeugen für den Urzustand der Menschheit im Rahmen fortschrittsgerichteter Stufenmodelle. Bei Johann Gottfried Herder (1744–1803; *Ideen zur Philosophie der Geschichte der Menschheit*, 1784–91) sind hingegen Urmonotheismus und Degenerationstheorie direkt von Lafitau entlehnt.

Die überwiegend positive Lafitau-Rezeption des 20. Jh. sah in ihm, je nach Standpunkt, den Vater des Diffusionsmus, den Wegbereiter des Kulturvergleichs oder den Vorläufer von L. H. → Morgan (1818–81).

Christian F. Feest

Ausg.: 4 Bde., Paris 1724. – Teilausg.: 2 Bde., hg. m. Vorwort v. E. H. LEMAY), Paris 1983. – Dt. EA in: Algemeine [sic!] Geschichte der Länder und Völker, Bd. 1., Halle 1752 (ND hg. v. H. REIM u.d.Tit.: Die Sitten der amerikanischen Wilden im Vergleich zu den Sitten der Frühzeit, Leipzig 1987). – Krit. Ausg.: Customs of the American Indians Compared with the Customs of Primitive Times, übers. u. hg. v. W. N. FENTON/E. L. MOORE, 2 Bde., Toronto 1974–77.
Lit.: G. TISSOT, Jean-François [sic] Lafitau: Figures anthropologiques, in: Studies in Religion 4 (1974), S. 93–107. – M. DUCHET, Discours ethnologique et discours historique, in: Studies on Voltaire and the XVIIIth Century 92 (1976), S. 607–23. – M. DE CERTEAU, Writing versus Time: History and Anthropology in the Works of Lafitau, in: Yale French Studies 59 (1980), S. 37–64. – K.-H. KOHL, Entzauberter Blick, Berlin 1981, S. 77–106. – A. PAGDEN, The Fall of Natural Man, Cambridge 1982, S. 198–209.

Louis-Armand de Lom d'Arce, Baron de Lahontan

(* 9.6.1666 Lahontan b. Bayonne; † 21.4.1716 Hannover)

Nouveaux Voyages de Mr. le Baron de Lahontan dans l'Amérique Septentrionale [...]; Mémoires de l'Amérique Septentrionale ou la Suite des Voyages de Mr. le Baron de Lahontan [...]; Suplément aux Voyages du Baron de Lahontan, ou l'on trouve des Dialogues curieux entre l'Auteur et un Sauvage de bon sens qui a voyagé (frz.; *Neue Reisen des Herrn Baron de Lahontan nach Nordamerika [...]; Denkwürdigkeiten aus Nordamerika oder Fortsetzung der neuen Reisen des Baron de Lahontan [...]; Supplement zu den Reisen des Barons de Lahontan, in denen man merkwürdige Dialoge des Autors mit einem weitgereisten Wilden von gesundem Menschenverstand findet*), 3 Bde., EA Den Haag 1703.

Lahontans Reisebeschreibung stellt nicht nur eine wichtige – wenn auch in ihrer Zuverlässigkeit umstrittene – Quelle des frühen 18. Jh. über die Bevölkerungsgruppen des kanadischen Koniferengürtels dar, sondern sollte durch die radikalen zivilisationskritischen Positionen ihres Autors zugleich die Philosophie der Aufklärung maßgeblich beeinflussen.

Als Angehöriger eines verarmten Provinzadelsgeschlechts in der Gascogne geboren und im Alter von knapp 16 Jahren der französischen Kolonialarmee beigetreten, hatte Lahontan ab 1683 fast zehn Jahre in der damaligen Kolonie Nouvelle France verbracht. Zeitweise Kommandant eines kleinen Grenzforts, zeitweise als Verbindungsoffizier zu den einheimischen Verbündeten der Franzosen eingesetzt und zeitweise als Entdeckungsreisender in den noch unerschlossenen Gebieten unterwegs, konnte er sich während seines Aufenthalts eine intime Kenntnis der Sitten und Gebräuche der Huronen, der Irokesen und anderer indianischer Gruppen erwerben. Nach einem Zerwürfnis mit seinem militärischen Vorgesetzten desertierte er 1693 aus der Armee, kehrte zunächst kurz nach Frankreich zurück, entzog sich seiner drohenden Verhaftung durch die Flucht und reiste in den folgenden Jahren durch ganz Europa. In Amsterdam machte er die Bekanntschaft der dort im Exil lebenden französischen Freidenker und Calvinisten, in England unterbreitete er der britischen Krone ein Memorandum zur Eroberung der französischen Kolonie in Kanada, auch in Portugal, Spanien, Dänemark und Deutschland bot er an verschiedenen Fürstenhöfen seine Dienste an. Versuche, seine Rehabilitation zu erwirken und wieder nach Frankreich zurückzukehren, scheiterten. 1707 fand er am Hof des Kurfürsten von Hannover Aufnahme In Hannover lernte er Leibniz kennen, der ihn in seinem Briefwechsel erwähnt. Die Spur des unsteten Reisenden verliert sich in den folgenden Jahren. Ein urkundlicher Eintrag, aus dem hervorgeht, dass er 1716 in Hannover gestorben ist, wurde erst vor kurzem wiederentdeckt.

Lahontans Reisebeschreibung weist einen ungewöhnlichen Aufbau auf. Sie ist so angelegt, dass er in jedem der drei Bände eine andere Perspektive entwickelt. Im ersten Band bedient er sich der Briefform, um in seine Schilderung der beengten Verhältnisse in den französischen Kolonialsiedlungen, in die Darstellung des so viel freieren Lebens der Waldläufer und in die Wiedergabe seiner Erlebnisse auf seinen Jagd-, Kriegs- und Entdeckungsexpeditionen – darunter eine seit langem als »Lügenreise« enttarnte Expedition zum fiktiven »Rivière Longue« und seinen ebenso fiktiven Bewohnern – immer wieder seine persönliche Sicht einfließen zu lassen. Im zweiten Band scheint es ihm dagegen zunächst um eine möglichst objektive Beschreibung geographischer, ethnographischer und historischer Fakten zu gehen. An Ausführungen zur Fauna und Flora und zur Geschichte der französischen Kolonie schließt sich eine Auflistung der Namen von über vierzig indianischen Stammesgruppen an, die er verschiedenen Sprachfamilien zuordnet. Die kulturellen Unterschiede zwischen diesen Gruppen treten im Schlussteil dieses Bandes aber zugunsten einer generalisierenden Darstellung indianischen Lebens zurück, die sich am traditionellen Bild vom »Guten Wilden« orientiert. Lahontan zufolge gilt den Indianern als höchster Maßstab die menschliche Vernunft. Die christlichen Dogmen von der Erbsünde und der Reinkarnation Christi lehnen sie ebenso ab wie die biblischen Wundergeschichten, von denen die Missionare ihnen erzählten. Die Unterschiede zwischen Mein und Dein sind ihnen unbekannt. Ihrer Meinung nach liegt die Institution des Privateigentums all den Missständen zugrunde, unter denen die Franzosen so zu leiden hätten. Die Freiheit schätzen sie nicht weniger hoch ein wie die Vernunft. Jede Form der Subordination ist ihnen verhasst, und auch ihre Frauen suchten sich ihre Liebhaber selbst. Sie ließen sich nicht gegen ihren Willen in eine Ehe zwingen, blieben nach der Heirat ihrem Ehepartner dafür aber umso treuer.

Im Zentrum des dritten Bandes steht ein Dialog, den Lahontan mit einem Huronen namens Adario geführt haben will, auch er – wie der Autor selbst – ein Reisender, der sich längere Zeit in Frankreich aufgehalten haben soll. Die fiktiven Gespräche mit Adario enthalten eine Zusammenfassung der in den ersten beiden Bänden bereits geäußerten

Kritik an der feudalistischen Gesellschaftsordnung und der christlichen Religion. Punkt für Punkt werden die kulturellen Institutionen der Franzosen mit denen der Huronen verglichen. Nur halbherzig übernimmt Lahontan selbst die Rolle eines Verteidigers der eigenen Kultur. Indem der Autor die Sichtweisen vertauscht, geraten die »Dialoge mit einem Wilden von gesundem Menschenverstand« zu einer einzigen Anklage der Zivilisation. Lahontan lässt Adario, dessen historisches Vorbild wahrscheinlich der Huronenhäuptling Kondiaronk (ca. 1649–1701) war, nicht nur gegen die Unvernunft des Christentums, die Macht des Klerus, die Institution des Privateigentums, die Willkür der Gesetzgeber, das despotische Regime des Absolutismus und die Unterdrückung der Frauen zu Felde ziehen, sondern prangert mit seiner Hilfe auch die Unrechtmäßigkeit der Landnahme durch die Franzosen an. Das Zwiegespräch zwischen einem Franzosen und einem Huronen wird auf diese Weise auch zu einem der ersten Manifeste des europäischen Antikolonialismus.

Der ethnographische Wert von Lahontans Reisebeschreibung liegt in seiner über weite Teile hin tatsachengetreuen Darstellung der Lebensformen der kanadischen Urbevölkerung, die er mit einem außergewöhnlich hohen Maß an Sympathie schildert. Im Vergleich zu den im 19. Jh. aufgestellten Theorien ist bemerkenswert, dass er den sogenannten Totemismus als heraldisches Bezeichnungssystem einzelner Klane und Stammesgruppen deutet. Auch seine Beschreibungen der Heirats-, Jagd- und Kriegsbräuche können als relativ zuverlässig gelten. Zunehmend unglaubwürdig wird seine Darstellung allerdings in den Passagen, in denen er die Glaubensvorstellungen und die soziale Ordnung der Huronen mit der christlichen Religion und den Institutionen des Feudalismus konfrontiert. Sie stehen ganz in der Tradition der euphorischen Schilderungen »primitiver« Lebensformen, die seit der Entdeckung Amerikas in Reiseberichten und philosophischen Traktaten immer wieder vorgebracht worden waren. Doch waren es gerade diese Passagen, denen Lahontans Werk seine große Popularität verdanken sollte. Die *Mémoires de l'Amérique Septentrionale* und insbesondere seine *Dialogues avec un sauvage de bon sens* zählten bald zu den wichtigsten Geheimschriften der Aufklärung, von der Zensur nicht weniger eifrig verfolgt wie von den Philosophen gelesen. Ihre Lektüre hat in den Werken Rousseaus, Voltaires und Diderots ebenso ihre Spuren hinterlassen wie in Raynals *Histoire philosophique et politique des établissements & du commerce des Européens dans les deux Indes,* der vielleicht bedeutendsten antikolonialistischen Schrift des 18. Jh.

In der Ethnologie blieb Lahontans Werk dagegen lange Zeit vergessen. Eine allmähliche Wiederentdeckung bahnte sich erst in den letzten beiden Jahrzehnten an. Sie stand in engem Zusammenhang mit der Kritik am Objektivismus der klassischen ethnographischen Monographie, die Lahontan heute als einen der wenigen historischen Vorläufer jener multiperspektivischen, dialogischen und polyphonen Darstellungsformen erscheinen lässt, die im Zuge der sogenannten Repräsentationsdebatte entwickelt wurden. In jüngster Zeit wird Lahontan auch von irokesischen und huronischen Intellektuellen als Quelle einer indigenen Tradition der Kulturkritik zitiert (z.B. Sioui 1991).

KARL-HEINZ KOHL

Ausg.: Kritische Ausg. in: Œuvres complètes, hg. v. R. OUELLET, 2 Bde., Montréal 1990. – Engl. Übers.: New Voyages to North-America, 2 Bde., London 1703 (ohne die »Dialoge«; Neuausgabe mit Vorwort. u. Anm. v. R. G. THWAITES, 2 Bde., Chicago 1905, ND New York 1970). – Dt. EA.: Des berühmten Herrn Baron de Lahontan neueste Reisen nach Nord-Indien Hamburg/Leipzig 1709 (ohne die »Dialoge«), Neuausgabe Berlin 1982. Teilausg.: Dialoge mit einem Wilden, Frankfurt/Paris 1981.

Lit.: G. ATKINSON, Lahontan and »the Good Savage«, in: The Extraordinary Voyage in French Literature from 1700 to 1720, Paris 1922. – K.-H. KOHL, Entzauberter Blick, Berlin 1981. – R. OUELLET, Sur Lahontan: comptes rendus et critiques (1702–1711), Québec/Paris 1984. – J.-M. APOSTOLIDÈS, L'Altération du récit: les Dialogues de Lahontan, in: Études françaises 22 (1986), S. 73–86. – G. SIOUI, Pour une Autohistoire amérindienne, Québec 1991.

Peter Lawrence

(* 11.09.1921 Duxbury; † 12.12.1987 Sydney)

Road Belong Cargo. A Study of the Cargo Movement in the Southern Madang District, New Guinea (engl.; *Der Weg zum Cargo. Eine Studie der Cargo-Bewegung im südlichen Madang-Distrikt, Neuguinea*), EA Manchester 1964.

In der umfangreichen und außerordentlich heterogenen Forschungsliteratur über melanesische Cargo-Kulte gilt *Road Belong Cargo* neben *The Trumpet Shall Sound* (1957) von Peter Worsley (*1924) unangefochten als Klassiker. Sein Autor, Peter Lawrence, wird in einem Nachruf als führender Melanesien-Spezialist gerühmt und es heißt, das vielzitierte Werk habe ihm eine weltweite Reputation eingetragen (Hiatt 1988).

Road Belong Cargo basiert auf mehreren Feldforschungen, die Lawrence zwischen 1949 und 1958 an der damals unter australischer Kolonialverwaltung stehenden Nordostküste von Neuguinea vor allem bei den in der Umgebung von Madang lebenden Garia und Ngaing durchgeführt hatte. Lawrence, ein Schüler R. → Fortunes, war im Anschluss an seinen ersten Aufenthalt bei den Garia in Cambridge promoviert worden und dann nach Australien gegangen, wo er Ende der fünfziger Jahre des 20. Jh. an einer Ausbildungseinrichtung für australische Kolonialbeamte lehrte.

Zu dieser Zeit, so Lawrence im Rückblick, glaubten seine australischen Kollegen, die an den großen staatenlosen Gesellschaften Afrikas gebildete »segmentäre Theorie« auf die Bewohner des erst seit kurzem dem westlichen Zugriff ausgesetzten Berglandes von Neuguinea übertragen zu können. Schien man dort mit großen Sprachgruppen, die sich in lokalisierbare und vorwiegend patrilineare Verwandtschaftsgruppen aufteilen ließen, »klassische segmentäre Systeme« vorzufinden, so galten demgegenüber die ethnographischen Daten des an der Küste arbeitenden Lawrence als wenig glaubwürdig, berichtete er doch lediglich von

Netzwerken flexibler und flüchtiger kognatischer Arrangements. Dementsprechend sah sich Lawrence, der seinerseits die ahistorische Orientierung des britisch geprägten Strukturfunktionalismus kritisierte, einem, wie er schreibt, »höflichen, aber kaum verhüllten Skeptizismus« ausgesetzt, und er beschloss, die weitere Auswertung seines zur soziopolitischen Organisation der Garia gesammelten Materials zurückzustellen und sich statt dessen auf die Untersuchung von in der Region verbreiteten Cargo-Kulten zu konzentrieren (Lawrence 1988).

Zu Beginn von *Road Belong Cargo* versucht Lawrence, die von Kolonialisierung und Missionierung noch unbeeinflusste traditionelle Kultur des von ihm so genannten »südlichen Madang-Distriktes« zu rekonstruieren, wobei er den Schwerpunkt auf »soziale Werte« und »erkenntnistheoretische Annahmen« legt (Kap. 1). Wird die Geschichte der Region zwischen 1871 und 1950 im Anschluss zuerst vom Standpunkt eines Europäers zusammengefasst (Kap. 2), so repräsentiert Lawrence seiner eigenen Ansicht nach in den folgenden Kapiteln (3–8) die Perspektive »der Leute selbst«, indem er ihre Versuche schildert, ihre veränderte Situation mit mythologischen Erklärungen und rituellen Experimenten unter Kontrolle zu bringen: Cargo-Glaubensvorstellungen (»cargo beliefs«) beschreiben, wie die als »cargo« bezeichneten westlichen Güter von einer transzendenten Instanz hergestellt werden und wie man diese dazu bringen kann, auch die jeweils eigene Gruppe mit diesen Gütern zu versorgen; Cargo-Rituale (»cargo rituals«) oder Cargo-Kulte setzen solche Vorstellungen in die Praxis um. Zwar findet für Lawrence nicht jede mythologische Erklärung auch Ausdruck in Form eines rituellen Experimentes, Cargo-Glaubensvorstellungen und -Rituale werden jedoch in einem kontinuierlichen Prozess immer wieder nach Maßgabe der gerade aktuellen Erfahrungen modifiziert oder ersetzt, und sie bilden zusammen eine einzige, sich durch Raum und Zeit ausdehnende Cargo-Bewegung.

In seiner Interpretation (Kap. 9) geht Lawrence davon aus, dass die traditionellen »sozialen Werte« und »erkenntnistheoretischen Annahmen« keiner wirklichen Veränderung durch Kolonialisierung und Missionierung unterliegen und sowohl den Wunsch nach »cargo« begründen, als auch die Art und Weise, in der man ihn zu erfüllen versucht: Die westlichen Güter gelten genauso wie früher die Gegenstände der traditionellen materiellen Kultur als Symbole für Beziehungen und sozialen Status, daher impliziert ihr Besitz interkulturelle Reziprozität, ihr Mangel dagegen eine Position der Unterlegenheit. Da im traditionellen Verständnis »säkulare« und »rituelle Techniken« stets eng miteinander verwoben sind und da man die in der Umgebung von Madang lebenden Weißen offenbar keine körperlichen Arbeiten zur Herstellung des ihnen mit Schiffen und Flugzeugen zugehenden »cargo« verrichten sah, schien es für den Erhalt der Güter einzig und allein darauf anzukommen, die richtigen Rituale herauszufinden und durchzuführen.

Nach Lawrence hat die Cargo-Bewegung zwischen 1871 und 1950 zur Entstehung einer Vorform des Nationalismus beigetragen, indem sie den Angehörigen unterschiedlicher und voneinander getrennter Sprachgruppen ein vormals unbekanntes Gefühl der Einheit vermittelte. Dabei erwiesen sich die grundlegenden Werte und Glaubensvorstellungen – Lawrence spricht auch von »cargo ideology« – seiner Ansicht nach als derartig dauerhaft, dass sie die zukünftigen Versuche der Kolonialverwaltung zur Einführung einer neuen kulturellen und sozio-politischen Ordnung empfindlich stören könnten. Um dies zu verhindern und um die »cargo ideology« erfolgreich zu bekämpfen, hält Lawrence es im letzten Absatz von *Road Belong Cargo* vor allem für ratsam, einen »radikalen Wandel« auf ökonomischem Gebiet herbeizuführen.

Aus heutiger Sicht erscheint die hier artikulierte Identifikation mit der Verwaltungspolitik freilich als problematisch, zumal sie den Bewohnern der von Lawrence besuchten Region kaum verborgen geblieben sein dürfte. Da die Kolonialverwaltung Cargo-Kulte jedoch nicht nur unter Strafe gestellt, sondern durch die Inhaftierung von Kultführern auch systematisch zu unterbinden versucht hatte, stellte mit Lawrence letztlich ein Weißer Fragen zu Vorstellungen und Handlungen, als deren Gegner er von den Befragten angesehen werden musste. Gleichwohl konnte Lawrence seine Feldforschungen dazu nutzen, diese Vorstellungen und Handlungen durch ihren kulturspezifischen Hintergrund plausibel zu machen und damit gegen den Vorwurf der Irrationalität in Schutz zu nehmen, den noch in den vierziger Jahren des 20. Jh. Kolonialbeamte und Missionare mit der These formuliert hatten, Cargo-Kulte antworteten als Ausdruck von Zurückgebliebenheit, Heidentum und Primitivität auf eine durch Kolonialisierung und Missionierung ausgelöste Gleichgewichtsstörung der traditionellen Kultur. Als weiteres Verdienst von Lawrence gilt, dass er es den nach ihm in Melanesien tätigen Ethnologen durch seine Konstruktion eines jahrzehntelangen Prozesses der kontinuierlichen Modifikation oder Ersetzung von mythologischen Erklärungen und rituellen Experimenten vorgemacht habe, die eigenen Daten in einer historischen Perspektive zu betrachten (vgl. Kempf 1996).

Dabei trennt Lawrence allerdings zwischen den sozusagen an der Oberfläche bleibenden Einflüssen von Kolonialisierung und Missionierung und einem aus Werten und Glaubensvorstellungen bestehenden Kernbereich traditioneller Kultur, der nicht nur von solchen Einflüssen unberührt bleibt, sondern der sich auch von sich aus nicht verändert. Spätere Kritiker haben dementsprechend eine Unterschätzung indigener Variabilität sowie einen tendenziell essentialistischen Zirkelschluss konstatiert, da Lawrence zuerst mit dem von ihm postulierten Kernbereich aktuelle Vorstellungen und Handlungen erklärt und dann diese Vorstellungen und Handlungen als Beweis für die Existenz jenes Kernbereiches betrachtet.

Die Bewohner der von Lawrence besuchten Region werfen ihm jüngeren Berichten zufolge vor, durch *Road Belong Cargo* als Cargo-Kultanhänger stigmatisiert worden zu sein (Hermann 1995). Gleichzeitig jedoch zielen die von Lawrence beschriebenen mythologischen Erklärungen und rituellen Experimente im Grunde auf die Verarbeitung von kultureller Fremderfahrung und damit auf ein Problem, das auch für die Vertreter der im heutigen Papua-Neuguinea aufeinandertreffenden ethnischen Gruppen kaum etwas von seiner Relevanz eingebüßt hat. Insofern wäre Lawrences Monographie ein guter Ausgangspunkt für einen interkulturellen Verständigungsprozess, der genaueren Aufschluss über die »indigene Rezeption« verspräche und der eine Gelegenheit bieten könnte, aktuellere, gegenüber den vierziger Jahren des 20. Jh. doch weitaus differenziertere Konzepte von Cargo-Kulten (vgl. Jebens/Kohl 1999) zu diskutieren. Damit aber würde sich in der Umgebung von Madang das Gefühl der Stigmatisierung möglicherweise ebenso relativieren wie die negative Bewertung von *Road Belong Cargo*.

HOLGER JEBENS

Ausg.: ND Melbourne 1967, Manchester 1971, New York 1979. – Neo-Melanesische Tok Pisin Übers.: Rot Bilong Kago. Pita Lorens (Peter Lawrence) i raitim Tok-save bilong Ting-Wok Kago bilong manmeri long Madang Saut, Port Moresby 1986.

Lit.: L. R. HIATT, Peter Lawrence 1921–1987, in: Oceania 59 (1988/89), S. 1–2. – P. LAWRENCE, Twenty Years After: A Reconsideration of Papua New Guinea Seaboard and Highlands Religions, in: Oceania 59 (1988–89), S. 7–27. – E. HERMANN, Emotionen und Historizität. Der emotionale Diskurs über die Yali-Bewegung in einer Dorfgemeinschaft der Ngaing, PNG, Berlin 1995. – W. KEMPF, Das Innere des Äußeren. Ritual, Macht und historische Praxis bei den Ngaing des PNG, Berlin 1996. – H. JEBENS/K.-H. KOHL, Konstruktionen von »Cargo«. Zur Dialektik von Fremd- und Selbstwahrnehmung in der Interpretation melanesischer Kultbewegungen, in: Anthropos 94 (1999), S. 3–20.

Edmund Leach

(* 1910 Sidmouth; † 6.1.1989 Cambridge)

Political Systems of Highland Burma. A Study of Kachin Social Structure (engl.; *Politische Systeme im Hochland von Burma. Eine Studie über die Sozialstruktur der Kachin*), EA London 1954.

Edmund Leach studierte Mitte der dreißiger Jahre des 20. Jh. bei B. → Malinowski, nachdem er zunächst Mathematik und Ingenieurwissenschaft belegt hatte. 1939/40 führte er eine neunmonatige Feldforschung in Nordost-Burma durch. 1940 wurde er Offizier in der britisch-burmesischen Armee. Noch in Burma verfasste er die erste Version seiner Kachin-Monographie, doch ging das Manuskript zusammen mit Photos und Feldnotizen verloren, als die japanischen Truppen Burma 1942 überrannten. Während der folgenden Jahre organisierte Leach den Widerstand unter den Bergvölkern gegen die Japaner und erhielt nach eigenen Angaben Einblick in die kulturelle und linguistische Vielfalt der Region. Nach dem Krieg rekonstruierte er sein Forschungsmaterial basierend auf Archivmaterial und seinen eigenen Erinnerungen – die damalige Situation in Burma machte eine weitere Feldforschung unmöglich. Nach der Lektüre von C. → Lévi-Strauss *Structures élémentaires de la parenté* (1949) reflektierte Leach sein Kachin-Material im Lichte des Strukturalismus neu und publizierte die Arbeit 1954, in demselben Jahr, in dem er von der London School of Economics, an der er seit 1947 gelehrt hatte, nach Cambridge wechselte.

Political Systems of Highland Burma weist Leach in erster Linie als Schüler von Malinowski aus. Er kritisiert den Strukturfunktionalismus von A. R. → Radcliffe-Brown, M. → Fortes und E. E. → Evans-Pritchard, die im Gefolge von É. → Durkheim funktionale Integration, soziale Solidarität, kulturelle Uniformität, strukturelles Gleichgewicht etc. betonten. Leach orientiert sich hingegen stärker an Vilfredo

Pareto (1848–1923) und Max Weber (1864–1920) und stellt politische Konflikte zwischen machtorientierten Akteuren und Widersprüche zwischen Normen und tatsächlichem Verhalten sowie sozialen Wandel und historische Prozesse in den Mittelpunkt seiner Untersuchung. Der Einfluss von Lévi-Strauss macht sich dort bemerkbar, wo von Modellen der idealen Ordnung die Rede ist, die sowohl die Akteure selber als auch die Ethnologen konstruieren.

Das Vorwort zur Erstausgabe von *Political Systems* stammt von R. → Firth. Leach selber fügte den Neuauflagen von 1964 und von 1977 eigene Vorworte bei, in denen er einige Positionen modifiziert, sich mit seinen Kritikern auseinandersetzt und die Arbeiten von Jonathan Friedman (*1946) über die Kachin mit dem Argument verwirft, sie würden in keiner Weise mit den empirischen Daten übereinstimmen

Das Buch selbst ist in drei Teile gegliedert. Der erste Teil stellt das ökologische und kulturelle Setting vor. Die Kachin bilden eine regionale Bergbevölkerung, die sprachlich, dialektal und kulturell heterogen ist; gemeinsam sind ihr jedoch die politischen Modelle: das hierarchische Gumsa und das egalitäre Gumlao. Die Kachin sind zudem ohne die benachbarten Shan nicht zu verstehen, die Nassreis in der Ebene anbauen, in Staaten organisiert und buddhistischen Glaubens sind.

Der zweite Teil beschreibt die Gumsa-Gemeinde Hpalang: die territoriale und verwandtschaftliche Zusammensetzung, die politische Hierarchie in Ränge sowie die Religion kommen zur Sprache. Hpalang zählte zur Zeit von Leachs Aufenthalt ca. 500 Personen, die in 130 Haushalte unterteilt waren und zu sechs Dialektgruppen gehörten. Hpalang als »village cluster« bestand zudem aus neun Dörfern und ebenso vielen lokalen Patrilineages (*htinggaw*) mit je einem Chef. Theoretisch war Hpalang die Domäne (*mung*) eines Gumsa-Chefs (*mung duwa*), welcher Oberhaupt der wichtigsten Patrilineage und auch nomineller Eigentümer des Gemeindeterritoriums war. Hpalang zerfiel jedoch in zwei Faktionen, die untereinander nicht heirateten; jede Faktion erkannte einen eigenen Chef an und besaß einen heiligen Hain, in dem der Chef für seine Leute den Geistern des Himmels, der Erde und der Ahnen opferte. Reiche Männer besaßen Zeremonialgüter (*hpaga*) wie Gongs und Gewehre, zudem Büffel und Rinder, die hauptsächlich für Rituale eingesetzt, aber auch bei Heiraten, Begräbnissen, zur Kompensation bei Rechtsfällen etc. verwendet wurden. Jede lokale Patrilineage hatte immer dieselben Frauengeber (*mayu*), die einen höheren Status besaßen, und dieselben Frauennehmer (*dama*), die im Status tiefer standen. Allerdings wurden die Regeln der matrilateralen Kreuzkusinen-Heirat nur von den Chefs und deren Nachfolgern eingehalten. Die beiden Hauptchefs in Hpalang waren Frauengeber der anderen Patrilineages ihrer jeweiligen Dorffraktion, die ihnen als Frauennehmer untergeordnet waren, aber auch untereinander heiraten konnten. Die Frauengeber der Chefs lebten dagegen nicht in Hpalang. Die Beziehungen zwischen Frauengebern und Frauennehmern markierten somit die unterschiedlichen Ränge der Dorf-Lineages.

In Kap. 5 werden territoriale Organisation, Verwandtschaftsgruppen, Affinalität, Eigentum, Rang und Klassen, politische und religiöse Struktur beschrieben. Der jüngste Sohn erbte nach Leach den Status eines Lineage-Chefs. Der jüngste Sohn der dominanten Lineage wurde oberster Chef (*duwa*) und musste dem Himmelsgeist (Madai) und dem Erdgeist (Shadip) opfern. Die Aufgaben eines Chefs waren aber nicht nur ritueller Natur, sondern bestanden auch in der Vermittlung bei Konflikten. Ein Aristokrat wurde als solcher anerkannt, solange er seinen rituellen Aufgaben und Tauschverpflichtungen nachkam; tat er es nicht, verlor er Gesicht und Status.

Im dritten Teil stellt Leach seine These der Oszillation der Dorforganisation zwischen Gumsa- und Gumlao-Zustand dar, die das Kernstück des Buches bildet. Im Gumsa-System erheben die Aristokraten (*mayu*) Abgaben von den Gemeinen (*dama*), sind umgekehrt aber auch zu Redistributionen verpflichtet. Hält ein Gumsa-Chef seine Verpflichtungen nicht ein, werden die Gemeinen rebellieren, und das Gumsa-System fällt in den Zustand des Gumlao-Systems zurück, in dem die lokalen Lineages nicht mehr hierarchisch rangiert sind. Aber auch das egalitäre Gumlao-System hat Schwächen: es kann Lineages nicht in grossen Siedlungen zusammenhalten, was bei kriegerischen Konflikten einen Nachteil bedeutet. Die eigentlichen Gründe für einen Wechsel zwischen Gumsa und Gumlao sieht Leach im politischen und ökonomischen Umfeld, vor allem in der Beziehung zwischen Kachin-Gemeinschaften und Shan-Staaten. Kachin-Aristokraten können ihre Macht steigern, wenn sie in die Shan-Gesellschaft integriert werden, dabei aber ihre Identität als Kachin beibehalten. Weil jedoch andererseits die Gemeinen, wenn sie zu Shan-Bauern werden, aufhören, Kachin zu sein, schwächen sich die Beziehungen zwischen den Kachin-Chefs und den Gemeinen ab. Der Kachin-Chef kann keine Shan-Frauen nehmen, weil er sonst nicht mehr Kachin wäre. Er kann aber seinen Kachin-Dama keine Frauen mehr geben, weil er sonst kein Shan-Prinz wäre. Deshalb isoliert sich ein Kachin-Chef, der Shan-Prinz wird, und provoziert auf diese Weise eine Gumlao-Revolte.

Unterschiede der ökologischen Zonen spielen bei der regionalen Verteilung von Gumsa und Gumlao eine gewisse Rolle, determinieren sie aber nicht eindeutig. In Zone A (Schwendbau auf Waldland, Nassreis im Tal) sind die Lokalgemeinschaften klein und meist nach dem Gumlao-Prinzip organisiert. Wo das Gumsa-System besteht, haben die Chefs bloß rituelle Macht. Wo jedoch Sklaven im Tiefland die Nassreisfelder der Chefs bebauen, haben diese eine reale Macht. In Zone B – Nassreisanbau im Tal, Cash crops und Subsistenz in den Hügeln – herrscht das Gumsa-System vor. In Zone C – Schwendbau auf Grasland, aber auch Bergterrassen – finden sich Gumsa und Gumlao. Wo an Passstraßen eine Besteuerung des Fernhandels möglich ist, dominiert das Gumsa-Modell.

Wichtiger als das ökologische scheint jedoch das politische Umfeld zu sein. 1824 kam es zum Krieg zwischen Burma und England, und die Shan-Staaten verloren an militärischer Macht. Interne Konflikte zwischen Faktionen, die Kachin als Söldner anheuerten, trugen zu ihrer weiteren Schwächung bei. 1926 schafften die Briten den Status der Sklaven (damals 43% der Kachin-Bevölkerung) ab. Die Chefs wurden Agenten der Regierung; die Nachfolge wurde zwar nach wie vor nach traditionellen Kriterien geregelt, die Macht der Kachin-Chefs jedoch beschnitten.

Nach Leach imitieren die Kachin mit der Hierarchisierung entlang *mayu/dama* die hierarchische Struktur der Shan-Staaten. Ein Gumsa-Chef muss sich letztlich auf Nicht-Kachin – auf seine Sklaven (*mayam*) – stützen und seine verwandtschaftlichen Verpflichtungen verweigern. Wenn dies gelingt, wird er fast ein Shan; wenn es nicht gelingt – wenn er seine Kachin-Frauennehmer nicht zu Sklaven und Knechten machen kann –, revoltieren diese, und der Gumsa- transformiert sich in einen Gumlao-Zustand. Solange das Shan-Modell florierte, hatte auch das Gumsa-Modell Erfolg. Jedes Mal, wenn sich das Shan-System abschwächte, brachen Gumlao-Rebellionen aus, wie nach 1885, als die Briten die Macht der Shan-Staaten beschnitten.

Im Schlusskapitel bezeichnet es Leach als Aufgabe der Ethnologie, Methoden zur Analyse sich verändernder sozialer Systeme zu entwickeln. Im Feld müsse der Ethnologe soziale Systeme beschreiben, als ob diese sich im Gleichgewicht befänden, weil sonst die Beschreibung nicht möglich sei. Leach kritisiert den gängigen Sprachgebrauch »die Kultur der [...]«, »der Stamm der [...]« (281). Die Kachin sind keine kulturell und sprachlich homogene Ethnie, sondern eine regionale Bevölkerungsgruppe mit unterschiedlichen Sprachen, Dialekten und Kulturen, der aber gemeinsam ist, dass lokale Gemeinschaften entweder nach dem Gumsa- oder dem Gumlao-Prinzip organisiert sind. Dies wiederum hängt von den Beziehungen zu anderen Bevölkerungsgruppen (Shan-Staaten) ab. Meist sei es ohnehin eine ethnographische Fiktion, Ethnien als distinkte Einheiten mit klaren und eindeutigen Grenzen zu unterscheiden (290). Diese Klarstellung sollte für die spätere Diskussion der Konzeption von Ethnie und Ethnizität in der Ethnologie zentral werden.

Leach untersucht nicht das Durchschnittsverhalten der Kachin, sondern die Beziehungen zwischen realem und idealem Verhalten. Er beschreibt nicht nur Strukturen, sondern auch verschiedene Kategorien von Akteuren und ihre Handlungsoptionen: jüngste Söhne eines Chefs, Gemeine, ältere Brüder eines Chef-Nachfolgers usw. Alle Akteure streben nach Macht und Reputation. Mythische Herkunftsgeschichten und Genealogien dienen der Legitimation von Machtansprüchen und hierarchischen Positionen und bilden somit ein Feld sozialer Konflikte und Konkurrenz.

Schwachpunkt der Monographie ist ihre epistemologische Position, die ein Konglomerat der Lehren von Lévi-Strauss und Malinowski darstellt. Leach schließt aus der Tatsache, dass ethnologische Modelle einer Gesellschaft mentale Konstrukte sind, darauf, dass es sich nur um Modelle der idealen Ordnung handeln könne. Die Sozialstruktur in praktischen Situationen bestehe im Wesentlichen aus Ideen über die Verteilung der Macht zwischen Personen und Gruppen. Während ethnologische Modelle konsistent und eindeutig sein müssten, seien die Modelle der Akteure mehrdeutig und ambivalent, weil sie zur Legitimation divergierender Interessen und Ansprüche dienten. Die soziale Realität erscheint nach Leach als hoffnungsloses Durcheinander von individuellen Aktivitäten. Im ständigen Wandel begriffen, entzieht sie sich einer eindeutigen, strukturellen Analyse. Angeblich sei es nicht einmal möglich, von einer lokalen Gemeinschaft zu sagen, ob sie Gumsa oder Gumlao sei – die einen Individuen sehen es so, andere wiederum anders (286). Deshalb wird auch nie klar, ob Gumsa und Gumlao lediglich zwei Formen der idealen Ordnung oder zwei Modalitäten der politischen Ordnung in lokalen Gemeinschaften darstellen.

Dass Leach Gumsa und Gumlao oft als bloße ideale Modelle interpretiert, welche die reale Situation in einer lokalen Gemeinschaft nicht wiedergeben, dürfte vor allem damit zusammenhängen, dass Hpalang ein Gumsa-Dorf im Niedergang war und sich in Richtung Gumlao transformierte. Einige Gumsa-Chefs regierten vor Ankunft der Briten jedoch über 60 Dörfer und verfügten über eine große Zahl von Sklaven, die auf ihren Reisfeldern arbeiteten; andere gründeten ihre Macht auf die Besteuerung des Fernhandels an den Passstraßen. Wo keine nennenswerten ökonomischen Ressourcen vorhanden waren, traten sowohl Gumsa als auch Gumlao auf, wobei die Gumsa-Chefs jedoch keine reale politische Macht, sondern lediglich rituellen Status hatten (232f.).

Zusammen mit M. → Gluckman trug Leach durch die Betonung von politischem Konflikt und sozialen Veränderungen erheblich zur Kritik am damals dominanten Strukturfunktionalismus bei. Friedman hat die Kachin/Shan-Thematik neomarxistisch weitergedacht, indem er vor allem die Prozesse des Machterwerbs durch die Eliten, aber auch regionale Variationen und zeitliche Transformationen politischer Systeme stärker thematisierte.

JÜRG HELBLING

Ausg.: Neuausgabe London 1964, 1970, 1977.

Lit.: J. FRIEDMAN, System, Structure, and Contradiction (Diss. Columbia University 1972), Kopenhagen 1979. – DERS., Tribes, States and Transformations, in: M. BLOCH (Hg.), Marxist Analysis and Social Anthropology, London 1975, S. 161–202. – E. LEACH, Glimpses of the Unmentionable in the History of British Social Anthropology, in: Annual Review of Anthropology 13 (1984), S. 1–23. –A. KUPER, Anthropology and Anthropologists: The Modern British School, London ^{3}1996.

Richard B. Lee
(* 20.9.1937, New York)

Irven DeVore
(* 7.10.1934, Joy)

(Hg.) **Man the Hunter** (engl.; *Der Mensch als Jäger*), EA New York 1968.

Das Werk ist in den über 30 Jahren seit der Erstauflage zu einem der unbestritten bekanntesten ethnologischen Werke des 20. Jh. geworden. Es hat sowohl die neuere Debatte über Jäger- und Sammlergesellschaften ganz entscheidend mitgeprägt (wenn nicht überhaupt erst ausgelöst) als auch inhaltlich neue Akzente gesetzt. *Man the Hunter* ist eine Konferenzpublikation, die auf den im April 1966 in Chicago abgehaltenen gleichnamigen Kongress zurückgeht. Die beiden Herausgeber gehörten zum Kern der sogenannten »Harvard Kalahari Research Group«, die seit 1963 im heutigen Botswana Feldforschungen bei San-Gruppen durchführten. Diese weitgehend auf ökologischen Fragestellungen und auf quantitativen Methoden aufbauenden Feldforschungen lieferten Daten, die qualitativ und quantitativ weit über diejenigen klassischer ethnographischer Monographien hinausgingen. Dies führte auch zur Notwendigkeit, die theoretischen Ansätze zu Wildbeutergesellschaften kritisch zu hinterfragen.

Trotz dieser Gemeinsamkeiten waren die beiden Herausgeber zum damaligen Zeitpunkt sehr unterschiedlich im amerikanischen Wissenschaftsleben situiert: Richard B. Lee hatte erst im Jahr vor der Tagung seine Dissertation in Berkeley verteidigt, während Irven DeVore bereits ein angesehener Humanbiologe und wohlbestallter Universitätsprofessor war. Es war jedoch Lee, der jüngere der beiden, dessen Name bis heute aufs engste mit der modernen Jäger- und Sammlerforschung verbunden ist, während DeVore sich später vor allem der Soziobiologie zuwandte.

Von den 36 Beiträgen des Buches sind 31 Aufsätze im engeren Sinne; die restlichen fünf Texte sind Abschriften von Tonbandaufzeichnungen der Diskussionen mit einer Vielzahl von Rednern. Da es sich um einen Sammelband handelt, ist die Rezeptionsgeschichte der einzelnen Beiträge sehr unterschiedlich: Während ein Großteil der Artikel kaum weitere Beachtung gefunden hat, sind einige wenige Beiträge zu »modernen Klassikern« geworden. Zur zweiten Kategorie zählt u.a. der kurze Einleitungsartikel der beiden Herausgeber (»Problems in the Study of Hunters and Gatherers«, Kap. 1), der ganz wesentlich zur Überwindung der auf A. R. → Radcliffe-Brown, J. → Steward und Elman Service (1915–96) zurückgehenden Hypothese der »patrilokalen Band« beigetragen hat. Lee und DeVore fassen dabei unter dem Begriff »nomadic style« die gemeinsamen Merkmale von nichtsesshaften Jäger- und Sammler-Gesellschaften zusammen: Diese Gesellschaften sind generell egalitär; die Größe und Zusammensetzung der Lokalgruppen ist flexibel; die Lokalgruppen halten keine exklusiven Rechte auf die Ressourcen ihrer Territorien; reziproker Zugang und Nahrungsmitteltausch sind wichtige Kommunikationsmechanismen zwischen den Lokalgruppen; es gibt kaum Nahrungsmittelüberschüsse; das Nichtvorhandensein zentraler politischer Instanzen verleiht der Gruppenspaltung als Mittel der Konfliktlösung ein besonderes Gewicht.

Eine der langfristig einflussreichsten Thesen des Buches wurde nicht in einem der Artikel, sondern im Rahmen eines ausführlichen Diskussionsbeitrags entwickelt: M. → Sahlins' These von den »ursprünglichen Überflussgesellschaften« (»original affluent society«; Kap. 9b) wurde zwar von ihm in *Stone Age Economics* (1972) weiterentwickelt, doch die entscheidenden Argumente sind bereits in dem knapp fünf Seiten langen Beitrag zu *Man the Hunter* enthalten. Ausgehend von der Beobachtung, dass viele Jäger- und Sammlergesellschaften Unterproduktion betreiben, kritisiert er die philosophischen und ethnologischen Prämissen, dass aneignende Wirtschaftsformen unfähig seien Überschuss zu produzieren und dass Wildbeuter gänzlich mit dem Kampf ums Überleben beschäftigt seien. Tatsächlich aber lebten und leben viele Jäger- und Sammlergesellschaften im Überfluss, weil ihre materiellen Bedürfnisse minimal sind. Diese These hat eine Vielzahl unterschiedlicher Reaktionen ausgelöst sowie die Entwicklung von scheinbar entgegengesetzten Positionen – wie z.B. der »optimal foraging theory« (siehe z.B. Winterhalder/Smith 1981) – stimuliert. Ihre anhaltende Relevanz zeigt sich u.a. darin, dass 30 Jahre nach *Man the Hunter* Sahlins Thesen nicht nur von Ethnologen, sondern auch von Ökonomen diskutiert werden (z.B. Gowdy 1998).

Ein ganzer Abschnitt des Buches ist den Themen Verwandtschaft und Heirat bei australischen Aborigines gewidmet: Hiatt (Kap. 18), Meggitt (Kap. 19), Rose (Kap. 21) und Yengoyan (Kap. 20) nehmen auf sehr unterschiedliche Art und Weise kritisch zu Radcliffe-Browns Modell der »Heiratsklassen« Stellung. C. → Lévi-Strauss, dessen Theorie der Verwandtschaft stark auf Radcliffe-Browns Modell aufbaut, fühlte sich angesichts des neuen Materials im Schlusskapitel des Buches bemüßigt, die defensive Losung auszugeben, »wir sollten vermutlich vorsichtiger mit der Versuchung umgehen, das Werk unserer großen Vorgänger im Lichte neuer Perspektiven oder rezenter Beobachtungen zu verwerfen« (Kap. 36).

Australische Fallbeispiele sind in *Man the Hunter* am besten repräsentiert; daneben sind Afrika und Nordamerika noch relativ gut vertreten, während Asien (Birhor und Ainu) und Südamerika (ein Überblicksartikel) unterrepräsentiert sind. Diese ungleichmäßige Verteilung der Fallstudien ist – neben anderen Faktoren – mit der damals vorherrschenden restriktiven Definition von Jäger- und Sammlergesellschaften (siehe Kap. 2) zu erklären, die von der Annahme geleitet schien, dass nur einige wenige isolierte Wildbeutergesellschaften der Erkenntnis über »Man the Hunter« dienlich seien. Diese Ansicht wird auch in einer Reihe von prähistorischen Beiträgen (Kap. 26–31) sichtbar, in denen die

Übertragbarkeit von Schlussfolgerungen von rezenten zu prähistorischen Jäger- und Sammlergesellschaften thematisiert wird.

Der im Englischen doppeldeutige Titel des Buches (»man« steht hier sowohl für »Mann« wie auch für »Mensch«) sowie die einseitige Betonung der Jagd (gegenüber dem Sammeln) haben zu Recht feministische Kritik erregt (siehe v.a. Dahlberg 1981). Heute gilt, dass die (vorwiegend) männliche Tätigkeit der Jagd nicht losgelöst von weiblichen Tätigkeiten (wie z.B. Sammeln, Nahrungsverteilung und -zubereitung, Verarbeitung von Tierhäuten etc.) betrachtet werden kann. *Man the Hunter* hatte zwar bereits empirisches Material in diesem Zusammenhang geliefert (Lees »What Hunters Do for a Living« kam zu der Schlussfolgerung, dass bei der Mehrheit der in tropischen und gemäßigten Zonen beheimateten Jäger- und Sammlergesellschaften das Sammeln die primäre Subsistenzquelle darstellt), doch dieses wurde zum damaligen Zeitpunkt noch nicht ausreichend konzeptualisiert. So haben zwei einflussreiche evolutionstheoretische Artikel von Washburn und Lancaster (Kap. 32) und Laughlin (Kap. 33) völlig einseitig die Rolle der von Männern durchgeführten Jagd für die menschliche Kulturentwicklung betont.

1978, zehn Jahre nach Erscheinen von *Man the Hunter*, wurde in Paris eine Konferenz abgehalten, die sich ausdrücklich als Fortsetzung der ursprünglichen Tagung verstand (Leacock/Lee 1982). Seither sind in loser Folge sieben weitere Kongresse abgehalten worden, die unter dem Kürzel CHAGS (Conference on Hunting and Gathering Societies) bekannt geworden sind und kritisch an *Man the Hunter* anknüpfen. Auch die Einzelbeiträge des einschlägigen Nachschlagwerks (Lee/Daly 1999) wurden vorwiegend von Teilnehmern dieser Tagungsreihe verfasst. Es ist auffallend, dass sich in den Folgepublikationen zu *Man the Hunter* das Hauptgewicht von »Ursprungsfragen« der Menschheit immer stärker auf die gegenwärtige Situation von Jäger- und Sammlergesellschaften verlagert hat.

Man the Hunter ist ein paradigmatisches Werk der amerikanischen Anthropologie der sechziger Jahre des 20. Jh. und drückt den durch Neoevolutionismus and Kulturökologie veranlassten Erkenntnisoptimismus seiner Zeit aus. Nach Jahrzehnten partikularistischer Forschung wurde hier dem Wunsch, die Menschheit in ihrem »Naturzustand« zu untersuchen, Ausdruck verliehen. Auch wenn viele der darin vertretenen Einzelhypothesen später der Kritik nicht standhalten konnten, so bleibt die Tatsache bestehen, dass *Man the Hunter* das einflussreichste Buch ist, das jemals zu Jäger- und Sammlergesellschaften verfasst worden ist.

PETER P. SCHWEITZER

Lit.: B. WINTERHALDER/E. SMITH (Hg.), Hunter-Gatherer Foraging Strategies, Chicago 1981.– F. DAHLBERG (Hg.), Woman the Gatherer, New Haven 1981. – E. LEACOCK/R. LEE (Hg.), Politics and History in Band Societies, Cambridge 1982. – J. GOWDY (Hg.), Limited Wants, Unlimited Means, Washington 1998. – R. LEE/R. DALY (Hg.), The Cambridge Encyclopedia of Hunters and Gatherers, Cambridge 1999.

Michel Leiris

(* 20.4.1901 Paris, † 30.9.1990 Saint-Hilaire)

L'Afrique fantôme. De Dakar à Djibouti 1931–1933 (frz.; *Phantom Afrika. Von Dakar nach Djibouti*), EA Paris 1934.

L'Afrique fantôme ist der Titel des Tagebuchs, eines »Monstrums« (Clifford), das Leiris als Mitglied der Dakar-Djibuti-Expedition auf der Reise verfasste und mit nur geringfügigen Änderungen ein Jahr später veröffentlichte.

Die Expedition, die der ethnographischen und linguistischen Erforschung Afrikas und der Professionalisierung der französischen Ethnologie dienen sollte, markierte offiziell den Beginn der – im Vergleich zu England und Deutschland – verspäteten Ära der ethnographischen Feldforschung in den französischen Kolonien und beendete gleichzeitig die Epoche der großen ethnographischen Expeditionen. Sowohl massive nationale und koloniale Interessen, aber auch die zur damaligen Zeit in Paris vorherrschende »Negrophilie« und Afrikabegeisterung, der Primitivismus, die Verehrung Josephine Bakers und des Boxers Panama Al Brown (der mit einem Kampf die Reise finanziell unterstützte), des Jazz und der »art nègre« bildeten den Hintergrund für die Expedition. Sie wurde von dem Ethnologen M. → Griaule geleitet, der bereits 1927–29 als Rockefeller-Stipendiat eine Feldforschung in Äthiopien durchgeführt hatte. Im Zentrum der Expedition standen das Sammeln ethnographischer Objekte für das damalige Musée d'Ethnographie du Trocadéro (das spätere Musée de L'Homme) und die auf einige Lokalitäten begrenzte intensive ethnographische und linguistische Feldforschung, die Griaule – im Gegensatz zu B. → Malinowski– als Team-Arbeit und als »observation plurielle« mit zahlreichen unterschiedlichen methodischen Ansätzen konzipiert hatte.

Leiris gehörte bereits vor 1931 der surrealistischen Bewegung an (seit 1924 als Dissident), die im Umfeld der Zeitschrift *Documents* zahlreiche Künstler und Wissenschaftler, insbesondere Ethnologen, zusammengeführt hatte. Er nahm an der Expedition teil (ohne vorher als Ethnologe ausgebildet worden zu sein), weil er sich in einer Krise befand und Heilung wie Verwandlung durch die Reise erhoffte. Seine durch den Primitivismus geprägte Sehnsucht nach »Initiation«, »Reinigung«, »Überschreitung« und »Sakralität« suchte er in Afrika zu erfüllen.

Das Tagebuch, schwankend zwischen »carnet de route« und »carnet intime«, zeichnet den Prozess seiner Desillusionierung, seines Scheiterns und der Entzauberung des Phantoms Afrika nach. Die höchst heterogenen Eintragungen – ethnographische Beobachtungen, Ereignisse, Gesprächsprotokolle, essayistische Bemerkungen und Reflexionen, erotische Phantasien, Traumberichte und immer wieder Selbstbeobachtungen – die sich in einen literarischautobiographischen und einen eher ethnographisch-wissenschaftlichen Diskurs aufspalten, geben Zeugnis vom Misslingen auf drei verschiedenen Ebenen. Zum einen stellte sich Afrika nicht als der authentische Kontinent des »ganz Anderen« heraus, sondern als bereits kolonisiert und zerstört: Überall wurden Leiris und seine Begleiter mit den Spuren und Folgen der europäischen Expansion, Herrschaft und Ausbeutung konfrontiert. In diesem Zusammenhang erschien ihm auch die Expedition nur mehr als Teil eben dieser kolonialen Praxis. Zum anderen übte er eine radikale Kritik an den Methoden der ethnographischen Feldforschung, die Griaule durchzusetzen suchte, um das Fach zu professionalisieren. Er fühlte sich zum Funktionär in Sachen Afrika degradiert; Zettelkasten und ethnographische Klassifikation wurden ihm zum Alptraum. Der distanzierte Blick des ethnographischen Beobachters setze, so schrieb er, die Ethnographierten zu Objekten herab, während die Gespräche mit ihnen polizeilichen Verhören glichen. Das Sammeln ethnographischer Objekte wurde an einigen Orten zu einem Raubzug »im Dienst der Wissenschaft«. Er musste feststellen, dass koloniale Macht und Gewalt sowie die Methoden der Erzeugung von ethnographischem Wissen eine wirkliche Teilnahme am afrikanischen Leben, so wie er es sich noch in Paris erhofft hatte, verhinderten.

Schließlich scheiterte auch sein Wunsch nach Heilung und Verwandlung der eigenen Person. Den gleichen kritischen Blick, den er auf Afrika und die Expedition warf, richtete er auch auf sich selbst und stellte seine eigenen Obsessionen und Idiosynkrasien in der Tradition der Geständnisliteratur, aber auch der automatischen Schreibweise der Surrealisten, (manchmal) schonungslos bloß. Er feminisierte Afrika als das Andere und konstatierte, dass er niemals mit einer afrikanischen Frau geschlafen habe, dass er Europäer geblieben sei. Gegen Ende der Expedition, als Leiris sich auf Anraten von Griaule mehrere Monate in Gondar in Äthiopien aufhielt, um dort den Zar-Besessenheitskult zu erforschen, trat jedoch eine wesentliche Veränderung ein.

Hier gelang es ihm, das Phantasma von der Verschmelzung mit dem Anderen, in doppelter – allerdings gebrochener Weise – zu erfahren. Zum einen erlebte er vor dem Hintergrund seiner Kritik an den ethnographischen Methoden die eigene Teilnahme am Kult als Anverwandlung an den Gegenstand, nämlich als Besessenheit. Er glaubte sich selbst besessen, wurde zum »Pferd« (Medium) eines Geistes und trank das Blut des Opfertieres (allerdings ohne aufzuhören, ethnographische Notizen zu machen). Zum anderen verliebte er sich in die Tochter der Kultführerin und meinte, auch von ihr besessen zu sein. Doch wieder setzte ein Prozess der Desillusionierung ein, als er bemerkte, dass die Zeremonien nicht eigentlich authentisch, sondern für ihn inszeniert worden waren, um in den Genuss seines Geldes zu kommen. Der Aufenthalt in Gondar führte ihn zu der Einsicht, dass der eigentliche Besessene er selbst war, besessen vom Phantom Afrika (Albers 1999).

Die Veröffentlichung des Tagebuchs bereits ein Jahr nach dem Abschluss der Expedition wurde von Griaule, M. → Mauss und Paul Rivet (1876–1958) als Skandal und Verrat empfunden, war Leiris doch als Sekretär und Archivar auf die Reise mitgenommen worden, um die offizielle (glorreiche) Geschichte der Expedition zu schreiben. Stattdessen sabotierte er das Genre des Reiseberichts, indem er ohne eigentliche narrative Struktur vor allem Fragmente lieferte, und außerdem, sich auf die eigene Aufrichtigkeit berufend, über Ereignisse berichtete (z.B. den Diebstahl von Masken und Statuen), die dem Ansehen der Expedition nicht unbedingt dienlich waren. Es kam zum Bruch zwischen ihm und Griaule.

Das Tagebuch ist das einzige Werk Leiris' geblieben, in dem sich Ethnographie und Literatur miteinander verbinden. In seinen späteren Texten sind ethnographisch-wissenschaftliche Essays und literarische Werke eindeutig voneinander getrennt. Obwohl er nach der Expedition »ordentlich« Ethnologie studierte, einen Abschluss machte und verschiedene ethnographische Texte verfasste, wandte er sich auch weiterhin vor allem der Erforschung des eigenen Selbst und der literarischen Verarbeitung der eigenen Biographie zu. Das Tagebuch muss also als ein frühes, einzigartiges Zeugnis für die Verschränkung von Selbst- und Fremderfahrung gesehen werden, die innerhalb der Ethnologie erst später wieder durch die posthume Veröffentlichung von Malinowskis Tagebüchern zum Thema werden sollte. In den achtziger Jahren des 20. Jh., vor dem Hintergrund der »Writing Culture«-Debatte und der Kritik am »ethnographischen Realismus«, erlangte Leiris' Tagebuch den Status eines Kultbuches, da hier eine reflexive Ethnologie betrieben und experimentell geschrieben worden, eine grundsätzliche Repräsentationsskepsis gegeben und gleichzeitig die Heterogenität des Dargestellten fragmentarisch im Text als Collage erhalten geblieben war.

HEIKE BEHREND

Ausg.: Neuausgaben Paris 1951, 1981, 1996. – Dt. EA u.d.T.: Phantom Afrika, 2 Bde., hg. u. m. einer Einl. v. H.-J. HEINRICHS, Frankfurt 1980.

Lit.: A. BOYER, Michel Leiris, Paris 1974. – H.-J. HEINRICHS, Ein Leben als Künstler und Ethnologe. Über Michel Leiris, Frankfurt [2]1992 – J. CLIFFORD, The Predicament of Culture ,Cambridge, MA, 1988, S. 165–74. – J. JAMIN (Hg.), Leiris. Miroir de l'Afrique, Paris 1996. – I. ALBERS, Der besessene Ethnograph und die Rituale des Schreibens, in: S. RIEGER u.a.. (Hg.), Interkulturalität. Zwischen Inszenierung und Archiv, Tübingen 1999, S. 145–163

Jean de Léry
(* 1534 La Margelle; † 1613 Bern)

Histoire d'un voyage faict en la terre du Brésil, autrement dite Amérique [...] (frz., *Geschichte einer Reise ins Land Brasilien, auch Amerika genannt* [...].1557, EA Genf/La Rochelle 1578.

Die *Histoire d'un voyage* von Jean de Léry gilt seit ihrer Würdigung durch C. → Lévi-Strauss in den *Tristes tropiques* (1955) als »Meisterwerk der ethnographischen Literatur«. Sie umfasst den Zeitraum zwischen dem 19. November 1556 und dem 26. Mai 1558. Von diesen rund zwanzig Monaten verbrachte Léry je die Hälfte zu Wasser und zu Land. Sieben von zweiundzwanzig Kapiteln des Buches, das von der Schiffsreise an die Küste Brasiliens und zurück nach Frankreich, von der Geographie, Flora und Fauna Brasiliens berichtet, sind der Beschreibung der Tupinambá gewidmet, die der Autor in der Bucht von Ganabara im heutigen Rio de Janeiro antraf. Die detaillierte Darstellung von Sitten, Gesellschaftsordnung und Religion dieser Küstenbewohner und zahlreiche Illustrationen, die vor Ort von einem mitreisenden Zeichner angefertigt wurden, machen die *Histoire d'un voyage* zu einem frühen Zeugnis der Ethnographie.

Als religiös Verfolgter brach der 22-jährige burgundische Calvinist Jean de Léry im Jahre 1556 von Genf aus auf, um beim Aufbau einer gemischtkonfessionellen französischen Kolonie in Brasilien mitzuhelfen. Auf einer Insel in der Bucht von Rio de Janeiro sollte ein ehrgeiziges Projekt des Vizeadmirals der Bretagne und Malteserritters Nicolas Durand de Villegagnon (1510–71) unter der Schirmherrschaft des Admirals Gaspard de Coligny (1519–72) realisiert werden: Die Kolonie war neben ihrer politischen Bedeutung für Frankreich als Zufluchtsort für Katholiken und Protestanten aus ganz Europa geplant, ein Unterfangen, das angesichts der französischen Verhältnisse am Vorabend der Religionskriege (1562–98) utopisch wirken musste. Die Anhänger der beiden Konfessionen standen einander in wichtigen theologischen Fragen unversöhnlich gegenüber und trugen den blutigen Konflikt auch auf der weit vom Mutterland entfernten brasilianischen Kolonie aus.

Villegagnon, der sich zunächst der Lehre der Reformierten gegenüber tolerant gezeigt hatte, wandte sich in der Kolonie erneut dem Katholizismus zu. Fortan verfolgte und exekutierte er die evangelischen »Härètiker« auf der Insel. Jean de Léry, der acht Monate als Schuhmacher dort gearbeitet hatte, entrann der Verfolgung durch seine Flucht auf das brasilianische Festland, wo er bis zu seiner Abreise 1557 nach Frankreich zwei Monate die Gastfreundschaft der Tupinambá genießen konnte. Seine vielfältigen ethnographischen Beobachtungen, die er später durch die Lektüre zeitgenössischer Reiseberichte und Kosmographien, unter anderem der *Cosmographie universelle* (1575) und *Les Singularitez de la France Antarctique* (1557) seines Erzrivalen und Franziskanermönches André Thevet (1504–92) erweitern sollte, brachte er nach eigenen Angaben bereits vor Ort »mit Brasiltinte« zu Papier.

Bedingt durch die Wirren der Religionskriege erst zwanzig Jahre nach seiner Brasilienreise, veröffentlichte er im Jahre 1578 in Genf erstmals seine *Histoire d'un voyage*, die bis zu seinem Tod sechs Auflagen erlebte und außer ins Lateinische in mehrere europäische Volkssprachen (englisch, deutsch, niederländisch) übersetzt wurde. Mit der Aufnahme des Textes in die große Sammlung protestantischer Reiseberichte des flämischen Verlegers und Kupferstechers Theodor de Bry (1528–98) erreichte die *Histoire d'un voyage* ein europäisches Publikum, das sowohl Gelehrten- als auch Laienkreise einschloss. Die Illustrationen aus der Werkstatt der Kupferstecherfamilie de Bry sind zwar detailreicher als die der Originalausgabe, beruhen aber auf Adaptionen von Bildern aus den Werken von Thevet und H. → Staden.

A. → Métraux entdeckte Lérys Ausführungen über die Religion der Tupinambá 1928 als bedeutende Quelle der

Religionsethnologie. Seitdem gilt Léry als Vorreiter der modernen Ethnographen, der in Ansätzen die Feldforschungsmethode der teilnehmenden Beobachtung bereits im 16. Jh. verwirklichte. Die fortwährenden Vergleiche der indianischen Kultur mit der europäischen gelten gar als Vorwegnahme der komparatistischen Methode der strukturalen Anthropologie, deren Grundsatz nach Lévi-Strauss lautet, die Unterschiede zwischen den einzelnen Gesellschaften seien der eigentliche Gegenstand der ethnologischen Forschung.

Der ethnographische Teil der *Histoire d'un voyage* (Kap.7–15 und 17–20), auf den die ethnologische Wissenschaft sich bisher beinahe ausschließlich konzentriert hat, wird eingerahmt von der persönlich gefärbten Erzählung der beschwerlichen Schiffsreisen und der Ankunft im Fort Coligny (Kap.1–6 und 22/23), die für die Situierung des Autors als Augenzeuge und Historiker von großer Bedeutung sind. Die teils anekdotisch und unterhaltsam gefasste Rahmenhandlung scheint den Autor als Augenzeugen des Geschehens zu legitimieren – eine Vorgehensweise, die C. → Geertz in Ethnographien des 20. Jh. analysiert hat: Ob ein Anthropologe glaubwürdig erscheint oder nicht, hänge davon ab, ob er sein Lesepublikum davon überzeugen kann, tatsächlich vor Ort gewesen zu sein (Geertz 1988).

Für Jean de Léry als bekennenden Protestanten war der Bericht seiner Reise in erster Linie ein Glaubenszeugnis, die Erfahrung der Schöpfungsvielfalt auf dem brasilianischen Festland ein Zeichen der göttlichen Allmacht. Die Tatsache, dass Léry die Reise trotz widrigster Umstände lebendig überstanden hat, empfand er als Beweis, von Gott erwählt zu sein. Die Publikation der *Histoire d'un voyage* war zu Lebzeiten Lérys also weniger ethnologisch als theologisch motiviert, zumal sie auch Stellung innerhalb der antikatholischen Propaganda bezog.

Der deskriptive ethnographische Teil der *Histoire d'un voyage* beginnt mit der physischen Beschreibung (Kap. 8) der

Bewohner der Küste Brasiliens. Léry erlebte sie, anders als viele seiner Zeitgenossen, nicht als monströse, animalische Wesen, sondern als den Europäern gleichartige Menschen, ja Ersteren sogar überlegen: Sie seien robuster, gesünder und lebten länger als diese. Ihre Nacktheit sei nicht vulgär, sondern im Gegenteil diskreter als die aufreizende Bekleidung der zeitgenössischen Europäerinnen. Auch in den Beschreibungen ihrer Nahrungs- und Getränkezubereitung (Kap. 9), Kriegsführung (Kap. 14 und 15), Religion (Kap. 16) und sozialen Ordnung (17 und 18), Medizin und Begräbnisriten (19) bemühte sich Léry, die »Wilden« dem Vorwurf der Inhumanität zu entheben. Selbst ihr Kannibalismus, den er in der Folge eines Kriegszuges gegen einen verfeindeten Stamm beobachtet haben wollte, sei laut Léry moralisch höher zu bewerten als die Grausamkeiten zwischen seinen französischen Landsleuten, deren Zeuge er seit der Bartholomäusnacht (23./24. 8. 1572) mehrfach geworden war.

Einen besonders wertvollen Beitrag leistet Lérys *Histoire d'un voyage* zum Verständnis des Fremden in linguistischer Hinsicht: Er fügt mit Kapitel 20 einen umfangreichen zweisprachigen Lexikonteil zu den wichtigsten Gesprächsthemen bei der Erstbegegnung zwischen Franzosen und Tupi-sprachigen Einheimischen ein. Die Tatsache, dass er das Wörterbuch mit hoher Wahrscheinlichkeit von einem normannischen Seefahrer aus den 1540er Jahren übernommen hat, tut seinem Verdienst um die Beschreibung einer fremden Kultur keinen Abbruch.

Lérys detaillierte Beobachtungsgabe, seine weder durch politische noch missionarische Interessen bestimmte Teilnahme am täglichen Leben der Tupinambá und ein außergewöhnliches Schreibtalent unterscheiden seinen Reisebericht in vieler Hinsicht von Berichten aus der Kolonialzeit, deren Hauptziel es war, die Ausbeutung von Gold und Arbeitskräften für das europäische Mutterland zu rechtfertigen.

Die *Histoire d'un voyage* ist eines von zwei Büchern, die Léry veröffentlicht hat. Das andere, die *Histoire mémorable du*

Siège de Sancerre (1573), verarbeitet Lérys Erfahrungen während der zehnmonatigen Belagerung der protestantisch dominierten Gemeinde Sancerre durch katholische Truppen, die er, wie er sagt, dank seiner Brasilienreise unbeschadet überstanden hat. Die beiden Bücher, innerhalb von fünf Jahren erschienen, weisen viele intertextuelle Bezüge auf. Beide bezeugen sie Grenzerfahrungen des Autors im Hinblick auf menschliches Sozialverhalten. Seine Begegnungen mit dem rituellen Kannibalismus der brasilianischen Küstenbevölkerung und mit Fällen von Hungerkannibalismus während der Belagerung in seiner Heimat, brachten Léry in die Position des Beobachters menschlicher Sitten und erlaubten ihm, scheinbar Fremdes im Eigenen zu erkennen.

Bei aller Bewunderung seines unverbrauchten Blickes darf allerdings nicht vergessen werden, dass Léry calvinistischer Pastor war und mit seinen Büchern, die er ja als Geschichtswerke verstand, einen Beitrag zur universalen Heilsgeschichte seiner eigenen Glaubensgemeinschaft leisten wollte. Die Zeremonien der Tupinambá, bei deren Beschreibung ständig die katholischen Riten lächerlich gemacht werden, werden aus dem Blickwinkel der Prädestinationslehre zur Folie, auf der sich die Reinheit des reformierten Glaubens umso klarer abhebt, als den Tupi jegliche Religiosität abgesprochen wird.

Die fünf Ausgaben, die dem Erstdruck von 1578 folgen, wurden sukzessive durch polemisch gefärbte Kommentare und Ergänzungen, die Léry aus anderen kosmographischen Quellen kompiliert, erweitert. Ihre zunächst konfessionell geprägte Rezeption innerhalb der geographischen Literatur wandelt sich erst, als Paul Gaffarel 1880 eine – fehlerhafte – Reproduktion des Originals von 1580 edierte. Die moderne Rezeption war bis weit ins 20. Jh. durch das empirisch-naturwissenschaftliche Interesse an frühen Zeugnissen aus der Neuen Welt bestimmt. Seit man in den achtziger Jahren jedoch begann, Reiseberichte nicht mehr ausschließlich als historische Quellen, sondern auch als literarische Texte zu betrachten, ergänzen philologische Fragestellungen den wissenschaftlichen Umgang mit der *Histoire d'un voyage*. Innerhalb des poststrukturalistischen Alteritätsdiskurses ist eine grenzüberschreitende interdisziplinäre Herangehensweise notwendig geworden, die gerade am Werk Lérys zwischen Ethnologie und Philologie fruchtbar gemacht werden kann.

KIRSTEN MAHLKE

Ausg.: Genf ^{2}1580 (ND, hg. v. J.-C. MORISOT, Genf 1975), ^{3}1585, ^{4}1599/1600, ^{5}1611. – Neuausgabe: 2 Bde., hg. v. P. GAFFAREL, Paris 1880. Dt. EA (teilw.) u.d.T.: Das dritte Buch Americae [...] Item Historia der Schiffart Ioannis Lerii in Brasilien, hg. v. T. DE BRY, Frankfurt 1593. – Neuausgabe u.d.T.: Brasilianisches Tagebuch 1557, hg. v. K. H. SALZMANN, Tübingen/Basel 1967, ^{2}1977 u.d.T.: Unter Menschenfressern am Amazonas. Brasilianisches Tagebuch 1556–1558. – Krit. Ausg.: Histoire d'un voyage faict en la terre du Bresil, hg. v. F. LESTRINGANT, Paris 1994; History of a Voyage to the Land of Brasil, hg. v. J. WHATLEY, Berkeley u.a. 1990.

Lit.: O. REVERDIN, Quatorze Calvinistes chez les Topinambous. Histoire d'une mission genevoise au Brésil (1556–1558), Genf/Paris 1957. – C. GEERTZ, Works and Lives, Stanford 1988. – F. LESTRINGANT, Le Huguenot et le sauvage. L'Amérique et la controverse coloniale, en France, au temps des Guerres de Religion (1555–1589), Paris 1990.

Claude Lévi-Strauss

(* Brüssel 28.11.1908)

Les Structures élémentaires de la parenté (frz.; *Die elementaren Strukturen der Verwandtschaft*), EA Paris 1949, 2. Aufl. 1967.

Les Structures élémentaires de la parenté sind an Umfang des bewältigten Stoffes, an Kühnheit der Perspektiven, an Reichweite der theoretischen Überlegungen wie auch hinsichtlich ihrer Wirkungen unbestreitbar das gewichtigste Werk zur ethnologischen Verwandtschaftsforschung im 20. Jh., so wie es für das 19. Jh. *Systems of Consanguinity and*

Affinity of the Human Family von L. H. → Morgan gewesen war, mit dem das Fundament für eine wissenschaftliche Erforschung von Verwandtschaftssystemen überhaupt gelegt worden war. In Anerkennung dieses Sachverhaltes widmete Lévi-Strauss sein monumentales Verwandtschaftsbuch dem amerikanischen Vorläufer.

Nach einem eher bescheidenen Buch-Debüt (1948) über das Sozialleben der Nambikwara bildeten die *Structures* den ersten Wurf in dem an Meilensteinen reichhaltigen Œuvre von Lévi-Strauss. Das Buch ist in den Jahren zwischen 1943 und 1947 entstanden, als Lévi-Strauss in New York im Exil lebte. Hier traf er Roman Jakobson (1896–1982), der ihn in die neuesten Entwicklungen der strukturalen Phonologie einweihte und ihn ermunterte, diese auf die Erforschung von Verwandtschaftsstrukturen zu übertragen.

Ausgangspunkt seiner Untersuchungen war die erklärte Absicht, die verwirrende Vielfalt weltweit registrierter Heiratspraktiken auf einige wenige Prinzipien zurückzuführen. Zu diesem Zwecke traf Lévi-Strauss zunächst eine Unterscheidung in *elementare* und in *komplexe* Verwandtschaftsstrukturen. Als elementare Strukturen bezeichnete er Ordnungen, bei denen die Verwandtschaftsterminologie Blutsverwandte und Schwiegerverwandte deutlich voneinander sondert, Systeme also, welche die Mitglieder einer Gruppe zwar allesamt als Verwandte kennzeichnen, diese aber in zwei Kategorien unterteilen, von denen die eine die möglichen Ehepartner und die andere die von einer Ehe ausgeschlossenen Personen enthält. Als komplexe Verwandtschaftsstrukturen kennzeichnete er demgegenüber Gesellschaftsordnungen, in denen die Ehepartner jenseits der jeweils festgesetzten Grenzen des Inzestverbotes frei gewählt werden können. In einer elementaren Struktur wird durch Heirat eine affinale Verwandtschaftsbeziehung bestätigt, die es vorher zwischen den Partnergruppen bereits gab; in einer komplexen Struktur wird durch Heirat eine Verwandtschaftsbeziehung geschaffen, die es zuvor nicht gab. Das Buch befasst sich, wie der Titel anzeigt, nur mit den elementaren Verwandtschaftsstrukturen. Es war vom Autor ursprünglich geplant, später einen zweiten Band mit dem Titel *Les Structures de parenté complexes* folgen zu lassen. Diesen Plan hat er nicht verwirklicht.

Die bahnbrechende Einsicht für das Verständnis elementarer Verwandtschaftsstrukturen war die Deutung kategorialer Heiratsrestriktionen als positive Regeln: Indem man sich Frauen aus der eigenen Gruppe versagt, stellt man sie einer anderen zur Verfügung, was diese wiederum zu einer Gegenleistung verpflichtet. Mit dieser Wendung der Perspektive konnte Lévi-Strauss das von M. → Mauss in seinem Aufsatz über *Le Don* von 1923/24 freigelegte Prinzip der Gegenseitigkeit nun auch auf die Heiratsregeln ausdehnen und die Heirat als 'Allianz' einer allgemeinen Theorie des Tausches unterstellen. Aus der weltweiten Vielfalt von Geboten und Verboten bezüglich der Heirat elaborierte Lévi-Strauss drei mögliche Verwandtschaftsstrukturen, die als elementar gelten können: die vorgeschriebene Heirat mit der matrilateralen, mit der patrilateralen und mit der bilateralen Kreuzkusine. Diese laufen, wenn sie sich wiederholen, auf zwei Formen des Tausches zwischen den Allianzpartnern hinaus: Die bilaterale Kreuzkusinen-Heirat bringt als Modus den »eingeschränkten Tausch« mit sich, die matrilaterale und die patrilaterale Kreuzkusinen-Heirat hingegen führen zu zwei unterschiedlichen Typen des »verallgemeinerten Tausches«. Der eingeschränkte Tausch ist ein System direkter Reziprozität, der verallgemeinerte Tausch eines der indirekten oder aufgeschobenen Reziprozität. Diese beiden Modi des matrimonialen Tausches sind der Fokus des Buches; sie gliedern es in zwei Teile.

Die einfachste Form des eingeschränkten Tausches (»échange restreint«) ist gegeben, wenn eine Gruppe sich in patrilineare oder matrilineare exogame Hälften teilt, so dass ein Mann der Hälfte A eine Frau der Hälfte B heiratet, wie umgekehrt ein Mann der Hälfte B eine Frau der Hälfte A als Gattin wählt. Tauschen die Männer zweier solcher Gruppen über mehrere Generationen hinweg ihre Schwestern mit der jeweils anderen Gruppe als Ehepartnerinnen aus, dann ist die als Gattin erworbene Frau eines Mannes gleichzeitig die Tochter seiner Vaterschwester wie auch die Tochter seines Mutterbruders: Sie ist seine bilaterale Kreuzkusine. Die bilaterale Kreuzkusinen-Heirat (Schwesterntausch) ist eine geschlossene Struktur. Ihr genügen zwei austauschende Gruppen. Sind es mehr, so müssen sie sich zu symmetrischen Paaren arrangieren. Bei dieser Form des direkten Tausches oszillieren die Frauen (und mit ihnen bestimmte Gaben und Leistungen) zwischen den paarweise tauschenden Gruppen hin und her.

Für die patrilaterale wie für die matrilaterale Form des verallgemeinerten Tausches (»échange généralisé«) bedarf es mindestens dreier Tauschgruppen: der Linie von Ego; einer Linie, die für diejenige von Ego als Frauengeber fungiert; und einer weiteren, die von Ego Frauen bezieht, also einer Frauennehmer-Gruppe. In beiden Grundmodellen des verallgemeinerten Tausches heiraten Brüder und Schwestern in entgegengesetzte Richtungen. Doch damit erschöpfen sich die Gemeinsamkeiten der beiden Formen des verallgemeinerten Tausches. Nimmt die Heirat mit der matrilateralen Kreuzkusine Regelcharakter an, so reproduziert ein Sohn die Heirat seines Vaters und die Tochter die Heirat ihrer Mutter. Im patrilateralen Fall dagegen kehren sich in jeder Generation die Heiratsrichtungen um, so dass sich die Heiratsrichtung erst in der Enkelgeneration wiederholt. Im patrilateralen Typ der Kreuzkusinen-Heirat, also bei der Heirat mit der Tochter der Vaterschwester, wird aus der Gruppe, die von der Ego-Linie in der ersten Generation eine Frau empfangen hatte, in der zweiten eine Frau zurückerstattet, während die Ego-Linie, die in der ersten Generation von einer dritten Linie eine Frau erworben hatte, an diese in der zweiten Generation eine solche abtritt. So schafft die patrilaterale Kreuzkusinen-Heirat die Praxis einer doppelten Ausschließlichkeit. Der Tausch ist diskontinuierlich, die Gegenseitigkeit mit den beiden anderen Linien wird jeweils um eine Generation verzögert.

Im matrilateralen Typ der Kreuzkusinen-Heirat ist der Frauentausch stets einseitig ausgerichtet: Linie A gibt Frauen an B, B an C und C an A (bzw. C an n und n an A). Diese durch alle Generationen hindurch gleichbleibende Ausrichtung eines stets indirekten Tauschmodus, in dem Frauen sozusagen von Gruppe zu Gruppe weiterrotieren, eröffnet allen Tauschgruppen einer Gesellschaft die Teilnahme an einem gemeinsamen Zyklus. Es genügt, wie Lévi-Strauss emphatisch vermerkt, dass eine menschliche Gruppe nur das Gesetz der Heirat mit der Tochter des Mutterbruders proklamiert, um für alle Generationen und zwischen allen Linien eine umfassende Runde der Gegenseitigkeit zu schaffen, die ebenso unausweichlich ist wie die physikalischen Gesetze. Doch was die matrilaterale Kreuzkusinen-Heirat für die Integration der Tauschgruppen leistet, büßt sie an Sicherheit wieder ein. Denn je länger die Zyklen werden, desto größer die Gefahr, dass der Kreis sich nicht schließt: dass einzelne Tauschpartner Frauen für sich akkumulieren und andere dabei leer ausgehen. Sozial und logisch sei die matrilaterale Formel des verallgemeinerten Tausches die befriedigendste Lösung, psychologisch und auf die einzelne Gruppe bezogen hingegen sei sie als offene Struktur ein riskantes Abenteuer, zur Spekulation einladend. Die patrilaterale Formel sei demgegenüber eine geizige Lösung des Tausches, die ärmste Form der Reziprozität, da sie die Integration aller Gruppen an einen gemeinsamen Zyklus ausschließt. Sie steht auf halbem Wege zwischen dem eingeschränkten und dem verallgemeinerten Tausch. Dies erkläre ihre Seltenheit, im Gegensatz zur matrilateralen Kreuzkusinen-Heirat, welche sich einer großen Verbreitung erfreue.

Für die räumliche Verteilung der beiden Grundmodi des matrimonialen Tausches zog Lévi-Strauss anhand seiner Beispiele durch den Fernen Osten eine diagonale Linie von Südwesten nach Nordosten, an deren Extrempunkten er die

Praxis des verallgemeinerten Tausches lokalisierte: bei den Kachin von Burma und bei den Giljaken von Ostsibirien. Diese räumliche Spiegelung wiederhole sich zwischen den Nagasystemen in Hinterindien und den Systemen der Manchu und Tungusen nordöstlich von China, Arealen, in denen sich eingeschränkter und verallgemeinerter Tausch mischten. In dem in der Mitte gelegenen China hätten in archaischer Zeit zwei Verwandtschaftssysteme nebeneinander bestanden: eines, das von Bauern praktiziert wurde und mit der funktionalen Teilung in exogame Hälften, Schwesterntausch und bilateraler Kreuzkusinen-Heirat den eingeschränkten Tausch verkörperte; sowie ein zweites System feudaler Prägung, das auf der Heirat mit der matrilateralen Kreuzkusine gründete und daher eine Struktur des verallgemeinerten Tausches darstellte. Die asiatische Verteilung lege es nahe, dass der verallgemeinerte Tausch die ältere Form gewesen sei, die von dem später auftauchenden eingeschränkten Tausch bis in die peripheren Gebiete verdrängt, zumindest aber von ihm durchmischt worden sei.

Vorläufer für die in den *Structures élémentaires* vertretenen Positionen lassen sich im Einzelnen in den Schriften älterer Autoren ab dem frühen 20. Jh. nachweisen. Sie bezeugen, dass in der Erforschung elementarer Heiratssysteme ein Bewusstsein für die theoretische Tragweite der unterschiedlichen Tauschmodi bereits bei etlichen Vorgängern in voller Reife ausgeprägt war. Dies trifft in besonderem Maße zu für F. A. E. van → Wouden und für Marcel Granet (1884–1940).

Seit ihrem Erscheinen haben die *Structures élémentaires* leidenschaftliche Auseinandersetzungen ausgelöst, und bis auf den heutigen Tag ist es um dieses Werk nicht still geworden. Unter den namhaften Kritikern der Anfangszeit ist vor allem E. → Leach zu nennen, der sich namentlich an gewisse Auslegungen ethnographischer Fakten im Kronzeugenfall der Kachin von Oberburma stieß, einer Gesellschaft, die er aus der eigenen Feldforschung kannte. So habe Lévi-Strauss weder Hypergamie und Hypogamie hinreichend voneinander unterschieden, noch eine klare Trennlinie zwischen Vorzugs- und Vorschriftsheirat gezogen. Er habe die Abstammungs- mit der Lokal-Linie verwechselt und einen Mythos über frauentauschende Klane für ethnographische Realität ausgegeben. Die Instabilität des Kachin-Systems resultiere nicht aus dem Wettkampf der Tauschpartner um die Akkumulation von Frauen, sondern aus dem Streit um die Höhe des Brautpreises. Die feudalistischen Tendenzen seien nicht ein Zeichen für den Niedergang eines egalitären Systems, sondern ein wesentliches Merkmal dieser Gesellschaft. Das Kachin-System sei weder widersprüchlich noch selbstzerstörerisch, vielmehr sei das Heiratssystem nur als Teil eines umfassenderen Tauschsystems zu begreifen, bei dem ökonomische, politische und symbolische Transaktionen ein übergreifendes Gleichgewicht schüfen.

Als ein grundlegender Kritikpunkt, den bereits J. P. B. Josselin de Jong (1886–1964) formuliert hatte, bleibt sicherlich festzuhalten, dass nicht der Akt des Frauentausches allein, sondern auch die Natur der dabei in Umlauf gebrachten Dinge und ihre genauen Tauschwege von Bedeutung sind. Aus heutiger Sicht mag kritisch angemerkt werden, dass der Begriff »verallgemeinerter Tausch« für eine asymmetrische Struktur mit indirektem Tauschmodus insofern in die Irre führt, als in etlichen Gesellschaften, welche die matrilaterale Kreuzkusinen-Heirat vorschreiben, nicht alle frauentauschenden Gruppen an einem gemeinsamen Tauschkreis partizipieren. In manchen von ihnen, z.B. den Magar von Nepal, existieren mehrere, auf Dreierallianzen reduzierte, und deshalb klar überschaubare Tauschkreise nebeneinander, gerade um die Stabilität des Systems in diesen zu gewährleisten und nicht, wie Lévi-Strauss diagnostizierte, ein riskantes soziologisches Abenteuer einzugehen. Festzuhalten ist, dass die *Structures* für viele nachfolgende Untersuchungen als Quelle der Inspiration gedient, ja selbst einer eigenen Forschungsrichtung auf die Sprünge geholfen haben: der Verwandtschaftsmathematik.

Im Gesamtwerk von Lévi-Strauss und im Rahmen der allgemeineren Wissenschaftsgeschichte nahmen die *Structures* ungeachtet aller Abstriche eine Schlüsselstellung ein. Mit diesem Werk begründete er die strukturale Anthropologie und etablierte sich als einen der gewandtesten theoretischen Köpfe seiner Zeit. Diese Position wurde später mit seinen beiden programmatischen Aufsatzsammlungen, seinen Arbeiten zu autochthonen Klassifikationssystemen sowie mit seinem vielbändigen Werk zur Logik der Mythen weiter gefestigt.

MICHAEL OPPITZ

Ausg.: Paris [2]1967. – Dt. EA: Frankfurt 1981, [2]1984, [3]1993.

Lit.: M. GRANET, Catégories matrimoniales et relations de proximité dans la Chine ancienne, Paris 1939. – J. P. B. DE JOSSELIN DE JONG, Lévi-Strauss's Theory on Kinship and Marriage, in: Mededelingen van het Rijksmuseum voor Volkenkunde (1952). – E. R. LEACH, The Structural Implications of Matrilateral Cross-Cousin Marriage, in: Rethinking Anthropology (1961), S. 54–104. – R. NEEDHAM, Structure and Sentiment. A Test Case in Social Anthropology, Chicago 1962. – M. OPPITZ, Onkels Tochter, keine sonst. Heiratsbündnis und Denkweise in einer Lokalkultur des Himalaya, Frankfurt 1991.

Tristes Tropiques (frz.; *Traurige Tropen*), EA Paris 1955.

Die Ethnologie hat nach dem Zweiten Weltkrieg nur noch eine kleine Anzahl von Abhandlungen hervorgebracht, die weit über die Grenzen des eigenen Fach hinaus gewirkt, Nachbardisziplinen beeinflusst und darüber hinaus auch bei einem breiten Publikum Anklang gefunden haben. Zu diesen wenigen Büchern gehört Claude Lévi-Strauss' *Tristes Tropiques*. Susan Sontag hat das 1961 ins Amerikanische übersetzte Werk des französischen Ethnologen damals bereits als eines der »großen Bücher unseres Jahrhunderts« bezeichnet und seinen Autor als intellektuellen »Heros«

gefeiert. *Tristes Tropiques* hat seither nicht nur in den französischen Bildungskanon Eingang gefunden; es zählt heute zur Weltliteratur.

In seinem Kernteil enthält das Buch die Beschreibung mehrerer Forschungsreisen, die Lévi-Strauss zwischen 1934 und 1938 – er bekleidete damals eine Professur in São Paulo – zu den Caduveo, den Bororo, den Nambikwara und den Tupi-Kawahib im Innern Brasiliens unternahm. Jede dieser vier Gesellschaften wird anhand eines hervorstechenden kulturellen oder sozialen Merkmals charakterisiert. Bei den Caduveo sind es die kunstvollen Körper- und Gesichtsbemalungen, in denen ihr Kulturstil und ihr aristokratischer Dünkel am prägnantesten zum Ausdruck gelangt; bei den Bororo nimmt Lévi-Strauss die Aufteilung der Bevölkerung in exogame Klane und Moieties zum Anlass einer strukturalen Analyse, die einen ähnlichen Dualismus auch in zahlreichen anderen Bereichen nachweist; bei der Darstellung der Nambikwara steht die lockere soziale Organisation, die Solidarität und die Wärme des Familienlebens dieser Gesellschaft von Jägern und Sammlern im Mittelpunkt; die Tupi-Kawahib schließlich hatten ihre traditionelle Lebensformen bereits weitgehend aufgegeben. Eine kleine Gruppe von noch unberührten Angehörigen dieser Kultur, auf die Lévi-Strauss nach einer mühevollen Flussreise trifft, erweist sich dann freilich als so fremd, dass die Kommunikation schnell an der Sprachbarriere scheitert. Im Zentrum von Lévi-Strauss' Betrachtungen stehen aber eigentlich gar nicht die indigenen Gesellschaften des brasilianischen Mato Grosso. Vielmehr ist es die »kannibalische Gier« unserer eigenen Geschichte, der seit dem Beginn der kolonialen Expansion so viele fremde Kulturen zum Opfer gefallen sind, auf die der Autor immer wieder zu sprechen kommt und die den eigentlichen Dreh- und Angelpunkt des Buches bildet. Weit mehr als nur Reisebericht oder ethnographische Abhandlung ist *Tristes Tropiques* ein philosophisches Traktat über die verhängnisvollen Folgen des zivilisatorischen Prozesses, eine radikale Kulturkritik, die sich bewusst in der Tradition Rousseaus ansiedelt. Wäre es für das Glück der Menschheit nicht besser gewesen, so zitiert Lévi-Strauss einmal den Genfer Philosophen, wenn sie die Mitte gehalten hätte »zwischen der Trägheit des primitiven Zustands und der ungestümen Aktivität unserer Eigenliebe«? Dass jeder Schritt darüber hinaus ein – wie es bei Rousseau weiter heißt – »Schritt ins Verderben« war, zeigen die Spuren, auf die er im Verlauf seiner Reisen trifft. Riesenstädte, die von Elendsvierteln umgeben sind und in denen sich der Abfall zu Bergen häuft, Urwälder, die man rücksichtslos für Viehfarmen geopfert hat, Holzfäller und Goldsucher, die als Vorboten der Zivilisation epidemische Krankheiten zu den letzten, noch einigermaßen intakt gebliebenen indigenen Kulturen bringen. »Was uns die Reisen zuallererst zeigen, ist daher der Schmutz, mit dem wir das Antlitz der Menschheit besudelt haben«; nirgends könne man »der Gewissheit entgehen, dass zwanzigtausend Jahre Geschichte verspielt sind.« Angesichts der Katastrophe, in die der industrielle und technologische Fortschritt des Westens die Welt gestürzt hat, erweist sich die Wahl des Ethnologenberufs als eine Option gegen die eigene Gesellschaft. Wie Lévi-Strauss bekennt, war sein Entschluss, sich dem Studium »authentischer Kulturen« zu widmen, für ihn persönlich eine Flucht aus immer unerträglicher werdenden Verhältnissen, eine Flucht freilich, die, wie er spätestens in Brasilien erfahren musste, zum Scheitern verurteilt war. Als »Symbol der Sühne« hat Lévi-Strauss den Ethnologen, der zwischen den Kulturen steht und in keiner mehr heimisch sein kann, später einmal bezeichnet.

Unvermittelt gehen in den *Traurigen Tropen* philosophische Überlegungen, Schilderungen von Reiseerlebnissen und autobiographische Reminiszenzen immer wieder Verbindungen ein, wobei Lévi-Strauss auch in dieser Hinsicht dem Vorbild Rousseaus folgt, dessen rückhaltlose Selbstbekenntnisse seiner Ansicht nach konstitutiv waren für die von ihm ausgelöste »anthropologische Revolution«. Hart konfrontiert er gleich auf den ersten Seiten des Buches seine erste luxuriöse Überfahrt in die Neue Welt mit einer weiteren Schiffsreise, die er 1941 während seiner Flucht aus dem Frankreich des Vichy-Regimes auf einem rettungslos überfüllten Flüchtlingsschiff nach Martinique unternahm. Der Zweite Weltkrieg und der Terror des Nazi-Regimes zeigen, dass die Folgen der technischen Zivilisation langfristig auch die Gesellschaften noch eingeholt haben, die sie einst hervorgebracht hatten. Die Reise auf der »Capitaine Lemerle« wird zum Symbol. Die individuelle Flucht des Ethnologen findet in der kollektiven Flucht aus der Geschichte ihr Gegenstück.

So viele unterschiedliche Textsorten sich in den *Traurigen Tropen* unterscheiden lassen: Expeditionsbericht, ethnographische Beschreibung, wissenschaftliche Analyse, philosophischer Diskurs, autobiographische Reflexion, narrative und auch poetische Passagen, so vielschichtig sind die Themen, die in Lévi-Strauss' literarischem Meisterwerk angesprochen werden. C. → Geertz (*1926) hat es einmal als »die Welt in einem Text« bezeichnet. Und tatsächlich enthält es eine Art von Quintessenz der nicht nur von Lévi-Strauss als katastrophal empfundenen kollektiven Erfahrungen der ersten Hälfte des 20. Jh., Erfahrungen allerdings, die sich nicht allein auf die westliche Welt beziehen, sondern die globalen Auswirkungen berücksichtigen, die sich aus den zwiespältigen Folgen des sogenannten Fortschritts auch für die übrige Welt, und die sogenannten Rückzugsvölker zumal, ergeben haben. Ein zentrales Thema von *Tristes Tropiques* ist der unwiederbringliche Verlust kultureller Vielfalt, den die weltweite Ausbreitung der Kultur des Westens bewirkt hat. Der Ekel, den Lévi-Strauss angesichts dieser Entwicklung verspürt – auch dies hat Clifford Geertz bemerkt – ist wesentlich ästhetischer Natur. Es ist die Angst vor einem zukünftigen kulturellen Einheitsbrei, die seinem Kulturpessimismus zugrunde liegt und die seinen Betrachtungen zweifellos etwas Elitäres verleiht. Tatsächlich hat sich der Globalisierungsprozess in den fast fünf Jahrzehnten, die seit der Erstveröffentlichung von *Tristes Tropiques* vergangen sind, enorm beschleunigt. Allerdings hat sich Lévi-Strauss' Prognose einer zukünftigen »Zuckerrüben-Monokultur« noch nicht erfüllt. Vielmehr haben sich die Widerstände schon lange und allenthalben zu formieren begonnen.

Lévi-Strauss war wie viele andere bedeutende Vertreter des Faches als Quereinsteiger zur Ethnologie gekommen. Vor seinem Aufenthalt in Brasilien hatte er an einem französischen Provinzgymnasium Philosophie unterrichtet. Ende der dreißiger Jahre durch die Veröffentlichung seiner ersten Artikel über die Indianerstämme des Mato Grosso bekannt geworden, erhielt er nach seiner Emigration in die USA durch die Vermittlung von R. → Lowie und A. → Métraux eine Stelle an der New School of Social Research, war anschließend als französischer Kulturattaché tätig und wurde 1950 zum Studiendirektor an der École Pratique des Hautes Etudes in Paris ernannt. 1949 erwarb er mit seiner Abhandlung über *Les Structures élémentaires de la parenté* die Lehrbefugnis an französischen Universitäten. *Tristes Tropiques* verfasste er in einem knappen halben Jahr, nachdem seine Bewerbung um einen Lehrstuhl am Collège de France zum zweiten Mal gescheitert war. »Wenn dieses Buch erst einmal veröffentlicht sein wird,« so will er damals gegenüber Merleau-Ponty (1908–61) geäußert haben, »wird man mich am Collège de France gewiss nicht mehr haben wollen.« Tatsächlich aber sollte dieses für einen Wissenschaftler ungewöhnlich offene, unkonventionelle und passagenweise provokative Werk seinen Ruf überhaupt erst begründen. Nicht zuletzt auch von der literarischen Kritik begeistert begrüßt, bahnte es der Rezeption des Strukturalismus den Weg, dessen Manifest Lévi-Strauss 1958 mit seiner Aufsatzsammlung *Anthropologie structurale* veröffentlichte.

Der Strukturalismus Lévi-Strauss'scher Prägung sollte in Frankreich zu einer der großen intellektuellen Modeströmungen werden, die die intellektuellen Debatten bis zum Beginn der Studentenbewegung beherrschte, infolge der Politisierung der Humanwissenschaften aber bald an Popularität verlor. Hatte der Strukturalismus auch die Nachbardisziplinen stark beeinflusst und die Ethnologie für eine Zeitlang zur neuen Leitwissenschaft werden lassen, so blieb er innerhalb des Faches selbst doch nur das Einzelunternehmen seines Gründers, ohne zur Etablierung einer dauerhaften eigenen Schulrichtung zu führen. Dagegen sollte *Tristes Tropiques* durch die Repräsentationsdebatte in der Ethnologie in den achtziger Jahren des 20. Jh. erneut an Aktualität gewinnen. Abenteuerbericht und autobiographische Reflexion, zivilisationskritische Abhandlung und Denkmal für die untergegangenen brasilianischen Indianervölker in einem, stellt das Werk in Geschichte der Ethnologie einen erratischen Block dar, der bisher noch nicht seinesgleichen gefunden hat.

KARL-HEINZ KOHL

Ausg.: Neuausgabe Paris [4]1993. – Dt. EA: Köln/Berlin 1970. – Dt. Neuübers.: Frankfurt 1978, ND 1999.

Lit.: G. BATAILLE, Un grand livre, un livre humain, in: Critique, févr. 1956, S. 99–112. – R. BASTIDE, Claude Lévi-Strauss ou l'ethnographie à la recherche du temps perdu, in: Présence Africaine, avril-mai 1956, 150–55. – S. SONTAG, Against Interpretation, New York 1961, S. 69–81. – E. DONATO, Tristes Tropiques. The Endless Journey, in: Modern Language Notes 81 (1966), S. 270–87. – J. BOON, From Symbolism to Structuralism: Lévi-Strauss in a Literary Tradition, Oxford 1972. – K.-H. KOHL, Exotik als Beruf, Wiesbaden 1979, [2]1986. – C. GEERTZ, Works and Lives, Stanford 1988.

Lucien Lévy-Bruhl

(* 10.4.1857 Paris; † 13.3.1939 Paris, Frankreich)

L'Âme primitive (frz., *Die primitive Seele*), EA Paris 1927.

Die Rezeptionsgeschichte von Lévy-Bruhls Schriften über das Denken der sog. »Primitiven« bietet ein erschreckendes Beispiel des Missverstehens eines wissenschaftlichen

Diskurses. Der Autor, der zeigen wollte, dass das Denken der Primitiven in sich schlüssig ist, wurde wider Willen zum Kronzeugen dafür, dass die Wilden nicht logisch denken können. Seine (posthum von Maurice Leenhardt [1878–1954] veröffentlichte) Einsicht, der Fehlinterpretation durch die unglückliche Formulierung »prä-logisches Denken« Vorschub geleistet zu haben, wurde als Widerruf von etwas missverstanden, was er nie behauptet hatte.

Lévy-Bruhl war Philosophiehistoriker, spezialisiert auf politische Denker und ihre Wirkung (1890 zur Entstehung des deutschen Nationalismus, 1900 zu Auguste Comte, 1924 zu Jean Jaurès). Um zu belegen, dass Philosophie immer nur in ihrem soziologischen Zusammenhang verständlich ist, wandte er sich den sog. primitiven Gesellschaften zu, deren ganz anderer Sozialorganisation auch ein ganz anderes Denken entsprechen müsse.

Ähnlich wie damals etwa A. van → Gennep eine gewaltige Menge von Reise- und Forschungsberichten auf der Suche nach Beschreibungen von Riten sichtete, um aus der Schnittmenge ein gemeinsames Schema zu destillieren, durchforstete Lévy-Bruhl diese Quellen nach Aussagen über Denkformen. Die in der beginnenden Ethnologie noch ungewöhnliche Beachtung außereuropäischer Originalstimmen dürfte auf seine philosophiegeschichtliche Schulung in der Lektüre von Primärquellen zurückgehen. In *Les Fonctions mentales dans les societées inférieures* (1910), *La Mentalité primitive* (1922) und *L'Âme primitive* (1927) entwickelte er seine Theorie des primitiven Denkens. Später folgende Werke verlagerten dann den Akzent von einer Analyse des Denkens (nach dem Vorbild der philosophiegeschichtlichen Forschung) zum emotionalen Zustand der Primitiven (in Parallele zum anwachsenden Interesse an psychologischen Fragen, und in einer gewissen Nähe sowohl zur surrealistischen Abkehr von der Logik als auch zur »Ergriffenheit« bei L. → Frobenius).

Gleich eingangs führt Lévy-Bruhl seine Methode der philosophischen Textanalyse am Beispiel von Aussagen aus dem Purari-Delta (Neuguinea) zu dem Begriff *imunu* vor: Das Wort steht in scheinbar widersprüchlichen Zusammenhängen, deren kleinsten gemeinsamen Nenner er sucht. Einmal z.B. ein Stein, ist es ein andermal die Seele, und ein drittes Mal ein bizarres Aussehen. Hieraus folgt, dass es sowohl konkret als auch abstrakt sein kann. Der Unterschied zwischen Abstraktem und Konkretem ist also nicht typisch für das Denken jener Gesellschaft. Anschließend nennt Lévy-Bruhl Fälle aus anderen Weltgegenden, aus denen sich das Gleiche schließen lässt. Dann geht er zu Beschreibungen der Lebenspraxis eines primitiven Volkes über, um die Einbettung der Vorstellungen zu zeigen.

Den damaligen ethnologischen *mana*-Hypothesen zufolge glaubten »die Primitiven« an eine alles durchdringende geistige Kraft, die sich beispielsweise in merkwürdig geformten Steinen ausdrücke, aber immateriell sei. Lévy-Bruhl verwendet teils die gleichen Quellen, aus denen dies abgeleitet worden war, verschiebt aber die Interpretation zu einer Analyse der Form des primitiven Denkens: *mana* ist keine immaterielle Kraft in etwas Materiellem, sondern der Gegensatz immateriell-materiell ist europäisch und erfasst das andere Denken nicht. Der fremde Ansatz ist nicht unsinnig, sondern ergibt einen Sinn, wenn man ihn untersucht wie einen schwierigen Text der Philosophiegeschichte, aus dem man eine Aussage herausarbeitet, die freilich unserer heutigen Philosophie zuwiderlaufen wird.

Lévy-Bruhl analysiert etwa Aussagen der Ila (Sambia), nach denen ein verstorbener Häuptling bald als Schildkröte, bald als zwei junge Löwen, bald als sein Enkel wiedergekehrt sei, und dies teils gleichzeitig. Erklärungen des scheinbaren Widerspruchs mit dem Glauben an mehrere Seelen in einem Menschen, die nach dem Tod in unterschiedliche Wesen übergingen, widerspricht Lévy-Bruhl, da ihm das zu sehr nach Übertragung westlicher Logik schmeckt, ebenso wie jenen, die von Reinkarnation sprechen. Letzteres kann nicht sein, da der Häuptling gleichzeitig in verschiedenen Tieren auftaucht, und da diese sich nicht genau so wie der

Verstorbene verhalten. Vielmehr handelt es sich für ihn überhaupt nicht um eine Seelenvorstellung in unserem Sinn, sondern die diversen Tiere »haben Teil« an der Essenz des Verstorbenen, ohne ganz zu ihm zu werden. So lehnt Lévy-Bruhl allzu einleuchtend westlich rationalisierende Deutungen ebenso ab wie solche, die den »Primitiven« schlicht Unlogik unterstellen. Für die Ethnologie provokant, negiert Lévy-Bruhl den damals gängigen Weg, angeblich eingeborene Konzepte zu finden, indem man scheinbar Unverständliches mithilfe gesunden Menschenverstandes erklärt. Dieser erfasst nicht den fremden Denkansatz, nur eine (letztlich philosophiehistorische Text-)Analyse vermeidet einerseits eine moderne Interpretation und stempelt andererseits die Ila doch nicht zu Toren.

Der Schlüsselbegriff, mit dessen Hilfe sich scheinbar unlogische Widersprüche wie jener auflösen lassen, dass ein Mensch gleichzeitig an verschiedenen Orten sein soll, ist »participation« (Teilhabe): Die verschiedenen Orte haben Teil an dem Menschen. In einer späteren Arbeit spricht Lévy-Bruhl von »mystischer Erfahrung«, aber auch hier schon wird primitives Denken letztlich ähnlich gedeutet wie dasjenige europäischer Mystiker, für die sich Grenzen von Zeit und Raum auflösen. Nur beschreibt Lévy-Bruhl hier noch keinen psychischen Zustand, sondern analysiert eine mystische Philosophie (auch wenn er das Wort »Philosophie« in diesem Zusammenhang nie, und »mystisch« erst in späteren Werken verwendet). Dabei werden die Philosophen nicht Opfer ihrer Ideen, sondern bleiben im Alltag lebenstüchtig: Die Ila, die eben noch den Löwen verehrten, töten ihn, sobald er Ärger macht.

Aus dem Glauben an die »participation« ergibt sich ein Bild, auf das wir öfters den europäischen Begriff der »Seelen«vorstellung anwenden können, doch ist dies nur eine ungefähre europäische Annäherung.

Das Buch wird mit einigen methodischen Beispielen anhand scheinbar widersprüchlicher Aussagen von Eingeborenen eingeleitet und geht dann in Teil I zu deren

Sozialordnung über. Diese folgt dem Prinzip der Solidarität als sozialer Entsprechung der »participation«. Das Individuum versteht sich als Teil der Gruppe, hat an ihr Teil, so dass das gedankliche Weltbild mit seiner Möglichkeit der Teilhabe von allen an allem mit dem Bild der Gesellschaft verschmilzt. Teil II kehrt zum Weltbild und Denken zurück. Das Individuum, das nur als Teil der Gemeinschaft ganz vollendet ist, stellt sich keine isolierte Seele vor, sondern eben die Teilhabe an einer Seelengemeinschaft. Es ist »nicht ganz es selbst außer dank der Ahnen, die in seiner Person wiederaufleben« (Schlusssatz des Buches). Die »participation« ist eigentlich eine Regel der sozialen Ordnung, aufbauend auf der Gemeinschaft der Lebenden und der Toten.

Die Häufung von Fällen aus aller Welt soll dem Nachweis einer primitiven Gemeinsamkeit rund um die Welt dienen. Als einen Kommentar zu Lévy-Bruhl hat Fritz Kramer E. E. → Evans-Pritchards *Witchcraft, Oracles and Magic among the Azande* (1937) bezeichnet, das Lévy-Bruhls weltweit umspannenden und (nach heutiger ethnographischer Kenntnis) die Fakten allzu sehr vom Schreibtisch her vereinheitlichenden Vergleich durch empirische Verifizierung im Einzelfall ersetzt: Der scheinbar wirre Magieglaube der Azande ist nicht wirr, wenn man seine anderen Prämissen kennt. Noch deutlicher an *L'Âme primitive* lehnt sich Lévy-Bruhls Schüler M. Leenhardt in *Do Kamo* (1947) an, einer Interpretation der neukaledonischen Seelenvorstellung. Hingegen knüpft C. → Lévi-Strauss in *La Pensée sauvage* (1962) an die Tradition des weltumspannenden Vergleichs an, der auf die Konstruktion einer weltweit einigermaßen einheitlichen primitiven Denkweise abzielt – die bei Lévi-Strauss freilich nicht mehr partizipativ, zusammenfassend ist, sondern im Gegenteil zergliedernd, differenzierend.

Seit den siebziger Jahren des 20. Jh. wird Lévy-Bruhl wieder gelesen, doch finden dabei in Deutschland seine Spätwerke mehr Beachtung als *L'Âme primitive*, da es hierzulande mehr um den mystischen Aspekt geht (Hans-Peter Duerrs »Wildnis«). In Frankreich hingegen ist der frühere Lévy-Bruhl immer gelesen worden, der nicht ergriffen war, sondern das Paradox lösen wollte, eine fremde, scheinbar nicht-logische Denkweise als ihre eigene Logik zu verstehen. Bei Lévy-Bruhl, hebt Jean Duvignaud hervor, »dringt der Primitive in den Kreis der Erkenntnis ein, und mit gleichem Anspruch wie Descartes«.

MARK MÜNZEL

Ausg.: Engl. EA: The »Soul« of the Primitive. London/New York 1928 ([2]1956, Vorwort v. E. E. EVANS-PRITCHARD). – Dt. EA u.d.T.: Die Seele der Primitiven, Wien/Leipzig 1930 (ND Düsseldorf/Köln 1956).

Lit.: M. LEENHARDT (Hg.), Les Carnets de Lucien Lévy-Bruhl, Paris 1949. – J. DUVIGNAUD, Le Langage perdu: Essai sur la différence anthropologique, Paris 1973, S. 93–127. – F. KRAMER, Notizen zur Ethnologie der *Passiones*, in: E. W. MÜLLER u.a. (Hg.), Ethnologie als Sozialwissenschaft, Opladen 1984, S. 297–313.

Oscar Lewis

(* 25.12. 1914 Upper New York State; † 16.12.1970, New York)

Life in a Mexican Village. Tepoztlán Restudied (engl.; *Leben in einem mexikanischen Dorf: Eine Nachuntersuchung von Tepoztlán*), EA Urbana 1951.

Dieses Buch hat Oscar Lewis bekannt gemacht und in Ethnologie wie Soziologie tiefgreifende methodische Diskussionen ausgelöst. Sein Verfasser hatte zunächst in New York Geschichte studiert und 1936 mit dem B.A. abgeschlossen. Er wandte sich dann der Ethnologie zu und promovierte 1940 bei R. → Benedict mit einer Literaturarbeit über die Auswirkungen des Kontakts mit den Weißen auf die Kultur der Blackfoot im Kontext des Pelzhandels. Das Thema war also ein historisches, das besondere Augenmerk auf den Kulturwandel war dagegen eine ethnologische

Perspektive. 1943 begab sich Lewis nach Mexiko als Vertreter der Vereinigten Staaten im dort ansässigen Instituto Indigenista Interamericano. Im Rahmen dieser Tätigkeit und seiner freien Zeit führte er eine Feldforschung in Tepoztlán durch, einer südlich der Hauptstadt gelegenen Gemeinde, die R. → Redfield bereits 1926 erforscht hatte (*Tepoztlán*, 1930). Nach Abschluss seiner Untersuchungen in Tepoztlán widmete sich Oscar Lewis Emigranten aus dieser Gemeinde in der mexikanischen Hauptstadt. Ergebnisse dieser Untersuchungen, bei denen Tonbandaufzeichnungen eine wichtige Rolle spielten, waren die weltweit bekannten Veröffentlichungen *Five Families* (1959), *The Children of Sanchez* (1961) und *Pedro Martínez* (1964). Aus den vor Ort gewonnenen Eindrücken sowie Vergleichsstudien, die er in Indien durchführte, entwickelte er das Konzept der »culture of poverty« (Kultur der Armut), dessen weltweite Bedeutung er für bestimmte gesellschaftliche Bereiche in Entwicklungsländern postulierte. Das fand teils Zustimmung, aber auch Kritik. Mit seinen Untersuchungen in Städten, die sich nachfolgend auf Puerto Rico und Kuba ausdehnten, wurde Lewis zu einem Pionier der modernen Stadtethnologie.

Ziel der Untersuchung in Tepoztlán war es, eine umfassende ethnographische und historische Studie über das gesellschaftliche, wirtschaftliche, politische und religiöse Leben in der Gemeinde zu erstellen. Ein besonderes Augenmerk lag auf der Analyse der Veränderungen, die seit der Untersuchung Redfields im Jahre 1926 eingetreten waren. Neben diesem Aspekt der Nachuntersuchung wurde aber Wert darauf gelegt, jene Bereiche zu ergründen, die Redfield nur kurz angesprochen hatte, nämlich Demographie, das Landproblem, Systeme der Landwirtschaft, die Verteilung von Wohlstand, lokale Regierung, den Lebenszyklus des Einzelnen sowie zwischenmenschliche Beziehungen. Beim größten Teil des zusammengetragenen Materials handelt es sich deshalb um neue Daten.

Der Hauptteil der Feldforschung wurde zwischen Dezember 1943 und Juni 1944 durchgeführt. Im Sommer

1947 folgte eine dreimonatige Feldforschung und im nachfolgenden Sommer eine weitere. Zusammengenommen dauerte die Feldforschung also etwa ein Jahr. Im Gegensatz zu Redfield in den zwanziger Jahren war es jedoch keine Untersuchung eines einzelnen Forschers, sondern diejenige eines Teams. Zur Unterstützung standen fünf mexikanische Ethnologiestudenten zur Verfügung, die gezielt in verschiedene Teile des Dorfes platziert wurden, das damals etwa 3.500 Einwohner hatte, von denen die meisten Nahuatl als Muttersprache hatten, aber auch Spanischkenntnisse besaßen. Des Weiteren half während der ersten Phase ein promovierter Ethnologe als Assistent, ein weiterer war während aller drei Phasen dabei. Außerdem unterstützten während der ersten Phase zwei Sozialarbeiter, zwei Ärzte und zwei Agronomen die Datengewinnung. Hinzu kamen ferner noch mehrere einheimische Assistenten, die vor allem bei Surveys mitwirkten, deren Zahl aber nicht genannt ist. Zumindest in der ersten Phase war es also ein breit angelegtes Großprojekt.

Die angewandten Methoden waren die der teilnehmenden Beobachtung, des Interviews, der Aufzeichnung von Autobiographien, Fallstudien zu bestimmten Themen und eine Reihe psychologischer Tests, einschließlich des Rorschach. Bei der Datenaufnahme wurde darauf geachtet, repräsentative Informationen aus allen Teilen der Gemeinde zu gewinnen. Der Ansatz der Untersuchung verband drei Blickwinkel, einen historischen, einen funktionalen sowie einen, den Lewis »configurational« nannte. Darunter versteht er die Sicht der Lokalkultur als eine integrierte Lebensweise, aber auch als Teil der weiteren mexikanischen Szenerie.

Das Buch ist in zwei Hauptteile gegliedert: »The Village and Its Institutions« sowie »The People«. Der erste Teil behandelt die Lage des Ortes mit seiner Einbettung in die natürliche Umwelt, seine Untergliederung in »barrios«, die vielfältigen Außenbeziehungen des Dorfes, Statusunterschiede und Familienorganisation. Dann folgen verschiedene Aspekte der Wirtschaft mit Arbeitsteilung, Landbesitz, Formen des Bodenbaus, lokalen Handwerksarten sowie Unterschiede in Besitz und Lebensstandard. Abschließend wird auf lokale Regierung und Politik sowie die Religion eingegangen. In diesem Buchteil fällt auf, dass jeweils umsichtig historische und rezente Statistiken herangezogen worden sind und außerdem quantitative Daten aus eigener Erhebung die Aussagen dokumentieren und präzisieren.

Der zweite Hauptteil behandelt die Qualität zwischenmenschlicher Beziehungen, die Einwohner aus der Sicht ihrer Rorschachtests, die zwischenmenschlichen Beziehungen innerhalb der Familie sowie den Lebenszyklus von Schwangerschaft und Geburt, über drei Phasen des Heranwachsens bis zu Alter und Tod. Für diesen Buchteil waren sieben Familien von besonderer Bedeutung. Bei ihnen lebten die in das Projekt eingebundenen Studenten und sammelten Tag und Nacht Informationen. Die Familien waren so ausgesucht worden, dass sie das Spektrum unterschiedlicher Besitzverhältnisse widerspiegelten, ebenso unterschiedliche Grade der Bildung. Mit Protokollen über die Tätigkeiten aller Familienmitglieder über einen längeren Zeitraum konnten nicht nur die verschiedenen unterschiedlichen Betätigungen ermittelt werden, sondern auch die Arbeitsteilung in der jeweiligen Familie. Weitere wichtige Informationen brachten die Lebensgeschichten.

In einer abschließenden Würdigung der Gesamtergebnisse stellt Lewis klar heraus, dass sich seine Gesamteinschätzung der Ortes Tepoztlán und seiner Bewohner deutlich von der Redfields unterscheidet. Redfield habe den Ort weitgehend modellhaft als ein Beispiel in seinem Konzept vom »folk-urban continuum« gesehen, er selbst ihn dagegen in seiner Einbettung in die gegebene Umwelt und seine spezifischen historischen Abläufe untersucht. Besonders fiel auf, dass Redfield die harmonischen Aspekte des Zusammenlebens in der Gemeinde hervorhob, Lewis aber auf fast allen Gebieten Hinweise auf Neid, Misstrauen, Streit und Gewalt fand. Die unterschiedlichen Ergebnisse mögen teils auf verschiedener Bewertung der Phänomene durch die beiden Forscher beruhen, Lewis weist aber darauf hin, dass in seine Studie die Informationen von etwa hundert Informanten eingeflossen sind, Redfield aber nur mit einem halben Dutzend Tepoztecos zusammenarbeitete. Es verwundert deshalb nicht, dass mit dem großen Forscherteam und dem Bemühen, umfangreiche quantitative Daten zu erhalten, besser abgesicherte Ergebnisse erzielt werden konnten.

Die Studie von Oscar Lewis über Tepoztlán hat bei Ethnologen und Soziologen ein ausgesprochen positives Echo gefunden. George M. Foster (*1913) meinte dazu 1952, sie markiere das Ende einer Epoche ethnographischer Forschung in Mexiko und den Beginn einer neuen. Am Schluss seiner Würdigung des Buches von Lewis empfahl er dann aber, bei der Vorbereitung zukünftiger Forschung in Lateinamerika neben diesem Buch doch auch die ursprüngliche Studie von Redfield zu lesen.

Die von Lewis beschriebenen zwischenmenschlichen Beziehungen in Tepoztlán konnte Foster aufgrund seiner vielfältigen eigenen Erfahrungen im ländlichen Mexiko als korrekte und treffende Beschreibung bestätigen. Nicht das Bemühen um Zusammenarbeit sei typisch, sondern eher ein rauer Individualismus: »Das Bild einer äußerst zurückhaltenden, zumeist misstrauischen Gruppe, die immer bereit ist, schlecht über die Nachbarn zu sprechen, und willens, eher an das Schlechteste in Anderen zu glauben als an das Beste, ist einem Großteil des ländlichen Mexiko gemein.« Die nachfolgende Forschung der letzten fünf Jahrzehnte hat diese Einschätzung von Foster bestätigt.

ULRICH KÖHLER

Ausg.: Mehrere ND Urbana.

Lit.: G. M. FOSTER, [Rez. v.] O. Lewis, Life in a Mexican Village, in: American Anthropologist 54 (1952), S. 239–40. – C. A. VALENTINE, Culture and Poverty: Critique and Counter-Proposals, Chicago 1968. – E. KRENER, An Appraisal of Oscar Lewis, in: Folk 13 (1971),

S. 123–33. – D. BUTTERWORTH, Oscar Lewis 1914–1970, in: American Anthropologist 74 (1972), S. 745–57. – S. M. RIGDON, The Culture Facade: Art, Science, and Politics in the Work of Oscar Lewis, Urbana 1988.

Ralph Linton

(* 27.2.1893 Philadelphia; † 24.12.1953 New Haven)

The Study of Man (engl.; *Das Studium des Menschen*), EA New York 1936.

Wie viele amerikanische Ethnologen seiner Generation wurde auch Ralph Linton durch die von F. → Boas verfochtene Einheit der anthropologischen Disziplinen (Ethnologie, Urgeschichte, Physische Anthropologie, Linguistik) geprägt und vertrat sie selbst in Theorie und Praxis. Schon als Student in Swarthmore College nahm er an archäologischen Grabungen in New Mexico teil, die er nach Erlangung des M.A. an der University of Pennsylvania (1915) fortsetzte. Nur ein Jahr lang studierte er bei Boas in New York, promovierte aber 1925 in Harvard. Als Archäologe kam er 1920–22 auf die Marquesas-Inseln, fand jedoch die lebende Kultur noch weit interessanter und wurde Ethnologe. Als solcher forschte er in Madagaskar (1925–28), führte jedoch weiter auch Grabungen durch. Als Professor an der University of Wisconsin, Madison (ab 1928) stand er in engem Kontakt mit dem seit 1931 in Chicago tätigen A. R. → Radcliffe-Brown und widmete sich der Entwicklung seiner theoretischen Interessen.

Lintons als Einführung in die Ethnologie konzipiertes Hauptwerk *The Study of Man*, nach dessen Erscheinen er 1937 an die Columbia University berufen wurde, wo er ein Jahr später Nachfolger von Boas wurde, war durch seine dynamische Verknüpfung von Kultur, Gesellschaft und Individuum lange richtungsweisend für die jungen Sozialwissenschaften in den USA. Er setzte sich mit den historischen Konzepten der Boas-Schule auseinander, mit den ahistorischen, teleologischen des Funktionalismus, mit der Forderung nach wissenschaftlicher Präzision, mit der rückgekoppelte Verbindungen in der Gesellschaft nicht zu fassen sind, mit den sozialen Evolutionisten, und mit der neuen, revolutionären Psychologie.

Linton wollte vor allem einen Beitrag zu einer neuen Sozialwissenschaft leisten, die die sozialen Probleme der modernen Gesellschaft lösen könnte – eine Erwartung, die in den USA vier Jahrzehnte lang fortlebte. Dazu erwartete er von der Ethnologie Beispiele für die Wechselbeziehungen zwischen Individuen, Gruppen und Kultur, Einsichten in die Vielfalt möglicher Sozialorganisationen, und in die Möglichkeiten, universelle menschliche Bedürfnisse zu befriedigen. Als Prähistoriker und Anthropologe erkannte er nüchtern, dass Menschen als Säugetiere Bedürfnisse (»needs«) und Möglichkeiten (»capacities«) haben, die Kultur und Gesellschaft steuern. Was den Menschen (*homo*) grundsätzlich von Tieren unterscheidet, ist die enorme Kapazität, zu lernen und »soziales Erbe« zu vermitteln. Der »rastlose Verstand« des Menschen wiederum ermöglicht die große Variation der tatsächlichen kulturellen und sozialen Elemente.

Obwohl Linton sieht, dass naturwissenschaftliche Methodologien in der Sozialwissenschaft zu Reduktionismus führen, versucht er, wissenschaftliche Definitionen und Klassifikationen zu erstellen. Gesellschaft (»society«) ist demnach ein Aggregat von Individuen, das so organisiert ist, dass die Grundbedürfnisse der Einzelnen befriedigt werden. Diese Befriedigung ist die Funktion der Gesellschaft. Individuen besetzen in ihrer Gesellschaft verschiedene Status-Positionen, die das Zusammenleben ermöglichen, und erziehen einander und die nächste Generation für die Ausübung der relevanten Status-Rollen. Die kleinste Einheit der Gesellschaft ist die Familie in vielen Formen und mit bestimmten Funktionen. Lokalgruppen (»local groups«) wie z.B. Nachbarschaften oder Banden geben den Mitgliedern Identität und machen es möglich, Ideen, Verhaltensmuster, gelernte affektive Reaktionen und gemeinsame Gewohnheiten, d.h. Kultur, zu schaffen, durch die sich Gruppen voneinander unterscheiden. In Stämmen und Staatsbildungen werden Funktionen und Kulturen weiter ausgebaut. Unterschiedliche Themen und Schwerpunkte geben individuellen Gruppen/Kulturen gewisse Ausrichtungen und fördern möglicherweise bestimmte Persönlichkeitsmerkmale. Diese Ideen wurden zu einem wichtigen Thema der »Kultur-und-Persönlichkeit«-Bewegung in den folgenden Jahrzehnten ausgebaut. Vor allem in seiner New Yorker Zeit vertiefte er gemeinsam mit A. → Kardiner diese Fragestellung, kam jedoch selbst zu mitunter deutlich anderen Schlussfolgerungen (*The Cultural Background of Personality*, 1945).

Für Linton ist Kultur Gemeingut (»shared«), erlernt und ständiger Veränderung unterworfen – Merkmale, die bis heute als gültig erachtet werden. Damit beruht Kultur sozialpsychologisch auf der »clean slate theory«, die später zur einflussreichsten Erziehungstheorie in den USA wurde. Ferner ist Kultur die Summe aller routinemäßigen (»patterned«) Reaktionen auf die Bedürfnisse der Mitglieder, wobei die Grundbedürfnisse die Basis für den Überbau bzw. den Kern (»core«) der Kultur stellen. Die Konfiguration aufeinander abgestimmter Einzelteile wird durch jede Änderung gestört. Da sich jedoch Kultur unentwegt ändert, sind nie alle Elemente völlig integriert.

Zwar steht Linton dem neuen Funktionalismus skeptisch gegenüber, doch die Betonung von verbundenen Elementen entspricht seinem eigenen Kulturbegriff. Er warnt davor, Funktion (der Befriedigung unterliegender Bedürfnisse) mit Gebrauch (der tatsächlichen Anwendung einer kulturellen Form) zu verwechseln oder sie gar mit ihrer Entstehungsursache gleichzusetzen, was beides bis heute häufig geschieht. Viele Bemerkungen in *The Study of Man* muten ausgesprochen modern an. So ist für ihn Objektivität in der Sozialwissenschaft unmöglich, denn unbewusst wählen Beobachter aus einem Angebot aus und konstruieren damit ihre Aussagen. Normen nivellieren Differenzen und geben so ein falsches Bild. Ein Gesellschaftssystem kann nur aus dem totalen Umfeld (»environment«) und der gesamten Kultur einschließlich der Geschichte verstanden werden, und nicht durch Betrachten einzelner Elemente. Rassenunterschiede sind ein Produkt westlicher Dominanz und taugen nicht zur Theorienbildung.

Heute gilt Linton als einer der klassischen Sozialwissenschaftler, die »den Rahmen des Gegenwärtigen sprengen« (Bennett) und mit ihren Einsichten wegweisend für mehrere Generationen werden.

ERIKA FRIEDL

Ausg.: Dt. EA u.d.T.: Mensch, Kultur, Gesellschaft, Stuttgart 1979.
Lit.: A. LINTON/C. WAGLEY, Ralph Linton, New York 1971. – F. W. VOGET, A History of Ethnology, New York 1975. – P. BOHANNAN/M. GLAZER (Hg.), High Points in Anthropology, New York ²1988. – J. W. BENNET, Classic Anthropology, New Brunswick /London 1998.

Julius E. Lips
(* 8.9.1895 Saarbrücken; † 21.1.1950 Leipzig)

The Savage Hits Back, Or The White Man Through Native Eyes (engl.; *Der Wilde schlägt zurück, oder der weiße Mann in den Augen des Eingeborenen*), EA London/New Haven 1937.

Das Werk ist die erste umfangreiche Studie über die Darstellung des Europäers und seiner Kulturgüter in der Kunst außereuropäischer Stammes- und Lokalkulturen. Sowohl durch die Auswahl und Behandlung des Themas (galt doch die sog. »primitive Kunst« erst seit kurzer Zeit als ernstzunehmender Forschungsgegenstand) als auch durch seine antirassistischen und antikolonialistischen Aussagen hebt sich das Buch zum Entstehungszeitpunkt deutlich vom Zeitgeist in Wissenschaft und Politik nicht nur Nazi-Deutschlands ab.

Folgt man der Selbstdarstellung des Autors ist die Entstehungsgeschichte des Werkes eng mit dessen persönlichem Schicksal verknüpft (Vorwort). Nach dem Studium in Leipzig (Promotion in Psychologie 1919, in Jura 1921) und der Eheschließung mit Eva Lips (1906–88) im Jahre 1924 begann die Karriere des jungen Wissenschaftlers 1926 mit einer Stelle als wissenschaftlicher Hilfsarbeiter am Rautenstrauch-Joest-Museum für Völkerkunde in Köln. Es folgte die Habilitation bei F. → Graebner über »Fallensysteme der Naturvölker« 1927 und drei Jahre später die Ernennung zum ao. Professor der Universität Köln. Bereits 1928 trat er die Nachfolge Graebners als Direktor des Völkerkundemuseums an. Plagiatsvorwürfe, die ab 1930 aus Museumskreisen gegen ihn erhoben wurden, verwickelten Lips und seine Gegner in den folgenden Jahren in eine Welle von Gerichtsprozessen. In diese Zeit datiert Lips in *The Savage* (Vorwort) auch die Materialsammlung für das Werk, für die er über 50 Museen und Privatsammlungen in Europa und Übersee kontaktierte. Die Amtsenthebung durch die Nationalsozialisten 1933 sowie die folgenden Repressalien bezieht Lips explizit auf den Inhalt des geplanten Buches, etwa auf die Abbildungen, die von den Nazis als »Nigger Bilder, die eine Rassenschande darstellen«, bezeichnet worden seien. Jüngere Forschungsarbeiten haben jedoch ergeben, dass Lips vor allem aufgrund seiner langjährigen SPD-Mitgliedschaft schikaniert wurde. Dass Lips dennoch (ebenso wie später seine Frau, die das Vorwort zur posthum veröffentlichten deutschen Ausgabe verfasste) ausschließlich wissenschaftliche Gründe für die Verfolgung anführt, muss als »Versuch einer Legendenbildung« gewertet werden (Pützstück 1995). 1934 emigrierte das Ehepaar Lips in die USA, wo Julius Lips durch die Vermittlung von F. → Boas eine befristete Anstellung an der Columbia University in New York erhielt. *The Savage* erschien 1937 als Übersetzung aus dem Manuskript in England und den USA. Während der Kriegsjahre war Lips in den USA im antifaschistischen Widerstand tätig. Durch die Berufung nach Leipzig auf den

Lehrstuhl für Völkerkunde und vergleichende Rechtssoziologie kehrte er mit seiner Frau 1948 nach Deutschland zurück. Von 1949 bis zu seinem Tod im Jahr 1950 stand er der Universität Leipzig als Rektor vor. Später wurde das Institut für Völkerkunde in »Lehr- und Forschungsbereich ›Julius Lips‹« umbenannt.

Dem bereits genannten Vorwort ist eine kurze Einleitung von B. → Malinowski vorangestellt, der die Pionierleistung des Autors und dessen politische Offenheit hervorhebt. In den ersten beiden Kapiteln entwirft Lips den Rahmen, in dem er anschließend die Fülle des Bildmaterials interpretiert. Das erste Kapitel beginnt mit einem kritischen Abriss der Beziehungen Europas zum Rest der Welt, von den frühen Entdeckungsreisen über die Eroberung Amerikas bis hin zur Kolonisierung Afrikas. Im Hinblick auf die zeitgenössische deutsche Politik und Ideologie warnt er die internationale Gemeinschaft vor der Rückgabe von Kolonien an Nazi-Deutschland. Nach diesem Ausflug in die Tagespolitik widmet sich Lips der Eroberungsgeschichte aus der Perspektive der Unterworfenen und Kolonisierten. Dabei spannt er den Bogen von verschiedenen Mythologemen, welche die frühen Kontakte begleiteten bis hin zu Protest- und Unabhängigkeitsbewegungen der jüngeren Geschichte. Das zweite Kapitel wirft die Frage nach den Darstellungsweisen des Fremden in der europäischen Kunstgeschichte auf. Lips' Fazit lautet, dass erst die Künstler der Moderne ein realistisches, d.h. in Bezug auf äußere »rassische« Merkmale korrektes Bild außereuropäischer Fremder entwarfen. Jenen Epochen europäischer Kunst, in denen der Fremde als anthropologisches Kuriosum, Europäer in exotischer Kleidung oder guter Wilder abgebildet wurde, setzt Lips afrikanische und amerikanische Europäerdarstellungen entgegen. Diesen attestiert er einen Realismus, der sich bei den traditionellen Sujets »primitiver Kunst« nicht nachweisen lässt. Die folgende Abhandlung über »primitive Kunst« schließt mit dem Versuch, eine Abfolge von »Kulturkreisen« mit bestimmten künstlerischen Stilen und Ausdrucksweisen zu korrelieren. In den folgenden neun Kapiteln wird das eigentliche Material, das in der Mehrzahl aus afrikanischen und nordamerikanischen Gesellschaften stammt, in über 200 Abbildungen ausgebreitet und im Stil der europäischen Kunstkritik interpretiert, wobei in der thematischen Abfolge der Kapitel die historische Dynamik der Beziehungen von Kolonisatoren und Kolonisierten nachempfunden werden soll. So werden im dritten Kapitel ausschließlich Darstellungen von Schiffen aufgeführt, da diese die ersten europäischen Kulturgüter waren, die am fremden Horizont erschienen. Auf die Figur des Soldaten im vierten Kapitel folgen Darstellungen von Missionaren, Händlern, Lehrern, Ärzten und Entdeckungsreisenden. Anders als der Titel des Werkes suggeriert, glaubt Lips keineswegs, in jeder Darstellung die beißende Ironie des Künstlers zu erkennen. Stattdessen werden zahlreiche Plastiken auch als wohlwollende Darstellungen, geradezu als liebevolle Portraits interpretiert.

Das Werk steht in der Tradition jenes Genres der Kulturkritik, das gegen Ende des 17. Jh. entstand und durch einen Wechsel der Perspektive gekennzeichnet ist (z.B. L.-A. de → Lahontan). Dabei werden fiktiven exotischen Europa-Reisenden Beschreibungen der europäischen Kultur in den Mund gelegt, um im Idiom der fremden Kultur der eigenen den Spiegel vorzuhalten. Im Gegensatz zu Vorläufern wie Montesquieu (1689–1755) verfügt Lips mit den außereuropäischen Bildwerken zwar über eine reale Basis. Die intuitive Interpretation der Bilder beruht jedoch auf reiner Introspektion, die sich mit der Fiktion der oben genannten Autoren messen kann. Es ist die Stimme Lips', die »zurückschlägt« und nicht die der außereuropäischen Künstler, denen er die Gelegenheit verschaffen wollte, »Vergeltung an ihren Kolonisatoren zu üben« (Vorwort).

Der politische und kulturkritische rote Faden, der sich, mal offen, mal verdeckt, durch das Buch zieht, wurde in vielen Rezensionen, die in britischen und amerikanischen

Fachzeitschriften und Feuilletons erschienen, hervorgehoben. In deutschen zeitgenössischen Fachzeitschriften wurde das Buch nicht rezensiert, vermutlich weil die Nationalsozialisten *The Savage* aus politischen Gründen zum »unerwünschten Schriftgut« deklariert hatten. Öffentlich reagierten die Nationalsozialisten erst im Mai 1938 mit zwei Artikeln im Parteiorgan *Westdeutscher Beobachter* auf das Werk, wobei lediglich die politischen Aussagen, nicht jedoch die wissenschaftlichen Inhalte attackiert wurden. In den ersten drei Jahrzehnten nach dem Krieg erfuhr das Werk trotz unveränderter Neuauflage 1966 in England und Amerika keine besondere Rezeption. Einzige Ausnahme bildete eine auf dem Buch basierende Ausstellung im niederländischen Leiden im Jahr 1955. Als gegen Ende der 70er Jahre schließlich der Afrika-Kunstmarkt unter dem Oberbegriff »Colon« Plastiken mit europäisch-kolonialen Motiven entdeckte, rückte auch Lips' Studie wieder ins Blickfeld. Im Begleitband zu einer Ausstellung des Münchner Stadtmuseums *Colon – Das schwarze Bild vom weißen Mann* begann 1983 schließlich eine kritische Auseinandersetzung mit dem wissenschaftlichen Gehalt von *The Savage*. Im gleichen Jahr erschien die von Eva Lips herausgegebene, leider stark veränderte deutsche Erstausgabe. Mit Fritz Kramer *Der rote Fes* (1987) und Tobias Wendl *Mami Wata* (1991) folgten Einzelstudien, die der Bedeutung von Colon-Figuren im Kontext afrikanischer Gesellschaften nachgehen. Diese Studien belegen, dass es sich bei den Europäerdarstellungen keineswegs um engagierte Satire handelt, sondern vielmehr um einen neuartigen Realismus, der im Gegensatz zur traditionellen afrikanischen Kunst steht. Dies wurde zwar schon von Lips postuliert (Kap.2), jedoch nicht weiter ausgeführt. Die Funktionen, die den Figuren zukommen, erweisen sich dabei als ebenso vielfältig wie die kultischen Zusammenhänge, in denen sie eine Rolle spielen. Obgleich *The Savage* nicht als Gründungsdokument jener aktuellen Forschungsrichtung bezeichnet werden kann, die »fremde

Ethnographien« untersucht, so ist das Werk doch zumindest ein avantgardistischer Vorläufer.

MATTHIAS KRINGS

Ausg.: ND New Hyde Park 1966. – Dt. EA u.d.T.: Der Weiße im Spiegel der Farbigen, Leipzig 1983, München 1984.
Lit.: J. JAHN (Hg.), Colon. Das Schwarze Bild vom Weißen Mann, München 1983. – H. FISCHER, Völkerkunde im Nationalsozialismus, Berlin/Hamburg 1990. –L. PÜTZSTÜCK, Symphonie in Moll. Julius Lips und die Kölner Völkerkunde, Pfaffenweiler 1995.

Robert Heinrich (Harry) Lowie
(* 12.6.1883 Wien; † 21.9.1957 Berkeley)

Primitive Society (engl.; *Primitive Gesellschaft*), EA New York 1920.

Mit *Primitive Society* verfasste Lowie ein Werk, das die Theorie der unilinearen Evolution menschlicher Sozialorganisation mit ethnographischen Beispielen aus allen Teilen der Welt widerlegte und insbesondere explizit Kritik an den von L. H. → Morgan in *Ancient Society* (1877) vertretenen Anschauungen übte. Lowie wandte sich vor allem gegen theoretische Schlussfolgerungen, die nicht auf ausreichenden empirischen Untersuchungen gründeten – ein Vorwurf, den er später auch gegenüber A. R. → Radcliffe-Brown erhob. Hinsichtlich des damals vorherrschenden alternativen Erklärungsmodells gesellschaftlicher Entwicklung durch Diffusion lässt sich Lowie als gemäßigter Diffusionist bezeichnen: Er akzeptierte unabhängige Erfindungen und parallele bzw. konvergierende Entwicklungen in einzelnen Gesellschaften. Diese verliefen jedoch nicht überall gleich und in dieselbe Richtung; es spielten vor allem auch Entlehnungen von Kulturelementen aus anderen Gesellschaften eine wesentliche Rolle. In seinem Bemühen, gesellschaftliche Entwicklung und Kulturwandel zu verstehen, konzentrierte Lowie seine Arbeit auf die deskriptive, exakte und begrenzte Analyse ähnlicher und unterschiedlicher Kulturelemente. In diesem Sinne steht *Primitive Society* in der Tradition von F. → Boas.

Lowie kam 1893 im Alter von zehn Jahren mit seinen Eltern deutsch-ungarischer Herkunft von Wien nach New York. 1904, auf der Suche nach einem geeigneten Studienfach an der Columbia University, stieß er auf Franz Boas, der fortan die Richtung seines Schaffens bestimmte. 1908 promovierte er bei Boas über vergleichende Mythologie Nordamerikas. Schon während seiner Studienzeit arbeitete er unter Clark Wissler (1870–1947) am American Museum of Natural History in New York. Wissler regte ihn zu seinen ersten Feldforschungen bei den Shoshone und den Crow an, Völkern der nordamerikanischen Plains, die einst mit Pferden Jagd auf Bisonherden machten. Mit ihnen blieb sein Name fortan verbunden. Er setzte sich mit allen Bereichen ihrer Kultur auseinander und sprach die Crow-Sprache fließend. Während der Jahre am American Museum of Natural History (1907–17) hatte er Gelegenheit, bei verschiedensten indigenen Gruppen einfache bis komplexe Gesellschaftsformen zu studieren. 1917 holte ihn A. L. → Kroeber an die University of California (Berkeley), wo er 1921 zum ordentlichen Professor berufen wurde und bis 1950 Ethnologie unterrichtete. In der Folgezeit beschäftigte sich Lowie wieder intensiver mit seiner europäischen Herkunft. Er hielt in Deutschland Vorträge und studierte die Auswirkungen des Krieges auf das deutsche Volk. Seine Beobachtungen hielt er in zwei Ethnographien fest: *The German People, A Social Portrait to 1914* (1945) und *Towards Understanding Germany* (1954).

Primitive Society entstand eher zufällig während der ersten Jahre in Berkeley. Der New Yorker Verleger Boni & Liveright beauftragte Lowie, ein Buch über das Leben der damals sog. primitiven Gesellschaften zu schreiben. Lowie setzte sich an die Arbeit und schrieb das Werk, mit dem er berühmt werden sollte. Es ist in 15 Kapitel gegliedert, in denen die verschiedenen Bereiche der sozialen und politischen

Organisation abgedeckt werden: Heirat, Polygamie, Familie, Verwandtschaftsbräuche, Sippe, Geschichte der Sippe, Stellung der Frau, Eigentum, Bünde, Theorie der Bünde, Rang, Herrschaftsformen und Gerichtsbarkeit. Die einzelnen Bereiche illustrierte Lowie mittels zahlreicher Beispiele aus allen Erdteilen, wobei diejenigen, die auf eigenen Feldforschungserfahrungen beruhen, den größeren Teil einnehmen. Lowie hatte dank seiner umfassenden Sprachkenntnisse alle namhaften Ethnographien seiner Zeit gelesen. Hinter der nüchternen Inhaltsangabe verbirgt sich eine Fülle von Detailwissen, aber auch erfrischende Kritik. Anhand des ethnographischen Materials zeigt er entgegen evolutionistischer Annahmen auf, warum z.B. Promiskuität nicht als Vorstufe der Familie anzusehen sei und Patrilinearität nicht zwangsläufig auf Matrilinearität folgte; Matriarchate seien nirgendwo zu finden, Frauen hätten in vielen Gesellschaften jedoch ähnliche Rechte wie Männer. Bereits in einfachsten Gesellschaften existiere individuelles Eigentum; eindeutige Belege für eine geradlinige Entwicklung zu immer größerer Zentralisierung von Macht seien nicht vorhanden. Für den gewissenhaften Lowie war es erstaunlich, wie weit die in vielen Ethnographien aufgezeigten Fakten von den oft im selben Werk gezogenen Schlussfolgerungen abwichen.

Mit *Primitive Society* gelang es Lowie, die entscheidende Bedeutung offen zu legen, die andere, nicht direkt mit Verwandtschaft zusammenhänge Formationen für die soziopolitische Organisation einer Gemeinschaft hatten. Unter diesen nennt er Bünde, Militärgesellschaften und Gilden, welche die Mitglieder einer Gesellschaft nach Alter, Geschlecht und Rang trennen. Schon während seiner Feldforschungen hatte er dazu Material gesammelt. Die Lektüre von Heinrich Schurtz' (1867–1903) *Altersklassen und Männerbünde* (1902) bestätigte ihn darin, diese von älteren Ethnologen wie Morgan völlig außer Acht gelassenen Bereiche in die Studie gesellschaftlicher Organisation einzubeziehen. In *Primitive Society* fügte Lowie die

Themenfelder von Morgan und Schurtz zusammen und kritisierte ihre evolutionistisch beeinflussten Aussagen.

Primitive Society war nicht nur Lowies erstes größeres Werk, sondern auch eines seiner einflussreichsten. Allein schon aufgrund der Klärung verwandtschaftlicher Termini ist Lowies Arbeit ein Gewinn. Seine Kritiker würdigten die fundierte Zusammenstellung ethnographischer Erkenntnisse, einige bemängelten jedoch das Fehlen einer übergreifenden theoretischen Einbindung. Dieses ist auf Lowies große Bedenken gegenüber vorschnellen Schlüssen und unzulässigen Verallgemeinerungen ethnographischer Daten zurückzuführen. Mit *Primitive Society* wandte er sich gerade gegen »brilliante Illusionen« wie jene Morgans in *Ancient Society*. Zudem stand Lowie erst am Anfang seines Schaffens. Auch warf man ihm vor, zu kritisch mit den Verdiensten der Theorien seiner Vorgänger verfahren zu sein. Größere theoretische Implikationen hatte sein wenig beachteter kleiner Band *The Origin of the State* (1927), den Lowie eigentlich als verspäteten Anhang zu *Primitive Society* verstand. Lowie erkannte in Altersklassen, Geheimbünden und Titelgesellschaften erste Anfänge der Staatsbildung.

Die Vielzahl der seit *Primitive Society* erschienenen Ethnographien ließ Lowie Anfang der 1940er Jahre erwägen, deren Ergebnisse in eine überarbeitete Version der vergriffenen *Primitive Society* zu integrieren. Er entschied sich jedoch, seine nach zwanzig Jahren Lehre vertieften Erkenntnisse in einem separaten Band neu zu strukturieren. *Social Organization* erschien 1948. Hier zeigt Lowie mehr Toleranz gegenüber den Theorien seiner Vorgänger. Einige Kritiker unterstellten ihm darin kommunistische Propaganda, die aus seiner Wertschätzung der beschriebenen Gesellschaftsformen herausgelesen werden konnte, von Lowie selbst jedoch nicht beabsichtigt war.

Primitive Society dominierte die Theorie der sozialen Organisation fast 30 Jahre, bis neben seinem eigenen neuen Werk G. P. → Murdocks *Social Structure* (1949) und C. → Lévi-Strauss' *Les Structures élémentaires de la parenté* (1949) erschienen. Mit seinen Untersuchungen universal verbreiteter Kulturelemente und Strukturmerkmale hatte Lowie im Ansatz bereits Murdocks kulturvergleichende Methode und Lévi-Strauss' Strukturalismus vorweggenommen. Andere in den zwanziger Jahren des 20. Jh. aufgeworfene Themen Lowies wurden bis heute nicht zufriedenstellend diskutiert. Darunter fallen Fragen der konkreten Verbreitung von Kultur, eine Theorie der Bünde sowie vor allem die aktuelle Diskussion um »unkörperliches« bzw. intellektuelles Eigentum.

UTE RÖSCHENTHALER

Ausg.: z.T. mit neuem Vorwort des Verf.: New York 1925, 1947, 1961, 1970; London 1921, 1929, 1949, 1953.

Lit.: A. L. KROEBER, [Rez. v.] R. H. Lowie, *Primitive Society*, in: American Anthropologist 22 (1920), S. 377–81. – R. H. LOWIE, The Origin of the State, New York 1927. – DERS., Robert H. Lowie. A Personal Record, Berkeley 1959. – R. MURPHY, Robert H. Lowie, New York 1972. – P. RADIN, Robert H. Lowie, in: American Anthropologist 60 (1958), S. 358–75.

Henry Sumner Maine

(* 15.8.1822 Kelso; † 3.2.1888 Cannes)

Ancient Law. Its Connection With the Early History of Society and its Relation to Modern Ideas (engl.; *Das alte Recht. Seine Beziehung zur frühen Geschichte der Gesellschaft und sein Verhältnis zu modernen Ideen*), EA London 1861.

Der englische Jurist Sir Henry Sumner Maine war Professor für Zivilrecht in Cambridge, Dozent des römischen Rechts bei den Inns of Court, Mitglied des Rates für Indien, Professor für vergleichende Rechte in Oxford und Professor für Völkerrecht in Cambridge. Er gilt als der wichtigste Schüler und zugleich Kritiker von Friedrich Karl von Savigny (1779–1861) und dessen historischer Methode und Rechtsschule.

Sein Hauptwerk *Ancient Law* stellt eine rechtshistorische und rechtssoziologische Abhandlung über die Entstehung und die Entwicklung des Rechts dar. Maine thematisiert darin die Grundlagen sowie die Veränderungen des Rechts anhand eines evolutionistischen Entwicklungsschemas, welches die Anfänge der Ethnologie als wissenschaftliche Disziplin entscheidend mitgeprägt hat. Sein wissenschaftlicher Ansatz beruht auf einer kulturvergleichenden Methodik, die auf die Gewinnung von historisch dem Wandel unterliegenden Prinzipien abzielt und die Entwicklung des Rechts mit der anderer Institutionen und Kulturbereiche in Verbindung setzt.

Im Mittelpunkt seiner Darstellung steht das römische Recht, da sich in ihm die entscheidenden Schritte der Modernisierung vollzogen hätten, und auf dessen Grundlagen das westliche Recht und Gesellschaftsgefüge beruhe. Mittels dieser rechtshistorischen Herangehensweise verfolgt Maine ein bestimmtes Erkenntnisinteresse: die Ergründung der Entstehungsbedingungen des westlichen Universalismus, d.h. des Naturrechts. Obwohl Maine ein dezidierter Verfechter der historischen Methode ist und der Ableitung des Naturrechts aus einem angeblichen Naturzustand skeptisch gegenübersteht, sieht er in dem Einfluss, den die griechische Naturrechtsphilosophie auf das römische Recht ausübte, einen fundamentalen ethischen Fortschritt, durch welchen eine »Veredelung« des Rechts erfolgte und die Herausbildung der »modernen« Zivilisation ermöglicht wurde.

Für die Analyse der Entstehungsbedingungen des Naturrechts entwickelt Maine in *Ancient Law* eine evolutionäre Theorie des gesellschaftlichen Fortschritts, indem er allgemein zwischen »statischen« und »progressiven« Gesellschaften unterscheidet. Unter statischen Gesellschaften versteht Maine solche, bei denen das Recht auf einer bestimmten Entwicklungsstufe verharrt, da es sich vor allem nicht von seiner Verbindung und Identifikation mit der Religion löst. Bei progressiven Gesellschaften hingegen erfährt das Recht einen kontinuierlichen Veränderungsprozess, wodurch es in der Entwicklung und Veredelung fortschreitet. Maines berühmt gewordene Formel »vom Status zum Vertrag« (»from status to contract«) knüpft an diesen Grundgedanken an und beschreibt vornehmlich die Entwicklung und Ersetzung einfacher, kollektiv organisierter Gesellschaftsstrukturen hin zu komplexen und individuellen. Anhand dieses Entwicklungsgesetzes analysiert Maine schließlich in den einzelnen Kapiteln die gegenseitige Abhängigkeit sozialer Institutionen bei der Veränderung der Familienstruktur, des Eigentums, des Vertrags, des Erbrechts und der Verantwortlichkeit für Verbrechen. Nach Maine bedeutet »Status« hier aber nicht den Rang innerhalb einer sozialen Hierarchie, sondern den Umstand, dass in statischen Gesellschaften der Einzelne als Mitglied einer Gruppe handelt und als solcher behandelt wird. Dementsprechend wird z.B. im Konfliktfall die gesamte Gruppe für die Tat des Einzelnen zur Verantwortung gezogen. Als Gegenpol setzt der »Vertrag« in progressiven Gesellschaften voraus, dass die einzelnen Vertragsparteien unabhängig von ihren Eigenschaften und Zuschreibungen handeln und behandelt werden. Die maßgebende Einheit ist hier das Individuum, ob nun als juristische oder natürliche Person, so dass sich im Konfliktfall auch nur der Einzelne verantworten muss.

Maine gründet seinen gesamten theoretischen Ansatz auf der Annahme gemeinsamer Stadien des sozialen und damit verbundenen rechtlichen Fortschritts in verschiedenen Gesellschaften. Dabei geht er von der Existenz einer »archaischen Gesellschaft« aus, womit er eine Gruppe meint, die im Wesentlichen der Großfamilie entspricht. In diesem ursprünglichen Entwicklungsstadium der Menschheit sei die Gesellschaft durch Abstammungs- und Erbfolge in männlicher Linie (Patrilinearität) sowie durch das patriarchalische Prinzip bestimmt gewesen.

In dieser ersten Entwicklungsphase gab es nach Maines Auffassung aber noch kein Recht im genuinen Sinne, sondern der älteste männliche Angehörige einer Gruppe fällte die Urteile und verhängte die Strafen über die Familienmitglieder. Damit setzte er aber nicht etwa ungeschriebenes Recht durch, denn diese Urteile waren – ähnlich wie die griechischen *themistes* – noch nicht Ausdruck eines bindenden rechtlichen Prinzips. Überdies behauptet Maine, dass sich das früheste Recht nicht mit dem Individuum befasste, sondern allein mit den Beziehungen von Gruppen, d.h. von Familien untereinander. Da die Gesellschaften zu jener Zeit jeweils nur aus einer einzelnen Familie bestanden, konnte es folglich unter diesen Rahmenbedingungen noch kein Recht geben.

Dies änderte sich auch nicht im zweiten Stadium der menschlichen Entwicklung, den Stammesgesellschaften, die nach Maine durch die teilweise Verschmelzung von Familiengruppen entstanden, die durch das Prinzip einer fiktiven oder tatsächlichen Abstammung von einem gemeinsamen männlichen Ahnherren zusammengehalten wurden. Das Familienoberhaupt übte auch hier weiterhin die *patria potestas* (väterliche Gewalt) als quasi hoheitliche Gewalt über die Familienmitglieder aus.

Das eigentliche Recht, worunter Maine ein System abstrakter Prinzipien der sozialen Kontrolle versteht, begann sich vor allem in der End- und Übergangsphase von der Stammesgesellschaft hin zu einer durch Territorialität definierten Gesellschaft auszubilden. Indem die Oberhäupter der späten Stammesgesellschaften und die Autoritäten der in Entstehung befindlichen territorialen Staaten in vergleichbaren Situationen die gleichen Urteile fällten, schufen sie unbeabsichtigt eine Reihe von Prinzipien. Hierin lag nach Maine der Keim oder die rudimentäre Form einer Sitte, welche die Quelle und den Inhalt des frühesten Rechts darstellte.

Der Übergang von der Stammes- hin zu einer staatlichen Gesellschaft markiert nach Maines Auffassung das letzte Entwicklungsstadium der Menschheit, welches vor allem durch das Vorhandensein und den gemeinschaftlichen

Anspruch auf ein bestimmtes Territorium gekennzeichnet ist. Außerdem fällt in diese Übergangsphase nach Maine auch die Trennung des Rechts von Religion und Ethik. Ursache für diesen Entwicklungsschritt sei die Verschmelzung von Stammesgesellschaften durch Eroberung oder Vereinigung sowie das natürliche Anwachsen der Zahl der Stammesmitglieder gewesen. Folge dieser Expansion war wiederum ein Anwachsen der gesellschaftlichen Komplexität und damit der Notwendigkeit, über abstrakte aus dem Gewohnheitsrecht abgeleitete Prinzipien zu verfügen, die in vergleichbaren (Konflikt-)Situationen in richterlichen Urteilen Anwendung finden konnten.

Maines stadiales Schema der menschlichen Entwicklung impliziert einen linear verlaufenden Fortschrittsgedanken. Allerdings geht Maine davon aus, dass sich die Gesellschaften aufgrund verschiedener Faktoren mit unterschiedlicher Geschwindigkeit und auch nicht in gleicher Weise entwickelten. Er ist vielmehr der Ansicht, die statischen Gesellschaften stellten den Regelfall, die progressiven hingegen nur eine durch Zufall und Glücksumstände bedingte Ausnahme dar. Mit diesem Ansatz vertritt Maine eine Position, die im Wesentlichen dem multilinearen Entwicklungskonzept der späteren (neo-)evolutionistischen Ethnologie entspricht, wie sie u.a. bei J. → Steward zum Ausdruck kommt.

Maines Werk ist insgesamt stark vom philosophischen und evolutionistischen Denken seiner Zeit beeinflusst, das er auf den Bereich der sozialen Beziehungen, insbesondere des Rechts, übertragen hat. Das von ihm aufgestellte Entwicklungsschema des Rechts und der Gesellschaft insgesamt gilt heute als weitgehend überholt.

Sein nachhaltiger Einfluss auf Rechtswissenschaft und Rechtsanthropologie beruht aus heutiger Sicht vor allem in der Herausbildung einer empirischen, vergleichenden und historisch orientierten Methodik sowie in seinem Bestreben, Verallgemeinerungen auf der Grundlage von empirischem Material vorzunehmen, das ihm allerdings für nicht-europäische Gesellschaften nur unzureichend zur Verfügung stand. Ein späterer Aufenthalt in Indien, 1862–69, lieferte ihm die Grundlage für sein Werk *Village Communities in the East and West* (1871); *On Early Law and Custom* (1883) enthält treffliche Einsichten in die Probleme ethnographischer Arbeit.

Mit *Ancient Law*, das im selben Jahr erschien wie J. J. → Bachofens (1815–87) *Das Mutterrecht*, hob Maine die Behandlung des Rechts, die vormals hauptsächlich durch Spekulationen bestimmt war, auf eine neue Ebene der Theorienbildung. Mit seiner historisch-funktionalen Methode gab Maine zudem einen bedeutenden Impuls für die Herausbildung der Soziologie und Ethnologie als wissenschaftliche Disziplinen. An seine Einsichten knüpften in der Folge Wissenschaftler wie z.B. L. H. → Morgan, Herbert Spencer (1820–1903) und John F. McLennan (1827–81) an.

WOLFRAM HEISE

Ausg.: Zahlreiche ND London/New York. Neuausgabe London 1931, Tucson 1986, Bristol 1996, Holmes Beach ^{14}1999. – Dt. EA u.d.T.: Das Alte Recht. »Ancient Law«, Baden-Baden 1997.

Lit.: F. POLLOCK, Introduction, in: Sir Henry Maine, *Ancient Law*, London ^{9}1930. – E. A. HOEBEL, Henry Sumner Maine, in: D. L. SILLS (Hg.), International Encyclopedia of the Social Sciences, Bd. 9 (o.O. [New York] 1968), S. 530–33. – G. FEAVER, From Status to Contract, London 1969. – L. POSPÍŠIL, Anthropology of Law, New York 1971.

Bronislaw Kaspar Malinowski
(* 7.4.1884 Krakau; † 16.5.1942 New Haven)

Argonauts of the Western Pacific. An Account of Native Enterprise and Adventure in the Archipelagoes of Melanesian New Guinea (engl.; *Die Argonauten des westlichen Pazifik. Ein Bericht über Unternehmungen und Abenteuer der Eingeborenen in den Inselwelten von Melanesisch-Neuguinea*), EA London/New York 1922.

Argonauts of the Western Pacific zählt auch acht Jahrzehnte nach seiner Entstehung noch immer zu den meistgelesenen Werken der ethnographischen Berichtliteratur. Die Monographie begründete den Ruf ihres Verfassers als eines der führenden Ethnologen seiner Zeit und legte den Grundstein zu einer Kontroverse, deren Verlauf ihren Autor weit über die Grenzen seines Fachs hinaus bekannt werden ließ. Am Ende der Ära viktorianischer Schreibtischethnologie geschrieben, markiert die Veröffentlichung gleichzeitig den Beginn des britischen Funktionalismus.

Bronislaw Kaspar Malinowski wurde 1884 in Krakau geboren, einer Stadt, welche seit 1848 zur Donaumonarchie gehörte. Dieser Umstand sollte den Inhaber eines österreichischen Passes später in eine Zwangslage bringen, aus der dann jedoch eines der bemerkenswertesten Forschungsvorhaben der Ethnologie hervorging. Sein Vater lehrte slawische Philologie und Folkloristik an der Jagellan-Universität und führte dabei auch selbst volkskundliche Studien durch. Malinowski wandte sich zunächst den Naturwissenschaften zu. Nach dem Studium der Physik und Mathematik in Krakau promovierte er 1908 und bestand sein Examen mit den höchsten Auszeichnungen. Infolge eines Augenleidens konnte er seine naturwissenschaftlichen Studien jedoch nicht fortsetzen und las während seiner Rekonvaleszenz J. G. → Frazers *The Golden Bough*. Diese Lektüre, so Malinowski später, habe spontan sein Interesse für die Humanwissenschaften geweckt. Kuper (1973) vertritt hingegen die Ansicht, dass es sich bei dieser Darstellung um eine der typischen Mythen handelt, welche der Begründer des Funktionalismus später um seine eigene Person weben sollte. Bronislaw Malinowski übersiedelte zunächst nach Deutschland, wo er in Leipzig kurze Zeit bei W. → Wundt Völkerpsychologie und bei Karl Bücher (1847–1930) Wirtschaftsgeschichte studierte. 1910 schrieb er sich an der London School of Economics ein. Hier setzte er seine Forschungen fort und arbeitete unter Edvard Westermarck (1862–1939) und Charles G. Seligman (1873–1940), der bald sein Förderer werden sollte. Malinowskis erste Veröffentlichung *The Family among the Australian Aboriginies* (1913) ist in erster Linie von der damaligen Kontroverse zwischen Evolutionisten und Diffusionisten geprägt. Bereits in diesem Werk zeigte sich der große Einfluss, den der französische Soziologe É. → Durkheim auf den polnischen Wissenschaftler ausübte. Von R. R. → Marett dazu eingeladen, ihn als Sekretär zur Konferenz der British Association for the Advancement of Science im australischen Melbourne zu begleiten, kam Malinowski 1914 in Australien an, wurde vom Ausbruch des Ersten Weltkrieges überrascht und geriet dadurch plötzlich in eine heikle Situation. Als Angehöriger eines Staates, mit dem sich Australien im Kriegszustand befand, hätte er eigentlich interniert werden sollen. Durch Vermittlung und Fürsprache von befreundeten Wissenschaftlern gelang es ihm jedoch, diesem Schicksal zu entgehen. Er erhielt die Erlaubnis der australischen Regierung, im damaligen Mandatsgebiet von British New Guinea ethnologische Untersuchungen durchzuführen. Seine erste Station war die kleine Insel Mailu, südlich von Neuguinea. Hier verbrachte Malinowski sechs Monate und lernte dabei zum ersten Mal die Schwierigkeiten einer stationären Feldforschung kennen. Nach einem kurzen Zwischenaufenthalt in Melbourne reiste er 1915 weiter ins nordwestliche Melanesien und erreichte schließlich Kiriwana, die größte Insel des Trobriand-Archipels. Mit kurzen Unterbrechungen verbrachte er hier insgesamt zwei Jahre und kehrte im Oktober 1918 nach Australien zurück. Alle Biographen stimmen darin überein, dass die bei einer kleinen, bis dahin fast unbekannten Ethnie des Westlichen Pazifiks verbrachte Zeit die entscheidende Phase im Leben Bronislaw Malinowskis markierte. Sie lieferte ihm nicht nur Stoff für seine drei großen Monographien über die Trobriander und mehrere theoretische Schriften, sondern sollte ihn auch persönlich bis an sein Lebensende prägen.

Zwischen 1918 und 1921 entstanden, wurde *Argonauts of the Western Pacific* 1922 in London mit einem Vorwort Frazers veröffentlicht. Malinowski, der seit 1921 als Dozent an der London School of Economics tätig war, hatte die Absicht, mit seiner Publikation erneut in den seit langem schwelenden Streit zwischen Evolutionisten und Diffusionisten einzugreifen. Die Auseinandersetzungen darüber, ob die Bräuche und Vorstellungen eines Stammes nun »Überbleibsel« eines früheren Entwicklungsstadiums wären oder ob sie im Gegenteil als »Kulturelemente« Rückschlüsse auf globale Wanderungsbewegungen zuließen, führten zu erbitterten Kontroversen und spalteten die akademische Disziplin. Malinowski verstand seinen Beitrag zu dieser Zeit in erster Linie als Ergänzung, nicht als Widerlegung der beiden Fachrichtungen und konnte sich durchaus mit Aspekten beider Schulen identifizieren, plädierte aber zugleich auch für einen neuen theoretischen Zugang. Erst später, als der von ihm ins Leben gerufene Funktionalismus bereits selbst den Rang einer eigenständigen Theorie erlangt hatte und kritischer Betrachtung unterzogen wurde, sah er sich genötigt, seine Position aus dieser Zeit genauer zu definieren.

Argonauts of the Western Pacific war die erste von insgesamt drei großen Monographien, in denen sich Bronislaw Malinowski mit jeweils einem spezifischen Aspekt der Kultur der Trobriand-Insulaner auseinandersetzte. In den *Argonauts* sind dies vor allem die großen Überseereisen und das zeremonielle Tauschsystem der Trobriander, das in der ethnologischen Fachliteratur als *kula* bekannt geworden ist.

In der Einleitung stellt Malinowski Gegenstand, Methode und Umfang seiner Untersuchung ausführlich dar und legt damit den Grundstein für das Konzept der »teilnehmenden Beobachtung«, welches in der Ethnologie bis heute als *die* Verfahrensweise zur Dokumentation und Analyse fremder Kulturen gilt und der an die Theorie des Funktionalismus eng gebundenen ganzheitlichen Sichtweise den Weg bahnen sollte.

Der erste Abschnitt des Hauptteils macht den Leser mit der Topographie der Inselwelt und ihren Bewohnern bekannt und stellt die Grundzüge des *kula* dar. Die folgenden Kapitel gelten Kanubau und Stapellauf, Überfahrt und Ankunft bei den Tauschpartnern auf verschiedenen Inseln sowie dem eigentlichen Tauschgeschehen zwischen den Parteien. Malinowski folgt mit dieser Einteilung dem zeitlichen Ablauf der Tauschexpeditionen. In beständigem Wechsel von Außen- und Innensicht gelingt dem Autor dabei die lebendige Darstellung der Verknüpfung von profanen Handlungen und magischen Riten, welche sich durch die gesamten Unternehmungen der Trobriand-Insulaner zieht und deren anschauliche Beschreibung einen Großteil der Faszination dieses Werkes ausmacht. Gerade die Macht der Magie bildet für Malinowski das zentrale Thema und den sinnstiftenden Hintergrund, vor dem die *kula*-Gemeinschaften agieren, so dass er diesem Themenkomplex zwei eigenen Kapitel widmet.

Auch die »Stammesökonomie« der Trobriand-Insulaner sowie soziologische und mythologische Komponenten des zeremoniellen Ringtausch-Systems werden detailliert beschrieben. Eine linguistische Analyse zweier magischer Texte mit ausführlichen Anmerkungen des Autors rundet die Ethnographie ab.

Im Gesamtwerk Malinowskis nimmt *Argonauts of the Western Pacific* die Position eines Grundsteins ein, auf dem sein gesamtes späteres Werk aufbaut und der ihm auch die Vorlage für seinen weiteren Veröffentlichungen über *The Sexual Life of Savages in North-Western Melanesia* (1929) und

Coral Gardens and their Magic (1935) liefert. Auch innerhalb der Wissenschaftsgeschichte ist das Werk bemerkenswert, da Malinowski hiermit sowohl die Schule des britischen Funktionalismus in der Ethnologie begründet als auch die Methodik der teilnehmenden Beobachtung in der Form entwickelt hat, in der sie noch heute als maßgeblich für die Datengewinnung gilt. Der Funktionalismus prägte die Ethnologie tiefgreifend, wenngleich er unter dem Einfluss von A. R. → Radcliffe-Brown schon bald den Wandel zum Strukturfunktionalismus durchlaufen sollte. Seine direkten Auswirkungen allerdings reichen bis in die sechziger Jahre des 20. Jh., als die Schüler Malinowskis noch einen Großteil der maßgeblichen ethnologischen Professuren an den britischen Universitäten innehatten. Aus ihren Reihen wurde jedoch zum Teil auch erhebliche Kritik an seiner »Funktionaltheorie der Kultur« laut, als sie im Zuge ihrer eigenen Feldforschungen auf zahlreiche Defizite in Malinowskis Konzepten stießen. Der französische Ethnologe Michel Panoff (*1931) nannte ihn später in diesem Zusammenhang einmal »einen guten Forscher, aber nur einen mittelmäßigen Theoretiker«. Die teilnehmende Beobachtung in Form einer mindestens einjährigen stationären Feldforschung, bei welcher der Ethnograph sprachliche Kompetenz erwirbt und in das Alltagsleben einer fremden Gesellschaft ebenso eintaucht wie in ihre Vorstellungen und Symbolsysteme, hat ihren Status als primäre Methode der Datenerhebung bis in die Gegenwart hinein beinahe unangefochten behauptet. Die posthume Veröffentlichung seiner Feldtagebücher, in denen Malinowski seine Ängste und Aggressionen festgehalten hatte, warfen zunächst auch auf seine methodischen Ansätze ein ungutes Licht, führten im weiteren Verlauf jedoch zu einer sehr fruchtbaren Diskussion innerhalb der Disziplin. Die Geschichte der Kulturwissenschaften wäre ohne Bronislaw Malinowski mit Sicherheit anders verlaufen.

JERG SEIPEL

Ausg.: ND London/New York 1932, 1950, 1961; Prospect Heights 1984. – Dt. EA: Frankfurt 1979, ND 1984.
Lit.: M. PANOFF, Bronislaw Malinowski, Paris 1971. – A. KUPER, Anthropologists and Anthropology, London 1973. – J. STAGL, Kulturanthropologie und Gesellschaft, München 1974. – K.-H. KOHL, Abwehr und Verlangen. Zur Geschichte der Ethnologie, Frankfurt 1987.

Robert Ranulph Marett

(* 13.6.1866 Jersey; † 18.2.1943 Oxford)

The Threshold of Religion (engl.; *Die Schwelle zur Religion*), EA London 1909.

The Threshold of Religion ist eine Sammlung von Aufsätzen, die sich kritisch mit dem Animismus von E. B. → Tylor, mit J. G. → Frazers Entwicklung von der Magie zur Religion, mit É. → Durkheims soziologischer Erklärung von Religionen sowie weiteren religionswissenschaftlichen Theorien auseinandersetzte und im Gegenzug eine Konzeption von elementarer Religion erarbeitete, die von den führenden religionswissenschaftlichen Schulen des 20. Jh. rezipiert und weiterentwickelt wurde.

Marett war von Haus aus Philosoph mit Interesse an der Ethnologie. Er lehrte zu einer Zeit in Oxford, als Tylor dort das Fach vertrat. In der Religionsforschung wurde Marett nahezu schlagartig berühmt dank eines Vortrages über »Preanimistic Religion«, den er 1899 auf Einladung der Britischen Anthropologischen Gesellschaft in Dover hielt und der begeistert aufgenommen wurde. Marett, ein humorvoller Mann, äußerte im 11. Kapitel seiner Autobiographie *A Jerseyman at Oxford* (1941) den Verdacht, dass das, was in Dover ein Riesenerfolg war, daheim in Oxford wohl eher durchgefallen wäre. Doch als sein Vortrag ein Jahr später in der Zeitschrift *Folk-Lore* veröffentlicht wurde, wiederholte sich der Erfolg. Als Philosoph hatte Marett schärfer als die meisten Forscher, die mitten in der Arbeit des

Inventarisierens neuer religionshistorischer Funde waren, den Schwachpunkt der vergleichenden Religionsforschung erkannt: die Qualität der Klassifikationen, der Schubladen, mit denen sie in den anschwellenden Zettelhaufen von Beobachtungen und Exzerpten Ordnung zu bringen suchte. Marett stellte sich die relativ bescheiden anmutende Aufgabe, »experimentelle Formeln« zu erstellen, die bei der Verarbeitung der vermehrt anfallenden religiösen Daten helfen sollten. Er tat dies, indem er die damals zirkulierenden religionswissenschaftlichen Kategorien einer Prüfung unterzog.

In seinem Vortrag in Dover richtete er seinen kritischen Blick auf Tylors »Glauben an geistige Wesen« als einer Definition elementarer (»rudimentary«) Religion. Seine Prüfung des »Animismus« ergab, dass die Beseelung keine elementare, sondern eine bereits ausgearbeitete intellektualistische Konzeption sei. Logisch ginge ihr etwas anderes voraus: ein Gefühl von Ehrfurcht (»feeling of awe«). Erst dieses Gefühl lasse den Menschen in eine Beziehung zum Übernatürlichen eintreten. Dass die Äußerungen der übernatürliche Welt in Begriffen der »Seele« gefasst würden, setze dieses Erleben voraus. Marett ging es dabei nicht um das Gefühl als solches, sondern um das Verhältnis zur Welt, das es begründet. Daher wandte er sich auch nicht einer Psychologie der religiösen Erfahrung zu, sondern suchte nach Begriffen für das Unbegriffene, wie etwa den des *mana* in Melanesien. Marett nannte die elementare Religion, auf deren Basis erst die Seelenkonzeptionen entstanden seien, selber noch »Animatismus«. Doch sollte sich unter den Religionsforschern bald der im Titel seines Aufsatzes verwendete Begriff »Präanimismus« durchsetzen. Dabei ist diese Bezeichnung selber durchaus doppeldeutig, da sie der religiösen Erfahrung nicht nur in einem logischen, sondern auch in einem chronologischen Sinn den Vorrang einräumte. Marett verlegte in der Auseinandersetzung mit Tylor die Suche nach den Anfängen von Religion noch ein Stück weiter in die dunkle Vorgeschichte des Menschen. Und der letzte Beitrag in dem Band (»In a Prehistoric Sanctuary«) versucht dementsprechend den Wert seiner Formel auch für die prähistorischen Steinzeitmalereien Südfrankreichs nachzuweisen. Doch richtete sich seine Argumentation in der Folgezeit zunehmend mehr auf die Ausdifferenzierung der zu Grunde liegenden Erfahrung. Der offene und abwägende Stil seiner Auseinandersetzung mit Tylor und anderen Wissenschaftlern bezeugt Maretts Erkenntnis, dass die Religionsforschung ihre größten Defizite im Bereich der Begriffsbildung hatte und dass diese Mängel nur auf dem Wege einer kritische Bewertung der damals gehandelten Theorien im Lichte der Daten behoben werden konnten.

Marett ließ seinem aufsehenerregenden Aufsatz drei weitere folgen, die ganz ähnlich wie der erste als Prüfung vorliegender Theorien und als Vorschläge neuer »experimenteller Formeln« angelegt waren. Es sei falsch, so Marett in dem Aufsatz »From Spell to Prayer« (1904), Magie aus einer systematischen Verkehrung von Bild/Wort und Sache zu deuten: dass der Primitive glaube, die Vernichtung des Bildes eines Feindes bewirke automatisch seine Vernichtung. Marett distanzierte sich von dieser typisch britischen Erklärung von Magie. Er widersprach vor allem Frazer, der ein solches magisches Weltbild der Religion vorangehen ließ. Religion entstand demnach aus der Erkenntnis des Versagens der Magie. Dieser Sicht hielt Marett entgegen, die »Eingeborenen« könnten ohne Kenntnis der Gesetze der Kausalität nicht überleben und wüssten sehr wohl das Symbol vom Symbolisierten zu unterscheiden. Dass es sich bei der Vernichtung des Bildes des Feindes um die Entladung von Wut handele, auch dies bliebe den »Eingeborenen« selber nicht verborgen. Marett lenkte den Blick statt dessen auf die Praxis der Magie. In ihr kämen regelmäßig Zaubersprüche vor. Das weise darauf hin, dass der Magie Praktizierende mit einem Spruch an einen persönlichen Träger übernatürlicher Kraft appellierte. Die Wirksamkeit der eigenen Handlung beruhe nicht auf der Annahme unpersönlicher Gesetze. So betrachtet sei der Zauberspruch eher ein Vorläufer des

Gebets. Bei Marett wird die Konzeption von *mana* zu einer Matrix, aus der sich Magie und Religion gemeinsam bilden. Die Vorstellung eines zeitlichen und logischen Nacheinanders von Magie und Religion sei unhaltbar.

Ähnlich argumentierte Marett im Blick auf *tabu*. »Is Taboo a Negative Magic?« (1907) stellte eine andere Behauptung von Frazer in Frage: dass die Vermeidung bestimmter Berührungen den Zweck habe, einen unerwünschten Transfer von Eigenschaften zu verhindern. Frazer nahm auch hier ein Gesetz der falschen Anwendung der Verbindung von Idee und Sache in Anspruch. Marett wies demgegenüber darauf hin, dass eine solche Denkform nicht erklären könne, warum mit dem *tabu* das Gefühl des Übernatürlichen und Mysteriösen verbunden sei. Und wie wolle man gar die schweren Sanktionen, die mit seiner Übertretung einhergingen, erklären? Maretts Neudeutung setzte hier an: Wer ein *tabu* verletze, werde deshalb als Verbrecher behandelt, weil er eine übernatürliche Macht verletzt habe. Die schwere Strafe könne aus einem Gesetz der Sympathie nicht erklärt werden. Unter Bezug auf drei große Tabus »primitiver« Gesellschaften, das der Frau, des Fremden, und des Herrschers, zeigte er, dass es sich nicht um die Anwendung einer magischen Denkform handelt, sondern um die Furcht vor einer mysteriösen Macht. Tabu sei ein negatives *mana*.

In seinem Vortrag »The Conception of Mana« bündelte Marett seine diversen Kritiken und Neuansätze zu einer umfassenden Theorie der elementaren Religion. Der melanesische *mana* Begriff rückte dabei ins Zentrum. In der Wahl eines indigenen Wortes sah er die Chance, den dunklen Kräften elementarer Religionen näher zu kommen. Denn dieses Wort sei das Ergebnis einer ersten, noch ganz rudimentären Reflexion. Wenn es der vergleichenden Religionswissenschaft gelänge, die Bedeutung eines solchen Wortes zu explizieren, könne es eine wissenschaftliche Kategorie werden wie zuvor schon das Wort *tabu*. Aus der ethnographischen Literatur wusste Marett, dass *mana* eine spezifische Erfahrung und Gewahrwerdung der Welt und des Lebens darstellt. Noch einmal nahm er seine Analyse von *tabu* auf. *Mana* sei der positive Modus des Übernatürlichen, *tabu* dessen negativer Modus. Beide Termini drückten eine Beziehung existentieller Art zum Übernatürlichen aus, eine Beziehung, die und frei von jeder Moral sei. Die *tabu-mana* Formel sei besser als der Animismus geeignet, eine minimale Definition der elementaren Religion abzugeben. Während der »Glaube an beseelte Wesen« Religion an Persönliches binde, mache diese Formel sie an der Beziehung zur Macht fest. Der Vorteil sei, dass diese Formel die Transmission einer übernatürlichen Macht auf Personen und auf Dinge konzeptionell abbilden könne. Auch wenn der persönliche Gottesglaube im Laufe der Geschichte immer mehr die Oberhand gewonnen habe, sei es ihm doch nie gelungen, diese ältere Konzeption von Religion ganz zu verdrängen.

In dem Beitrag »A Sociological View of Comparative Religion« nahm Marett 1908 die Auseinandersetzung mit Durkheim auf. Britische Ethnologen hätten die Vergleichende Religionswissenschaft als Zweig der Psychologie behandelt. Die Gegenposition hätten Schulen eingenommen, die Religionen aus objektiven Bedingungen erklärten. Die Schule von Durkheim habe beide Perspektiven verbunden, weshalb die Britische Schule von ihr lernen könne. Zwar seien die Durkheimianer zu weit gegangen, als sie das Subjekt ganz in den objektiven Ordnungen aufgehen ließen. Jedoch müsse die Vergleichende Religionswissenschaft zum Zweig einer Sozialpsychologie werden, da Religion wesentlich eine Angelegenheit der Gesellschaft, nicht des Individuums sei.

Als Marett seine Aufsätze zu *The Threshold of Religion* zusammenstellte, ging er in einem Vorwort auf Kritiker an seinen Arbeiten wie W. → Wundt ein, um seine Position zu präzisieren. Ihm sei es nicht um eine neue Ursprungstheorie von Religion gegangen, sondern um einen Religionsbegriff, der Religion als einen zusammenhängenden Komplex von Denken, Emotion und Handeln auffasst. Gegen Frazer hielt er fest, Religion und Magie seien aus einem gemeinsamen »Plasma« entstanden. An anderer Stelle sprach er von »Theoplasma oder Gott-Material«. Marett musste sich nicht nur mit Kritik auseinandersetzen. Er notierte auch, dass seine Behauptungen von anderen bestätigt worden seien, wie 1902 von John N. B. Hewitt (1859–1937) oder von Henri Hubert (1872–1927) und M. → Mauss, die in ihrem »Entwurf einer allgemeinen Theorie der Magie« von 1902/3 im melanesischen *mana* ein Grundphänomen erkannt hatten, aus dem heraus sich Magie und Religion bildeten. In seiner späteren Autobiographie gab er dazu den Kommentar ab, die Durkheim-Schule in Frankreich und er selber in England hätten, ohne voneinander zu wissen, auf denselben Vogel geschossen. Zwar habe ihr Schuss, wie er selbstironisch feststellte, ein größeres Kaliber gehabt, er jedoch habe als Erster geschossen.

Als binnen weniger Jahre 1914 eine zweite Auflage des Buches nötig wurde, nahm er in seiner Einleitung den Diskussionsfaden noch einmal neu auf und betonte, er habe an einer Konzeption von elementarer Religion gearbeitet, die Magie und Religion gleichermaßen umfasste. Diese elementare Religion werde am besten vom *mana* repräsentiert. Denken, Emotion und Handeln seien in diesem Zustand noch ungeschieden. Erst die weitere Entwicklung habe zu ihrer Differenzierung geführt. Ausgangspunkt der Religionen und das bleibende Strukturelement jenseits aller Differenzierungen sei ein amorphes Erlebnis von übernatürlicher Macht, von der die alltägliche Welt durch eine klare Grenze getrennt sei. Die elementare Religion sei eine allzeit mögliche Erfahrung unabhängig von der Alltagswelt. Aus seiner Sicht trägt der Mensch dauernd die Möglichkeit einer derartigen Religion in sich. An die Stelle einer Theorie fortschreitender Differenzierung setzte er eine Theorie der Rekapitulation. Auf eine Survival-Theorie im Sinne von Tylor konnte er folglich verzichten. Marett setzte an ihre Stelle eine fundamentale Erfahrung von Macht, die sekundär zu Vorstellungen ausgeformt wird und als strukturelle Voraussetzung von Religion und Magie erhalten bleibt.

Maretts Religionstheorie, deren anfänglicher Erfolg ihn selbst in Erstaunen versetzte, sollte auch langfristig ihre Wirkung nicht verfehlen. Dass die Struktur von Religion ein Erlebnis von Macht sei, wurde von Nathan Söderblom (1866–1931), Rudolf Otto (1869–1937) und Gerardus van der Leeuw (1890–1950) in ihre Religionstheorien übernommen. Max Weber (1864–1920) berief sich ebenso darauf wie Émile Durkheim. Alle irgendwie erheblichen Richtungen in der Religionsanalyse haben seinen »Präanimismus« rezipiert. Sie alle unterschrieben die Auffassung, Magie und Religionen hätten sich aus einem ambivalenten Verhältnis des Menschen zur Welt gebildet.

Hans G. Kippenberg

Ausg.: London [2]1914 (erw.), [4]1929.

Lit.: J. N. B. Hewitt, Orenda and a Definition of Religion, in: American Anthropologist N.S. 4 (1902), S. 33–46. – H. Hubert/M. Mauss, Esquisse d'une théorie générale de la magie, 1902/3. – R. R. Marett, The tabu-mana Formula as a Minimum Definition of Religion, in: Archiv für Religionswissenschaft 12 (1909), S. 186–94. – M. Riesebrodt, Robert Ranulph Marett (1866–1943), in: A. Michaels (Hg.), Klassiker der Religionswissenschaft, München 1997, S. 171–84.

Marcel Mauss

(* 10.5.1872 Épinal; † 11.2.1950 Paris)

Essai sur le don (frz.; *Abhandlung über die Gabe*), ED in: L'Année sociologique n.s. 1 (1923/24), S. 30-186.

Der *Essai sur le don* stellt die erste systematische vergleichende Studie über den Gabentausch und dessen gesellschaftliche Einbettung dar. Er gilt zugleich als das Hauptwerk von Mauss, der damit endgültig aus dem Schatten von É. → Durkheim trat, mit dem er in den ersten

Jahren des 20. Jh. eine eigene französische Tradition vergleichender Soziologie begründet hatte. Gleich einem Feldforscher versenkte sich Mauss in alles verfügbare ethnographische, linguistische und historische Material, um es in einer Art »Ethnographie von Ethnographien« (H. Ritter) neu zu präsentieren.

Zwei zentrale Fragen will Mauss beantworten: »Welches ist der Grundsatz des Rechts und Interesses, der bewirkt, dass in den rückständigen oder archaischen Gesellschaften, das empfangene Geschenk obligatorisch erwidert wird? Was liegt in der gegebenen Sache für eine Kraft, die bewirkt, dass der Empfänger sie erwidert?« (Einführung). Der Vergleich von räumlich und zeitlich ganz unterschiedlichen Gesellschaften – von Polynesien (Kap. 1) und Melanesien über die amerikanische Nordwestküste (Kap. 2), das antike Rom, Germanien, das klassische Indien (Kap. 3) bis hin zum damaligen Europa (Kap. 4) – erbringt, dass die Gabe nur ein Element in einem System von gegenseitigen Leistungen zwischen Individuen oder Gruppen ist, die zugleich freiwillig und »streng obligatorisch« sind. Getauscht werden neben Dingen »vor allem Höflichkeiten, Festessen, Rituale, Militärdienste, Frauen, Kinder, Tanz, Feste, Märkte, bei denen der Handel nur ein Moment und der Umlauf der Reichtümer nur eine Seite eines weit allgemeineren und weit beständigeren Vertrags ist«. Einem solchen »System der totalen Leistungen« liegen drei Verpflichtungen zugrunde: (1) das Geben, (2) das Nehmen und (3) das Erwidern. Total sind sie, weil (1) alle Aspekte der gesellschaftlichen Praxis und alle Institutionen und Gruppen darin verwoben sind, und weil (2) die Gesellschaft in ihrer »Ganzheit« sich in der Gabe repräsentiert und reproduziert (Einführung). Daneben gibt es noch eine vierte Pflicht zu Gaben an die Toten, Geister und Götter und deren menschliche Repräsentanten, die mit dem Opfer verbunden ist (Kap. 1, IV).

Im polynesischen Konzept *hau* findet Mauss die Erklärung für die obligatorische Erwiderung der Gabe. Einem Maori-Weisen folgend interpretiert er *hau* als »Geist«, der Personen wie auch Dingen innewohnt. Damit ist »die durch die Sache geschaffene Bindung eine Seelen-Bindung [...], denn die Sache selbst hat eine Seele, ist Seele«. Da niemand dauerhaft etwas von der »Natur und Substanz« eines anderen behalten will, weil dies »gefährlich und tödlich« wäre, weil »diese Sache – die nicht nur moralisch, sondern auch physisch und geistig von der anderen Person kommt [...] magische und religiöse Macht über den Empfänger« hat, müssen Gaben immer erwidert werden (Kap. 1, II).

Mauss gründet seine Analyse vor allem auf zwei ethnographische Beispiele: den *kula* auf den Trobriand-Inseln in Melanesien und den *potlatch* bei den Indianern des nordwestlichen Amerika. Der *kula* ist ein »intra- und intertribales Handelssystem«, welches eine Vielzahl von Gesellschaften auf den nordöstlichen Inseln vor Neuguinea in einem »Ring« verbindet, in dem zwei Arten von kostbaren Dingen beständig gegeneinander zirkulieren. Die Tauschpartner streben danach, in einem »außerordentlich ausgeprägten Wettstreit« ihr Renommee zu steigern. Dabei ist *kula* nur »der auf die Spitze getriebene, feierlichste und dramatischste Fall« eines »umfassenden Systems von Leistungen und Gegenleistungen, welches das gesamte wirtschaftliche und private Leben der Trobriander umfasst« (Kap. 2, II). Noch ausgeprägter sei die agonistische Dimension im *potlatch*, bei dem maßlos kostbare Dinge verschleudert und vernichtet werden, um den anderen zu demütigen. »Man geht bis zum offenen Kampf, bis zur Tötung der Häuptlinge und Adligen, die sich so gegenübertreten. Und andererseits geht man bis zur rein verschwenderischen Zerstörung der angehäuften Reichtümer, um dem rivalisierenden Häuptling [...] den Rang abzulaufen« (Einführung). Zwei Aspekte seien im *potlatch* besonders deutlich zu beobachten: Frist und Kredit sowie Ehre. In der Tatsache, dass die Gabe nicht unverzüglich erwidert wird, liegt für Mauss der »Ursprung des Kredits« und des Darlehens. Darauf, dass und wann die Gabe »mit hohen Zinsen« erwidert wird, »so dass der Gläubiger zum Schuldner wird«, bauen Ehre und Prestige des Häuptlings und der Gruppe auf. Dabei richtet der Begriff der Ehre »wahre Zerstörungen« an, denn nur wer »seinen Reichtum am verschwenderischsten ausgibt, gewinnt an Prestige« (Kap. 2, III).

Dieser »Ökonomie und Moral des Geschenks« geht Mauss im Personen- und Sachenrecht des alten Rom, im klassischen Indien und in germanischen Rechtsvorschriften nach (Kap. 3), bevor er die zeitgenössische Gesellschaft betrachtet, die bestimmt sei von »der kalten Berechnung des Kaufmanns, Bankiers oder Kapitalisten« und in der statt vertrauensvoller auf dem Gabentausch beruhender »tribaler, intertribaler und internationaler Bündnisse« Krieg und Gewalt vorherrschen. Noch ganz unter dem Eindruck der traumatischen Erfahrungen des Ersten Weltkriegs, in dem er viele seiner engsten Freunde und Kollegen verloren hatte, war Frieden für ihn nur erreichbar, wenn die Völker und Nationen lernen, sich »um ihren gemeinsamen Reichtum zu scharen«. Statt selbstsüchtigen Individualismus oder Kommunismus wünscht er eine Rückkehr zu den »alten Bräuchen der ›edlen‹ Verschwendung« und eine »neue Moral«, welche auf Großzügigkeit und Solidarität gründet. Wissenschaft und Politik, die für Mauss als engagierten Intellektuellen und führenden Vertreter der sozialistischen Genossenschaftsbewegung niemals zu trennen waren, treffen sich hier zu einem utopischen Finale (Kap. 4, III).

Eingebettet ist die Abhandlung über die Gabe als »totale soziale Leistung« in die Theorie der »›totalen‹ sozialen Tatsachen« (»faits sociaux ›totaux‹«), die wie ein roter Faden fast das gesamte Œuvre von Mauss durchzieht. »All dies sind gleichzeitig juristische, wirtschaftliche, religiöse, sogar ästhetische und morphologische Phänomene«, in denen »alle Arten von Institutionen gleichzeitig und mit einem Schlag zum Ausdruck« kommen. Nicht umsonst bezeichnete E. E. → Evans-Pritchard den Begriff »total« als das »Schlüsselwort« des *Essai*.

Genau darin sieht C. → Lévi-Strauss den bahnbrechenden Versuch, »über die empirische Beobachtung hinauszugehen und zu tieferen Realitäten zu gelangen«, was letztlich der methodischen Vorgehensweise der strukturalen Anthropologie vorausging. »Zum erstenmal ist das Soziale [...] ein System, zwischen dessen Teilen man nun Verbindungen, Äquivalenzen und Zusammengehörigkeiten entdecken kann«. Vom Austausch als »totalem sozialem Phänomen« ausgehend, entwarf Lévi-Strauss seine Theorie, wonach Gesellschaft auf dem dreifachen Austausch von Frauen, Gütern und Wörtern basiere. An diesem Punkt setzt die Kritik an: Mauss habe, weil er sich nur mit dem Tausch beschäftigte, außer Acht gelassen, dass es selbst in vom Gabentausch bestimmten Gesellschaften Dinge gibt, die zwar tauschbar, aber »unveräußerlich« sind, im Unterschied zum Warentausch, bei dem nach dem Abschluss der Transaktion der Partner Eigentümer des Dings geworden ist.

Andere Studien griffen das bereits von Mauss behandelte Thema der zerstörerischen und feindseligen Aspekte und der Verweigerung der Gabe auf. Die Idee der Reziprozität – Mauss selbst verwandte diesen Begriff von R. → Thurnwald nicht – fand Eingang in die Wirtschaftsethnologie sowie die allgemeine Tauschtheorie (M. → Sahlins, K. → Polanyi). Seine Überlegungen zu Gabe und Gabentausch sind, wie die Texte in dem von Alan Schrift herausgegebenen Band *The Logic of the Gift* (1997) bekunden, aus den Debatten in Philosophie (Georges Bataille [1897–1962], Jacques Derrida [*1930]), in feministischer Theorie, in Ethnologie und Ökonomie nicht wegzudenken, genauso wenig wie die Mauss'sche Utopie von der Gabe und von Beziehungen, die auf Solidarität und Großzügigkeit gründen, nicht nur bei den Mitarbeitern der Zeitschrift M.A.U.S.S., des *Mouvement anti-utilitariste dans les sciences sociales,* weiterlebt.

ANNA MARIA BRANDSTETTER

Ausg.: ND in: M. MAUSS, Sociologie et anthropologie (Paris 1950, [9]1985, m. Vorwort v. C. LÉVI-STRAUSS), S. 145–283. – Dt. EA u.d.T.: Die Gabe. Form und Funktion des Austauschs in archaischen

Gesellschaften, Frankfurt 1968 (m. Vorwort v. E. E. EVANS-PRITCHARD); Neuausgabe Frankfurt 1990 (m. Nachwort v. H. RITTER).
Lit.: R. KÖNIG, Marcel Mauss, in: Kölner Zeitschrift für Soziologie und Sozialpsychologie 24/2 (1972), S. 633–57. – A. CAILLÉ, Don, intérêt et désintéressement. Bourdieu, Mauss, Platon et quelques autres, Paris 1994. – M. FOURNIER, Marcel Mauss, Paris 1994. – B. KARSENTI, L'Homme total. Sociologie, anthropologie et philosophie chez Marcel Mauss, Paris 1997. – W. JAMES/N. J. ALLEN (Hg.), Marcel Mauss. A Centenary Tribute, New York/Oxford 1998.

Margaret Mead

(* 16.12.1901 Philadelphia; † 15.11.1978 New York)

Coming of Age in Samoa. A Psychological Study of Primitive Youth for Western Civilization (engl.; *Aufwachsen in Samoa. Eine psychologische Studie primitiver Jugend für die westliche Zivilisation*), EA New York 1928.

1925, kurz nach ihrer Promotion, reiste Margaret Mead im Alter von 23 Jahren nach Samoa. Ihr Ziel war es zu untersuchen, ob die Pubertät zwangsläufig eine besonders problematische Lebensphase sei oder ob Kultur und Gesellschaft die jeweiligen Probleme hervorbrächten. Angeregt hatte das Forschungsvorhaben ihr Lehrer F. → Boas, der sich Anfang des Jahrhunderts in heftigen Auseinandersetzungen mit Vertretern der Eugenik befand, die den Einfluss von Erbanlagen auf menschliches Verhalten hervorhoben. Die Frage, inwieweit Natur oder Kultur, Anlage oder Umwelt den Menschen prägen, stand damals nicht nur im Mittelpunkt des wissenschaftlichen, sondern auch des öffentlichen Interesses. Boas prägte das Paradigma des Kulturdeterminismus, das den Einfluss der Kultur auf menschliches Verhalten wesentlich höher bewertete als den veranlagter Eigenschaften. Mit empirischen Untersuchungen sollte dieses Paradigma untermauert werden. Margaret Meads Forschungsprogramm stand also fest, nur die Region hatte sie selbst ausgewählt. Ihr Wunsch war es, das Leben auf einer »friedlichen Südseeinsel« kennenzulernen.

In Amerikanisch-Samoa blieb sie zunächst auf der Insel Tutuila und begann dort, Samoanisch zu lernen. Nach ungefähr drei Monaten quartierte sie sich auf der Insel Ta'u in der Manu'a-Inselgruppe bei der Familie eines amerikanischen Apothekers ein. In den drei nächstgelegenen Dörfern lebten 68 junge Mädchen, von denen sie 50 für ihre Studie auswählte. Schon nach drei Monaten hatte sie diese Untersuchung abgeschlossen und widmete sich weitere drei Monate der Erforschung der samoanischen Sozialstruktur. Nach insgesamt neun Monaten verließ sie Samoa.

Die Ergebnisse ihrer Studie zur Pubertät publizierte sie zuerst 1928 in *Coming of Age in Samoa*. Versehen war diese erste Auflage mit einem Vorwort von Franz Boas. Mehrere weitere Auflagen sollten folgen, zu denen sie selbst 1939, 1949 und zuletzt 1961 Vorworte schrieb, die jeweils einen Eindruck von den Veränderungen innerhalb der amerikanischen »Cultural Anthropology« geben. Die Publikation ist populär gehalten: Querverweise und Hinweise auf Literatur – die es auch damals schon reichlich gab – fehlen; auch ihre knappen Anmerkungen zur Methode sind in den Anhang verbannt. Mit erstaunlichem Selbstbewusstsein beurteilt und bewertet Margaret Mead die jungen Frauen, mit denen sie Kontakt hatte (»Sie war reizlos, ablehnend, ungeschickt, schüchtern und gehemmt.« oder: »[...] ein intelligentes und aufgeschlossenes Mädchen«), wie auch die ganze samoanische Gesellschaft. Alle Aussagen, die sie trifft, sind eindeutig, meist ohne Einschränkungen und nicht sehr differenziert. In dieser Einseitigkeit liegt sicher aber auch der Reiz, den ihr Buch für die breite Öffentlichkeit hatte: Es vermittelte eine klare Botschaft. Mead schildert das samoanische Leben in einem blumigen Stil, das Buch ist deutlich keine wissenschaftliche Abhandlung, die mit präzisen Darstellungen informieren soll, vielmehr geht es um Stimmungen. Das erste Kapitel »Ein Tag in Samoa« schließt etwa mit den folgenden Sätzen: »Eine andere

Gruppe junger Burschen tanzt vielleicht zur Unterhaltung der dabeistehenden Mädchen. Viele von denen, die schon zu Bett gegangen sind, kommen von der lustigen Musik angezogen wieder hervor und gesellen sich in Laken gehüllt zu den anderen. So versammelt sich eine weißgekleidete, gespenstische Menge in einem Kreis um das hellerleuchtete Haus, ein Kreis, aus dem sich dann und wann einige junge Leute lösen und zwischen den Bäumen herumwandern. Manchmal senkt sich der Schlaf erst lang nach Mitternacht auf das Dorf herab; dann endlich hört man nur noch das sanfte Rollen der Riffsee und das Flüstern der Liebespaare.«

Margaret Mead fand auf Samoa nicht nur, was sie gesucht hatte – das Südseeparadies – sondern auch das, wonach sie suchen sollte: ein Beispiel dafür, dass Erwachsenwerden, Emotionen und Sexualität durch die Kultur bestimmt werden. Mit Tests und systematischen Befragungen erhob sie die Daten, die sie interessierten; am Alltagsleben der von ihr untersuchten Kultur nahm sie nicht teil. Das sowie ihre mangelhaften Sprachkenntnisse, mögen zu dem recht einseitigen Bild beigetragen haben, das sie vom Aufwachsen samoanischer Mädchen zeichnete. Ihre Ergebnisse lassen sich wie folgt zusammenfassen:

(1) Konflikten werde in der samoanischen Kultur aus dem Weg gegangen. Kinder, die mit ihren Eltern im Streit lägen, wichen zu anderen Verwandten aus. Ehepartner, die nicht miteinander auskämen, trennten sich ohne größere Probleme. (2) Zwischen Eltern und Kindern sowie zwischen Eheleuten gebe es nur in Ausnahmefällen enge emotionale Beziehungen. (3) Sexualität werde spielerisch und ohne größere Einschränkungen erlernt, der körperliche Genuss stehe dabei im Vordergrund. Uneheliche Kinder stellten kein Problem dar. (4) Mead schreibt, dass junge Leute viel Freiheit hätten und ihre Liebesabenteuer nach Herzenslust auskosten könnten. Außerdem würden sie frei von Konkurrenzdenken und Wettbewerb aufwachsen. Im Gegenteil: es gelte als negativ, andere in seinen Leistungen übertreffen zu wollen. Die Phase der Pubertät sei nicht nur

unproblematisch, sondern ausgesprochen schön. Jugendliche hätten es deshalb mit dem Erwachsenwerden nicht eilig. (5) Aber auch das Leben für die Erwachsenen sei idyllisch: es gebe nur sehr selten psychische Störungen, Frigidität und Impotenz seien gänzlich unbekannt, auch Eifersucht sei ausgesprochen selten, und die Samoaner blieben von Kriminalität und größeren sozialen Konflikten verschont. (6) Der Einfluss der Kirche auf die Jugendlichen in Amerikanisch-Samoa sei nach wie vor gering. Einflüsse auf das soziale Leben, etwa das Entstehen von Schuldgefühlen oder Begriffe von Sünde, die sich im Alltag auswirkten, habe die christliche Lehre nicht gehabt.

In den letzten beiden Kapiteln geht Margaret Mead auf die Situation in den USA ein und überträgt ihre Ergebnisse auf die Probleme der eigenen Gesellschaft. Das Beispiel Samoa schildert die Autorin mit seinen Vor- und Nachteilen: »Aus der Vertrautheit mit den Rückwirkungen der sexuellen Erregung ergibt sich die Unpersönlichkeit des sexuellen Reizes, um die man die Samoanerin wohl beneiden kann; aus der zu oberflächlichen, zu belanglosen Betätigung erwächst die Geringschätzung der Persönlichkeit, die uns so befremdet.« Ein wenig von der samoanischen Freizügigkeit würde viele Probleme des amerikanischen Erziehungssystems lösen. Mead warnte allerdings davor, dass Verhaltensweisen nicht ohne weiteres in eine andere Kultur übertragbar seien. Sie regte an, eigene Werte und Normen kritisch zu sehen und durch Kenntnisse über andere Lebensweisen die Verbesserung der eigenen anzustreben.

Die Publikation wurde im Amerika der späten zwanziger und dreißiger Jahre sehr positiv aufgenommen. Nachdem Boas' Paradigma des Kulturdeterminismus zunehmend Anerkennung gefunden hatte und auch in der Öffentlichkeit der Boden für seine Ideen bereitet war, löste *Coming of Age in Samoa* eine Welle der Begeisterung aus. Von 1928 an wurde das Buch immer wieder aufgelegt. Erstaunlich ist, dass Margaret Mead selbst die Ergebnisse ihrer ersten Forschung auch später nie revidierte und sie im Gegenteil noch vehementer vertrat. Samoa erstarrte in diesen Darstellungen zum Stereotyp der freizügigen, leichtlebigen paradiesischen Südseegesellschaft, dem Gegenbild der westlichen Industrienationen.

Erst 1983, fünf Jahre nach dem Tod Margaret Meads, veröffentlichte Derek Freeman eine erste umfassende Kritik ihrer Samoa-Forschung. Er deckte die wissenschaftshistorischen Hintergründe und methodischen Mängel des von ihr entworfenen Südsee-Mythos auf. Mead hatte vor allem die Wettbewerbs- und Konkurrenzbetontheit der samoanischen Gesellschaft, den schon in den zwanziger Jahren starken Einfluss der Kirche sowie die großen Konflikte zwischen Verwandtschaftsverbänden und ganzen Dörfern in ihren Beschreibungen unterschlagen oder aufgrund ihrer klaren Zielvorstellungen gar nicht erst wahrgenommen. Daran schloss sich eine umfangreiche wissenschaftliche Diskussion über Wiederholungsuntersuchungen, sogenannte »Restudies«, und die Problematik ethnologischer Feldforschungen an (z.B. Holmes 1987). Eines ist jedoch sicher: sowohl innerhalb der Wissenschaft als auch in der Öffentlichkeit ist Meads Erstling eines der meistgelesenen und -diskutierten Werke der Ethnologie.

BETTINA BEER

Ausg.: Dt. EA u.d.T.: Kindheit und Jugend in Samoa, Jugend und Sexualität in primitiven Gesellschaften, Bd. 1, München 1970.

Lit.: D. FREEMAN, Margaret Mead and Samoa. The Making and Unmaking of an Anthropological Myth, New York 1983 [dt.: Liebe ohne Aggression. Margaret Meads Legende von der Friedfertigkeit der Naturvölker, München 1983]. – L. D. HOLMES, Quest for the *Real* Samoa. The Mead/Freeman Controversy & Beyond, South Hadley1987.

Alfred Métraux

(* 5.11.1902 Lausanne; † 12.04.1963 Paris)

Le Vaudou haïtien (frz.; *Der haitianische Vodou*), EA Paris 1958.

Le Vaudou haïtien ist ein Standardwerk der religionsethnologischen Afroamerikaforschung. Seine detailgenaue Beschreibung und soziokulturelle Einordnung der afrokaribischen Religion Voodoo haben bis heute Gültigkeit und beruhen auf mehreren längeren Feldaufenthalten und einem intensiven Quellenstudium. Métraux entwickelte in diesem Werk jedoch keine eigenständige Religionstheorie.

Métraux war bereits ein erfahrener Amerikanist und Ethnologe, der auf zahlreiche Forschungsreisen (darunter die Leitung einer französischen Forschungsexpedition auf die Osterinsel, 1934–35) und eine umfangreiche Publikationsliste zurückblicken konnte, als er 1941 und 1944 erste kürzere Reisen nach Haiti unternahm. Einen Großteil seiner Jugend hatte Métraux in Argentinien verbracht, dann aber an verschiedenen Pariser Universitäten studiert und nach einem Studienaufenthalt in Schweden sein Studium an der Sorbonne abgeschlossen. Neben Paul Rivet (1876–1958) und dem schwedischen Amerikanisten Erland von Nordenskiöld (1877–1932) war M. → Mauss Métraux' wichtigster Lehrer. 1928–34 leitete Métraux das von ihm selbst gegründete ethnologische Institut der Universität von Tucumán in Argentinien. Zum Zeitpunkt seiner ersten Haiti-Reisen war er Mitarbeiter des Bureau of American Ethnology der Smithsonian Institution in Washington, wo er am *Handbook of South American Indians* mitarbeitete. Im Zentrum seiner bisherigen Forschungen stand die Aufarbeitung historischer Quellen sowie vielfältiger Feldforschungsmaterialien zu unterschiedlichen indigenen Gruppen Südamerikas.

Die frühen Forscherjahre 1924–26 sah Métraux später als eine Zeit der Auflehnung. »Das Unbehagen in der eigenen

Kultur«, die Sehnsucht nach dem Fremden, Verschütteten und »Primitiven« teilt er mit den Surrealisten. Im Nachhinein erkannte Métraux in dieser »neolithischen Nostalgie« (Lévi-Strauss) die Naivität dieser Jahre, die durch ihre Idealisierung des Primitiven die Lebenswelt der südamerikanischen Indianer in ein archaisches Licht zu tauchen versuchte. So spricht aus den ethnographischen Texten der 1930er Jahre über die Chipaya in Bolivien noch teilweise ein evolutionistisches Wissenschaftsverständnis, dem der Gedanke einer Trennung zwischen »civilisés« und »demi-civilisés« zugrunde liegt (Laurière). Doch die Haltung Métraux' veränderte sich aufgrund seiner vielfältigen Feldforschungserfahrungen; auch die Mitarbeit am amerikanischen *bombing survey* von 1945 in Europa war für ihn ein einschneidendes Erlebnis. Der Schock über das Nachkriegseuropa bewirkte eine verstärkte Auseinandersetzung mit den Themen Antirassismus, Menschenrechte und Völkerverständigung. So entschied sich Métraux ab 1946 zur Mitarbeit bei den Vereinten Nationen, um sein ethnologisches Wissen für die Anerkennung und Wahrung der Traditionen derjenigen einzubringen, denen die Hilfsprogramme der UNESCO galten. Seiner Arbeit in Lateinamerika folgten Reisen nach Westafrika (1956) und Indien (1957).

Métraux war zum einen ein leidenschaftlicher und sinnlicher Forscher (Itinéraires I), zum anderen war er in seinen Publikationen auf wissenschaftliche Klarheit und Präzision bedacht. Sein langjähriger Freund M. → Leiris, der stärker noch als Métraux zum Kreis um die Surrealisten zählte, schilderte ihn als einen melancholischen, vielleicht etwas heimatlosen Menschen. Beide hatten in Haiti gemeinsame Forschungen unternommen, und die Zeilen, die Métraux ihm in das Exemplar des *Vaudou haïtien* als Widmung schrieb, zeigen etwas von diesem sehnsuchtsvollen Getriebensein, das bis in den Tod Métraux' Leitmotiv gewesen zu sein scheint: »Für Michel, als Erinnerung an unsere Irrungen, diese naiven Teufeleien, die uns trösten«.

Am 12. April 1963 beging Alfred Métraux Selbstmord: In der Abgeschiedenheit eines kleinen Wäldchens nahe dem Ort Vallée de Chevreuse nahm er eine Überdosis Schlaftabletten. Über das Motiv seines Freitodes kann nur spekuliert werden.

Le Vaudou haïtien ist dasjenige von Métraux' Werken, das international und interdisziplinär am meisten Verbreitung gefunden hat, wobei die englische Übersetzung (1959) sicherlich zur Popularität des Buches beigetragen hat. Es beginnt mit der Ankündigung, der Autor wende sich weniger an Wissenschaftler als vielmehr an interessierte Laien, distanziert sich ausdrücklich von jedweder Sensationalisierung des Themas und lässt einen fundierten Überblick über die Kolonial- und damit die Entstehungsgeschichte des Voodoo folgen. Das Phänomen des religiösen Synkretismus wird von Métraux in einer vergleichsweise modernen Weise dargestellt und interpretiert. M. → Herskovits, der bereits seit den 1930er Jahren umfangreich zu den afroamerikanischen Religionen publiziert hatte, ging noch davon aus, dass sich die Verschmelzung zwischen den christlichen und afrikanischen Vorstellungen als Akkulturationsprozess begreifen ließe. Diese Interpretation beschreibt die Abkömmlinge der afrikanischen Sklaven als Opfer einer kulturellen Hegemonie, die die Anhänger des Voodoo dazu zwang, eine Korrespondenz zwischen ihren Göttern und den Heiligen des hispanischen Populärkatholizismus herzustellen, um ihre eigenen Vorstellungen hinter denen der katholischen Kirche zu verstecken. Métraux widerspricht der vielfach geäußerten These, dass eine wirkliche Identifikation der afrikanischen Geister mit den katholischen Heiligen stattgefunden habe. Er unterstreicht hingegen, dass der synkretistische Prozess durchaus offen vonstatten gegangen sei und gerade auch von den Priestern des Voodoo ausdrücklich befördert wurde. Mit der Hervorhebung des aktiven und weniger des reaktiven Charakters des afroamerikanischen Synkretismus legt Métraux einen neuen Schwerpunkt in der Deutung dieser religionsgeschichtlichen

Prozesse. Erst einige Jahre später finden sich ähnliche Thesen bei dem zweiten bedeutenden französischen Afroamerikanisten Roger Bastide (1898–1974). Métraux schildert einführend den sozialen und politischen Kontext des Voodoo, entwirft jedoch keinen soziologischen Deutungsansatz, wie ihn sowohl Herskovits als auch Bastide für die afroamerikanischen Religionen erarbeitet haben. Doch ähnlich wie seine beiden Kollegen deutet Métraux den Voodoo als einen »Kult der Marginalisierten«. Soziologische Einordnungen dienen ihm dazu, den gesellschaftlichen Hintergrund und die psychische Disposition der Gläubigen zu beleuchten. Die psychologische Fragestellung wird jedoch nicht vertieft.

Der Hauptakzent liegt vielmehr bei einer eingehenden phänomenologischen Beschreibung der religiösen Vorstellungen und rituellen Praktiken des Voodoo. Mit Interpretationen geht Métraux dabei sehr vorsichtig um. Er ist bemüht, der Binnenperspektive viel Platz einzuräumen, indem er generellen Beschreibungen immer individuelle Schilderungen von Informanten gegenüberstellt. Durch die orale Form der Überlieferung und den nicht kodifizierten Charakter des Voodoo gibt es in dieser Religion keine einheitlichen religiösen Vorstellungssysteme. Métraux hat diesen dynamischen Aspekt mit viel Detailgenauigkeit und Sensibilität geschildert. Er hat darüber hinaus deutlich gemacht, dass immer wieder neue Vorstellungen in die Religion Eingang finden und von einem Kulthaus zum anderen stark differieren können. Spätere Autoren neigten dazu, diese Vielfalt zugunsten der Präsentation eines einheitlicheren Glaubenssystems zu verkürzen und damit homogener erscheinen zu lassen. Eine Deutung der Trance und Besessenheit findet sich nur vereinzelt, doch bot Métraux' reiches Datenmaterial späteren Autoren wie Luc de Heusch (*1927), Gilbert Rouget (*1916) oder Ioan Lewis (*1930) wichtige Anhaltspunkte für ihre Trancetheorien. Métraux und Leiris gehören jedoch zu den Ersten, die an den Verkörperungen der Geister und Götter im Voodoo eine theatrale Seite bemerkt haben, doch wird dieser Gedanke bei Métraux nicht weiterverfolgt.

Neben einigen Vertretern der amerikanischen Kulturanthropologie (z.B. M. → Mead, G. → Bateson) ist es besonders die französische ethnologische Schule die Métraux' Werdegang beeinflusst und begleitet. Betrachtet man einige der französischen Forscherpersönlichkeiten, so lässt sich Métraux' wissenschaftliche Vorgehensweise in manchen Punkten mit der von Maurice Leenhardt (1878–1954) vergleichen. Auch bei dessen Langzeitforschungen in Neukaledonien waren eine phänomenologische Herangehensweise an den Forschungsgegenstand und Interesse an der Binnensicht methodisch wichtig geworden. Mit C. → Lévi-Strauss verband Métraux eine langjährige Freundschaft, doch scheint ihn dessen Strukturalismus ebenso wenig beeinflusst zu haben wie George Devereux' (1908–85) ausgeprägtes Interesse an der Psychoanalyse. Leiris, mit dem er die Freundschaft zu Georges Bataille (1897–1962) und anderen teilte, sensibilisierte ihn sicherlich für die Bedeutung des Künstlerischen im Voodoo. Die Thematik der Besessenheit als Selbstauflösung oder die Verbindung von Heiligem und Eros, die Bataille wie Leiris stark bewegten, lässt sich allerdings im Werk Métraux' nicht ausmachen. Vergleicht man Métraux' Text mit M. → Griaules damals neuartiger dialogischer ethnographischer Präsentation in *Dieu d'eau* (1948), so nimmt sich die Erwähnung seiner Hauptinformantin Mambo (Priesterin) Lorgina Delorge aus Port-au-Prince eher zurückhaltend aus. Trotzdem sind die Erwähnungen seiner Gewährsleute und die Beschreibung seiner eigenen Teilnahme am Geschehen, die an einigen Stellen den Text durchziehen, wenn auch nicht als eine revolutionäre, so doch vor der »Writing Culture«-Debatte als eine fortschrittliche Form der textuellen Repräsentation zu sehen.

NICOLE JANOWSKI

Ausg.: Engl. Übers.: Voodoo in Haiti, New York 1959; New York [2]1972 (m. Vorwort v. S. MINTZ). – Dt. EA u.d.T.: Voodoo in Haiti (m. Vorwort v. M. LEIRIS), Gifkendorf 1996.
Lit.: C. WAGLEY, A. Métraux, in: American Anthropologist 66/3 (1964), S. 603–13. – C. LÉVI-STRAUSS u.a., In Memoriam Alfred Métraux, in: L'Homme 4/2 (1964), S. 5–62. – A. MÉTRAUX, Itinéraires I. Carnets de notes et journaux de voyage, paris 1978. – M. LEIRIS, Das Auge des Ethnographen. Ethnologische Schriften 2, Frankfurt 1985. – C. LAURIÈRE, Alfred Métraux, un ethnographe sur les marges de la civilisation, in: Bulletin du Centre Genevois d'Anthropologie 5 (1995-96), S. 21–29.

John Middleton
(* 22.5.1921 London)

David Tait
(* 1912; † 7.4.1955 Accra)

(Hg.) **Tribes without Rulers.** Studies in African Segmentary Systems (engl.; *Stämme ohne Herrscher. Studien über afrikanische segmentäre Systeme*), EA London 1958.

Gesellschaften ohne zentrale politische Instanzen waren bereits für die ethnologische Forschung des 19. Jh. von Interesse. Neben evolutionistischen Erwägungen zur Entwicklung von politischen Systemen (H. S. → Maine, L. H. → Morgan, John F. McLennan [1827–81]) stellte sich insbesondere É. → Durkheim die Frage nach den Prinzipien der Vergesellschaftung und der Natur des Politischen in jenen Gesellschaften, für die er den Begriff »segmentär« prägte.

Einen beträchtlichen Aufschwung erfuhr die Beschäftigung mit »segmentären« Gruppen aber erst durch die Kombination Durkheimscher Soziologie mit intensiver ethnographischer Feldforschung in der britischen »Social Anthropology«. Das Erkenntnisinteresse ihrer frühen Vertreter galt der Analyse synchroner Beziehungen zwischen gesellschaftlichen Institutionen und der Bildung von Typologien von Gesellschaften und Institutionen. Einer der regionalen Schwerpunkte war Afrika, wo die britische Kolonialverwaltung mit dem Problem konfrontiert war, die Prinzipien der »indirect rule« (indirekten Herrschaft) bei Gesellschaften ohne zentrale politische Instanzen, d.h. ohne greifbare Ansprechpartner, anzuwenden. Zwei herausragende, mit Afrika befasste Vertreter der Sozialanthropologie der dreißiger und vierziger Jahre des 20. Jh., E. E. → Evans-Pritchard und M. → Fortes, wurden durch ihre Arbeit bei solchen Gruppen, den Nuer und den Tallensi, bekannt.

Ihre Forschungen mündeten u.a. in das 1940 publizierte Sammelwerk *African Political Systems*, in dem die politischen Systeme Afrikas in zwei große Kategorien, die staatlichen und die staatenlosen, aufgeteilt werden. Das Hauptkriterium dieser Typologie ist die Rolle, die Verwandtschaft in der politische Organisation einer Gesellschaft spielt; bei den meisten staatenlosen Gruppen sind die Subjekte politischen Handelns unilineare Deszendenzgruppen. Diese sogenannten Lineages bilden insofern ein segmentäres System, als die einzelnen, strukturell gleichwertigen Segmente zwar konkurrieren, ihre Partikularinteressen jedoch im Rahmen gemeinsamer Interessen und Werte verfolgen. *African Political Systems* wurde zum Klassiker der ethnologischen Literatur und steht am Beginn des großen Erfolgs der »segmentary lineage theory« (segmentären Lineage-Theorie). Sie prägte insbesondere die britische Sozialanthropologie bis weit in die 1960er Jahre und war insofern schulbildend als Lineage-Theorie und britische Sozialanthropologie zeitweilig als gleichsam synonym erachtet wurden.

Tribes without Rulers war explizit als Fortsetzung von *African Political Systems* angelegt – Evans-Pritchard steuerte das Vorwort bei –, konzentrierte sich jedoch ausschließlich auf staatenlose Gesellschaften. Middleton und Tait beabsichtigten die neueren, von einer Nachkriegsgeneration durchgeführten Forschungen zu Lineage-Gesellschaften in Afrika darzustellen. Die Manuskripte der Beiträge lagen bereits 1955 vor, der Unfalltod von David Tait verzögerte jedoch die Herausgabe des Sammelwerks um mehrere Jahre. Es umfasst sechs Fallstudien bedeutender Ethnologen: Laura Bohannan über die Tiv in Ostnigeria, Jean C. Buxton (*1921) über die Mandari im Südsudan, Godfrey Lienhardt (1921–93) über die Dinka ebenfalls im Südsudan, Edward H. Winter über die Bwamba (Amba) in Südwestuganda, Tait über die Konkomba in Nordghana und Middleton über die Lugbara in Nordwestuganda.

Im Wesentlichen ging es den Herausgebern darum, die Typologie jener politischen Systeme zu verfeinern, in denen segmentäre Lineages das politische Leben bestimmen. *Tribes without Rulers* entsteht in der Zeit, als die Lineage-Theorie fast unangefochten die Politikethnologie dominierte. Die dreißigseitige Einleitung stellt eine konsequente Weiterentwicklung von Evans-Pritchards Überlegungen dar, ohne dass wirklich neue und eigenständige Perspektiven eröffnet würden.

Wie im Vorgängerwerk wird das Prinzip der unilinearen Deszendenz für die Erklärung des homöostatischen Funktionierens nicht-zentralisierter Gesellschaften herangezogen. Die Deszendenzgruppen sind in komplementärer Opposition miteinander verbunden, d.h. sie konkurrieren untereinander, können sich jedoch in bestimmten sozialen Kontexten zu Einheiten höherer Ordnung zusammenschließen, die wiederum mit gleichwertigen Einheiten konkurrieren. So lassen sich eine Vielzahl von Segmentationsebenen formulieren, in denen sich die Segmente jeweils gegenseitig ausbalancieren. Die größte handlungsrelevante Einheit ist die Rechtsgemeinschaft, innerhalb derer gewisse Werte geteilt werden und die Möglichkeit besteht, Konflikte geregelt beizulegen. Ihre Rolle verdeutlicht sich, wenn aus der latenten Feindschaft der Segmente ein gewaltsamer Konflikt entsteht. Eine solche Fehde kann innerhalb der Rechtsgemeinschaft nach allgemein akzeptierten Regeln ausgetragen werden, ohne sich zu unkontrollierbaren kriegerischen Handlungen auszuweiten.

Die von Middleton und Tait vorgeschlagene Typologie segmentärer Lineage-Systeme stützt sich im Wesentlichen auf vier Variablen: die Art wie Genealogien die Beziehungen zwischen Lokalgruppen regeln, den Grad an Autonomie oder Interdependenz der Segmente in politischen Situationen, den Grad der Spezialisierung von politischen Ämtern und die Formen geregelter Gewaltanwendung im Konfliktfall. Die sechs Fallbeispiele in *Tribes without Rulers* ordnen die Herausgeber drei klassifikatorischen Typen zu: Gesellschaften mit gemeinsamer Genealogie, in denen die Lineages in ein »einziges pyramidenartiges System« integriert sind (Tiv, Lugbara); Gesellschaften, die aus kleinen, in ein Interdependenzverhältnis geratenen Abstammungsgruppen ohne gemeinsame Genealogie gebildet werden (Amba, Konkomba); Gesellschaften, die aus »assoziierten«, heterogenen Lineages bestehen, die keine gemeinsame Genealogie haben und ein Häuptlingstum hervorbringen können (Dinka, Mandari). Die Typen weisen jeweils spezifische Beziehungen auf zwischen Systemstabilität und Interdependenz der Segmente sowie zwischen Heterogenität der konstituierenden Elemente und Spezialisierung von politischen Ämtern.

In der Folge von *Tribes without Rulers* kommt es in den frühen sechziger Jahren des 20. Jh. zu zahlreichen taxonomischen Verfeinerungen des Lineage-Systems. In Frankreich und Deutschland inspiriert das Werk Teile der marxistischen Ethnologie der späten sechziger und frühen siebziger Jahre, die sich für die Ideale der Herrschaftsfreiheit interessiert. Während die Fallbeispiele weiterhin Basistexte zur Ethnographie und politischen Organisation nicht-zentralisierter Gesellschaften bleiben, werden die Grundlagen der segmentären Lineage-Theorie zunehmend in Frage gestellt. Insbesondere der Versuch, die in Afrika entwickelten Modelle bei staatenlosen Gesellschaften Neuguineas wiederzufinden, offenbart grundlegende Schwächen der Lineage-Theorie, aber auch neuere Forschungen bei den »klassisch« gewordenen segmentären Gesellschaften Afrikas kommen zu gänzlich anderen Ergebnissen als die Vorgänger.

Als größtes Problem zeigt sich die Fixierung auf unilineare Deszendenzgruppen, die die Sicht auf andere, politisch bedeutsame Institutionen wie Altersgruppen, religiöse Bünde oder egalitäre Dorfgremien ebenso verstellte wie auf eine Reihe weiterer politischer Beziehungen und Prozesse. Genealogie und Verwandtschaft erwiesen sich zudem immer weniger als Charta, auf die eine Gesellschaft aufgebaut ist, sondern als kontextabhängige, variable Idiome, die aktuelle Beziehungen eher ausdrücken als begründen. Die Vorstellung, es gäbe Gesellschaften, in denen die wichtigsten politischen und ökonomischen Aktivitäten durch eine Reihe gleichartiger Deszendenzgruppen organisiert sind, stellte sich weitgehend als Fiktion heraus. Anstatt zeitloser korporierter Verwandtschaftsgruppen treten in den entsprechenden neueren Abhandlungen zunehmend Lokalgruppen in spezifischen historischen und regionalen Kontexten als Akteure auf; die Analyse von Strukturen weicht der von Prozessen.

RICHARD KUBA

Lit.: G. BALANDIER, Politische Anthropologie, München 1972. – F. KRAMER/C. SIGRIST (Hg.), Gesellschaften ohne Staat, 2 Bde., Frankfurt 1978. – L. HOLY (Hg.), Segmentary Lineage Systems Reconsidered, Belfast 1979. – A. KUPER, Lineage Theory: A Critical Retrospect, in: Annual Review of Anthropology 11 (1982), S. 71-95.

Lewis Henry Morgan

(* 31.1.1818, Aurora; † 17.12.1881, Rochester)

League of the Ho-de´-no-sau-nee, or Iroquois (engl.; *Bund der Ho-de´-no-sau-nee oder Irokesen*), EA Rochester 1851.

League of the Ho-de´-no-sau-nee ist die erste monographische Beschreibung der Kultur eines indigenen Volks Nordamerikas und stellt einen wichtigen Schritt in der Entwicklung einer wissenschaftlichen Ethnographie dar. Ihr Verfasser, Lewis Henry Morgan, war ein junger Rechtsanwalt, der im ehemaligen Siedlungsgebiet des irokesischen Stammesbunds der »Fünf (bzw. Sechs) Nationen« (Mohawk, Oneida, Onondaga, Cayuga, Seneca; ab 1715 auch Tuscarora) im Westen des Staats New York aufgewachsen war und unweit der verbliebenen Irokesen-Reservationen lebte. 1842 gründete er den »Gordian Knot«, eine literarische Gesellschaft, die sich bald darauf in eine Bruderschaft mit dem Namen »The Grand Order of the Iroquois« umwandelte, deren bündisches Ritual einem romantischen Indianerbild nachempfunden war. Dieser Männerbund sah sich aber auch als »historische Gesellschaft« zur Erforschung der indianischen Vergangenheit New Yorks und zur Verbreitung einer »freundlicheren Empfindung dem Roten Mann gegenüber auf der Grundlage eines wahrhaftigeren Wissens über die Natur und Notwendigkeiten seines Charakters.« Die Aktivitäten schlossen Rechtsbeistand für die in Landrechtsstreitigkeiten verwickelten Seneca und den Besuch von Ratsversammlungen auf den Reservationen ein, um aus der besseren Kenntnis der Funktionsweise des Irokesenbunds ein getreueres Vorbild für die eigene Bruderschaft zu gewinnen.

Morgans Interesse an den politischen Institutionen der Irokesen überragte das der anderen Bundmitglieder bei weitem und war überdies von seiner aus klassischer Bildung entstammenden Kenntnissen über die politischen Einrichtungen des antiken Griechenland und Rom geprägt. Sein 1845 formulierter Plan einer Untersuchung sah das Studium von fünf Bereichen vor: Regierung (Allianzen, Ratsversammlungen und ihre Geschäftsordnung, Exekutive), Volk (gesellschaftlicher Zustand, Sitten und Gebräuche unter Einschluss von Wirtschaft und materieller Kultur), Gesetze (insbesondere der Organisation der Verwandtschaft, des Eigentums, des Strafrechts, Kriegsrechts und Gastrechts), Religion (Glaubensvorstellungen und Zeremonialismus) und Geschichte. Unterstützt wurde Morgan in diesem Bemühen durch Ely S. Parker (1828–95), einen gebildeten jungen Seneca, den er 1844 in einer Buchhandlung in Albany kennen gelernt hatte und der später im Bürgerkrieg als Adjutant von General Ulysses S. Grant (1822–85) tätig war, selbst in den Generalsrang aufstieg und unter der Präsidentschaft Grants zum ersten indianischen Leiter der amerikanischen Indianerbehörde (Commissioner of Indian Affairs) wurde.

Parker diente Morgan als Dolmetscher, führte ihn in seine Familie ein und wurde zu seinem Schlüsselinformanten, der für ihn auch Feldnotizen anlegte. Die Ergebnisse seiner Forschungen legte Morgan der Öffentlichkeit erstmals in einer Serie von fünf Aufsätzen vor, die unter dem Pseudonym »Skenandoah« 1847 und 1848 als »Letters on the Iroquois Addressed to Albert Gallatin [1761–1849, Finanzminister Präsident Jeffersons und Pionier der Erforschung indigener Sprachen Nordamerikas]« in *The American [Whig] Review* erschienen und die Grundlage für die *League* bildeten. 1849 und 1850 legte Morgan bei den Seneca der Tonawanda Reservation in New York (hier unterstützt von der Familie Parker) und 1850 auf der Grand River Reserve in Ontario (vor allem bei Mohawk) eine Sammlung irokesischer Ethnographica für das New York State Museum in Albany an, die – reich illustriert – 1850 und 1852 in den *Annual Reports of the Regents of the University on the Condition of the State Cabinet of Natural History* veröffentlicht wurden. Die Illustrationen des Berichts von 1850 fanden zum Teil (und ergänzt durch zwei als Kostümbilder nach Daguerreotypien gefertigten Abbilder von Ely Parkers Geschwistern Levi und Caroline) ebenso in die *League* Eingang, wie die 1849 erhobenen Angaben zur irokesischen Religion. Mit dem Buch und dem Bericht von 1852 fanden Morgans ethnologische Forschungen ein vorläufiges Ende. Zu den Seneca kehrte er erst im November 1858 zurück.

League of the Ho-de´-no-sau-nee, das Morgan im Vorwort als »Frucht der gemeinsamen Forschungen« mit Parker deklariert, gliedert sich in drei Bücher mit insgesamt sechzehn Kapiteln: »Structures of the League« beginnt mit einer Rekapitulation irokesischer Geschichte, welche den verbündeten Stämmen zu einer wichtigen Rolle in der

Kolonialzeit verholfen hatte, der nach der amerikanischen Revolution ein umso tieferer Fall folgte, beschreibt ihr Land, erklärt die Namen der Stämme und beschäftigt sich endlich ausführlich mit Fragen der sozialen und politischen Organisation. Morgan beschreibt nicht nur als erster korrekt die Organisation des Stammesbunds, er erkennt Verwandtschaftsbeziehungen als Grundlage von irokesischer Politik und Gesellschaft und befasst sich ausführlich mit der hier praktizierten matrilinearen Abstammungsrechnung und der Natur der Abstammungsgruppen (Klans, bei Morgan hier: »tribes«, später in *Ancient Society* [1877]: »gentes«). Besonderes Augenmerk lenkt der Autor auf die Ratsversammlungen als Instrument der irokesischen »Oligarchie«, die er in einem eigenen Kapitel in eine Entwicklungsreihe politischer Organisationsformen zwischen ursprünglicher Monarchie und Demokratie als Endstufe einordnet. Seine Betonung der den Irokesen zugeschrieben Prinzipien der Freiheit und Gleichheit assimiliert die Urbevölkerung des Staats New York bei all ihrer Wildheit an die Ideale der jungen amerikanischen Republik. (Im Rahmen eines ausgefeilteren Entwicklungsmodells der gesellschaftlichen Institutionen erscheinen Teile dieses Abschnitts der *League* ergänzt und erweitert im 2. bis 5. Kap. des 2. Teils von Morgans *Ancient Society*.)

»Spirit of the League« enthält eine Darstellung der irokesischen Religion, einschließlich der Lehren des Seneca-Propheten Handsome Lake (ca. 1733–1815), der um 1800 treibende Kraft einer Revitalisierungsbewegung war, durch die sich die Kultur der Irokesen in einem höheren Ausmaß veränderte, als Morgan es vermuten konnte. Nach Kapiteln über Tänze und Spiele kehrt der Autor zu Fragen der Gesellschaftsordnung und der Rechtsverhältnisse zurück. »Incident to the League«, der kürzeste Teil, behandelt neben der materiellen Kultur die irokesischen Sprachen (mit Beispielen vor allem aus dem Seneca) und im Anschluss daran die zum irokesischen Erbe zählenden Ortsnamen im Staat New York, die in eine Schilderung des alten Wegesystems eingebettet ist. So wie das Buch mit einem historischen Rückblick begann, so endet es mit einem Ausblick in die Zukunft, der die Verantwortung des amerikanischen Volks beschwört, den Ureinwohnern des Landes beim Übergang von der »Grobheit des indianischen Lebens« zu den Höhen der Zivilisation zu helfen, anstatt sie ungeschützt dem offenbaren Schicksal ihres Untergangs zu überlassen.

In seiner ethnographischen Arbeit konnte sich Morgan auf Erfahrungen mit Fragebogenuntersuchungen stützen, die der ehemalige Gouverneur des Territoriums von Michigan und später als Kriegsminister auch für Indianerangelegenheiten zuständige Lewis Cass (1782–1866; ein Ehrenmitglied des »Order of the Iroquois«) gemacht hatte, die dann vom Indianeragenten Henry Rowe Schoolcraft (1793–1864; ebenfalls ein Ehrenmitglied des »Order«) ausgeweitet wurden. So wie die Fragebogen von Cass und Schoolcraft im Wesentlichen mit den Aussagen eines Informanten ausgefüllt wurden, stützte sich auch Morgan in erster Linie auf die Angaben von E. Parker und Mitgliedern seiner Familie, ergänzt durch eigene Beobachtungen und die anderer Mitglieder des »Order«.

Obwohl (oder weil) sich seit Erscheinen der *League* das ethnographische und historische Wissen über die Irokesen unerhört vermehrt hat, hat es bislang keine vergleichbare Ethnographie dieser Völker mehr gegeben. Allein diese Tatsache spricht für die Qualität von Morgans Buch, das bei all seinen Fehlern im Detail in sich geschlossen und überzeugend ist und dank der Hilfe Parkers Aspekte der Binnensicht der Kultur enthält, auch wenn die Stimme des liberalen amerikanischen Juristen unverkennbar im Vordergrund steht.

Im Hinblick auf die Langzeitwirkung der *League* als Standardtext über »die Irokesen« muss auf die letztlich sehr schmale und fast ausschließlich auf die Seneca bezogene Datenbasis sowie auf Morgans noch recht unvollständiges Verständnis der fremden Kultur hingewiesen werden. Die Beschreibung konzentriert sich auf die »traditionelle« Kultur der Seneca der späten vierziger Jahre des 19. Jh., der freilich eine größere Urtümlichkeit zugebilligt wird, als sie nach den Reformen Handsome Lakes und in der Folge der politischen Umwälzungen des Jahrs 1848 auf den Seneca-Reservationen von Allegany und Cattaraugus gegeben war. Quellen des 18. Jh. zog Morgan lediglich zur Darstellung irokesischer Ereignisgeschichte heran; J.-F. → Lafitaus *Mœurs des Sauvages amériquains* (1724), das Morgans Beschreibung der matrilinearen Erbfolge vorwegnahm, blieb ihm vor allem wegen seiner Seltenheit und des Fehlens einer englischen Übersetzung unbekannt.

Für Morgans späteres Werk (vor allem *Systems of Consanguinity and Affinity of the Human Family* [1871] und *Ancient Society* [1877]) stellen mehrere in seinem Irokesenbuch formulierte Erkenntnisse wichtige Ausgangspunkte dar: (1) die Einsicht, dass die Verwandtschaftsorganisation zugleich die Grundlage und das Modell der politischen Ordnung der Irokesenliga darstellt; (2) die (Wieder)entdeckung der matrilinearen Erbfolge, in der er einen durch die »dauerhafte Enterbung des Sohns« bedingten Schutz gegen Tyrannei und ein Mittel zur Reinhaltung der Abstammung sieht; und (3) die damals von ihm noch als einzigartig erachtete Vermengung des Unterschieds zwischen linearer und kollateraler Blutsverwandtschaft, die Morgan als Ausdruck der Betonung der Einheit des Klans erklärt.

CHRISTIAN F. FEEST

Ausg.: Hg. u. annotiert v. H. M. LLOYD, Text verb. nach Morgans handschr. Korrekturen und ergänzt durch interpolierte Textstellen aus den *Annual Reports*, New York 1901, ²1904 (ND New Haven 1954, New York 1966); ND der EA (m. Vorwort v. W. N. FENTON) Secaucus 1962.

Lit.: R. E. BIEDER, Science Encounters the Indian, 1820–1880, Norman 1986, S. 184–246. – B. GANZER, Lewis Henry Morgan, in: W. MARSCHALL (Hg.), Klassiker der Kulturanthropologie, München 1990, S 88–108. – E. TOOKER, Lewis H. Morgan on Iroquois Material Culture, Tucson 1994. – S. MICHAELSEN, The Limits of Multiculturalism, Minneapolis 1999, S. 84–106.

Systems of Consanguinity and Affinity of the Human Family (engl.; *Systeme der Bluts- und Schwiegerverwandtschaft der menschlichen Familie*), EZ 1859–67, EA Washington 1871.

Lewis Henry Morgan darf das Verdienst zugeschrieben werden, mit seinen *Systems of Consanguinity and Affinity of the Human Family* für die Wissenschaft einen neuen Forschungsgegenstand geschaffen zu haben. Dank seiner Entdeckung von Verwandtschaft als eines ethnologischen Forschungsfelds markiert das Werk einen Wendepunkt in der Geschichte der Ethnologie. Die herausragende Leistung dieser Pionierarbeit war seine Unterscheidung von »deskriptiven« und »klassifikatorischen« Verwandtschaftsterminologien als grundlegend unterschiedliche Typen. Zu dieser Entdeckung gehörte, die registrierten Unterschiede in der Art, Verwandte zu benennen mit Unterschieden in Verbindung zu bringen, die sich auf Formen sozialer Organisation beziehen.

In Morgans Gesamtwerk entstammen die *Systems* einer mittleren Periode. Die erste Phase seiner ethnologischen Untersuchungen (1842–1851) gipfelte in der Veröffentlichung der *League of the Ho-de´-no-sau-nee, or Iroquois* (1851). Der zweiten Schaffensperiode, die mit den *Systems* abschließt (etwa 1858-1867), geht ein Abschnitt voraus, in dem Morgan ein Buch über den amerikanischen Biber schrieb, das sich von seinen ethnologischen Interessen scheinbar entfernte. In die letzte Phase seines Schaffens fallen die beiden Werke *Ancient Society* (1877) und – in seinem Todesjahr – *Houses and House-Life of the American Aborigines*, ein Buch über Architektur und Familienstruktur im indigenen Nordamerika.

Für alle ethnologischen Werke Morgans und in besonderem Maße für die *Systems* spielte die eigene Feldforschung eine zentrale Rolle. Die Ermittlung von Fakten aus der eigenen Anschauung und der persönlichen Begegnung stellte Morgan entschieden über das Wissen aus Büchern. Für die *Systems* unternahm Morgan nacheinander vier

Reisen in den amerikanischen Westen. Für seine verwandtschaftsterminologischen Erhebungen, welche insgesamt 150 Völker und Sprachen auf drei Kontinenten umfassen sollten, entwarf er eigens angefertigte Fragebögen, die er, wo immer möglich, durch eigene Befragungen ausfüllte.

Die Anordnung seines umfangreichen Materials und der Aufbau des Buches erfolgten nach Kriterien der vergleichenden Sprachwissenschaft. So gruppierte Morgan die amerikanischen Völker nicht nach ihrer geographischen Verteilung oder nach ökologischen Zonen, sondern nach Sprachfamilien, -stämmen und -zweigen. Tatsächlich übernahm für ihn die »komparative Philologie« die Funktion eines wissenschaftlichen Vorbilds, dessen Attraktivität im Versprechen einer Geschichte für die schriftlosen Völker lag, die man aus den Zeugnissen der lebenden Sprachen zu schöpfen hoffte. Insbesondere bot die zeitgenössische Sprachwissenschaft Morgan die von der Indogermanistik entwickelte vergleichende Methode, einen plausiblen Stammbaum der indianischen Sprachen und ein historisches Rekonstruktionsmodell. Um die Zusammenhänge zwischen unterschiedlichen Verwandtschaftsterminologien zu erklären, entwarf Morgan ein auf Vermutungen gegründetes Modell des Verlaufs geschichtlicher Entwicklungen, so dass am Ende ebendiese Terminologien zum Beweis für den angenommenen Geschichtsverlauf wurden. Letztes Ziel seiner Rekonstruktionen war es, die ursprüngliche Einheit der Völker Amerikas und Asiens zu belegen.

Ausgangspunkt seiner Untersuchungen war die Entdeckung des besonderen Verwandtschaftssystems der Irokesen gewesen, für das er in der Folge eine Entsprechung auch bei den Ojibwa fand. Dies verleitete ihn zu der Annahme, dass vielleicht alle Indianerstämme Nordamerikas ein gleiches System aufweisen könnten. War diese Hypothese erst einmal bestätigt, so ließ sich eine zweite Frage daran anschließen, nämlich die, ob ein solches System nicht auch in Asien anzutreffen sei. Bei den Tamilen wurde er fündig, und dies bestimmte die Gliederung seines Buches.

Der erste Teil sollte der Darstellung der Systeme der »arischen« Sprachfamilie gewidmet werden, die uns selbst vertraut sind. In ihnen, wie auch in jenen der semitischen und der »uralischen« Sprachfamilie, sah Morgan der Form nach deskriptive Nomenklaturen am Werke. Unter dieser Rubrik analysierte er 39 Systeme. Im zweiten Teil seines Opus sollten die Verwandtschaftssysteme einer sehr großen Zahl indianischer Sprachen und Völker (insgesamt 80 aufgeführte Terminologien) analysiert werden, die er unter der Bezeichnung »ganowanische Familie« zusammenfasste, während der dritte Teil der Untersuchung asiatischer und ozeanischer Verwandtschaftssysteme vorbehalten blieb (20 untersuchte Sprachen und Völker). Bei diesen unterschied er die »turanische« Familie (mit etlichen indischen, chinesischen, japanischen und unklassifizierten Verwandtschaftssystemen wie dem burmesischen und dem der Karen) und die »malaiische Familie«, der er das hawaiische, mikronesische und das Maori-System zurechnete. Alle analysierten Systeme des zweiten und dritten Teils, also Nordamerikas und bestimmter Areale Asiens, fielen nach Morgans Darlegungen unter die klassifikatorischen Terminologien.

Sein erster und grundlegender Lehrsatz betraf also die Unterscheidung zweier radikal unterschiedlicher Typen von Verwandtschaftssystemen: Im »deskriptiven« System der arischen, semitischen und uralischen Familien werden die Verwandten mittels einer Kombination von Primärtermini beschrieben, und die Verwandten der Seitenlinien werden von denen der direkten Linie getrennt gehalten; Generalisierungen von Verwandten in Klassen werden nur in beschränktem Maße vorgenommen. Das deskriptive System registriert auf genaue Weise die Gradabstände jeder verwandtschaftlich verbundenen Person zu einem zentral angenommenen Ego (propositus). Handelt es sich um primäre Beziehungen, so können diese mit Primärtermini wie Vater, Mutter, Bruder, Schwester, Sohn, Tochter, Gatte, Gattin ausgedrückt werden; alle übrigen Verwandtenbeziehungen lassen sich durch die Kombination von zwei oder mehreren dieser Grundbegriffe ausdrücken. Das deskriptive System ist naturalistisch. Es funktioniert auf der Prämisse der Heirat einzelner Paare und der Gewissheit der Elternschaft über die aus der Heirat hervorgegangenen Nachkommen. Es muss also zeitlich nach der Etablierung der Heirat zwischen Einzelpaaren entstanden sein.

Das »klassifikatorische« System existiert laut Morgan in zwei Formen, die stufenweise voneinander getrennt sind: die höhere Form ist in der turanischen und in der ganowanischen Familie gegeben, die niedrigere Form in der malaiischen. Im klassifikatorischen System werden Blutsverwandte nicht durch die Kombination primärer Begriffe beschrieben, sondern sie werden unbeschadet der Entfernung des Grads allesamt unter die eine oder die andere klassenmäßig vorbestimmte Beziehung subsumiert. Grad weicht dem Nexus. Willkürliche Verallgemeinerungen schaffen große Klassen oder Verwandtschaftskategorien, deren jeweilige Mitglieder unabhängig von der gradmäßigen Nähe oder Ferne auf gleiches Niveau gestellt werden, sodass sie jeweils in eine identische Art der Beziehung rücken. Vor allem werden kollaterale mit linearen Verwandten verschmolzen. Mitglieder derselben Klasse tragen die gleichen Verwandtschaftstermini. Das klassifikatorische System ist komplizierter und artifizieller als das deskriptive. Es kann weder aus der Natur der Deszendenz noch aus der Existenz der Einzelpaar-Ehe verstanden werden. Zu seiner Erklärung bedarf das klassifikatorische System der Annahme einer Reihe von Gewohnheiten und gesellschaftlichen Institutionen, die denen der »zivilisierten Ehe« vorausgehen.

Wie Trautmann (1987) anhand von Manuskriptstudien überzeugend nachgewiesen hat, fügte Morgan erst in die Endfassung der *Systems* seine »vermutliche Geschichte der Familie« als entwicklungsgeschichtliches Gerüst ein, in dem die unterschiedlichen Formen des klassifikatorischen wie auch des deskriptiven Verwandtschaftssystems temporalisiert wurden. Danach konnten die unterschiedlichen Formen der

Verwandtschaftsverhältnisse sukzessiven Phasen eines menschheitsgeschichtlichen Prozesses moralischer Reformen zugeordnet werden. An den Anfang dieser Entwicklung stellte er die allgemeine Promiskuität, die von der Heirat und Kohabitation von Brüdern und Schwestern abgelöst worden sei und das »erste Stadium der Familie« gebildet habe. Auf diesem Niveau sei die malaiische Form des klassifikatorischen Systems entstanden; dies erkläre die unbegrenzte Ausdehnung der Begriffe für Vater und Mutter. Im nächsten Stadium sei die »tribale Organisation«, d.h. die Regel der Klanexogamie eingeführt worden. Diese habe das Verbot der Geschwisterheirat mit sich gebracht, ohne die Solidarität der Brüder für sich und der Schwestern für sich aufzuheben. Unter dem Regime der Geschwisterheirat seien Vater, Vaterbruder und Mutterbruder allesamt Väter; unter dem der Klanexogamie seien neben dem leiblichen Vater nur noch seine Brüder »Väter«, während der Mutterbruder, da er ja die Mutter nicht mehr zur Frau nehmen könne, einer anderen Kategorie habe zufallen müssen. Dies entspreche genau den turanischen (indischen) und ganowanischen (indianischen) Formen des klassifikatorischen Systems. Waren diese Positionen erst einmal in ein Evolutionsschema eingepasst, so konnte die weitere konjekturale Geschichte der Familie fast automatisch zu Ende geschrieben werden, mit ebenso vielen Stadien oder Stufen wie es Benennungssysteme gab. Als drittes Stadium kennzeichnete Morgan die patriarchale Familie, die durch die sororale Polygynie entstanden sei. Wenn ein Mann zwei oder mehrere Schwestern heiratete, dann seien diese gemeinsam die »Mütter« der Kinder; im Falle der fraternalen Polyandrie seien dementsprechend die von einer Frau geehelichten Männer allesamt »Väter« der gemeinsamen Kinder. Das vierte und letzte Stadium in der Evolution der Familie, die Monogamie der zivilisierten Völker, sei mit dem Aufkommen des Privateigentums und mit der Festschreibung des Erbes auf direkte Linienverwandte erreicht worden. Auf dieser Stufe seien schließlich die klassifikatorischen Systeme durch das deskriptive ersetzt worden. Das hier angedeutete Evolutionsschema wurde in Morgans letztem großen Werk *Ancient Society* (1877) auf breiter Basis weitergeführt. Es bestätigte ihn als den Evolutionisten, der er eigentlich nicht war. Mit Marx und insbesondere durch Engels' *Ursprung der Familie, des Privateigentums und des Staates, im Anschluss an L. H. Morgan's Forschungen* (1884) gelangte Morgans vermutete Geschichte der Familie in die große Umlaufbahn der kommunistischen Theorie, deren Auswirkungen in einigen sozialistischen Ethnologien (z.B. Sowjetrusslands und der Volksrepublik China) bis in die jüngste Vergangenheit hinein spürbar waren.

In dem Jahrzehnt, als Morgans großes Verwandtschaftsbuch entstand, formierte sich eine internationale Plattform intensiver Beschäftigung mit Fragen der Abstammung, der Familie, der Heirat und der Exogamie, auf der das Programm der künftigen Verwandtschaftsforschung abgesteckt wurde. Die führenden Stimmen dieses neuen Diskurses waren neben Morgan selbst H. S. → Maine, J. J. → Bachofen, Numa Denis Fustel de Coulanges (1830–1889) und John F. McLennan (1827–81) – mit Ausnahme von Fustel de Coulanges allesamt Juristen, Rechtsanwälte oder Rechtsgelehrte. Dies dürfte kaum ein Zufall sein, da in der Rechtspraxis (vor allem im Erbrecht) die Verwandtschaft naturgemäß eine grundlegende Rolle spielt, die insofern eine Reflexion über die verschiedenen Arten und Grade von Verwandten voraussetzt. Für den eigentlichen Erfinder der Verwandtschaftsforschung, Morgan, wurde der Beruf in einer Hinsicht jedoch zum Hemmnis. Wie Trautmann (1987) herausfand, hatte Morgan zu Beginn seiner zweiten Schaffensperiode seine eigene (matrilaterale) Kreuzkusine geheiratet. Dies war im Staate New York, wo Morgan als Jurist tätig war, gesetzlich erlaubt; doch lag auf einer solchen Ehe im ganzen Lande ein Schatten des Inzestverdachtes, was das Verbot einer Heirat mit Kusinen ersten Grades in vielen anderen U.S.-Staaten belegt. Seiner eigenen Entwicklungstheorie zufolge hätte Morgan seine persönliche Eheverbindung mit dem klassifikatorischen System, d.h. einer niedrigeren Zivilisationsstufe in Verbindung bringen müssen. Und so verhielt er sich in seinen Forschungen gegenüber der Kreuzkusinen-Heirat, wie sie beispielsweise von den Tamilen praktiziert wurde, auffallend blind. Sie war sein Tabu. So verspielte er aus privaten Gründen eine Chance, die seine Forschungen auf eine ergiebigere Bahn hätte lenken können: die Entdeckung der Kreuzkusinen-Heirat und mit ihr eine Erklärung für terminologische Verschmelzungen (etwa die von ihm selbst aufgeführte Verschmelzung im indischen *maman* = »Bruder der Mutter« und »Vater der Gattin«), was den Rückgriff auf ein Evolutionsschema erübrigt hätte.

Trotz dieser Fehleinschätzungen und des grundsätzlichen Zweifels an der Existenz »klassifikatorischer Systeme« im Sinne ihres Erfinders, hat Morgan im Urteil späterer Ethnologen gerade wegen seines Verwandtschafts-Opus den Rang eines Klassikers erworben. So gebührt Morgan in den Worten von W. H. R. Rivers (1864–1922) das Verdienst, den wissenschaftlichen Wert der Verwandtschaftsterminologien entdeckt und deren Verbindung zu Formen sozialer Organisation erkannt zu haben. G. P. → Murdock, der mit *Social Structure* (1949) selbst eines der wichtigsten Bücher über den Zusammenhang von Terminologien und Sozialstruktur vorgelegt hat, nannte Morgans Buch die »vielleicht originellste und brillanteste Einzelleistung in der Geschichte der Ethnologie«. Und M. → Fortes hielt fest, dass die analytische Methode und die strukturale Theorie in der Verwandtschaftsforschung, durch die sich die moderne britische und amerikanische Sozialanthropologie auszeichne, direkt auf Morgan zurückgehe. Schließlich belegt die rezente Morgan-Studie Thomas Trautmanns, der sich mit Studien zur dravidischen Verwandtschaft hervorgetan hat, dass die Beschäftigung mit Morgan noch immer fruchtbare Einsichten bieten kann.

Michael Oppitz

Ausg.: ND Lincoln ^{3}1997 (m.Vorwort v. E. TOOKER).
Lit.: L. A. WHITE, How Morgan Came to Write *Systems of Consanguinity and Affinity*, in: Papers of the Michigan Academy of Science, Arts and Letters 42 (1957), S. 257–68. – C. RESEK, Lewis Henry Morgan, American Scholar, Chicago 1960. – E. R. SERVICE, The Mind of Lewis H. Morgan, in: Current Anthropology, 22/1 (1981), S. 25–31. – A. KUPER, The Development of Lewis Henry Morgan's Evolutionism, in: Journal of the History of Behavioural Sciences 21 (1985), S. 3–22. – T. TRAUTMANN, Lewis Henry Morgan and the Invention of Kinship, Berkeley 1988.

Wilhelm Emil Mühlmann

(* 1.10.1904 Düsseldorf; † 11.5.1988 Wiesbaden)

Chiliasmus und Nativismus. Studien zur Psychologie, Soziologie und historischen Kasuistik der Umsturzbewegungen. Studien zur Soziologie der Revolution, Bd. 1, EA Berlin 1961.

Viele europäische und amerikanische Ethnologen, Religionswissenschaftler und Soziologen richteten in den fünfziger und sechziger Jahren des 20. Jh. ihren Blick verstärkt auf religiöse Bewegungen in außereuropäischen Ländern und erkannten in ihnen Reaktionen auf koloniale Überfremdung, die nicht nur spirituelles Heil, sondern auch irdische Befreiung anstrebten (u.a. Worsley 1957, Lanternari 1960, Sierksma 1961, Thrupp 1962). Mühlmann, im betreffenden Zeitraum Professor für Ethnologie und Soziologie in Mainz und dann in Heidelberg, widmete sich zusammen mit seinen Schülern und Mitarbeitern der gleichen Thematik. Ein Forschungsprojekt zum Nationalismus hatte sie auf eine Reihe religiöser Bewegungen in Afrika, den beiden Amerikas und im pazifischen Raum aufmerksam gemacht. Mühlmann sah in ihnen Vorläufer politischer nationalistischer Bewegungen; zugleich glaubte er, Gemeinsamkeiten mit religiösen Bewegungen in der europäischen Geschichte zu erkennen. In *Chiliasmus und Nativismus* legte er die im Rahmen dieses Projekts entstandenen Arbeiten und Überlegungen vor, wobei er sich nicht – wie die meisten anderen Autoren – auf bestimmte Regionen oder Zeiträume beschränkte, sondern in einer großen Synthese die sogenannten nativistischen Bewegungen der Gegenwart mit einer Fülle von historischen Heils- und Umsturzbewegungen in Verbindung zu bringen suchte.

Das Buch ist in zwei Teile gegliedert. Der erste regionale Teil enthält elf Beiträge zu außereuropäischen Bewegungen, die im Wesentlichen aus Literaturrecherchen hervorgegangen sind und nicht auf eigener Feldforschung beruhen. Den Autoren geht es v.a. um eine soziologische Betrachtung, die Motive und Abläufe der Bewegungen sowie die Rolle führender Personen erhellen soll. Behandelt werden: Wanderungen der südamerikanischen Tupí-Guaraní (Wolfgang Lindig [*1925]), Prophetismus und Geistertanzbewegungen nordamerikanischer Indianer (Lindig und Alfons M. Dauer [*1921]), der historische Aufstand der Pende in Ecuador (Udo Oberem [1923–86]), die Antonier im alten Reich Kongo (Erika Sulzmann [1911–89]), südafrikanische religiöse Bewegungen im 20. Jh. (W. J. Knoob), die Koréri-Bewegung auf den Schouten-Inseln (Ernst Wilhelm Müller [*1925]) und Cargo-Kulte in Melanesien (Helga Uplegger und Mühlmann). Mühlmann befasst sich außerdem mit dem »Mau-mau-Aufstand in Kenya«, polynesischen Beispielen, Erscheinungen im nördlichen Eurasien sowie hinduistischen und islamischen Bewegungen. In allen diesen Beispielen sind nach Auffassung der Verfasser nativistische Momente zu erkennen. Mühlmann bestimmt Nativismus in Abgrenzung von R. → Lintons einflussreicher Definition (1943) als »einen kollektiven Aktionsablauf, der von dem Drang getragen ist, ein durch überlegene Fremdkultur erschüttertes Gruppen-Selbstgefühl wiederherzustellen durch massives Demonstrieren eines ›eigenen‹ Beitrages« (Vorwort).

Der zweite vergleichende Teil stammt ausschließlich von Mühlmann; hier zieht er historisches Material heran, das nach seiner Auffassung Gemeinsamkeiten mit den modernen Nativismen aufweist: u.a. die spätjüdische Qumran-Sekte, eschatologische Richtungen in der frühchristlichen Kirche sowie mittelalterliche Sekten (Joachiten, Hussiten, die Täufer-Bewegung des 16. Jh.). Allen diesen Erscheinungen sind nach Mühlmann chiliastische Momente eigen: sie erhofften sich ein gerechtes und leidfreies Reich auf Erden, sei es durch die Wiederherstellung eines verlorenen Paradieses oder Goldenen Zeitalters oder die Herbeiführung eines zukünftigen Tausendjährigen Reiches durch einen Heilbringer. Das Interesse dieses komparativen Teils gilt dem Nachweis vergleichbarer Ursprünge und Strukturen der verschiedenen Bewegungen. Mühlmann behandelt systematisch: die Persönlichkeit der charismatischen Führer und die kollektiven Symptome von religiösen Bewegungen; räumliche und zeitliche Abläufe, darunter auch die Reaktionen bei Nichteintreffen der Prophezeiungen; Endzeitvorstellungen; die mythischen Strukturen (Art des erhofften künftigen Reiches, Heilbringer); die dialektische Beziehung zwischen passiven Erwartungen und aktivem Handeln, von Friedfertigkeit und Gewalt; Umsturzvorstellungen, die sich in Motiven der Säuberung der gegenwärtigen Welt, der Umkehrung der Sozialordnung und der Etablierung einer neuen Elite äußern; schließlich die geschichtlichen Hintergründe und Wurzeln für das Aufkommen chiliastischer Vorstellungen und Bewegungen.

Chiliastische Reaktionen seien immer die Folge »verinnerlichter Gravamina«, für diese jedoch gäbe es konkrete historische Ursachen wie Fremdherrschaft, Unterdrückung, Sklaverei, Steuerdruck, ökonomische Benachteiligung. Mühlmann verortete chiliastisches Gedankengut vor allem in wirtschaftlich und politisch unterprivilegierten Gesellschaftsschichten; kolonialisierte Gesellschaften der Neuzeit bildeten ein »externes Proletariat«. In Anknüpfung an Max Webers (1864–1920) Ausführungen zum antiken Judentum spricht er von einer »Pariavolkslage« (Kap. »Umsturz«). In dieser hätten sich vor allem auch Gasthandwerkergruppen im gesamten vorderasiatisch-nordafrikanischen Raum befunden. Sie hätten Endzeitvorstellungen entwickelt und verbreitet, in denen der Topos von den »Parias als Elite« dominierte. Das von Mühlmann herausgearbeitete »Mythologem von der verkehrten Welt« handelt von der Hoffnung der Niederen, erhöht zu werden, von den Knechten, die sich als künftige Herren sehen oder den Letzten, die die Ersten sein werden. Es sei mythischer Ausdruck eines überall zu beobachtenden Drangs nach Umsturz.

Soziologisch relevant würden chiliastische Erwartungen, wo sie nicht nur in passivem Wunschdenken verharrten, sondern Handeln bestimmten, Aktionen hervorbrächten und zu kollektiven Bewegungen führten. Mühlmann versteht *Chiliasmus und Nativismus* explizit als einen Beitrag zu einer Soziologie von Bewegungen. Den entscheidenden »Übergang zur Aktion« sieht er in folgenden Aktivitäten: Identifikation mit der Herrenrolle, ethischem Rigorismus, Einstellen der Arbeit, Zerstörung der Produktionsmittel, Infragestellung der übergeordneten Autorität (Kap. »Dialektik«). Viele chiliastische Bewegungen verkündeten zunächst ein pazifistisches Programm, um dann doch Gewalt zu vertreten und anzuwenden. Begleitet würden chiliastische Bewegungen von emotionalen Zuständen, die ihrerseits veränderlich seien. So gäbe es »ein Ansteigen der kollektiven Erregungskurve, einen Kulminationspunkt, dann ein rascheres oder langsameres Zurücksinken« (Kap. »Abläufe«). Die psychologische Perspektive sei für das Verständnis religiöser Bewegungen ebenso wichtig wie die soziologische.

Mühlmanns Buch war nicht zufällig als erster Band einer geplanten Reihe zu »Studien zur Soziologie der Revolution« konzipiert. Hauptperspektive, so Mühlmann im Vorwort, sei die »Überzeugung Tocquevilles und Jacob Burckhardts von der perennierenden Revolution«. Das Verlangen nach Gleichheit, das Aufbegehren gegen Unterdrückung und der Wunsch nach Umsturz seien jedoch nicht erst mit der Französischen Revolution aufgekommen. Das »Fundament eines Geistes der Revolution« könne vielmehr zurückverfolgt werden bis in die spätjüdisch-frühchristliche Apokalyptik. Empörung und Revolte hätten sich in den verschiedensten chiliastischen Bewegungen im Verlauf der europäischen Geschichte gezeigt, um dann in der großen Revolution in Frankreich oder der russischen Oktoberrevolution unmissverständlichen Ausdruck zu erhalten. Sie fänden sich ebenso in den modernen nativistischen Bewegungen in außereuropäischen Ländern, die als zeitgenössische Wiederholungen der Gesamtbewegung zu begreifen seien. Sie stellten zum großen Teil Vorformen nationalistischer Impulse dar und bildeten eine Art »psychische Infrastruktur« des Nationalismus. Zugleich beinhalteten sie ein »Prinzip der Revolution«.

Chiliasmus und Nativismus stellt den vielleicht wichtigsten Beitrag eines deutschen Ethnologen zum Phänomen des Chiliasmus und zu modernen antikolonialen religiösen Bewegungen dar. Zur Zeit seines Erscheinens bot es auch einem vorwiegend deutsch lesenden Publikum Gelegenheit, sich über ein aktuelles, weltweit behandeltes Thema zu informieren. Außerhalb ethnologischer Kreise fand es v.a. in der Religionswissenschaft Beachtung, wo insbesondere der vergleichende Teil rezipiert und die verwendete Terminologie diskutiert wurde. Im Prozess der Entkolonialisierung und zunehmenden Globalisierung der vergangenen vier Jahrzehnte sind nativistische Bewegungen von der Art, wie sie im ersten Teil des Werks verzeichnet sind, seltener geworden; entsprechend hat das Interesse an ihnen abgenommen. Ungeachtet dessen haben Mühlmanns Ausführungen zum Verlauf religiöser Bewegungen und ihren typischen mythischen Strukturen, wie etwa dem Mythologem von der verkehrten Welt, nichts von ihrer Aktualität verloren.

Brigitte Luchesi

Ausg.: Neuausgabe ^{2}1964.

Lit.: R. Linton, Nativistic Movements, in: American Anthropologist 45/1 (1943), S. 97–102. – P. Worsley, The Trumpet

Shall Sound. A Study of »Cargo« Cults in Melanesia, London 1957. – V. LANTERNARI, Movimenti religiosi di libertà e di salvezza dei popoli oppressi, Mailand 1960. – F. SIERKSMA, Een nieuwe hemel en een nieuwe aarde. Messianistische en eschatologische bewegingen en voorstellingen bij primitieve volken, Den Haag 1961. – S. L. THRUPP (Hg.), Millennial Dreams in Action. Essays in Comparative Study, Den Haag 1962.

George Peter Murdock
(* 11.5.1897 Meriden; † 29.3.1985 Devon)

Social Structure (engl.; *Soziale Struktur*), EA New York 1949.

Social Structure – erschienen im selben Jahr wie ein von M. → Fortes herausgegebener und A. R. → Radcliffe-Brown gewidmeter Sammelband gleichen Titels und *Les Structures élémentaires de la parenté* von C. → Lévi-Strauss – ist ein einflussreicher Text zur Verwandtschaftsethnologie. Es ist gleichzeitig das erste umfassende Werk, das die vom Verfasser weiterentwickelte Methode des interkulturellen Vergleichs auf der Grundlage von Daten über 250 Gesellschaften aus aller Welt anwendet, die im Rahmen des von Murdock 1937 begründeten Cross-Cultural Survey (im Erscheinungsjahr umbenannt in Human Relations Area Files) gesammelt und aufbereitet wurden.

Die in *Social Structure* verfolgte Suche nach statistisch überprüfbaren Verallgemeinerungen erfüllte die auf die »vergleichenden Methode« von E. B. → Tylor zurückgehende Tradition des weltweiten Kulturvergleichs mit neuem Leben und richtete sich gegen den von F. → Boas verfochtenen Partikularismus, dem er dennoch in seiner Ablehnung eines spekulativen Evolutionismus nahe stand. Von Boas als Dissertant abgelehnt, war Murdock in Yale unter den Einfluss von Albert G. Keller (1874–1956), den Schüler und Nachfolger von W. G. → Sumner, geraten, dem er später die Erkenntnis des »funktionalen« Charakters von Kultur lange vor B. → Malinowski zuschrieb, von dessen engem Schulendenken er sich jedoch distanzierte. Anregungen für seinen interdisziplinären Ansatz fand Murdock in den Diskussionen im Institute of Human Relations in Yale, dem Gebäude, in dem neben der Soziologie auch die Ethnologie und die Psychologie untergebracht waren. Soziologie, Ethnologie, behavioristische Psychologie und Psychoanalyse sind es auch, deren Synthese Murdock im Vorwort gemeinsam mit dem interkulturellen Vergleich als Grundlage seines Buches bezeichnet.

Social Structure verspricht im Titel mehr, als es hält. Tatsächlich geht es im Inhalt fast ausschließlich um ausgewählte Aspekte der Verwandtschaftsethnologie, wobei Verwandtschaftsgruppen und -terminologien im Vordergrund stehen. In »The Nuclear Family« (Kap. 1) stellt Murdock die Universalität der Kernfamilie aus Eltern und Kindern fest (eine Behauptung, der Kritiker unter Hinweis auf die Verbreitung »vaterloser« matrifokaler Familien widersprochen haben), skizziert die dyadischen Beziehungen ihrer Mitglieder und definiert Grundformen der Abstammungsrechnung, Heiratswohnfolge und -regelungen. »Composite Forms of the Family« (Kap. 2) diskutiert im Zusammenhang mit den über die Kernfamilie hinausgehenden Familientypen und ihren vermutlichen Entstehungsbedingungen vor allem die Formen der Ehe.

Unter »Consanguineal Kin Groups« (Kap. 3) beschreibt und differenziert Murdock die unilinearen (Lineage, »Sippe«, Phratrie, Moiety) und bilinearen (Sektionen) Abstammungsgruppen sowie die bilateralen, Ego-bezogenen Kindreds. Während Letztere in Größe und genealogischer Nachvollziehbarkeit der Verwandtschaft den Lineages entsprechen, führte er für bilaterale Gruppen von Größe und Art der »Sippe« den Begriff »Deme« ein. Im Gegensatz zu diesen Deszendenzgruppen stehen die Residenzgruppen aus Bluts- und Affinalverwandten, zu denen neben der Familie vor allem der von Murdock so definierte »Klan« (Kap. 4) zählt. Dabei schließt der Verfasser mit R. → Lowie und anderen auf eine Ableitbarkeit von Lineages und Sippen aus Klanen und von Klanen aus unilokal erweiterten Familien und exogamen Demen. Formen der Lokalorganisation (Bands, Dörfer) und ihre Eigenschaften (»Ethnozentrismus«, politische [Un]abhängigkeit, Klassengliederung, Faktionalismus) werden in Kap. 5 (»The Community«) behandelt.

Auf der Grundlage der bisherigen Ausführungen wendet sich Kap. 6 der Analyse der Verwandtschaft zu, insbesondere den Grundlagen der Verwandtschaftsterminologie und dem Verhältnis von Bezeichnung und Verhalten zwischen Verwandten. Dass nicht nur sein Gegensatzpaar »denotativ/klassifikatorisch« sich von L. H. → Morgans »deskriptiv/klassifikatorisch« unterscheidet, sondern insbesondere »klassifikatorisch« sich auf Bezeichnungen bezieht, die Personen aus verschiedenen Verwandtschaftskategorien einschließen (anstatt nur die Vermengung linearer und kollateraler Verwandter anzuzeigen), hat Murdock den Vorwurf eingetragen, Morgan nicht richtig gelesen zu haben. Als Kriterien, die terminologischen Systemen unterliegen, nennt Murdock die der Generation, des Geschlechts, der Affinität, der Kollateralität, der Bifurkation, der Polarität, des relativen Alters, des relativen Geschlechts und des Lebendstatus.

Die beiden folgenden Kapitel machen gemeinsam annähernd die Hälfte des Gesamtumfangs von *Social Structure* aus und standen auch im Mittelpunkt der kritischen Rezeption. »Determinants of Kinship Terminology« (Kap. 7) unterscheidet sich von den anderen Abschnitten durch die formale Argumentation, die sich an eine Diskussion des Forschungsstands schließt: Aus einem auf dreizehn expliziten Annahmen beruhenden Postulat werden 26 Theoreme abgeleitet, deren Richtigkeit an der statistischen Signifikanz von Korrelationen gemessen wird. »Es scheint klar,« beschließt Murdock das Kapitel, »dass die Elemente der Sozialorganisation in ihren Permutationen und Kombinationen mit kaum geringerer Genauigkeit ihren eigenen natürlichen Gesetzen folgen, die die Permutationen und

Kombinationen der Atome in der Chemie oder der Gene in der Biologie charakterisieren.« Murdocks Erklärung für die Unvollständigkeit eines Teils der Korrelationen gründet sich auf die zeitliche Verzögerung von adaptiven Veränderungen, indem sich z.B. Neuregelungen in der Heiratswohnfolge erst nach entsprechenden Veränderungen in der Form der Verwandtschaftsgruppen in der Verwandtschaftsterminologie niederschlagen. Barnes (1971) schreibt die teilweise Zirkularität der Argumente Murdocks der tatsächlichen Rückkoppelung der betroffenen Erscheinungen zu und sieht im Einbau einer zeitlichen Dimension in einen funktionalen Erklärungsansatz seinen wichtigsten Beitrag zur Theorienentwicklung.

»Evolution of Social Organization« (Kap. 8) versucht zu zeigen, dass Diffusion im Zusammenhang mit Sozialorganisation keine angemessene Erklärung der beobachtbaren Phänomene darstellt, und entwirft ein Modell der Entwicklungsmöglichkeiten der Verwandtschaftsorganisation, das im Wesentlichen von Veränderungen der Heiratswohnfolge ausgeht, aus der sich nach dem Prinzip der beschränkten Möglichkeiten eine kleine Anzahl von Entwicklungstendenzen und letztlich Typen der Sozialorganisation ergeben. Murdock definiert insgesamt elf dieser »primären Typen« auf der Grundlage der Abstammungsrechnung und Cousin-Terminologie, mit Untertypen auf der Basis der Variation der Residenzregelungen. Zwischen diesen (Unter-)Typen gibt es nur bestimmte Übergänge, aus denen sich insgesamt dennoch eine vielfältige Multilinearität der Entwicklung ergibt. Aufgrund der angesprochenen Asynchronität der Veränderungen ergibt sich aus der Analyse der inneren Widersprüchlichkeiten der Ansatz für eine interne Rekonstruktion der letzten Veränderungen, den Murdock in einem Anhang (»A Technique of Historical Reconstruction«) ausführlich darstellt.

Kapitel 9 bis 11 widmen sich der »Regulation of Sex«, den »Incest Taboos and Their Extensions« und dem »Social Law of Sexual Choice« und behandeln die universell vorhandenen Regulationsformen der Geschlechtsbeziehungen, insbesondere im Hinblick auf die Ehe, wie Heiratsverbote, aber auch präferentielle Heiraten mit Bluts- oder Affinalverwandten. Die verfügbaren Daten legen nach Murdock nahe, dass Geschlechtsverhalten und Heiraten in hohem Ausmaß von Formen der Sozialstruktur geprägt werden. Die Partnerwahl ergibt sich demnach aus einem Zusammenspiel von vier negativen (Ethnozentrismus, Exogamie, Ehebruch, Homosexualität) und drei positiven Gradienten (räumliche Nähe, Angemessenheit des Alters, Verwandtschaft). Murdock schließt mit einem Verweis auf Lowies *Primitive Society* (1920), in dessen Tradition *Social Structure* trotz aller Unterschiede ebenso steht wie in jener von R. → Lintons *The Study of Man* (1936), von dem es sich aber darin unterscheidet, dass es Regelhaftigkeit und klare Ordnung postuliert, wo Lowie nur »shreds and patches« erkennen kann.

Die systematische Sammlung vergleichbarer Daten im Rahmen des Cross-Cultural Survey machte die mangelhafte Qualität und oftmals unzureichende Abdeckung der kulturellen Variablen durch die ethnographischen Daten deutlich und ließ Murdock selbst in der Folge (z.B. durch die von ihm gegründete Zeitschrift *Ethnology*) zu einem wichtigen Förderer ethnographischer Forschung werden. Die Bereitstellung des beschlagworteten Quellenmaterials im Rahmen der Human Relations Area Files und der kodierten Daten (zuletzt im kartenlosen Tabellenwerk *Atlas of World Cultures*, 1981) führte vor allem in den USA zu einer raschen Verbreitung und Verbesserung der Methode des interkulturellen Vergleichs, ohne dass allerdings die Grundprobleme einer angemessenen Kodierung auf einer allgemeingültigen Grundlage wirklich gelöst worden wären.

Schon in *Social Structure* lag eine zentrale Zielsetzung in der Klärung begrifflicher Fragen, da eine einheitliche Terminologie die Voraussetzung für den weltweiten Kulturvergleich ist. Kritiker haben zu Recht die Abhängigkeit der Terminologie vom jeweiligen theoretischen Ansatz betont, doch trug die durch das Buch ausgelöste Diskussion nicht unerheblich zur Klärung von Bezeichnungen und den ihnen unterliegenden Konzepten bei. Auch wenn sich nicht alle der von Murdock erarbeiteten (überwiegend richtigen und nützlichen) Begriffsklärungen und terminologischen Vorschläge durchgesetzt haben, verdankt ihm die Verwandtschaftsethnologie zahlreiche neue oder neu definierte Begriffe.

Die Kritik an *Social Structure* richtete sich gegen die verschiedenen Schwächen des statistischen Verfahrens, beklagte die mechanistische, ja atomistische Vorgangsweise ohne Berücksichtigung des Kontextes und warf dem Verfasser »Eklektizismus« vor. Letzteres gilt vor allem für die englische Social Anthropology, die Murdock seinerseits nicht nur wegen ihrer Vernachlässigung des »Kultur«-Konzepts gegenüber jenem der »Gesellschaft« kritisiert hatte, aber auch für die amerikanischen Kulturmaterialisten, denen seine Suche nach Regelhaftigkeit nicht weit genug ging. Bei aller Problematik der Statistiken bleibt die Tatsache bestehen, dass das Fehlen signifikanter Korrelationen die Existenz funktionaler Zusammenhänge ziemlich unwahrscheinlich macht, selbst wenn ihr Vorhandensein derartige Beziehungen keineswegs beweist. Die 1972 erschienene französische Übersetzung mag jedenfalls als Hinweis darauf verstanden werden, dass *Social Structure* trotz aller berechtigten Kritik und unbeschadet zahlreicher neuer Ansätze und Erkenntnisse in der Verwandtschaftsethnologie selbst zu diesem vergleichsweise späten Zeitpunkt noch verfolgenswerte Ansätze und Einsichten bot und weiterhin bietet.

CHRISTIAN F. FEEST

Lit.: A. J. F. KÖBBEN, New Ways of Presenting an Old Idea: The Statistical Method in Social Anthropology, in: Journal of the Royal Anthropological Institute 82 (1952), S. 129–149. – M. HARRIS, The Rise of Anthropological Theory, New York 1968. – J. A. BARNES, Three Styles in the Study of Kinship, London 1971. – A. SPOEHR, George Peter Murdock (1897–1985), in: Ethnology 24 (1985), S.

307–317. – W. H. GOODENOUGH (Hg.), George Peter Murdock: Retrospective Assessment, in: Behavior Science Research 22/1–4 (1988).

Gustav Nachtigal

(* 23.2.1834 Eichstedt b. Stendal; † 20.4.1885 vor Kap Palmas)

Saharâ und Sûdân. Ergebnisse sechsjähriger Reisen in Afrika, 3 Bde., EA Leipzig 1879–1889 (3. Bd. hg. v. E. Groddeck).

Gustav Nachtigals *Saharâ und Sûdân* gilt neben H. → Barths *Reisen und Entdeckungen in Nord- und Centralafrika 1849–55* (1857–58) als das herausragendste Werk der wissenschaftlichen Reiseliteratur für den nördlichen Teil Afrikas. Für viele Gebiete der östlichen Sahara und der Savannen zwischen Tschadsee und Nilsudan enthält es die ersten authentischen Beobachtungen und Daten eines europäischen Forschers. Von einem Mediziner mit umfassender Allgemeinbildung geschrieben, stellen die Informationen zur Ethnologie nur einen Teilbereich neben den geographischen, historischen, linguistischen und naturwissenschaftlichen dar.

Gustav Nachtigal wurde 1834 als Sohn eines evangelischen Pfarrers in dem Dorf Eichstedt bei Stendal geboren. Nach dem frühen Tod seines Vaters wuchs er in ärmlichen Verhältnissen auf, konnte dank der Unterstützung durch Verwandte jedoch ein Studium der Medizin an den Universitäten Berlin, Würzburg und Greifswald aufnehmen und 1858 mit dem Doktorat abschließen. Während seiner beruflichen Tätigkeit als Militärarzt in Köln suchte ihn ein Lungenleiden heim, das ihn 1862 dazu bewog, Heilung im nordafrikanischen Klima von Algier und Tunis zu suchen. Als langjähriger Leibarzt des türkischen Herrschers (*Bey*) von Tunis konnte Nachtigal sich intensiv mit der islamischen Kultur und der arabischen Sprache vertraut machen. Durch Begegnungen mit Forschungsreisenden, wie z.B. Gerhard Rohlfs (1831–96), wuchs in ihm das bereits in seiner Schüler- und Studentenzeit lebhaft geäußerte Interesse an eigenen Expeditionen nach Innerafrika. 1868 erhielt Rohlfs von der preußischen Regierung den Auftrag, an König (*Sheich*) Umar des in der Tschadregion gelegenen Reiches Bornu als Dank für die Gastfreundschaft, die er früheren deutschen Reisenden gewährt hatte, Geschenke zu überbringen. Rohlfs, dem anderweitige Ziele damals vorrangig waren, bewog Nachtigal, diese Aufgabe zu übernehmen.

Nach umsichtigen Vorbereitungen brach Gustav Nachtigal am 18.2.1869 von Tripolis südwärts auf, um auf der durch die zentrale Sahara führenden Karawanenroute die rund 2200 km Luftlinie entfernte Bornu-Hauptstadt Kuka(wa) zu erreichen. In Murzuk, der Hauptstadt des Fezzan, war er zu einer längeren Unterbrechung seiner Reise genötigt, die er zu einem Abstecher in das den Europäern noch völlig unbekannte Tibesti-Gebirge nutzte. Nach großen Strapazen und Gefährdungen durch fremdenfeindliche Tubbu (Teda) gelangte Nachtigal Anfang Oktober 1869 nach Murzuk zurück. Erst am 18.4.1870 konnte er die Reise auf der Karawanenroute nach Süden über die Kawar-Oasen fortsetzen und traf am 5.7. in Kuka ein, wo er dem Bornu-Herrscher Umar die Geschenke des preußischen Königs Wilhelm I. überbrachte.

Damit war Nachtigals Auftrag erfüllt, und für eine weitere Reisetätigkeit in Innerafrika standen keine Mittel zu seiner Verfügung. Er entschloss sich jedoch, nicht auf direktem Wege zur Mittelmeerküste zurückzukehren, sondern die Reise nach Osten über das der europäischen Forschung noch unbekannte Reich Wadai und über Darfur und Kordofan an den Nil fortzusetzen. Die Forschungsreisenden Eduard Vogel (1829–56) und Moritz von Beurmann (1835–63) waren bei dem Versuch, diese Route zu bereisen, von Einheimischen ermordet worden. Zunächst unternahm Nachtigal von Kuka aus noch zwei größere Exkursionen. Die erste führte von

März 1871 bis Januar 1872 in die Region Kanem nordöstlich des Tschadsees, wo er umfangreiche Berichte über die dort lebenden Kanembu, Araber und die Inselbevölkerungen des Sees zusammentrug, sowie in das von Teda bewohnte Borku in der östlichen Sahara. Die zweite Reise hatte den islamischen Staat Bagirmi, den südöstlichen Nachbarn Bornus, zum Ziel. Nachtigal gelangte dort bis Gundi im Gebiet der Zuflüsse des oberen Schari auf dem Territorium der heutigen Zentralafrikanischen Republik, wo die Namen vieler Ethnien damals noch undokumentiert waren. Am 5.9. traf er wieder in Kuka ein, verbrachte dort den Winter 1872/73 und führte seine Untersuchungen über die Kanuri und andere Bewohner Bornus weiter.

Im März 1873 nahm Nachtigal endgültig Abschied von seinem großzügigen Gastgeber König Umar und brach mit geringfügigen Mitteln ausgestattet zu seiner Reise nach Wadai auf. Über die Gegend des Fitri-Sees im Zentrum des heutigen Staates Tschad erreichte er einen Monat später Abesche, die Hauptstadt des mit Bornu verfeindeten Staates, wo er das Vertrauen des gestrengen Königs Ali gewann. Mit dessen Förderung konnte er als erster Europäer umfangreiche Daten über das ethnologisch als völlige *terra incognita* geltende Wadai einschließlich seines südlichen Tributärstaates Runga zusammentragen. Am 17.1.1874 verließ Nachtigal Abesche, um in das östlich benachbarte islamische Reich Darfur weiterzuziehen. Im März erreichte er El Fascher, die Residenz dieses Staates, der sich wegen einer drohenden militärischen Invasion durch die den Nil-Sudan beherrschenden Ägypter in erhöhter Alarmstufe befand. Angesichts der gespannten politischen Gesamtlage und da seine Gegner Interesse am Schicksal Nachtigals signalisierten, drängte König Ibrahim den fremden Reisenden zu einem möglichst baldigen Verlassen seines Landes. Bis zu seiner Abreise aus El Fasher blieben ihm zwar nur fünf Monate für seine Forschungen über Darfur, die jedoch eine außerordentlich reiche wissenschaftliche Ausbeute bescherten. Bereits Ende Oktober erfolgte die Okkupation

Darfurs durch die Ägypter. Am 10.7.1874 traf Nachtigal in El Obeid, dem Hauptort der zum damaligen ägyptischen Sudan-Territorium gehörigen Provinz Kordofan, ein. Dieser Ort gilt als der Endpunkt seiner Forschungsreise, da er nunmehr in rascher Folge über Khartum nach Kairo geleitet wurde.

Bis April 1875 erholte Nachtigal sich von den Strapazen der fast sechsjährigen Reise in einem Sanatorium des ägyptischen Helion, bevor er nach Deutschland zurückkehrte und seinen Wohnsitz in Berlin nahm. Dort wurden ihm zahlreiche Ehrungen zuteil, wie z.B. 1879 die Präsidentschaft der Gesellschaft für Erdkunde zu Berlin. Bismarcks Auswärtiges Amt ernannte ihn 1882 zum Generalkonsul in Tunis und 1884 zum Reichskommissar, um durch Flaggenhissung in Togo und Kamerun den deutschen Kolonialanspruch zu dokumentieren. Danach war er als Schlichter bei Kontroversen, die sich aus der imperialen Besitznahme in Südwest-Afrika und in Kamerun ergaben, tätig. 1885 starb er im Alter von 51 Jahren an Bord des Schiffes Möwe in der Nähe des westafrikanischen Kap Palmas.

Das über 2000 Seiten umfassende Werk *Saharâ und Sûdân* folgt in der Einteilung seiner Bände und Kapitel im Wesentlichen der chronologischen Folge der Reisen seines Autors. Der erste Band behandelt die Regionen Tripolis, Fezzan, Tibesti und Bornu, der zweite Borku, Kanem, wiederum Bornu und dann Bagirmi, der dritte die Ostsudan-Staaten Wadai und Darfur. Da Nachtigal in kulturwissenschaftlichen Fragen Autodidakt war und die Ethnologie als Fach noch nicht existierte, ist die Einordnung seines Werkes in einen präzisen wissenschaftshistorischen Kontext kaum möglich. Die planmäßige Erschließung des afrikanischen Kontinents hatte mit der Gründung der Association for Promoting the Discovery of the Interior Parts of Africa 1788 in London begonnen, die neben wissenschaftlichen Zwecken auch die Förderung der wirtschaftlich-politischen Interessen Großbritanniens verfolgte.

Mit diesen Zielsetzungen war z.B. die Reise von Barth 1849–55 durchgeführt worden, deren Veröffentlichung Nachtigal als erstrebenswertes Vorbild galt. Bei Forschungen in *terra incognita* war eine Hypothesenbildung nur sehr begrenzt möglich, und Theorien traten hinter praktischen Wissensgrundlagen deutlich zurück. Wichtiger erschienen damals akribisch aufgezeichnete Itinerarien, astronomische Messungen und naturwissenschaftlich-medizinische Erhebungen sowie die Dokumentation von Sprachzeugnissen und historischen Chroniken. Bis in den Beginn des 20. Jh. rekrutierten sich die Forschungsreisenden und auch die Ethnologen deshalb überwiegend aus naturwissenschaftlichen Fächern und der Medizin.

Was Nachtigals Reisewerk auszeichnet, ist die gewaltige Fülle von sehr systematisch zusammengestellten Daten aus zuvor weitgehend unbekannten Gebieten Innerafrikas. Sie sind zudem eingebettet in die oft spannenden Erlebnisschilderungen des Autors. In einer für ein breiteres Publikum gut lesbaren Weise geschrieben, lassen sie zumeist Sympathien für seine afrikanischen Kontaktpartner hervortreten. Nachtigal war nach zeitgenössischen Bewertungen von einer gemütsmäßigen Herzlichkeit, die ihm den Zugang zu Menschen fremder Kulturen erleichterte. Er hat selber stets völlige Gewaltlosigkeit praktiziert und in Schriften und Vorträgen engagiert die von ihm beobachteten Missstände, wie z.B. den Sklavenhandel, verurteilt. Vor dem Hintergrund seiner Überzeugung von der zivilisatorischen Sendung Europas zum Wohle Afrikas ist sein aktives Eintreten für den deutschen Kolonialismus zu verstehen, wenn auch aus heutiger Sicht nicht zu rechtfertigen. Der bleibende Wert von *Sahârâ und Sûdân* ist der einer für die Ethnologie Afrikas im 19. Jh. einzigartigen Quelle, die durch die englische Übersetzung (1971–87) einen neuerdings erheblich gestiegenen Bekanntheitsgrad erhielt.

Ulrich Braukämper

Ausg.: ND Graz 1967.
Lit.: J. WIESE, Gustav Nachtigal. Ein deutsches Forscherleben im dunklen Erdteil, Berlin 1914. – R. PRIETZE, Das Vermächtnis Barths und Nachtigals, in: Zeitschrift der Gesellschaft für Erdkunde zu Berlin 5/6 (1918), S. 213–45. – INTER NATIONES (Hg.), Gustav Nachtigal 1869–1969, Bad Godesberg 1969. – H. PLISCHKE, Gustav Nachtigal, in: SCHLEUCHER (Hg.), Frühe Wege zum Herzen Afrikas, Darmstadt 1969, S. 398–442. –H. GANSLMAYR (Hg.), Gedenkschrift Gustav Nachtigal 1874–1974, Bremen 1977.

Siegfried Ferdinand (Frederick) Nadel
(* 24.4.1903 Lemberg; † 14.1.1956 Canberra)

The Foundations of Social Anthropology (engl.; *Die Grundlagen der Sozialanthropologie*), EA London/Glencoe 1951.

»Dieses Buch ist kein Lehrbuch für Sozialanthropologie. Es versucht nicht, das Wissen, das wir über einfache Gesellschaften haben, zusammenzufassen, noch die Fortschritte, die wir in ihrer Erforschung gemacht haben. Es betrifft vielmehr die logischen Voraussetzungen, die unserem Wissen von Gesellschaft überhaupt zu Grunde liegen«. Mit diesen Worten beginnt Siegfried Nadel seine Abhandlung über die Grundlagen der Sozialanthropologie. Es ist sein theoretisches Hauptwerk, ein Buch von systematischer Strenge, aber auch ein in sich gebrochenes Buch, das trotz seines Insistierens auf Klarheit und Exaktheit des Ausdrucks viele Fragen offen lässt. Anders gesagt, *Foundations of Social Anthropology* ist ein sperriges Buch, facettenreich und widersprüchlich wie das Leben seines Autors selbst.

Österreich, England, Nigeria, Sudan, Libyen, Eritrea und Australien markieren die formalen Stationen dieses Lebens. 1903 in einem jüdisch-bürgerlichen Elternhaus in Lemberg, Galizien, geboren, studierte er von 1921 bis 1925 die Fächer Musik, Psychologie und Philosophie in Wien. 1925, als Robert Musil (1880–1942) mit der Niederschrift seines *Mann ohne Eigenschaften* begann und Moritz Schlick (1882–

1926), einer der Lehrer Nadels, den sogenannten »Wiener Kreis« begründete, schloss Nadel sein Studium mit einer Dissertation über die Psychologie des Konsonanzerlebens ab. In den folgenden Jahren arbeitete er als Dirigent, Musikwissenschaftler und Publizist. Im Dezember 1930 reichte er seine Habilitationsschrift ein: »Der Duale Sinn der Musik. Versuch einer musikalischen Typologie.« Die Arbeit wurde zum Gegenstand kommissionsinterner Kompetenzstreitigkeiten. Man empfahl dem Autor, die Arbeit zurückzuziehen. Das Scheitern der Habilitation zwang Nadel, sich neu zu orientieren. Angesichts der antisemitischen Übergriffe wechselte er nach London, wo er 1932 an der London School of Economics bei B. → Malinowski mit dem Studium der Anthropologie begann. Keine zwei Jahre später – Nadel war inzwischen in den kleinen Kreis von Malinowskis Meisterschülern aufgestiegen – reist er nach Nigeria, um bei den Nupe seine erste Feldforschung zu unternehmen. Das Ergebnis war seine zweite Dissertation: *The Political and Religious Structure of Nupe Society* (1935). Die neue Qualifikation als Ethnologe führt ihn 1937 in den Sudan, wo er im Auftrag der Kolonialverwaltung eine Studie über die verschiedenen Nubagruppen in den Nubabergen durchführte. Den Krieg verbrachte er im Dienst der britischen Armee in Libyen und Eritrea. Die dienstfreie Zeit nutzte er für Vorstudien zu den späteren Foundations. Während des Krieges und kurz danach erschienen *A Black Byzantium* (1942), eine überarbeitete Fassung seiner Dissertation zu den Nupe, und *The Nuba* (1947). Die beiden Bücher brachten ihm 1948 den Posten des Leiters des neu gegründeten Institute for Social Anthropology an der Universität in Durham ein. Hier beendete er auch das Manuskript seiner *Foundations of Social Anthropology*. Das Buch selbst erschien 1951, zu einer Zeit, als Nadel bereits den Lehrstuhl für das neu gegründete Anthropologie-Institut an der Research School for Pacific Studies der Australischen Nationaluniversität in Canberra übernommen hatte. Ein aufwendiges, Nadels breitem Fachverständnis entsprechendes

Forschungsprogramm war rasch entwickelt. Die Ergebnisse konnte er selbst nicht mehr auswerten. 1956 starb er, gerade erst 52 Jahre alt, an Herzversagen.

Foundations of Social Anthropology lässt sich als Entgegnung auf dieses wechselvolle Leben lesen. Das, was Nadel in insgesamt dreizehn Kapiteln als »Grundlagen« der Sozialanthropologie ausweist, erscheint dergestalt als Versuch, den immer wieder neuen Lebenszusammenhängen, in denen er sich wiederfand und in die er sich einfügte, einen übergreifenden Rahmen zu geben. Dass er Letzteren dabei nicht aus den bis dato üblichen ethnologischen Grundkategorien Verwandtschaft, Politik, Religion und Wirtschaft zusammensetzte, sondern diese vielmehr in ein kognitives Gerüst für die Untersuchung und das Wissen von Gesellschaft allgemein einbettete, darin lag der Ehrgeiz und der Anspruch des Buches.

Allerdings widersprach dieser Anspruch zum Teil der eigenen besseren Einsicht. Zum Beispiel im Hinblick auf die Geschichte: Während seiner Feldforschung bei den Nupe hatte Nadel die Bedeutung von historischem Wissen für das Selbstverständnis dieser stark zentralisierten Gesellschaft immer wieder betont. Beides, Historizität und Zentralisierung, konterkarierten das funktionale Paradigma Malinowskis, ein Umstand, den Nadel in *A Black Byzantium* (1942) denn auch ausführlich thematisierte. Auch hatte sich E. E. → Evans-Pritchard, nahezu zeitgleich mit der Veröffentlichung der *Foundations*, eindeutig für die Ethnologie als eine eher historische, der Philosophie und Kunst nahestehende Disziplin ausgesprochen. In seinen *Foundations* hingegen lehnte Nadel die Geschichte als Schwester der Sozialanthropologie ob ihres lediglich narrativen Charakters und des Unvermögens, universale Gesetzmäßigkeiten zu ergründen, eindeutig ab. Statt dessen votierte er für ein – später als Lehrstuhlinhaber in Canberra selbst vollzogenes – Zusammengehen von Ethnologie, Soziologie und Psychologie. Wohl verfüge allein die Ethnologie über die Möglichkeit, die Daten zu sammeln, die für das Wissen und das komparative Verständnis von Kultur und Gesellschaft nötig seien. In der Kontrolle der Gültigkeit dieser Daten und in der Frage ihrer Interpretation sei sie jedoch auf die beiden Nachbardisziplinen angewiesen. Entsprechend großes Gewicht maß Nadel denn auch methodologischen Fragen bei. Eingehend verhandelt er Probleme der Kausalität, der logischen Konsistenz und Regeln der Erklärung. Mitunter vermittelt die dabei verwendete Sprache den Eindruck, als handele es sich bei der Sozialanthropologie um ein gegen widrige affektive Bedingungen ankämpfendes und sich daher verschiedener methodischer Waffen bedienendes Experiment zur Diagnose von Gesellschaft. Zwiespältig war auch Nadels Beziehung zur Macht. Entworfen im militärisch-kolonialen Kontext – die Notizen und Vorstudien zu den *Foundations* wurden auf Papier mit dem Emblem der eritreischen und libyschen Militärregierung geschrieben – ist der Inhalt dieser Aufzeichnungen auffallend apolitisch. Die wenigen Male, wo Fragen von Macht und Herrschaft auftauchen, erscheinen diese Begriffe als rein funktionale Kategorien, bezogen auf allgemeine soziologische Konzepte wie Ordnung, Gruppe, Hierarchie, Rang und ähnliches mehr. Die reale Unmittelbarkeit von Gewalt und Herrschaft wird ebenso wenig thematisiert wie die Frage ihrer Rechtmäßigkeit. Statt dessen werden Fragen und Grenzen der psychologischen Erklärung sozialen Handelns erörtert, ein Thema, das überleitet zum letzten Kapitel der Arbeit: »Function and Pattern«, dem Hauptstück des Buches. Formal betrachtet ist es der Versuch, die britische Tradition der Sozialanthropologie mit der Tradition der amerikanischen Kulturanthropologie zusammenzuführen. Inhaltlich geht es darum, die Dialektik von Funktion und Kultur oder Struktur und Praxis, wie später gesagt worden wäre, aufzuzeigen. Nadels Ansatz ist synthetisch. Von Max Weber (1864–1920) übernimmt er dessen Konzept des sozialen Handelns, von Malinowski das Argument der Grundbedürfnisse (»basic needs«) und von Kurt Koffka (1886–1941) die Idee der Gestalt. Zusammen verhelfen sie ihm zu einem holistischen Verständnis von Kultur, in der das Individuum zwar in seiner eigenen Handlungsmächtigkeit anerkannt wird, zugleich jedoch aufgeht in einer größeren, überindividuellen, kulturellen Gestalt.

Von der Kritik wurde *Foundations of Social Anthropology* verhalten positiv aufgenommen. Gewürdigt wurde die Strenge der Argumentation, das enzyklopädische Wissen und der Versuch, die unterschiedlichen Fächer und Fachtraditionen in einem gemeinsamen Entwurf zusammenzubringen. Einen nachhaltigen Einfluss hatte das Buch jedoch nicht. Zu unbestimmt war es in der eigenen Zuordnung zu etablierten Traditionslinien, zu rigide in seinem Willen, der Ethnologie eine positiv-exakte Ausrichtung zu geben, gleichzeitig zu vage, zu wenig radikal im Bruch mit herkömmlichen Sichtweisen. So blieb und bleibt Siegfried Nadels *Foundations of Social Anthropology* bis heute ein Solitär, ein Einzelgänger und Außenseiter wie sein Autor, obschon das Buch doch eigentlich integrieren wollte.

PETER PROBST

Ausg.: ND London [5]1969.
Lit.: R. FIRTH, Siegfried Frederick Nadel, 1903–1956, in: American Anthropologist 59 (1957), S. 117. – J. SALAT, Reasoning as Experience. The Anthropology of S. F. Nadel, Göttingen 1983.

Carsten Niebuhr

(* 17.3.1733 Lüdingworth; † 26.4.1815 Meldorf)

Reisebeschreibung nach Arabien und andern umliegenden Ländern, 3 Bde., EA Kopenhagen 1774–78 (Bd. 1–2), Hamburg 1837 (Bd. 3).

In der *Reisebeschreibung nach Arabien und andern umliegenden Ländern* veröffentlichte Carsten Niebuhr die Ergebnisse einer vom dänischen König finanzierten interdisziplinären Forschungsexpedition in den Jemen von 1761–67. Neben dem deutschen Mathematiker, Landvermesser und Kartographen Carsten Niebuhr nahmen der dänische Theologe und Philologe Frederik Christian von Haven (1727–63), der schwedische Botaniker Petrus Forsskål (1732–63), der Arzt Christian Carl Cramer (1732–63) sowie der Zeichner Georg Wilhelm Baurenfeind (1728–63) an der Expedition teil, die von dem Göttinger Orientalisten und Bibelforscher Johann David Michaelis (1717–91) angeregt worden war. Michaelis erhoffte sich von der Kenntnis der Verhältnisse im modernen Orient ein besseres Verständnis des im Alten Testament verwendeten Hebräischen und Rückschlüsse auf die dort erwähnten Namen und Realien. Die Bibelforschung war der eigentliche Ausgangspunkt der Orientalistik und blieb dies noch bis weit ins 19. Jh. hinein. In vorbereitenden Gesprächen der Expeditionsteilnehmer mit Gelehrten aus ganz Europa wurde das Projekt auch auf Fragestellungen der Geschichte, Naturgeschichte, Geographie und Philologie ausgedehnt. Die 1762 von Michaelis veröffentlichte Liste der »Fragen an eine Gesellschaft gelehrter Männer, die auf Befehl Ihro Majestät des Königs von Dänemark nach Arabien reisen« umfasst sehr unterschiedliche, jeweils in ihrem wissenschaftlichen Kontext dargelegte Fragen der genannten Fachgebiete, die den Reisenden zusammen mit organisatorischen Anweisungen und Verhaltensvorschriften des Königs als Grundlage ihrer Forschung dienten. Das Projekt war in seiner interdisziplinären und gesamteuropäischen Ausrichtung durchaus modern.

Die Reise führte zunächst per Schiff von Kopenhagen nach Konstantinopel, wo sich die Gruppe zwei Monate aufhielt, und von da aus nach Alexandria und Kairo. In Ägypten verbrachten die Expeditionsteilnehmer ein ganzes Jahr, ehe sie auf dem Roten Meer nach Jiddah und von dort aus weiter in den Jemen fuhren. Nach ihrer Ankunft hielten sie sich zunächst in der Küstenregion auf, bis sie die Erlaubnis erhielten, das Landesinnere zu besuchen. In dem feucht-heißen Klima hatten sie sich mit Malaria infiziert, und innerhalb kurzer Zeit starben alle außer Carsten

Niebuhr, der als einziger die Schiffsreise nach Bombay überstand. Niebuhr verbrachte ein Jahr in Indien und reiste dann über Oman durch den Persischen Golf nach Norden. Er besuchte Shiraz und die altpersische Ruinenstadt Persepolis. Von Basra fuhr er über Bagdad nach Aleppo, von wo aus er einen Abstecher nach Zypern und Jerusalem unternahm, bevor er 1767 durch Anatolien nach Konstantinopel und über Polen nach Dänemark zurückkehrte.

In den Jahren nach seiner Rückkehr bereitete er die Veröffentlichung seiner eigenen Aufzeichnungen und der seiner verstorbenen Kollegen vor. Auf Grund politischer Veränderungen in Kopenhagen kam eine geplante Reise Niebuhrs an den Niger nicht mehr zustande. Von 1778 bis zu seinem Tod im Jahr 1815 bekleidete er die Stelle eines Landschreibers (Finanzbeamten) in Meldorf/Holstein. Die Beschreibung seiner Orientreise blieb somit sein Lebenswerk.

Nachdem er 1772 in der *Beschreibung von Arabien* zunächst systematisch die von Michaelis gestellten Fragen beantwortet und die wichtigsten Forschungsergebnisse publiziert hatte, erfolgte ihre sorgfältige Ausarbeitung in der ausführlicheren, dreibändigen *Reisebeschreibung*. Sie ist chronologisch nach dem Ablauf der Reise gegliedert. Im Vorwort erläutert Niebuhr zunächst die Bedingungen, auf die sich Europäer einstellen müssen, die in Arabien reisen und forschen wollen. Von seinen eigenen Erfahrungen und Fehlern ausgehend, entwickelt er Verhaltensvorschläge, die Vorurteilen entgegenwirken und Missverständnisse vermeiden helfen sollen. Im Verlauf der eigentlichen Reisebeschreibung behandelt er dann in einzelnen Abschnitten Geographie, gesellschaftliche Verhältnisse, Sitten und Gebräuche, Religion, Sprache, Dichtung, Zeitrechnung und Astronomie sowie Medizin und Landwirtschaft der bereisten Länder. Das Werk enthält somit eine Fülle von Informationen zu allen Bereichen der arabischen Kultur und ist mit Karten, Grundrissen und Ansichten von Landschaften und Orten, von Menschen und ihren Trachten, von Maschinen, Musikinstrumenten, Münzen und Inschriften illustriert.

Die bemerkenswert vielseitigen Beobachtungen Niebuhrs zeigen die große Spannweite seiner Interessen: Über seine eigentliche Aufgabe der geographischen Beschreibung und Kartierung von Landschaften und Städten hinaus gilt seine Aufmerksamkeit unterschiedlichsten sozialen und kulturellen Aspekten der bereisten Länder. Seine wissenschaftliche Arbeit zeichnet sich durch Genauigkeit und Detailsorgfalt bei den eigenen Beobachtungen und Messungen aus. Den ihm mitgeteilten Auskünften gegenüber nimmt er eine nüchterne, den vorhandenen europäischen Schriftquellen gegenüber eine kritische Haltung ein. Stets gibt er eine Mitteilung in neutralem Ton wieder, setzt sie – wo möglich – zu früheren europäischen Ansichten in Verbindung und formuliert dann erst seine eigene Einschätzung. Dass er im Gegensatz zu anderen Reisenden kein vorgeformtes Orientbild vor Augen hatte, war ihm dabei von Vorteil. Zum Verstehen des Anderen bedient er sich immer wieder des Vergleichs mit dem Eigenen. So erkennt er vieles vermeintlich Fremde wieder und kommt zu relativierenden Einschätzungen. Es gelingt ihm, klischeehafte Vorstellungen zu entlarven und in ein dialogisches Verhältnis zu der bereisten Kultur einzutreten. Da er als einziger Überlebender der Expedition die Aufgabe hatte, die Ergebnisse aller Teilnehmer zu veröffentlichen, ist er oft in der Situation, über Dinge schreiben zu müssen, die er selbst nicht beurteilen kann. An solchen Stellen vermerkt er ausdrücklich, dass er nicht kompetent ist, für die Richtigkeit der jeweiligen Beobachtungen einzustehen und enthält sich jeglicher Wertung.

Bis zum Beginn des 18. Jh. waren wissenschaftliche Erkenntnisse über den Vorderen Orient und Asien ein Nebenprodukt von Expeditionen zur Erschließung neuer Handelswege und Stützpunkte. Ein berühmtes und charakteristisches Beispiel für die Verknüpfung von Handel und Wissenschaft ist die 1656 erschienene *Vermehrte Moscowitische und Persianische Reisebeschreibung* von Adam Olearius (1603–71). Im 18. Jh., dem Zeitalter der Aufklärung, lag der

Schwerpunkt auf der wissenschaftlichen Untersuchung fremder Kulturen. Das systematische Sammeln von möglichst umfangreichem Material aus allen Wissensgebieten gipfelte in der großen französischen Enzyklopädie. Die Expedition in den Jemen von 1761–67 ist eines der ersten großen Beispiele für eine aus rein wissenschaftlichen Gründen durchgeführte Forschungsreise. Die Grundüberzeugungen der Aufklärung, der Primat der Vernunft, zugleich aber auch Offenheit gegenüber allem Neuen und Respekt vor Andersdenkenden, sind exemplarisch in der königlichen Reiseinstruktion ausgedrückt. Die Ergebnisse der Expedition und ihre Veröffentlichung durch Niebuhr bezeugen die gelungene Umsetzung dieser Prinzipien in die wissenschaftliche Praxis.

Niebuhr wurde mit der Veröffentlichung der Forschungsergebnisse in ganz Europa berühmt. Obwohl er keine wissenschaftliche Laufbahn einschlug, blieb er in Kontakt mit den führenden Wissenschaftlern seiner Zeit und beeinflusste z.B. Johann Gottfried Herder (1744–1803). 1802 wurde er in die Académie Française aufgenommen. Auch Napoleons Ägypten-Expedition von 1798 zog, wenngleich sie primär militärischen Zielen diente, Nutzen und Anregungen aus Niebuhrs Beschreibung. Niebuhrs Leistungen für die Grundlagenforschung auf dem Gebiet der Geographie und altorientalischen Philologie sind unbestritten: Er zeichnete die ersten zuverlässigen Karten des Jemen, auf denen noch bis in die siebziger Jahre des 20. Jh. hinein die geographische Erforschung der Region basierte. Seine detaillierte Wiedergabe von Keilschrifttexten aus Persepolis bildete die Grundlage zu deren Entzifferung. Blieb Niebuhrs Werk für die Orientforschung des 19. Jh. auch bestimmend, so hat der Gedanke der interdisziplinären Forschungsarbeit und der rein wissenschaftliche Anspruch der Expedition im Zeitalter des Kolonialismus doch zunächst nicht weitergewirkt. Weltoffenheit, Unbefangenheit und Kosmopolitismus der Reiseliteratur der Aufklärung waren dem folgenden Jahrhundert fremd. Die Tradition der

Lettres Persanes Charles de Montesquieus (1689–1755) als Form europäischer Selbst- und Zivilisationskritik fand ein Ende, das »Apriori europäischer Überlegenheit« (Osterhammel) verstellte die Möglichkeiten des kulturellen Grenzgängertums und der differenzierenden Wertungen. Die Werke des 18. Jh. wurden nun auf Grund ihrer »Naivität« belächelt. Niebuhr, der sich bewusst nie als »Erklärer« sah, sondern die Aufgabe eines Reisenden darin erblickte, das Gesehene und Erlebte so detailliert und neutral wie möglich zu beschreiben, wurde ein Mangel an Abstraktionsvermögen vorgeworfen.

Erst im 20. Jh. wurden die oben genannten Prinzipien wieder ein Maßstab moderner Feldforschung und mit dem Beginn ethnologischer Forschungen im Vorderen Orient, speziell in Südarabien, wurde auch inhaltlich wieder an Niebuhr angeknüpft. Niebuhrs Werk bietet Material zu nahezu allen klassischen Fragen der Ethnologie in dieser Region. Neben den konkreten inhaltlichen Informationen ist es in seiner Detailgenauigkeit bei der Beobachtung, seiner vorurteilsfreien Einstellung gegenüber der besuchten Kultur und der wissenschaftlichen Korrektheit der Darstellung als ein gelungenes Beispiel für eine interdisziplinär angelegte Feldforschung bis heute vorbildlich.

ULRIKE STOHRER

Ausg.: ND Graz 1968. – Neuausgabe, m. Nachwort v. D. HENTZE, hg. v. F. SEZGIN, Frankfurt 1994 – Gekürzte Neuausgabe u.d.T.: Entdeckungen im Orient, hg. v. R. GRÜN/E. GRÜN, Tübingen u.a. 1973, ^{2}1975, ^{3}1983. – gekürzte Neuausgabe u.d. Originaltitel, Zürich 1992, ^{2}1993.

Lit.: B. G. NIEBUHR, Carsten Niebuhrs Leben (EZ 1816), in: Carsten Niebuhr, Reisebeschreibung nach Arabien, Zürich 1992, S. 885–918. – T. HANSEN, Reise nach Arabien. Die Geschichte der königlich dänischen Jemen-Expedition 1761–1767, Hamburg 1965. – J. OSTERHAMMEL, Die Entzauberung Asiens. Europa und die asiatischen Reiche im 18. Jh., München 1998.

Karl Polanyi

(* 25.10.1886 Budapest; † 23.4.1964 Toronto)

The Great Transformation (engl.; *Die große Umwälzung*), EA New York 1944.

Unter dem Eindruck von Weltkrieg und Weltwirtschaftskrise suchte Polanyi in dieser primär wirtschaftshistorischen Studie eine Erklärung für den Zusammenbruch der Zivilisation des 19. Jh. Die Ursachen sah er in der großen Umwälzung zum System des selbstregulierenden Marktes, die sich im Europa und Amerika des 19. Jh. vollzogen hatte. Obwohl nur zwei von insgesamt 21 Kapiteln als wirtschaftsethnologisch im engeren Sinne zu bezeichnen sind, namentlich Kap. 4 (Gesellschaftsformen und Wirtschaftssysteme) und Kap. 5 (Die Entwicklung des Marktwesens), wurde das Werk bahnbrechend für die moderne Wirtschaftsethnologie. Hier entwickelte Polanyi die später für die substantivistische (im Gegensatz zur formalistischen) Tradition der Ethnologie grundlegende These, nichtmarktwirtschaftlich organisierte Gesellschaften seien mit dem methodischen Instrumentarium und den theoretischen Prämissen der Nationalökonomie nicht verstehbar. Darüber hinaus brachte er zum ersten Mal die für das weitere Werk grundlegenden Konzepte der Einbettung, der Redistribution und der Reziprozität, des Markttauschs und der Haushaltung in einen theoretischen Zusammenhang.

The Great Transformation wurde im Zweiten Weltkrieg während eines Gastaufenthalts in den USA verfasst. Polanyi, in Wien geboren und im bürgerlichen jüdischen Milieu Budapests aufgewachsen, arbeitete zunächst als Wirtschaftsjournalist in Wien und emigrierte 1933 nach England, wo er in der Arbeiterbildung tätig wurde. Er war ein Zeitgenosse B. → Malinowskis, auf den er sich neben R. → Thurnwald vielfach bezieht. Seine intellektuellen Wurzeln liegen jedoch eher in der kontinentalen Tradition von Karl Bücher (1847–1930), Henri Pirenne (1862–1935) und Max

Weber (1864–1920). Einen nachhaltigen Einfluss übte Polanyi – und vielleicht noch mehr seine Mitarbeiter – auf Ethnologie und alte Wirtschaftsgeschichte aus, nachdem er ab 1947 eine Professur für Wirtschaftsgeschichte an der New Yorker Columbia University erhalten hatte. In dieser Zeit entstand auch sein mit Conrad Arensberg (1910–1997) und Harry Pearson (†1998) herausgegebenes Werk *Trade and Market in the Early Empires* (1957) und seine Studie zur Wirtschaft des alten Dahome (*Dahomey and the Slave Trade*, 1966).

Im Hauptteil von *The Great Transformation* (Aufstieg und Niedergang der Marktwirtschaft) analysiert Polanyi in den ersten acht Kapiteln unter dem Titel »Die Teufelsmühle« die Entstehung des Systems selbstregulierender Märkte und in weiteren acht Kapiteln unter der Überschrift »Der Selbstschutz der Gesellschaft« die Reaktionen der gesellschaftlichen Klassen und Interessengruppen, die seiner Argumentation zufolge schließlich in Imperialismus, Faschismus und Weltkrieg führten, kurz: in den Zerfall der Zivilisation des 19. Jh. Trotz der Begrifflichkeit, etwa wenn er über die Marktwirtschaft als »Teufelsmühle« schreibt, kann man Polanyi kaum als Gegner der kapitalistischen Marktwirtschaft bezeichnen. Er begrüßt die damit verbundenen Verbesserungen, beklagt aber die »Geburtswehen ungesteuerter wirtschaftlicher Verbesserungen«. Der Nachdruck liegt auf gesellschaftlich »ungesteuert«, womit die Unterwerfung des wirtschaftlichen Handelns unter die Herrschaft von Angebot und Nachfrage, die sprichwörtliche »unsichtbare Hand des Marktes« gemeint ist, welche wirtschaftsliberalem Credo zufolge das wirtschaftliche Geschehen ohne gesellschaftliche Intervention zu steuern hat. Insofern sind seine Auffassungen weniger der Position von Karl Marx (1818–83) verwandt, als vielmehr den Positionen der utopischen Sozialisten, besonders Robert Owen (1771–1858), auf den er sich ausdrücklich beruft.

In den für die Ethnologie besonders interessanten Kapiteln unterscheidet Polanyi vier Prinzipien des Wirtschaftens:

Reziprozität, Redistribution, Haushaltung und Marktaustausch (auch Tauschhandel). Als Reziprozität fasst er im Anschluss an Malinowski und Thurnwald den Austausch von Gütern und Dienstleistungen auf Gegenseitigkeit, als Redistribution ebenfalls im Anschluss an Thurnwald das Sammeln und Wiederverteilen und als Haushaltung die Produktion für den Eigenbedarf. Reziprozität beruht auf einer gesellschaftlichen Struktur der Symmetrie, Redistribution auf Zentrizität, Haushaltung auf Autonomie; der Tauschhandel beruht auf dem Vorhandensein von Märkten.

Das Vorhandensein von Märkten ist aber noch keine hinreichende Bedingung für eine Marktwirtschaft; dazu bedarf es der Warenform, der Interdependenz der Märkte und der darauf beruhenden Selbstregulierung, d.h. der Vorherrschaft des Marktmechanismus. Unter Marktwirtschaft versteht Polanyi also eine Wirtschaftsform, in der Produktion und Distribution einzig von Marktpreisen gesteuert werden, die wiederum durch Angebot und Nachfrage bestimmt sind. Das Prinzip der Selbstregulierung erfordert, dass alle wichtigen Güter und Dienstleistungen auf dem Markt frei zum Verkauf stehen und alle Einkommen aus diesen Verkäufen realisiert werden (Prinzip der Warenform). Insbesondere die industrielle Produktion setzt für alle Wirtschaftsfaktoren (Güter und Dienstleistungen, Arbeit, Boden, Geld) Märkte voraus, welche untereinander zu einem interdependenten System verbunden sind. Bei der Kommerzialisierung, so argumentiert Polanyi, entsteht jedoch ein typischer Widerspruch. Arbeit ist nichts anderes als ein anderer Ausdruck für die Arbeiter und Boden nichts anderes als die natürliche Umwelt. (Da diese nicht für den Verkauf produziert, trotzdem aber in der Marktwirtschaft als Waren behandelt werden, nennt Polanyi sie auch »fiktive Waren«.) Werden die »fiktiven Waren«, zu denen Polanyi außerdem Geld zählt, ausschließlich dem Marktmechanismus unterworfen, dann folgt daraus nicht nur ein krisenhafter Wirtschaftsverlauf, sondern langfristig die Zerstörung der natürlichen Umwelt und die Vernichtung der menschlichen Gesellschaft. Dies ist nach Polanyi die Konsequenz der Herauslösung der Wirtschaft aus ihrer Einbettung in die gesellschaftliche Ordnung, als deren Folge die Gesellschaft selbst von der Wirtschaft beherrscht zu werden droht. Einen Ausweg aus den Krisen der kapitalistischen Marktwirtschaft sieht Polanyi nicht in ihrer Überwindung, sondern in ihrer Zähmung durch gesellschaftliche statt ausschließlich marktvermittelte Steuerung, besonders in der Herauslösung der fiktiven Waren aus ihrer Regulierung durch Angebot und Nachfrage, d.h. ihrer Wiedereinbettung in die Gesellschaft. In diesen Punkten ist *The Great Transformation* nach über einem halben Jahrhundert aktuell wie je.

Vor dem 19. Jh., so Polanyi, habe nie eine Wirtschaftsform existiert, die vom Marktmechanismus gelenkt worden wäre; zwar waren auch in früheren Zeiten Märkte als Ort des Güteraustauschs weitverbreitet, aber die Wirtschaft insgesamt sei den aus der Sozialordnung entspringenden Prinzipien Redistribution, Reziprozität und Haushaltung untergeordnet gewesen. Selbst das System des Merkantilismus habe noch keine durch die Herrschaft des Marktprinzips regulierte Wirtschaft gekannt, im Gegenteil sei das Wirtschaftshandeln durch politisches Handeln und gesellschaftlichen Brauch geleitet gewesen und daher die Wirtschaft in die Ordnung der Gesellschaft eingebettet geblieben. Erst mit der Kommodifizierung der Arbeit sei der Marktmechanismus eingeschnappt.

Die begriffliche Scheidung zwischen Markt als Ort des Güteraustauschs und Markt als Organisationsprinzip der Wirtschaft ist zentral für das Denken Polanyis und in seiner Folge der substantivistischen Schule. Polanyi polemisiert scharf gegen die auf Adam Smith (1723–90) zurückgehende Vorstellung der Nationalökonomie von der ursprünglichen Neigung des Menschen zum Schachern. Dagegen hebt er unter Berufung auf ethnologische und historische Quellen die außerwirtschaftliche Motivation hervor, in seiner eigenen Diktion »die Einbettung« der wirtschaftlichen Tätigkeit in die Sozialbeziehungen: Das Tun des Menschen in der nicht marktwirtschaftlich organisierten Gesellschaft »gilt nicht der Sicherung seines individuellen Interesses an materiellem Besitz, sondern der Sicherung seines gesellschaftlichen Rangs, seiner gesellschaftlichen Ansprüche und seiner gesellschaftlichen Wertvorstellungen«. Erst mit dem Vorherrschen der Marktwirtschaft besteht die Erwartung, der Mensch werde sich so verhalten, dass er maximalen Geldgewinn erzielt (Gewinnmotivation), also sein Handeln der Marktlogik unterwirft.

In seiner späteren Forschung wandte sich Polanyi den antiken und außereuropäischen Wirtschaftsweisen zu, deren Funktionieren er nach den Prinzipien von Redistribution, Reziprozität und Haushaltung nachzeichnet. Andererseits versuchte er zu zeigen, wie sich Gesellschaften vor dem Marktmechanismus schützen. In diesem Zusammenhang wurden u.a. die Begriffe des »verwalteten Handels« und der »Handelsplätze« weiterentwickelt, die bereits in *The Great Transformation* zum Nachweis dafür angelegt waren, wie sich Gesellschaften in ihrem Binnenleben vor den Auswirkungen des Außenhandels abschirmen.

The Great Transformation fand in der Ethnologie der Nachkriegszeit zunächst kaum Beachtung. Erst die späteren Werke und v.a. der Sammelband *Markets in Africa* (1962) verhalfen Polanyis Einsichten zu einer breiteren Rezeption. Dessen Herausgeber, Paul Bohannan (*1920) und George Dalton (1926–91), entwickelten Polanyis Theorie mit ihren Konzepten der »multizentrischen Wirtschaftsordnung«, der »Tauschsphären« und der »peripheren Märkte« weiter. Auch mit ihrer Unterscheidung in »Allzweckgeld« und »Spezialgeld« führen sie Polanyis Gedankengänge über Kommodifizierung und Geld fort. Schulenbildend wirkte v.a. Daltons kompromisslos geführte Kontroverse gegen die formalistische Wirtschaftsethnologie in der Zeitschrift *American Anthropologist*. M. → Sahlins (*1930) fächerte in seinem Buch *Stone Age Economics* (1972) Polanyis Austauschprinzipien weiter auf. Der Vorwurf marxistischer

Kritiker, Polanyi habe lediglich eine Theorie des Güteraustauschs entworfen, dagegen aber die Produktion ignoriert, hat insofern eine Berechtigung, als Märkte und Austausch in Polanyis späterem Werk eine prominente Rolle spielen. Er geht aber in Bezug auf die Theorie der Wirtschaftsprinzipien in die Irre, denn Reziprozität, Redistribution, Haushaltung und Markttausch wurden von Polanyi immer als Integrationsprinzipien der gesamten wirtschaftlichen Ordnung, also nicht nur des Austauschs von Gütern, sondern auch der Organisation der Arbeit, verstanden.

Fünfzig Jahre nach seinem Erscheinen ist *The Great Transformation* in acht Sprachen übersetzt, darunter Türkisch und Japanisch. Neben ihrer Bedeutung in der Ethnologie wirken Polanyis Leitideen v.a. in der vergleichenden Rechtsforschung und der antiken Wirtschaftsgeschichte fort (Humphreys, Nippel), in Disziplinen mithin, denen der substantivistische Grundgedanke attraktiv erscheint, andere Welten nicht in Begriffen verstehen zu wollen, die sich die bürgerliche Gesellschaft zur Selbstbeschreibung geschaffen hat.

KURT BECK

Ausg.: ND u.a. Boston 1957, New York 1975, Boston 2001 (m. Vorwort v. F. BLOCK). – Dt. EA u.d.T. The Great Transformation, Wien 1977, Frankfurt ⁴1997.

Lit.: S. HUMPHREYS, Geschichte, Volkswirtschaft und Anthropologie: Das Werk Karl Polanyis, in: K. POLANYI, Ökonomie und Gesellschaft, Frankfurt 1979, S. 7–59. – W. NIPPEL, Griechen, Barbaren und »Wilde«. Alte Geschichte und Sozialanthropologie, Frankfurt 1990.

Marco Polo

(* 1254 Venedig; † 18.1.1324 Venedig)

Le divisament dou monde/Il Milione (altfrz.; *Die Beschreibung der Welt*), EZ 1298; EA (versch. Versionen) Nürnberg 1477, Antwerpen 1485; erste vollst. Ed. Florenz 1928.

Marco Polos Bericht über die Erfahrungen seines jahrelangen Ostasienaufenthaltes enthielt für das mittelalterliche Europa die ersten ausführlichen Nachrichten v.a. über China, wurde deshalb schnell weit verbreitet und intensiv rezipiert und prägte so das abendländische Ostasien- und »Indien«-Bild für Jahrhunderte maßgeblich. Der Bericht bildete nicht zuletzt eine der wesentlichen Grundlagen für die frühe Kartographie und für die Erwartungen des Kolumbus auf seiner Suche nach einem Seeweg nach Ostindien.

Die Ausbildung des mongolischen Weltreiches in der ersten Hälfte des 13. Jh. hatte weite Teile Asiens, von Russland und dem Vorderen Orient über Zentralasien bis hin nach China, zu einem einzigen Herrschaftsgebiet mit relativ sicheren Reisewegen vereinigt. Italienische Kaufleute, besonders aus Genua und Venedig, die sich im Zuge der Kreuzzüge bereits im Vorderen Orient etabliert hatten, wussten die Gelegenheit bald zu nutzen. Im Jahre 1260 brachen die Venezianer Nicolao und Maffeo Polo von Konstantinopel nach Osten zunächst an die Wolga ins Mongolenreich der Goldenen Horde auf und ergriffen dann die Chance, nach China zum Großkhan weiterzureisen. Dieser setzte sie als Gesandte und Informanten ein (wie das mongolische Khane immer wieder mit europäischen Kaufleuten taten), da sie offenbar beabsichtigten, den einmal gefundenen Handelsweg wiederholt zu nutzen. So kehrten sie nach Venedig zurück und brachen 1271 erneut nach China auf, diesmal in Begleitung von Nicolaos Sohn Marco. Dieser bereiste nach eigenen Worten im Dienst des an

Details über Land und Leute interessierten Großkhans Kubilai (1215–94) 17 Jahre lang weite Teile von dessen Reich. Erst 1295 kehrten die Polos nach Venedig zurück, und selbstbewusst wollte Marco sein überragendes Wissen über die fernen Gegenden an seine Mitmenschen weitergeben; aufgeschrieben wurde es wohl (nach seiner weitgehend aus dem Gedächtnis geschöpften Erzählung) vom Dichter Rustichello da Pisa (zw. 1272 und 1298). Trotz des genreüblichen Aufbaus in Form von Wegbeschreibungen war keiner der üblichen Reiseberichte intendiert, sondern eine geographische Beschreibung aller Länder und Völker, die Marco auf seinen Reisen entweder selbst gesehen oder von denen er, wie z.B. im Fall der afrikanischen Ostküste, gehört hatte.

Von Armenien führt Marco Polo den Leser über Persien und Zentralasien in die Mongolei und nach China (Nord und Süd = Cathay und Mangi), nach Tibet und Indochina. Anschließend verlässt er den Landweg und beschreibt von See aus das »Wunderland Indien«, das vor allem die Inselwelten von Japan (Cipangu) und Indonesien, Ceylon, Madagaskar, Sansibar und die Küsten Indochinas, des indischen Subkontinents, Arabiens und Äthiopiens (traditionell als Teil Indiens gesehen) umfasst. An geeigneter Stelle sind Episoden der jüngsten Geschichte, vor allem der mongolischen Eroberungen seit Chingis Khan, eingefügt, von denen einige auch gesondert die letzten, der eigentlichen Weltbeschreibung eventuell nachträglich angehängten Kapitel füllen. Der Beschreibung des Kaiserpalastes Ciandu (Xanadu) folgt eine ausführliche Panegyrik Kubilais, der dadurch zum Idealbild des literarischen Großkhans wurde, sowie eine bewundernde Schilderung der chinesischen Zivilisation. Als venezianischer Kaufmannssohn vermerkt Marco für alle Gegenden, welche Handelswaren, Bodenschätze und gewerbliche Produkte jeweils vorzufinden sind. Auch den Schiffsbautechniken gilt seine besondere Aufmerksamkeit. Daneben notiert er unsystematisch, was immer ihm auffiel. Es finden sich Bemerkungen über die geographische Lage (anhand der Sterne), das Klima, die Bodenbeschaffenheit, die Flora und die Fauna der besuchten Länder wie über das Aussehen, die Sprache, die Ernährung, die Kleidung, die Lebensformen, die Traditionen und ganz regelmäßig auch die Religionen ihrer Bewohner, an deren Ehesitten er sich besonders interessiert zeigt. Auch Wundergeschichten v.a. christlichen Hintergrunds erzählt er ausführlich, und immer wieder glaubt er auf Spuren der ihm bekannten antiken, alttestamentlichen und christlichen Überlieferungen zu treffen: den Berg, auf dem die Arche Noah gelandet war, die Heimat der Heiligen Drei Könige, den Einsamen Baum, oder die Endzeitvölker Gog und Magog. Er stößt auf Erinnerungen an Alexander den Großen und an das Werk des Apostels Thomas, der Indien missioniert hatte. Auch den sagenhaften Hoffnungsträger des christlichen Europa, den Priesterkönig Johannes, identifiziert er als historische Gestalt. Solche Interpretationen geographischer Befunde aufgrund kulturellen (Vor-)Wissens hat Marco mit den anderen Asienreisenden seiner Zeit gemeinsam. Viele von diesen vollzogen derartige Anpassungen an das Vorwissen offenbar erst infolge des Erwartungsdrucks durch ein Publikum, das weder über Reise- noch über irgendwelche Fremdheitserfahrungen verfügte. Im Falle Marcos könnten sie auf Rustichello zurückgehen, dessen Einfluss auf den Text in der Forschung allerdings umstritten ist. Mit den meisten anderen Reisenden hat Marco außerdem gemeinsam, dass die Monster- und Wundergestalten (Mirabilien) der als gesichert geltenden mittelalterlichen geographischen Tradition weitgehend fehlen oder sogar ausdrücklich diskreditiert werden – man hatte sie nicht vorgefunden. Da man dies den nachfragenden Zuhörern nur schwer erklären konnte, nannten andere Reisende, wie J. von Plano → Carpini (ca. 1182–ca. 1252), Zeugen ihrer Reise, und wahrscheinlich kamen manche zeitgenössischen Zweifel an Marcos Glaubwürdigkeit deshalb auf, weil der Bericht zu wenige der erwarteten Wundergeschichten enthielt, die von späteren

Illustratoren des *Milione* dann allerdings aus dem reichen Bilderschatz der Fabeln ergänzt wurden (z.B. *Livre des Merveilles*, Anf. 15. Jh.).

Bis in die jüngste Zeit hat es auch in der Forschung immer wieder Diskussionen darüber gegeben, ob Marco Polo – den die chinesischen Quellen nicht nennen – tatsächlich je nach China gelangte oder ob sein Bericht nicht aus anderen Quellen kompiliert sei. Allerdings vermisste die Kritik jeweils in erster Linie Dinge und Fakten, über die Marco Polo nach Meinung der fraglichen Forscher eigentlich hätte berichtet haben müssen. Die mittelalterliche Sichtweise und das persönliche Interesse Marcos wurden also quellenkritisch unzulässig nach modernen Maßstäben beurteilt. So sehr die intensive Diskussion jeden Zweifel entkräften konnte: Allerletzte Sicherheit wird angesichts des Mangels an direkten unabhängigen Zeugnissen für Marcos Anwesenheit in Asien (wie für praktisch alle anderen mittelalterlichen Asienreisen auch) nicht zu gewinnen sein. Wirkungsgeschichtlich ist dies jedoch von geringer Relevanz. Der Wert des *Milione* bestand für die Zeitgenossen (und damit auch für die Geschichte des ethnographischen Wissens) in seinem Reichtum an ungeheuren neuen und weitgehend den Tatsachen entsprechenden Informationen, die sein Autor wenn nicht selbst »erreist«, so doch aus hervorragenden nicht-europäischen und in Europa vorher offenbar unbekannten Quellen zusammengestellt haben muss. Es waren Informationen, die die damaligen geographischen Kenntnisse erheblich erweiterten, zu neuen Forschungen anregten und die Europäer schließlich weitere, für sie neue Welten entdecken ließen. Der *Milione* fand eine immense Verbreitung in ca. 130 mittelalterlichen Handschriften und ersten Drucken bereits im Inkunabelzeitalter. Er wurde in dieser Hinsicht nur noch von den *Travels* (spätestens 1371) des »Sir John Mandeville« übertroffen, einem tatsächlich fiktiven, von den Zeitgenossen jedoch für echt gehaltenen Reisebericht, der als Kompilation durchweg bekannter älterer Berichte, nicht zuletzt des *Milione* (und von Wunderberichten, die seine Glaubwürdigkeit beim Publikum und seine Verbreitung nur noch förderten), neues Wissen vermittelte und seine Wirkung verstärkte. Wissenschaftliche Traktate des Spätmittelalters griffen aber stets v.a. auf Marco Polo zurück. Enzyklopädien und geographische Werke zitierten und benutzten den *Milione*, Kartographen nutzten ihn zur Veränderung des traditionellen Kartenbildes, angefangen mit dem mallorquinischen *Atlas Catalan* (1375). Der erste erhaltene Erdglobus des Nürnbergers Martin Behaim (1493) beruht weitgehend auf Marco Polos Weltbild – und zeigt damit zugleich das des Kolumbus, der besonders das Exemplar des *Milione* in seiner Bibliothek intensiv gelesen und mit Randnoten versehen hatte und der später z.B. Marcos Cipangu in Kuba oder Haiti gefunden zu haben glaubte.

FELICITAS SCHMIEDER

Ausg.: Florenz 1928 (franco-ital., hg. v. L. BENEDETTO). – Il Milione, Die Wunder der Welt. Übertragen u. Nachwort v. E. GUIGNARD, Zürich [7]1997.
Lit.: L. OLSCHKI, L'Asia di Marco Polo, Venedig/Rom 1958. – P. PELLIOT, Notes on Marco Polo, 2 Bde., Paris 1959–63. – A. ZORZI (Hg.), Marco Polo. Venezia e l'Oriente, Mailand 1981. – J. HEERS, Marco Polo, Paris 1983. – F. REICHERT, Begegnungen mit China. Europa und die Kenntnis Ostasiens im Mittelalter, Sigmaringen 1992. – F. SCHMIEDER, Europa und die Fremden. Die Mongolen im Urteil des Abendlandes vom 13. bis in das 15. Jh., Sigmaringen 1994. – I. DE RACHEWILTZ, Marco Polo Went to China, in: Zentralasiatische Studien 27 (1997), S. 34–92.

Leopold Pospíšil
(* 26.4.1923 Olomouc)

Anthropology of Law: A Comparative Theory (engl.; *Rechtsethnologie: Eine vergleichende Theorie*), EA New York 1971

Das Werk steht im Mittelpunkt des rechtsethnologischen Schaffens von Leopold Pospíšil. Voraus gingen eine Reihe von ethnographischen Werken über die Kapauku in Neuguinea und die Nunamiut-Eskimo, die auf mehrjährigen Feldforschungen beruhten. Auch hatte er zuvor zahlreiche ethnologische und anthropologisch-theoretische Abhandlungen veröffentlicht. Eine die wesentlichen Gedanken von *Anthropology of Law* zusammenfassende und manche Grundgedanken weiterführende Schrift ist Pospíšils *Ethnology of Law* (1978, ²1985). Beide Werke sind im Zusammenhang zu sehen und parallel zu benutzen.

Pospíšil empfing seine juristische Ausbildung in Prag. Er und seine Familie litten unter deutscher, später unter kommunistischer Verfolgung. 1949 wanderte er in die USA aus. Seine Rechtsstudien beendete er an der Yale University. Ethnologie studierte er in Eugene, Oregon (M.A.) und in Yale (Ph.D. 1956). Pospíšil war Schüler von G. P. → Murdock, arbeitete aber von Beginn an weitgehend unabhängig. Dem empirisch ausgerichteten Wissenschaftsbegriff von Alfred North Whitehead (1861–1947) folgend, lehnte er die philosophische Anthropologie als Wissenschaft ab. Bei seinen Forschungen bediente er sich der von B. → Malinowski vorgelebten Methode der »teilnehmenden Beobachtung«. Mit Absicht wandte er sich vier grundsätzlich verschiedenen Kulturen zu: der Jägerkultur der Nunamiut-Eskimo, der reproduzierenden Hortikultur der Kapauku-Papua, der agrarischen Kultur der Hopi von Arizona und der in ihrer historischen Entwicklung untersuchten Bergbauernkultur des Tiroler Obernberger Tales. Da Pospíšil selbst das Hopi nicht erlernt hat, von sich selbst und seinen Schülern aber die Kenntnis der Sprache des untersuchten Felds verlangt, sind seine Hopi-Studien leider nie veröffentlicht worden.

Das empirische Material, das *Anthropology of Law* zugrunde liegt, umfasst 60 Ethnien. Anhand dieses umfangreichen Datenbestandes wird ein anthropologischer Begriff des Rechts entwickelt, der sich auf vier Elemente stützt: Autorität, *obligatio* (als entscheidungserhebliches Band zwischen zwei Menschen), Intention allgemeiner Geltung und Sanktion. Die Gerechtigkeit wird als Ziel des Rechts, nicht als sein Bestandteil verstanden. Pospíšil ist, im Unterschied zu manchen anderen Rechtsanthropologen, ausgebildeter Jurist. Römisches Recht und geltendes Zivilrecht verschiedener Länder werden zu Erläuterungszwecken herangezogen. Überhaupt steht methodologisch die Vergleichung im Mittelpunkt. Inhaltlich ist das rechtsethnologische Denken Pospíšils vor allem an der Notwendigkeit einer streitentscheidenden Autorität ausgerichtet. Im Vergleich zur »Herrschaftssoziologie« Max Webers (1864–1920) kann man von einer – kritisch verstandenen – Herrschaftsanthropologie sprechen.

Das in ein Vorwort und neun Kapitel eingeteilte Buch beginnt mit einer klaren Trennung der beiden Bedeutungen des englischen Worts »law« als »Recht« und als »Gesetz«, sowie einer Deutung des Rechts aus seiner Gegenüberstellung mit der Gewalt. Als sachliches Resultat ergibt sich, dass die Fehde weder als Form noch als Anfang des Rechts angesehen werden kann. Im zweiten Kapitel wird Recht formal bestimmt als eine mit Autorität gefällte Entscheidung, durch die ein Streit entschieden, zu einer Streitfrage Rat gegeben oder eine oder mehrere frühere Entscheidungen bestätigt werden. Die Betonung des Erfordernisses der Autorität steht den herkömmlichen Auffassungen über sog. akephale Kulturen entgegen. Im dritten Kapitel werden die vier Voraussetzungen des Rechts entwickelt (s.o.). Das vierte Kapitel enthält die später von anderen vieldiskutierte Lehre von den Ebenen des Rechts und der Multiplizität der Rechtssysteme; diese Lehre vermeidet verfehlte Regelbildungen und trägt der Unterscheidung Eugen Ehrlichs zwischen gelebtem und bloß in Büchern enthaltenem Recht Rechnung. Im fünften Kapitel kommt die eigene Auffassung vom Rechtswandel im Vergleich mit anderen Lehren zur Sprache; Pospíšil entwickelt hier eine Evolutionismuskritik. Das Verhältnis des Rechts zu Sitte und Politik und das Problem der Internalisierung von Recht bilden den Gegenstand des sechsten Kapitels. Das siebte, dem Thema der Gerechtigkeit gewidmete Kapitel trennt vier Arten der Gerechtigkeit, nämlich die der richterlichen Entscheidung, die der Rechtsprinzipien, die materielle Gerechtigkeit im Naturrechtssinn und die dynamische Gerechtigkeit. Das achte Kapitel stellt am Beispiel des Liegenschafts- und Erbrechts der Kapauku die »strukturellen Analysen« (Komponential- und Korrelationsanalysen) als Arbeitsmittel moderner Rechtsanthropologie vor. Das neunte, zusammenfassende Kapitel bringt zugleich eine grundsätzliche Kritik des dichotomisierenden Denkens, das für anthropologische Entwürfe oft charakteristisch war. Von den neun Kapiteln des Buches enthalten fünf neue, weiterführende Ideen: die Bestreitung der »Akephalie«, die – gegenüber Karl Llewellyn (1893–1962) und E. Adamson Hoebel (1906–93) veränderte – Vier-Elementen-Lehre des Rechts, die Multiplizität der Rechtssysteme, die Lehre von den gleitenden Übergängen zwischen Autorität, Recht und Sitte und die Anwendung der Korrelationsanalyse in der Rechtsethnologie.

Alle genannten Neuerungen haben im rechtethnologischen Schrifttum ihre Spuren hinterlassen. Manche sind auch auf Widerspruch gestoßen. Die komparative Methode fand ihre Ablehnung beispielsweise durch Sally Falk Moores (*1924) postmodernen prozedural-minimalistischen Ansatz. Dem autoritätsbezogenen Standpunkt widersprachen alle Anhänger der Vorstellung eines herrschaftsfreien Urzustandes. Im Wesentlichen unwidersprochen gebliebene Erfolge erzielte Pospíšil mit seiner Multiplizitätslehre, z.B. bei Rebecca French, Uwe Wesel (*1933) und Norbert Rouland.

Für John Griffiths geht Pospíšil bei seiner Trennung von politischer Gewalt und Recht noch nicht weit genug. Das Internalisierungsproblem ist seit Pospíšil nicht wieder mit gleicher Klarheit gestellt worden. Die Korrelationsanalyse erschloss erstmalig der komponentialanalytischen Vorgehensweise die Welt der Wertungen. Pospíšil hat zahlreiche Schüler und Schülerinnen zum Abschluss einer doppelten Ausbildung – im Recht und in der Ethnologie – geführt und ihre Feldforschungen mitvorbereitet und unterstützt. Unter seinen Kollegen gilt er als einer, der für ethnologische Arbeit im Feld, am Schreibtisch und im Hörsaal höchste Ansprüche an sich und andere stellt.

WOLFGANG FIKENTSCHER

Ausg.: Neuausgaben New Haven 1974, 1987, 1995, 2000. – Dt. EA u.d.T.: Anthropologie des Rechts. Recht und Gesellschaft in archaischen und modernen Kulturen, München 1982.

Lit.: L. POSPÍŠIL, Kapauku Papuans and Their Law, New Haven, 1958. – DERS., Law and Societal Structure Among the Nunamiut Eskimo, 1964, in: W. H. GOODENOUGH (Hg.), Explorations in Cultural Anthropology, New York 1964, S. 395–431. – S. F. MOORE, Law as Process: An Anthropological Approach, London 1978. – U. WESEL, Frühformen des Rechts in vorstaatlichen Gesellschaften, Frankfurt 1985. – J. GRIFFITHS, What is Legal Pluralism?, in: Journal of Legal Pluralism and Unofficial Law 24 (1986), S. 1–55. – N. ROULAND, Anthropologie juridique, Paris 1988. – R. R. FRENCH, The Golden Yoke: The Legal Cosmology of Buddhist Tibet, Ithaca 1995.

Hortense Powdermaker
(* 24.12.1900 Philadelphia; † 15.6.1970 Berkeley)

Stranger and Friend. The Way of an Anthropologist (engl.; *Fremder und Freund. Der Weg einer Ethnologin*), EA New York 1966.

In ihrem letzten Buch *Stranger and Friend* vermittelt Hortense Powdermaker die Erfahrungen aus ihren vier zwischen 1929 und 1954 durchgeführten Feldforschungen. Es ist eine der ersten Publikationen in der Ethnologie, in der selbstkritisch über den Einfluss der forschenden Person auf Forschungsverlauf und -ergebnisse bei der Methode der »teilnehmenden Beobachtung« in der ethnographischen Feldforschung reflektiert wird.

Die Amerikanerin deutsch-jüdischer Herkunft studierte 1925–28 Ethnologie an der London School of Economics; es folgten mehrere Feldforschungen und diverse Forschungs- und Lehraufträge, u.a. am Institute of Human Relations in Yale sowie am Queens College in New York, an dem sie den Status einer Professorin erlangte und die Abteilung für Ethnologie und Soziologie gründete.

In ihrer wissenschaftlichen Ausrichtung war Powdermaker zunächst von funktionalistischen Theorien geprägt; später widmete sie sich auch der »Kultur-und-Persönlichkeits«-Forschung, die seit den 1930er Jahren in den USA zunehmend Teil der kulturanthropologischen Diskussion wurde. Feldforschungen führte sie in sehr unterschiedlichen Regionen der Welt durch – in Lesu (Neuirland) 1929/30, Mississippi 1932/33, Hollywood 1946/47 und Luanshya (im Kupfergürtel Nordrhodesiens) 1953/54. Durch ihre Forschungen in Mississippi und Hollywood wurde sie wohl zu der ersten Ethnologin, die eine moderne Gemeinschaft in den USA untersuchte.

Stranger and Friend resultierte aus Powdermakers Erkenntnis, dass subjektive Faktoren sowie die jeweils angewandten Forschungsmethoden nicht unerheblichen

Einfluss auf den ethnographischen Prozess haben, dass diese Tatsache bisher innerhalb der ethnologischen Wissenschaft aber kaum, bestenfalls im informellen Rahmen, thematisiert wurde. Mit der Analyse dieser Aspekte bei ihren eigenen Feldforschungen will sie angehenden Ethnographen eine Hilfestellung für deren Arbeit geben.

Dem Werk waren in der ethnologischen Wissenschaft einschneidende Veränderungen in der ethnographischen Herangehensweise vorausgegangen. Seit den zwanziger Jahren des 20. Jh. wurde die »teilnehmende Beobachtung« als ideale ethnographische Methode favorisiert. Man erkannte zwar bald, dass hierbei die Perzeption und Interaktion im Feld – und somit die ethnographische Erkenntnis – stark von der Persönlichkeit der forschenden Person abhängt; daraus resultierte zunächst aber lediglich die Forderung, dass der Ethnograph eine gewisse Persönlichkeitsstruktur haben müsse, um den Anforderungen der »teilnehmenden Beobachtung« gerecht zu werden. Erst unter dem Einfluss der Psychoanalyse auf die ethnologische Diskussion wurde in den sechziger Jahren des 20. Jh. damit begonnen, die persönlich-psychischen Entwicklungen und Probleme als relevante und unvermeidbare Faktoren im ethnographischen Prozess zu thematisieren. Powdermaker geht in ihrem Buch auf diese Aspekte ein und macht deutlich, dass die Zeit im Feld keine durchwegs erhebende Erfahrung ist und dass die Erkenntnisse der Forschung in hohem Maß von den jeweiligen Gegebenheiten, Zufällen und Stimmungszuständen von Forschern und Erforschten abhängen.

Stranger and Friend beginnt mit einer Einleitung, in der Powdermaker u.a. auf ihren persönlichen Werdegang, ihre Zeit an der London School of Economics unter der Leitung von B. → Malinowski und ihre wachsende Begeisterung für das Studium der Ethnologie eingeht. In den nächsten Kapiteln behandelt sie ihre vier Feldforschungen unter folgenden Gesichtspunkten: Auswahl von Region und Fragestellung, Anfangsschwierigkeiten, aufkommende Probleme und deren Veränderung, Forschungsmethoden,

Fehler und Lücken in der Forschung, Momente der Entmutigung und Lustlosigkeit, Erfolgserlebnisse.

Ihre erste Felderfahrung in Lesu betrachtete sie im Nachhinein als eine Art Idylle. Sie war schnell in die Gemeinschaft integriert worden, es boten sich ihr nahezu ideale Forschungsbedingungen und sie hatte die Möglichkeit, verschiedene Rituale umfassend zu analysieren. Die unangenehmen Kehrseiten in Lesu waren die Monotonie des Tagesablaufs und der ständige Wechsel von Involviertheit und Distanz.

Die Forschung in Mississippi stellte dagegen eine große Herausforderung dar. Hier versuchte sie, den gesellschaftlich verankerten Rassismus und seine Auswirkungen auf die Persönlichkeiten von Schwarzen und Weißen zu ergründen. Von den Schwarzen wurde sie wegen ihrer antirassistischen Einstellung schnell akzeptiert und konnte in einem gewissen Rahmen an ihrem Leben teilhaben; gegenüber den Weißen musste sie hingegen diverse Details ihres Umgangs mit den Schwarzen verheimlichen, da sie etablierte Verhaltenstabus verletzten. Powdermaker litt unter der starken Spannung, die sich aus dem permanent erforderlichen Rollenwechsel ergab, und darunter, dass sie – im Gegensatz zu Lesu, wo ihr bei Regelverletzungen ihrerseits immer wieder der Status als Außenseiterin zuerkannt wurde – für ihr Handeln voll verantwortlich gemacht werden konnte.

Hollywood war für Powdermaker die enttäuschendste Erfahrung. Hier stieß sie auf Probleme, die zum einen aus der Situation in Hollywood resultierten, zum anderen aus persönlichen Schwierigkeiten, auf die sie mit psychischer Abwehr reagierte. Es gelang ihr zwar, über das sozialpsychologische Milieu, in dem Filme produziert werden, Erkenntnisse zu gewinnen, die auf reges Interesse auch außerhalb des ethnologischen Publikums stießen, denen sie jedoch im Nachhinein selbst mit einiger Kritik gegenüberstand.

Bei ihrer letzten Feldforschung in Luanshya hatte sie es mit einer größeren Gemeinschaft zu tun und arbeitete mit mehreren Assistenten und Assistentinnen. Dadurch war es ihr möglich, den sozialen Wandel anhand der Veränderung von Freizeitaktivitäten in der Gesellschaft zu analysieren. Doch litt sie darunter, die einheimische Sprache nicht zu beherrschen und nur wenig Kontakt zur Bevölkerung zu haben, so dass »teilnehmende Beobachtung« nur in begrenztem Maß stattfand.

Im abschließenden Kapitel stellt Powdermaker die Frage nach den Voraussetzungen für das Gelingen »teilnehmender Beobachtung« bei ethnologischer Feldforschung, bei der die soziale Kommunikation das Kernstück der Erkenntnisgewinnung bildet.

Auf *Stranger and Friend* folgte in den darauffolgenden Jahren eine Reihe von Schriften, in denen Methoden und Schwierigkeiten bei der »teilnehmenden Beobachtung« kritisch analysiert wurden und die immer wieder auf den Bericht Powdermakers zurückgriffen; sie alle sind von dem Interesse geleitet, zu einer Perfektionierung der Methode der »teilnehmenden Beobachtung« beizutragen. Später wurde *Stranger and Friend* der ethnologischen Bekenntnisliteratur zugeordnet, die auf den Bruch zwischen der persönlichen Involviertheit im Feld und der Schwierigkeit der anschließenden Objektivierung der Erfahrungen im ethnographischen Text hinweist. In der Repräsentationsdebatte, in der u.a. diese Problematik thematisiert und in der fundamentale Kritik an der Methode der »teilnehmenden Beobachtung« geübt wurde, tauchte deshalb Ende der 1980er Jahre die Forderung auf, den subjektiven Faktor im Feld selbstkritisch zu analysieren und im ethnographischen Text in einer Weise zu thematisieren, die es dem Leser ermöglicht, diese Perspektive nachzuvollziehen und mögliche daraus resultierende Verzerrungen zu erkennen – eine Forderung, der Powdermaker durch *Stranger and Friend* mehr als 20 Jahre früher in ersten Ansätzen nachgekommen war.

MAREN BURKHARDT

Ausg.: London 1967.
Lit.: M. FREILICH (Hg.), Marginal Natives. Anthropologists at Work, New York 1970. – R. H. WAX, Doing Fieldwork. Warnings and Advice, Chicago 1971. – E. R. WOLF, Hortense Powdermaker 1900–1970, in: American Anthropologist 73 (1971), S. 783–85. – K.-H. KOHL, Exotik als Beruf. Erfahrung und Trauma der Ethnographie, Frankfurt a.M./New York 1986.

Konrad Theodor Preuß

(* 2.6.1869 Preußisch-Eylau; † 8.6.1938 Berlin)

Der religiöse Gehalt der Mythen, EA Tübingen 1933.

Das nur 50 Seiten starke Büchlein ist als Band 162 der »Sammlung gemeinverständlicher Vorträge« erschienen. Seine Kürze birgt den Vorzug der Prägnanz, seine Entstehung aus einem Vortrag vom 30.4.1932 in der Religionswissenschaftlichen Vereinigung den der einfachen Sprache, und inhaltlich stellt es die durch breite Quellenlektüre und eigene ethnographische Feldforschung gefestigten Auffassungen des damals bereits über sechzigjährigen Ethnologen und anerkannten Religionsforschers dar.

Seinen Ausgangspunkt nimmt Preuß bei damals populären Ansichten der Philosophen L. → Lévy-Bruhl und Ernst Cassirer (1874–1945), die sich Gedanken zum Verhältnis von magischem (auch »mythischem«) und rationalem Denken in der Menschheit gemacht hatten. Preuß kritisiert die behauptete strenge Dichotomie dieser Denkweisen und verweist darauf, dass sie sogar im selben Individuum nebeneinander vorkommen; Preuß erklärt sich deren Zusammenspiel psychologisch, indem das mythische Denken die emotionale Lebenssicherheit durch Glauben schafft, während das rationale Denken vor allem dem Alltagshandeln Richtung gibt. Mit dieser Beobachtung und Einsicht schöpft Preuß aus eigener ethnographischer Anschauung in Mexiko und Kolumbien, wo er in den beiden ersten Jahrzehnten des 20. Jh. feldforschend tätig gewesen war. Diese Kritik enthält die Kritik an dem von Lévy-Bruhl behaupteten grundsätzlich irrationalen Geist von Naturvölkern und, lange bevor in Amerika der »kulturelle Relativismus« entdeckt wurde, manifestiert sie diesen als Grundkonzept Preußschen Denkens. Nach Preuß, der hier neben seiner Feldarbeit bei amerikanischen Naturvölkern auch auf seine lebenslange Beschäftigung mit den altmexikanischen »Hochkulturen«, vor allem den Azteken, zurückgreift, besteht im Denken kein prinzipieller Unterschied zwischen »Naturvölkern« und »Kulturvölkern«.

Sein eigentliches, über die zeitbedingte Kritik gängiger Auffassungen hinausweisendes Ziel, das er anschließend breiter darstellt, ist die Klärung des Verhältnisses von Mythos und Kult und die Rolle dieser Phänomene in »naturvölkischen« Gesellschaften. Es geht ihm also um Phänomene und ihre geistige und gesellschaftliche Einbettung, nicht um Nominaldefinitionen, um die sich die englischen Forscher E. B. → Tylor und J. G. → Frazer vor ihm bemüht haben, oder um abstrakte Strukturklärungen, wie sie der zeitgleich wirkende Russe Wladimir Jakolewitsch Propp (1895–1970) vortrug. Auch um kulturhistorische oder evolutionistische Erklärungen, damals ein Hauptanliegen der europäischen Ethnologie (z.B. W. → Schmidt), bemüht sich Preuß nicht, sondern wendet sein Augenmerk auf die funktionalen und phänomenologischen Seiten der beiden kulturellen Lebensäußerungen. Mythen sind nach Preuß Beglaubigungen kultischen und rituellen Handelns in der Welt. Sie sind damit gewissermaßen »Sakramente«. Allerdings zieht Preuß aus der Verwendung dieses dem Christentum entlehnten Terminus nicht die Konsequenz, die Religion seiner eigenen Kultur, jener Mitteleuropas am Wendepunkt vom 19. zum 20. Jh., in den Entwurf einzubeziehen. Kulte, so Preuß, werden von den Naturvölkern vollzogen, um dadurch den zugehörigen Mythos quasi unanzweifelbar zu machen und ihm allgemeine Anerkennung zu verschaffen. Der Mythos bestimmt und prägt daher die gesamte Kultur, so dass Preuß später darauf den Abriss einer Kulturen charakterisierenden Dichotomie als optimistisch vs. pessimistisch vornehmen kann. Damit nimmt er ein Konzept vorweg, das gleichzeitig R. → Benedict in ihrer Kulturmusterlehre ausgeformt hat.

Wie sieht nun aber der innere Zusammenhang eines Mythos als primär sprachlicher Kulturäußerung und des zugehörigen Kultes als expressiver, darstellerischer Kulturäußerung aus? Hier betont Preuß zunächst den grundlegenden engen Zusammenhang dieser beiden Formen, den er »Korrelation« nennt, womit er nicht den heute damit bezeichneten statistischen Zusammenhang meint, sondern wohl einen nomologischen, also ausschließlichen, Zusammenhang, den man wissenschaftstheoretisch als Implikation oder als Äquivalenz interpretieren könnte. Er weist darauf hin, dass dieser Zusammenhang aus zwei Hauptgründen nicht immer evident ist. Er selbst hat ethnographisch in Süd- und Mesoamerika wiederholt beobachtet, dass zu einem Mythos kein Kult vorliegt. Beim scheinbaren Fehlen eines solchen nimmt Preuß an, dass das Erzählen eines Mythos ein Surrogat des Aufführens des zugehörigen Kultes sein kann. Der Kult wird also »eingespart«. Schließlich weist Preuß auf das umgekehrte Problem hin, dass der Forscher nicht bei jedem Kult den zugehörigen Mythos findet. Die Gründe hierfür zu erhellen, sieht Preuß als eine Aufgabe zukünftiger Forschung, und man kann ihm beipflichtend ausfolgern, dass vollständigere ethnographische Dokumentation gewiss einen Teil dieser Fälle als Scheinfälle erklärt. Insgesamt setzt Preuß also als Grundannahme den engen Zusammenhang von Mythos und Kult voraus, wobei der Mythos als das grundlegendere Phänomen stets vorhanden sein sollte, der Kult jedoch verzichtbar ist. Ein Hinweis auf den behaupteten Primat des Mythos ist die Beobachtung, die Preuß am Beispiel der von ihm selbst erforschten Huichol Nordwestmexikos erläutert, wo er plausibel macht, dass die größere Konsistenz und Sinnhaftigkeit der Elemente des Mythos im Vergleich zum zugehörigen Kult am besten so zu deuten sei, dass Ersterer grundlegend, Letzterer »abgeleitet« ist.

Der innige Zusammenhang von Mythos und Kultus erhält im Leben der Naturvölker seinen deutlichsten Ausdruck im Komplex der Initiation, die ja weltweit – Preuß bringt Beispiele aus Afrika und Amerika – nicht nur den Kult in diversen Riten zelebriert und damit am Leben erhält, sondern die auch ganz wesentlich, aber für den Forscher oft unzugänglich und daher nicht beschrieben oder erkannt, in der Weitergabe der Mythen an die nachwachsende Generation besteht, in der Einrichtung, die afrikanistische Forscher gerne als »Buschschule« bezeichnen.

Abschließend beleuchtet Preuß den Handlungskontext von Mythen in der Gesellschaft. Mythen werden, das ist durch seine vorangehende Darstellung immer wieder klar geworden, als wirksame Wirklichkeit erlebt. Die Wirkung kann positiv, negativ oder indifferent sein. Der Gläubige bzw. die Glaubensgemeinschaft verhält sich ihnen gegenüber unterschiedlich, und zwar aus kulturimmanent verschiedenen Antrieben, womit wir wieder bei der dichotomen Charakteristik von Kulturen sind, die oben kurz erläutert wurde. Preuß veranschaulicht die unterschiedlichen Verhaltensweisen am Gegensatz der Altmexikaner (Azteken) und der Apapocúva-Guaraní (Brasilien), die beide ein mythisches Weltbild haben, das ein Weltende im Anschluss an die Gegenwart vorsieht. Während die Azteken sich um das kommende Weltende nicht kümmern, es also in keiner Weise beeinflussen, sind die Apapocúva-Guaraní bestrebt, es durch aktives Handeln herbeizuführen, indem sie an den Ort an der Meeresküste wandern, wo das Weltende stattfinden soll. Wenn es sich um negative Wirkungen des Mythos handelt, sieht Preuß eine dritte Verhaltensweise verwirklicht, nämlich die Anwendung von Riten zum Zwecke des Schutzes, um die Wirkung des Mythos in der Gegenwart zu »mildern« oder gar abzuwenden (apotropäische Riten). Allen drei zugrunde liegenden Einstellungen und Verhaltensweisen gemeinsam ist der Glaube an die Wirkung des Mythos für Gegenwart und Zukunft.

Mit seiner fast völligen Abkehr von letztlich erkenntnissterilen definitorischen Fragen – nur dem uns heute ebenfalls unfruchtbar erscheinenden Versuch der kontrastiven Definition von Magie und Religion kann Preuß sich nicht ganz entziehen – und sein Verzicht, evolutionistische Rekonstruktion der Entwicklung der menschlichen Erkenntnisfähigkeit ausführlicher zu diskutieren, heben ihn über seine Vorgänger und viele seiner Zeitgenossen hinaus. Mit seiner grundlegenden Hinwendung zu den Phänomenen, und deren ganzheitlicher und kontextueller Erfassung und funktionalen Deutung bereitet Preuß den Grund für eine allgemein gültige Theorie. Freilich legt er nur den Grund, denn seine ethnographischen Beispiele sind noch nicht global und, was schwerer wiegt, er schließt (wie viele Ethnologen bis in die Gegenwart) die »Hochreligionen«, speziell die seiner eigenen Kultur, als Anwendungs- oder Testfall aus. Auch ist Preuß in den entscheidenden theoretischen Aussagen wenig klar, so dass dem flüchtigen Leser die bedeutenden Implikationen nicht deutlich werden und manche Aussagen mehrere Interpretationen zulassen. Den Zusammenhang von Mythos und Kult entlang der von Preuß vorgezeichneten Gedanken und Grundsätze des möglichst vorurteilsfreien Versuches, Fremdkulturelles zu verstehen und vollständig zu erfassen, hat der Frankfurter Ethnologe Ad. E. → Jensen in *Das religiöse Weltbild einer frühen Kultur* (1948) und *Mythos und Kult bei Naturvölkern* (1951) unternommen und dabei auch die ethnographische Basis um besonders klare und gut dokumentierte Beispiele aus Insulinde (Ceram) und Neuguinea ergänzt, die zur Zeit von Preuß noch nicht zugänglich waren. Eine formale oder auch nur explizite und damit transparente Fassung der Mythos-und-Kult-Theorie steht aber auch heute noch aus.

BERTHOLD RIESE

Lit.: L. LÉVY-BRUHL, La mentalité primitive, Paris 1912. – C. NIMUENDAJÚ-UNKEL, Die Sagen von der Erschaffung und Vernichtung der Welt als Grundlagen der Religion der Apapocúva-

Guaraní, in: Zeitschrift für Ethnologie 46 (1914), S. 284–403. – E. CASSIRER, Philosophie der symbolischen Formen, 3 Bde., Berlin 1923–29. – R. BENEDICT, Patterns of Culture, Boston 1935. – H. JUNGBLUTH, K. Th. Preuß und seine religionsgeschichtlichen Anschauungen, Bonn 1933. – F. R. LEHMANN, K. Th. Preuß †, in: Zeitschrift für Ethnologie 71 (1940), S. 145–50. – B. RIESE, K. Th. Preuß, in: C. WINTERS (Hg.), International Dictionary of Anthropologists (New York 1991), S. 550–51.

Alfred Reginald Radcliffe-Brown

(* 17.1.1881 Sparkbrook b. Birmingham; † 24.10.1955 London)

The Andaman Islanders (engl.; *Die Andamaner*), EA Cambridge 1922, 2. Aufl.1933.

The Andaman Islanders gilt als der entscheidende Beitrag von Alfred Reginald Radcliffe-Brown zur Begründung des Funktionalismus. 1922, zeitgleich mit dem Erscheinen von B. → Malinowskis erstem Werk über die Trobriander, zeigte Radcliffe-Brown in der Monographie *The Andaman Islanders* Leitlinien der Arbeitsweise auf, die für die britische Social Anthropology bestimmend wurde. Anstatt evolutionistische oder diffusionistische Hypothesen über kulturelle Ursprungsformen und Entwicklungsabläufe zu erstellen, solle man die Funktionen gesellschaftlicher Institutionen in ihrer Nutzwirkung für die Gesamtgemeinschaft sowie in ihren wechselseitigen Beziehungen zwischen sozialen Strukturen und religiösem Denken und Handeln analysieren. Die Kulturen sollten als ganzheitliche Gefüge von einzelnen Institutionen betrachtet und die kulturellen Phänomene nicht als isolierte Fakten, sondern in ihrer Abhängigkeit von der Gesamtkultur gesehen werden.

Obwohl sich zu jener Zeit gerade auch mit der Untersuchung der Andamaner als einer Jäger- und Sammlerkultur und somit als einer Gesellschaft mit der frühesten Form menschlicher Subsistenzsicherung eine historische Fragestellung angeboten hätte, wertete Radcliffe-Brown seine Daten in einer synchronen, nicht diachronen Betrachtungsweise aus. Er wollte die Ethnologie als eine Sozialwissenschaft und nicht als eine Geschichtswissenschaft verstanden wissen.

Radcliffe-Brown hatte in Cambridge mit einem Stipendium für Moral Sciences am Trinity College studiert und sich mit der Ethnologie befasst, motiviert durch den Psychologen W. H. R. Rivers (1864–1922), der sich nach seiner Teilnahme an der Torres-Straits-Expedition 1898 mit verstärktem Interesse der Ethnologie zugewandt hatte. Von Ende 1906 bis Frühjahr 1908 führte Radcliffe-Brown eine Feldforschung auf den heute zu Indien gehörenden Andamanen im Golf von Bengalen durch, deren Bevölkerung den sog. Negrito, einer vormongoliden, kleinwüchsigen Altbevölkerung des insularen Südostasiens, zugeordnet wird. Die Bevölkerung der Andamanen teilt sich sprachlich und kulturell in die nördlichen und südlichen Gruppen der Großandamaner sowie in die Onge, Jarawa und Sentilesen auf. Radcliffe-Browns Beobachtungen stammen von den Großandamanern, die zu diesem Zeitpunkt nur noch etwa 600 Personen zählten.

Mit den Andamanern untersuchte Radcliffe-Brown Jäger- und Sammlergesellschaften, die in einer außerordentlich vorteilhaften Umwelt lebten und über optimale Nahrungsressourcen verfügten. Die Gruppen im Innern der Inseln jagten Wildschweine und sammelten wildwachsende Knollen und Früchte; für jene, die an der Küste lebten, war der Fang von Fischen und von Schildkröten die Lebensgrundlage. Bis Ende des 18. Jh. hatten die Andamaner weitgehend isoliert gelebt. Ihre Sprachen lassen sich keiner anderen Sprachfamilie zuordnen. Wohl über Kontakte nach außen hatten sie die Töpferei und das Auslegerboot in ihre Wildbeuterkultur bereits vor dem ersten Kontakt mit Europäern aufgenommen. Sie verstanden es jedoch nicht, Feuer zu entfachen. Es wurde durch Blitzschlag beschafft und dann bewahrt.

Die Andamaner waren nur von wenigen Forschern, darunter Edward Horace Man (1846–1929), Richard C. Temple (1850–1931) und Maurice V. Portman (1860–1935), ethnographisch dokumentiert worden. Deren Angaben bewertete Radcliffe-Brown kritisch, zog sie aber zur Ergänzung seiner eigenen Beobachtungen heran. Zu Beginn seiner Feldforschung hatte Radcliffe-Brown selbst noch die Absicht, eine Geschichte der Kultur der Andamaner und der Negrito zu erarbeiten. Seine Ausführungen über die Technologie im Anhang des Werkes, in dem er die Rekonstruktion einer Proto-Negrito-Kultur versuchte, zeugen davon. Auch die Niederschrift der rein ethnographischen Forschungsdaten, die unmittelbar nach der Feldforschung in den Jahren 1908 und 1909 erfolgte, erbringt mit den ersten vier Kapiteln des Buches nur die Deskription sozialer Phänomene, Zeremonien, religiöser und magischer Vorstellungen sowie Mythen. Dieser Teil des Werkes ist noch in der Art einer allgemeinen »Ethnology« abgefasst.

Eine funktionalistische Herangehensweise entwickelte Radcliffe-Brown erst mit der Interpretation dieser Fakten, die bis 1914 erfolgte und im fünften und sechsten Kapitel des Buches ihren Niederschlag fand. Zwischenzeitlich hatte er zunächst in London sowie in Cambridge gelehrt, wo er sich mit der französischen Soziologie auseinandersetzte. Anschließend hatte er von 1910 bis 1912 bei den Aborigines in West-Australien geforscht. In diesen Jahren beschäftigten ihn die Arbeiten des französischen Soziologen É. → Durkheim. Er wollte in dessen Sinne eine an den Naturwissenschaften orientierte Wissenschaftsauffassung in die völkerkundliche Erforschung sozialer Institutionen einführen. So analysierte Radcliffe-Brown im fünften Kapitel Rituale und im sechsten Kapitel Mythen im Sinne einer Sozialanthropologie ausschließlich nach ihren Funktionen im sozialen Kontext, nach ihrem Beitrag zur Aufrechterhaltung der sozialen Ordnung. Die Umsetzung eines solchen Ansatzes, der historische Entwicklungen und äußere Einflüsse unbeachtet lässt, wurde ihm durch die aufgrund der Inselsituation gegebene kulturellen Isolation der Andamaner erleichtert. Die Publikation des Buches verzögerte sich noch um mehrere Jahre. Es erschien erst 1922.

Jene ersten vier deskriptiven Abschnitte zeigen eine starke Reduzierung des kulturellen Erscheinungsbildes der Andamaner auf soziale und religiöse Einzelphänomene. So stellt Radcliffe-Brown zunächst die sozialen und ökonomischen Verhaltensweisen, Rechtsnormen und Sanktionsformen, die gesellschaftliche und terminologische Einordnung des Einzelnen in die Gemeinschaft sowie die Regelung der Beziehungen zwischen den Geschlechtern, den Generationen und zwischen den Mitgliedern der Lokalgruppen vor. Dann beschreibt er Zeremonien, die die verschiedenen Übergangsstadien des Lebens begleiten, sowie die mit ihnen verbundenen Rituale um Nahrungsaufnahme, Körperbemalung, Tanz und Gesang.

Mit den religiösen und magischen Vorstellungen schildert er die Ideen der Andamaner über Naturgeister, die mit Verstorbenen in Verbindung gebracht werden und als Ursache für alles Schlechte gelten. Er behandelt die Vorstellungen von übernatürlichen Wesen, die die Andamaner mit Naturerscheinungen, insbesondere mit dem Wetter, gleichsetzen, und die von ihnen bestimmte Verhaltensweisen fordern, um Zorn und damit Bestrafung zu vermeiden. Er beschäftigt sich mit dem Seelenbegriff und dem Leben nach dem Tod und beschreibt die Rolle, die der rituelle Spezialist, der »Träumer«, übernimmt, ein Medium, das als Vermittler zwischen Menschen und Geistern auftritt. Dieses Medium besitzt auch das Wissen über die Mythen, die für die Andamaner den Ursprung der Welt und der Menschen, den Erhalt von Kulturgütern, insbesondere des Feuers, den Ursprung des Todes und die Herkunft der bösen Geister erklären.

Diese ethnographischen Teile bleiben strikt getrennt von der Analyse, deren Methode Radcliffe-Brown in der

Einführung des fünften Kapitels erklärt. Hier fordert er, nur die Funktionen der Denk- und Handlungsweisen im Hinblick auf die Sicherung sozialer Strukturen zu erforschen. Demzufolge bleibt auch seine Interpretation der einzelnen Zeremonien auf deren sozialen Wert in der Wechselwirkung zu anderen Zeremonien und zum Gesamtsystem von Ideen und Gefühlen beschränkt. Die soziale Funktion der Zeremonien sieht er in der Erzeugung von Emotionen, die helfen sollen, die Strukturen der Gesellschaft über Generationen hin zu erhalten. Sie sollen den Zusammenhalt des sozialen Gefüges stabilisieren, den Einzelnen in Abhängigkeit von der Gemeinschaft halten und ihn so in seinem sozialen Verhalten kontrollieren, ihm zugleich aber auch den Schutz der Gesellschaft bieten. Diese These entwickelt er vor allem anhand von kollektiven Zeremonien wie Heiraten, Friedensschlüssen, Bestattungen, Ritualen zur Beendigung der Trauerzeit, Beendigungen der Trauerzeit oder Initiationen nach.

Nach Radcliffe-Brown weisen für die Andamaner insbesondere der Tanz, die Körperbemalung und die Nahrung eine essentielle soziale und religiöse Symbolik auf. Tanz solle die Geschlossenheit der Gemeinschaft stärken, Körperbemalungen manifestierten jene Ideen, die den Schutz durch die Gemeinschaft, aber auch die Abhängigkeit des Einzelnen von ihr zum Inhalt haben. Der soziale Wert von Nahrungsaufnahme und Nahrungsverboten sei deren Funktion, als Kommunikation der Gemeinschaft dieselbe zu stärken bzw. Konflikte durch Ritualisierung unter Kontrolle zu halten.

In ähnlicher Weise interpretiert Radcliffe-Brown die sozialen Funktionen von Mythen. Zum einen sind sie Erklärungen für die Ursache des Wechsels von Tag und Nacht und der negativen sozialen Effekte der Dunkelheit, zum anderen sind sie Erzählungen, mit denen die Andamaner den Ursprung oder die Rettung des Feuers und damit den sozialen Wert und die Abhängigkeit des sozialen Lebens von diesem Symbol für Energie und Aktivität zu erklären suchen. Und schließlich sind sie Überlieferungen über jene göttlichen Wesen, die als personifizierte Vorstellungen von Nordost- und Südwest-Monsun angesehen werden.

Mit seinem funktionalen Ansatz stellt Radcliffe-Brown Zeremonien und Mythen in einem wechselseitig eng verbundenen System dar und versucht damit den Nachweis zu erbringen, dass deren Aussage nur in einer holistischen, nicht in einer isolierten Betrachtung erfassbar sei. Seine Interpretation vermittelt zugleich das Bild eines geschlossenen Systems von Institutionen, Verhaltensweisen und Vorstellungen. Damit erscheint die soziale Struktur gleichsam statisch. Sozialer Wandel bleibt unbeachtet, und die Gemeinschaft, auf die Radcliffe-Brown seine Arbeit fokussiert, wird als sozial ausgewogenes, stabiles Gefüge dargestellt.

STEFAN SEITZ

Ausg.: ND Glencoe 1948, New York 1964.
Lit.: E. LEACH, Rethinking Anthropology, London 1961. – R. EICKELPASCH, Mythos und Sozialstruktur, Düsseldorf 1973. – G. DOMBROWSKI, Sozialwissenschaft und Gesellschaft bei Durkheim und Radcliffe-Brown, Berlin 1976. – A. KUPER (Hg.), The Social Anthropology of Radcliffe-Brown, London 1977. – DERS., Anthropology and Anthropologists. The Modern British School, London ³1996.

Paul Radin
(* 2.4.1883 Lodz; † 21.2.1959 New York)

The Method and Theory of Ethnology. An Essay in Criticism (engl.; *Die Methode und Theorie der Ethnologie: Ein kritischer Versuch*), EA New York 1933.

Paul Radins Meisterwerke fallen in zwei Kategorien von Veröffentlichungen: einerseits die ethnographisch innovativen Ansätze zu indigenen autobiographischen Aufzeichnungen wie *Crashing Thunder* (1926), zum anderen ethnologische Zusammenfassungen sogenannter »primitiver« Weltsichten, wie *Primitive Man as Philosopher* (1927) oder *The World of Primitive Man* (1953). Besonders fruchtbar wurde aus der letzteren Kategorie von Schriften jenes Werk, das wohl den größten Einfluss auf die Human- und Literaturwissenschaften außerhalb der Ethnologie ausgeübt hat, nämlich die Studie *Der göttliche Schelm* (1954; engl.: *The Trickster*, 1956), zu deren Winnebago-Materialien der Interpret griechischer Mythologie, Karl Kerenyi (1897–1973), und der Gründer der Psychologie des kollektiven Unbewussten, Carl Gustav Jung (1875–1961), ihre Kommentare lieferten. Jenes Werk jedoch, das ihn eigentlich als methodischen Vorgänger jener revolutionären oder zumindest innovativen Werke zeigt, die, wie Alvin Gouldners (1920–80) *The Coming Crisis of Western Sociology* (1971), C. → Geertz' *Works and Lives* (1988) oder M. → Sahlins' *Islands of History* (1985), Veränderungen in Theorie und Methode der Sozialwissenschaften, wenn nicht gar Paradigmenwechsel andeuten, ist fast völlig in Vergessenheit geraten.

Die Schrift *The Method and Theory of Ethnology* von 1933 ist deshalb von so ausschlaggebender Bedeutung, weil sie, anders als die kurz darauf von R. → Lowie veröffentlichte *History of Ethnological Theory* (1937), die Lowies Antwort auf die ihm von Radin gewidmete Studie war, weit weniger eine konventionelle Geistesgeschichte des ethnologischen Denkens darstellt, als vielmehr eine einschneidende, teilweise polemische Kritik des gesamten ethnologischen Arbeitens bis zu jener Zeit, vom Evolutionismus über den Diffusionismus bis zur funktionalistischen Sozialanthropologie. Gleichzeitig aber ist diese Arbeit wegweisend, da sie bereits Problemstellungen der oben genannten drei modernen Autoren kritisch diskutiert, wie Gouldners Kampf gegen den methodischen Dualismus der Trennung von Forscher und Daten, Geertz' Nachdruck auf das Einbringen des Forschers in die ethnographische Beschreibung, und nicht zuletzt Sahlins' in Anlehnung an Arbeiten von Pierre Bourdieu (*1930) geforderte Verbindung von Struktur und

Ereignis. Es sind sicherlich einerseits Radins kritisch reflektierende Bemerkungen über die eigene Profession, die zu einer Vernachlässigung seiner Arbeit und der Isolation der dahinter stehenden originellen Persönlichkeit führten. Typisch für seine kritische Sicht dürften seine Bemerkungen zu M. → Meads *Coming of Age in Samoa* sein, dessen »Inauthentizität« Radin geißelt, da nach seiner Meinung solch intime Daten, wie Mead sie zu produzieren in der Lage schien, nicht unter den Umständen, unter denen sie arbeitete (mit einem Jahr Feldforschung !), hätten aufgefunden werden können, denn das wäre, wenn überhaupt, nur nach lebenslanger Beschäftigung mit einer Gesellschaft möglich. Die Tendenz des gesamten theoriekritischen Ansatzes kann in der Bemerkung zusammengefasst werden, dass Ethnologen sich nicht mit dem »Handeln« von »Kultur« – einer abstrakt generierten wissenschaftlichen Kategorie – oder von »Kulturen« und ihren »Spuren« oder »Mustern« abgeben sollten, sondern mit den Äußerungen von ganz spezifischen Individuen: Nicht irgendein anonymer Crow sagt etwas, sondern eine ganz spezifische Person tut das in einem spezifischen Kontext, und dies gelte es zu beschreiben. Anstatt wie F. → Boas, Clark Wissler (1870–1947) oder A. L. → Kroeber von Strukturen und Kulturmustern zu sprechen, gelte es, eine historische wie ethnographische Analyse durch die Brille der Herzen und Hirne konkreter Menschen zu erarbeiten, denn die Individuen seien nicht marionettenhafte Träger von kulturellen Strukturen, wie es auch É. → Durkheims Ansatz sehe, sondern diejenigen, die durch ihre Biographie die Macht der Handlungsfähigkeit der Akteure zeigten, ihre Kultur zu erschaffen, zu überprüfen, zu erneuern und zu verändern. (Radin nimmt hier stark die spätere Diskussion um individuelle »agency« vorweg; in der französischen Ethnographie sieht er einen Lichtblick in den Arbeiten von Maurice Leenhardt [1878–1954]).

Bevor auf die positiven Resultate von Radins Ansatz mit dem von ihm selbst gewählten Beispiel von Kulturwandel und transkulturativen Prozessen eingegangen werden kann, soll der biographische Hintergrund aufgefüllt werden, welcher der zweite Grund für die relative Vernachlässigung seines theoriekritischen Werkes sein dürfte. Aus diesen Lebensdaten geht hervor, dass Radin keineswegs dem Ideal eines Universitätsprofessors unter Bedingungen der bürokratischen Verschulung und Kanonisierung des Faches entsprach, wie sie sich in jener Zeit entwickelten, als die Ethnologie in den Vereinigten Staaten einen neuen Lehrstuhl nach dem anderen gründete und sich gegenüber den älteren Wissenschaften behaupten musste (vgl. Diamond 1971, Vidich 1987).

Die Vernachlässigung von Radins Ethnologiekritik hat sicherlich auch viel mit seiner Persönlichkeit selbst zu tun, da er lieber als wandernder Lehrer – Stanley Diamond (1922–1991) vergleicht ihn mit einem Lao-Tse im Gegensatz zu Kroeber als Konfuzius, einem wandernden Gelehrten-Priester im Vergleich mit einem förmlichen »Professor« als Systembilder (Diamond 1971) – an kleineren Colleges in den USA sich um die Erwachsenenbildung von Grubenarbeitern wie von Afro-Amerikanern kümmerte.

Der dritte Grund der Vernachlässigung dieses bahnbrechenden Feldforschers wie scharfsinnigen Kritikers ist zweifellos, dass er keine »Schule« etablierte, sondern als Wanderer zwischen den Welten umhergeisterte: dieses Wanderleben führte ihn von einem Studium der Zoologie in New York und der Historie in München schließlich über Berlin zur Ethnologie (unter K. von den Steinen [1855–1929], Eduard Seler [1849–1922] und Paul Ehrenreich [1855–1914]), um dann in seinen Gesellenjahren seine Expertise in der Aufnahme und Analyse indigener amerikanischer Sprachen als linguistischer Feldforscher zwischen Kanada und Mexiko zu beweisen. Seine Grammatiken und Abhandlungen u.a. über Ojibwa, Huave, Mixe, Wappo und Zapoteken lassen ihn seinem kollegialen Freund Edward Sapir (1884–1939) beinahe ebenbürtig erscheinen, und ebenso legte er auch den ersten professionellen Survey über Minoritäten in der San Francisco Bay Area (1935) vor, der ihn als Vorreiter von soziologischen Arbeiten zum »melting pot« der sechziger Jahre oder auch der Studien eines O. → Lewis zeigen. Schließlich schuf er in seinen Feldforschungen und historischen Aufzeichnungen der heiligen und profanen Geschichte und von Lebensgeschichten der Winnebago als einer sich im Bruch mit überkommener Identität und im synkretistischen Umbruch befindlichen Minderheitengesellschaft (Radins früheste Arbeiten darüber reichen bis 1913 zurück) seine Meisterwerke. Obwohl er vor seiner Berufung nach Brandeis im Jahr 1957 nie einen prestigereichen Lehrstuhl innehatte, mangelte es ihm nie an Forschungsgeldern und er war stets als Gast begehrt, wie die vielen Einladungen, u.a. seit 1949 regelmäßig zu den Eranos-Vorlesungen in Lugano, bezeugen.

Im Grunde geht es Radin um drei große Forderungen an die ethnologische Theorie und an ethnographische Herangehensweisen:

(1) Die Ethnologie muss von ihrer holistischen Sicht Abstand nehmen, denn es ist eine dem Evolutionismus kaum nachstehende Arroganz zu glauben, man könne »primitive« Gesellschaften in ihrer Gesamtheit erfassen, weil sie entweder weniger komplex seien oder keine Geschichte hätten, während wir ein solches Unterfangen, so meint Radin wohl mit Recht, kaum in unserer eigenen Kultur wagen würden. Hier wendet er sich entschieden nicht nur gegen das funktionalistische Paradigma, das während seiner Lebenszeit führend geworden war, sondern auch gegen die Implikationen, die durch B. → Malinowskis Methodenwerkzeug der teilnehmenden Beobachtung vorgegeben sind. Die Schwäche des Holismus bestehe in der Annahme, alle Institutionen seien miteinander notwendigerweise verbunden. Außerdem kranke er an jener Überheblichkeit, die mit dem Begriff des »Survey« einhergehe – des »Blicks aus der Vogelperspektive«, der die Überheblichkeit der kolonialen Wissenschaften über Andersheit auszeichne (vgl. Pratt 1992). (2) Die Ethnologie muss von der Idee der Rekonstruktion reiner, authentischer, originaler, unberührter Gesellschaften

absehen: diese gibt es nicht und gab es nie. (3) Man muß die Vorurteile und Interpretationen der Forscher von den Äußerungen der Forschungspartner klar trennen. Insgesamt optiert Radin für eine Hinwendung auf das Prozessuale und die individuelle Handlungsmacht, das heißt das Ereignishaft-Kontextuelle des Biographischen und dessen reflexiver Verarbeitung von historisch überlieferten Strukturen. Dies wird von Radin anhand seiner eigenen Arbeit über die Einführung und Rezeption der Peyotereligion bei den Winnebago ausgeführt.

So zeigt er an der autobiographischen Erzählung seines Informanten Rave, der als Charismatiker für die Einführung der Peyotereligion bei den Winnebago bedeutsam wurde, wie dessen verschiedene Lebensumstände die Gebetstexte beeinflusst haben, wie aber ein genaues Lesen der Erzählungen der Begebenheiten zwischen 1890 und 1910 es dem Ethnologen zu zeigen erlaubt, welche unterschiedlichen Bedeutungszuschreibungen diesen Texten von Individuen in verschiedenen Motivationskontexten gegeben werden. So klingen viele Formulierungen wie eine Rückkehr zu den traditionellen Kulten der Winnebago, bekommen aber im Kontext eine völlig neue Bedeutung: »[...] in spite of the fact that there is not a single new term involved here, this is a completely new prayer in form, content, and spirit« (195). In Raves Gebeten fehle u.a. der Bezug auf die traditionellen, mit dem Tabakgebrauch verbundenen Formeln, es fehlen die alten Metaphern und die rituelle Bescheidenheit; Radin sieht in der Ablehnung von Tabak insofern ein bedeutsames Merkmal der Bedeutungsveränderung, als das alte Medium durch den direkten Kontakt mit der Gottheit abgelöst wird. Abgesehen davon ergibt Raves Hinwendung zur Peyotereligion mit ihrer christlich gefärbten Gleichsetzung von Gott und Peyote erst dann Bedeutung, wenn man aus der biographischen Erfahrung von Rave weiß, wie er in seiner Jugend bei der traditionellen »Schutzgeist«-Suche versagte und sich nie als vollständiges Mitglied seiner Gesellschaft fühlte.

Auf der anderen Seite ist es die Ambivalenz des Textsinnes, die es traditionellen Faktionen der Winnebago-Gesellschaft erlaubt, sich der Illusion hinzugeben, sie würden mit diesen Peyote-Texten im Grunde ihre traditionellen Rituale fortführen. In der Analyse solcher gesammelter oraler Dokumente gelingt es Radin, gewisse generelle Kulturwandelphänomene durch Gegenlesen mit anderen Dokumenten und durch eine intime Kenntnis der Ritualpraktiken verschiedener Faktionen herauszuarbeiten, ohne diese zu allgemeingültigen Theorien des Kulturwandels aufzubauschen. Worauf es Radin ankommt, ist nicht, irgendwelche »bedeutungslosen Floskeln über Konvertierung« zu äußern, sondern zu zeigen, wie die Kontexte einer individuellen Biographie zu einer Ermächtigung der Individuums bei Veränderungen der gesellschaftlichen Werte beitragen, in anderen Worten, dass die sogenannten »Primitiven« genauso reflexiv argumentieren und ihre Kultur sich aneignen oder verändern, wie wir es dem modernen Menschen zugestehen.

Diese Art der individuellen wie historischen ethnographischen Analyse müsse, so Radin, durch Herz und Hirn konkreter Menschen erfolgen, und nicht mittels solch lebloser »Marionetten«, wie sie die Reduktion auf Kulturelemente, Strukturen oder »Kulturmuster« mit sich bringe.

Um eine solche Sicht zu ermöglichen, um auch solche ausführlichen oralen Dokumente zu sammeln und um eine dezidierte »dekonstruierende« Lesung derselben vornehmen zu können, bedarf es nach Radin mehrerer Voraussetzungen: Zum einen muss der Forscher wissen, wo seine eigenen Vorlieben und Perspektiven liegen, aus welchem Milieu und Denken er selbst kommt; zum anderen bedarf es zur authentischen Ethnographie einer langjährigen und sprachlich tiefen Verbindung zu den Informanten. Beide Voraussetzungen sieht Radin bei den meisten seiner Kollegen nicht gegeben und geißelt sie entsprechend für ihren Hochmut. Wie Daten interpretiert werden, hängt für Radin stark von der Evaluierung durch den Forscher ab, denn reine »Fakten« gibt es nicht, sondern was solche sind, hängt nicht nur von der Kompetenz, dem Wissen und den Vorlieben des Forschers ab, sondern auch von seiner Persönlichkeit. Schließlich, so Radin, werden die meisten Ethnographien durch die Begegnung mit einem einzigen Informanten geprägt, mit dem der Forscher ein harmonisches Verhältnis herstellt.

Eine Voraussetzung, die Radin von den meisten Ethnologen unterscheidet, ist seine Insistenz auf das Bewusstsein der Distanz bzw. die Umkehrung des Paradigmas, das davon ausgeht, dass man das Selbst erst durch die Begegnung mit dem fremden Anderen erkennt (vgl. Köpping 1997). Zunächst müsse sich der Forscher in seiner eigenen Geschichte auskennen und sich dieser kritisch stellen, bevor er das Fremde im Anderen zu erforschen beginnen könne. Dies hat mit seiner eigenen Biographie, u.a. mit der Erfahrung zu tun, dass er in seiner mündlichen Prüfung eingehend über Augustinus befragt wurde, und nicht so sehr über Heilsbringer bei sogenannten »primitiven« Gesellschaften. Typischerweise zitiert Radin am Ende seiner Kritik der Theorie das Goethe-Wort: »Was du ererbt von deinen Vätern hast, erwirb es, um es zu besitzen.«

Radin hat natürlich beileibe nicht alle epistemologischen Probleme der ethnographischen Methode gelöst. So bleiben Widersprüche bestehen, wie z.B. der, dass er eine große Nähe zu den Forschungssubjekten einfordert, jedoch dem Malinowskischen Kanon sehr skeptisch gegenübersteht, dass er, ähnlich wie später Geertz, eine Verortung des Forschers einfordert, aber dann doch auf eine klare Trennung von »Daten« und Interpretation besteht.

KLAUS PETER KÖPPING

Ausg.: Neuausgabe (hg. v. A. VIDICH) New York 1966, South Hadley [2]1987.

Lit.: S. DIAMOND, Paul Radin, An Appreciation, in: P. RADIN, The World of Primitive Man, New York 1971, S. 13–37. – M. L. PRATT, Imperial Eyes, London 1992. – K. P. KOEPPING, Von der Rhetorik des Schreibens zum Eros der Begegnung, in: Zeitschrift für Ethnologie 122 (1997), S. 45–71. – C. Lindberg, Paul Radin: The Anthropological Trickster, in: European Review of Native American Studies 14/1 (2000), S. 1–9.

Roy A. Rappaport
(* 25.3.1926 New York; † 9.10.1997 Ann Arbor)

Pigs for the Ancestors. Ritual in the Ecology of a New Guinea People (engl.; *Schweine für die Ahnen. Ritual in der Ökologie eines Neuguinea-Volkes*), EA New Haven 1968, 2. Aufl. 1984.

Die Beschäftigung mit der Frage, inwiefern die natürliche Umwelt Herausbildung und Erscheinungsformen des menschlichen Lebens in all ihrer kulturellen Vielfalt beeinflusst, hat eine lange kulturanthropologische Tradition, die auf weiten Strecken eng mit den konträren Positionen von Determinismus und Possibilismus verbunden ist. Diese beiden, aus der Zeit der Wende vom 19. zum 20. Jh. stammenden Betrachtungsweisen thematisieren die vielschichtige Problematik unter höchst einseitigen Vorzeichen: Sie unterschlagen entweder das kreative Potential des Menschen, indem sie der Natur eine präskriptiv/determinierende Rolle bei der Kulturentwicklung zuweisen, oder sie unterschätzen die Einflüsse der natürlichen Umwelt, die lediglich als limitierende Faktoren einer sich nach eigenen Regeln entfaltenden Kultur eingestuft werden.

In diesem wesentlich vom Dualismus der Konzepte von Natur und Kultur geprägten wissenschaftsgeschichtlichen Kontext markiert *Pigs for the Ancestors* in den späten sechziger Jahren des 20. Jh. einen entscheidenden Wendepunkt kulturökologischer Theoriebildung. Hatten bereits J. → Stewards kulturvergleichende Studien zu Evolution und Wandel menschlicher Gesellschaften für die Wechselwirkung zwischen Kultur und natürlicher Umwelt sensibilisiert und die theoretischen Rahmenbedingungen einer neuen Forschungsrichtung abgesteckt, die sich als Kulturökologie (»cultural ecology«) im engeren Sinne verstand, so geht Roy Rappaport noch einen Schritt weiter. Er bricht mit der kulturzentrierten Betrachtungsweise, indem er von der ökologischen Vernetzung aller Lebensformen ausgeht und sein methodisches Vorgehen am Ökosystemansatz ausrichtet. Damit steht die Lebenswelt des Menschen nicht mehr in Opposition zur natürlichen Umwelt, sondern ist genuin in das Gefüge der Energie- und Materiekreisläufe eingebunden. Programmatisch entfaltet Rappaport diesen Ansatz in seiner berühmten Fallstudie über den Ritualzyklus der im Hochland Neuguineas beheimateten Tsembaga. *Pigs for the Ancestors* ist das Ergebnis einer von Oktober bis Dezember 1962 durchgeführten Feldforschung, der sich 1981–82 ein zweiter Feldaufenthalt anschloss. Ursprünglich als Doktorarbeit eingereicht, legte die 1968 veröffentlichte Version den Grundstein für Rappaports wissenschaftliche Karriere. An der University of Michigan lehrend, sollte er zu einem der wichtigsten Exponenten der sog. Systemökologie (»systems ecology«) werden.

Rappaports Monographie besticht durch ihre anschaulichen und anregenden Ausführungen. Ergänzt und substantiell gestützt werden sie durch das akribisch zusammengetragene empirische Datenmaterial des umfangreichen Anhangs. Im ersten Kapitel skizziert der Autor nach einigen einführenden Bemerkungen die methodischen und konzeptionellen Grundlagen seines Forschungsprojekts, um anschließend im zweiten Kapitel die Tsembaga und ihre politische und soziale Organisation vorzustellen. Das dritte Kapitel ist den klimatischen und biotischen Faktoren gewidmet und erörtert die Variablen der Umweltbeziehung der Tsembaga. Rappaport analysiert die von Gartenbau und Viehzucht dominierte Ökonomie dieser Ethnie im Kontext der Energie- und Materieumsätze des lokalen Ökosystems, dessen Tragekapazität als begrenzender Faktor fungiert. Den rituell reglementierten Verzehr der gezüchteten Schweine, die nur in Ausnahmefällen und Stresssituationen, d. h. bei Krankheiten, Kriegszügen oder Friedensfesten geschlachtet werden, erachtet Rappaport als ein unbewusst sinnvolles Haushalten mit den knappen Eiweißressourcen. Doch das Zusammenspiel aus Schweinezucht, Arbeitsbelastung, Nahrungstabus, Schlachtfesten und biotischem Umsatz hat auch eine interethnische Dimension. Die den Faktor der Bevölkerungsdichte regulierenden kriegerischen Konflikte um die Territorialgrenzen werden im vierten Kapitel erörtert und ebenfalls in den zeremoniellen Kontext eingebunden. So feiert die siegreiche Gruppe nach Beendigung der Auseinandersetzungen ein Fest, in dessen Verlauf man ein *rumbim* genanntes heiliges Gewächs pflanzt und alle ausgewachsenen Schweine zu Ehren der Ahnen schlachtet. Gleichwohl bleiben in der Zeit des anschließenden Waffenstillstands die Verbindlichkeiten gegenüber den Ahnen und Verbündeten weiter bestehen, bis *rumbim* Jahre später im Rahmen großer Feierlichkeiten geerntet wird. Dieses unter dem einheimischen Namen *kaiko* bekannt gewordene Ereignis vollendet in Rappaports Argumentation den mit Ausbruch des Krieges eröffneten Zyklus. Erst nun ist es möglich, das eroberte Gebiet in Besitz zu nehmen und die Bundesgenossen durch das große Schlachtfest zu entschädigen, dem die zu diesem Zweck aufgestockten Schweineherden zum Opfer fallen. Wie Rappaport in den beiden letzten Kapiteln von *Pigs for the Ancestors* ausführt, geht diese in der religiösen Vorstellungswelt der Tsembaga verankerte Feier mit einer radikalen Dezimierung der Schweine, territorialer Umstrukturierung der Bevölkerung und Umverteilung der Überschussproduktion an proteinreichem Schweinefleisch einher. Seiner These zufolge gewährleisten die zeitlich flexiblen Zyklen der Schlachtfeste, dass die Bevölkerungsdichte, die Schweinepopulation und die Beanspruchung der biotischen Umwelt keine für den Fortbestand des Gesamtsystems kritischen Werte annehmen. Aus dem Zusammenspiel der einzelnen Faktoren resultiere somit eine ökologisch sinnvolle Nutzung der begrenzten Ressourcen.

Die rituellen Handlungen der Tsembaga werden als regulative Mechanismen einer übergeordneten adaptiven

Struktur konzipiert, welche die menschlichen Bedürfnisse auf die natürliche Umgebung abstimmen und die Beziehungen innerhalb des Ökosystems stabilisieren, so dass der Lebensraum auf unabsehbare Dauer ohne Degeneration genutzt werden kann.

Dieses Konstrukt eines rituell regulierten Ökosystems bereicherte und prägte die Theorienbildung in den 1970er Jahren. Im Spannungsfeld der polarisierten Positionen von Idealismus und Materialismus entwickelten und akzentuierten u.a. Marvin Harris (*1927), Jonathan Friedman (*1946) und M. → Sahlins ihre eigenen Standpunkte, die aus der Auseinandersetzung mit und in Abgrenzung zu den in *Pigs for the Ancestors* formulierten Thesen ihr spezifisches Profil gewinnen.

Gleichsam als Quintessenz dieses heftigen Diskurses erscheint 1984 eine erweiterte Neuauflage dieses Buches, in der Rappaport zu den zahlreichen Kritikpunkten Stellung nimmt. Insbesondere die neofunktionalistische systemorientierte Betrachtungsweise und die Überbetonung der materiellen Aspekte erfahren weitreichende Korrekturen, die eine Akzentverlagerung seines Erkenntnisinteresses signalisieren. Greifbar ist diese Entwicklung bereits in seiner Aufsatzsammlung *Ecology, Meaning and Religion* (1979), in der sich Rappaport betont den kognitiven Dimensionen des Umwelthandelns zuwendet und den Schwerpunkt auf die formale Analyse ritueller Strukturen legt. Auch die Problematik der Fehlanpassung menschlicher Lebensweisen tritt zunehmend in den Vordergrund und prägt den gesellschaftskritischen Tenor seiner Abhandlungen. Rappaports Augenmerk gilt hier verstärkt kapitalistischen Maximen und den korrespondierenden Auswüchsen ökologischen Raubbaus, deren Ursachen er im Kontext seines Modells einer adaptiven – nunmehr allerdings massiv gestörten – Grundordnung allen Lebens nachspürt. In den engagierten späten Aufsätzen ebenso wie im 1999 posthum veröffentlichten Werk *Religion and the Making of Humanity* sind die *Pigs for the Ancestors* attestierten materialistischreduktiven Untertöne gänzlich dem Bekenntnis zur komplexen Bedingtheit menschlicher Lebensführung gewichen. Berücksichtigt man diese Entwicklungen im Gesamtwerk Rappaports, so erweist sich das bereits frühzeitig greifbare Interesse an Ritualstrukturen und ihrer Bedeutung für Evolution und Anpassungsfähigkeit der Menschheit als tragende Konstante seines Schaffens, dessen ökologisches Bewusstsein zugleich die aktuellen Belange einer politischen Ökologie vorwegnimmt. *Pigs for the Ancestors* ist gekennzeichnet von einer im Weiteren konsequent entfalteten interdisziplinären Offenheit, die religionswissenschaftliche Ansätze mit evolutionstheoretischen und sprachphilosophischen Überlegungen zu verbinden versteht. In genialer Weise vereint das Werk ein inspiriertes theoretisches Konzept mit den illustrativen Vorzügen einer Monographie, deren Lokalkolorit und empirische Datenfülle erheblich zur Verständlichkeit der komplexen Ausführungen beitragen. Auch wenn das theoretische Konstrukt des rituell regulierten Ökosystems letztlich den neueren Erkenntnissen nicht standzuhalten vermag, verdankt der kulturökologische Diskurs der letzten Jahrzehnte diesem Klassiker dennoch richtungsweisende Impulse.

JEANETTE KOKOTT

Ausg.: New Haven [2]1984.

Lit.: A. P. VAYDA/R. A. RAPPAPORT, Ecology, Cultural and Noncultural, in: J. A. CLIFTON (Hg.), Introduction to Cultural Anthropology, Boston 1968, S. 476–97. – M. MCARTHUR, Pigs for the Ancestors. A Review Article, in: Oceania 45 (1974/75), S. 87–123. – J. FRIEDMAN, Hegelian Ecology. Between Rousseau and the World Spirit, in: P. C. BURNHAM/R. F. ELLEN (Hg.), Social and Ecological Systems, London u.a. 1979, S. 253–70. – J. G. PEOPLES, Individual or Group Advantage? A Reinterpretation of the Maring Ritual Cycle, in: Current Anthropology 23 (1982), S. 291–300. – E. F. MORAN (Hg.), The Ecosystem Approach in Anthropology, Ann Arbor 1990. – R. A. RAPPAPORT, Humanity's Evolution and Anthropology's Future, in: R. BOROFSKY (Hg.), Assessing Cultural Anthropology, New York 1994, S. 153–67. – K. HART/C. KOTTAK, Roy A. »Skip« Rappaport (1926–1997), in: American Anthropologist 101/1 (1999), S. 159–61.

Robert Redfield

(* 4.12.1897 Chicago; † 6.10.1958 Chicago)

Peasant Society and Culture. An Anthropological Approach to Civilization (engl; *Bäuerliche Gesellschaft und Kultur. Ein ethnologischer Ansatz zu komplexen Gesellschaften*), EA Chicago 1956.

Dieses auf eine Vortragsserie zurückgehende Buch ist ein Spätwerk von Robert Redfield und fasst seine Gedanken über denjenigen Typ von Gesellschaften zusammen, die eine ländliche Ergänzung zu urbanen Gesellschaften sind. Auf dem von Redfield entworfenen Modell eines »tribal-folk-urban continuum« nehmen sie die mittlere Position ein und grenzen sich ihrerseits von Stammesgesellschaften ab. Letztere unterscheiden sich von den beiden anderen häufig auch in Sprache und Kultur. Das Buch behandelt also bäuerliche Gesellschaften und ihre Wechselbeziehungen mit urbanen Zentren und eröffnet dabei methodisch auch Ansätze zur Untersuchung des städtischen Bereichs.

Nach abgeschlossenem Jurastudium studierte Redfield am Department of Sociology and Anthropology der University of Chicago, wo er 1930 promovierte. Nach ersten Forschungen unter Sizilianern und Mexikanern in Chicago führte er umfangreiche Feldforschung in Tepoztlán durch, einer von Indianern und Mestizen bewohnten Gemeinde im weiteren Einzugsfeld der mexikanischen Hauptstadt. Beeinflusst von funktionalistischen Ansätzen, die Lokalkulturen als geschlossene Systeme zu verstehen suchten, legte er in *Tepoztlán* (1930) den Akzent auf eine Untersuchung des Lebens und Zusammenlebens der Einwohner, merkte aber bald, dass es sich hier um ein anderes soziales Gesamtfeld handelte als bei den Inselkulturen, die A. R. → Radcliffe-Brown oder B. → Malinowski untersucht hatten. Aus der Erfahrung heraus wurde ihm klar, dass auch die Außenbeziehungen, insbesondere zum städtischen Umfeld berücksichtigt werden mussten, das für die Bewohner ländlicher Gemeinden in vieler Hinsicht Vorbildfunktion besitzt.

Genau diese Wechselbeziehungen wollte Redfield nachfolgend näher untersuchen und er wählte dafür als Region den Norden der Halbinsel Yucatán. Im Sinne eines Kontinuums vom städtischen Bereich bis hin zum fernen tribalen entwarf er ein vierteiliges Modell und ließ in jedem davon exemplarische Einzelstudien durchführen. Das urbane Zentrum bildete Mérida, die Hauptstadt des Staates Yucatán, gefolgt von Dzitas, einer ländlichen Kleinstadt, in der neben Indianern auch Mestizen lebten, dann Chan Kom, ein nur von Maya bewohntes Dorf, das aber enge Austauschbeziehungen zum städtischen Umfeld unterhielt, und schließlich Xkalal, ein Maya-Dorf in Quintana Roo, das seine Außenbeziehungen bewusst auf ein Minimum begrenzte. Über Chan Kom schrieb Redfield gemeinsam mit Alfonso Villa Rojas (1906-98) eine detaillierte Monographie, die auch heute noch bei allen vergleichenden Arbeiten über Mesoamerika unverzichtbar ist. In seinem Buch *The Folk Culture of Yucatan* (1941) sind die wichtigsten Ergebnisse des Gesamtprojektes veröffentlicht.

Mitte der fünfziger Jahre des 20. Jh. fasste Redfield seine Gedanken über die Palette seines Untersuchungsspektrums in drei kleinen Monographien zusammen. In *The Primitive World and its Transformations* (1954) richtete sich das Augenmerk auf vorindustrielle außereuropäische Gesellschaften und ihre Veränderungen unter dem zunehmenden Einfluss dessen, was wir heute Globalisierung nennen. Im nachfolgenden Buch *The Little Community* (1955) stand die einzelne ländliche Gemeinde und ihr Innenleben im Vordergrund. Dabei wurden aber auch die vielfältigen Formen der Außenbeziehungen dargestellt und diskutiert. Als letztes Werk in dieser Reihe erschien dann das hier behandelte *Peasant Society and Culture* (1956). Das Buch ist in vier Abschnitte gegliedert:

In »Anthropology and the Primitive Community« (I) gibt er einen Überblick über die Beschäftigung von Ethnologen mit »primitive communities«, von Evolutionisten im 19. Jh. über Funktionalisten in Großbritannien zu Studien von nordamerikanischen und teils europäischen Forschern aus den dreißiger und vierziger Jahren. Dabei stellt er einen Trend in Richtung auf die Beschäftigung mit komplexen Gesellschaften fest und noch deutlicher einen auf die von ihr abhängigen ländlichen Bevölkerungsgruppen, eben die »peasants« (was nur unvollkommen mit »Bauern« übersetzt werden kann). Durch das zusammengetragene Material und erste Versuche einer Typisierung durch Kollegen wurde deutlich, dass sich diese Gesellschaften untereinander in vieler Hinsicht ähneln, auch wenn sie sich in ganz verschiedenen Ländern befinden wie Burma, China, Belgien, Norwegen, Brasilien, Paraguay, Haiti oder Mexiko.

Beim Versuch einer Definition von »peasants« verwirft er einen Ansatz von R. → Firth, der darunter jede Art kleiner Gemeinschaft verstand, die vorwiegend für den eigenen Konsum produziert, etwa auch Fischer und Jäger. Redfield grenzt deshalb ein: »Ich werde unter ›peasants‹ diejenigen verstehen, die wenigstens dies gemeinsam haben: der Bodenbau ist ihnen Lebensgrundlage und Lebensweise, aber kein auf Gewinn gerichtetes Geschäft.« Mit dem letzten Halbsatz grenzt er sie ab gegen »farmers«, die mit dem Ziel des Profits Landwirtschaft betreiben. Für den »peasant« stehe demgegenüber die emotionale Bindung zu dem Land im Vordergrund. »[...] ein ›peasant‹ ist ein Mensch, der die tatsächliche Kontrolle über ein Stück Land besitzt, dem er seit langem durch Bande der Tradition und des Gefühls verbunden ist.« Dabei spiele es grundsätzlich keine Rolle, ob eigenes Land bewirtschaftet werde oder gepachtetes. Im Prinzip sind die »peasants« für ihn die ländliche Dimension alter Hochkulturen, ganz gleich, wo auf der Welt. In Ländern Lateinamerikas mit zahlreicher Indianerbevölkerung differenziert er sinnvollerweise: hier zählen für ihn die spanisch sprechenden Kleinbauern voll dazu, weniger dagegen die indianischen, da diese zur städtischen Oberschicht kein entsprechendes Zugehörigkeitsgefühl und keine kulturellen Bindungen besäßen.

In »Peasantry: Part-Societies« (II) schließt sich Redfield der Deutung von A. L. → Kroeber an, dass die Gesellschaften von »peasants« Teilgesellschaften sind, mit einem kulturell differenzierteren meist urbanem Komplement. Er referiert in diesem Kapitel mehrere Studien aus aller Welt, in denen das Geflecht der Außenbeziehungen explizit behandelt worden ist. Besonders ausführlich behandelt er eine Fallstudie aus Norwegen.

»The Social Organization of Tradition« (III): Während es in weitgehend isolierten undifferenzierten Gesellschaften – außer vielleicht einigen Schamanen – kaum Institutionen gebe, die die Traditionen von Generation zu Generation gezielt weitergeben oder modifizieren, sei dies unter »peasants« deutlich anders. Anhand von Beispielen wird aufgezeigt, dass Lehrer, Priester und andere Meinungsmacher außerhalb der ländlichen Gemeinde leben und von dort immer wieder neue Ideen in sie hineintragen. Dies sei aber keine Einbahnstraße, denn sie würden ihrerseits teils auch vom ländlichen Milieu beeinflusst.

»The Peasant View of the Good Life« (IV): Anhand Hesiods Beschreibung des Lebens in Böotien im 6. Jh. v. Chr., Berichten über rezente bäuerliche Bevölkerung in England und seiner eigenen Beobachtungen unter Maya-Indianern im ländlichen Yukatan versucht Redfield hier eine erste Synthese über Wertvorstellungen von »peasants«. »[...] I seemed to find a cluster of three closely related attitudes of their values: an intimate and reverend attitude toward the land; the idea that agricultural work is good and commerce is not so good; and an emphasis on productive industry as a prime virtue.« Dabei legt er besonderen Wert auf die Feststellung, dass fleißige Arbeit als ein Wert an sich betrachtet werde, da sie die Grundlage für Sicherheit, Respekt und religiöse Gefühle sei. Nach Kritik durch Kollegen und auf erweiterter empirischer Basis musste er aber dann einsehen, dass die religiöse Bindung an das Land nicht überall ausgeprägt bzw. überhaupt gegeben ist. Er schloss jedoch, dass »peasants« überwiegend ein festgefügtes Gerüst grundsätzlicher Überzeugungen besitzen, das sie in Situationen des Wandels weltweit als konservativen Faktor erscheinen lässt.

Die Gedanken Redfields über die Lebenswelt von »peasants« wurden später von Kollegen weitergeführt und ergänzt, wobei sich besonders ein Ansatz von George M. Foster (*1913) als fruchtbar erwiesen hat. In seinem Aufsatz »Peasant Society and the Image of Limited Good« (1965) wies er nach, dass in vielen dieser Gesellschaften die Grundvorstellung herrsche, es gebe eine konstante Menge von Gütern (Nullsummenwirtschaft), weshalb der wirtschaftliche Aufstieg einzelner Personen automatisch auf Kosten anderer gehen müsse. Das sei die Grundlage für das Aufkommen von Neid, der gerade im Zusammenleben von »peasants« eine wichtige Rolle spiele.

Das Konzept Redfields vom »tribal-folk-urban continuum« ist seinerzeit überwiegend kritisiert worden. Das lag zum Teil daran, dass es evolutionistisch wirkte und teils wohl auch so beabsichtigt war. Langfristig hat sich dieses Konzept jedoch als sehr nützlich erwiesen. Zunächst synchron als unterschiedliche Bereiche in einem geographisch abgegrenzten Interaktionsfeld. In Ländern Lateinamerikas mit erheblichem Anteil indianischer Bevölkerung oder in Indien, wo es außer Städten und ländlicher Bevölkerung, die die jeweilige Regionalsprache spricht, auch »scheduled tribes« gibt, ist es in der Tat sinnvoll, diese Bereiche zu unterscheiden. Auch in diachroner Betrachtung hat der analytische Ansatz seine Nützlichkeit unterstrichen. So hat er etwa in Mexiko die Tatsache erhellt, dass die Regionen, in denen heute noch indianische Sprachen dominieren, größtenteils bereits in voreuropäischer Zeit mit Bezug auf die städtischen Zentren eine marginale Stellung besaßen. Die dort lebenden Indianer sind mithin keine Nachfahren der Träger urbaner präkolumbischer Kultur, so dass vorpanische Elemente in ihrer heutigen Kultur mithin nur

Hinweise auf präkolumbisches Leben und Denken im ländlichen oder tribalen Bereich geben können, und nicht auf die sehr viel komplexeren Formen in den damaligen Städten.

ULRICH KÖHLER

Ausg.: ND Chicago 1965.
Lit.: F.-C. COLE/F. EGGAN, Robert Redfield, 1897–1958, in: American Anthropologist 61 (1959), S. 652–62. – G. M. FOSTER, Peasant Society and the Image of Limited Good, in: American Anthropologist 67 (1965), S. 293–315. – M. SINGER, Robert Redfield's Development of a Social Anthropology of Civilizations, in: J. V. MURRA (Hg.), American Anthropology: The Early Years, St. Paul u.a. 1976, S. 187–260.

Audrey Isabel Richards

(* 8.7.1899 London; † 29.6.1984 Cambridge)

Land, Labour and Diet in Northern Rhodesia. An Economic Study of the Bemba Tribe (engl.; *Land, Arbeit und Ernährung in Nord-Rhodesien. Eine ökonomische Untersuchung über den Stamm der Bemba*), EA London 1939.

Land, Labour and Diet gehört zu den ersten umfangreichen ethnologischen Untersuchungen zur Thematik Ernährung und Arbeit in Afrika. Auf der Grundlage einer handlungstheoretischen Herangehensweise steht das sinnhafte, zielgerichtete Handeln konkreter Akteure – der sambischen Bauern – im Zentrum der Studie. Die Bedeutung des Buches beruht vor allem darauf, dass landwirtschaftliche Arbeit nicht funktional auf die Ernährung bezogen wird (Spittler 1996), sondern dass unterschiedliche sozio-kulturelle, ökonomische und ökologische Erklärungsansätze aufgezeigt werden.

Richards' Arbeit spiegelt thematisch und methodologisch ihre Vernetzung mit den britischen Sozialanthropologen der ersten Generation. Ganz im Sinne der Funktionalisten war die Autorin bis zu ihrem Lebensende eine passionierte Feldforscherin, die sich an den Grundsätzen der von B. → Malinowski entwickelten Methode der »teilnehmenden Beobachtung« orientierte. *Land, Labour and Diet* gehört zu den ersten anthropologischen Untersuchungen, die auf einem längeren Feldaufenthalt beruhen. Das Werk basiert auf Richards' erster, insgesamt dreijährigen Feldforschung in den Jahren 1930/31 und 1933/34 bei den Bemba in Sambia, dem früheren Nord-Rhodesien. Logistik und Arbeitsweise dieser Forschung stellt die Autorin im Vorwort des Werkes dar. Demnach handelt es sich nicht um eine Dorfstudie im klassischen Sinn, sondern um eine Regionalstudie, da sich die Forscherin zwischen weit auseinander gelegenen Bemba-Dörfern bewegte. Die in *Land, Labour and Diet* verarbeiteten profunden Kenntnisse aus den Ernährungswissenschaften erwarb Richards noch vor ihrem Eintritt in die akademische Laufbahn. Im Rahmen eines Projektes hatte sie nach dem Ersten Weltkrieg anderthalb Jahre im Bereich der Ernährungsplanung in Deutschland gearbeitet und dabei ein Wissen erworben, das sie während ihrer späteren Forschung gezielt zur Datenerhebung – gemeinsam mit ihrer Kollegin Lorna Gore-Browne (*1909) – einsetzen konnte. An der London School of Economics immatrikulierte sie sich 1926/27 und erwarb 1929/30 den Doktorgrad in Ethnologie mit der Malinowski gewidmeten Literaturstudie *Hunger and Work in a Savage Tribe: A Functional Study of Nutrition Among the Southern Bantu*, – einer Monographie, die inhaltlich direkt mit *Land, Labour and Diet* in Verbindung steht, das Thema Arbeit und Hunger allerdings aus einer anderen Perspektive beleuchtet. In ihrem ersten Werk vertritt Richards noch die auf die Funktionalisten zurückgehende These, dass es der Hunger sei, der die Menschen zur Arbeit antreibe und dass sich gesellschaftliche Institutionen und kulturelle Werte aus diesem Notstand ableiten ließen. In *Land, Labour and Diet* untersucht sie hingegen die Entwicklung und die Auswirkungen unterschiedlicher kultureller Faktoren auf ihren Untersuchungsgegenstand.

Durch das gesamte Werk zieht sich die Frage, warum die matrilinear organisierten Bemba, deren Ernährung unzureichend ist, saisonal stark schwankt und jährlich zu Hungerzeiten von etwa drei Monaten führt, nicht beschließen, mehr zu arbeiten oder ihre Arbeit neu zu organisieren. Richards verwehrt sich gegen die Annahme der Kolonialbeamten, dass der Grund hierfür in der »Faulheit« der Bemba zu suchen sei. In den folgenden siebzehn Kapiteln stehen die Themen Ernährung, Produktion, Produktionseinheiten, Binnenperspektiven zu verschiedenen Nahrungsmitteln, Speichermethoden, mit dem Anbau verbundene religiöse Vorstellungen, Landnutzung, Konsum, Arbeit, Arbeitsorganisation und die Auswirkung der Arbeitsmigration auf die häusliche Ökonomie im Zentrum der Betrachtungen. In ihren Ausführungen zeigt Richards, dass die Bemba gute Nahrung – vor allem Hirsebrei und Hirsebier – schätzen, dass sie genug, wenn auch vielfach ungeeignetes Land zur Verfügung haben, dass sie keine regelmäßige und konzentrierte Arbeit kennen, dass die Akkumulation von Besitz bei ihnen keine Rolle spielt, und dass Prestige und soziale Mobilität vor allem durch die Distribution von Nahrung und die Konstruktion von Patron-Klientenverhältnissen mit den Mitgliedern der herrschenden Familien erlangt wird. Sie weist nach, dass eine der wichtigsten Ursachen für das offensichtliche Missmanagement in der kriegerischen Tradition der Bemba zu finden ist, die sich in erster Linie nicht auf die Arbeitsleistung, sondern auf die Art und Weise, wie gearbeitet wird, auswirkt. Die wichtigste landwirtschaftliche Tätigkeit, das Roden (*citimene*), ist wie die Jagd oder der Krieg organisiert. Die Jungmänner lassen die Bäume stehen, hacken die Äste ab und machen sich einen Sport daraus, auch in den oberen Bereichen der Baumkronen auf einem Ast zu sitzen, den sie abhacken, um dann doch noch rechtzeitig herunterzuspringen. Jedes Jahr gibt es bei diesem Unterfangen mehrere Verletzte und auch Tote. Das Holz wird auf dem zu bestellenden Land verbrannt und bildet die

Grundlage für die Hirse-Saatbeete. Die Asche wird weder untergegraben, wie es von Nachbarethnien bekannt ist, noch wird versucht, z. B. durch den Einsatz einer weniger aufwendigen Rodungstechnik mehr Land urbar zu machen.

Die ethnographische Repräsentation von *Land, Labour and Diet* folgt dem bis in die 1940er Jahre hinein vorherrschenden Stil der »synthetischen Darstellung« (Gottowik 1997), einer Darstellungsweise, die sich durch den Wechsel von Innen- und Außensicht auszeichnet und versucht, zwischen den Schlussfolgerungen des Wissenschaftlers und denen der Ethnographierten Grenzen zu ziehen. Richards bewegt sich sprachlich im sogenannten »ethnographischen Präsens«. Um ihr Material in einen größeren Zusammenhang zu stellen, bindet sie in die jeweiligen Kapitel verschiedene kulturelle Kontexte mit ein und führt auch Referenzen zu Nachbarethnien und europäischen Konzepten an. Im Vordergrund der Präsentation steht jedoch die Einschätzung der Bemba selbst.

Während Audrey Richards heute nicht nur von der afrikabezogenen, ethnologischen Arbeitsforschung und Ernährungswissenschaft zitiert, sondern auch von der ethnologischen Frauenforschung als Pionierin betrachtet wird, hatte *Land, Labour and Diet* in den ersten Jahren nach seiner Veröffentlichung nur hinsichtlich seiner ernährungswissenschaftlichen Ergebnisse Beachtung gefunden. Nachdem Malinowski 1938 England verlassen hatte, verlagerte sich der Schwerpunkt der britischen sozialanthropologischen Forschungen nicht nur regional von London nach Oxford. Auch inhaltlich ließ sich ein Paradigmenwechsel beobachten. Familienleben, ökonomische Aktivitäten und Magie aus der Sicht handelnder Akteure sind nicht mehr die zentralen Themen. Statt dessen werden Sozialstruktur, Religion und politische Systeme in das Zentrum struktur- und systemtheoretischer Untersuchungen gestellt. Auch das Œuvre Richards' zeugt von dieser Wende. Zwar finden sich die Themen Ernährung, Landwirtschaft und Arbeit auch noch in ihren späteren Untersuchungen, erweitert wird dieses Korpus allerdings durch Publikationen über Politik, Verwandtschaft und Ritual. Regional blieb Richards über viele Jahre ihrer im südlichen Zentral- und Ostafrika gelegenen Untersuchungsregion in Forschung und Lehre verbunden. Gegen Ende ihrer erfolgreichen akademischen Karriere wandte sie sich auch ihrer eigenen Kultur zu.

Erst dreißig Jahre nach seinem Erscheinen begann *Land, Labour and Diet* seine Wirkung auf die ethnologische Arbeits- und Ernährungsforschung zu entfalten, ein Interesse, das sich auch in den mehrmaligen Neuauflagen des Buches widerspiegelt. Von einer eingehenden Beachtung des Werkes lässt sich allerdings erst seit den neunziger Jahren des 20. Jh. sprechen. *Cutting Down Trees* (Moore/Vaughan 1994), eine wirtschaftshistorische Untersuchung, die als Restudy zu *Land, Labour and Diet* angelegt war, und *Arbeit in Afrika* (Beck/Spittler 1996) beziehen sich explizit auf Richards' Arbeit. Die Wertschätzung, die Richards' Buch heute entgegengebracht wird, bezieht sich nicht nur auf das reichhaltige Datenmaterial, sondern zweifellos auch auf seine differenzierte ethnographische Darstellungsform, die ihm im Hinblick auf die sogenannte »Repräsentationsdebatte« Aktualität verleiht.

EDITHA PLATTE

Ausg.: ND London 1951, 1961, 1969, Münster/Hamburg 1995.

Lit.: A. KUPER, Anthropology and Anthropologists. The Modern British School, London ³1996. – S. ARDENER (Hg.), Persons and Powers of Women in Diverse Cultures, Oxford 1992. – H. L. MOORE/M. VAUGHAN (Hg.), Cutting down Trees. Gender Nutrition, and Agricultural Change in the Northern Province of Zambia, 1890–1990, Portsmouth u.a. 1994. – K. BECK/G. SPITTLER (Hg.), Arbeit in Afrika, Hamburg 1996. – V. GOTTOWIK, Konstruktionen des Anderen, Berlin 1997.

Géza Róheim

(* 12.9.1891 Budapest; † 7.6.1953 New York)

The Eternal Ones of the Dream. A Psychoanalytic Interpretation of Australian Myth and Ritual (engl.; *Die Ewigen des Traums. Eine psychoanalytische Interpretation australischer Mythen und Riten*), EA New York 1945.

The Eternal Ones of the Dream enthält eine detaillierte Beschreibung und Interpretation totemistischer Vorstellungen und Rituale in Zentralaustralien. Das Buch ist das Resultat von Róheims erster Feldforschung im Jahre 1929, in deren Verlauf es ihm gelang, über 100 Träume von verschiedenen Mitgliedern des Aranda-Stammes (heutige Selbstbezeichung: Arrernte) aufzuzeichnen. Róheims zentrales Argument, dass in der Aranda Gesellschaft die Taten der Ahnen, der »eternal ones of the dream«, den psychologischen Reifeprozess des Individuums widerspiegelten, stellt einen eigenständigen Beitrag zum Studium australischer indigener Religionen dar.

The Eternal Ones of the Dream ist stark von den Theorien Sigmund Freuds (1856–1939) und Melanie Kleins (1882–1960) geprägt, und es ist beachtenswert, dass Freud selbst Róheim zu dieser Feldforschung ermuntert hat. Einige der von Freud in *Totem und Tabu* (1913) und in *Die Traumdeutung* (1900) entwickelten Konzepte wurden von Róheim aufgegriffen, um die internen Konflikte der Aranda-Gesellschaft und deren kulturelle Strategien zur Versöhnung dieser Konflikte aufzuzeigen.

Róheim studierte Ethnologie in Leipzig und Berlin und bekleidete nach seiner Rückkehr nach Ungarn eine Stelle am Ungarischen Nationalmuseum, bevor er auf den ersten Lehrstuhl für Ethnologie an die Budapester Universität berufen wurde. Seine Ausbildung als Psychoanalytiker bei Sandor Ferenczi (1873–1933), der ihn ebenfalls stark beeinflusste, ermöglichte es ihm, neue Methoden wie zum Beispiel die Traumanalyse in die Ethnologie einzuführen.

1938 emigrierte er mit seiner Frau in die USA, wo er bis zu seinem Tode in New York lebte.

Róheims psychoanalytische Orientierung führte ihn zur Entwicklung einer eigenen ontogenetischen Kulturtheorie, die auch seiner Abhandlung über *The Eternal Ones of the Dream* zugrunde liegt. Indem er die totemistischen Vorstellungen der Aranda zur psychologischen Entwicklung des Individuums und dessen Erfahrungen in Beziehung setzt, gelangt er zu der Einsicht, dass sowohl der individuelle Traum als auch die totemistischen Mythen der symbolischen Kontrolle sozialer Beziehungen dienen. Róheim betrachtete die Mythologie und die religiöse Praxis als kollektiven Ausdruck für das individuelle Verlangen nach einer symbolischen Neuordnung der Welt. Traum und Mythos sind eng aneinander gekoppelt, denn »der typische Mechanismus der Traumentstehung wird zum Kern der Mythologie und des Rituals der Eingeborenen« (223). Die Behauptung einer solchen Verbindung hält Róheim auch deshalb für statthaft, weil beide Elemente, der individuelle Traum und die kollektive Mythologie der Aranda, sich nicht nur ähneln, sondern auch die gleiche Funktion haben: »Wenn wir die Traummechanismen mit den Erzählungen von Traumzeiten vergleichen, finden wir zwischen beiden eine essentielle Ähnlichkeit. [...] Der Kernpunkt in den Erzählungen wie im Ritual ist der, dass der Mensch die Welt erschafft – wie er es im Schlaf tut« (217).

Für die theoretische Grundlegung von *The Eternal Ones of the Dream* waren Melanie Kleins Theorien über frühkindlichen Objektbeziehungen möglicherweise noch einflussreicher als die Ideen Freuds. Róheim knüpft an Kleins Diskussion der primären Beziehung zwischen Mutter und Kind an und analysiert eingehend, wie das lebenslange Bemühen des Individuums, das Trauma dieser primären Trennung zu bewältigen, im rituellen Leben der Aranda kompensiert wird. Seiner Auffassung nach verbirgt sich in den Mythen und rituellen Handlungen der Aranda die Phantasie, dass sie selbst es sind, die die Welt erschaffen. Es sei die Macht der in Mythen und Riten verkörperten Symbole, die es ihnen ermögliche, die Trennungsangst zu überwinden und die aus ihr resultierenden destruktiven sexuellen Impulse einzudämmen.

Diese Position ist auch für Róheims Totemismus-Verständnis grundlegend. Róheim verweist nachdrücklich auf die enge Verbindung zwischen Individuum, Ahnen, Totemtier und Tjuringa im Weltbild der Aranda: »Dass Totemismus tatsächlich etwas ist, das verbindet, d.h. ein Band, eine Identifikation, kann schwerlich bezweifelt werden. Das Totemtier oder das Symbol des Totemismus, die *tjurunga*, ist ›vollkommen dasselbe‹ wie der wirkliche Eingeborene [...]. Der Ursprung jeder Identifikation liegt in der Identifikation von Mutter und Kind, und die ist wiederum teils eine Realität und teils eine Verleugnung der Trennung oder der Trennungsangst« (226). Róheim belässt es nicht dabei, den Totemismus der Aranda auf bestimmte frühkindliche Erfahrungen zurückzuführen, sondern er interpretiert ihn darüber hinaus in einem ganz allgemeinen Sinne als Ausdruck des menschlichen Verlangens nach Ewigkeit: »Als Religion repräsentiert er [der Totemismus] die Genitalisierung der Trennungsperiode und die Restitution, die zerstörerischen Neigungen folgt. Als Hilfe für den Menschen in seinem Ringen mit inneren und äußeren Schwierigkeiten ist er ein Balanciergerät, das aus einer Reihe von Introjektionen und Projektionen besteht. In seiner mythischen Form repräsentiert er schließlich die Wanderungen der menschlichen Wesen von der Wiege bis zum Grab in einem Netz von Tagträumen. Er repräsentiert unsere Bemühungen, mit dem Problem des Heranwachsens fertig zu werden, unterstützt von der Illusion einer ewigen Zukunft. In den Ewigen des Traums sind es wir, die Verfall und Aggression und Objektverlust verleugnen und die die ewige Jugend und die Wiedervereinigung mit der Mutter beschützen« (249). Für Róheim ist der Totemismus der Aranda eine überzeugende Antwort auf die universelle menschliche Erfahrung von Aggression, Verlust und Tod.

Róheims hier zitierte Überlegungen dokumentieren seine Sympathie für die Weltauffassung der Aranda. Sie zeugen von einer überraschenden Nähe zu seinen Informanten, die überhaupt als ein charakteristischer Zug seiner Ethnographie erscheint und zweifellos aus den von ihm praktizierten Forschungsmethoden resultiert. Wahrscheinlich rührt seine Wahl der Missionsstation Hermannsburg für einen Großteil seiner Feldforschungen aus seiner Vertrautheit mit den ethnographischen Schriften der lutherischen Missionare her. Róheim hatte auf sie bereits in seinem früheren Buch *Australian Totemism* (1925) ausführlich verwiesen. Tjalkapota (Moses), einer der Informanten Róheims in Hermannsburg, hatte schon mit C. → Strehlow zusammengearbeitet und blieb in den 1930er Jahren auch einer der Hauptinformanten für den Ethnologen T. G. H. → Strehlow, den jüngsten Sohn Carl Strehlows. Während seines Aufenthalts in Zentralaustralien lernte Róheim die Sprache der Aranda, er zeichnete eine große Anzahl von Träumen und Gesängen auf und er dokumentierte mehrere Zeremonien. Wie aus seiner Diskussion der psychoanalytischen Konzepte der Übertragung und Gegenübertragung deutlich hervorgeht, war er sich bei seinen Forschungen des Einflusses des Ethnologen auf seine Informanten bereits durchaus bewusst. Dies ist bemerkenswert, da er einer Generation von Ethnologen angehörte, die gerade erst begonnen hatten, stationäre Feldforschung zu betreiben und sich die kritische Reflektion über diese Methode damals noch ganz in ihren Anfangsstadien befand.

Dennoch bestehen erhebliche Unterschiede zwischen Róheims Verständnis von ethnologischer Forschung und dem heutigen Selbstverständnis der Disziplin. Róheims theoretische und methodische Beschränkungen seien daher hier kurz zusammengefasst. Die Innovation und der besondere emanzipatorische Wert von Freuds psychoanalytischer Traumtheorie bestand in deren Potential, die damals in Europa geläufigen Vorstellungen über sozialen Zusammenhalt, moralische Werte und Individualität grundsätzlich in Frage zu stellen. Ob dieses Potential auch realisiert werden kann, wenn die Analyse auf außereuropäische Kulturen unter kolonialen Bedingungen übertragen wird, bleibt jedoch zweifelhaft. Des weiteren reflektiert *The Eternal Ones of the Dream* gewisse methodische Positionen, die in dieser Art heute nicht mehr akzeptierbar sind. So stellte es zum Beispiel für Róheim kein Problem dar, Materialien zu veröffentlichen, die von den Aranda streng geheim gehalten wurden. Die Publikation von Beschreibungen männlicher Inititiationsrituale und deren fotografische Dokumentation ist in den letzten Jahren in Australien ein äußerst kontrovers diskutiertes Thema geworden, und die Mehrzahl der Ethnologen respektiert mittlerweile den Wunsch indigener Gruppen, die öffentliche Preisgabe dieses Wissens zu vermeiden. Auch würden indigene Leser es heute als anstößig empfinden, dass Róheim ein Übermaß an destruktiver sexueller Triebkraft und die »Genitalisierung« der Landschaft als charakteristische Aspekte der Kultur der Aranda ansah. Im Übrigen darf man vermuten, dass Róheims Informanten seine Fragen in sexuellen Belangen nach fast drei Jahrzehnten lutherischer Missionserziehung auch damals schon nur mit Vorsicht und erheblichen Vorbehalten beantworteten. In dieser Hinsicht fühlt man sich an die Kritik erinnert, die an M. → Meads (1901–78) Forschungen auf Samoa vorgebracht worden ist. Wie für die Samoaner, so ist auch für australische Aborigines Sexualität ein Thema, über das man öffentlich nicht spricht.

Mit seiner Übernahme der psychoanalytischen Ideen von Freud und Klein akzeptierte Róheim auch deren Voreingenommenheiten. Freud und Klein hatten hauptsächlich die Unterdrückung der sexuellen Aggression bei männlichen Kleinkindern untersucht. Es ist deshalb nicht verwunderlich, dass in Róheims Interpretationen der Mythen und Riten der Aranda die Frauen nur als passive Objekte des männlichen Verlangens nach Wiedervereinigung mit der Mutter erscheinen, während er gegenüber den Frauen und ihren religiösen Handlungen blind blieb.

Géza Róheims Augenmerk galt den individuellen Erfahrungen innerhalb der Aranda Gesellschaft und dies unterscheidet ihn von den ethnographischen Beschreibungen Baldwin Spencers (1860–1929) und C. Strehlows. Im Gegensatz zu seinen Vorgängern erkannte Róheim die Untrennbarkeit von Wort und Ritual in der Kultur der Aranda. Er demonstrierte überzeugend, dass die Einheit von Vergangenheit, Gegenwart und Zukunft in der Identifikation jeder neuen Aranda Generation mit den »eternal ones of the dream« verkörpert ist.

JACQUELINE VAN GENT

Ausg.: ND New York 1971.
Lit.: M. BALINT, Obituary. Géza Róheim 1891–1953, in: The International Journal for Psycho-Analysis 35 (1954), S. 434–36. – H. ZINSER, Mythos und Arbeit. Studien über psychoanalytische Mytheninterpretationen am Beispiel der Untersuchungen Géza Róheims, Wiesbaden 1977.

Jean Rouch
(* 31.5.1917, Paris)

Les Maîtres fous (frz.; *Die Herren des Wahnsinns*), EA Frankreich 1958 (Ton: Damourés Zika; Schnitt: Suzanne Baron; 16mm, Kodachrome, 29 min.).

Der Film zeigt das jährlich stattfindende Ritual eines westafrikanischen Kultes, in dessen Mittelpunkt die Hauka stehen: koloniale Fremdgeister, »Geister der Macht und des Windes, die den Wahnsinn bringen«. Im Zustand der Besessenheit verkörpern die Kultteilnehmer die »Geister« der Kolonialgesellschaft: den »Gouverneur«, die »Lokomotive«, die »Frau des Doktors«, etc. Im Ritual entwerfen sie ihre Ethnographie der westlichen (kolonialen) Kultur. Der Film ist also zugleich doppelte und umgekehrte Ethnographie: gefilmte Ethnographie sowie die Ethnographie der Gefilmten, die uns den Spiegel vorhalten, die uns zeigen, wie sie uns sehen.

Bereits während seiner Ausbildung zum Ingenieur und Brückenbauer besuchte Jean Rouch in Paris am Musée de l'Homme Lehrveranstaltungen des Ethnologen M. →Griaule. Im Jahr 1941, während des Zweiten Weltkriegs, bereiste er zum ersten Mal Westafrika. Am Niger lernte er die Besessenheitskulte der Songhai kennen. Mit einer 16mm-Bell & Howell, die er auf einem Flohmarkt erstanden hatte, begann er zu filmen, um mit Hilfe einer »teilnehmenden Kamera« in einen Dialog mit den Gefilmten zu treten. Die Kamera wurde Rouchs Komplize: Er setzte sie an Stelle des Stiftes ein, um ethnographisches Wissen zu erzeugen; sie produzierte die Wahrheit, die der Film fixierte. Aus dem Ingenieur wurde ein Filmemacher und Ethnologe, der zu den Gründern und wichtigsten Vertretern sowohl des Genres des ethnographischen Films als auch der Visuellen Anthropologie gehört.

Im Zusammenhang einer ethnographischen Studie über Wanderarbeiter aus dem Niger an die damalige Goldküste (heute Ghana), die Rouch in den Jahren 1949–60 durchführte, entstanden drei Filme: *Jaguar* (1953–55); *Moi, un Noir* (1957) und *Les Maîtres fous*, letzterer ein Film über den Hauka-Kult, der sich in Ghana unter Arbeitsmigranten aus Niger ausgebreitet hatte. Die Hauka bildeten eine neue Generation von »Geistern der Moderne«, die 1925/26 im Westen Nigers zum ersten Mal in Erscheinung getreten waren, französisch zu sprechen vorgaben und koloniale Mächte wie den Gouverneur, den General und den Lastwagenführer verkörperten. Ihr Ursprung wurde am Roten Meer oder in Marseille verortet. Gegen die Holey, die ältere Generation von Gottheiten, die vor allem Mächte der Natur und Wildnis darstellten und sowohl Leiden als auch Heilung brachten, versuchten sie, sich durch besondere Gewalttätigkeit, Brutalität, militärisches Verhalten und die Fähigkeit, Hexen und Zauberer zu jagen und zu bestrafen, zu behaupten. Sie rekrutierten ihre Anhänger insbesondere unter Arbeitsmigranten und Soldaten, die im Ersten Weltkrieg auf der Seite der Franzosen gekämpft hatten. Der damalige Kommandant von Niamey, der Hauptstadt Nigers, sah in den Besessenheitstänzen der Hauka eine Karikierung kolonialer Ordnungsmacht, vermutete anti-kolonialen Widerstand und verbannte im Einklang mit Häuptlingen und Priestern, die ebenfalls in den Hauka einen Angriff auf ihre Autorität erkannten, den neuen Kult. Es ist also kein Zufall, dass die Hauka sich insbesondere unter den Arbeitsmigranten an der Goldküste ausbreiten konnten, bevor sie an den Niger zurückkehrten und in den 1960er und 1970er Jahren endlich als siebte Geisterfamilie in das Holey-Pantheon integriert wurden.

Rouch drehte *Les Maîtres fous*, nachdem er ein Telegramm des Kultführers der Hauka erhalten hatte, der ihn aufforderte, an dem geplanten großen Hauka-Ritual in der Nähe Accras teilzunehmen und es zu filmen. Der Film wurde also nicht nur für ein westliches Publikum hergestellt, sondern auch für die Hauka selbst, die das Medium zu eigenen Zwecken nutzen wollten. Außerdem beriet ihr Kultführer Moukayla Rouch später bei der Herstellung des Kommentars, lieferte also in gewisser Weise das »Drehbuch«, das den Aufbau des Films wesentlich bestimmte.

Der Film gliedert sich, dem Muster von *rites de passage* folgend, in drei Teile: eine Trennungsphase, eine liminale Phase und eine Phase der Reintegration. Nach einer kurzen Einführung in die koloniale, urbane Moderne von Accra, der Hauptstadt der damaligen Goldküste, fahren die Mitglieder des Hauka-Kultes in einem gemieteten Lastwagen in den Busch zum Ort des Rituals, der durch Tücher bzw. Fahnen, die »Union Jack« heißen, und einen Schrein, den »Regierungspalast«, gekennzeichnet ist. Es folgt die missglückte Initiation eines Neulings, der verprügelt und in den Busch zurückgeschickt wird. Erst nach der Beichte, der »Beschwörung« des Schreins und einer Opferung durch den Priester Mountyeba beginnt der eigentliche Besessenheitstanz (und damit die zweite, die liminale Phase). Als erster Besessener erscheint der Gardekorporal, der alle Anwesenden (auch Rouchs Kamera) begrüßt und eine brennende Fackel erbittet, um zu zeigen, dass er kein Mensch mehr ist, sondern ein Hauka. Danach verkörpert sich der Geist des Lokomotivführers, und die Lokomotive, mit hochgezogenen Hosenbeinen, nimmt ihre Fahrt zwischen »Regierungspalast« und Opferplatz auf. Auch die anderen Hauka, Kapitän Malia, der den Parademarsch der britischen Armee, den »slow march«, vorführt, Madame Lokotoro, die Frau des Doktors, Madame Salma, der Gouverneur und der General ergreifen von ihren Medien Besitz. Sie tragen jetzt rote Schärpen, salutieren mit Holzgewehren, lassen Peitschen aus Keilriemen durch die Luft sausen und stellen somit eine fremde Ordnung dar, die vor allem durch militärischen Drill gekennzeichnet ist und dadurch eine doppelte Fremdbestimmung vor Augen führt: die durch die Geister und die durch das Militär. Nach ihrem Tanz berufen die Hauka eine »roundtable conference« ein, um zu beschließen, ob der zu opfernde Hund roh oder gekocht gegessen werden soll. Mit dem Verspeisen des Hundes endet das Ritual; die Geister ziehen sich zurück, verlassen ihre Medien und diese kehren nach Accra zurück. Der Film endet mit einem Besuch der einzelnen Mitglieder des Hauka-Kultes an ihren Arbeitsplätzen am nächsten Tag. Die Bilder der (lächelnden) Kultteilnehmer im Alltagsleben werden kontrastiv gegen die Bilder der Besessenen vom Vortag zu einer Montage aus Schrecken und Sympathie geschnitten. Und der Kommentar formuliert: »Wenn man diese lächelnden Gesichter sieht [...] und mit den fürchterlichen Gesichtern des Vortages vergleicht, so drängt sich die Frage auf, ob diese Afrikaner über Mittel verfügen, die es ihnen ermöglichen, nicht Anormale in ihrem Milieu zu sein, sondern völlig integriert zu leben, Mittel, die wir noch nicht kennen.«

Die Aufführung des Films 1958 in Paris im Musée de l'Homme endete in einem Skandal. Anwesende Afrikaner wie westliche Ethnologen waren empört. Der Film wurde wegen Majestätsbeleidigung und Grausamkeit gegenüber Tieren in den Kolonien verboten. Doch regte er z.B. Jean

Genet (1910–86) an, das Theaterstück *Les Nègres* (1959) zu schreiben. Er gilt heute als Klassiker der »umgekehrten Ethnographie«, eines Genres, das sowohl an die Tradition der *Lettres Persanes* (1721) anknüpft als auch im »Okzidentalismus« der 1990er Jahre ein neues Feld des Wissens und der Forschung finden konnte.

HEIKE BEHREND

Lit.: JANE ROUCH, Le rire n'a pas de couleur, Paris 1956. – JEAN ROUCH, La Religion et la Magie Songhay, Paris 1960. – DERS., Essai sur les avatars de la personne du possédé, du magicien, du sorciers, du cinéaste et de l'ethnographe, in: La Notion de la Personne en Afrique Noire, Paris 1973, S. 529–44. – DERS., Jean Rouch erzählt, in: Filmkritik 253 (1978). – H. BEHREND, Zur Ethnographie der Anderen. Bemerkungen zu zwei Filmen von Jean Rouch, in: Berliner Hefte 12 (1979), S. 58–63. – P. STOLLER, The Cinematic Griot: The Ethnography of Jean Rouch, Chicago 1992. – E. SCHÜTTPELZ, Die Einfahrt des Zuges. Jean Rouchs Film »Les Maitres Fous« und die Hauka, in: I. DÄRMANN/C. JAMME (Hg.), Fremderfahrung und Repräsentation, Frankfurt 2000.

Bernardino de Sahagún

(* 1499 Sahagún de Campos/León; † 1590 Mexiko)

Historia general de las cosas de Nueva España (span.; *Allgemeine Geschichte der Dinge von Neu-Spanien*), 3 Bde, EZ 1559–77, EA México 1829–30, hg. v. C. M. de Bustamante.

Die *Historia general de las cosas de Nueva España*, ein Grundlagenwerk für das Studium der aztekischen Kultur, wurde im 16. Jh. von Bernardino de Sahagún und seinen indigenen Mitarbeitern in aztekischer Sprache, dem Nahuatl, verfasst und ins Spanische übersetzt. Sie beinhaltet eine Darstellung der vorspanischen Verhältnisse im Hochtal von Mexiko sowie dessen Eroberung durch die Spanier aus aztekischer Sicht. Als ausführlichste Ethnographie der Azteken ist sie heute eine unverzichtbare Quelle, die aufgrund der etwa 250 Jahre verzögerten Veröffentlichung nicht jene Wirkung entfalten konnte, die ihr dank ihrer zukunftsweisenden Form hätte zukommen können.

Der Franziskaner Sahagún kam 1529, vier Jahre nach Ankunft der ersten seiner Ordensbrüder, als Missionar nach Mexiko. Im Rahmen seiner Tätigkeit erlernte er sehr schnell das Nahuatl, das er wie kaum ein anderer Spanier seiner Zeit beherrschte. Er verfasste eine große Zahl an Predigten, theologischen Lehrschriften sowie die erste Teilübersetzung der Bibel ins Nahuatl. Als Lehrer am Colegio de Tlatelolco unterrichtete er ab 1537 (mit Unterbrechungen) 20 Jahre lang die Nachkommen des indigenen Adels, die ihm zugleich als Informanten über die vorspanische Kultur dienten. 1558 erteilte ihm der Provinzial seines Ordens den Auftrag, Material zusammenzustellen, das den spanischen Missionaren die Kultur der Azteken vermitteln und so ihre Unterweisung und Bekehrung erleichtern sollte.

Auf diese Weise entstanden die zwölf Bücher der *Historia general*, die jeweils ein spezifisches Thema behandeln: 1. die Götter; 2. Kalender, Feste und Zeremonien; 3. die Herkunft der Götter; 4. Tageszeichen, gute und böse Vorzeichen; 5. Omina; 6. Rhetorik, Philosophie und Theologie; 7. Astrologie und die damit verbundenen Bräuche; 8. die Herrscher und hohen Herren, ihre Wahl und Regierungsführung; 9. die Kaufleute; 10. Verwandtschaft, Titel, Berufe, Körperteile; 11. Tiere, Pflanzen, Minerale, Steine und Farben; 12. die Eroberung Mexikos durch die Spanier. Jedes Buch ist in zwölf bis 42 Kapitel unterschiedlicher Länge eingeteilt und wird durch einen von Sahagún verfassten Prolog eingeleitet. Abgesehen insbesondere von Buch 12 enthält die *Historia general* weniger politische Geschichte als Sittengeschichte im Sinne einer historischen Ethnographie einer nicht mehr unmittelbar beobachtbaren Kultur. Zeitzeugen, die das Leben vor der Eroberung bewusst erlebt hatten, beantworteten Fragebögen und kommentierten Bilddokumente, die Sahagún ihnen vorlegte. Ihre Aussagen wurden in Nahuatl protokolliert. Dem später angefertigten Text wurden diese Illustrationen, die selbst dokumentarischen Wert besitzen, beigefügt. Entsprechend ihrer Funktion ist bei einigen Zeichnungen die Herkunft aus vorspanischen Bilderschriften ersichtlich, bei anderen erkennt man die europäische Quelle. Ebenso wurden sowohl indigene als auch europäische Zeichentechniken angewandt. Die systematische Befragung unterschiedlicher Gewährspersonen ermöglichte eine kritische Überprüfung der Richtigkeit und Glaubwürdigkeit der Aussagen. Solche Aufnahmen indigener Texte ethnographischen Inhalts wurden schon zuvor von Andrés de Olmos (†1571) und Toribio de Benavenete (Motolinía) (ca. 1482/91–1569) durchgeführt, als Methode jedoch von Sahagún perfektioniert. Er übernahm die ihm vertraute Methode des Beichtvorganges und übertrug das gezielte Fragen auf die kulturelle Vergangenheit der Informanten. Seine Arbeit ist damit der Beginn objektiver und gründlicher ethnographischer Datensammlung.

Ähnlich wie die Gedächtnisethnographien späterer Zeiten repräsentieren die Beschreibungen der *Historia general* keineswegs die gesamte Gesellschaft, sondern die Lebensweise und Sicht der ehemaligen Eliten, aus denen Sahagún seine Gewährsleute rekrutierte. Das gilt auch für den durch das Werk dokumentierten breiten Wortschatz des Nahuatl, Ausdrucksweisen, Metaphern und Wortspiele.

Sahagún vergleicht den Missionar mit einem Arzt, der seinen Patienten nicht richtig behandeln kann, ohne die Art und den Grund für dessen Krankheit zu kennen. Somit kann man Sahagúns religiöse Schriften nur richtig verstehen, wenn man nicht allein seine Faszination für das aztekische Volk kennt, die sich im Text der *Historia general* widerspiegelt, sondern auch ihren anwendungsbezogenen Charakter. Auch die indigenen Schüler Sahagúns beeinflussten den Text. Aufgrund ihrer Erziehung im Colegio de Tlatelolco verliehen sie den Beschreibungen mitunter christliche Züge, um die in den Augen der Spanier negativen Aspekte zu relativieren oder eine sprachlich bessere Ausdrucksform zu verwenden. Obwohl Sahagún um eine objektive Darstellung bemüht war und sie in einem für seine Zeit erstaunlichem Ausmaß erreicht hat, tritt in einigen Formulierungen – insbesondere bei den Beschreibungen der Religion – eine europäisch geprägte Vorstellungswelt zutage.

Das Sammeln der Informationen, das Erstellen verschiedener Nahuatl-Manuskripte und später einer spanischen Version haben Sahagúns gesamtes Wirken in Mexiko begleitet. Verschiedene überlieferte Manuskripte geben Einblick in die Textgeschichte, von den in dem (unzureichend veröffentlichten) »Madrider Codex« enthaltenen Urtexten über die in den »Primeros Memoriales« (1559–61) erfolgten ersten Gliederungsversuche zu erweiterten Textfassungen. Der 1569 abgeschlossene Nahuatl-Text hat sich in der ursprünglich einsprachigen Form nicht erhalten. Unmittelbar danach begann Sahagún mit der Übersetzung ins Spanische, die 1577 im Kern abgeschlossen war. Bis 1580 war der »Florentiner Codex« vollendet. Er enthält die vollständigste und am besten erhaltene Textfassung in Spanisch und Nahuatl sowie die Illustrationen und ist Grundlage für die einzige vollständige Nahuatl-Ausgabe (mit einer Gesamtübersetzung ins Englische). Bis zur Publikation des »Florentiner Codex« vergingen 400 Jahre, denn eine Drucklegung zu Lebzeiten Sahagúns wurde durch die Inquisition unmöglich gemacht. Sie erwirkte ein Verbot gegen die Veröffentlichung von Werken in indigenen Sprachen, da man sie als für die Bekehrung abträglich erachtete. Immerhin wurde die Anweisung, auch alle Unterlagen für Sahagúns Werk einzuziehen, nicht befolgt.

So erfolgte die erste Drucklegung der *Historia general* 1829–30, kurz nach der Unabhängigkeit Mexikos, nach der Abschrift eines spanischen Manuskripts von 1793. Die ersten Teile des Nahuatl-Texts und einige Abbildungen erschienen ebenso 1890 wie die erste deutsche Teilübersetzung. Mittlerweile gibt es mehrere Teilausgaben, Editionen des spanischen Textes, Übersetzungen des Nahuatl-Texts und einen Faksimile-Druck des Florentiner Codex.

Im Vergleich mit anderen Schriften über Mexiko weit über das 16. Jh. hinaus besticht an Sahagúns Werk seine um Objektivität bemühte Darstellungsweise. Nur sehr allgemein kritisiert er die indigene Religion, ohne dabei, im Gegensatz z.B. zu den Darstellungen von Durán (ca. 1537–88), die Beschreibungen direkt zu kommentieren. Der breitgefächerte Inhalt bietet zu nahezu allen Fragen vielfältige Informationen. Die unterschiedlichen Genres wie narrative Darstellungen, Dialoge, Reden sowie die sprachlichen Besonderheiten machen die *Historia general* auch zu einem reichen Fundus für linguistische Studien über das Nahuatl. So kann der Text herangezogen werden, um traditionelle Termini zu belegen und den Bedeutungswandel der Wörter im Zuge der Christianisierung zu erkennen.

SUSANNE KLAUS

Ausg.: A. J. O. ANDERSON/C. DIBBLE (Hg.), Florentine Codex. General History of the Things of New Spain, 13 Bde., Santa Fe 1950–82. – A. M. GARIBAY K. (Hg.), Historia general de las cosas de Nueva España, México 1956, [7]1989. – Dt. Teilausg.: C. SELER-SACHS (Hg.), Einige Kapitel aus dem Geschichtswerk des Fray Bernardino de Sahagun, Stuttgart 1927 (aztekisch/deutsch, übers. v. E. SELER). – C. LITTERSCHEID (Hg.), Aus der Welt der Azteken. Die Chronik des Fray Bernardino de Sahagún, Frankfurt 1989 (Auswahl, übers. v. L. SCHULTZE JENA).
Lit.: L. NICOLAU D'OLWER, Fray Bernardino de Sahagún, México 1952. – M. S. EDMONSON (Hg.), Sixteenth-Century Mexico: The Work of Sahagún, Albuquerque 1974. – J. KLOR DE ALVA u.a. (Hg.), The Work of Bernardino de Sahagún: Pioneer Ethnographer of Sixteenth Century Aztec Mexico, Albany 1988. – E. T. BAIRD, The Drawings of Sahagún's Primeros Memoriales: Structure and Style, Norman 1993.

Marshall Sahlins

(*1930, Chicago)

Stone Age Economics (engl.; *Wirtschaftswissenschaft der Steinzeit*), EA Chicago 1972.

Stone Age Economics ist eine Sammlung von Essays, die als in sich geschlossene Abhandlungen gelesen werden können und 1965–71 z.T. auch separat veröffentlicht wurden, die aber thematisch aufeinander bezogen und in Buchform zu einer lose zusammenhängenden Argumentation verknüpft sind. Im ersten Teil entwickelt Sahlins seine pointierte These von der ursprünglichen Überflussgesellschaft (»The Original Affluent Society«). Im zweiten und dritten Teil (»The Domestic Mode of Production: The Structure of Underproduction« und »The Domestic Mode of Production: Intensification of Production«) entwirft er eine Theorie der häuslichen Produktionsweise. Die letzten drei Teile (»The Spirit of the Gift«, »On the Sociology of Primitive Exchange« und »Exchange Value and the Diplomacy of Primitive Trade«) widmet er einer Theorie des Tauschs. Bei seinem Erscheinen wurde *Stone Age Economics* wegen seiner gekonnten Mischung aus origineller Synthese, Witz und theoretischer Vielseitigkeit von der Fachkritik als »vintage ethnology« (Cook 1974) gerühmt. Seither hat es eine ganze Generation von Wirtschaftsethnologen angeregt.

Tatsächlich haben wenige Konzepte eine weitere Verbreitung in der Ethnologie und darüber hinaus gefunden als das der »ursprünglichen Überflussgesellschaft«. Sahlins spielt damit auf das Buch *The Affluent Society* (1958) an, in dem der amerikanische Wirtschaftstheoretiker John Kenneth Galbraith (*1908) die kapitalistischen Industriegesellschaften als Gesellschaften im Überfluss feierte, die zum ersten Mal in der Menschheitsgeschichte die Chance hatten, sich von der Geißel der Armut zu befreien. In Sahlins' Umkehrung dieses Bilds lebten gerade die einfachen Wildbeuter im Überfluss, denn sie hätten von dem wenigen, das sie wollten, mehr als sie brauchten. Während die kapitalistischen Marktgesellschaften in der Tretmühle unbegrenzter Bedürfnisse und nie hinreichender Mittel gefangen seien, hätten Wildbeuter eingeschränkte Bedürfnisse und Mittel im Überfluss.

Sahlins hatte dieses Konzept zum ersten Mal bei dem 1966 abgehalten Symposium »Man the Hunter« vorgestellt (Sahlins 1968). In *Stone Age Economics* stützte er sich u. a. auf die Zeitbudgetuntersuchungen von R. → Lee bei den Kung-San der Kalahari (Lee/DeVore 1968), denen zufolge Wildbeuter durchschnittlich nur zwei bis vier Stunden am Tag arbeiteten und dabei wohlgenährt, gesund und vor allem zufrieden seien. »Jäger- und Sammlervölker«, so Sahlins, »mögen arm an materiellen Besitztümern sein, aber sie leiden nicht an Armut«, weil ihre Bedürfnisse so begrenzt sind, dass sie über die Früchte ihrer bescheidenen produktiven Anstrengungen nicht hinausreichen. Genau darin lag für Sahlins das Maß des Überflusses: wenig Arbeit, viel Muße und Desinteresse an weiteren Besitztümern. So besehen verloren die großen Errungenschaften Ackerbau und Viehzucht, überhaupt die Idee des Fortschritts, viel von ihrer unhinterfragten Attraktivität.

Stone Age Economics regte gleich bei seinem Erscheinen eine lebhafte Debatte an. Das Konzept der »ursprünglichen Überflussgesellschaft«, paradox wie es Sahlins formuliert hatte, war selbst auf dem Wildbeuter-Symposium in Chicago eine Überraschung für die amerikanische Wirtschaftsethnologie, die damals noch unter der Vorherrschaft des thermodynamischen Neoevolutionismus von L. → White und einem von M. → Herskovits geprägten Eklektizismus stand. Als noch bedeutsamer für die Rezeptionsgeschichte erwiesen sich vielleicht die gesellschaftspolitischen Implikationen. In einer Zeit, in der die rebellierende akademische Jugend einen Gegenentwurf gegen den vorherrschenden »American Way of Life« suchte, waren Sahlins Thesen auch geeignet, neue Visionen über spirituelles Wohlbefinden und materiellen Wohlstand, Arbeit und Freiheit anzuregen. Sie krempelten auf jeden Fall ältere ethnologische Vorstellungen über das mühselige, stets vom Hungertod bedrohte Leben der Wildbeuter völlig um.

Die durch Sahlins' Konzept angeregte Kritik zog sowohl die geringe Arbeitszeit der Kung-San und anderer Wildbeuter als auch die Generalisierbarkeit des Konzepts auf die Lebensweise aller Jäger und Sammler in Zweifel. Nachfolgende Untersuchungen kamen auf höhere Arbeitszeiten, selbst Lee revidierte seine Zahlen später nach oben. Eine verwandte Kritik bezog sich auf Sahlins' eingeschränkten Begriff von Arbeit, demzufolge lediglich Feldarbeit bzw. Sammeln und Jagen unter Ausschluss aller übrigen produktiven Tätigkeiten als Arbeit gilt, wenn eine Gesellschaft erst einmal als wildbeuterisch oder bäuerlich identifiziert ist. Ferner akzeptiert die neuere Forschung das Konzept der »ursprünglichen Überflussgesellschaft« zwar für bestimmte Wildbeuter (die sog. »immediate return societies«), lehnt es jedoch für andere ab (Woodburn 1982). Offensichtlich können spezialisierte Jägergesellschaften wie die Eskimo und die Fischervölker der amerikanischen Nordwestküste nicht zu den ursprünglichen Überflussgesellschaften gezählt werden. Eine weitere Kritik bezieht sich schließlich auf Sahlins' zwischen Kulturalismus und Materialismus schwankende Argumentationslinie. Einerseits charakterisiert er die »ursprüngliche Überflussgesellschaft« durch ihre kulturell angelegten geringen Bedürfnisse, andererseits bringt er durch die Hintertür den ökologischen Zwang zum Wandern mit leichtem Gepäck als Erklärung für die geringe materielle Ausstattung ins Spiel (Bird-David 1992).

In seiner Theorie der »häuslichen Produktionsweise« knüpft Sahlins an die Beobachtung an, dass in vielen primitiven und bäuerlichen Gesellschaften weder die vorhandenen Ressourcen noch die Arbeitskraft in einem Maß ausgeschöpft werden, wie es aus einer marktwirtschaftlichen Perspektive erwartbar wäre. Die Menschen arbeiten vergleichsweise unintensiv, diskontinuierlich und lassen sich durch alle möglichen natürlichen und geselligen

Hinderungsgründe von der Arbeit abhalten. Sahlins erklärt diese Unternutzung mit der Organisationsform der häuslichen Produktionsweise, in der nicht die marktwirtschaftliche Orientierung an der Produktion von Tauschwerten, sondern die subsistenzwirtschaftliche Orientierung am Gebrauchswert vorherrscht, und somit auch der Antrieb fehlt, die vorhanden Möglichkeiten voll auszuschöpfen. Wie bei K. Büchers (1847–1930) »geschlossener Hauswirtschaft« (1920), an die Sahlins' Konzept erinnert, ist dessen »häusliche Produktionsweise« eine vollständige Wirtschaft im Kleinen; die einzelnen Haushalte sind prinzipiell unabhängig voneinander, weil sie alle dasselbe herstellen und keine haushaltsübergreifenden Technologien anwenden. Eine solche Vorstellung erfordert allerdings eine Erklärung dafür, wie sich aus isolierten, selbstgenügsamen häuslichen Gemeinschaften Gesellschaft konstituiert. Anders als die marxistischen Ethnologen, für die Vergesellschaftung in der Produktion ihren Ausgang nimmt, sucht Sahlins Vergesellschaftung im Tausch zwischen Haushalten. Dadurch entsteht aus der abgeschlossenen häuslichen Ökonomie eine gesellschaftliche politische Ökonomie. Das Argument, dass durch den Tausch zwischen Haushalten, sei es im Rahmen der politischen Ordnung, sei es im Rahmen der Verwandtschaftsordnung, die Produktion zur Intensivierung angeregt wird, stellt wieder den Bezug zur ursprünglichen Überflussgesellschaft bzw. ihrer Weiterentwicklung her. Denn wäre das Leben der Wildbeuter und einfachen Ackerbaugesellschaften so zufriedenstellend, wie es die Vorstellung von der »ursprünglichen Überflussgesellschaft« impliziert, was könnte dann den Motor der Geschichte ausmachen?

In seiner Tauschtheorie knüpft Sahlins an die Traditionen von M. → Mauss und K. → Polanyi an, die ihrerseits mit ihren Konzepten des »fait total social« und der »embeddedness« auf die Entdeckung des marktlosen Gabentauschs durch R. → Thurnwald und B. → Malinowski zurückgegriffen hatten. In Teil 5 von *Stone Age Economics* (»On the

Sociology of Primitive Exchange«) folgt Sahlins v.a. Polanyi, dessen Begriff der Reziprozität er in ein detailliertes Schema des Gebens und Erwiderns der Gabe auffächert, ein Kontinuum der Reziprozitäten, das sich vom einen Extremfall der verallgemeinerten Reziprozität über ausgeglichene Reziprozität bis zum anderen Extremfall der negativen Reziprozität erstreckt. Mit seiner Betonung der interessengeleiteten Kalküle des Gebens überwindet er Polanyis romantische Sicht der uneigennützigen Reziprozität, ohne damit aber Eigennutz auf die marktwirtschaftliche Gewinnmaximierung zu reduzieren.

Zunächst eher mit der neo-evolutionistischen Tradition L. Whites und J. → Stewards assoziiert, stellte sich Sahlins mit *Stone Age Economics* in die sog. substantivistische Tradition Polanyis und seiner Schüler. Anleihen sowohl beim akademischen Marxismus französischer Prägung als auch beim Strukturalismus und die Rezeption älterer kontinentaler Denktraditionen mögen auf einen Aufenthalt am Collège de France Ende der sechziger Jahre zurückzuführen sein. Obwohl die Kontroverse zwischen Substantivisten und Formalisten zur Zeit der Abfassung von *Stone Age Economics* noch anhaltend ausgefochten wurde, verzichtete Sahlins auf eine ernsthafte inhaltliche Diskussion der konträren Positionen. Aber es ist deutlich, dass die Klammer, welche die Teile des Werks zusammenhält, trotz gelegentlicher Anleihen bei der neoklassischen und marginalistischen Wirtschaftswissenschaft in dem theoretischen Bemühen besteht, wirtschaftliches Handeln in einen kulturellen Rahmen zu setzen. Die Bedeutung von *Stone Age Economics* für die Ethnologie besteht daher wohl weniger in dem Konzept der »ursprünglichen Überflussgesellschaft«, noch in der Theorie der »häuslichen Produktionsweise« oder seinem Schema der Reziprozitäten, so fruchtbar sie alle im Einzelnen geworden sind, sondern vielmehr darin, dass *Stone Age Economics*, wenn auch noch unsicher, die kulturalistische Wende der Ethnologie vorbereitet hat.

KURT BECK

Ausg.: London 1974. – Dt. Teilausg.: Kap 1: Ökonomie der Fülle, in: Technologie und Politik 12 (1978), S. 154–204; Kap. 5: Zur Soziologie des primitiven Tauschs (um Anhang gekürzt), in: Berliner Journal für Soziologie 9/2(1999), S. 149–78.
Lit.: K. BÜCHER, Die Entstehung der Volkswirtschaft, Tübingen 1920. – R. B. LEE/I. DEVORE (Hg.), Man the Hunter, Hawthorne 1968. – S. COOK, Structural Substantivism: A Critical Review of Marshall Sahlins' *Stone Age Economics*, Comparative Studies in Society and History 16 (1974), S. 355–79. – J. WOODBURN, Egalitarian Society, Man 17 (1982), S. 431–51. – N. BIRD-DAVID, Beyond »The Original Affluent Society«: A Culturalist Reformulation, Current Anthropology 33/1 (1992), S. 25–47.

P. Wilhelm Schmidt, S.V.D.

(* 16.2.1868 Hörde/Dortmund; † 10.2.1954 Fribourg)

Der Ursprung der Gottesidee. Eine historisch-kritische und positive Studie, ED (Bd. 1) u.d.T.: L'origine de l'idée de Dieu, in: Anthropos 3–5 (1908–10), EA Münster 1926–55, 12 Bde.

Wenn heute von diesem Werk die Rede ist, meint man die zwölf Bände, die von 1926–55 erschienen sind. Für den ersten Band war dies bereits die zweite Auflage. Für die theoretische Ausrichtung des Werkes sind vor allem die Bände 1 und 6 von Wichtigkeit. Auf sie soll näher eingegangen, die anderen nur kurz erwähnt werden. Die Entstehungsgeschichte von Band 1 ist langwierig. 1902 hörte W. Schmidt in der Wiener Anthropologischen Gesellschaft einen Vortrag des Indologen Leopold von Schroeder (1851–1920) mit dem Titel »Über den Glauben an ein Höchstes Wesen bei den Naturvölkern«. Der Referent stützte sich dabei auf das Buch des Schotten Andrew Lang (1840–1912) *The Making of Religion* (1898). Lang hatte sich in diesem Werk von den Ideen seines Lehrers E. B. → Tylor losgesagt: Er ließ die Religion sich nicht mehr aus dem Animismus bis zum Eingottglauben hin entwickeln, sondern er setzte diesen an den Anfang der Menschheitsgeschichte. Ausgangspunkt für diese neue Konzeption waren für ihn u.a. die Südostaustralier.

1906 hielt Schmidt auf der Jahresversammlung der Görres-Gesellschaft in Bonn einen Vortrag zu dem Thema »Der Entwicklungsgedanke in der Religionswissenschaft«. Als die Gesellschaft um ein erweitertes Manuskript für den Druck bat, schickte Schmidt eine viel zu umfangreiche Arbeit mit dem Titel»Ursprung des Gottesbegriffs« ein. Ein Missionar fertigte eine französische Übersetzung an, die Schmidt in der von ihm gegründeten Zeitschrift *Anthropos* in neun Folgen von 1908–10 publizierte. Diese Folgen erschienen gebunden in Paris und Wien in Buchform. Gleichzeitig bereitete Schmidt aber auch eine deutsche Ausgabe vor, die wesentlich umfangreicher als die französische war (besonders der Teil über die Südostaustralier war zu einem neuen Werk geraten) und 1912 als *Der Ursprung der Gottesidee* erschien. In der 2. Auflage (1926) wurde dieser erste Band um sechs Kapitel erweitert.

Schmidts Plan war es, durch Vergleich der Religionen der ältesten lebenden Völker – der sogenannten »Urvölker« – zur »Urreligion« der Menschheit vorzudringen. Er ging, wie es damals in der gesamten Religionsgeschichte, auch der evolutionistischen, üblich war, davon aus, dass der Monotheismus die höchste Form der Religion darstellt. Deshalb ist sein Ursprung darauf ausgelegt, zu beweisen, dass die »Urvölker« einen Eingottglaube hatten.

Wenn man Schmidts religionswissenschaftliches Gesamtwerk betrachtet, vor allem sein in zahlreiche Sprachen übersetztes *Handbuch der vergleichenden Religionsgeschichte* (1930), fällt auf, dass für Schmidt Religion praktisch ausschließlich aus Gottesglauben besteht. Die zahlreichen anderen religiösen Äußerungen, die nicht direkt mit dem Schöpferwesen zu tun haben, werden übergangen oder als Degenerationserscheinung abgetan. Für ihn ist Religion ein theozentrisches System. Dementsprechend definiert er auch Religion als »Anerkennung eines oder mehrerer persönlicher Wesen«. Buddhisten ohne Verehrung eines persönlichen

Wesens können deshalb »kaum mehr Bedeutung und Berücksichtigung bei der Aufstellung und Definition der Religion beanspruchen [...] als die Atheisten Europas« (1: 5).

Schmidt konnte Religion als rein theozentrisches System u.a. deshalb darstellen, weil er niemals Feldforschung durchgeführt hat. Von seinen »Urvölkern«, die ihm seine Theorien stützen sollten, hat er niemals auch nur eines persönlich kennen gelernt. Religion hat für ihn einen rein theoretischen Charakter. Man muss sich fragen, wozu Religion für die »Urvölker« nützlich gewesen sein soll, ausschließlich um ihre geistig-kausalen Bedürfnisse zu befriedigen? Die Religion des Alltags: Geisterglaube, Ahnenkult, dynamistische Rituale, Fruchtbarkeitszeremonien oder gar weibliche Gottheiten waren für sein Religionsverständnis ohne Bedeutung. Auf diesem geistig-religiösen Hintergrund ist sein Gebäude des Ursprung der Gottesidee zu verstehen.

In Band 1 unterzieht er alle bisherigen Religionstheorien einer strengen Kritik und verweist dabei auf den Eingottglauben der »Urvölker«. Als solche fasst er die wildbeuterisch lebenden Jäger- und Sammlervölker auf, wobei in Band 1 vor allem die südostaustralischen Urvölker zur Sprache kommen. In Band 2 (1929) behandelt er den Gottesglauben der Feuerländer, in Band 3 (1931) die Negritos Asiens, die arktischen Urkulturen und australischen Urvölker. Band 4 (1933) bringt die Urvölker Afrikas: Pygmäen, Buschmänner und Hottentotten. Band 5 (1934) enthält die Religionen der nordamerikanischen Urvölker und Nachträge. Band 6 (1935) bringt die »Endsynthese der Religionen der Urvölker Amerikas, Asiens, Australiens, Afrikas«. Durch Vergleich der Religionen dieser Völker erschließt er die älteste gemeinsame Religion der Menschheit.

Nachdem er diese Urreligion beschrieben hat, fragt er nach ihrem Ursprung. Wie kommt es, dass es gerade bei den ältesten Völkern einen Monotheismus gibt? Nach Schmidt reicht das kausale Denken dieser Urvölker allein nicht aus, um eine so lebendige und reine Religion zu erklären. So schließt er, dass die ältesten Menschen eine göttliche Offenbarung und eine persönliche Begegnung mit dem Höchsten Wesen gehabt haben müssen.

Diese Schlussfolgerungen Schmidts sind als »Uroffenbarung« und »Urmonotheismus« in die Religionsethnologie eingegangen, obgleich er diese Ausdrücke nie verwendet hat. Diese Postulate haben Schmidt sehr viel Kritik eingebracht, auch aus dem *Anthropos*-Kreis, weil er damit die wissenschaftliche Argumentationsbasis verlassen hatte. Doch Schmidt machte diesen Schritt bewusst; er sah darin einen »weitgehend apologetischen Nutzen« und einen neuen Gottesbeweis, den religions-historischen. Seine Thesen haben denn auch gerade bei Fundamentaltheologen – und das teilweise bis heute – großen Anklang gefunden.

Die Bände 7–12 behandeln die Religionen und besonders die Höchsten Wesen der »Nomadenhirtenvölker«:7 (1940) und 8 (1949) die der afrikanischen, 9–11 (1949, 1952, 1954) die der asiatischen Hirtenvölker. Schmidt wählte diese Völker aus, weil sie seiner Meinung nach »der Urkultur noch am nächsten stehen«. Band 12 (1955) bringt die »Synthese der Religionen der asiatischen und der afrikanischen Hirtenvölker«. – Die älteren Pflanzer und Ackerbauer bleiben unberücksichtigt. Angeblich hat Schmidt in seinen letzten Lebensjahren geplant, auch die Höchsten Wesen der Pflanzervölker und der Ackerbauer zu bearbeiten, um die Gottesidee abzurunden. Doch es blieb bei vagen Planungen. Man kann sich auch gar nicht vorstellen, wie er diese dynamischen Religionen in sein starres monotheistisches Schema hätte einbringen können.

Schmidts *Ursprung* hat von Anfang an viele und heftige Diskussionen ausgelöst. Bewundert wurde von allen die Fülle des verarbeiteten Materials; Sprachen stellten für ihn kein größeres Hindernis dar. Die Kritik bezog sich auf regionale Aussagen oder auch auf den theoretischen Ansatz bzw. auf die Schlussfolgerungen. Wahrscheinlich haben nur sehr wenige Wissenschaftler den ganzen *Ursprung* je gelesen.

Als Schmidt an seinem *Ursprung* zu arbeiten begann, war die Religionswissenschaft noch weitgehend vom Evolutionismus beherrscht. Er überwand ihn zwar nicht, aber er stellte ihn auf den Kopf: Der Monotheismus steht bei ihm nicht am Ende wie bei den Evolutionisten, sondern am Anfang der Entwicklung. Alle übrigen Stadien wären Degenerationserscheinungen. Trotz der kontrovers diskutierten Thesen – oder vielleicht gerade deswegen – ist Schmidt zu einem großen Anreger geworden. So hat er, um Originalmaterialien zu erhalten, zahlreiche Expeditionen zu den sogenannten Urvölkern in die Wege geleitet: zu den Negritos Asiens, den Pygmäen Zentralafrikas, den Buschmännern, den Feuerländern. Viele Missionare haben auf seine Anregung und Anleitung hin Beobachtungen gemacht und ihm die Ergebnisse für seine Veröffentlichungen zugeschickt. Die Wiener Schule hat bis zum Zweiten Weltkrieg großen Einfluss auf die deutschsprachige Ethnologie ausgeübt, und Schmidt stand zu dieser Zeit – vor allem mit seinem Ursprung – im Zentrum. Sein Einfluss erstreckte sich auch auf andere Wissenschaften: neben Theologie auch auf Volkskunde und vor allem auf die Vor- und Frühgeschichte.

Aber auch solche Ethnologen, die nicht zu seinen Gefolgsleuten gehörten, hoben an Schmidts *Ursprung* Positives hervor. E. E. → Evans-Pritchard sagte 1968, er finde zwar Schmidts Überlegungen tendenziös und lehne seine Rekonstruktion historischer Entwicklungsstufen ab, aber er »verdanke Pater Schmidt sehr viel wegen seiner gründlichen Diskussion der primitiven Religion und der Theorien darüber«. – Nathan Söderblom (1866–1931) meinte 1916: »Niemals ist bisher eine zusammenfassende Untersuchung der hohen Wesen der Australier mit soviel sprachlicher und ethnographischer Sachkenntnis vorgenommen worden«. K. T. → Preuß verteidigte in gewisser Weise Schmidts apologetische Vorgehensweise, wenn er sagt, dass »der Ungläubige von vornherein nicht sachlicher [ist], als derjenige, dem die Religion auch persönlich das Heiligste

u. Wichtigste im Menschenleben ist« und er bringt den Vergleich vom »Unmusikalischen, der sich mit dem Studium der Musik befasst«. Der bekannte Marburger Religionswissenschaftler Friedrich Heiler (1892–1967) schrieb: »Alle Erforscher der Religionsgeschichte stehen in der Dankesschuld dieses unermüdlichen Gelehrten, der mit seinen Werken, ganz besonders mit seinem Riesenwerk über den Ursprung der Gottesidee, die religionswissenschaftliche Forschung in hohem Maß befruchtet und bereichert hat. Schon dieses Werk sichert seinem Namen ein dauerndes Fortleben.«

Heute herrschen in der Religionsethnologie andere Fragestellungen vor, als sie sich Schmidt boten. Wir wissen, dass wir mit unserer Wissenschaft nicht an den Ursprung der Religion gelangen können. Dennoch will sich keine Generation mit einem »ignoramus et ignorabimus« zufrieden geben.

JOSEF F. THIEL

Lit.: N. SOEDERBLOM, Das Werden des Gottesglaubens, Leipzig 1916. – K. Th. PREUSS, Der Ursprung der Gottesidee, in: Anthropos 23 (1928), S. 464–70. – J. HENNINGER, P. Wilhelm Schmidt S.V.D.(1868–1954). Eine biographische Skizze, in: Anthropos 51 (1956), S. 19–60. – W. KOPPERS, Professor Pater Wilhelm Schmidt S.V.D. Eine Würdigung seines Lebenswerkes, in: Anthropos 51 (1956) 61–80. – E. E. EVANS-PRITCHARD, Theorien über primitive Religion, Frankfurt 1968. – S. PAJAK, Urreligion und Uroffenbarung bei P. W. Schmidt, St. Augustin 1978. – F. BORNEMANN, P. W. Schmidt S.V.D., Rom 1982. – E. BRANDEWIE, When Giants Walked the Earth, Fribourg 1990.

Sergei Mikhailovich Shirokogoroff
(* 1.7.1887, Suzdal'; † 19.10.1939, Bei-jing)

Psychomental Complex of the Tungus (engl.; *Der psychomentale Komplex der Tungusen*), EA London/Shanghai 1935.

Das Werk beruht auf über vierjährigen, für die damalige Zeit ungewöhnlich gründlichen Feldforschungen und nimmt in seiner theoretischen Durchdringung Forschungsansätze zur Erfassung des Kulturwandels und der kognitiven Ethnologie vorweg, die erst mehrere Jahrzehnte später Gegenstand des internationalen Fachdiskurses werden sollten. In der Schamanismusforschung war das Werk epochemachend.

Shirokogoroff absolvierte das klassische Gymnasium im Baltikum und studierte 1907–10 Sprachen und Anthropologie in Paris. 1911 setzte er sein Studium an der naturwissenschaftlichen Fakultät der Universität St. Petersburg fort, die er aber ohne Abschluss verließ, da er am dortigen Museum für Ethnographie und Anthropologie eine Anstellung erhalten hatte. In den folgenden Jahren führte er im Auftrag dieses Museums Expeditionen durch, auf denen er das Material sammelte, das die Grundlage für *Psychomental Complex of the Tungus* bildet. 1912 und 1913 hielt er sich zunächst bei den Transbaikal-Tungusen (= Ewenken) auf, während er die Jahre 1915–17 bei tungusischen Gruppen im Osten der Mongolei und in der Mandschurei verbrachte. Diese Feldforschungen schlossen das Erlernen der tungusischen Sprache ein. Da in Russland inzwischen die Revolution ausgebrochen war, verlegte er seinen Wohnsitz bis 1922 nach Vladivostok und Blagoveschtschensk und hielt an den dortigen Universitäten Vorlesungen. Hier entwickelte er die Theorien, von denen seine Bücher geprägt sind. Da er gegen die neue kommunistische Herrschaft eingestellt war, musste er 1922 endgültig emigrieren. Er zog nach China, wo er zunächst an südchinesischen Universitäten, insbesondere Shanghai, lehrte und zuletzt

Professor für Soziologie und Anthropologie in Bei-jing war.

Shirokogoroff hat neben zahlreichen Aufsätzen sechs Bücher publiziert und vier bis heute unveröffentlichte Buchmanuskripte hinterlassen. *Psychomental Complex of the Tungus* ist sein größtes und bekanntestes Werk. Der Verfasser gliedert es in eine Einleitung, vier Teile und eine Zusammenfassung mit insgesamt 34 Kapiteln, denen er neben einem relativ umfangreichen tungusischen Glossar und einem Literaturverzeichnis vier sorgfältig ausgeführte und bei dem Umfang des Werkes dringend erforderliche Indices anfügt, darunter einen mit rund 500 tungusischen Geisternamen. Die vier Teile nennt er »Positives Wissen«, »Hypothesen«, »Praktische Konsequenzen der Hypothesen« und »Schamanismus«. Der letztgenannte ist mit 162 Seiten bei weitem der größte. Dem Leser werden als »positives Wissen« die notwendigen Informationen über natürliche Umwelt, Wirtschaft, soziale Organisation, Sprache und künstlerische Aktivitäten der verschiedenen tungusischen Gruppen angeboten, als »Hypothesen« das, was im Allgemeinen »religiöse Vorstellungen« genannt wird, und als »Praktische Konsequenzen der Hypothesen« die Darstellung des entsprechenden Kultes mit Ausnahme der im letzten Teil behandelten Tätigkeit der Schamanen. Dem Buch fehlen Fotos und Karten, da der Autor diese an das Museum in St. Petersburg geliefert hatte, das sie nach der Revolution jedoch nicht an ihn herausgeben durfte.

Shirokogoroffs Bezeichnungen drücken aus, dass er die Kultur der Tungusen so wiedergeben will, wie sie von ihnen selbst aufgefasst wird. Allerdings erkennt er auch die Grenzen, die ihm als europäischem Wissenschaftler bei dieser Akteur-orientierten Darstellung gesetzt sind: Er muss das riesige Material, das er und seine Frau von ihren Feldforschungen mitgebracht haben, auswählend und zusammenfassend ordnen. Er setzt sich aber als erster Ethnologe mit der Problematik dieses Eingreifens durch einen Außenstehenden mit anderen Kategorien in die von den Einheimischen gelieferten Texte intensiv auseinander und nimmt damit bereits den ethnologischen Diskurs der achtziger und neunziger Jahre des 20. Jh. um »Writing Culture« vorweg.

Die Gliederung seiner Monographie bleibt ohne Kenntnis der theoretisch-methodischen Grundlagen der Darstellung Shirokogoroffs unverständlich. Sie werden in der Einleitung ausführlich dargelegt. Ihr wichtigster Begriff wird schon im Titel genannt: »psychomental complex«. Shirokogoroff selbst gibt dazu in seiner Einleitung folgende Definition: »Mit dem Ausdruck 'psychomentaler Komplex' benenne ich hier jene Kulturelemente, die aus den psychischen und mentalen Reaktionen auf das Milieu bestehen«. Diese Definition lässt Fragen offen, zumal »psychisch« und »mental« nicht gegeneinander abgegrenzt werden. »Milieu« teilt er auf in »primäres« (die natürliche Umwelt), »sekundäres« (die eigene Kultur der jeweiligen ethnischen Einheit) und »tertiäres Milieu« (die Einbettung in ein Netzwerk von Beziehungen zu anderen Gruppen). Eine Gruppe, die durch Endogamie gemeinsame »physio-psychologische Komplexe«, »Bewusstsein von ihrer Existenz« – nach heutigem Sprachgebrauch: ethnische Identität – sowie gemeinsame Sprache und Kultur besitzt, bezeichnet er als »ethnische Einheit« (ethnic unit). Unklarheiten entstehen vor allem dadurch, dass er daneben den Begriff »Ethnos« einführt, um den Prozess, der zur Bildung einer »ethnischen Einheit« führt, ihre »zentripetalen Kräfte«, zu bezeichnen, diese komplizierte Unterscheidung im Folgenden jedoch selbst nicht immer durchhält. Auch kann das von ihm behandelte Beispiel – die zum Teil weit entfernt von einander lebenden und in keinerlei Verbindung stehenden tungusischen Ethnien – weder als geschlossene »ethnische Einheit« noch als Träger eines einzigen »psychomentalen Komplexes« angesehen werden.

Seiner Auffassung entsprechend kennzeichnet Shirokogoroff die »ethnische Einheit« als »dynamischen Effekt des Gleichgewichts, das zwischen den zentripetalen und zentrifugalen Bewegungen entsteht« und erkennt zusammenfassend an ihr eine »Selbstregulation«. Diese Betrachtungsweise bringt ihn in die Nähe des in den dreißiger Jahren in der britischen Social Anthropology dominierenden Funktionalismus. Er selbst akzeptiert aber nur die Lehren der französischsprachigen Vorläufer dieser Richtung, seiner Pariser Lehrer É. → Durkheim und A. van → Gennep und wendet sich nicht nur gegen jeglichen Evolutionismus, sondern auch gegen den Funktionalismus. In seiner relativ isolierten Lage in China hat er ihn aber nur über einige Arbeiten von B. → Malinowski kennen gelernt, dessen Erklärung kultureller Phänomene als Institutionen zur Bedürfnisbefriedigung er als zu materialistisch ablehnt.

Shirokogoroff führt also ein nur zeitweise vorhandenes Gleichgewicht auf den gemeinsamen »psychomentalen Komplex« zurück. Im Verlauf der Darlegung seiner empirischen Ergebnisse wird deutlicher als durch seine einleitenden Definitionen, dass er damit das stark emotional besetzte Überzeugungssystem einer ethnischen Einheit und die sich daraus ergebenden religiösen Handlungen meint. Bedroht wird das Gleichgewicht durch »interethnischen Druck«, dem zu widerstehen aber auch ein Grund für den ethnischen Zusammenhalt sein kann. Mit diesem Begriff hat Shirokogoroff aus seinen Erfahrungen in einem Gebiet relativ mobiler, in ständiger Auseinandersetzung stehender Gruppen eine Konzeption geschaffen, die bis heute ihre Gültigkeit nicht verloren hat. Was das Wesentliche dabei ist und was die Erforschung des modernen Kulturwandels erst Jahrzehnte später als ihr Ergebnis präsentiert hat, stellt Shirokogoroff schon 1935 fest: Die entscheidende Wirkung des Kulturwandels geschieht über den »psychomentalen Komplex«, moderner ausgedrückt, durch eine grundlegende Änderung des kognitiven Systems und seiner emotiven Einbettung.

Einer Aufnahme dieser innovativen, überzeugenden Erkenntnisse in den internationalen Fachdiskurs stand indes Shirokogoroffs unglückliche Prägung durch sein kurzes

Physik- und Mathematikstudium im Wege. Wie so mancher Ethnologe wollte er seine Erkenntnisse als Naturgesetze darbieten. So benutzt er in seiner Einleitung für kulturelle Prozesse das heute leider immer noch häufige Wort »Mechanismen«. Er stellt sie nicht nur in seinen leicht verständlichen Graphiken dar, sondern auch durch nicht näher erklärte und damit unverständliche mathematische Formeln. Dazu äußert er sogar: »Die Theorie des Ethnos kann leicht auf Pflanzen und andere Tiere übertragen werden. [...] Ich hoffe, dass in einer relativ nahen Zukunft es möglich sein wird, diese Phänomene im Rahmen eines Energie-Materie-Konzepts zu behandeln.«

Shirokogoroffs theoretische Erörterungen, die dennoch mehr Aufmerksamkeit bei den Fachkollegen verdient hätten, blieben, zumal sie in einer nur vom Autor selbst benutzten Terminologie ausgedrückt wurden, fast unbeachtet. Auch in Russland wurden Shirokogoroffs für die sibirische Ethnologie bahnbrechenden Forschungen als die eines Antikommunisten und Emigranten bis in die neunziger Jahre des 20. Jh. ignoriert. Eine Ausnahme bildete R. → Thurnwald, der Shirokogoroff mehrfach zitiert und seinen Schüler W. E. → Mühlmann auf ihn aufmerksam gemacht hat. Dieser führte einen Briefwechsel mit Shirokogoroff und publizierte die ins Deutsche übersetzte Einleitung zum hier behandelten Werk. Er würdigte ihn 1940 eines ausführlichen Nachrufs. Mühlmann hat vor allem Shirokogoroffs Theorien zu »interethnischem Druck« und »Milieu« übernommen, freilich ohne ihn als Urheber zu nennen.

Demgegenüber hat Shirokogoroffs innovative Betrachtungsweise des Schamanimus in dem längsten Kapitel breitere Resonanz gefunden. Als Erster entwickelte er langfristige Beziehungen zu Schamanen und führte freundschaftliche Gespräche mit ihnen. So konnte er feststellen, dass die anerkannten Schamanen keineswegs Psychopathen waren, wie damals allgemein angenommen wurde, sondern intelligente, verantwortungsbewusste Persönlichkeiten, welche die Verhaltenserwartungen ihrer Gesellschaft erfüllten. Voraussetzung für ihre Tätigkeit war die Anerkennung durch die Gruppe. Shirokogoroff stellte als Erster heraus, dass während der Séancen zwischen dem Schamanen und den ihn umgebenden Gläubigen eine Wechselwirkung besteht und auch ein Teil der Zuhörer in Trance gerät. Schamanismus ist in seinen Augen ein »Gruppenphänomen«.

ULLA JOHANSEN

Ausg.: ND: New York 1980, Berlin 1999. – Dt. Teilübers.: Ethnographie und Ethnologie. Zur Lage der modernen Völkerkunde, in: Archiv für Anthropologie N.F. 24 (1938), S. 1–7 (Teil des Vorworts). – Die Grundzüge der Theorie vom Ethnos, in: C. A. Schmitz (Hg.), Kultur (Frankfurt 1963), S. 254–86 und 402–3 (Teil des Vorwortes).
Lit.: W. E. MÜHLMANN, Nachruf auf S. M. Sirokogorov, in: Archiv für Anthropologie N.F. 26 (1940), S. 55–64. – E. V. REVNUNENKOVA/A. M. RESETOV, Sergej Michajlovic Sirokogorov kak issledovatel' samanizma, Ethnological Studies of Shamanism and Other Indigenous Spiritual Beliefs and Practices 5/1, Moskau 1999.

William Robertson Smith
(* 8.11.1846 Keig; † 31.3.1894 Cambridge)

Lectures on the Religion of the Semites. First Series: The Fundamental Institutions. Burnett Lectures 1888/89 (engl.; *Vorlesungen über die Religion der Semiten*), EA London 1889, ^{2}1894.

Das Werk von William Robertson Smith steht am Anfang einer Theorietradition, die die Entstehung sozialer Verbindlichkeit nicht irgendeinem Fortschritt zuschreibt, sondern der Ambivalenz heiliger Handlungen. Was Menschen im täglichen Alltagsleben bei Strafe verboten ist: die Tötung lebender Wesen, kann in Gestalt eines gemeinschaftlichen Ritus gestattet sein und der Kultgemeinschaft eine eigene Dignität gegenüber dem Einzelnen verschaffen.

Smith war zu dieser Sicht auf Grund eines Studiums der Bibelwissenschaften gelangt, das er in Edinburgh begonnen hatte. Als er 1869 zur Fortsetzung nach Göttingen ging, lernte er Julius Wellhausen (1844–1918) und dessen Werk näher kennen. Wellhausen hatte begriffen, welche umstürzenden Folgen es für das Verständnis der Geschichte des antiken Judentums haben musste, wenn das 5. Buch Mose, das Deuteronomium, identisch mit dem Buch war, das im Jahre 621 v.Chr. im Tempel von Jerusalem gefunden und dem König Josia gebracht worden war und das die Forderung enthielt, Gott ausschließlich auf dem Berg Zion in Jerusalem und nicht auch noch an anderen Orten im Lande Israel kultisch zu verehren, wie es damals üblich war. Um den Zorn Gottes zu beschwichtigen, ordnete Josia die Zentralisierung aller Opferhandlungen auf dem Zion an (2. Könige 22f). Von diesem festen Punkt in der Chronologie biblischer Schriften aus konstruierte Wellhausen die Geschichte des antiken Judentums grundlegend neu. Vor der Zeit der Propheten herrschte in Israel ein paganer Typus von Religion. Erst die Propheten eröffneten den Kampf gegen die kultische Verehrung anderer Götter als Jahwe. Mit dem Deuteronomium schließlich wurden alle kultischen Aktivitäten in Jerusalem konzentriert.

Als Smith 1875 den Artikel »Bible« in der *Encyclopaedia Britannica* veröffentlichte, machte er die neuen revolutionären Erkenntnisse der Bibelkritik einer breiteren Öffentlichkeit in Großbritannien bekannt. Daraufhin wurde er in einem berüchtigten Häresieprozess 1881 seines Amtes als Professor für Hebräisch und Altes Testament am Free Church Divinity College in Aberdeen enthoben. Er wurde nach seiner Entlassung hauptamtlicher Redakteur der neunten Auflage der *Encyclopaedia Britannica*, bevor er 1883 auf die Professur für Arabisch an die Universität Cambridge berufen wurde, wo er am Trinity College den jungen Altertumswissenschaftler J. G. → Frazer kennen lernte.

In dieser Zeit richtete Smith seinen Blick auf die Frühgeschichte des jüdischen Kultes, auf den durch die

Quellenkritik neues Licht fiel. Zur selben Zeit machten britische Juristen die soziale Struktur der »primitiven« Völker des britischen Kolonialreiches zu ihrem Untersuchungsgegenstand. An der Pionierarbeit war maßgeblich der Rechtsanwalt John F. McLennan (1827–81) beteiligt, den Smith aus Studentenzeiten in Edinburgh persönlich kannte. McLennan hatte aus Berichten über das *totam* der nordamerikanischen Ojibwa den Schluss gezogen, dass der schon länger bekannte primitive »Fetischismus« die Funktion habe, die soziale Ordnung matrilinearer exogamer Stämme zu regeln. Smith übernahm das Konzept, um die soziale Praxis semitischer Religionen zu bestimmen. Er machte so die semitische Religionsgeschichte zum Kronzeugen dafür, dass und wie Religion und Sozialordnung unter archaischen Bedingungen interagierten.

1887 lud die Burnett-Stiftung Smith ein, drei Vorlesungsreihen zum Thema: »Die primitiven Religionen der semitischen Völker in ihrem Verhältnis zu anderen antiken Religionen und zur geistigen Religion des Alten Testaments und des Christentums« zu halten. Er sollte sie in derselben Stadt geben, in der er Jahre zuvor so spektakulär seine Professur verloren hatte: in Aberdeen. Die *Lectures on the Religion of the Semites* sind aus dem ersten Vorlesungszyklus hervorgegangen, den er von Oktober 1888 bis März 1889 hielt. Der Autor hat sie kurz vor seinem Tode 1894 noch für eine zweite Auflage überarbeitet. Schon schwer erkrankt, hielt er 1890 und 1891 noch den zweiten und dritten Vorlesungszyklus. Lange glaubte man, von ihnen sei nichts erhalten. Jedoch hat kürzlich John Day handschriftliche Aufzeichnungen von Robertson Smith in der Cambridge University Library entdeckt und ediert.

Der Titel des Werkes scheint Smith als Anhänger der auf Friedrich Max Müller (1823–1900) zurückgehenden Methode der vergleichenden Religionswissenschaft auszuweisen. Müller hatte die Frühformen indogermanischer Religionen mit den semitischen verglichen und dabei zwei konträre Konzeptionen von Beziehungen zu den Göttern rekonstruiert. Smith kannte seine Behauptung, dass die Arier Gott für in der Natur immanent hielten, während der semitische Gott jenseits der Welt stehe und sich nur durch Propheten offenbare. Jedoch war er nicht davon überzeugt. Da die erstgenannte Anschauung seiner Ansicht nach auch für den Baalkultus der Ackerbau treibenden Semiten charakteristisch war, konnten es erst die Propheten gewesen sein, die die scharfe Scheidung zwischen Gott und der natürlichen Welt herbeigeführt hätten. Von dieser Annahme ausgehend, eröffnete er ein andersartiges Panorama der Frühgeschichte der Religionen. Je weiter man sich in ihrer Geschichte zurückbegebe, um so größer würden die Übereinstimmungen der semitischen mit den indogermanischen Religionen. Beide Zweige antiker Religionen verlören ihre Besonderheiten, wenn man ihrer Abstammung von einer noch älteren Stufe primitiver Religion nachgehe. Durch Vergleiche der hebräischen Religion mit den Religionen anderer Völker wollte er so das Basisinventar einer allen gemeinsamen Religion ermitteln

Smith versuchte die Religion dieser Völkerfamilie auf hypothetische Weise zu rekonstruieren. Die vorderasiatischen Offenbarungsreligionen Judentum, Christentum und Islam seien zwar von Propheten geschaffen worden und damit »positive« Religionen. Jedoch könne keine Religion einen vollkommen neuen Anfang machen, sondern stehe stets in Zusammenhang mit älteren Anschauungen und Gebräuchen. Doch wie war diese ältere Grundlage beschaffen? Scharfer Geist, der er war, fand Robertson Smith einen methodisch überzeugenden Weg, sie zu ermitteln. Zeigte nicht die antike Religionsgeschichte zur Genüge, dass Religion weniger aus Glaubensvorstellungen als aus Institutionen bestand? Diese Einsicht führte ihn zu der Auffassung, dass Mythen gegenüber Riten sekundär seien. In beinahe jedem Falle sei der Mythus aus dem Ritus entstanden, nicht umgekehrt. Der Ritus war Sache der religiösen Pflicht. Dieser Gesichtspunkt beherrschte seine Untersuchung der antiken Quellen. Ausgehend von der

Verwandtschaft, die zwischen Göttern und ihren Verehrern bestand, beschrieb Smith die Bindung von Göttern und Menschen an Orte. In der Beziehung der Menschen zu diesen Stätten war die Vorstellung bestimmend, dass diese Stätten heilig seien und nicht zu profanen Zwecken missbraucht werden dürften. Die zentrale Handlung, die Gott und Menschen miteinander in Beziehung brachte, war seiner Ansicht nach das Opfer. Dieses war ursprünglich kein Tribut und keine Gabe. Geschlachtet wurde das Totemtier der Gruppe. Da es heilig war, durfte es nur gemeinsam und unter genauer Beachtung ritueller Vorschriften geschlachtet und verzehrt werden. Es privat zu töten, wäre ein unverzeihliches Verbrechen gewesen. Das Opfer war mithin eine Mahlgemeinschaft, in der Gott und Menschen sich verbrüderten.

Aus dem Set von Normen und Konzeptionen, die sich um diese heilige Handlung rankten, entstand die Vorstellung einer Rechtsordnung, die für alle Genossen verbindlich ist. Wenn Übertretungen der Ordnung vorkamen, mussten sie mittels Sühnopfer geahndet werden. Allmählich büßte das Opfer auf diese Weise seinen heiteren Charakter ein. Von religiösen Spezialisten (Priestern) überwacht, die für seine korrekte Ausführung zu sorgen hatten, wurde es ein Mittel der Sühnung von Unrecht und der Beschwichtigung göttlichen Zornes. Smith argumentierte mit alttestamentlichen und arabischen Quellen. Eher beiläufigen Hinweisen wie 1. Samuel 20,6.29 entnahm er, dass auch in Israel das Opfer anfänglich eine heitere Angelegenheit der Verwandtschaftsgruppe war. Um hierüber mehr in Erfahrung zu bringen, bediente er sich eines vergleichenden Verfahrens. Dabei hielt er sich an eine Grundregel von McLennan: Da in der Wissenschaft von Recht und Gesellschaft Alter nicht nach dem Kriterium der Chronologie, sondern dem der Struktur zu bemessen sei, solle man bei Untersuchungen dieser Art von Gebieten ausgehen, in denen man einfachere Strukturen antrifft, auch wenn die Informationen darüber erst aus späterer Zeit stammen. So sah dies auch Smith. Obwohl die Araber Hunderte von Jahren nach den biblischen Hebräern lebten, konnten ihre Rituale seiner Ansicht nach ein Licht auf die von den Propheten vorausgesetzte primitive semitische Religion werfen. In diesem Sinne hat Smith einen Bericht aus dem 4. Jh. n.Chr. über ein gemeinschaftliches Opferritual, bei dem ein Kamel vor Sonnenaufgang als Ersatz für einen Menschen zerstückelt und roh verzehrt wurde, als Quelle für einen archaischen semitischen Totemismus gewertet. Allerdings hat er die Glaubwürdigkeit dieser Quelle falsch eingeschätzt.

Auf weniger schwankendem Boden stand er mit seiner Theorie des Opfers als feierlicher Mahlgemeinschaft. Es gibt Indizien dafür, dass Tiere nur im Rahmen eines Ritus getötet werden durften. Nach Smith war alles Schlachten unter diesen Bedingungen immer zugleich auch ein Opfern, wie umgekehrt das Opfer ein gemeinschaftliches Mahl einschloss. Das Attribut heilig sanktionierte das gemeinschaftliche Nutzungsrecht und schloss private Aneignung aus. Die Teilnehmer an dem heiligen Mahl schufen durch den gemeinsamen Genuss von Fleisch und Blut einer Gottheit untereinander ein festes soziales Band, wie Smith mit Verweis auf den Totemismus ausführt. Aus der rituellen Gruppe erwuchs so die Rechtsgemeinschaft mit der ihr eigenen Autorität und Würde. Die Gottheit wachte über das zivile Leben der Gemeinschaft und garantierte mit ihrer Macht die Einhaltung der Gebote. Hingabe an die Gemeinschaft war ethisch vorbildlich, zivile Normen wie Loyalität wurden religiös legitimiert. Verletzungen der sozialen Ordnung als ganzer aber wurden als Vergehen gegen die Gottheit aufgefasst und mit dem Tod bestraft.

Wenn Religionen öffentliche Institutionen sind, müssten sie auf ähnliche Weise untersucht werden wie politische, fand Smith. So wie es diese gab, bevor explizite politische Lehren formuliert wurden, mussten religiöse Institutionen unabhängig von allen Mythen und Theologien existiert haben. Smith blieb nicht bei der Analogie stehen. Er hielt religiöse und politische Institutionen für Teile eines größeren Ganzen: der Öffentlichkeit einer sozialen Gemeinschaft. Dieser Zusammenhang hat Wirkungen auf die Geschichte der Religionen, wie W. R. Smith am alten Israel deutlich machte. Die politischen Katastrophen, die das jüdische Volk erlebte, erfassten und veränderten auch seine Auffassung vom Kult. Aus dem heiteren gemeinschaftlichen Opfermahl wurde nach und nach ein düsteres Sühnopfer. Die harten politischen Schicksalsschläge Israels belasteten das Verhältnis der Gläubigen zu ihrem Gott. Propheten begründeten und stabilisierten diese neuartige Erfahrung der Gottferne. Das sühnende Brandopfer wurde grundlegend für die Beziehung, die das jüdische Volk mit seinem zürnenden Gott unterhielt. Die Kultuszentralisation unter König Josia besiegelte endgültig die Scheidung des Opfers vom geselligen heiteren Mahl.

In einem Nachruf auf Smith hat J. G. Frazer betont, einen wie tiefen und dauerhaften Einfluss McLennan auf ihn ausgeübt hat. Dass das nicht nur von Vorteil war, sollte sich zwei Jahrzehnte nach dem Tod von Smith erweisen. McLennans Hypothese des Totemismus gehörte zu jenen Konstrukten früher Ethnologie, die unter dem Licht kritischer Überprüfung schnell dahinschieden. Ein Aufsatz von Alexander Goldenweiser (1880–1940) aus dem Jahre 1910 wies die Unhaltbarkeit nach. Dennoch darf man nicht verkennen, dass es die Totemismustheorie McLennans war, die ihn auf die geniale Idee gebracht hatte, in den biblischen Quellen nach den Wurzeln des sozialen Bandes zu suchen.

Mit Smith begann das Studium der Geschichte von Schriftreligionen für das Verstehen von elementaren Gesellschaftsstrukturen folgenreich zu werden. Anders als E. B. → Tylor, der in der Religionsgeschichte die stufenweise Entfaltung der menschlichen Zivilisation nachgezeichnet hatte, legte W. R. Smith in der Geschichte der Schriftreligionen eine elementare institutionelle Struktur frei, die der Gesellschaftsbildung zu Grunde lag. Das Studium der Geschichte semitischer Religionen war dabei besonders vielversprechend. Sie ließen die Anfangsstruktur besonders klar erkennen und bestätigten, dass die Grundlage antiker Religionsgeschichte Handlungen und nicht Dogmen waren. Das große Interesse an seinem Werke hatte noch einen weiteren Grund. Ähnlich wie die zeitgenössischen »primitiven« Kulturen historisch verfremdet und an den Anfang der Geschichte gerückt wurden, damit man ihnen Verbindliches für die eigene Kultur abgewinnen konnte, verlegte W. R. Smith die biblische Tradition in eine ferne Frühzeit. Dadurch verlor sie nicht an Normativität, sondern gewann eher noch dazu.

Mit der Thematisierung der Ursprünge von Gesellschaft ging seit Ende des 19. Jh. ein gesteigertes Interesse an Smith einher. J. G. Frazer, der ihn in den achtziger Jahren kennen gelernt hatte, rühmte ihn im Vorwort zur ersten Auflage seines *The Golden Bough* von 1890 als denjenigen, von dem er die zentrale Idee seines Buches bezogen habe: »die Konzeption des erschlagenen Gottes«. Sigmund Freud (1856–1939) verarbeitete in *Totem und Tabu* (1913) seine These, das Töten eines Tieres habe zu jenen Taten gehört, die dem Einzelnen verboten gewesen sei und nur dann gerechtfertigt war, wenn der ganze Stamm sie beging und insgesamt die Verantwortung übernahm. Die Psychoanalyse verrate, so klärte Freud die Leser auf, dass das Totemtier ein Ersatz des Vaters sei. Und É. → Durkheim bekannte 1907, dass er erst durch die Lektüre von Smith ein klares Bewusstsein von der zentralen Rolle der Religion im sozialen Leben erlangt habe. In Cambridge selber sollte Smiths Behauptung, die rituelle Handlung sei von größerer Beständigkeit als alle Mythen und Lehren, einige Jahre nach seinem Tode intensive Wirkung entfalteten. Sie wurde zum Programm einer Gruppe von Wissenschaftlern und Wissenschaftlerinnen, die sich einige Jahre nach seinem Tode in Cambridge unter der Ägide von Jane Harrison (1850–1928) als »Cambridge Ritualists« formierten.

Hans G. Kippenberg

Ausg.: ND London 1997. – ND d. 2. Aufl. u.d.T.: The Religion of the Semites. The Fundamental Institutions, New York 1972. – Dt. EA (Übers. der 2. Aufl.) u.d.T.: Die Religion der Semiten (1899), ND Darmstadt 1967.
Lit.: J. F. McLennan, The Worship of Animals and Plants, in: The Fortnightly Review 6 (1869), S. 407–27; 7 (1870), S. 194–216. – J. Wellhausen, Geschichte Israels. Berlin 1878, ²1883 u.d.T.: Prolegomena zur Geschichte Israels. – A. A. Goldenweiser, Totemism, an Analytical Study, in: Journal of American Folklore 23 (1910), S. 179–293. – J. Henninger, Ist der sogenannte Nilus-Bericht eine brauchbare religionsgeschichtliche Quelle?, in: Anthropos 50 (1955), S. 81–148. – W. M. Calder III (Hg.), The Cambridge Ritualists Reconsidered, Atlanta 1991. – W. Johnstone (Hg.), William Robertson Smith. Essays in Reassessment, Sheffield 1995. – J. W. Rogerson, The Bible and Criticism in Victorian Britain. Profiles of F. D. Maurice and W. R. Smith, Sheffield 1995. – W. R. Smith, Lectures on the Religion of the Semites. Second and Third Series, hg. v. J. Day, Sheffield 1995.

Hans Staden

(* ca. 1525 Homberg/Efze; † 1576 ?)

Warhaftige Historia und beschreibung eyner Landtschafft der wilden nacketen grimmigen Menschfresser Leuthen in der Newenwelt America gelegen, EA Marburg 1557.

Auf einer Reise an der südamerikanischen Ostküste wurde Hans Staden 1554/55 im Gebiet des späteren Rio de Janeiro neun Monate von Tupinambá gefangengehalten. Sein Buch, der erste eingehende Augenzeugenbericht von indianischer Anthropophagie, erregte damals Aufsehen und wurde im 20. Jh. angezweifelt.

Staden stammte aus bürgerlichem Honoratiorenmilieu der hessischen Kleinstadt Homberg an der Efze, reiste vermutlich aus Abenteuerlust nach Südamerika und brachte es nach seiner Rückkehr zu Wohlstand als Besitzer einer Pulvermühle. Ein von ihm erhaltener Brief lässt auf gute Bildung schließen. Er besaß freundschaftliche Kontakte zur damals neugegründeten Marburger Universität; seine Gefangennahme durch Indianer in Brasilien geschah, als er Wildbret für den gerade zu Besuch gekommenen Sohn des Marburger Universitätsdichters Helius Eobanus Hessus (1488–1540) schießen wollte und sich dafür zu weit in den Wald, fort von der portugiesischen Festung gewagt hatte, in der er als Kanonier diente.

Ein anderer Marburger Professor, der Mediziner Johannes Dryander (†1560), lobt im Vorwort zum Buch den Autor, der »eynfeltiger weise« schreibe. Damit meint er wahrhaftig und ungeschminkt, im Unterschied zu »geschmückten oder brechtigen [prächtigen] worten oder Argumenten« eitler Gelehrter. Dieses Lob der ungelehrten Rede gehörte zum gelehrten Diskurs der Zeit. Wir finden es z.B. in fast identischem Zusammenhang bei Michel de Montaigne (1533–92) wieder, der 1580 einen Augenzeugen der Sitten der gleichen menschenfressenden Tupinambá glaubwürdig nennt, weil er »un homme simple et grossier« (»schlichter Mensch und ohne Ausbildung«) sei, der deshalb nichts aus gelehrter Eitelkeit »vergrößern und verschönern« werde.

Obwohl Dryander als weiteres Argument für Stadens Glaubwürdigkeit dessen gutbürgerliche Herkunft betont, hat flüchtige Lektüre seines Vorworts neuere Kritiker dazu verführt, Staden als »schlichten Matrosen« (Arens) zu bezeichnen, der ein solches Buch gar nicht habe schreiben können. Als Ghostwriter wurde deshalb Dryander vermutet, doch stimmt die detaillierte Beschreibung ethnographischer Einzelheiten so genau mit heutiger wissenschaftlicher Kenntnis der Kultur der damaligen Tupinambá überein, dass sie sicher von einem Augenzeugen stammt. Dies lässt sich für diejenigen Bereiche plausibel machen, die auch aus heutigen indianischen Kulturen Brasiliens rekonstruierbar sind (wie Hausbau, Landwirtschaft, Sprache). Hierzu gehört freilich die Anthropophagie nicht, die aus der Kolonialzeit durch weitere europäische Quellen bestätigt wird, von heutigen Indianern jedoch nur mehr durch vieldeutige Mythen und Erinnerungen.

Neben ethnographischer Beobachtung zeigt das Buch ideologische Darstellungsfiguren, die eine gebildete Feder vermuten lassen – dass Hans Staden selbst dafür gebildet genug war, ist nach dem Wenigen, was wir über ihn wissen, möglich, aber auch eine Überarbeitung etwa durch Dryander oder Hessus ist nicht auszuschließen.

Durch fromme Kommentare stilisiert Staden sich zu einem neuen Daniel in der Löwengrube, von Wilden gefangen und misshandelt, der aber dank Gottvertrauen und lautem Gebet am Ende errettet wird. Das passt zur Betonung der göttlichen Gnade in der zeitgenössischen lutherischen Frömmigkeit. Der Titel des Werkes erinnert hingegen an spanische Amerikabeschreibungen (»Verdadera historia« bzw. »crónica« hier übersetzt als »wahrhaftige Historia«), und auch der Aufbau des Werkes mit seiner Zweiteilung in Reisebericht und Bericht über Land und Leute steht spanischen und portugiesischen Schriften nahe.

Dryanders Vorwort bezeichnet das Werk als Beitrag zur »Cosmographia« (Weltbeschreibung). Der durch die *Cosmographia* (1544) von Sebastian Münster (1488–1552) populär gewordene Begriff meinte im deutschen Sprachraum eine Vorform der Geographie. Die mehr prä-ethnologische als prä-geographische Bedeutung bei Dryander/Staden verweist dagegen nach Frankreich, wo André Thevet (1503/04–92) als offizieller »Cosmographe du Roy« Reisen und frühe ethnographische Beschreibungen unternahm. Im gleichen Jahr wie Stadens Buch erschien in Paris Thevets *Les Singularitez de la France antarctique*, eine Beschreibung der brasilianischen Küste und der Tupinambá, die sich in Einigem mit derjenigen Stadens überschneidet. Dryander lobt in seinem Vorwort Stadens Bericht als Modell einer »Cosmographia«, v.a. wegen des Vorrangs der direkten, persönlichen Beobachtung vor Buchtheorien und weil der Reisende »anzeyget zeit, stat und platz« der Forschung, die dadurch überprüfbar wird. Dieses Programm einer streng empirisch ausgerichteten Wissenschaft zeichnet sich auch in zeitgenössischen französischen Berichten aus Brasilien ab und passt gleichzeitig zu Dryanders neuzeitlichem medizinischem Ansatz, der die Beobachtung über das Studium der mittelalterlichen Autoritäten stellte.

Stadens Text beschreibt nach dem persönlichen Reisebericht nur kurz die Geographie der brasilianischen Küste, um dann zur Darstellung indianischer Sitten überzugehen. Diese werden nach einem Schema gegliedert, das etwas an viel spätere ethnographische Monographien erinnert. Es beginnt mit dem Lebenswichtigen (»Wie sie Fewr machen«, »Warin sie schlaffen«, wovon sie leben, mit was für Werkzeugen, was sie trinken), geht dann zum Zierrat über, dann folgt eine Art typischer Lebenslauf von der Geburt bis zur Verlobung (in späteren Monographien wäre das die »Sozialordnung«), schließlich »Woran sie gleuben«. Daran schließt aber noch der längste Teil, von Krieg und Menschenfresserei, der das Buch berühmt machte. Erst danach steht eine nur kurze Beschreibung von Fauna und Flora.

Holzschnitte zeigen künstlerisch unbeholfen, aber mit großer ethnographischer Genauigkeit indianisches Leben, etwa Hütten oder Pflanzbau. Eine Serie führt den Ablauf des Kannibalismus vor und wurde in späteren Ausgaben immer phantastischer.

Lange Zeit nur als gruselige Sensation genossen, wurde das Werk erst im 20. Jh. von Ethnologen (z.B. A. → Métraux, Fernandes) als instruktive Quelle neu gelesen. Massive Kritik kam von Arens (1979), der die Anthropophagie für einen ethnologischen Mythos hält, für den es keine Augenzeugen gebe, und sich deshalb mit dem Augenzeugen Staden auseinandersetzen muss. Seitdem arbeitete die literaturwissenschaftliche Forschung (Neuber 1991) die ideologische Bedingtheit von Staden heraus, löste allerdings die Frage nicht, woher die ethnographische Genauigkeit seiner Beobachtungen kommt.

MARK MÜNZEL

Ausg.: ND: Frankfurt 1925 (m. Begleitschrift v. R. N. WEGNER), Kassel 1978. – Neuausgabe: Zwei Reisen nach Brasilien 1548–1555

(modernisierter Text, mit Nachwort und Erläuterungen v. K. FOUQUET) Marburg a.d. Lahn [5]1995.
Lit.: M. DE MONTAIGNE, Von den Menschenfressern [Des cannibales], in: DERS., Essais [1580], hg. v. R. R. WUTHENOW, Frankfurt 1976, S. 82–101. – A. MÉTRAUX, La religion des Tupinamba et ses rapports avec celle des autres tribus Tupi-Guarani, Paris 1928. – F. FERNANDES, Organização social dos Tupinambá, São Paulo 1949. – W. ARENS, The Man-Eating Myth: Anthropology and Anthropophagy, New York 1979. – W. NEUBER, Fremde Welt im europäischen Horizont: Zur Topik der deutschen Amerika-Reiseberichte der frühen Neuzeit, Berlin 1991. – M. HARBSMEIER, Wilde Völkerkunde: Andere Welten in deutschen Reiseberichten der frühen Neuzeit, Frankfurt 1994.

William Edward Hanley Stanner
(* 24.11.1906 Sydney; † 8.10.1981 Canberra)

On Aboriginal Religion (engl.; *Über Aborigines-Religion*), ED Sydney 1959–63 (in: Oceania 30/2 [1959], 30/4 [1960], 31/2 [1960], 31/4 [1961], 32/2 [1961], 33/4 [1963]), EA Sydney 1963 (Oceania Monograph 11).

Wissenschaftliches Interesse an australischen Aborigines-Religionen besteht seit dem Erscheinen der ersten, rein deskriptiven Schriften, die um die Wende zum 20. Jh. veröffentlicht wurden. Die Arbeiten von George Taplin (1831–79), Baldwin Spencer (1860–1929), Frank J. Gillen (1855–1912), Alfred Howitt (1830–1908) und C. → Strehlow wurden weitläufig zur Kenntnis genommen und flossen in die Theoriengebilde so bekannter Rezipienten wie E. B. → Tylor, J. G. → Frazer, Andrew Lang (1844–1912), É. → Durkheim und P. W. → Schmidt ein. Spätere, von ausgebildeten Ethnologen und Linguisten verfasste Studien lieferten zwar das Material für eine fundierte Kritik an den frühen Beschreibungen und den darauf basierenden Theorien, erlangten aber keinen vergleichbaren weltweiten Einfluss oder Bekanntheitsgrad. Dies gilt insbesondere für Stanners Arbeit *On Aboriginal Religion*, die ursprünglich zwischen 1959 und 1963 in Form von sechs Einzelaufsätzen in der Zeitschrift *Oceania* erschien. 1963 wurden die Aufsätze unverändert, nur um eine kurze Einführung von Stanner ergänzt, als Monographie herausgegeben. Diese Ausgabe und deren Nachdruck von 1966 waren schnell vergriffen. 1989 erschien posthum ein um ein Vorwort und eine Einleitung erweiterter Nachdruck.

Unter Australisten galt das Werk seit seinem ersten Erscheinen als außergewöhnlich und eigenwillig. Hier wurde erstmals versucht, nach dem konkreten Sinn einer beispielhaft ausgewählten australischen Religion zu fragen und deren kosmogonische, kosmologische und ontologische Bedeutung über ein facettenreiches Zentralmotiv, die Zelebrierung eines Lebens in Abhängigkeit, herauszuarbeiten. Anders als Stanners vielgelesener und wohl berühmtester religionsethnologischer Aufsatz, »The Dreaming« (1956), wurde *On Aboriginal Religion* außerhalb der englischsprachigen Ethnologie nur selten zur Kenntnis genommen. Die eher geringe Resonanz gerade im deutsch- und französischsprachigen Raum mag u.a. im stellenweise komplizierten, ja gelegentlich kryptischen Schreibstil begründet liegen. Einwände, dass es *On Aboriginal Religion* an theoretischem Durchhaltevermögen ebenso wie an Stringenz in der Argumentation ermangle, sind aus heutiger Sicht durchaus berechtigt: Unvermittelt und oft auch sprunghaft sei der Wechsel zwischen »dichter« Beschreibung der ethnographischen Fakten, soziostrukturalen Feinanalysen und phänomenologischen Interpretationen (Morton 1991). Entgegenzuhalten ist dem allerdings, dass die Arbeit den damaligen wissenschaftlichen Zeitgeist weit hinter sich ließ, erstaunlich moderne Komponenten einer reflexiven Kulturanalyse einführte und eine ausgefeilte und positive Analyse religiöser Vorstellungen lieferte, die bis dahin als simpel, primitiv oder naiv gegolten hatten. Zudem handelt es sich weder um eine durchkonzipierte Monographie noch um ein systematisches Hauptwerk, sondern tatsächlich um Einzelaufsätze, die eine perspektivenreiche

Annäherung an das komplexe Thema ermöglichen. Trotz aller Kritik stimmen daher die meisten Fachwissenschaftler auch weiterhin mit Hiatt (1975; 1989) darin überein, dass *On Aboriginal Religion* bis heute die einfühlsamste und wichtigste Analyse zum Thema darstellt. Stanner selbst stand der Publikation seiner Aufsätze als Monographie eher reserviert gegenüber und betrachtete sie bis zuletzt als work-in-progress (Merlan 1989).

Nach Aufnahme seines Studiums in Sydney im Jahr 1929 begann Stanner ab 1932 im Daly River-Gebiet (nordwestliches Northern Territory) zu arbeiten. Bis kurz vor seinem Tod hielt er den Kontakt zur Region durch zahlreiche Forschungsaufenthalte aufrecht. Ab 1935 konzentrierte er sich auf die vornehmlich murinbatasprachige Bevölkerung der damals gerade gegründeten katholischen Mission von Port Keats an der Westküste (die Sprache wird heute als Murrinh-patha transkribiert). Die frühen Studien in Port Keats wurden während der 1950er Jahre ergänzt und lieferten die Grundlagen für *On Aboriginal Religion*.

Im Zentrum von Stanners wissenschaftlicher Arbeit standen Fragen des Kulturkontakts und des soziokulturellen Wandels. Dieses Interesse führte zwangsläufig zu einer Abkehr von den seinerzeit dominanten Gesellschaftstheorien, deren analytische Schwerpunkte bei sozialer Stabilität und gesellschaftlichem Konsens lagen. So ist *On Aboriginal Religion* u.a. auch eine eher sanfte Kritik am Strukturfunktionalismus seines ehemaligen Lehrers in Sydney A. R. → Radcliffe-Brown, dessen Ansichten zu anderen Themenbereichen er durchaus folgte. Stanner bemängelte die den Struktur- und Funktionsbegriffen immanente Ahistorizität, die auf einem unterstellten statischen Kulturkonzept fußt und der Analyse von kulturellem und gesellschaftlichem Wandel keinen analytischen Raum bieten kann. Weit vehementer fiel hier jedoch seine Kritik an Durkheims Religions- und Totemismustheorie aus, die, gerade was die australischen Belege angeht, auf sehr unzureichenden Quellen beruhte.

Durkheims zentrale Thesen, dass religiöse Phänomene sich auf soziale Phänomene reduzieren ließen, dass die Funktion von Religion ausschließlich sozialer Natur sei und dass Klassifikationssysteme nur die Erweiterung sozialer Kategorien darstellten, galten ihm als vulgärer sozialer Reduktionismus (vgl. Stanner 1967).

Für seine eigene Studie nutzte Stanner das methodische und theoretische Gerüst der in den fünfziger und sechziger Jahren des 20. Jh. aufkommenden transaktionalen und Transformationsanalysen. Er bemühte sich um eine verstehende Deutung des sogenannten Totemismus und seiner Symbolik: Entsprechend begriff er Aborigines-Religionen weder als soziale Epiphänomene noch galt ihm der Totemismus bzw. die segmentäre Organisation in sogenannte totemistische Klane als ein Schlüssel zum Verständnis der Religion (Kap. 2). Anders als bei Durkheim und Radcliffe-Brown ließen sich für ihn Aborigines-Religionen nicht auf einen eindimensionalen bzw. allumfassenden Totemismus reduzieren (Kap. 6). Er sah im Totemismus eine operationale Beziehung verwirklicht, die einen grundlegenden Beziehungsmodus zwischen Kosmologie und Ontologie einerseits und Sozialordnung andererseits darstellt (Kap. 2). Der Totemismus schaffe die Handlungsgrundlagen und die Rahmenbedingungen, in denen Menschen als Gruppen agieren könnten: dies jedoch immer nur in Beziehung zu bestimmten, keineswegs aber zu allen Objekten und Aktivitäten (Kap. 3, 4, 5). So ist es nach Stanner verfehlt, im Totemismus die Religion und in der Religion die Gesellschaft repräsentiert zu sehen (Kap. 6, Merlan 1989).

Nach heutigem Forschungsstand gelten Stanners einschränkende Bemerkungen zur Bedeutung des Totemismus als begründet. Problematisch hingegen ist seine eher marginale Behandlung der konkreten Beziehung von Religion und Sozialstruktur, die in *On Aboriginal Religion* zu einer völligen Ausblendung politischer Dynamik im Bereich der Religion führt. Politik und politische Praxis sind bekanntlich auch in den australischen Religionen von grundlegender Bedeutung (Keen 1994; Morphy 1988).

Stanners Anliegen in *On Aboriginal Religion* war es, die »Innenperspektive« einer australischen Religion darzustellen (Kap. 2), ihren Eigenwert als Religion und nicht als Spiegel von Gesellschaft, nicht als Magie oder bloße Reflexion eines wie immer gearteten Totemismus herauszuarbeiten und dadurch die Grundlagen für ein Verstehen zu schaffen (Einleitung, Kap. 6). Genau hierin liegt auch die Bedeutung dieser Arbeit. Seine Darlegungen über die Grundzüge des Opfers und der Sakramentalien, seine Überlegungen zu Riten und Mythen, seine symbolische Analyse der sogenannten »höheren Riten«, seine Beschreibungen und Deutungen der ritenlosen Mythen sowie sein Versuch, die dynamischen Korrelationen von Kosmos und Gesellschaft zu charakterisieren, sind – ungeachtet aller notwendigen Kritik – nicht nur eine Quelle der Information und Inspiration, sondern für einen verstehenden Zugang zu den australischen Religionen insgesamt grundlegend.

BRITTA DUELKE

Ausg: ND Sydney 1966; Neuausgabe Sydney [2]1989 (m. Vorwort v. F. MERLAN, Einleitung v. L. HIATT)

Lit.: W. STANNER, The Dreaming, in: T. HUNGERFORD (Hg.) Australian Signpost. An Anthology, Melbourne 1956, S. 51–65 – DERS., Reflections on Durkheim and Aboriginal Religion, in: M. FREEDMAN (Hg.), Social Organization. Essays Presented to Raymond Firth, London 1967, S. 217–40. – L. HIATT, Introduction, in: DERS. (Hg.) Australian Aboriginal Mythology. Essays in Honour of W. E. H. Stanner, Canberra 1975, S. 1–23. – I. KEEN, Stanner on Aboriginal Religion, in: Canberra Anthropology 9 (1986), S. 26–50. – H. MORPHY, The Resurrection of the Hydra: Twenty-five Years of Research of Aboriginal Religion, in: R. BERNDT/R. TONKINSON (Hg.), Social Anthropology and Australian Aboriginal Studies, Canberra 1988, S. 241–66. – F. Merlan, On Aboriginal Religion: An Appreciation, Sydney [2]1989, S. 1–18. – J. MORTON, [Rez. v.] W. E. H. Stanner: On Aboriginal Religion ([2]1989), in: Oceania 61 (1991), S. 359–61. – I. KEEN, Knowledge and Secrecy in an Aboriginal Religion, Oxford 1994.

Karl von den Steinen

(* 7.3.1855 Mülheim a.d.Ruhr, † 4.11.1929 Kronberg im Taunus)

Die Marquesaner und ihre Kunst. Studien über die Entwicklung primitiver Südseeornamentik nach eigenen Reiseergebnissen und dem Material der Museen. 3 Bde., EA Berlin 1925–1928.

»Etwa ein halbes Jahrhundert zu spät!« sei er auf die Marquesas-Inseln gekommen, klagt Karl von den Steinen im Vorwort zum ersten Band seiner dreibändigen Monographie. Im Jahre 1897 hatte er ein halbes Jahr lang dort Feldforschungen unternommen, die eine der Grundlagen für sein Werk über die Kunst der Marquesaner bilden. Die Schätzung der Zeitspanne einer radikalen kulturellen Veränderung, die ihn der Möglichkeit unmittelbarer Beobachtung traditionaler Kulturzüge beraubt hatte, ist präziser, als es auf den ersten Blick erscheinen könnte. Im Jahre 1847, also genau 50 Jahre vor von den Steinens Aufenthalt, veröffentlichte Herman Melville seine berühmte Novelle »Typee«, die sich auf seinen Aufenthalt als desertierter Matrose im Tal der Taipi auf Nukuhiva, der Hauptinsel der Marquesas, im Jahre 1842 bezog.

Eben die letztgenannte Jahreszahl setzt von den Steinen als die entscheidende Zäsur zwischen der alten und der europäisierten Kultur der Marquesaner an; und wohl zu Recht, denn es war dasselbe Jahr, in dem der französische Admiral Dupetit-Thouars die Inselgruppe für Frankreich in Besitz nahm und die ohnehin schon vorhandenen antieuropäischen Kämpfe sich zunächst in einer antikolonialen Bewegung intensivierten, um dann nur noch blutiger unterdrückt zu werden. Eingeschleppte Krankheiten taten ein Übriges, um die Zahl der Marquesaner in fast beispiellos kurzer Zeit zu dezimieren und ihre traditionale Kultur zu zerstören.

In Bezug auf Melvilles Buch selbst wahrt von den Steinen allerdings eine konsequente Skepsis. Im Gegensatz zu einer

Reihe anderer Ethnologen, die glaubten, zwischen der Dichtkunst des Schriftstellers und den von diesem gelieferten ethnographischen Informationen eine saubere Unterscheidung treffen zu können, verwirft von den Steinen dessen Darstellungen mit fast schon höhnischer Kritik. Überhaupt ist von den Steinens Werk deutlich von distanzierender, wenn auch ambivalenter Kritik gegenüber insbesondere den Darstellungen gekennzeichnet, die von weiteren im Zusammenhang mit der Ethnographie der Marquesas-Inseln berühmt gewordenen sogenannten »Beachcombern« stammen bzw. von diesen inspiriert wurden. Hierzu rechnet er den Franzosen Cabri sowie die Engländer Wilson, Robarts und Lawson und eben auch den Amerikaner Melville.

Überwiegend verlässt sich von den Steinen lieber auf die ethnographischen Berichte der in seinen Augen offenbar honorigeren (Kriegs-)Schiffskapitäne, auch wenn diese ihr Wissen zum größten Teil nur von den »Beachcombern« bezogen hatten, sowie auf die der Missionare. Noch wichtiger aber ist ihm der eigene Augenschein trotz der oben zitierten Klage über die Einschränkungen der ihm noch gegebenen Möglichkeiten. Jener Augenschein bezieht sich auf zwei Dimensionen: Zum einen auf eine außerordentlich gründliche und systematische Expeditionsforschung, die den Autor auf den geologisch zerklüfteten Marquesas-Inseln von Tal zu Tal und von Insel zu Insel führte, und bei der ihm durchaus noch wesentliche Entdeckungen wie die der berühmten Knotenschnüre (*mata*) als mnemotechnischen Hilfsmitteln gelangen (Bd. 2, S. 63-66); zum anderen aber, mit Blick auf seine Forschungen zur Tatauierung, auf die gründlichen und äußerst ergiebigen Befragungen der teilweise noch praktizierenden Tatauiermeister (*tuhuna*). Eingeschlossen waren darin genaue Musterzeichnungen für die Tatauierung des gesamten Körpers sowohl bei Frauen wie bei Männern, die die befragten *tuhuna* in vom Autor dafür bereit gehaltene Umrisszeichnungen der Körper eintrugen. Diese genauen Zeichnungen erlaubten es von den Steinen, vor allem präzise Informationen über Benennungen und Bedeutungen einzelner Muster aufzunehmen.

Zur Zeit seiner Feldforschung im Jahre 1897 gehörte von den Steinen gewiss zu den Pionieren, die sich dem Sammeln und Dokumentieren von Objekten zuwendeten, die wir im heutigen Sprachgebrauch als Airport Art bezeichnen würden. Der Autor selbst prägte dafür den Begriff der »Fremdenindustrie« (Bd. II., S. 215-217). Dabei sammelte er solche Objekte nicht nur selbst als Belegstücke, sondern er dokumentierte sie auch in ihrer spezifischen Eigenart überall dort, wo er sie in den von ihm zu Forschungszwecken aufgesuchten Sammlungen vorfand. Den Beginn jener »Fremdenindustrie« datiert er mit eindeutigen Belegstücken ab den Jahren 1880/81.

Die persönlichen Beobachtungen auf den Marqueas-Inseln selbst wurden dadurch ergänzt, dass von den Steinen in äußerst akribischer Weise alle ihm bekannten und zugänglichen materiellen Zeugnisse in Augenschein nahm, und zwar in der Weise, wie sie weltweit über die verschiedenen Museen und privaten Sammlungen während der Wende vom 19. zum 20. Jahrhundert verteilt waren. Diese Materialien ergänzten seine Studien zur bildenden Kunst der Marquesaner in entscheidender Weise, sowohl für den Themenbereich der Tatauierung (Bd. 1) als auch ganz besonders für den der Plastik (Bd. 2). Sie fanden ihren Niederschlag in den umfassenden synoptischen Abbildungsreihen im dritten Band der Monographie. Wie der Autor im Vorwort zum ersten Band selbst schreibt, führten ihn seine, von den Museen an der Ostküste Nordamerikas ausgehenden Forschungen auf diesem Feld dazu, die meisten Staaten Europas zu bereisen, von »Bordeaux bis Petersburg, von Stockholm bis Rom« und namentlich in Frankreich von »Caen bis Grenoble«. Im Anschluss an sein Vorwort für die Bände 2 und 3 zählt er nicht weniger als 77 Museen und größere private Sammlungen auf, die er durchforscht habe.

Als von den Steinen 1897 seine Untersuchungen über die Marquesas-Inseln begann, hatte er sich als Ethnograph bereits einen bedeutenden Namen gemacht, und zwar durch zwei Expeditionen in Südamerika, die ihn in der Hauptsache dem Rio Xingu entlang durch zu jener Zeit noch weitgehend unbekanntes Gebiet führten (Veröffentlichungen 1886 und 1894). Seine Monographie über die Kunst der Marquesaner aber, an der er mehr als ein Vierteljahrhundert gearbeitet hatte, wurde zu einem der hervorragenden Meilensteine zumindest in der deutschsprachigen Kunstethnologie. Obwohl das Werk bis jetzt noch nicht in andere Sprachen übersetzt worden ist, findet es sich auch in neuerer Zeit in international bedeutenden kunstwissenschaftlichen Publikationen stets als wichtigste Grundlagenarbeit zitiert, z.B. von Kirk Varnedoe (1984).

Während in den Jahren seiner ersten Veröffentlichung das Werk nur dank der finanziellen Unterstützung des zu jener Zeit noch unermüdlich für die deutsche Wissenschaft tätigen Franz → Boas bzw. der von ihm organisierten und geleiteten »Emergency Society for German and Austrian Science and Art« erscheinen konnte, wurde die weitere Zugänglichkeit und Verbreitung der Monographie 1969 durch eine in New York hergestellte Faksimile-Ausgabe gesichert. Die Forschungen sowohl im Feld wie am schriftlichen Quellenmaterial und erst recht an den Sachquellen in den Museen und Sammlungen hat von den Steinen schließlich nicht nur durch die außerordentlich profunde Bearbeitung jedes dieser drei Felder für sich, sondern vor allem durch deren ebenso konzise wie stringente Zusammenschau zu einer äußerst konzentrierten und dennoch flüssig lesbaren Monographie verarbeitet, die für eine Kunst*ethnologie* im eigentlichen Sinne des Wortes auch weiterhin einen überragenden Vorbildcharakter behalten wird.

VOLKER HARMS

Ausg.: Faksimile-Edition, New York 1969.

Lit.: H. MELVILLE, Typee; or, a narrative of a four months residence among the natives of a valley of the Marquesas-Islands; or, a peep at polynesian life, London 1847. – K.V.D.STEINEN, Durch Central-Brasilien. Expedition zur Erforschung des Schingu im Jahre 1884, Leipzig 1886. – DERS., Unter den Naturvölkern Zentral-Brasiliens. Reiseschilderungen und Ergebnisse der zweiten Schingu-Expedition 1887–1888, Berlin 1894. – K. VARNEDOE, Paul Gauguin, in : W. RUBIN (Hg.), Primitivismus in der Kunst des zwanzigsten Jahrhunderts, München 1984, S. 186–217.

Leo (Lev Jakovlevic) Sternberg

(* 4.5.1861 Zitomir; † 14.8.1927 Leningrad)

Die Religion der Giljaken (aus dem russischen Manuskript übersetzt von A. von Peters), EA Archiv für Religionswissenschaft 8/1 (1904), S. 244–74 und 8/2 (1905) , S. 456–73.

Der Aufsatz, der in seinem Gesamtumfang schon einem kleinen Buch entspricht, ist noch vor den umfassenderen Darstellungen der Religion der Tschuktschen und der Korjaken durch Waldemar G. Bogoras (1865–1936) bzw. Waldemar Jochelson (1856–1937) erschienen und damit die früheste auf stationärer Feldforschung und gründlichen Kenntnissen der Sprache der Untersuchten beruhende Darstellung einer sibirischen Religion in westlichen Sprachen.

Sternberg entstammte einer wohlhabenderen jüdischen Kleinstadt-Familie und schloss sich schon als Gymnasiast der politischen Bewegung *narodnaja volja* (»Volksfreiheit«) an. Diese Betätigung war der Grund für seinen Ausschluss von einem naturwissenschaftlichen Studium in St. Petersburg. Er durfte sein Studium jedoch an der juristischen Fakultät in Odessa fortsetzen, wurde aber 1886 während seiner Abschlussexamina als *narodnik* (»Volkstümler«) für drei Jahre inhaftiert und danach für zehn Jahre nach Ostsibirien verbannt. Erst 1898 konnte er seine Promotion nachholen. Politische Auseinandersetzungen auch in der Verbannung bewirkten, dass er zur Strafe im unwirtlichen Norden Sachalins leben musste, nur gut einen Kilometer von einer

Siedlung der Giljaken, heute Nivchen genannt, entfernt. Dies gab ihm die Gelegenheit zu stationärer Feldforschung bei ihnen und zum Erlernen ihrer Sprache. Danach bekam er die Erlaubnis, auch die in anderen Teilen der Insel und auf dem gegenüberliegenden Festland lebenden Nivchen und die anderen Ethnien dieser Gebiete zu besuchen. 1897 wurde er begnadigt und erhielt nur zwei Jahre später eine Anstellung am Museum für Ethnographie und Anthropologie in St. Petersburg sowie Lehraufträge für Ethnologie an der dortigen Universität.

Bereits während seiner Verbannung hatte er Aufsätze in russischen ethnologischen Zeitschriften veröffentlicht, in denen bereits ein Teil der im hier besprochenen Werk publizierten Ergebnisse mitgeteilt wurde. Nun erhielt er die Möglichkeit, seine Forschungen auch durch Vorträge in Westeuropa und Japan bekannt zu machen. Nach der Oktoberrevolution eröffneten sich ihm durch sein hohes Ansehen als Gelehrter, dazu als Revolutionär und Marxist, weite Wirkungsmöglichkeiten: Er förderte ethnologische Museen und schuf auf Sachalin sogar ein neues. Er erhielt den ersten Lehrstuhl für Ethnologie in Leningrad, wurde Akademie-Mitglied und war an der Gründung des Lehrinstituts zur Ausbildung von Jugendlichen aus den kleinen Völkern der Sowjetunion beteiligt. Die russische »ethnographisch-linguistische Schule« der Ethnologie, die eine gleich gründliche Lehre von Ethnologie und Sprache der Völker der Sowjetunion zum Ausbildungsprogramm erhoben hatte, geht auf Sternberg zurück.

Um die Religion der Giljaken zu verstehen, muss man die theoretischen Grundauffassungen Sternbergs kennen. Schon während seiner Verbannung hatte ihn das Evolutionsmodell der menschlichen Gesellschaft in L. H. → Morgans *Ancient Society* (1877) beeindruckt, das er über das für die marxistische Ethnologie richtungweisende Buch *Der Ursprung der Familie, des Privateigentums und des Staats* (1884) von Friedrich Engels (1820–95) kennen gelernt hatte, zumal auch Sternberg von der Gleichheit der »psychischintellektuellen Natur« aller Menschen ausging (Brüllow-Schaskolsky 1930). Er interpretierte deshalb die Heiratsregeln der Nivchen im Sinne dieses Entwicklungsmodells als »Gruppenehe«, wodurch wiederum Engels seine Darstellung der »Urgesellschaft« bestätigt fand und sich in einem Zeitungsartikel anerkennend über Sternberg (1892/95) äußerte. In Bezug auf die Religion, die Sternbergs Hauptinteresse war, begründete er einen gegenüber dem Animismus bei E. B. → Tylor »erweiterten und vertieften [...] Neoanimismus« (Winnikow 1928). Sternberg hält in diesem Rahmen den Animismus zwar auch für die Urform der Religion, teilt ihn aber weiter in drei Entwicklungsstufen ein: 1. die Animisierung der Natur und ihre Anthropomorphisierung, das heißt die Übertragung menschlichen Denkens und Fühlens auf sie, 2. die zusätzliche Entwicklung von Geistervorstellungen, dem 3. der Glaube an Seelen folgt.

So beginnt die nicht durch Zwischenüberschriften, aber in der Abfolge der Darstellung deutlich gegliederte Abhandlung der animistischen Religion der Nivchen, deren Kultur er nach dem Morganschen Modell der Stufe der »Wildheit« zugeordnet hatte, mit ihrem Weltbild und ihrer Kosmogonie. Diese erschließen sich Sternberg über ihren Naturkult und ihre Äußerungen zur Allbelebtheit. Danach werden die Geistervorstellungen behandelt, insbesondere die für den Lebensunterhalt der Nivchen bestimmenden Vorstellungen von den Geister-Herren der Tiere und der Natur. Die Seelenvorstellungen werden im Zusammenhang mit Bärenkult, dem mehr als ein Drittel der Abhandlung vorbehalten ist, Schamanismus und Totenritualen dargestellt.

Die Bedeutung des Werkes ergibt sich indes nicht aus der heute veralteten theoretischen Durchdringung der Feldforschungsergebnisse, sondern aus der jahrelangen durch kein sprachliches Unvermögen behinderten Vertrautheit zwischen einer kleinen, von der europäischen Zivilisation noch fast unberührten Ethnie und dem Wissenschaftler. Sternberg selbst äußerte dazu, ein Ethnologe müsse sich in das von ihm erforschte Volk »einleben« (Brüllow-Schaskolsky). So konnte er umfangreiche Texte zur Religion der Nivchen aufnehmen, deren Wortlaut er aber nur in seinen russischen Publikationen veröffentlicht hat. In deutscher Sprache berichtet er über die Ergebnisse vieler langer Gespräche über das Jenseits und vor allem die Herren der Tiere oder bestimmter Orte, von denen das Jagdglück der Nivchen ihrer Überzeugung nach abhing. Er bringt auch die Erklärungen der Nivchen für die Zusammenhänge zwischen der von ihm gründlich erforschten Klan-Organisation und der Verehrung bestimmter Geister und Örtlichkeiten und führt den Leser fast ohne die damals vorherrschende Überheblichkeit in die Logik des Überzeugungssystems der von ihm Untersuchten ein. So trägt die Arbeit auch wesentlich zum Verständnis des Bärenkults vor dem Hintergrund der sozialen Organisation der sibirischen Ethnien bei. Hervorzuheben sind ferner Sternbergs Beobachtungen zum Schamanismus. Das Gefühl des Erwähltseins durch Geister und dessen sexuelle Komponente bei den Schamanen interessiert ihn besonders. Im Übrigen interpretiert er den Schamanismus noch in Anlehnung an Sigmund Freud (1856–1939) als »ererbte Hysterie«, welche »die Gabe des Hellsehens« begünstige. Sternberg meint, der Schamanismus beruhe auch auf Hypnose und Autosuggestion. Seine Auffassung, Schamanen seien psychisch Kranke, entspricht dem Stand der Wissenschaft seiner Zeit.

ULLA JOHANSEN

Lit.: F. ENGELS, Ein neuentdeckter Fall von Gruppenehe, in: Die Neue Zeit 11, 1/12 (1892/95), S. 373–75. – Pamjati L'va Jakovlevica Sternberga, Zum Gedenken an Lev Jakovlevic Sternberg (russ.), in: Sbornik Muzeja Antropologii i Etnografii 7 (1928), S. 1–70. – I. WINNIKOW, † Leo Sternberg, in: Anthropos 23 (1928), S. 135–40.– E. KAGAROFF, Leo Sternberg, in: American Anthropologist 31(1929) , S. 568–71. – BRÜLLOW-SCHASKOLSKY, Leo Sternberg als Soziologe und Ethnologe, in: Zs. für Völkerpsychologie u. Soziologie 6 (1930), S. 445–54. – B. GRANT, Foreword, in: L. Shternberg, The Social Organization of the Gilyak, New York 1999, S. XXIII–LVI. –

S. KAN, The Mystery of the Missing Monograph, or Why Shternberg's The Social Organization of the Gilyak Never Appeared among the Jesup Expedition Publications, in: European Review of Native American Studies 14/2 (2000), S. 19–38.

Julian H. Steward

(* 31.1.1902 Washington; † 6.2.1972 Urbana)

Theory of Culture Change. The Methodology of Multilinear Evolution (engl.; *Theorie des Kulturwandels. Die Methodologie multilinearer Evolution*), EA Urbana 1955.

Theory of Culture Change ist der Entwurf einer Terminologie und Methodik für die Suche nach Regelhaftigkeiten in der kulturellen Anpassung menschlicher Gruppen an ökologische und historische Bedingungen. Als Student von A. L. → Kroeber und R. → Lowie in Berkeley in der Tradition der Boas-Schule mit ihrer Skepsis vor verallgemeinernden Theorien und Betonung der Einzigartigkeit und Unvorhersagbarkeit jeder kulturellen Entwicklung ausgebildet, kam Julian Steward durch archäologische Grabungen im Südwesten der USA (1930–33), Feldforschungen bei den shoshonesprachigen Gruppen des Großen Beckens im amerikanischen Westen (1934–35) und in Puerto Rico (1948–49) und durch kulturvergleichende Arbeit als Herausgeberr des *Handbook of South American Indians* (1946–50) zu der Überzeugung, dass kulturelle Entwicklung wesentlich von der Interaktion einer menschlichen Gesellschaft mit ihrer Umwelt bestimmt wird und dass sich dabei sehr wohl Parallelen und in bestimmten Kontexten gültige Gesetzmäßigkeiten feststellen lassen. In Abgrenzung zu den universellen Entwicklungsstadien, die der Evolutionismus des 19. Jh. und Stewards Zeitgenosse L. → White postulierten, nannte Steward seinen Ansatz, bei dem es um die empirische Suche nach unter genau zu bezeichnenden Bedingungen gültigen Kausalitätsbeziehungen ging, »multilineare Evolution«.

Die zwölf Kapitel des Buches, von denen neun bereits zwischen 1936 und 1953 als Aufsätze erschienen waren, geben zuerst eine Einführung in Stewards Verständnis von Evolution, Kulturökologie, soziokulturellen Integrationsebenen, Kulturtyp und Kulturkern (Kap. 1–5), um im zweiten Teil die Anwendung dieses Begriffswerks anhand von Einzelanalysen zu demonstrieren (Kap. 6–12).

Bedeutet multilineare Evolution für Steward, »dass sich bestimmte kulturelle Grundtypen unter gleichen Umständen in gleicher Weise entwickeln können, aber dass nur wenige konkrete Aspekte der Kultur bei allen Gruppen der Menschheit in einer regelhaften Sequenz auftreten« (Einleitung), so fragt die Kulturökologie nach dem kreativen Einfluss der Umwelt auf solche Evolutionsprozesse (Kap. 2). So kann etwa das Ressourcenangebot einer Region zusammen mit der verfügbaren Technologie eine bestimmte gesellschaftliche Organisationsform erforderlich machen: Im Großen Becken Nordamerikas erlaubten knappe, jahreszeitlich wechselnde und an unvorhersagbaren Orten auftretende Ressourcen, deren Nutzung nur selten durch Kooperation verbessert wurde, nur mobilen, kleinen Familienverbänden das Überleben, darüber hinausgehende Institutionen fehlten. »Patrilineare« (eigentlich: patrilokale), exogame und territoriale Gruppen von 30–100 Personen, sog. »patrilineare [patrilokale] Bands«, finden sich bei Jägern von größerem, nicht in Herden lebendem Wild, für die es von Vorteil ist, dass Männer ihr Leben lang in dem ihnen vertrauten Territorium bleiben. Sind Ressourcen reichlich vorhanden und leicht lokalisierbar, wie Herdentiere mit fester Wanderroute, Fische und bestimmte Pflanzen, so eignen sie sich zur Nutzung durch größere zusammengesetzte (»composite«) Bands, in denen eher Kooperation als Verwandtschaft zum integrierenden Prinzip wird und unilineare Abstammung oder feste Heiratswohnfolgen eine geringe Rolle spielen (Kap. 6–8, 10). Solche Übereinstimmungen zwischen der Anpassung an die Umwelt in verschiedenen Erdteilen sind keine durch historische Kontakte entstandenen »uniformities« (»Einheitlichkeiten«), sondern das Resultat von transkulturell gültigen »regularities« (»Regelhaftigkeiten«). Wie stark allerdings die Umwelt eine Organisationsform vorgibt oder Raum lässt für Variation und Übernahme von durch Diffusion verbreiteten Modellen, muss immer empirisch überprüft werden.

Die qualitativen Unterschiede zwischen der Organisationsform von autonomen Familiengruppen und von Bands erfasst Steward mit dem Begriff der soziokulturellen Integrationsebenen (»levels of sociocultural integration«, Kap. 3). In modernen Staaten sind die Familie und die lokale »folk society« in eine weitere Ebene, die des Nationalstaats, eingebunden. Im Gegensatz zur »Kultur-und-Persönlichkeit«-Schule, die es sich zur Aufgabe machte, einen Nationalcharakter zu beschreiben, dessen Existenz man voraussetzte, fordert Steward ethnographische Studien unter der Fragestellung, zu welchem Grad untere Integrationsebenen in staatliche Institutionen eingebunden sind und welche Änderungen in Form oder Funktion sich durch diese Umwandlung zur Subkultur ergeben. Bei der Erforschung nationaler Institutionen muss unterschieden werden zwischen den Verhaltensnormen lokaler Vertreter und Nutzer, die durch teilnehmende Beobachtung untersucht werden können, und den funktionalen und strukturellen Rahmenbedingungen, die mit Mitteln der Wirtschafts- und Politikwissenschaft zu erfassen sind. Wenn es so etwas wie eine Nationalkultur gibt, dann durch die Einwirkung nationaler institutioneller Strukturen, vor allem aber der Massenmedien, auf lokale Subkulturen. Aber auch auf der nationalen Integrationsebene entstehen neue, translokale (»horizontale«) Subkulturen, z.B. Kasten oder Berufsgruppen, und im Puerto Rico der 1940er Jahre ließ sich unter den Reichsten eine Orientierung hin auf eine zunehmend internationale Elitekultur feststellen (Kap. 4, 12).

Die soziokulturelle Integration weitet sich allerdings nicht in festgelegter Stufenfolge von der Familie bis zur Weltgesellschaft aus. Beispiele aus dem zirkumkaribischen

Raum, wo indigene Staaten von den Spaniern ersatzlos zerstört wurden und nur die Dorfgemeinschaften funktional blieben, und aus der kanadischen Subarktis, wo Band-Gesellschaften durch den Pelzhandel immer stärker in Einzelfamilien zerfielen, zeigen die vielen möglichen Richtungen der multilinearen Evolution (Kap. 3, 6). Bei aller Kritik am historischen Partikularismus blieb Steward doch dem Empirismus seiner Lehrer verpflichtet.

Stewards Interesse an Kausalität in der kulturellen Entwicklung und seine Ansicht, dass die Beständigkeit kultureller Traditionen gering ist im Vergleich zu qualitativen Veränderungen, die der Übergang von einer Integrationsebene zur anderen mit sich bringt, verlangten nach einer anderen Kategorisierung kultureller Gruppen, als die von Boas-Schülern für Nord- und Südamerika ausgearbeiteten Kulturareale. Als Alternative zur Bestimmung von dominanten Kulturmustern innerhalb eines geographischen Raumes, deren Verbreitung durch Diffusion erklärt wird, führt er den Begriff des Kulturtyps (»cultural type«) ein (Kap. 5): Historisch nicht verbundene Kulturen können ähnliche kulturökologische Anpassungsprozesse durchlaufen und die gleiche Ebene soziokultureller Integration erreichen, wodurch sie sich in zentralen, funktional verknüpften Elementen (»cultural core«, »Kulturkern«) ähneln werden. Historische Beziehungen (Diffusion) beeinflussen eher die nebensächlichen Aspekte einer Kultur oder erklären Variationen in der Form einer Institution, die in verschiedenen Kulturen dieselbe Funktion erfüllt. Typologien können je nach Forschungsfrage neu aufgestellt werden.

Für die Beschreibung der altamerikanischen Hochkulturen schlägt Steward eine Typologie vor, die sich an der Sozialorganisation (Entstehung von Bodenbau und Dörfern, Bildung und Blüte von Staaten, Reichsbildung) orientiert und den Vergleich sowohl zwischen verschiedenen Epochen als auch mit der Entwicklung der alten Welt ermöglicht. In dem 1949 zuerst abgedruckten Aufsatz über die Entwicklung früher Hochkulturen (Kap. 11) stützt er sich noch auf Karl

Wittfogels (1896–1988) Bewässerungshypothese, um die Entstehung von Staaten in der neuen Welt zu erklären, eine Ansicht, die er in einer Fußnote bereits in Frage stellt und die er später weiter modifizierte (Kap. 4 in Steward 1977).

Stewards Gesetzmäßigkeiten beanspruchen nie universelle Gültigkeit und sollen neue Fragestellungen zur empirischen Überprüfung eröffnen. Elman Service (1915–96) entwickelte Stewards Band-Typologien in *Primitive Social Organization* (1962) weiter, und sein Konzept der Kulturökologie wurde von den Kulturmaterialisten um Marvin Harris (*1927) und R. → Rappaport aufgegriffen, allerdings in Verbindung mit einem ausgeprägteren Umweltdeterminismus. Mit seinem Interesse an Fragen der Umweltanpassung und der Sozialorganisation bei der Interpretation archäologischer Funde (Kap. 9, 11) war Steward einer der Vorreiter der »New Archaeology« der sechziger Jahre des 20. Jh., und sein Werk, gemeinsam mit Whites, wurde zur Anregung für jüngere Wissenschaftler, Regeln der kulturellen Evolution zu formulieren. Das Forschungsprojekt in Puerto Rico (an dem E. Wolf als Student beteiligt war) und die daraus entstandene Theorie der soziokulturellen Integrationsebenen leisteten einen wichtigen Beitrag zum damals gerade entstehenden Feld der ethnologischen Erforschung moderner Gesellschaften und der Veränderungen, die Stammesgesellschaften bei der Einbindung in Nationalstaaten durchlaufen.

Sonja Lührmann

Ausg.: ND Urbana 1972, 1979.
Lit.: K. A. Wittfogel, The Foundations and Stages of Chinese Economic History, in: Zeitschrift für Sozialforschung 4 (1935), S. 26–60. – D. B. Shimkin, Julian H. Steward: A Contributor to Fact and Theory in Cultural Anthropology, in: R. A. Manners (Hg.), Process and Pattern in Culture. Essays in Honor of Julian H. Steward, Chicago 1964, S. 1–17. – W. Dostal, Theorie des ökokulturellen Interaktionssystems, in: Anthropos 69 (1974), S. 409–44. – J. H. Steward, Evolution and Ecology. Essays on Social

Transformation, Urbana 1977. – R. F. MURPHY, Julian H. Steward, in: S. Silverman (Hg.), Totems and Teachers, New York 1981, S. 171–209. – J. W. RAUM, Julian Haynes Steward (1902-1972), in: W. MARSCHALL (Hg.), Klassiker der Kulturanthropologie, München 1990, S. 248–76. – R. O. CLEMMER u.a. (Hg.), Julian Steward and the Great Basin: The Making of an Anthropologist, Salt Lake City 1999.

Carl T. F. Strehlow

(* 23.12.1871 Fredersdorf; † 20.10.1922 Horseshoe Bend)

Die Aranda- und Loritja-Stämme in Zentral-Australien, 5 Bde., EA Frankfurt 1907–20.

Carl Strehlows Werk *Die Aranda- und Loritja-Stämme in Zentral-Australien* ist eine der wichtigsten frühen ethnographischen Beschreibungen Zentralaustraliens. Die Studie bezieht sich auf die Aranda (Arrernte) und Loritja (Kukatja), die zwei wichtigsten Sprachgruppen in der Umgebung der lutherische Missionsstation Hermannsburg (Ntara), ca. 130 km südwestlich von Alice Springs. Der Missionar Strehlow trat mit diesem Werk zu einem Zeitpunkt an die ethnologische Öffentlichkeit, als die theoretische Auseinandersetzung über den Totemismus in vollem Gange war und sich das geographische Interesse dieser Debatte nach Australien verlagert hatte. Strehlow fand sich genau im Zentrum dieses akademischen Disputes. Seine Außenseiterposition als Missionar ohne institutionelle akademische Anbindungen stellt ihn in eine lange Reihe von Feldforschern, die mit ihren empirischen Daten Material für die theoretischen Machtkämpfe an den europäischen Universitäten lieferten. Die Rezeptionsgeschichte des vorliegenden Werkes ist insofern beispielhaft für viele ähnlich gelagerte Fälle.

Strehlow lebte über 28 Jahre auf der lutherischen Missionsstation Hermannsburg, die er in dieser Zeit nur vier Mal verlassen sollte. 1890 von Deutschland nach Südaustralien gekommen, wurde er 1892 zunächst auf die

Station Bethesda geschickt. Zwei Jahre später kam er nach Hermannsburg, wo vor ihm die Missionare Schulze, Kempe und Schwarz bereits eine Dekade verbracht hatten, aber durch Erschöpfung und Krankheiten zur Aufgabe gezwungen worden waren. Mit Carl Strehlows Ankunft begann in der Geschichte der Ethnologie Zentralaustraliens eine neue Phase. Carl und seinem jüngsten Sohn T. G. H. → Strehlow ist es zu verdanken, dass wir heute kontinuierliche ethnographische und linguistische Forschungen über ein Gebiet vorliegen haben, das sich infolge der Kolonisation rapide verändern sollte.

Strehlows Abhandlung ist in sieben Teile gegliedert. In den Teilen fünf bis sieben werden ausgewählte Aspekte des sozialen und materiellen Lebens, Verwandtschaftssysteme, Heiratsregeln und traditionelle Heilkunde behandelt. Von besonderem Interesse sind jedoch Strehlows Ausführungen zur Mythologie und Religion, insbesondere seine Beschreibungen totemistischer Vorstellungen und Rituale in den ersten vier Teilen des Werks. Sein Hauptaugenmerk galt der Vernetzung der totemistischen Beziehungen zwischen den Aranda und Loritja einerseits sowie zwischen ihren Ahnen und ihrer natürlicher Umgebung andererseits. Strehlow hob dabei das Erleben der somatischen Einheit zwischen Mensch und Totem hervor. Auch betonte er immer wieder die emotionale Ergriffenheit durch die totemistischen Vorstellungen und Handlungen. Seine religionsphänomenologische Betrachtungsweise brachte ihn in Konflikt mit der britischen Ethnologie, die in Australien dominierte. Diese ethnologische Schulrichtung, die damals noch ganz vom Evolutionismus dominiert wurde, ordnete die indigenen australischen Glaubenssysteme den Vorstufen der Religion, jedoch nicht der Religion selbst zu. Strehlow machte in dieser Hinsicht weit größere Konzessionen. So schreibt er zum Beispiel in Teil I, Abteilung I: »Inwiefern die Aranda und Loritja bei den Aufführungen der Kulthandlungen wirklich religiöse Gefühle haben, läßt sich schwer sagen. […] Sie sehen solche Zeremonien als eine Art Gottesdienst an, wie die Christen ihre Religionsübungen; dies wurde mir sowohl von christlichen wie auch von heidnischen Eingeborenen beteuert.«

Strehlows Werk beginnt mit einer Beschreibung der Kosmologie der Aranda. Seine Diskussion des Begriffes *altjira* ist hier von besonderem Interesse. Obwohl Strehlow *altjira* unter anderem als »den guten Gott« der Aranda bezeichnet, wird aus seinen Ausführungen doch deutlich, dass dieses höchste Wesen nicht die bedeutendste Gestalt in der Kosmologie der Aranda ist. Strehlow bemerkt lediglich, daß *altjira* im Himmel residiere, aber die Geschicke der Menschen nicht sonderlich beeinflusse (Teil I). Viel einflussreicher seien die totemischen Ahnen, *altjiirangamitjina*, die auch »ewig« oder »unerschaffen« »ohne Anfang und Ende« seien, aber einen direkten Einfluss auf die Lebenden ausübten. Strehlows Ausführungen zur Urzeit, zu den totemischen Vorstellungen und zu den rituellen Handlungen bestätigen die Dominanz der *altjiirangamitjina* in der Kosmologie und Religion der Aranda und der Loritja, Wesen, von denen es heißt, dass sie sich in Tiere oder Pflanzen, oder auch in *tjuringas* – die sakralen Objekte der Aranda – verwandelten. Strehlow hebt hervor, dass diese von ihm verschiedentlich auch als »Totem-Götter« bezeichneten Urzeitwesen nach Auffassung der Aranda und Loritja den Kosmos erschufen. Als Belege zitiert er Schöpfungsmythen, die sich auf die Sonne, den Mond, den Abendstern usw. beziehen. In ähnlicher Weise erklären die von ihm in direkter Übersetzung wiedergegebenen Mythen über weibliche und männliche Ahnen und deren Totemtiere die Existenz bestimmter Naturphänomene und spezifischer Landschaftsformationen.

Die *tjuringas* und ihre Beziehungen sowohl zu den Totems wie auch zu den Menschen werden in den folgenden Bänden ausführlicher behandelt. Anhand von Sprachanalysen zeigt Strehlow auf, dass mit *tjuringa* oder *tjurunga* nicht nur die in Steinhöhlen aufbewahrten Ahnensteine bzw. -hölzer bezeichnet werden, sondern dass das Wort eine weit umfassendere Bedeutung hat und sich auch auf die mit den sakralen Objekten zusammenhängenden Kulthandlungen beziehen kann. Die Darstellung einzelner totemistischer Kulthandlungen beginnt Strehlow jeweils mit einer detaillierten Beschreibung der Körperbemalungen der Teilnehmer. Es folgen Ausführungen zur Anfertigung und zu den Zeichnungen des *tjuringa*-Schmucks, zur Vorbereitung der Kultstätten, zu den rituellen Gesängen, zur Mimik und zu den Posen der Darsteller. Die Genauigkeit seiner Beschreibungen ist verblüffend, wenn man berücksichtigt, dass er diesen Ritualen selbst nie beigewohnt, sondern sie lediglich anhand von Gesprächen mit seinen Informanten rekonstruiert hat. Sie lesen sich denn auch wie rituelle Anweisungen der Art, wie Stammesälteste sie geben würden. Die signifikanten Details in Körperdekoration, Ablauf und Komposition der Rituale sind nicht aus der Sicht des Ethnologen, sondern aus Sicht der Aranda und Loritja wiedergegeben. Dies erklärt vielleicht auch die rigide Gliederung der Beschreibungen, die die Instruktionen zum korrekten Ablauf der Zeremonien widerspiegeln.

Strehlows methodische Ansätze verdienen eine genauere Betrachtung. Seine fünfbändige Abhandlung ist das Resultat eines zwei Jahrzehnte währenden, kontinuierlichen Kontakts zu den Aranda und Loritja, die er systematisch in ihrer eigenen Sprache befragte. Strehlow stand in der Bildungstradition der deutschen Romantik, die den Volksgeist und -charakter über die Sprache zu erschließen suchte. Auch war während seiner Ausbildung in Neuendettelsau, dem Sitz der von Wilhelm Löhe gegründeten lutherischen Missionsgesellschaft, großer Wert auf ein systematisches Erlernen fremder Sprachen gelegt worden. Strehlows Interesse galt dem Zugang zur Religion durch das Wort. Mit seinen Informanten, die entweder auf der Mission lebten oder zu ihm kamen, betrieb er ein intensives Sprachstudium. Da er der semantischen Analyse der Mythen und rituellen Gesänge die größte Bedeutung zumaß, hielt er es nicht für notwendig, sich von der Missionsstation zu entfernen, um den Zeremonien beizuwohnen, die in Hermannsburg selbst abzuhalten den Einheimischen untersagt war. Strehlows Hauptinformanten waren allerdings nicht nur Aranda und Loritja, die schon seit ihrer Jugend auf der Missionsstation lebten, sondern auch Männer, die als anerkannte Autoritäten galten und nur gelegentlich in Hermannsburg auftauchten. Einer der bedeutendsten Gewährsleute Strehlows war der Aranda Tjalkabota, der 1890 als zwölfjähriger auf den Namen Moses getauft worden war, später beim Religionsunterricht half und nach Strehlows Tod als Laienprediger auf der Mission tätig war. Ein weiterer wichtiger Informant war Loatijira, ein Medizinmann, der als die unangefochtene Autorität der West Aranda galt und nach Strehlows Tod zum Christentum übertrat. Eng arbeitete Strehlow auch mit Pmala zusammen, der um 1860 geboren wurde und bereits ein vollinitiierter West Aranda war, als er sich 1900 taufen ließ. Seine Informationen über die Religion der Loritja bezog Strehlow vor allem von einem Mann namens Talku, der während eines Angriffs auf die Viehherden eines Farmers von der Polizei verwundet und von seinen Stammesgenossen nach Hermannsburg in Sicherheit gebracht worden war, wo ihn Strehlow so lange medizinisch versorgte, bis seine Verletzungen ausgeheilt waren. Aus Dankbarkeit sollte Talku in den folgenden Jahren sein traditionelles Wissen an Strehlow weitergegeben.

Angesichts der Fülle an ethnographischen Informationen in Strehlows Werk bleibt zu fragen, welche Bedeutung die Beziehung zwischen Strehlow und seinen einheimischen Gewährsleuten für die Aranda und Loritja selbst hatte. Handelte es sich um einen rituellen Austausch religiösen Wissens? Welche Gegenleistungen erhielten Strehlows Informanten? Die ethnohistorische Forschung zur Interaktion zwischen Aranda und Loritja und den lutherischen Missionaren steckt noch in ihren Anfängen. Über die Positionen, die Strehlows Gewährsleute in ihren Stammesverbänden innehatten, wissen wir nur wenig. Die Klärung dieser Fragen könnte zweifellos ein neues Licht auf Strehlows Arbeit werfen.

Strehlows Arbeit steht in einem wichtigen Gegensatz zu einem anderen Klassiker zentralaustralischen Ethnographie: *The Native Tribes of Central Australia* (1899) von Baldwin Spencer (1860–1929) und Frank J. Gillen (1855–1912). Durch fast alle Teile seiner Abhandlung zieht sich wie ein roter Faden die Kritik an den Ausführungen von Spencer und Gillen. Dabei handelt es sich um eine der interessantesten ethnologischen Kontroversen der damaligen Zeit, die zugleich die Fortsetzung einer älteren Debatte darstellte, nämlich der zwischen Baldwin Spencer und Andrew Lang (1844–1912) über die Vorstellung der Existenz eines Höchsten Wesens als Ursprung aller Religion. Strehlow ergriff die Partei von Andrew Lang, den er mit den von ihm bei den Aranda gewonnenen neuen Einsichten unterstützen zu können glaubte. Die Auseinandersetzung zwischen Strehlow und Spencer entzündete sich zunächst an der Bedeutung des Begriffs *altjira*, des »Himmelsgottes« der Aranda (s.o.) ging aber noch entschieden weiter und machte deutlich, wie grundlegend sich die beiden Forscher in ihren Methoden und ihrer theoretischen Orientierung unterschieden. Strehlow befand die Mythologie als primär und konzentrierte sich ganz auf die Aufzeichnung der Mythen, was ihm nicht zuletzt aufgrund seiner ausgezeichneten Sprachkenntnisse möglich war. Die Zeremonien waren für ihn eine Darstellung der Mythen, deren schöpferische Kraft durch rituelle Aufführungen reaktiviert wurde. Spencer sah das Verhältnis zwischen Mythos und Ritual genau umgekehrt. Für ihn war das Verstehen der Mythen nur von sekundärem Interesse, da er den Ritualen die größere Bedeutung zumaß; für ihn und für Gillen, die beide die einheimischen Sprachen nicht beherrschten, war allein die wissenschaftliche Beobachtung entscheidend.

Spencer machte seinen Einfluss in der englischsprachigen akademischen Welt geltend, um Strehlows Werk als unbedeutend erscheinen zu lassen. Auf Spencers Einwirken hin hat J. G. → Frazer in seinem Werk *Totemism and Exogamy* alle Hinweise auf Strehlow gestrichen. Dies mag die Verbitterung erklären, mit der Strehlow in *Die Aranda- und Loritja-Stämme* auf seine Differenzen mit Spencer verweist. Spencers vernichtende Kritik hatte ihrerseits zur Folge, dass Strehlows Werk kaum die britische Ethnologie beeinflusste, während es bei anderen europäischen Forschern wie z.B. É. → Durkheim, Sigmund Freud (1856–1939), G. → Róheim und Mircea Eliade (1907–86) durchaus positive Aufnahme fand. Zu einer englischen Übersetzung dieses für die Ethnologie Australiens so wichtigen Werkes ist es allerdings nie gekommen.

JACQUELINE VAN GENT

Lit.: T. G. H. STREHLOW, Songs of Central Australia, Sydney 1971. – W. VEIT, In Search of Carl Strehlow: Lutheran Missionary and Australian Anthropologist, in: J. TAMPKE/D.WALKER (Hg.), From Berlin to the Burdekin, Kensington 1991, S. 108–34. – P. WOLFE, On Being Woken Up: The Dreamtime in Anthropology and in Australian Settler Culture, in: Comparative Studies in Society and History 25 (1991), S. 197–224. – D. AUSTIN-BROOS, Right Way »Til I Die«: Christianity and Kin on Country at Hermannsburg, in: L. OLSON (Hg.), Religious Change, Conversion and Culture, Sydney 1996, S. 226–53. – S. D. GILL, Storytracking. Texts, Stories and Histories in Central Australia, New York/Oxford 1998.

Theodor Georg Heinrich Strehlow

(* 6.6.1908 Hermannsburg; † 3.10.1978 Adelaide)

Aranda Traditions (engl.; *Aranda-Überlieferungen*), EA Melbourne 1947.

Die Aranda Zentralaustraliens (engl. Arunta, heutige Eigenbezeichnung: Arrernte) spielten in der ethnologischen und religionswissenschaftlichen Theoriebildung um die Jahrhundertwende in dreierlei Hinsicht eine wichtige Rolle. Als Baldwin Spencer (1860–1929) und Frank J. Gillen (1855–1912) 1899 in London *The Native Tribes of Central Australia* veröffentlichten, meinte man, ein lebendes Beispiel für ein Volk der Steinzeit gefunden zu haben. Die Aranda wurden als Überbleibsel (»survival«) dieser nach damaliger Auffassung von allen Völkern einst durchlaufenen Entwicklungsstufe angesehen; sie hätten in der abgeschiedenen Wüsten- und Steppenlandschaft Zentralaustraliens unberührt von der weiteren zivilisatorischen Evolution die sozialen und kulturellen Zustände der Steinzeit bewahrt. Tatsächlich lebten die Aranda vom Sammeln und Jagen und stellten Werkzeuge nur aus Stein und Holz her, sie bauten nicht einmal Hütten, sondern nur Windschirme. Ihre materielle Kultur konnte als die »primitivste« befunden werden, die man damals kannte; sie entsprach den Vorstellungen, die man sich vom Leben der Menschen der Steinzeit machte. Ihre Religion, von der man zunächst nur die häufig mit Tieren verbundene Ahnenverehrung wahrnahm, wurde als ursprünglichste Form des Totemismus angesehen. Der Totemismus galt damals neben und nach Animismus und Manismus als elementarste Form allen religiösen Lebens. Sowohl die soziologische Theorie von É. → Durkheim (*Les Formes élémentaires de la vie religieuse* [1912]) zu den sozialen Ursachen und Funktionen religiöser Vorstellungen und Handlungen als auch die kurz danach erschienene psychoanalytische Theorie des Ursprungs der »sozialen Organisationen, (der) sittlichen Einschränkungen und (der) Religion« von Sigmund Freud (1856–1939; *Totem und Tabu*, 1913) basieren zu einem kaum zu überschätzenden Anteil auf den Berichten über die Aranda von Spencer und Gillen. Die Berichte des Missionars und Vaters von T. G. H. Strehlow, C. → Strehlow, *Die Aranda- und Loritja-Stämme in Zentralaustralien* (1907–20), die in vielerlei Hinsicht ein anderes Bild ergaben, wurden nicht zur Kenntnis genommen oder als Werk eines Missionars abgewertet.

Während Spencers und Gillens Veröffentlichung auf der Beobachtung der Kulte basierte und sie sich für die mit diesen Kulten verbundenen Texte auf Übersetzungen in Pidgin Englisch verließen, hatte Carl Strehlow als Missionar mehrere Jahrzehnte auf der Missionsstation in Hermannsburg unter den Aranda gelebt und es abgelehnt, an den als »heidnisch« angesehenen Kulten teilzunehmen. Er sammelte allerdings die Gesänge von den Taten der Ahnen und übersetzte sie ins Deutsche, wie er umgekehrt das Neue Testament ins Aranda übertrug, und er gab ethnographische Beschreibungen ihres Lebens. Sowohl Spencer und Gillen als auch Carl Strehlow verdankten ihre Kenntnisse der Arandakultur wesentlich dem Vertrauen, das sie sich durch die Verteidigung der Rechte der Aranda gegen die Weißen erworben hatten. Gillen hatte den berüchtigten Polizeikommandanten Willshire, der sich »with a virtual mandate to shoot Aborigines on sight« ausgestattet sah, 1891 verhaftet, um Aranda zu schützen. Sie dankten ihm durch die Aufführung eines großen Zyklus ihrer Kulte in Alice Springs, dessen Beschreibung den Hauptteil des Buches von Spencer und Gillen ausmacht. Carl Strehlow hatte gegen das »shooting of Aborigines« offiziell Protest eingelegt und von der Polizei angeschossene Aranda auf der Missionsstation gepflegt. Zum Dank trugen sie ihm die Texte ihrer geheimen Gesänge vor (vgl. Zinser 1977).

Theodor G. H. Strehlow war in Hermannsburg geboren und dort aufgewachsen. Er sprach Aranda wie Englisch und Deutsch. Er hätte gemäß der Theorie des Konzeptionstotemismus der Aranda einen Anspruch auf ein persönliches Totem und damit Zugang zu den geheimen Traditionen der Aranda gehabt, wenn er sich den verschiedenen Initiationsritualen (Zirkumzision, Subinzision etc.) unterworfen hätte. Nachdem die jüngeren Aranda sich weigerten, den alten Männern den geforderten Respekt und die erwartete Botmäßigkeit entgegenzubringen, lehnten es die alten Männer ab, die Jüngeren zu initiieren und ihnen die geheimen Traditionen anzuvertrauen. So wurden Theodor Strehlow, der sich als Verteidiger der Rechte der Aranda ebenfalls ausgezeichnet hatte, allein zwischen 1932 und 1955 über 4.200 Gesänge anvertraut, die er später philologisch, ethnologisch und mythologisch kommentiert in seinem Werk *Songs of Central Australia* (1971) veröffentlichte.

Grundlegende Forschungen zu den Aranda sind Anfang der 1930er Jahre auch von dem psychoanalytischen Ethnologen G. → Róheim unternommen worden. Er hatte zunächst geplant, mit seinen Forschungen S. Freuds ontogenetische Kulturtheorie zu untermauern, kam aber durch seine Feldforschungen dazu, die auf dem Ödipuskomplex aufbauende universalgeschichtliche Konstruktion Freuds wenn schon nicht ganz aufzugeben, so doch jedenfalls zu modifizieren und den für jede (primitive) Kultur spezifischen Konflikt herauszufinden (für die Aranda nach Róheim die Alknarintja-Situation) und die Institutionen einer Kultur als Wiederholung, Abwehr und Erfüllung von Wünschen und Ängsten zu verstehen (vgl. Róheim 1950).

T. G. H. Strehlow veröffentlichte in *Aranda Traditions* drei zugleich ein Ganzes bildende Aufsätze, die er bereits 1934 geschrieben hatte, in denen er viele Missverständnisse über die Aranda beseitigte und damit zugleich ihre (problematische) Inanspruchnahme für die Theoriebildungen der Evolutionisten, der Psychoanalytiker und der Soziologen in Frage stellte. Zunächst stellt er die Mythen der nördlichen Aranda über die Ahnen und ihre für das aktuelle Leben der Aranda beispielgebenden Wanderungen und Taten dar. Im Weiteren räumt er durch eine Darstellung der Aranda-Untergruppen mit der Vorstellung eines einheitlichen Aranda-Stammes auf. Die Aranda haben keinen gemeinsamen Häuptling und kaum gemeinsame Institutionen, nicht einmal das Heiratssystem ist für alle Gruppen in gleicher Weise gültig, sondern muss im Einzelfall durch Angleichungen umgerechnet werden. Die Sprachen der einzelnen Untergruppen unterscheiden sich, und die südlichen Aranda sagten ihm, dass sie die nördlichen kaum verstehen könnten. Auch die totemistischen Ahnen haben sie nur gemeinsam, wenn man von der Ortsgebundenheit der einzelnen Individuen oder Gruppen zugehörenden Ahnen absieht. Und ebenso verhält es sich mit den mythischen Gesängen und Kulten; diese sind immer mit bestimmten Orten verbunden und das persönliche Eigentum eines Mannes, der das Recht, sie aufzuführen oder aufführen zu lassen durch den Ort seiner Konzeption und durch die verschiedenen Initiationsrituale übertragen bekommen hat. Mit dem *tjurunga*-Besitz sind Zuordnung zu einem bestimmten Landstrich, Sammel- und Jagdrechte verbunden. Erst nach Abschluss der Initiation, die sich bis zum 30. Lebensjahr oder sogar länger hinziehen mag, hat der Initiand eine vollständige Kenntnis der Gesänge, ihrer Erklärungen und der Kulte seines persönlichen Totems, das ihm in materieller Gestalt in Form der *tjurunga* übereignet wird. Nun kann er die Kulte mit den von ihnen erwarteten Wirkungen (z.B. Vermehrung der Jagdtiere) wirksam vollziehen. Mit *tjurunga* werden nicht nur ein bestimmter heiliger Gegenstand (Stein, Holz, Fadenkreuz etc.), sondern alle damit verbundenen Gesänge, Vorstellungen, Kulte usw. bezeichnet. Neben dem persönlichen Totem hat jeder Aranda auch ein patrilinear vererbtes Gruppentotem. Kenntnis der verschiedenen *tjurungas* erhält ein Aranda aber nur, wenn er sich in die Gemeinschaft einordnet und dem Gesetz der alten Männer unterwirft. Die Zuordnung der verschiedenen *tjurungas* und der damit verbundenen Rechte und Pflichten, die Spencer und Gillen, C. Strehlow und anderen Forschern in verschiedener Weise unklar geblieben war, klärt T. G. H. Strehlow auf und erhellt damit zugleich die Grundstrukturen der Regeln des Lebens der Aranda.

T. G. H. Strehlows Buch ist immer noch die beste Darstellung der Aranda. Ohne die Belastungen, die von vorgegebenen Theorien ausgehen, zu teilen, aber auch ohne jene romantischen Untertöne, wie sie sich in einigen neueren Büchern über die Aranda als ein mit seiner Umwelt in einer natürlichen Einheit lebendes Volk finden, entwirft er ein realistisches Bild, das auch die Gewaltsamkeiten dieser Gesellschaft nicht unterschlägt. Sein Lebenswerk wurde kurz nach seinem Tode von der Universität Adelaide durch die Gründung der »Strehlow Research Foundation« in Alice Springs geehrt. In diesem Institut sind mit seinem Nachlass die von ihm gesammelten oder ihm übergebenen Objekte,

Aufzeichnungen, Film- und Photoaufnahmen der weiteren Forschung zugänglich gemacht.

HARTMUT ZINSER

Ausg.: Neuausgabe Melbourne ^{2}1968.
Lit.: G. RÓHEIM, Psychoanalysis and Anthropology, New York 1950. – T. G. H. STREHLOW, Songs of Central Australia, Sydney 1971. – H. ZINSER, Mythos und Arbeit. Studien über psychoanalytische Mytheninterpretation am Beispiel der Untersuchungen Géza Róheims, Wiesbaden 1977. – R. M. BERNDT, Obituary Th. G. H. Strehlow 1908–1978, in: Oceania 49/3 (1979), S. 230–33.

William Graham Sumner

(* 30.10.1840 Paterson; † 12.4.1910 Eaglewood)

Folkways. A Study of the Sociological Importance of Usages, Manners, Customs, Mores and Morals (engl.; *Lebensweisen. Eine Untersuchung der soziologischen Bedeutung der Gepflogenheiten, Umgangsformen, Bräuche, Sitten und moralischen Normen*), EA New York 1906.

Folkways ist ein Hauptwerk des späteren, seiner selbst nicht mehr gewissen Sozialdarwinismus. William Graham Sumner, ursprünglich protestantischer Theologe, lehrte in Yale »Political and Social Science« und wendete seine beiden letzten, schon von Krankheit gezeichneten Lebensjahrzehnte an ein System der Soziologie, das unvollendet blieb. Sein großes Werk *The Science of Society* wurde von einem Schüler fertiggestellt und herausgegeben (Sumner/Keller 1927–28). *Folkways* war zunächst ein Kapitel daraus, das dann zu einem Buch anschwoll, welches Sumner noch selbst hat veröffentlichen können. Von allen seinen Werken hat es die stetigste Wirkung gehabt und ist heute zum »Klassiker« geworden.

Das Wort »folkways« hat Sumner geprägt. Er versteht darunter die schematisierten Arten und Weisen, nach denen Menschen handeln (»ways of doing things«, §1). Diese entwickeln sich unter dem Druck der vier wichtigsten menschlichen Antriebskräfte Hunger, Sexualität, Eitelkeit und Furcht in typisch wiederkehrenden Situationen, wobei Schmerz und Lust als Selektionsinstanzen dienen. Fertigkeiten und Gewohnheiten von Individuen werden durch soziale Weitergabe zu Gepflogenheiten, Umgangsformen, Bräuchen, Sitten und moralischen Normen in Gruppen. Sie unterliegen ebenso wie die individuellen Organismen der Selektion. Bewähren sie sich, werden sie durch soziale Kontrolle, Erziehung und Traditionsbildung verbreitet sowie an kommende Generationen weitergegeben und erhalten einen verpflichtenden Charakter.

Für derart konsolidierte »folkways« spricht Sumner auch von »mores« (passim). Diese bilden sich unmerklich, allmählich, den Beteiligten zumeist unbewusst, bestimmen aber, einmal etabliert, das Denken und Handeln der Mehrzahl der Menschen in der Mehrzahl der Situationen zu allen Zeiten, auf allen Zivilisationsstufen, in allen Gruppen und Subgruppen. Die in Religion, Philosophie, Politik und Recht explizierten Verhaltensnormierungen können sich nur im Einklang mit ihnen durchsetzen; nur was ihnen gemäß ist, wird von der Gesellschaft angenommen, was ihnen zuwiderläuft, ausgeschieden (§99). Die »mores« in einer Gruppe tendieren zu immer besserer Anpassung von Zweck und Mitteln sowie zur immer besseren Anpassung aneinander (»strain of improvement and consistency«, §5). Sie verschmelzen dadurch mit den Vorstellungen der Mitglieder vom »guten« oder »richtigen« Leben zu »gesamtgesellschaftlichen Zuständen vollständiger und distinkter Individualität« (§41). Diese würde man heute als »Kulturen« bezeichnen, während sie Sumner, Aristoteles folgend, »ethos« (Singular) nennt. Darum möchte er auch für seine Gesellschaftswissenschaft, um diese von der deduktiv und dogmatisch verfahrenden »Ethik« abzuheben, den neu von ihm geprägten Terminus »Ethologie« einführen (§§41–43).

Zwei weitere Begriffe Sumners sind erfolgreicher gewesen und heute noch Teile der Fachsprache: »in-group« und »outgroup« (auch »we-group« und »others-group«) sowie »ethnocentrism« (§§13–15). Ethnozentrismus ist die »Anschauungsweise, in der die eigene Gruppe das Zentrum aller Dinge bildet und alle anderen im Hinblick auf sie eingestuft und bewertet werden« (§15). (Sumner denkt hier an lokalisierte, distinkte, homogene und individualisierte Gruppen, die überhaupt die wichtigste Vergleichseinheit seines Buches bilden.) Der Ethnozentrismus verstärkt die Konsistenz der »folkways« und damit die Besonderheit der Gruppe und veranlasst deren Mitglieder zu prosozialem Verhalten. Er verschleiert – innerhalb der Gruppengrenzen – den fundamentalen Tatbestand, dass sich die Menschen »im Wettbewerb des Lebens als Rivalen und Feinde gegenüberstehen« (§336); doch die bis zur Aufopferung füreinander reichende Gruppensolidarität ist letzten Endes nur Disziplin im Angesicht des Feindes: »Die Insider in einer Wir-Gruppe stehen zueinander in einer Beziehung von Frieden, Ordnung, Recht, Herrschaft und Arbeitseifer. Ihre Beziehung zu allen Outsidern oder Anders-Gruppen ist eine des Krieges und der Plünderung, falls nicht Übereinkünfte dieselbe modifiziert haben« (§13). »Loyalität zur Gruppe, Opferwilligkeit für sie, Hass und Verachtung für Outsider, Brüderlichkeit nach innen, Kriegsbereitschaft nach außen, all das wächst miteinander, gemeinsame Produkte derselben Situation« (§14).

Die Hauptträger der »folkways« wie des Ethnozentrismus finden sich in der gesellschaftlichen Mitte (»the masses«, »the people«, »the common man«). Aus dieser ragen nach oben die Elite und nach unten die Unqualifizierten, Defektiven, Abhängigen und Delinquenten heraus (§§ 46–58, 206–211). An sich lassen die »folkways« individueller Variation nur wenig Spielraum. Doch je tüchtiger und unabhängiger einer ist, desto eher kann er diesen benützen, um einen Wandel bei den »folkways« auszulösen. Die Elite ist auch am ehesten imstande, den Ethnozentrismus zu durchschauen und Kontakte zwischen Gruppen zu knüpfen. Kulturelle Synkretismen und politische Zusammenschlüsse sind vor allem ihr Werk. Die soziale Funktion der Marginalen sieht Sumner dagegen negativ. Ein Motiv seines Buches ist der Kontrast zwischen »classes« und »masses« (§ 53).

Dennoch ist er kein Elitist. Seine Sympathie gilt dem verlässlichen, hart arbeitenden, auf Besserung des eigenen und des Loses seiner Familie bedachten »common man« (wie sein Vater einer gewesen war); seine herzliche Abneigung den Planungsoptimisten, Sozialschmarotzern und humanitären Phrasendreschern. Er zeigt eine romantische Vorliebe für alles langsam Gewachsene, Schicksalshafte, Irrationale, Vielfältige und Bunte. Über weite Strecken des Werkes kontrastiert er aus der ethnologischen und kulturhistorischen Literatur exzerpierte »folkways« mit denen seiner Zeit, wobei er jedoch, in Widerspruch zu seinem Grundansatz, statt des den allgemeinmenschlichen Bedürfnissen Gemäßen, Einfühlbaren, Alltäglichen das Exotische, Bizarre, Außergewöhnliche, Schockierende hervorhebt (Menschenopfer, Kannibalismus, Gastprostitution u. dergl.). Während er die üblichen sozialdarwinistischen Thesen und sozialpolitischen Maßnahmen predigt, gelangt er durch seinen Kulturvergleich zu einem damit nicht mehr zu vereinbarenden Relativismus und Fatalismus.

»Folkways« entstehen, wachsen, altern und vergehen wie Organismen. Sie sind zunächst »einfach, naiv und unbewusst«; sobald sie Gegenstand der Reflexion, des Zweifels und der Rechtfertigung werden, kommt es zur Korruption und Degeneration. Fortschritt erkennt Sumner nur innerhalb von Einzelgesellschaften (s.o., §5), nicht aber in der Geschichte der Menschheit. Denn die »folkways« sind derart vielgestaltig und im Fluss, dass sie in keinerlei »logische oder sonstige Sequenz« gebracht werden können (§ 507). Das Höchste, was in dieser Hinsicht erreicht werden kann, ist ein harmonisches Gleichgewicht zwischen ihnen, das jedoch stets labil bleibt (§§ 441, 671).

So wird auch die Demokratie, die von Sumner persönlich bevorzugte Organisationsform, einmal untergehen. Auch sie »enthält keine absolute und ›ewige‹ Wahrheit« (§194).

Demokratie entsteht in Situationen der Unterpopulation, wo der arbeitsfähige Einzelne mehr gilt als das Kapital. Doch eben durch ihren Erfolg verzehrt sie ihre Grundlage (§§ 160–165). Dieses Geschichtsbild ist zyklisch, seine Grundstimmung fatalistisch: »Die Gesellschaft kann nicht stillstehen, und ihre Bewegung wird den Weg durchlaufen, der von den sie erzeugenden Kräften vorgezeichnet ist. Das muss man akzeptieren und daraus Nutzen ziehen« (§163). Dieser Nutzen, der in aufgeklärter Anpassung an das Unvermeidliche besteht, ist der einzige, den die Soziologie, ihrerseits ja bereits Produkt dekadenter Reflexion, erbringen kann.

Es bestehen auffallende Parallelen zwischen Sumner und zwei seiner Generationsgenossen, Ludwig Gumplowicz (1838–1909) und Vilfredo Pareto (1848–1923). Alle drei sind sie an der politischen Praxis gescheiterte Aktivisten, die nunmehr von der Gelehrtenstube aus der Gesellschaft, gleichsam als Medusenhaupt, ihr wahres Bild entgegenhalten möchten. Alle drei sind sie Demaskierer, Durchschauer, die die Illusionen, Selbstgefälligkeiten und kryptoreligiösen Restbestände des zeitgenössischen Liberalismus als dezidierte Naturalisten attackieren. Für Gumplowicz, den Sumner schätzt und zitiert, ist es die Aufgabe der Soziologie, die Einzelnen Resignation zu lehren und der Gesellschaft ihre Altersbeschwerden lindern zu helfen. Sumner seinerseits endet damit, dass er die abendlich-milden Tugenden der »seemliness« und des »good taste« empfiehlt (§§495–502). Mit Paretos *Trattato di sociologia generale* (1916) haben seine *Folkways* viele Erkenntnisse und Bewertungen, aber auch die segmentäre Struktur gemeinsam. Das Buch besteht aus 728 fortlaufend nummerierten Paragraphen von etwa einer Seite, in sich geschlossenen Kurzessays, nach Themenkreisen locker zu 20 Kapiteln zusammengefasst. Dieser Riesenbau ist aus einfachen, oftmals wuchtig-lapidaren Sätzen errichtet. Andere Autoren werden von Sumner nicht auf gleicher Ebene diskutiert, sondern nur zitiert oder in den Fußnoten abgefertigt. Im Unterschied zum noch gewaltigeren *Trattato* ist *Folkways* aber nicht sorgfältig durchkomponiert; der Strom der Belege führt auch Geröll mit sich; dasselbe Zitat taucht öfters noch einmal auf. Man glaubt die Ungeduld eines Autors zu spüren, der merkt, dass ihm die Zeit ausgeht.

Von Pareto unterscheidet sich Sumner auch durch seinen Rationalismus und Reste protestantischer Vorurteilsbefangenheit, von Gumplowicz durch seine amerikanische Robustheit. Man muss es bedauern, dass es ihm nicht mehr möglich war, diesen beiden Klassikern in seiner *Science of Society* etwas Gleichwertiges gegenüberzustellen.

JUSTIN STAGL

Ausg.: New York [4]1959. – Ausw. hg. v. E. SAGARIN, New York 1979. *Lit.:* W. G. SUMNER/A. G. KELLER, The Science of Society, 4 Bde., New Haven 1927–28. – R. HOFSTADTER, Social Darwinism in American Thought, New York [3]1969. – N. E. SMITH, William Graham Sumner as an Anti-Social Darwinist, in: Pacific Sociological Review 22/3 (1979), S. 332–47. – A. M. LEE, The Forgotten Sumner, in: Journal of the History of Sociology 3/1 (1980–81), S. 87–104. – R. KOEGEL, William Graham Sumner: Critical Theorist of Modernity, New York 1990. – D. BECQUEMONT, Darwinisme social, in: P. TORT (Hg.), Dictionnaire du Darwinisme et de l'Évolution, Bd. 1, Paris 1996, S. 1108–19.

CORNELIUS TACITUS

(* um 56 n.Chr.; † um 120 n.Chr.)

De origine et situ Germanorum (lat.; *Vom Ursprung und Wohnsitz der Germanen*), EZ ca. 98 n.Chr.; EA Venedig 1470, in: Opera, hg. v. W. v. Speyer.

Die Schrift des Tacitus, meist kurz *Germania* genannt, nimmt unter den aus der Antike überlieferten ethnographischen Texten eine Sonderstellung ein. Während in allen übrigen erhaltenen Schriften die völkerkundlichen Daten lediglich in Form von Exkursen übermittelt werden, bilden sie bei Tacitus den alleinigen Gegenstand der Darstellung. Es ist daher gewiss nicht übertrieben, die *Germania* als Prototyp der ethnographischen Monographie zu bezeichnen. Gerade in der Singularität der Fokussierung auf ein einzelnes Volk liegt jedoch auch die Ursache für die zahlreichen Fehlinterpretationen, die dem Text, vor allem im deutschsprachigen Raum, widerfuhren.

Über Tacitus selbst weiß man wenig. Sein Geburtsort ist unbekannt, ebenso sein Sterbeort. Man vermutet, dass er im südlichen Gallien aufwuchs, einigermaßen gesicherte Informationen gibt es jedoch lediglich über sein Studium der Rhetorik in Rom und die Reihe der Staatsämter, die er anschließend innehatte. Vermutlich in den frühen siebziger Jahren des 1. Jh. (auf jeden Fall aber während der Herrschaft Vespasians) trat er in die Beamtenlaufbahn ein. Im Jahre 88 wurde er zum Prätor ernannt, zum höchsten Justizbeamten im antiken Rom, 97 zum Konsul. Von 89 bis 93 und um das Jahr 113 weilte er in der Provinz Asien, deren Statthalter er während des zweiten Aufenthalts war. Um das Jahr 120 schließlich starb er.

Die *Germania* entstand wahrscheinlich im Jahr 98 (vgl. Kap. 37), ohne dass Tacitus selbst die beschriebenen Gebiete je besucht gehabt hätte. Seine Kenntnis des Stoffes beruht allein auf der Auswertung literarischer Quellen (explizit genannt wird Caesars *De bello gallico*) und der Befragung römischer Gewährsleute, die als Kaufleute oder Soldaten das Land und seine Bewohner aus eigener Anschauung kannten. Unklar ist allerdings bis heute, warum Tacitus den Text überhaupt verfasste. Die *Germania* verfügt weder über ein Proömium noch über einen Epilog, in dem die Verfasserintention deutlich gemacht würde. Man darf allerdings vermuten, dass es einem römischen Beamten des 1. Jh. kaum darum gegangen sein dürfte, sein »Werkchen [...] unserem (sc. dem deutschen) Volke als Patengeschenk in die Wiege seiner vaterländischen Geschichte« zu legen (Norden 1923). Plausibler erscheint die Annahme, Tacitus habe seinen dekadenten Landsleuten einen Sittenspiegel vorhalten wollen (Fuhrmann 1972), indem er den verweichlichten, korrupten und manierierten Römern die Schlichtheit

(»simplicitas«), die Ehre (»honor, gloria«) und den Kampfesmut (»virtus, fortitudo«) der Germanen vor Augen führt – alles Tugenden, zu denen sich auch die römische Gesellschaft bekannte, die aber gleichwohl zu Tacitus' Zeit kaum noch der tatsächlichen gesellschaftlichen Praxis entsprachen. Dazu passt, dass Tacitus in der *Germania* natürlich keineswegs das Idealbild einer Gesellschaft zeichnet, wie es zahlreiche (vor allem deutsche) Interpreten der vergangenen fünf Jahrhunderte gerne sehen wollten. Die Faulheit (»pigrita«) der Germanen wird ebenso nüchtern beschrieben wie ihre Unbeherrschtheit (»ira«) und ihr Hang zur Trunksucht (»ebriositas«). Doch zwangen letztlich wohl gerade solche Negativurteile den römischen Leser zum Nachdenken über die Gründe, weshalb man über ein vermeintlich unterlegenes Volk wie die Germanen, dessen Besiegung – wie es ironisch heißt – schon über 200 Jahre andauert, »in jüngster Zeit mehr Siege [...] gefeiert als wirklich errungen« hatte (Kap. 37).

Formal ist der Text zunächst in zwei annähernd gleich lange Teile gegliedert. Der erste Teil (Kap. 1–27) beschreibt jene Wesenszüge, die den Germanen insgesamt eignen, der zweite (Kap. 28–46) fokussiert auf die Besonderheiten einzelner Stämme. Von der Geographie des Landes, seiner Besiedlungsgeschichte und dem »Volkstypus« seiner Bewohner über die Wirtschaftsweise und das Heerwesen bis hin zur Religion und Jurisdiktion, von der Anlage der Dörfer und Häuser über die Kleidung bis hin zu Heiratsvorschriften, Kindererziehung, Nahrungszubereitung, Spielen und Bestattungsriten – kaum ein Bereich des täglichen Lebens wird ausgespart. Nicht immer kann man sich dabei des Eindrucks einer recht oberflächlichen Reproduktion antiker Wandermotive und Topoi erwehren, beachtlich jedoch ist die Vielfalt und Breite der angeschnittenen Themenkomplexe allemal.

Weiterhin interessant für die Ethnologie ist vor allem die Rezeptionsgeschichte des Textes. Während es im gesamten Mittelalter nur zwei Hinweise auf die *Germania* gibt (je einmal im 6. und im 8. Jh. bei Cassiodor [ca. 490–ca. 583] und Rudolf von Fulda), erfuhr der Text im Zuge der Renaissance eine weite Verbreitung. Von Anfang an wurde er dabei vor allem für politische Zwecke genutzt. Enea Silvio de Piccolomini (der spätere Papst Pius II. [1405–1464]) stellte im Jahre 1458 Auszüge aus dem Werk zusammen, um Protesten aus Deutschland gegen die Ausbeutung durch die römische Kurie zu begegnen. Er bediente sich dabei notgedrungen vor allem jener Passagen, die die Germanen in denkbar ungünstigem Licht erscheinen lassen. Sehr bald verkehrte sich jedoch diese Interpretationsrichtung in ihr genaues Gegenteil. Zwar wurde der Erstdruck des Buches (Venedig 1470) noch kaum zur Kenntnis genommen, beginnend mit den Vorlesungen des Humanisten Conrad Celtis (1459–1508) in Wien 1497, vor allem aber der Rede Heinrich Bebels [1472–1518] an Kaiser Maximilian im Jahre 1501, etablierte sich jedoch eine Lesart des Textes, die entscheidend zur Herausbildung eines Germanenkults beitrug, der in Deutschland noch verheerende Wirkungen zeitigen sollte. Denn neben den bereits angesprochenen Tugenden der Einfachheit, der Treue und des Mutes rückte dabei vor allem die Frage der Rassereinheit (Kap. 4) ins Zentrum des Interesses. Erstaunlicherweise, möchte man sagen, denn der Grund, den Tacitus dafür angibt, dass die Germanen ein »reiner, nur sich selbst gleicher Menschenschlag von eigener Art« (Kap. 13) geblieben sind, ist nicht nur auf den ersten Blick wenig schmeichelhaft: »Wer hätte auch [...] Asien oder Afrika oder Italien verlassen und Germanien aufsuchen wollen, landschaftlich ohne Reiz, rauh im Klima, trostlos für den Bebauer wie den Beschauer, es müsste denn seine Heimat sein?« (Kap. 2).

Das 17. Jh. brachte mit seiner starken Orientierung an Frankreich als zivilisatorisches Vorbild ein vorübergehendes Abebben der Begeisterung für das »Germanische«. Eine zweite Blüte erfuhr die *Germania*-Rezeption jedoch im 19. Jh.. Wie schon in der Renaissance wurde auch hier eine unbedingte Gleichsetzung von Germanen und Deutschen betrieben, die in dieser Ausschließlichkeit auf Grund der historischen Entwicklung kaum zu rechtfertigen ist. Zu positiv aber ist über weite Strecken das Bild, das Tacitus von den Germanen zeichnet, als dass es nicht im Gefolge eines neu entstehenden Nationalbewusstseins begeistert aufgegriffen worden wäre, wobei die positiven Eigenschaften gleichsam der Zeit entzogen und als unveränderliches Proprium des »deutschen Wesens« aufgefasst wurden. Diese Auffassung hat auch den Nationalsozialismus und seinen verbrecherischen Versuch der radikalen Umsetzung einer germanozentrischen Rassentheorie weitgehend unbeschadet überstanden. So nennt etwa H. Drexler noch 1952 die *Germania* »einen Spiegel [...] unseres Wesens und unseres Wertes« und »das schönste Denkmal, das unserem Volke und seiner Größe errichtet wurde«. Und immer noch heißt die im 19. Jh. begründete wissenschaftliche Disziplin, die sich mit der deutschen Sprache und Literatur beschäftigt, Germanistik. Tacitus dürfte all das nicht im Sinn gehabt haben, als er seinen Text verfasste, die *Germania* legt aber beredt Zeugnis ab von der Kraft, die »erfundene Traditionen« entfalten können, wenn die »Ethnographierten« die ihnen zugeschriebenen Eigenschaften nur ernst genug nehmen.

THOMAS REINHARDT

Ausg.: Dt. EA u.d.T.: Das büchlein von der alten Teutschen brauch und leben, in: J. MICYLLUS, Der Römischen Keyser historien [...], Mainz 1535. – Neuausgaben: M. FUHRMANN (Hg.), Germania. Lateinisch und deutsch, Stuttgart 1972; A. STÄDELE (Hg.), Agricola, Germania. Lateinisch und deutsch, München/Zürich 1991. – wissenschaftl. Ausg.: Germania, interpretiert, hg., übertragen, kommentiert u. mit einer Bibliographie v. A. A. LUND. Heidelberg 1988.

Lit.: E. NORDEN, Die germanische Urgeschichte in Tacitus Germania, Berlin 1923. – H. DREXLER, Die Germania des Tacitus, in: Gymnasium 59 (1952) 52–70. – A. A. LUND, Zum Germanenbild der Römer. Eine Einführung in die antike Ethnographie. Heidelberg 1990. – DERS., Germanenideologie im Nationalsozialismus. Zur Rezeption der Germania des Tacitus. Heidelberg 1995.

Richard Thurnwald

(* 18.9.1869 Wien, Österreich; † 19.1.1954 Berlin)

Die menschliche Gesellschaft in ihren ethnosoziologischen Grundlagen, 5 Bde. EA Berlin/Leipzig 1931–35.

Richard Thurnwald begründete in Deutschland die Ethnosoziologie. Er war ein Pionier der Wirtschafts- und Rechtsethnologie wie der Sozialpsychologie und leistete wichtige Beiträge zur Landeserkundung Neuguineas. Darüber hinaus war er der Gründer des Instituts für Ethnologie an der Freien Universität Berlin.

Mit den fünf Bänden seiner *Menschlichen Gesellschaft* unternahm Thurnwald den Versuch, das von der ethnologischen Forschung bis zum Ende der zwanziger Jahre des 20. Jh. angesammelte Wissen zu kompilieren und im Sinne einer Gesamtbetrachtung über das Werden der menschlichen Gesellschaft und ihrer Institutionen darzulegen und »die sozialpsychologischen Grundlagen der Zivilisations- und Kulturvorgänge zu ermitteln« (1: 16).

In Bd. 1 werden exemplarisch Systeme des kulturellen Lebens vorgestellt, die übrigen Bände sind Einzelthemen wie der Familie, dem Staat, der Wirtschaft und dem Recht und ihren jeweiligen Funktionen gewidmet. »Werden, Wandel und Gestaltung« im Titel der Bände 2 bis 5 verweisen auf die Gewichtung der dynamischen Aspekte im Ablauf menschlichen Lebens. Thurnwalds Forschungsansatz ist global. Die Bände beruhen auf jahrzehntelanger systematischer Analyse der verfügbaren Primärquellen zum Leben menschlicher Gemeinschaften. Dabei war es sein Bestreben, Zeugnisse der frühesten Menschheit möglichst ebenso umfassend zu studieren wie die überlieferten schriftlichen Dokumente vergangener Hochkulturen und zeitgenössische ethnologische Monographien. Erhebliche Bedeutung hatten auch seine eigenen Feldforschungen in Bosnien, Neuguinea und Ostafrika. Thurnwald stand im

Gegensatz zur Kulturkreislehre, gegen deren mechanische Sicht von Kulturkontakten er sich von Anfang an wandte, er lehnte aber auch Idealtypen im Sinne von Max Weber (1864–1920) ab, da sie nur selbstgeschaffene Helfer ohne Entsprechungen in der Wirklichkeit seien. Um diese aber gehe es (1: VIIIf.).

Einen Teil des Grundstocks für die *Menschliche Gesellschaft* bildeten seine Artikel für Max Eberts 15-bändiges *Reallexikon der Vorgeschichte* (1924–29). Thurnwald nutzte die Gelegenheit, um mit seinen Artikeln eine Enzyklopädie der Sozialanthropologie zu verfassen. Zeitgleich schrieb er jeweils rund 200 Artikel sowohl für den *Großen Brockhaus* als auch für das *Ullstein-Lexikon* sowie Einzelabhandlungen für andere Nachschlagewerke, u.a. über völkerpsychologische Themen. Schon in *Psychologie des Primitiven Menschen* (1922) hielt Thurnwald eine von den Forschungsergebnissen der Ethnologie und Soziologie ausgehende Rekonstruktion der Lebensgestaltungen des frühen Menschen für möglich, sah deren Entwicklung jedoch keinesfalls als unilinearen Prozess. Wie er schon in seinen *Bánaro* (1921) betont hatte, könne die einfachere Sozialstruktur auch die zeitlich jüngere sein, und vice versa.

Die fünf Bände der *Menschlichen Gesellschaft* richten sich laut Verlagsprospekt an Philosophen, Ethnologen, Religionshistoriker, Rechtswissenschaftler, Seminare, Bibliotheken und – erstaunlicherweise zuletzt aufgeführt – auch an völkerkundliche Sammlungen. Zum Zeitpunkt der Veröffentlichung der Bände hielt sich Thurnwald zunächst in Ostafrika, dann als Gastdozent in Yale und Harvard sowie auf Bougainville und in Australien auf. Die Korrekturen für die Bände 3, 4 und 5 übernahm größtenteils W. E. → Mühlmann (1904–88).

Thurnwalds Überblick über die vielfältigen Aspekte des menschlichen Lebens findet seinen Abschluss in *Des Menschengeistes Erwachen, Wachsen und Irren. Versuch einer Paläopsychologie von Naturvölkern mit Einschluß der archaischen Stufe und der allgemein menschlichen Züge* (1951). In der Kriegs- und

Nachkriegszeit entstanden, gilt das Buch als Band 6 seiner *Menschlichen Gesellschaft*. Hierin erarbeitet er eine Geschichte des Denkens (und Glaubens) vor dem Hintergrund der wirtschaftlichen, sozialen und politischen Bedingungen menschlicher Existenz. Er setzt sein Bestreben fort, für den Leser auf möglichst breiter Materialbasis Licht in die Abhängigkeiten und Bedingtheiten der Entwicklung des menschlichen Geistes wie der menschlichen Institutionen zu bringen. Es entspricht der ihm eigenen Gründlichkeit, dass er dazu nicht nur orientalistische und ethnologische Studien betrieb, sondern sich vor allem nach dem Ersten Weltkrieg auch mit Forschungen auf zoologischem Gebiet beschäftigte. Er gestand auch dem Tierreich und damit dem Vor-Menschentum »Kultur« zu. Von Hause aus Jurist und Nationalökonom, sah er in allen Erscheinungen des menschlichen Zusammenlebens das Prozesshafte, eine Sichtweise, die er schon von seinen Lehrern Carl (1840–1921) und Anton Menger (1841–1906) an der Wiener Universität übernommen hatte. Geschärft wurden seine bereits vorhandenen Einsichten durch seine Beschäftigung mit den Lehren des Staatswissenschaftlers Ludwig Gumplowicz (1838–1909), eines frühen Vertreters der Soziologie. Thurnwald begnügte sich jedoch nicht mit Literaturstudien, er war auch bereit, zur Beantwortung der Fülle noch offenstehender Fragen zu Menschen zu gehen, die mit europäischer Zivilisation noch nicht in Berührung gekommen waren, um deren Lebenswelten und Wahrnehmungsformen zu erfassen. Dies geschah u.a. mit einem eigens für ihn entwickelten psychologischen Testverfahren. Doch nicht erst in Neuguinea, sondern schon lange zuvor hatte er seine, in der *Menschlichen Gesellschaft* dann immer wieder aufgegriffene Definition von Entwicklung gewonnen: »Es gibt keine rationale einlinige ›Entwicklung‹ [...]. Aber es wäre falsch, wenn man den Gedanken einer ›Entwicklung‹ radikal ablehnen würde. Sie liegt im Fortschreiten und in der Anhäufung von Fertigkeiten, Kenntnissen und Erkenntnissen latent enthalten«. Gäbe es zweifellos auch so etwas wie eine Entwicklung der menschlichen Psyche, so habe sich insgesamt doch »im Leben und Denken der Leute [...] trotz des rapiden Wechsels der Zeiten nichts sehr Wesentliches geändert«.

Die Vorstellung, technisch steinzeitlich lebende Menschen dächten prälogisch, lehnte er im Gegensatz zu L. → Lévy-Bruhl ab. Vielmehr erschiene ihnen unser Denken ebenso außer- oder alogisch wie uns das ihre. »Das tägliche Leben und die Deutung übersehbarer Zusammenhänge vollziehen sich nach kausalen und logischen Grundsätzen« – eine Schlussfolgerung, die er um so mehr treffen konnte, als er selbst bei seinen Feldforschungen bemüht war, Aussagen von den Menschen selbst und nicht über sie zu liefern. Der Umfang, in welchem er diese Forderung umsetzte, war 1912 geradezu revolutionär.

Thurnwalds Arbeiten wurden zwar in den USA und Australien rezipiert, fanden aber nach dem Zweiten Weltkrieg im westlichen Teil Deutschlands nur eingeschränkt Beachtung. Bekannt sind hauptsächlich die drei ersten Bände der *Menschlichen Gesellschaft.* Doch geht Thurnwalds wissenschaftliches Gesamtwerk weit über die *Menschliche Gesellschaft* hinaus. Es stellt auch heute noch geradezu eine Fundgrube für die Sozial- und Kulturwissenschaften dar. So geht die Siebungstheorie in den Sozialwissenschaften auf ihn zurück, und einen Begriff wie »Wildbeuter« hat er geprägt.

Thurnwalds Werk war zukunftsweisend. *Black and White in East Africa* (1935) stellte einen frühen Beitrag zur modernen Entwicklungssoziologie dar, nicht zuletzt auch durch die Beachtung der historischen Dimension. Eindeutig ist hierin sein Bekenntnis zur Gleichberechtigung der Afrikaner. Ähnlich hatte er schon in Band 1 der *Menschlichen Gesellschaft* geschrieben: »Die Kraft eigener Tradition, die in ihnen lebendig ist, darf von uns nicht unterschätzt, nicht untergraben und auch nicht missachtet werden«. Ebenso betont er, dass auch die Betroffenen ihren aktiven Anteil an der Entwicklung haben: »All the races and nations emancipating themselves, pass through the stages of adaptation on account of socio-psychological laws but on different lines« (1: 392).

Gerade die zum Ausgang des 20. Jh. aktuellen und noch ungelösten ethnischen Probleme zeigen die Aktualität der *Menschlichen Gesellschaft*. Viele Anregungen zu politischen wie ethnologischen Fragen lassen sich in den Bänden finden (vgl. z.B. seine Ausführungen zum Asyl). Nur selten sind die Erscheinungsformen menschlichen Lebens so klar dargestellt worden wie hier. Es war Thurnwald, der für die weiterführende Forschung die »Spreu vom Weizen« trennte. Der Umfang seines Hauptwerks und die Vielzahl behandelter Themen mag Leser abschrecken. Thurnwald selbst nahm Stellung zu dem Vorwurf, seine *Menschliche Gesellschaft* sei diffus. Er bestätigte diese Kritik, meinte aber, dieser Vorwurf sei an denjenigen zu richten, der die Vielfalt aller menschlichen Erscheinungen geschaffen habe. Thurnwald wird oft als Funktionalist bezeichnet, tatsächlich ist diese Eingrenzung für sein Werk und den umfassenden Ansatz, den er mit ihm vertrat, zu eng.

MARION MELK-KOCH

Ausg.: Auszüge in: R. THURNWALD, Grundfragen menschlicher Gesellung. Ausgewählte Schriften, Berlin 1957.

Lit.: J. L. MYRES, [Rez. v.] Richard Thurnwald, Die menschliche Gesellschaft, Bd. 1, in: Man 33 (1933) 136. – L. ADAM, [Rez. v.] Richard Thurnwald, Die menschliche Gesellschaft, Bd. 5, in: Man 36 (1936) 32–33. – DERS., [Rez. v.] Richard Thurnwald, Die menschliche Gesellschaft, Bd. 2, 3, 4, in: Man 37 (1937) 20–22. – DERS., In Memoriam: Richard Thurnwald, Oceania 25/3 (1955) 145–55. – M. MELK-KOCH, Auf der Suche nach der menschlichen Gesellschaft: Richard Thurnwald, Berlin 1989. – DIES., Richard Thurnwald und die Siebungstheorie, in: Anthropologischer Anzeiger 54 (1996) 71–81.

Victor Witter Turner

(* 28.5.1920 Glasgow; † 18.12.1983 Charlottesville)

The Ritual Process. Structure and Anti-Structure (engl; *Der rituelle Prozess. Struktur und Anti-Struktur*), EA New York 1969.

Die unter diesem Titel berühmt gewordene Aufsatzsammlung markiert einen Wendepunkt im Werk des vielleicht einflussreichsten Theoretikers der symbolischen Ethnologie. Denn Turner, dessen Name nicht nur untrennbar mit den zentralafrikanischen Ndembu, sondern auch mit einem neuen ethnographischen Stil und mit den innovativen Konzepten »soziales Drama«, »Liminalität« und »Communitas« verbunden ist, wechselt mitten im Buch sowohl Perspektive als auch Methode. Von hier an dehnt Turner, nicht nur für die restlichen Seiten des Buchs, sondern für den Rest seines Lebens, die Kategorie der Liminalität aus. Bisher hatte sie ihm zur Kennzeichnung der Transformationsprozesse während der klar markierten mittleren Phase von Übergangsriten (A. van → Gennep) gedient. Nun wendet er sie außerdem auf Rituale postindustrieller Gesellschaften, auf politisch-historische Umbruchzeiten, auf soziale Außenseiter, literarische Grenzfiguren und auf Kunstformen wie das Theater an.

The Ritual Process markiert einen von vielen Höhe- und Wendepunkten in Turners ereignisreichem und produktivem Leben. Als Sohn einer Schauspielerin und eines Elektroingenieurs bemühte Turner sich ein Leben lang, zwischen den zwei Kulturen seiner Eltern, zwischen Kunst und Wissenschaft, zu vermitteln. Von 1938 bis 1941 studierte er zunächst englische Literatur, wechselte aber nach dem Krieg zur Ethnologie, die er von 1946 bis 1949 bei R. → Firth und M. → Fortes am University College in London studierte. Doch er fühlte sich zu M. → Gluckmans marxistischem Ansatz in der Ethnologie hingezogen. Gluckman, der gerade in Manchester ein neues Institut für Ethnologie einrichtete, gewann Turner für ein Promotionsstudium und überredete ihn, in Afrika Feldforschung zu betreiben. Unter Gluckmans Führung bildete sich die sogenannte »Manchester School« der britischen Sozialanthropologie heraus, deren theoretische Interessen an sozialen Konflikten, gesellschaftlichen Prozessen und rituellen Integrationen und deren Feldforschungsmethoden (Einzelfallstudien, erweiterte Fallstudien, Situationsanalysen) Turner übernahm. Gesellschaft nicht als ein harmonisch integriertes System, sondern als konfliktreichen Prozess aufzufassen, wurde zum zentralen Thema in Turners Werk, das sich mehr als dreißig Jahre lang mit dem endlosen Dialog zwischen Ordnung und Unordnung, Struktur und Anti-Struktur sowohl in der Gesellschaft insgesamt als auch in Ritualen und kulturellen Darbietungen befasste.

1950 reiste Turner mit seiner Familie nach Lusaka im damaligen Rhodesien, wo er bis 1954 an dem von Gluckman gegründeten Rhodes-Livingston Institute tätig war. In dieser Zeit führten er und seine Frau Edith (*1921) jene Feldforschung bei den Ndembu durch, die seinen Ruhm begründete. Hier verlagerten sich seine Forschungsinteressen auf die Beschreibung und Analyse von Ritualen. 1955, bereits ein Jahr nach seiner Rückkehr nach Manchester, erwarb Turner mit seiner herausragenden Dissertation *Schism and Continuity in an African Society* nicht nur den Ph.D., sondern auch den Ruf, das vielleicht kreativste Mitglied der Manchester-Gruppe zu sein. In dieser Arbeit führte Turner zum ersten Mal das Konzept des »sozialen Dramas« zur Interpretation sowohl synchroner Aspekte der Dorfstruktur als auch diachroner Aspekte der prozesshaften Form von Konflikten (Bruch/Krise/Bewältigung oder Spaltung) ein. Obwohl Gluckman und Firth die Verwandlung einer westlichen Kunstform in eine analytische Kategorie und ihre Anwendung auf einen afrikanischen Kontext kritisierten, hielt Turner daran fest. Er kreierte so eine neue Art der Ethnographie, die mit dem russischen Roman verglichen wurde, weil sie nicht von den für die strukturfunktionalistische Orthodoxie typischen blutlosen und abstrakten sozialen Kategorien handelte, sondern von lebendigen Menschen mit unmöglichen Namen, die in endlose Streitigkeiten mit Höhepunkten und Auflösungen verwickelt waren (Kuper 1996).

Kündigte sich die »symbolische Wende« und die Auflehnung gegenüber den Lehrern bereits in Turners Dissertation an, so trugen zwei weitere Monographien zum endgültigen Bruch mit der ethnologischen Tradition bei. Denn Turner sah mehr und mehr den Schlüssel zum Verständnis der Ndembu-Rituale in der Symbolik dieser Rituale und begann nun damit, eine »kulturvergleichende Symbologie«, das Hauptthema seines späteren Werks, zu entwerfen. 1963 kehrte er Manchester den Rücken und trat in den USA eine Professur an der Cornell University an. Kurz vor der Überfahrt nach Amerika, in einer liminalen Phase seines Lebens, entdeckte Turner die englische Übersetzung von van Genneps *Rites de Passage*, ein Buch, das ihm den entscheidenden Impuls zur Entwicklung seines Konzepts der Liminalität gab. Dieses Konzept stellte er noch im selben Jahr in einem außerordentlich einflussreichen Vortrag mit dem Titel »Betwixt and Between: The Liminal Period in Rites de Passage« vor, der zusammen mit glänzenden Analysen der Symbolik und Dynamik von Ndembu-Ritualen 1967 in *Forest of Symbols: Aspects of Ndembu Ritual* erneut veröffentlicht wurde. In diesem Essayband, dem ethnologisch betrachtet vielleicht wichtigsten Werk, formulierte Turner viele seiner Kernideen über die semantische Struktur von rituellen Symbolen sowie die prozessuale Struktur von Übergangsritualen, die er in seinen späteren Schriften während der letzten zwanzig Jahre seines Lebens wiederholte, weiterentwickelte und auf immer neue Kontexte anwendete. Dabei war für Turner, der von 1951 bis 1957 Mitglied der Kommunistischen Partei war, unter dem Einfluss der Ndembu-Rituale aber zum Katholizismus rekonvertierte, die Untrennbarkeit von symbolischer und politischer Ethnologie eine Grundprämisse. Seine symbolische Ethnologie schloss die Pragmatik ritueller Symbole ein und zeigte, dass Sinnproduktion wie -interpretation untrennbar mit soziopolitischen Interessen und Zielen verknüpft und in ein Netz von Machtbeziehungen eingebunden sind.

1968 wurde Turner an die University of Chicago berufen, wo er bis 1977 lehrte, dann wechselte er an die University of Virginia in Charlottesville, wo er bis zu seinem Tod die Professur für Anthropology and Religion innehatte. Turners Jahre an amerikanischen Universitäten fielen in die Zeit erheblicher innenpolitischer Unruhen: der Civil Rights- und Black Power-Bewegungen der schwarzen Amerikaner, der Proteste gegen den Vietnam-Krieg, der utopischen Entwürfe und der Aufbruchstimmung der Hippie-Bewegung. Turner nahm diese Bewegungen aufmerksam wahr und griff sie in seinen Schriften auf. Je weiter sein Leben fortschritt, umso breiter wurde das Spektrum seiner komparativen und humanwissenschaftlichen Interessen. Zusammen mit seiner Frau unternahm er Forschungsreisen nach Mexiko, Irland und Frankreich, nach Indien, Japan und Brasilien, um Pilgerschaft und Wallfahrtswesen, Theater, Tempeltanz und Karneval zu erforschen. Auf der Suche nach einer humanwissenschaftlichen Synthese bewegte er sich zwischen Ethnologie, Religionswissenschaft, Soziologie, Philosophie, Psychoanalyse, Semiotik, Theater- und Literaturwissenschaft sowie Neurobiologie hin und her. Als Turner 1983 im Alter von 63 Jahren an einem Herzinfarkt starb, wurde er sowohl nach den Riten der katholischen Kirche als auch nach den Trauerzeremonien der Ndembu bestattet (Willis 1984).

The Ritual Process, in den bewegten Endsechzigern entstanden, besteht aus fünf Kapiteln und zwei ineinander fließenden Teilen. Die ersten drei Kapitel gehen auf Vorlesungen zurück, die Turner 1966 auf Einladung der Universität Rochester hielt. In den ersten beiden Kapiteln beschäftigt er sich mit den »Klassifikationsebenen« eines Fruchtbarkeitsrituals (Kap. 1) und den rituell ausgedrückten

»Paradoxien des Zwillingsphänomens« (Kap. 2) bei den Ndembu. Hier erweist sich der Autor als ausgezeichneter Ethnograph, dem nicht nur feinkörnige Analysen der symbolischen Struktur, der Semantik und der Dynamik der Rituale gelingen, sondern der auch selbst im Text als forschendes Ich präsent ist. Mitten im dritten Kapitel, das zunächst den Eigenschaften und Bedeutungen der »Liminalität« und der »Communitas« in afrikanischen Ritualen gewidmet ist, schlägt der Autor dann die Brücke von Afrika zum Rest der Welt. In diesem wie dem folgenden Kapitel führt er das Konzept der Communitas ein – eines liminalen, anti-strukturellen Phänomens unvermittelter zwischenmenschlicher Kommunikation während ritueller Umwandlungsprozesse. Turner zufolge sind liminale Wesen wie z.B. die Novizen in Pubertätsriten weder das eine noch das andere, sie schlüpfen durch das Netz der Klassifikationen hindurch, befinden sich zwischen den vom Gesetz, der Tradition, der Konvention und dem Zeremonial fixierten Positionen (Kap. 3). Wesentliche Eigenschaften dieses rituellen »Dazwischen« sind nach Turner Paradoxie, Mehrdeutigkeit, Unbestimmtheit, Inversion, Reflexivität und Kreativität. Für Turner war das Konzept der Liminalität, der sozialen Anti-Struktur, ein theoretisch notwendiges Konstrukt, um Gesellschaft als dynamischen und dramatischen Prozess verstehen und über das starre System binärer Gegensätze, das für die strukturale Anthropologie und die Tautologien des Strukturfunktionalismus charakteristisch war, hinausgelangen zu können. Kapitel 4 und 5 befassen sich mit den sozialen Merkmalen der rituellen Liminalität, mit der »außer-« bzw. »meta-strukturellen« Modalität sozialer Beziehungen in der Schwellenphase, und mit der Verbindung zwischen Communitas, strukturellem Außenseitertum und struktureller Inferiorität. Jede Gesellschaft hat, so Turner, Ausdrucksformen und Symbole, die die »Macht der Schwachen« artikulieren: marginale Gestalten wie heilige Bettler, Hofnarren, Clowns, Propheten und Künstler bzw. marginale

Gruppen wie millenarische und religiöse Bewegungen oder die Hippies. Communitas ist, nach Turners Kennzeichnung, wesentlich spontan, unmittelbar und konkret. Sie steht im Gegensatz zu »societas«, zum institutionalisierten und normenbestimmten Wesen der Sozialstruktur. Communitas ist eine verändernde Kraft. Sie dringt, wie Turner schreibt, »in der Liminalität durch die Lücken der Struktur, in der Marginalität an den Rändern der Struktur und in der Inferiorität von unterhalb der Struktur ein« (Kap. 3). Sie ist der Ursprung aller Struktur, denn sie unterliegt der Tendenz zu Routine, Strukturierung und Hierarchisierung, und gleichzeitig die Kritik an Struktur. Sie ist der metastrukturelle Aspekt sozialer Beziehungen. Deshalb kann, nach Turners Überzeugung, keine Gesellschaft ohne diese Dialektik von Struktur und Communitas funktionieren.

Während Turner zu Beginn seiner wissenschaftlichen Karriere von seinen Lehrern kritisiert wurde, weil er eine westliche Darstellungsgattung, das Drama, in eine analytische Kategorie verwandelte und auf soziale Konflikte bei den Ndembu anwandte, zielte die Kritik nach Erscheinen von *The Ritual Process* in den 1970er und 1980er Jahren in die umgekehrte Richtung: auf seine Interpretation literarischer Texte und performativer Gattungen in postindustriellen Gesellschaften im Sinne des Modells der Übergangsriten bzw. der Konzepte des sozialen Dramas, der Liminalität und der Communitas. Turner verstand aber so verschiedene performative Gattungen wie Ritual, Spiel und Theater als Aspekte eines umfassenden »rituellen Prozesses«, dessen Funktion, wie er meinte, in der Reflexivität bzw. im soziokulturellen Metakommentar bestehe.

Vor allem die »Offenheit« des Turnerschen Denkens spaltet diejenigen, die sich mit ihm befassen, in Kritiker und Bewunderer. Erstere stoßen sich zunächst am unsystematischen Charakter seines Werks, seinen unscharfen, metaphorischen Begriffen und weitreichenden Analogiebildungen, daran, dass er nie bereit war, so etwas wie eine »Theorie mittlerer Reichweite« zu entwerfen, die zwischen der minuziösen Beschreibung und Deutung ethnographischer Szenen und den generalisierenden Abstraktionen »soziales Drama«, »Liminalität« und »Communitas« hätte vermitteln können. C. → Geertz (*1926) kritisierte die Allgemeinheit der Drama- und Theater-Analogie, die Turner und seine Nachfolger auf so unterschiedliche soziale und kulturelle Phänomene wie Übergangsriten, Heilungszeremonien und Gerichtsprozesse, mexikanische Aufstände, millenarische Bewegungen und die politische Rebellion der 1960er Jahre, auf isländische Sagen, pikareske Erzählungen und karibische Karnevalsumzüge angewandt haben, mit der spitzen Formulierung: eine Form für alle Zeiten (Geertz 1980). Paola Ivanov andererseits analysierte Turners Begriffe »Liminalität« und »Communitas« als sehr persönliche, vom Katholizismus geprägte Konzepte eines zum spekulativen Philosophen gewandelten Ethnologen, die – auf komplexe Gesellschaften übertragen – unpräzise, unplausibel und immer weniger empirisch verankert seien und zu nebulösen, schnell abgenutzen Phrasen verkämen (Ivanov 1993).

Auch Turners Hang zur Idealisierung, wie er in den Vorstellungen des Autors vom kreativen Individuum, von der transformierenden Kraft der Gemeinschaft, der Macht der Schwachen oder der liminalen Reflexivität zum Ausdruck kommt, wird vielfach kritisiert. Doch gerade seine Gedanken zur Dynamik und zum Prozesscharakter von Ritualen sowie zum kreativen Potential der Liminalität sind bis heute anregend. Turner liebte und betonte das Unsystematisch-Offene, das Unordentliche, Dynamische und Antistrukturelle. *The Ritual Process* und alle seine in Amerika entstandenen Schriften sind Essays im besten Sinne des Wortes: fragmentarisch, ideenreich, anregend und geistvoll geschrieben. Das erklärt auch die große Breitenwirkung seines Werks: Turners Kategorien, seine vergleichende Symboltheorie und sein Ritualkonzept wurden in zahlreichen Geistes- und Kulturwissenschaften aufgegriffen (Bräunlein 1997).

Sylvia M. Schomburg-Scherff

Ausg.: ND New York 1995. – Dt. EA u.d.T.: Das Ritual. Struktur und Anti-Struktur, Frankfurt 1989. – Neuausgabe (mit Nachwort v. S. M. Schomburg-Scherff) Frankfurt 2000.
Lit.: C. Geertz, Local Knowledge (New York 1983), S. 19–35. – R. Willis, Victor Witter Turner (1920–1983), in: Africa 54/4 (1984), S. 73–75. – B. A. Babcock/J. J. MacAloon, Victor W. Turner (1920–1983), in: Semiotica 65 (1987), S. 1–27. – K. M. Ashley (Hg.), Victor Turner and the Construction of Cultural Criticism, Bloomington 1990. – P. Ivanov, Zu Victor Turners Konzeption von »Liminalität« und »Communitas«, in: Zeitschrift für Ethnologie 118 (1993), S. 217–49. – A. Kuper, Anthropology and Anthropologists. The Modern British School, London [3]1996. – P. J. Bräunlein, Victor Witter Turner (1920–1983), in: A. Michaels (Hg.), Klassiker der Religionswissenschaft (München 1997), S. 324–41.

Edward Burnett Tylor
(* 2.10.1832 Camberwell; †2.1.1917 Wellington)

Primitive Culture. Researches into the Development of Mythology, Philosophy, Religion, Language, Art and Culture (engl.; *Primitive Kultur. Forschungen zur Entwicklung von Mythologie, Philosophie, Religion, Sprache, Kunst und Kultur*), 2 Bde., EA London 1871.

Primitive Culture fußt auf Tylors *Researches Into the Early History of Mankind* (1865, [2]1870) und erweitert die darin formulierten Fragestellungen bezüglich der Evolution der Menschheit in Bereiche, die von seinen evolutionistischen Vordenkern oder Zeitgenossen vernachlässigt worden waren, die sich vorrangig mit Fragen der Nahrungsfürsorge, technisch-ökonomischer Innovationen, Familien- und Rechtsstrukturen, Eigentumsverhältnissen und Herrschaftssystemen beschäftigt hatten. Die frühen Evolutionisten der Ethnologie hatten versucht, das seit der griechischen Antike präsente und im gelehrten Diskurs der Aufklärung zu neuer Bedeutung gelangte Dreistufenschema von »Wildheit, Barbarei, Zivilisation« mit neuem ethnographischem Begründungswissen anzureichern und dabei immer stärker auszudifferenzieren. So bot L. H. → Morgan in *Ancient Society* (1877) eine dreistufige Untergliederung der Stadien »Wildheit« und »Barbarei« und außerdem ein bilineares Schema von alt- und neuweltlicher Evolution an.

Der Autodidakt Edward B. Tylor, der nach Veröffentlichung eines Reiseberichts über Mexiko (1861) vom Kustos des Pitt Rivers Museums zum Dozenten (1884) und ersten Inhaber eines Lehrstuhls für Sozialanthropologie (»Social Anthropology«) in Oxford (1896), aufstieg, kannte die Werke von A. → Bastian und T. → Waitz, die er im Vorwort zur ersten Auflage von *Primitive Culture* dankend erwähnt. Im Vorwort zur zweiten Auflage bemerkt er zum Vorwurf, er stütze sich kaum auf die prominenten Vertreter der Evolutionstheorie wie Charles Darwin (1809–82) und Herbert Spencer (1820–1903), sein eigenes Werk behandle andere Bereiche und habe daher mit den Schriften dieser »hervorragenden Denker« wenig Berührungspunkte.

Tylor ist in der Ethnologie vor allem durch zwei epochemachende Definitionen (»Religion«, »Kultur«) und zwei von ihm eingeführte Begriffe (»Survival«, »Animismus«) präsent. Seine Minimaldefinition von Religion als »the belief in spiritual beings« und seine Maximaldefinition von Kultur als »that complex whole which includes knowledge, belief, art, morals, law, custom, and any other capabilities and habits acquired by man as a member of society« wurden später oft missverstanden und kritisiert: Religion bestehe nicht allein im Glauben, sondern auch in einer Praxis, und Kultur sei nicht kumulativ zu erfassen, schon gar nicht, wenn sie die materiellen, technisch-ökonomischen Errungenschaften von vornherein ausklammere und sich nur auf geistige Leistungen beziehe.

Dass Tylor ein innovativer Zeitgenosse war, erweisen seine Definitionen von »Religion« und »Kultur«. Der Gedanke, dass Religion »der Glaube an spirituelle Wesen« sei, mag zunächst rudimentär erscheinen, richtete sich allerdings gegen die von J. F. McLennan (1827–81) vertretene Auffassung, dass es im »Totemismus« eine Anbetung materieller

Objekte gäbe. Es war Tylors großes Verdienst, zu verdeutlichen, dass Menschen in ihren jeweiligen kulturellen Zusammenhängen nicht ein im Zentrum des Kultes stehendes materielles Objekt (»Fetisch«) anbeten, sondern dass das Objekt ein Symbol für eine dahinterstehende Idee darstellt.

Additive Kulturdefinitionen sind offen und daher stets unvollkommen. Tylor versuchte mit seiner Aufzählung jedoch lediglich eine notwendige Ergänzung des Kulturverständnisses seiner evolutionistischen Kollegen, die den »geistigen« Aspekten der Kultur wenig Aufmerksamkeit schenkten.

Primitive Culture besteht aus 19 Kapiteln, wobei sich verschiedene Themen über mehrere Kapitel hinziehen. Im ersten Band geht es zunächst um die von Tylor mitbegründete Kulturwissenschaft (»the science of culture«), die Entwicklung der Kultur und die Bedeutung der kulturellen Überbleibsel (»Survivals«). Darauf folgen Überlegungen über die Entwicklung der menschlichen Sprache aus der tierischen Verständigung und ein Exkurs zu Formen der Mythologie, in denen der Autor »Survivals« der Übergangsphase der tierischen zur menschlichen Artikulation sieht. Dann werden erste religiöse Regungen (»Animismus«), erste Zahlenkonzepte und alltagsnahe Rechenkünste als Aspekte des Erwachens der Menschheit aus der Wildheit thematisiert, und erneut kommen Zusammenhänge von Sprache, Weltauffassung und Mythologie zur Darstellung. Der zweite Band behandelt fast ausschließlich Tylors großes Thema, den »Animismus«, sowohl unter dem Aspekt der vielfältigen Glaubensvorstellungen als auch unter dem der Religionsausübung (»Riten« und »Zermonien«).

Tylors Verständnis und Gebrauch der Idee der »Survivals« ist retrospektiv. Seine Zeitgenossen wollten eine Evolution vom Einfachen zum Komplexen beweisen, während Tylor eher versuchte, in der Komplexität und Differenziertheit seiner britischen Gegenwartsgesellschaft die Rudimente des allgemeinen menschlichen Kulturinventars zu erkennen – allerdings nicht ohne Gesellschaftskritik!

Tylers Idee des »Animismus« ist in die religiöse Weltauffassung im Allgemeinen eingebettet. Im Gegensatz zu Autoren, die das Fehlen von »Religion« bei »primitiven Stämmen« behaupteten, stellt für ihn der »Animismus« die ursprüngliche Religion der Menschheit dar: »an ancient and world-wide philosophy, of which belief is the theory and worship the practice« (Bd. 1, S. 427). Tylors Argument beruht auf der behaupteten Universalität der Annahmen, dass die Seele den Körper überlebt und dass Geistwesen (bis hin zu mächtigen Gottheiten) die dingliche Welt, das menschliche Leben und das Dasein nach dem Tode beeinflussen oder kontrollieren, was geradezu unvermeidlich zu ihrer aktiven Verehrung führe (S. 426–27). Nach Tylor zog der »denkende« Mensch in einem frühen Stadium der Kultur unter dem Eindruck des Unterschieds zwischen lebendigen und toten Körpern und der in Träumen und visionären Zuständen erlebten Welten den Schluss, Lebewesen hätten einen »Phantom«-Begleiter oder eine »Geist-Seele« (S. 428–29).

In den weiteren Kapiteln über den Animismus (Bd. 2, S. 1–303) entwickelt Tylor sein Evolutionsschema der religiösen Weltauffassung und leitet auf der Grundlage seiner »vergleichenden Methode« eine Abfolge der phylogenetischen Entwicklung religiöser Gedanken und Systeme her, die nicht rigide, sondern eher stadiendurchlässig ist. Sie entwickelt sich vom einfachen Seelenglauben zu einem zunächst undifferenzierten Glauben an Geister, die später in schädliche und wohlwollende Geister geschieden werden. Aus dem engen rituellen Bezug von Abstammungsgruppen zu den Geistern ihrer Gründerahnen entsteht eine Konkurrenz lokal verehrter Gottheiten in einem »polytheistischen System«, das schließlich in der Hegemonie einer obersten Gottheit zum Monotheismus wird. Die monotheistischen »Offenbarungsreligionen« Judentum, Christentum, Islam, die Tylor »retrospektiv« als von »Survivals« durchsetzt in den Kulturvergleich in Zeit und Raum einbezieht, werden im umgekehrten »prospektiven« Vorgang vorsorglich ausgeklammert:

Sie lägen nicht im Bereich seiner auf religiös-weltanschauliche Systeme »without supernatural aid or revelation« beschränkten Untersuchungen (Bd. 1, S. 427). Dieser taktische Balanceakt wurde von den Zeitgenossen und den nachfolgenden Ethnologen nicht immer verstanden und gebilligt.

Im vorletzten Kapitel (Bd. 2, S. 363–442) geht es um zwei Arten religiöser Riten, die sich vermischen: »Zum Teil sind sie expressive und symbolische Aufführungen, die dramatischen Äußerungen religiösen Denkens, die Gebärdensprache der Theologie. Zum Teil sind sie Mittel des Verkehrs mit und des Einflusses auf spirituelle Wesen, und als solche ist ihre Absicht ebenso unmittelbar praktisch wie jeder chemische oder mechanische Prozess, indem sich Doktrin und Anbetung zueinander verhalten wie Theorie and Praxis« (S. 362). Als wichtigste Teile der rituellen Praxis werden Gebet, Opfer, Fasten und Methoden der »künstlichen Ekstase« (S. 364) aufgeführt. Auch hier schließt die »vergleichende Methode« die Christenheit mit ihren Anklängen an frühere Opferriten (Christi Opfertod, das Abendmahl und die protestantisch-katholische Kontroverse über dessen Symbol- oder Realgehalt) ein.

Nach dem Erscheinen von *Primitive Culture* wurde aus christlich-fundamentalistischer Sicht nicht nur der Evolutionsgedanke als solcher kritisiert, sondern auch die Idee einer Kontinuität von Religion vom Animismus bis zu den Offenbarungsreligionen. Einer der ersten Theologen, die sich aus dieser Warte kritisch mit Tylor, Spencer und Lippert (1881) als Vertretern der Animismustheorie beschäftigten, war der Priester Aloys Borchert, der die »Urmonotheismus«-Hypothese P. W. → Schmidts (1866–1931) vorwegnahm: »Es gibt kein Volk, dessen Religion nur aus Seelen-, Ahnen- und Geisterkult besteht, vielmehr glauben alle Völker an einen überweltlichen Gott-Schöpfer. Geschichtlich lässt sich nachweisen [!], dass die animistischen Vorstellungen erst verhältnismäßig spät in die schon vorhandene Religion eingedrungen sind, dass somit die Religion älter ist als der Animismus« (Borchert 1900).

Der evangelische Religionshistoriker, Theologe und Erzbischof von Schweden Nathan Söderblom (1866–1931) wollte nachweisen, dass der »Animismus« nicht an ein »Seelen«-Konzept, sondern an die Vorstellung einer »Allbelebung« der Natur gebunden ist – wofür Tylors Schüler R. R. → Marett den Begriff »Animatismus« geprägt hatte. In weiterer Differenzierung der Konzepte wurde später auch zwischen personalisierten Mächten (»Animismus«) und unpersönlichen Naturkräften (»Dynamismus«) unterschieden (vgl. van der Leeuw 1933, Parrinder 1958).

In *Les Formes élémentaires de la vie religieuse* (1912) setzte sich É. → Durkheim intensiv mit *Primitive Culture* auseinander. Er redet an Tylor vorbei, wo er dem »Animismus« einen »Totemismus« vorschaltet, betont aber zu Recht als erweiternde Aspekte der Religionsbetrachtung die regelmäßig wiederkehrende Verpflichtung zu kollektiven Riten und den überindividuellen Charakter der Religion als ein mit der sozialen Lebenswelt eng verbundenes Konzept (z.B. Totemismus – Klanstruktur). Durkheim baut auf Tylors Einsicht in den Symbolcharakter des Totem auf, das allerdings nicht nur das transzendente Prinzip, sondern auch die soziale Einheit markiert.

Tylors Anschauung von der Entwicklung der Kultur (genauer: des geistigen Überbaus) betont bei aller Variabilität der religiösen Vorstellungswelt des Menschen die Kontinuität und beruft sich dabei auf Wilhelm von Humboldt (1767–1835): »Der Mensch knüpft immer an Vorhandenes an.« (Bd. 1, S. 19). Tylor benutzt zwar die Begriffe »Wildheit«, »Barbarei«, »Zivilisation«, doch gibt es für ihn keinen festen evolutionistischen Stufenplan, weil die geistig-emotionale Ausstattung des Menschen Zeit und Raum überdauert (S. 7). So ist Tylor auch Wegbereiter der Durkheim-Schule, der eine französischen Übersetzung der 2. Auflage von *Primitive Culture* (1876–78) zur Verfügung stand.

Brigitta Benzing

Ausg.: überarb. Auflagen: London ²1873, ³1891, ⁴1903, ⁵1913; ND London 1994 (The Collected Works of Edward Burnett Tylor, Bd. 3–4). – Dt. EA u.d.T.: Die Anfänge der Kultur, 2 Bde., Leipzig 1873.
Lit.: J. LIPPERT, Der Seelenkult in seinen Beziehungen zur althebräischen Religion, Berlin 1881. – A. BORCHERT, Der Animismus oder Ursprung und Entwicklung der Religion aus dem Seelen-, Ahnen- und Geisterkult, Freiburg 1900. – É. DURKHEIM, Les Formes élémentaires de la vie religieuse, Paris 1912. – R. R. MARETT, The Threshold of Religion, London ²1914. – N. SOEDERBLOM, Der Animismus. Belebung und Beseelung, 1916. – G. VAN DER LEEUW, Phänomenologie der Religion, Tübingen 1933. – G. PARRINDER, Witchcraft, London 1958.

Ernst Wilhelm Vatter
(* 30.7. 1888 Wiesbaden; † 22.4.1948 Limache)

Ata Kiwan. Unbekannte Bergvölker im tropischen Holland. Ein Reisebericht, EA Leipzig 1932.

Ata Kiwan enthält die Ergebnisse einer Forschungsreise, die den Autor zwischen 1928 und 1929 zu den Inseln des Solor-Alor-Archipels geführt hatte. In einer Zeit geschrieben, in der die Stammesmonographie funktionalistischer Prägung sich bereits durchzusetzen begonnen hatte, steht das Buch vordergründig noch ganz in der älteren Tradition des ethnographischen Expeditionsberichts. Andererseits werden in ihm hinsichtlich der von Vatter entwickelten Darstellungsform bereits Positionen vorweggenommen, die es im Blick auf die Repräsentationsdebatte der achtziger und neunziger Jahre des 20. Jh. als einen Vorläufer postmoderner Ethnographien erscheinen lassen.

Ernst Vatter, der seit seiner Promotion in Geographie am 1904 gegründeten »Völkermuseum« der Stadt Frankfurt am Main als Kustos tätig war, hatte sich 1924 mit einer Arbeit über den australischen Totemismus für Völkerkunde habilitiert und war wenig später zum Honorarprofessor an der Frankfurter Universität ernannt worden. 1926 veröffentlichte er eine vielbeachtete Arbeit über die *Religiöse*

Plastik der Naturvölker, die – wie sein ganzes Werk – stark von den Theorien L. → Lévy-Bruhls beeinflusst war. Den Grundstock der Bestände des Frankfurter Museums bildete die Sammlung Bernhard Hagens (1853–1919), der als Tropenarzt mehrere Jahre in der damaligen Kolonie Niederländisch-Indien verbracht hatte. Um die Hagensche Sammlung durch weitere Ethnographica aus diesem Raum zu ergänzen, brach Vatter 1928 mit seiner Frau Johanna, die er wenige Monate zuvor geheiratet hatte, zu einer Forschungsreise nach Ostindonesien auf. Ziel der Expedition waren die bis dahin ethnographisch noch kaum untersuchten Inseln des Solor-Alor-Archipels.

Vatter und seine Frau hielten sich in der östlichen Insulinde von Anfang November 1928 bis Juli 1929 auf. Von der niederländischen Verwaltungshauptstadt Larantuka in Ostflores ausgehend, bereisten sie in dieser Zeit die Inseln Adonara, Solor, Lomblem, Alor und Pantar. Während sie auf den Flores östlich vorgelagerten kleineren Inseln immer nur wenige Wochen, ja manchmal sogar nur Tage verbrachten, konnten sie sich in den nordwestlich von Larantuka im Schatten des Ili Mandiri-Vulkans gelegenen Lamaholot-Bergdörfern für einen Zeitraum von mehreren Monaten niederlassen.

Ata Kiwan gibt einen anschaulichen Bericht von den kulturellen, sozialen, ökonomischen und politischen Verhältnissen, die zur Zeit von Vatters Aufenthalt in dieser abgelegenen Region des niederländischen Kolonialreichs herrschten. Als wollte er durch seine eigene Herangehensweise die erst viele Jahrzehnte später geübte Kritik an der »Geschichtsfeindlichkeit« der Monographien aus der klassischen Epoche ethnographischer Feldforschung vorwegnehmen, beginnt Vatter das Buch mit einem umfangreichen Exkurs in die Entdeckungsgeschichte der kleinen Sundainseln, auf denen sich schon lange vor Ankunft der Europäer über viele Jahrhunderte die vielfältigsten kulturellen und politischen Einflüsse überschnitten hatten. Auch die Lokalgeschichte der alten

Fürstentümer von Larantuka und Adonara wird von ihm wiedergegeben, soweit sie sich anhand der vorliegenden Archivquellen und mündlichen Überlieferungen rekonstruieren ließ. Weit davon entfernt, der zeitgenössischen romantischen Vorstellung von scheinbar isolierten und unberührten Kulturen zu huldigen, geht Vatter auf die kolonialen Aktivitäten der Holländer ebenso ausführlich ein wie auf die Rolle, die die katholische Mission auf den Solor-Alor-Inseln bereits seit dem 17. Jh. gespielt hatte. Zieht man die Entstehungszeit des Buches in Betracht, so erweisen sich Vatters Urteile als erstaunlich objektiv. Er würdigt die Maßnahmen der Kolonialregierung zur Erschließung der ökonomischen und verkehrstechnischen Infrastruktur der Region, kritisiert aber zugleich das von ihnen zu dieser Zeit auf den Außeninseln noch praktizierte Zwangsarbeitssystem und meldet berechtigte Zweifel an ihren Rechtssprechungsformen an. Wie wenig die Kolonialregierung und die christliche Mission an den überlieferten Lebensformen hatten ändern können, geht aus den drei zentralen Kapiteln des Buches hervor, die sich auf den Aufenthalt des Forscherehepaars in den Bergdörfern des Ili Mandiri beziehen. Vatter erweist sich nicht nur bei der Schilderung der Bodenbauformen und der agrarischen Rituale als genauer Beobachter, sondern gibt auch eine detaillierte Beschreibung der engen Verknüpfung von sozialer und politischer Organisation. »Funktionalistisch« in ihrem Ansatz, macht seine Darstellung deutlich, wie Klanstruktur, Heiratssystem, Bodenrecht, Religion und Politik in den Dörfern der Region eine untrennbare Einheit bilden. Sie kulminiert in dem vierköpfigen Führungskollegium eines jeden Dorfes, das sich aus den Ältesten der wichtigsten Klane zusammensetzt, die sich die Aufgaben der politischen Repräsentation untereinander aufteilen und bei den zahlreichen Gemeinschaftsopfern zugleich die Priesterrollen übernehmen. »Holistischer« als die meisten funktionalistischen Monographien der Zeit ist Vatters Beschreibung der Lebensverhältnisse der Bewohner von Ostflores überdies insofern, als er bei aller Konzentration auf soziale Strukturen und kulturelle Überlieferungen den Bereich der materiellen Kultur nie zu kurz kommen lässt. Seine Dokumentation der Arbeitsinstrumente, der Waffen, der Ikatwebereien, des Schmucks und der Musikinstrumente der von ihm besuchten Kulturen sind vorbildlich.

Das Bemerkenswerteste an *Ata Kiwan* bleibt indes, dass sein Autor nie verhehlt, wie er zu seinen Daten gelangt ist und sich darüber hinaus auch immer wieder offen über seine eigenen Empfindungen äußert. In aller Regel beginnt die ausführliche Darstellung eines bestimmten Bereichs mit der Schilderung eines kleinen Erlebnisses oder zumindest eines visuellen Eindrucks, den Vatter dann zum Anlass einer ausführlichen Erörterung nimmt. Sorgfältig wird dabei zwischen eigenen Beobachtungen und den Auskünften unterschieden, die er von Kolonialresidenten, Missionaren oder Einheimischen erhalten hat. Vatter nennt seine Gesprächspartner, europäische ebenso wie einheimische, immer bei ihren Namen und nutzt die Gelegenheit oft dazu, ein plastisches Portrait der jeweiligen Personen zu entwerfen. Anrührend ist so zum Beispiel seine Schilderung eines kleinen, kranken und scheinbar verwahrlosten Jungen namens Uhâ, dessen sich die beiden Vatters annehmen zu müssen glaubten, den sie dadurch aber der Mutter und dem eigenen Dorf entfremdeten. Vatter verwendet diese Episode, um sich im anschließenden Abschnitt (Kap. 6) eingehend über die traditionellen Erziehungspraktiken zu äußern.

Anders als in den zeitgenössischen funktionalistischen Monographien treten die Angehörigen der Dorfgemeinschaften, bei denen Vatter sich länger aufhielt, nie als Kollektivsubjekte auf. Es sind Personen mit individuellen Zügen und Gefühlen, die äußerst sorgsam, ja bisweilen auch mit großer Zuneigung gezeichnet werden. Nicht allen gilt seine Sympathie gleichermaßen, aber deutlich wird in jedem Fall, dass der Forscher zu ihnen persönliche Beziehungen unterhielt, dass er sie als Gesprächspartner, Freunde oder Gegner, aber nie als »Forschungsobjekte« sah. Die eine oder andere Äußerung bleibt sicherlich zeitgebunden, so zum Beispiel seine Ausführungen zur Physiognomik und zum äußeren, »rassischen« Erscheinungstyp der Inselbewohner. Gleichwohl hat Ernst Vatter in *Ata Kiwan* zu einem eigenständigen literarischen Stil gefunden, der die Studie in mehr als nur einer Hinsicht als »experimentelle Ethnographie« erscheinen lässt.

Dass Vatters Abhandlung über die »unbekannten Bergvölker im tropischen Holland« zu den Lebzeiten des Autors nicht die Resonanz gefunden hat, die sie zweifellos verdiente, lag in den Zeitumständen begründet. Vatter zählte zu den entschiedenen Gegnern von L. → Frobenius (1873–1938), der 1934 trotz zahlreicher Widerstände zum neuen Direktor des Frankfurter »Völkermuseums« ernannt wurde. Fortan galt Vatter daher innerhalb der Frankfurter Völkerkunde als *persona non grata*. Sein wissenschaftliches Werk wurde von den Anhängern der kulturmorphologischen Schule weitgehend ignoriert. Überdies sollte er auch bei den Nationalsozialisten, die wenige Monate nach der Veröffentlichung seines Buches die Macht in Deutschland übernommen hatten, schnell in Ungnade fallen. Seine Frau war jüdischer Herkunft und er weigerte sich, sich von ihr scheiden zu lassen. Zunächst vom »Völkermuseum« an die Stadtbibliothek versetzt, musste Vatter schließlich aufgrund seiner Ehe mit einer »Nicht-Arierin« aus dem öffentlichen Dienst ausscheiden. 1939 gelang ihm und seiner Familie die Flucht nach Chile, wo er sich als Hühnerzüchter seinen Lebensunterhalt verdiente. Vatter hatte seine sämtlichen wissenschaftlichen Bücher in Deutschland zurückgelassen. Die Ethnologie war ihm fremd geworden. Die Entdeckung seines eigenen Buches als eines Klassikers des Faches sollte sich unter politisch wie wissenschaftlich grundsätzlich gewandelten Konstellationen erst sehr viel später anbahnen.

KARL-HEINZ KOHL

Lit.: H. NIGGEMEYER, Nachruf Ernst Vatter, in: Paideuma 3 (1944/49), S. 193–94.

Theodor Waitz
(* 17.3.1821 Gotha; † 21.5.1864 Marburg)

Anthropologie der Naturvölker, 6 Bde. (5.–6. Bd. hg. von G. Gerland), EA Leipzig 1859–72.

Mit dem gewaltigen, von einem Freund und Schüler, dem Geographen Georg Gerland (1833–1919) zu Ende geführten Opus griff der in Gotha als Sohn eines Stiftspredigers geborene Franz Theodor Waitz in den seit dem 18. Jh. währenden Streit um die Einheit des Menschengeschlechts ein und legte, wie kurz nach ihm A. → Bastian, die im Entstehen begriffene Ethnologie auf die monogenetische Hypothese fest. Im Unterschied zu dem vielgereisten Bastian war der 1848 in Marburg zum Philosophieprofessor (ab 1862 Ordinarius) ernannte Waitz Stubengelehrter und Kompilator, der – als an Johann Friedrich Herbart (1776–1841) und Gustav Theodor Fechner (180–87) gereifter Psychologe (*Lehrbuch der Psychologie als Naturwissenschaft*, 1849) und Pädagoge (*Allgemeine Pädagogik*, 1852) – erst vergleichsweise spät zur Anthropologie fand und diese dann ganz seiner Bildungsidee einer Weltzivilisation zu Diensten machte.

Absicht und Konzeption des Werkes sind im ersten Band dargelegt: Die deskriptiven Bände 2 bis 6 sollen die Hypothese belegen, dass die Menschheit nicht aus verschiedenen biologischen Strängen sich zusammensetze, wie es in Frankreich etwa Arthur de Gobineau (1816–82) oder in Amerika Louis Agassiz (1807–73) vertraten. Die Beweisführung sollte auf zwei Wegen erfolgen, dem biologischen und dem »psychologischen«, worunter Kultur und Kulturgeschichte verstanden wurden. Auf dem ersteren argumentierte Waitz zugunsten einer Plastizität der äußeren Erscheinung und deren Abhängigkeit von Klima, Lebensweise, Abstammung und Nahrung; selbst die »Schädelgestalt« folge der »Geistescultur«, da sich auch erworbene Merkmale vererben könnten. Insgesamt stellten sich die physischen Unterschiede der Rassen »als fließende« dar, so dass sie eher für eine Einheit als für eine Verschiedenheit sprächen.

Enthält der im selben Jahr wie Darwins *On the Origin of Species* und sechs Jahre vor Mendels *Versuche über Pflanzenhybriden* erschienene Einleitungsband im biologischen Teil noch gravierende Irrtümer, so liegt die Stärke von Waitz' anthropologischer Enzyklopädie in der Fülle der verarbeiteten Quellen zu Ethnographie und Kulturgeschichte, seinen kritischen Kommentaren zu oberflächlichen oder klischeehaften Berichten und seinen Einsprüchen gegen Methoden der Kolonisierung und Missionierung, die trotz edelster Motive häufig zum Verderben der Naturvölker ausschlügen. Auch wehrt sich Waitz gegen vorschnelle Schlüsse von der Physis auf die Psyche oder gegen die zwanghafte Suche nach Entwicklungsgesetzen. Ganz im Sinne des späteren Historismus lässt sich Kultur für ihn nur idiographisch erfassen, über die »historischen Grundlagen ihrer Lebensentwicklung«.

Die Antwort auf dem zweiten Feld seiner Beweisführung erfolgt im Geiste der romantischen Sprachforschung: Die Wortsprache zeichne die Menschheit aus und mache die Einzelnen und Gruppen füreinander »berechenbar«. Auf den wesentlichen Gebieten der Kultur, die auf Erfahrung, Ausdrucksfähigkeit, Schönheitssinn, Zukunftsdenken, Individualität und Metaphysik aufbaue, gebe es nur graduelle Unterschiede. Die aber – und hier ist Waitz wieder ganz Evolutionist – lassen sich auf einer Entwicklungsbahn vom Rohen zum Feinen anordnen. Auch wenn die Naturvölker nicht mehr den Menschen im Naturzustand repräsentierten, stellten ihre Trägheit und Faulheit, ihre Zügellosigkeit und Planlosigkeit, ihre Konzentration auf Essen, Trinken, Geschlechtsgenuss und Müßiggang (»in Folge eines wahren Abscheues vor jeder Art von Kraftanstrengung«) für Waitz eine pädagogische Herausforderung dar.

Zwar zeugten die vielen herangezogenen Quellen von einem weltweiten zivilisatorischen Prozess, sie zeigten aber auch, wie zivilisierte Europäer »draußen« recht schnell in den Zustand der Rohheit zurückfallen könnten. Hier lag für Waitz wiederum der Beweis, dass der Fortschritt dem Weißen nicht angeboren sei, sondern mühsam errungen werden musste. Hierzu verhalf ihm insbesondere das gemäßigte Klima, während die Mangelgebiete den Menschen zu Bettlern, die üppigen Tropen aber zu Müßiggängern erzögen. Wie vor ihm Carl Ritter (1779– 1859) hält Waitz Europa in jeder Hinsicht für begünstigt, da Verkehr, Wanderung und Krieg die mächtigsten Hebel der Entwicklung und Befreiung aus der Isolation darstellten. Der »Segen regelmäßiger Arbeit«, der Gegensatz von Arm und Reich, die Bildung von Privatbesitz und die Festigung der Familienbande hätten gemeinsam die Zivilisation bewirkt – assistiert durch das Hervortreten Hochbegabter und durch die rechte Religion; denn die Religionen der Naturvölker »lähmen die Antriebe zum Denken wie zur Anstrengung überhaupt«.

Was Waitz mit seinem Riesenwerk letztlich zeigen wollte, ist ein universalpädagogisches Feld, das zu beackern sich lohne, auch wenn die Fülle der Erscheinungen verwirren mag. Geschichte dient seiner Meinung nach nicht der Vielfalt oder dem Glück im Winkel, sondern ihre Bestimmung heißt Zivilisation – ein Prozess, der freilich nicht überstürzt werden dürfe: »Die Civilisation muss langsam vorwärtsgehen, sonst geht sie zurück: die Geschichte der Revolutionen gibt in dieser Rücksicht dieselbe Lehre wie die der Missionen« (Bd.1, S. 485).

Zwei Jahre nach dem progammatischen ersten Band erschien der zweite: *Die Negervölker und ihre Verwandten*, in dem diese als gelehrige Schüler geschildert werden, die eigene Genies (z.B. auf dem Gebiet der Staatskunst) hervorgebracht hätten. Waitz weist das kolonialistisch-rassistische Argument der angeborenen Grausamkeit mit dem Hinweis auf die relativ milde Behandlung der Sklaven zurück und rühmt die Höhe der religiösen Anschauungen, die trotz fetischistischer Verirrungen bis an die Schwelle zum Monotheismus gelangt sein konnten.

Von dieser Absicht, die Naturvölker zwar nicht von den üblichen Beschuldigungen reinzuwaschen, wohl aber ihre Bildungsfähigkeit zu beweisen, sind auch die 1862, 1864 und 1865 erschienenen Bände über *Die Amerikaner* (»1. und 2. Hälfte«) und *Die Völker der Südsee* (»1. Abteilung«) getragen. Letzterer Band über die »Malaien« lag bei Waitz' Tod erst als Manuskript vor und wurde von Georg Gerland (1833–1919), damals noch Gymnasiallehrer in Halle, auf den Weg gebracht, der dann 1870 und 1872 zwei weitere Bände (Abteilung 2 und 3 der *Völker der Südsee*) über Mikronesier, Polynesier, Melanesier, Australier und Tasmanier zwar »mit Benutzung der Vorarbeiten des Verfassers«, aber doch im Wesentlichen neu schrieb. Gerland erhielt nach der Vollendung der sechs Bände den Lehrstuhl für Geographie in Strassburg und beteiligte sich an der Grundlegung des ethnologischen Diffusionismus. Im Gegensatz zum zeitgenössischen Evolutionismus interpretierte Gerland schon in seinen beiden eigenen Bänden der *Anthropologie* die berichteten Erscheinungen oft im Sinne einer Degeneration: die Entdecker und Missionare hätten die Naturvölker nicht in ihrer Blüte, sondern im Verfall angetroffen. Nur so ließen sich die überall dokumentierten Fälle von Kindermord, Altentötung, Menschenopfer und Kannibalismus erklären. Doch hält auch Gerland am Waitzschen Ziel fest, dass auch »gänzliche sittliche Verwilderung bei guten geistigen Anlagen bestehen kann und höhere Culturfähigkeit nicht ausschließt« (Bd. 6, S. 688).

Die *Anthropologie der Naturvölker* stellt zweifelsohne eine kaum zu überschätzende Fundgrube des ethnologischen Wissens aus der Mitte des 19. Jh. dar. Im Gegensatz zu ihren Vorläufern wie etwa der *Völkergallerie* (1831) arbeiteten Waitz und Gerland aber streng wissenschaftlich, mit Quellenangaben und Quellenkritik. Deswegen fand das Werk Resonanz und wurde, wohl auch wegen seiner anthropologischen und weltpädagogischen Ausrichtung, insbesondere in Westeuropa gelesen. Während im deutschsprachigen Raum das Interesse am Volksgeist, den kulturellen Einmaligkeiten und Differenzen dominierte – Wilhelm Dilthey (1833–1911) distanzierte sich 1863 von der *Anthropologie* –, passte der Ansatz von Waitz eher zur den Bestrebungen etwa James C. Prichards (1786–1848) oder William Frederic Edwards (1777–1842), natürliche Evolution und geschichtliche Entwicklung zusammenzuführen, und half zugleich in der Auseinandersetzung mit den Rassenkunden von Gobineau oder den Brüdern Amedée (1797–1873) und Augustin Thierry (1798–1856). Wohl deshalb wurde der 1. Band der *Anthropologie* im Auftrag der britischen Anthropological Society ins Englische übersetzt und erschien 1863 als *Introduction into Anthropology* mit ausführlichem Index. Damit konnte Waitz – ein Jahr vor seinem Tod – noch E. B. → Tylor in dessen Glauben, Rassenunterschiede seien beim Studium der Kultur vernachlässigbar, bekräftigen und dieses Fundament der sich entfaltenden Ethnologie mit auf den Weg geben.

In diesem Sinne kann Waitz neben Bastian als Gründerfigur der Ethnologie gelten. In den prall gefüllten Bänden seiner *Anthropologie* findet sich nicht nur der Fächer kultureller Variabilität ausgebreitet, sie liefern auch multikausale Erklärungsmuster und geben erste Hinweise für eine Ordnung des Materials, z.B. nach Kulturarealen. Ganz besonders wichtig aber waren sie bei der Loslösung von der naturwissenschaftlichen Anthropologie, auch wenn sich der psychologisch-pädagogische Anspruch von Waitz in der deutschsprachigen Ethnologie nie recht durchsetzen konnte. Dennoch verhalf seine Lehre von der Plastizität der angeblich harten Fakten, mit denen die damaligen Humanbiologen ihre Hegemonie im anthropologischen Konzert begründeten, der Ethnologie zu einem eigenständigen Konzept, das dann im Diffusionismus und den kulturhistorischen Schulen des 20. Jh. zum Tragen kam.

R. → Lowie sieht in Waitz folgerichtig auch einen Vorläufer von F. → Boas, dem Begründer der US-amerikanischen Kulturanthropologie, und auch R. → Benedict rühmte ihn als »the first great anthropologist«.

Kritischer wird Waitz in der jüngeren Generation beurteilt, die auch in dieser frühen Ethnologie Rassismus am Werke sieht. So räumt Marvin Harris (*1927) in *The Rise of Anthropological Theory* (1969) zwar einen Unterschied zu G. → Klemm mit seinem rassenanthropologischen Dualismus ein, doch sei Zivilisation eindeutig auch für Waitz die Angelegenheit der kaukasischen Rasse, und die anderen zeigten ihren Abstand ebenso durch kulturelle wie mentale und physiognomische Eigenarten.

Waitz' Verdienst ist es, die Lernfähigkeit der Menschen in anderen Kulturen nachgewiesen zu haben. In der Frage, was zu lernen sei, vertrat er die Linie des Eurozentristen, der die gesamte Menschheit zur bürgerlichen Leistungsgesellschaft verwandeln möchte. Insofern wirkte Waitz hauptsächlich außerhalb der Ethnologie, in die er ja wohl auch nur zu dem Zweck eingetreten war, die damals sehr verbreiteten Ideen vom Volksgeist und den unüberwindlichen Rassenunterschieden zu bekämpfen. Warum ihm die gewaltige Sammelarbeit in der damals schon mächtig angeschwollenen Literatur über außereuropäische Völker nicht mehr Sympathie für andere Wege wecken konnte, muss offen bleiben. Im anthropologischen Diskurs des 19. Jh. zeigt seine pädagogische Stimme aber ein deutlich aufklärerisches Profil, das im 20. Jh., als der Entwicklungsgedanke zur Entwicklungspolitik geworden war, Weltgeschichte machen sollte.

BERNHARD STRECK

Ausg.: Leipzig [2]1877. – Engl. Übers. von Bd. 1 u.d.T.: Introduction to Anthropology, London 1863 (ND New York 1972).
Lit.: W. DILTHEY, Die »Anthropologie« von Theodor Waitz, in: Berliner Allgemeine Zeitung vom 1.10.1863. – O. GEBHARDT, Theodor Waitzs pädagogische Grundanschauungen in ihrem Verhältnis zu seiner Psychologie, Ethik, Anthropologie und Persönlichkeit, Leipzig 1906. – R. H. LOWIE, The History of Ethnological Theory, New York 1937. – R. BENEDICT, Race and Racism, London 1942. – W. E. MÜHLMANN, Geschichte der Anthropologie, Frankfurt 1968 (EA 1948). – M. HARRIS, The Rise of Anthropological Theory, New York 1969.

Leslie A. White

(* 19.1.1900 Salida; † 31.3.1975 Death Valley)

The Science of Culture. A Study of Man and Civilization (engl.; *Die Wissenschaft von der Kultur. Eine Untersuchung des Menschen und der Zivilisation*), EA New York 1949, 2. Aufl. 1969.

White ist bekannt als Neoevolutionist und Verfechter der Ideen → L. H. Morgans, sah aber selbst seine Hauptleistung in der Ausarbeitung von Grundlagen der »Kulturologie« (so der von ihm geprägte Ausdruck). In Weiterentwicklung ethnologischer Ansätze, insbesondere derjenigen Morgans (dessen Tagebücher und Briefe er edierte), E. B. → Tylors, É. → Durkheims und A. L. → Kroebers, sollte diese Wissenschaft sich mit Kultur als geschlossenem, aus sich selbst zu erklärendem und menschliches Verhalten bestimmendem System beschäftigen.

Nach dem Psychologiestudium an der Columbia University (mit Kursen in Ethnologie an der New School of Social Research bei Alexander Goldenweiser [1880–1940], einem frühen Schüler von F. → Boas), dem Doktorat an der University of Chicago, wo Soziologie und Ethnologie an einem Institut vereint waren, und Feldforschungen in den Keres-Pueblos von New Mexico in den zwanziger Jahren des 20. Jh., noch ganz im Zeichen der »salvage ethnography« und der partikularistischen Beschreibung kultureller Phänomene, weckten vor allem seine Erfahrungen in der Lehre (an der University of Buffalo 1927–30, von da an bis zur Pensionierung 1970 an der University of Michigan) und die Begegnung mit dem bei seinen eigenen Lehrern verpönten Werk Morgans bei White den Wunsch nach einem theoretischen Zugang zur Erklärung kultureller Phänomene, der nicht menschliches Verhalten und Psychologie als Ansatzpunkt nehmen sollte, sondern Kultur als etwas »Überorganisches« im Sinne Kroebers.

Die zwischen 1938 und 1948 veröffentlichten Aufsätze, die

in *The Science of Culture* gesammelt sind, haben das Ziel, Kultur in Whites Sinne zu definieren, ihre Erforschung als vollwertige Wissenschaft zu legitimieren und von den damals dominierenden psychologischen Ansätzen (»Kultur-und-Persönlichkeit«-Schule) abzugrenzen. Kultur ist für White ein System von Phänomenen (sowohl Verhaltensweisen als auch Gegenständen, Ideen und Wertvorstellungen), das auf dem Gebrauch von Symbolen beruht (Kap. 6). Nur Menschen haben Kultur, denn Tiere können nicht symbolisieren, d.h. Phänomenen Bedeutung zuschreiben. Durch die menschliche Fähigkeit, solche Bedeutungszuschreibungen zu erlernen und aktiv zu erweitern, wird Kultur zu einem kontinuierlichen, kumulativen Prozess, in dem sich einzelne Phänomene aus anderen heraus entwickeln und erklären lassen, z.B. das Schwiegermuttertabu aus den Heiratsregeln, der Wohnfolge und dem Verwandtschaftssystem. Individuen finden die Kultur, in die sie hineingeboren werden, fertig vor und können sie weder erklären noch aus freiem Willen verändern, sondern werden von ihr bestimmt und »entdecken« ihre Gesetze, als wären sie natur- oder gottgegeben.

Individuelle menschliche Organismen sind zwar die Träger von Kultur, für die Erklärung kultureller Phänomene aber irrelevant, weil die organischen Voraussetzungen menschlichen Denkens und Verhaltens konstant sind und aus sich heraus nicht die große Vielfalt menschlicher Kultur hervorgebracht hätten. Variabel sind nur die kulturellen Kontexte selbst; d.h. die Erklärung von kulturellen Phänomen liegt in anderen kulturellen Phänomenen. Kultur entwickelt sich aus sich selbst heraus. Aufgabe der Psychologie kann es nur sein, die Auswirkungen der Kultur auf menschliches Verhalten und Gefühlsleben zu analysieren, nicht aber, Erklärungen für kulturelle Phänomene zu liefern: Das Inzesttabu z.B. kommt nicht aus einer natürlichen Abscheu vor sexuellen Kontakten mit Verwandten, sondern aus der Zersplitterung früher Gesellschaften in Familien und der Notwendigkeit, friedliche Beziehungen über diese engen Grenzen hinaus zu knüpfen.

Mit Phänomenen des menschlichen Lebens, deren Wirkung und Funktion von symbolischen Sinnzuschreibungen abhängt, hat die Kulturologie einen gleichermaßen realen und von der empirischen Wirklichkeit abstrahierten Forschungsgegenstand wie die Naturwissenschaften. Deshalb geht White davon aus, dass sich mit Hilfe der Kulturologie auch Gesetzmäßigkeiten formulieren und Vorhersagen treffen lassen. Die Schwierigkeiten bei ihrer Entwicklung zur exakten Wissenschaft sieht er im Anthropozentrismus begründet, der allem menschliche Eigenschaften zuschreibt. In der Erforschung der natürlichen Umwelt war dieser Animismus leichter durch die Einsicht zu überwinden, dass Phänomene, die außerhalb des Menschen liegen, aus sich selbst heraus und nicht in Analogie zum Menschen erklärt werden müssen, aber im Falle der Kultur widerstrebt es dem in der Philosophie des freien Willens erzogenen Menschen anzuerkennen, dass auch sie außerhalb seiner selbst existiert und ihn bestimmt, statt von ihm bestimmt zu werden (Kap. 5). White widmet zwei Kapitel (8, 9) der Rolle von sog. »Genies« und »großen Männern« in der Geschichte und kommt auch hier (wie schon Kroeber) zu dem Schluss, dass herausragende Leistungen und Entdeckungen das Produkt akkumulierter kultureller Erfahrung sind und das Individuum höchstens der Ort ist, an dem verschiedene Erfahrungen zusammentreffen und zur Anwendung gebracht werden, eventuell begünstigt durch besondere geistige Fähigkeiten, aber auch durch soziale Stellung und Bildung. Zahlreiche Fälle von simultan, aber unabhängig voneinander gemachten Erfindungen bewiesen die geringe Bedeutung der individuellen Identität eines Erfinders.

Erst im vorletzten Kapitel entwirft White ein evolutionäres Schema kultureller Entwicklung, das er später in *The Evolution of Culture* (1959) weiter ausarbeitet. Für ihn ergibt sich der kulturelle Entwicklungsstand aus dem Produkt der

Energiemenge, die pro Kopf verfügbar gemacht werden kann, und der Effizienz der zu ihrer Umsetzung zur Verfügung stehenden Geräte. Die wesentlichen Entwicklungsschübe der Menschheitsgeschichte hätten immer mit der Erschließung einer neuen Form der Energienutzung zu tun: die Domestizierung von Pflanzen und Tieren im Neolithikum, die Erfindung der Dampfmaschine und des Motors zur Zeit der industriellen Revolution und die Nutzung der Atomenergie zu Whites eigenen Lebzeiten. Soziale und ideologische Aspekte der Kultur hingen von der verfügbaren Energie und den Formen ihrer Nutzung ab, könnten aber auch auf deren Entwicklung einwirken, wie z.B. das mittelalterliche Feudalsystem, das eine weitere Verbesserung der Landnutzung behinderte. White erkannte erst gegen Ende seines Lebens, dass der seinen evolutionistischen Entwürfen zugrunde liegende funktionalistische Begriff von Kultur als Anpassungsmechanismus, der das menschliche Überleben sicherstellen soll, im Widerspruch zu seinem sonstigen Bestreben stand, Kultur von menschlichen Bedürfnissen getrennt zu betrachten. Allerdings schreibt er schon hier, dass sich im Atomzeitalter die kulturelle Nutzung von Energie von etwas Lebenserhaltendem zu einer potentiellen Bedrohung wandle. Erst nachdem er seine Auffassungen von der Rolle der Energie in der kulturellen Entwicklung und der Kulturologie als höchster Entwicklungsstufe der Wissenschaft formuliert hatte, entdeckte White einen Vorgänger in dem deutschen Chemiker Wilhelm Ostwald (1853-1932).

White war wegen seiner evolutionistischen Ideen und seiner vehementen Kritik an Boas und seinen Schülern starken Anfeindungen ausgesetzt. Als Verfechter einer unilinearen Evolution in der Nachfolge Morgans und Tylors stand er auch im Gegensatz zu J. → Stewards multilinearem Ansatz, wobei zahlreiche Ethnologen der nachfolgenden Generation von beiden Anregungen aufnahmen (z.B. Robert Mac Adams [*1926], Marvin Harris [*1927], M. → Sahlins, Elman R. Service [1915–1996]). In der Sowjetunion, die er

1929 und 1964 (diesmal als Leiter einer Delegation amerikanischer Ethnologen bei einer Konferenz in Moskau) besuchte, galt er als progressiver Vertreter der bürgerlichen Wissenschaft, wurde aber für sein mangelndes Verständnis von Dialektik kritisiert.

Unter Whites Schülern hat sein Evolutionismus stärkere Spuren hinterlassen als sein Kulturdeterminismus. Mit seinem Kapitel über die Entwicklung verschiedener Wissenschaften (Kap. 5) und seiner Diskussion der geistesgeschichtlichen Hintergründe bestimmter theoretischer Prämissen (z.B. Kap. 12) enthält *The Science of Culture* aber auch frühe Beispiele für eine kulturwissenschaftliche Analyse der wissenschaftlichen Arbeit, wie sie seit den achtziger Jahren des 20. Jh. unter dem Stichwort der Selbstreflexivität modern geworden ist.

SONJA LÜHRMANN

Ausg.: New York [2]1969.
Lit.: W. OSTWALD, Die energetischen Grundlagen der Kulturwissenschaft, Leipzig 1909. – M. SÁRKÁNY, Leslie White und die Revolution der Kultur, in: B. WEISSEL, Kultur und Ethnos, Berlin 1980, 263–73. – R. L. CARNEIRO, Leslie White, in: S. SILVERMAN (Hg.), Totems and Teachers, New York 1981, S. 209–54. – L. A. WHITE, Ethnological Essays, hg. v. B. DILLINGHAM/R. L. CARNEIRO, Albuquerque 1987. – C. E. GUKSCH, Leslie Alvin White (1900–1975), in: W. MARSCHALL (Hg.), Klassiker der Kulturanthropologie, München 1990, S. 277–94. – W. L. PEACE, Leslie White and Evolutionary Theory, in: Dialectical Anthropology 18/2 (1993), S. 123–51.

Eric Wolf

(* 1.2.1923 Wien; † 6.3.1999 Irvington)

Europe and the People without History (engl.; *Europa und die Völker ohne Geschichte*), EA Berkeley/Los Angeles 1982.

Im Mittelpunkt dieses außerordentlich lesbaren, informativen und trotz seiner Länge (knapp 500 Seiten) stringenten Buchs stehen die Geschichte der europäischen Expansion seit dem 15. Jh. und ihre Folgen für die nichteuropäischen Regionen und Bevölkerungen Asiens, Amerikas und Afrikas. Der ironisch gemeinte Titel verweist auf Wolfs Kritik an einer Ethnologie, die ihren Gegenstand in vermeintlich geschichtslosen, voneinander isolierten »primitiven« oder »traditionellen« Kulturen sah, statt diese als offene Systeme mit multiplen Querverbindungen zu begreifen und Nicht-Europäer wie Europäer als Akteure einer weltweiten Geschichte anzuerkennen. *Europe and the People without History* will – lange ehe der Verweis auf »Globalisierung« allenthalben Mode wurde – eine »globale Ethnologie« (24) begründen, »im Lichte einer neuen historisch orientierten politischen Ökonomie« (ix).

Ein solches weltumspannendes und interdisziplinäres Projekt erfordert einen Mut, den wohl nur wenige andere Ethnologen aufgebracht hätten. Eric Wolf brachte wichtige Voraussetzungen dafür mit. Als Sohn eines österreichisch-jüdischen Geschäftsmanns und einer Russin zunächst im multikulturellen Wien aufgewachsen und seit 1933 mit seiner Familie im deutsch-tschechischen Sudentenland ansässig, wurde er schon früh mit nationalistischer Agitation und der Politisierung von Kulturunterschieden konfrontiert. Wegen des wachsenden Antisemitismus schickte der Vater ihn 1938 nach England auf die Schule; die Familie folgte kurz darauf. Als »feindliche Ausländer« kamen die Wolfs in ein Internierungslager in Liverpool, bis sie 1940 nach New York übersiedeln konnten. Im Lager lernte Eric Wolf erstmals marxistische Theorien kennen und hörte Vorlesungen von

Norbert Elias (1897–1990), der über sein umfangreiches Werk zur Geschichte der europäischen Zivilisation referierte. Aus den USA kehrte Wolf bald als amerikanischer Soldat mit einer Gebirgsjägerdivision nach Europa zurück. Von 1946 an studierte er an der Columbia University zunächst Biochemie, dann Ethnologie, vor allem bei J. → Steward, und schloss sich mit Sidney Mintz (*1922), Stanley Diamond (1922–91), Elman Service (1915–96) und anderen marxistisch-sozialistisch gesonnenen Mitstudenten zu einer »Mundial Upheaval Society« zusammen. Politisches Engagement prägte Wolfs ganze Laufbahn; er gehört zu den Erfindern der Teach-Ins der 1960er Jahre gegen den Vietnam-Krieg und zu den Initiatoren des Ethik-Kodex der American Anthropological Association. Wolfs erste Feldforschung (1948–49) beschäftigte sich im Rahmen eines von J. Steward geleiteten Forschungsprojekts mit der Ökonomie und Lebensweise kaffeeproduzierender Bauern in Puerto Rico. Hier und auch bei seinen anschließenden Feldforschungen in Mexiko spürte Wolf immer der regionalen, historischen und politischen Einbindung der lokalen Kulturen nach.

Wolf begann seine Arbeit an *Europe and the People without History* 1974 (seit 1971 war er Professor an der City University of New York), zu einer Zeit, als die Geschichtsblindheit und der Kulturalismus der britisch-strukturfunktionalistischen bzw. der amerikanisch-kulturrelativistischen Ethnologie zunehmend kritisiert wurden. Anregungen zu einer kritischen Erneuerung, die Wolf aufgriff, kamen von den Dependenz- und Weltsystemtheoretikern André Gunder Frank (*1929) und Immanuel Wallerstein (*1930) und von den französischen marxistischen Ethnologen um Maurice Godelier (*1934), die die Auswirkungen von Kolonialismus und Neokolonialismus auf die Dritte Welt als »Verflechtung von Produktionsweisen« thematisierten. Die heute so ausgeprägte postmoderne Skepsis, ob eine Weltgeschichte – mit der europäischen Expansion als »master narrative« (Feierman 1993) – überhaupt geschrieben werden kann, war in den 1970er Jahren noch nicht verbreitet. Kurz: *Europe and the People without History* hätte kaum zu einem anderen Zeitpunkt entstehen können.

Das Buch gliedert sich in drei Teile: »Verbindungen« (Teil I) beschreibt die Welt um 1400; »Die Suche nach Reichtum« (Teil II) stellt die merkantile Expansion Europas im 15. bis 17. Jh. dar; und »Der Kapitalismus« (Teil III) skizziert die industrielle Revolution und die weltweite Ausbreitung der kapitalistischen Produktionsweise seit 1750. Erst mit der Durchsetzung eines gewinnorientierten Systems industrieller Produktion auf der Basis von Lohnarbeit beginnt für Wolf also der »Kapitalismus«. Schon diese Gliederung macht Wolfs Differenz zu Wallerstein und Frank deutlich, die bereits den europäisch dominierten Welthandel des 15. und 16. Jh. als globalen Kapitalismus betrachten und wenig Raum für regionale Differenzen und die Eigendynamik nicht-kapitalistischer Gesellschaften lassen. Gerade dieser Heterogenität aber will Wolf Rechnung tragen und zeigen, wie sich die kapitalistische Produktionsweise in unterschiedlicher Weise mit nicht-kapitalistischen Lebensweisen verknüpft und diese transformiert, ohne sie jedoch aufzulösen oder ganz dem Kapitalismus anzugleichen. Seine Materialgrundlage legt Wolf in einer ausführlichen kommentierten Bibliographie dar, die sich auch als brauchbarer Überblick über eine kaum noch überschaubare Fülle von älterer Sekundärliteratur (bis 1980) zur regionalen und lokalen Geschichte von vier Kontinenten (Europa, Asien, Afrika, Amerika) nutzen lässt.

Der erste Teil des Buchs erinnert den Leser mit einem Überblick über die nicht-europäische Welt um 1400 daran, dass in Teilen von Asien, Süd- und Mittelamerika und Afrika regionale Handelsnetze und Staatensysteme existierten, die weitaus komplexer und höher entwickelt waren als das mittelalterliche Europa. Ein zweites Kapitel skizziert die europäischen Voraussetzungen der nachfolgenden Expansion: die Entwicklung des Fernhandels, die politische Konsolidierung kleiner Königreiche und Bündnisse zwischen politischen Herrschern und Händlern. Diese beiden substantiellen Kapitel sind verbunden durch eines über »Produktionsweisen«, wobei Wolf – in Anlehnung an Marx – zwischen »kapitalistischer«, »tributärer« und »verwandtschaftlicher Produktionsweise« unterscheidet. Während in der »kapitalistischen Produktionsweise« Surplus unter Verwendung von Lohnarbeit produziert wird, eignen sich die herrschenden Eliten in der »tributären Produktionsweise« das Surplus von den unmittelbaren Produzenten durch »außerökonomischen Zwang« an. In der »verwandtschaftlichen Produktionsweise« – vorherrschend in von Ethnologen meist als akephal, segmentär oder staatenlos bezeichneten Gesellschaften – stellt Verwandtschaft das dominante Prinzip der Kontrolle über die produktiven Ressourcen dar und begrenzt die Akkumulation von Surplus und politischer Macht. Kritiker haben diese Definitionen problematisiert und zu Recht angemahnt, dass sich die komplexe nicht-kapitalistische Welt nicht auf zwei simple Organisationsprinzipien (Verwandtschaft, Tribut) reduzieren lässt (Asad 1987). Doch Wolf ging es weder um eine stringente Klassifikation ganzer Gesellschaften noch um die Behauptung einer evolutionären Sequenz, sondern um ein heuristisches Instrument, mit dem sich die Interaktion zwischen den unterschiedlichen europäischen und nichteuropäischen sozialen Systemen besser fassen lässt.

Der zweite Teil bündelt die europäische Expansion des 15. bis 17. Jh. in vier regional orientierte Kapitel: die Geschichte der Portugiesen und Spanier in Süd- und Mittelamerika, den Fellhandel in Nordamerika, den Sklavenexport aus Afrika und den europäischen Handel in Asien. Während sich das Asien-Kapitel weitgehend auf die Darstellung der Aktivitäten der Europäer beschränkt, zeigen die Kapitel über Amerika und Afrika an einzelnen Beispielen auch die lokalen Reaktionen auf die neuen internationalen Beziehungen auf. Im dritten Teil gelingt Wolf auf nur einhundert Seiten eine kompakte und differenzierte Analyse der kapitalistischen Industrialisierung und der Herausbildung eines weltweiten Waren- und Arbeitsmarkts. Das erste Kapitel dieses Teils skizziert die Entstehung der kapitalistischen Produktionsweise in der Textilindustrie in England, ihre Auswirkungen auf die Rohstoffproduzenten im amerikanischen Süden und in Indien und die Bedeutung neuer Transporttechniken (Eisenbahn, Dampfschifffahrt). Das zweite Kapitel erörtert theoretische Aspekte der kapitalistischen Expansion (Imperialismus- und Krisentheorien) und erläutert die schon erwähnte These der Heterogenität sowohl im »Zentrum« als auch in den »Peripherien«. Die beiden letzten Kapitel skizzieren, wie im 19. Jh. Weltmärkte für Lebensmittel (Weizen, Reis, Fleisch), Genussmittel (Zucker, Kaffee, Tee, Kakao, Opium) und Rohstoffe (Gummi, Palmöl, Gold) entstehen und wie so unterschiedliche Gesellschaften wie z.B. die Mundurucú im Amazonasgebiet und die Zulu in Südafrika durch ihre direkte oder indirekte Einbindung in diese Weltmärkte transformiert werden. Das Nachwort schließlich unternimmt einen Ausblick auf Kultur und auf die Bedeutung von Ideologien – ein Thema, das dann erst in Wolfs letztem Buch (1999) ausführlich behandelt wird.

Die weltumspannende Perspektive von *Europe and the People without History* ist in der Ethnologie – und teilweise auch in der Geschichtswissenschaft – inzwischen schon so selbstverständlich geworden, dass man die Neuartigkeit und Bedeutung des Buchs vor fast zwanzig Jahren leicht unterschätzt. Gerade an dieser Selbstverständlichkeit, dass die jahrhundertealte Einbettung nicht-europäischer Gesellschaften in überregionale Netzwerke immer mitzudenken ist, lässt sich die große Wirkung von Wolfs Buch ablesen. Kritische Einwände richten sich heute eher auf die Problematik eines unfreiwilligen »Eurozentrismus«, den die darstellerische Konzentration auf die Dynamik der europäischen Expansion mit sich bringt: Nicht alle Geschichten der verschiedenen Weltregionen lassen sich als Geschichte der Begegnung mit Europa erzählen. Diese kritischen Einwände haben Wolfs Buch aber keineswegs entwertet, im Gegenteil: Sie haben Ethnologen und Historiker motiviert, eine Fülle von Regionalgeschichten zu erforschen (Schneider/Rapp 1995), die die Bedeutung von Europa als historischem Akteur noch mehr relativierten, als Wolf es schon tut.

CAROLA LENTZ

Ausg.: ND 1990; Berkeley ^{2}1997 (m. neuem Vorwort. d. Verf.). – Dt. EA u.d.T.: Die Völker ohne Geschichte. Europa und die andere Welt seit 1400, Frankfurt 1986.
Lit.: I. WALLERSTEIN, The Modern World-System, New York 1974. – T. ASAD, Are There Histories of Peoples Without Europe?, in: Comparative Studies in Society and History 29 (1987), S. 594–607. – S. FEIERMAN, African Histories and the Dissolution of World History, in: R. H. BATES u.a. (Hg.), Africa and the Disciplines, Chicago 1993, S. 167–212. – J. SCHNEIDER/R. RAPP (Hg.), Articulating Hidden Histories. Exploring the Influence of Eric R. Wolf, Berkeley 1995. – E. WOLF, Envisioning Power. Ideologies of Dominance and Crisis, Berkeley 1999.

Franciscus Antonius Evert van Wouden

(* 11.1.1908 s'Hertogenbosch; † 8.6.1987 Palma de Mallorca)

Sociale Structuurtypen in de Groote Oost (ndl.; *Soziale Strukturtypen in Ostindonesien*), EA Leiden 1935.

F. A. E. van Wouden studierte an der Universität Leiden in einem Programm für zukünftige Verwaltungsbeamte in Niederländisch-Ostindien, dem späteren Indonesien. Nach dem Studienabschluss fuhr van Wouden jedoch nicht nach Ostindien, da die Regierung die Zahl der Ausreisenden der wirtschaftlichen Lage wegen stark einschränkte. So setzte er seine Studien in indonesischen Sprachen und Ethnologie in Leiden fort und wurde 1935 bei J. P. B. de Josselin de Jong (1886–1964) mit der hier vorzustellenden Dissertation promoviert. Wenige Monate später begann seine zwanzigjährige Dienstzeit als Regierungslinguist und -ethnologe in Niederländisch-Ostindien, die ihn nach Nordsulawesi

(1935–39), das damalige Batavia (1939–40) und nach Manado/Nordsulawesi (1940–41) führte. Von Dezember 1941 bis März 1942 nahm er aktiv am Krieg teil, geriet in japanische Gefangenschaft und wurde bis August 1945 in Makassar (Südsulawesi) interniert. Nachdem er seine Arbeit als Regierungsbeamter zunächst wieder aufgenommen hatte, wurde er nach der Erlangung der Unabhängigkeit Indonesiens Dozent an der Universitas Indonesia (1951–54). Von 1951 bis 1952 verbrachte er eine kurze zweimonatige Feldforschung in Kodi auf Sumba. Nach seiner Pensionierung wollte er 1957 in Surinam eine weitere Feldforschung vornehmen, die jedoch fehlschlug.

Ausgelöst durch die 1903 erschienene Studie von É. → Durkheim und M. → Mauss über grundlegende Klassifikationsformen entwickelte sich in Holland eine gewichtige strukturalistische Forschungsrichtung, deren erste einflussreiche Untersuchung: die Analyse javanischer Ordnungssysteme des Juristen Ossenbruggen (†1950), schon in ihrem Titel *De oorsprong van het Javaansche begrip montja-pat, in verband met primitieve classificaties* (1918) die Herkunft der theoretischen Position erkennen lässt. Mit seinen Forschungen zum javanischen Theater hatte auch W. H. Rassers (†1973) wichtige Beiträge zu dieser strukturalistischen Ausrichtung geleistet. Das Jahr 1935 kann als Kumulationspunkt des Leidener Strukturalismus angesehen werden: G. J. Held publizierte eine ethnologische Studie über das *Mahabharata*, J. P. B. de Josselin de Jong veröffentlichte seine Antrittsvorlesung über »De Maleische archipel als ethnologisch studieveld« und im selben Jahr legte auch sein Schüler van Wouden seine Dissertation zu den sozialen Strukturtypen in Südostindonesien vor.

Das Werk steht in seiner methodischen Ausrichtung deutlich in Beziehung zu Josselin de Jongs Konzept des »ethnologischen Studienfelds«. Damit war ein komparatives Vorgehen gemeint, das zum Gegenstand eine Region hat, die sich als ausreichend homogen gegenüber anderen darstellt, vor allem in sprachlicher Hinsicht, die auf der anderen Seite aber intern differenziert genug ist, um sinnvolles Vergleichen zu ermöglichen. Mit seiner Abhandlung hat van Wouden eine solche Region etabliert. Auf der Basis von ethnographischem Material, das zumeist von geringer Qualität war, hat er das südöstliche Indonesien aufgrund seiner vergleichbaren Strukturtypen im Bereich der Verwandtschaft zu einem solchen ethnologischen Vergleichsfeld gemacht. Während C. → Lévi-Strauss später vor allem auf Marcel Mauss' Theorie der Gabe Bezug nehmen und dessen Tauschkonzept für die Verwandtschaftsforschung fruchtbar machen sollte, betont van Wouden im Anschluss an Durkheim und Mauss die Rolle der vom Verwandtschaftlichen ausgehenden Klassifikation der Welt.

Das Werk ist in zwei Teile mit je drei Kapiteln gegliedert. Das erste Kapitel ist dem asymmetrischen Konnubium gewidmet, das zweite der Zwei-, Drei- und Mehrteilung sozialer Verbände, das dritte enthält eine Zusammenstellung der Hauptmerkmale der Verwandtschaftssysteme. Im zweiten Teil wendet sich der Autor in Kapitel 4 und 5 den Mythen der benannten Region zu und beendet das Werk mit den Schlussfolgerungen im sechsten Kapitel. Die folgenden Ergebnisse können als die wichtigsten angesehen werden: Van Wouden sieht die Gesellschaften in seinem Studienfeld bestimmt durch das Konnubium: festgelegte Heiratsallianzen zwischen zwei oder mehr sozialen Gruppen (Moieties, Phratrien, Klans). Symmetrisch nennt er ein Konnubium zwischen zwei durch wiederholte Heiraten verbundene Einheiten, die insofern in einem reziproken Verhältnis stehen. Gekennzeichnet ist ein symmetrisches Konnubium durch die Möglichkeit des Bruder-Schwester-Tauschs. Asymmetrisch und exklusiv ist dagegen ein Konnubium, dessen Heiratsrichtung unilateral und damit nicht-reziprok ist, und das aus diesem Grund mindestens drei soziale Gruppen umfassen muss. Van Wouden sieht sein Studienfeld durch Formen asymmetrischen Konnubiums charakterisiert. Bei deren genauer Analyse kommt er zu der Feststellung, dass die Kreuzkusinenheirat die sicherste Heiratsform zur

Herstellung dichter Allianzen, sowohl im symmetrischen wie im asymmetrischen Typus, ist, und sie im Untersuchungsgebiet die vorgeschriebene oder bevorzugte Form darstellt. Die wesentliche Erkenntnis ist in diesem Zusammenhang das Auffinden komplementärer Linien. So ist jedes patrilineare asymmetrische System von einer dieses schräg durchlaufenden Matrilinie mit speziellen Aufgaben begleitet. Spiegelbildlich gilt dies für matrilineare asymmetrische Verbände und ebenso (selbstverständlich) für doppelt-lineare. Van Wouden stellte auch heraus, dass die vorgeschriebene Heirat mit Vatersschwesterstochter für ein männliches Ego nicht zu einer systematischen Ordnung asymmetrischer Systeme führen kann.

Überzeugt von einer Totalität der Kultur, sieht van Wouden die verwandtschaftliche Organisation als nur einen Teil dieser Totalität und ist überzeugt, dass »Kosmos und menschliche Gesellschaft auf die selbe Weise organisiert sind und daraus die essentielle Querverbindung und Ähnlichkeit des Menschlichen und des Kosmischen entspringt«. Mythos, Ritual und Sozialstruktur sind die drei großen Komponenten von Kultur. In allen drei Bereichen kommt es zur Bildung von Klassifikationen, die häufig mit Zahlensymbolik angefüllt sind. Sie lassen sich in verschiedenen Mythen der Region wie auch in der Verwandtschaftsordnung selbst finden. Und schließlich sieht er sie auch in den Formen doppelter Herrschaft, bei der der weltlichen Macht eine religiöse Autorität gegenübergestellt ist. Van Wouden war der Überzeugung, dass es nur an der schlechten Datenlage liege, dass sich nicht ein einheitlicher Grundttypus für die gesamte Untersuchungsregion rekonstruieren lasse. Durch eine kurze Feldforschung in West-Sumba wurde er von dieser Idee jedoch wieder abgebracht und gab der Auffassung von zahlreichen Transformationsmöglichkeiten den Vorzug.

Die Bedeutung der wichtigen Erkenntnisse dieses Buchs kann nur eingeschätzt werden, wenn man bedenkt, dass sie 14 Jahre vor den ganz ähnlichen Einsichten von Lévi-Strauss gewonnen wurden, der sein Werk erst später zur Kenntnis nahm, nachdem Josselin de Jong in seiner Kritik von Lévi-Strauss' *Structures élémentaires de la parenté* (1949) auf van Wouden verwiesen hatte. Entscheidend für die Wirkungsgeschichte ist jedoch Rodney Needham (*1923), der das Buch 1950 in Leiden kennen lernte und 1968 ins Englische übersetzte. Nicht nur Needham selbst bezieht sich immer wieder auf die Abhandlung des holländischen Ethnologen, sondern auch seine ehemaligen Studenten, allen voran James Fox, der das von ihm herausgegebene und für Südostindonesien grundlegende Sammelwerk *The Flow of Life* van Wouden widmete. Ohne einen Bezug auf van Wouden kann Forschung über Sozialsysteme in Südostindonesien nicht betrieben werden. Das zeigen fast alle Untersuchungen zu dem Thema seit dem Erscheinen von Needhams Übersetzung. Dabei geht es weniger um die Verifizierung der Erkenntnisse von van Wouden als vielmehr darum, sie als wesentliche Anregung für die Analyse und Interpretation der hochkomplizierten verwandtschaftlichen Verhältnisse des Studienfeldes Südostindonesiens (und Ost-Timors) aufzunehmen.

WOLFGANG MARSCHALL

Ausg.: Engl. EA u.d.T.: Types of Social Structure in Eastern Indonesia (m. Vorwort v. G. W. LOCHER), Den Haag 1968.
Lit.: É. DURKHEIM/M. MAUSS, De quelques formes primitives de classification, in: Année Sociologique 6 (1901/02), S. 1–72. – W. H. RASSERS, Panji, the Culture Hero [1925, 1931] (Den Haag 1959) , S. 1–61, 93–215. – J. P. B. DE JOSSELIN DE JONG, Lévi-Strauss's Theory on Kinship and Marriage, Leiden 1952. – J. J. FOX, [Rez. v.] F. A. E. Van Wouden, Types of Social Structure in Eastern Indonesia, in: Anthropos 65 (1970), S. 337–339. – P. E. DE JOSSELIN DE JONG, Structural Anthropology in the Netherlands, Dordrecht ²1983.– J. J. FOX, Introduction, in: DERS. (Hg.), The Flow of Life: Essays on Eastern Indonesia, Cambridge/London 1980, S. 1–18. – P. E. DE JOSSELIN DE JONG (Hg.), Unity in Diversity. Indonesia as a Field of Anthropological Study, Dordrecht 1984. – R. ROOLVINK u.a., In Memoriam F. A. E. Van Wouden, in: Bijdragen toot den Taal-, Land- en Volkenkunde 145 (1989), S. 420–29.

Wilhelm Maximilian Wundt

(* 16.8.1832 Neckarau/Baden, † 31.8.1920 Großbothen bei Leipzig)

Elemente der Völkerpsychologie. Grundlinien einer psychologischen Entwicklungsgeschichte der Menschheit, EA Leipzig 1912.

Was auf den ersten Blick wie eine populäre Zusammenfassung des opus magnum Wundts, der zehnbändigen *Völkerpsychologie* (1900–1920) aussieht, ist nicht als »Nacheinander« wie diese, sondern als »Nebeneinander« aufgebaut: als entwicklungslogisch begründete Sequenz von vier Epochen wirft das ungeheuer reichhaltige und dicht geschriebene Buch die Frage auf, warum nicht auch Wundt unter die vielen Väter der Ethnologie, wenn auch als recht später, zu rechnen ist. Es ist die letzte der großen Rekonstruktionen, über die sich der Evolutionismus als dominante Strömung der zweiten Hälfte des 19. Jh. der Kulturgeschichte bemächtigt hatte; andererseits reiht es sich ein in die imposanten Entwürfe des beginnenden 20. Jh., über »Ferninterpretation« die damals in raschem Tempo zusammenkommenden Ergebnisse der empirischen Ethnologie zu verarbeiten. Im Unterschied zu É. → Durkheim, Sigmund Freud (1856–1939) oder später L. → Lévy-Bruhl hat Wundt mit seinem schriftlichen Werk in der Ethnologie aber kaum Wirkung gehabt und seine Völkerpsychologie hat man eigentlich mit ihm zu Grabe getragen (Gundlach 1985).

Es gehört zur Tragik des genialen Psychologen und Philosophen, dass er mit seiner Experimentalpsychologie (z.B. *Grundzüge der physiologischen Psychologie*, 1873) Wissenschaftsgeschichte geschrieben hat, mit seiner Völkerpsychologie, die zu seinen Lebzeiten wohl einige Aktualität besaß, große Zahlen von Studenten in seinen Hörsaal zog und in der er selbst die »höhere« Aufgabe seiner Psychologie erblickte, aber letztlich gescheitert ist. Schon dem ersten Projekt mit diesem auf Wilhelm v. Humboldt (1767–1835) zurückgehenden Namen, der Völkerpsychologie des Herbartianers Moritz (Moses) Lazarus (1824–1903) und des Sprachwissenschaftlers Hajim Steinthal (1823-99), war wenig Glück beschieden; nach Eckardt (1997) litt diese etatistische und integrationistische Analyse des »Volksgeistes« unter der Unvereinbarkeit von Herbarts (1776–1841) psychologischer Mechanik und Hegels dialektischer Geschichtsphilosophie. Wundts gewaltiges Gesamtwerk versuchte eine vergleichbare Kluft zu überbrücken: die zwischen induktiver Experimentalwissenschaft und spekulativer Geschichtsphilosophie. Wie die Individualpsyche im Labor vermessen werden kann, so erschließen sich die Entwicklungsgesetze der »Volksseele« aus den »Experimenten der Geschichte«.

In der Einleitung der *Elemente* grenzt sich Wundt gegen Lazarus' und Steinthals noch zu unpsychologischen Versuch ab; auch von der Ethnologie Ratzels (1844–1904), die die Entstehung und Verbreitung der Völker untersuche, unterscheide sich sein völkerpsychologischer Ansatz, der sich auf die geistige Entwicklung der Gesamtmenschheit konzentriere. Diese nun schreite, wie auch die Hauptkapitel des Buches überschrieben sind, vom »primitiven Menschen« über das »totemistische Zeitalter« und das »Zeitalter der Helden und Götter« auf die »Entwicklung zur Humanität« zu. Waren die frühen völkerpsychologischen Versuche Wundts (die er noch 1892 als »Jugendsünde« abtat), ganz besonders aber die Wiederaufnahme des Programms in den Vorlesungen in Zürich (ab 1874) und Leipzig (ab 1875) noch auf die drei Felder Sprache, Mythos und Sitte konzentriert, nähert sich die Perspektive der *Elemente* einem holistischen, ethnologischen Kulturbegriff an. Mit unterschiedlichen Emphasen werden materielle Kultur, Siedlung, Recht, Gesellschaftsordnung, Sprache und Denken, religiöse Ausdrucksformen, schließlich Kunst und Moral auf den vier Stadien untersucht und in einer Weise angeordnet, dass immer wieder die Entwicklungsgesetze sichtbar werden: vom Einfachen zum Komplexen, vom Niederen zum Höheren.

Was offensichtlich nicht diesem Gesetz folgt – und hier schließt der Psychologe Wundt an den Ethnologen A. → Bastian an – ist die geistige Kapazität des Menschen; diese vereine den Primitiven mit dem Kulturmenschen. Darüber hinaus scheint sich der 80-jährige Autor auch an Rousseau zu erinnern: »Der Primitive ist offen, ehrlich, die Lüge ist ihm unbekannt, Diebstahl gibt es nicht« (113). Vor allem aber ist der Mensch des Anfangs scheu, und aus dieser Ausgangsdisposition entwickelte sich auf der totemistischen Stufe die Ambivalenz von Ehrfurcht und Abscheu, ganz besonders gegenüber dem Tod. Später werden dann die »heiligen« Totemtiere unrein und erfordern Lustrationen durch Wasser oder Feuer, die ein Priester vornehmen muss. Oder die Totems werden zu Fetischen – im Fetischismus habe sich der Totemismus ebenso weiterentwickelt wie im Manismus.

Wundt hat eine unglaubliche Fülle von Daten zusammengetragen, ja zusammengeschmolzen, so dass seine Rekonstruktionen wie geschlossene, aber weltweite Kulturkreise erscheinen. Der Leser muss sich aber ganz der materialplastischen Autorität des Universalgelehrten unterwerfen; Quellenangaben oder kritische Bemerkungen zum Überlieferten gibt es nicht; als Wahrheitskriterium gilt die Entwicklungslogik, von den »Zauberzwecken« zu höheren Zielen, vom Geheimbund zur Religionsgemeinde, vom Dreiecksornament zur Arabeske, von der Beschwörung zum Gebet, von der ihren Trieben unterworfenen Masse zum dem Willen gehorchenden Einzelnen, von der Vorstellung zur Handlung, vom Brandopfer zum Geldopfer, vom Genuss der Gegenwart zur Hoffnung auf die Zukunft.

In der Entwicklungsreihe Animismus – Totemismus – Fetischismus/Manismus – Heroenkult – Götterglaube (als notwendige Durchgangsstadien zur »Gottesidee«), in der das Dämonische sukzessive dem Erhabenen weicht, gibt es durchaus Rückschläge, Fixierungen oder Umwege: Götterbilder können zu Fetischen regredieren, die Körperseele kann vom Blut über die Niere in die Geschlechtsteile wandern, der katholische Heiligenkult lässt sich mit dem Individualtotemismus vergleichen oder das rein ideelle und kosmisch begründete Zwölfersystem wird nach und nach durch das praktischere Zehnersystem verdrängt. Wundt setzt sich ernsthaft mit »Entartungstheorien« auseinander, u.a. mit dem »Urmonotheismus« von P. W. → Schmidt, der sich vom »eigenen religiösen Bedürfnis« habe leiten lassen, oder mit den Schattenseiten der fortschreitenden Individualisierung, etwa der Entstehung des Krieges, den der Primitive noch nicht gekannt habe.

Die psychischen Entwicklungsstufen Wundts sind eng mit der Ausrüstung verbunden, ja der technische Fortschritt ist Motor der Individualisierung: »Der Pflug erzieht zum Sinnen und Grübeln, die Hacke erweckt die Leidenschaft« (246). Auch Rassenunterschieden räumt Wundt einen Platz ein; so gibt es für ihn eine »spezifische musische Begabung der Rassen« oder das Zusammentreffen von Erobererrassen mit Autochthonen, die zu Sklaven auf ihrem eigenen Land werden. Hier ist es aber dann die Rassenmischung, die zur höheren Kultur führt und aus der »alle staatlich organisierten Kulturvölker hervorgegangen« sind. Diese sind nun zwar einerseits am weitesten fortgeschritten auf der Leiter, die ganz unten nur primitive Bedürfnisbefriedigung kennt, in der Mitte Helden und Kunst hervorbringt, ganz oben schließlich die Wissenschaft zur Durchsetzung der Humanität gebraucht, andrerseits sind aber auch Fähigkeiten verloren gegangen, z.B. die des Mythenerzählens. Als Beispiel führt Wundt die manieristische Zurichtung des Mythos in der Apokalypse Daniels an, die »deutlich die Spuren einer mühselig sich selbst überbietenden Erfindung« trage, »die den Mangel an urwüchsiger mythologischer Phantasie ersetzen soll« (390).

Trotzdem wird im Schlusskapitel den Weltreligionen, an höchster Stelle dem Christentum, die Ehre der Bewusstmachung von Geschichte zuteil. Das sei der entscheidende Ertrag der psychologischen Entwicklung, über die subjektiv erlebte Geschichte hinaus zu ihrem objektiven

Begriff zu gelangen. Wundt knüpft an die Philosophen der Aufklärung an, die in der Geschichte eine Entfaltung der Vernunft in der Zeit erkannt hätten. Geschichte als Erziehung – auf dieses Ziel weise auch die Entwicklungsgeschichte des Völkerbewusstseins, die damit zwar noch keine Geschichtsphilosophie selbst, wohl aber deren allein taugliche Grundlage darstelle.

Es liegt auf der Hand, dass Wundt mit einem derart geschlossenen okzidentalen Weltbild der Ethnologie, die sich damals vom Eurozentrismus zu befreien suchte, nicht zuarbeiten konnte. Wilhelm Dilthey (1833–1911) und nicht Wilhelm Wundt hieß der *spiritus rector* der kulturhistorischen Schulen; die Hermeneutik kultureller Vielfalt war das Programm, nicht ihre Reduktion auf psychologische Gesetzmäßigkeiten; in der Polarisierung, zu der Wilhelm Windelband (1848–1915) die Wissenschaften aufrief, entschieden sich die meisten Ethnologen angesichts der wachsenden Materialfülle notgedrungen für die Idiographie und Ehrfurcht vor dem Einzelfall. Wundts *Elemente* musste 1912 ins Regal »Evolutionismus« abgestellt werden, neben J. G. → Frazers *The Golden Bough* oder T. → Waitz' *Anthropologie der Naturvölker*. Nun gab es aber auch Richtungen in der Ethnologie des 20. Jh., die bei aller Detailverliebtheit den gesamtanthropologischen Auftrag nicht vergessen wollten und dies häufig auch mit der Etikette »Anthropologie« zum Ausdruck brachten. Neben der ganzen Durkheim-Schule gehörte hierzu der Sozialanthropologe B. → Malinowski, der in Leipzig nicht nur zum Monismus von Wilhelm Ostwald (1853–1932) Kontakt hatte, sondern auch Wundt hörte und vermutlich dessen »Voluntarismus« in seine spätere Bedürfnislehre transponierte. Dazu ist selbst der Vater des Kulturrelativismus in den USA, F. → Boas, zu zählen, aus dessen »Cultural Anthropology« eine dezidiert psychologische Richtung hervorging.

Die gesamtanthropologisch denkenden Ethnologen in Deutschland konnten mit Wundt aber weniger anfangen. W. E. → Mühlmann, der sich eingehend mit Wundts Nachfolger in Leipzig, dem Ganzheitspsychologen Felix Krueger (1874–1948), beschäftigt hatte, kommt 1948 zu dem vernichtenden Urteil: »Die Völkerpsychologie hatte weder mit den Völkern zu tun, noch war sie Psychologie«. Immerhin verarbeitete Wundt das damals zur Verfügung stehende ethnologische Material und ergänzte damit die schriftgeschichtlichen Entwürfe seines Leipziger Kollegen Karl Lamprecht (1856–1915) mit einem schriftlosen Unterbau. Das tat aber auch der dritte im Bunde des »Leipziger Positivismus« (Üner 1998), Friedrich Ratzel (1844-1904), mit wesentlich mehr Detailkenntnissen, z.T. auch originelleren Paradigmen, und die vergleichbare Arbeitsteilung zwischen L. → Frobenius und Oswald Spengler (1880–1936) passte entschieden besser in das beginnende 20. Jh.

Von einer merkwürdigen Verspätung des Wundtschen Alterswerks künden auch die Auseinandersetzungen in anderen Disziplinen, sofern diese phänomenologische, ontologische oder morphologische Wege gingen. So kritisierte Rudolf Otto (1869–1937) an Wundts »mythologischer Apperzeption«, dass sie das Heilige erst von einer gewissen Entwicklungsstufe ab dulden könne; sein eigenes Konzept des »mystischen Triebs« sei auf keine evolutionistischen Vorgaben angewiesen. Dagegen erwies sich Wundts Völkerpsychologie in manchen soziologischen, religionssoziologischen oder pragmatistischen Strömungen als durchaus anschlussfähig. Eckardt (1997) führt das für die amerikanischen Sozialpsychologen Charles H. Judd (1873–1946) und George Herbert Mead (1863–1931) aus, die beide für ihre eigenen Systeme von Wundt profitierten. Damit ist aber dann weniger der geschichtsphilosophische Wurf der *Elemente* gemeint, als der Empiriker Wundt und seine im ersten Band der *Völkerpsychologie* (1900) ausgeführten soziolinguistischen Überlegungen.

Sieht man vom umstrittenen Einfluss Wundts auf Durkheim ab, wären in der deutschen Soziologie Paul Barth (1858–1922) und in der Volkskunde Willy Hellpach (1877–1955) als Wundt-Schüler zu nennen, dessen Wiederbelebung der Völkerpsychologie aber als differentielle Anthropologie oder »Völkerschaftenseelenkunde« eher in die Richtung der relativistischen Rassenpsychologie von L. F. Clauss (1892–1974) wies als im Sinne R. → Thurnwalds zu verstehen war, der »Völkerpsychologie« im Titel seiner 1925 gegründeten Zeitschrift (ab 1932 *Sociologus*) schon auch im Wundtschen Sinne psychologistisch begriff. Mit dem Riss von 1945 endeten auch diese konzeptionellen Nachgeburten von Wundts Idee einer Geschichtsphilosophie auf entwicklungspsychologischer Grundlage. Doch blieben Zweifel an der Reichweite des wissenschaftlichen Menschenbildes bestehen; in heutigen Bestrebungen, in einer Gesamtanthropologie auch ethnologisches Wissen einzubauen, wiederholt sich teilweise die Fragenkonstellation, die Wundt zu den *Elementen* angeregt hatte.

Bei einem internationalen Wundt-Symposium zum 100. Jahrestag der Gründung des ersten psychologischen Instituts in Leipzig (Meischner u.a. 1980) feierte man den Empiriker, der die Messbarkeit auch in der Menschennatur konstatierte, die Seele als Naturphänomen begriff und gegen metaphysische wie idealistische Spekulationen vorging. Es wurde aber nicht verhohlen, dass Wundts Hauptanliegen, die Individualpsychologie mit der Völkerpsychologie zu integrieren, misslungen ist. An dem Symposium nahm kein Ethnologe teil, obwohl in der DDR der Evolutionismus keineswegs als überholt galt, – vielleicht auch hier eine Spätfolge der von Wundt nicht gewollten, aber mitverschuldeten Beziehungslosigkeit zwischen Psychologie und Ethnologie, die einen fruchtbaren anthropologischen Neuanfang bislang behindert hat.

BERNHARD STRECK

Lit.: R. OTTO, Mythus und Religion in Wundts Völkerpsychologie, in: Theologische Rundschau 13 (1910), S. 251–275, 293–305. – W. HELLPACH, Einführung in die Völkerpsychologie, Stuttgart 1938. – W. E. MÜHLMANN, Geschichte der Anthropologie, Frankfurt 1948, [2]1968. – W. MEISCHNER u.a., Wilhelm Wundt. Progressives Erbe, Wissenschaftsentwicklung und Gegenwart, Leipzig 1980. – H.

GUNDLACH, W. Hellpach, Attributionen, in: C. F. GRAUMANN (Hg.) Psychologie im Nationalsozialismus, Berlin u.a. 1985, S. 165–96. – C. M. SCHNEIDER, Wilhelm Wundts Völkerpsychologie, Bonn 1990. – B. OELZE, Wilhelm Wundt: Die Konzeption der Völkerpsychologie, Münster 1991. – G. ECKARDT (Hg.), Völkerpsychologie. Versuch einer Neuentdeckung. Texte von Lazarus, Steinthal und Wundt, Weinheim 1997. – E. ÜNER, Kulturtheorie an der Schwelle der Zeiten, in: Archiv für Kulturgeschichte 80/2 (1998), S. 375–415.

Chronologisches Werkverzeichnis

445 v. Chr.	Herodot, Historiai
98 n. Chr.	Tacitus, De origine et situ Germanorum
1247	Carpini, Ystoria Mongalorum
1298	Polo, Le divisament dou monde/Il Milione
1357	Ibn Battûta, Tuhfat an-nuzzâr fî garâ'ib al-amsâr wa-^{c}ajâ'ib al-asfâr
1377	Ibn Khaldun, Muqaddima
1557	Staden, Wahrhafftige Historia und beschreibung eyner Landschafft der wilden nacketen grimmigen Menschenfresser Leuthen in der Newenwelt America gelegen
1558	Léry, Histoire d'un voyage faict en la terre du Brésil autrement dite Amérique
1559–77	Sahagún, Historia general de las cosas de Nueva España
1590	Acosta, Historia Natural y Moral delas Indias
1680/81	Cardornega, História Geral das Guerras Angolanas
1703	Lahontan, Nouveaux voyages
1719	Kolb, Caput Bonae Spei Hodiernum
1724	Lafitau, Mœurs des sauvages amériquains comparées aux mœurs des premiers temps
1774–1837	Niebuhr, Reisebeschreibung nach Arabien und andern umliegenden Ländern
1843–52	Klemm, Allgemeine Cultur-Geschichte der Menschheit
1851	Morgan, League of the Ho-de'-no-sau-nee, or Iroquois
1857/58	Barth, Reisen und Entdeckungen in Nord- und Central-Afrika
1859–72	Waitz, Anthropologie der Naturvölker
1861	Maine, Ancient Law
1861	Bachofen, Das Mutterrecht

1871	Morgan, Systems of Consanguinity and Affinity of the Human Family
1871	Tylor, Primitive Culture
1879–89	Nachtigal, Saharâ und Sûdân
1881	Bastian, Der Völkergedanke im Aufbau einer Wissenschaft vom Menschen
1889	Smith, Lectures on the Religion of the Semites
1890	Frazer, The Golden Bough
1897	Boas, The Social Organization and the Secret Societies of the Kwakiutl Indians
1904/05	Sternberg, Die Religion der Giljaken
1905	Graebner, Kulturkreise und Kulturschichten in Ozeanien; Ankermann, Kulturkreise und Kulturschichten in Afrika
1906	Sumner, Folkways
1907–20	Strehlow, Die Aranda- und Loritja-Stämme in Zentral-Australien
1909	van Gennep, Les Rites de Passage
1909	Marett, The Threshold of Religion
1911	Graebner, Methode der Ethnologie
1912	Durkheim, Les Formes élémentaires de la vie religieuse
1912	Wundt, Elemente der Völkerpsychologie
1920	Lowie, Primitive Society
1922	Flaherty, Nanook of the North
1922	Malinowski, Argonauts of the Western Pacific
1922	Radcliffe-Brown, The Andaman Islanders
1923/24	Mauss, Essai sur le don
1925–28	von den Steinen, Die Marquesaner und ihre Mundart
1925–29	Frobenius, Erlebte Erdteile
1926–55	Schmidt, Der Ursprung der Gottesidee
1927	Lévy-Bruhl, L'Âme primitive
1928	Mead, Coming of Age in Samoa
1931-35	Thurnwald, Die menschliche Gesellschaft in ihren ethno-soziologischen Grundlagen
1931–74	Gusinde, Die Feuerland-Indianer

1932	Fortune, Sorcerers of Dobu
1933	Vatter, Ata Kiwan
1933	Preuß, Der religiöse Gehalt der Mythen
1933	Radin, The Method and Theory of Ethnology
1934	Benedict, Patterns of Culture
1934	Leiris, L'Afrique fantôme
1935	Shirokogoroff, Psychomental Complex of the Tungus
1936	Bateson, Naven
1936	Firth, We, the Tikopia
1936	Linton, The Study of Man
1936	van Wouden, Sociale Structuurtypen in de Groote Oost
1937	Lips, The Savage Hits Back
1938	Kenyatta, Facing Mount Kenya. The Tribal Life of the Gikuyu
1939	Kardiner, Abram, The Individual and His Society
1939	Richards, Land, Labour and Diet in Northern Rhodesia
1940	Baumann, Völker und Kulturen Afrikas
1940	Boas, Race, Language, and Culture
1940	Evans-Pritchard, The Nuer
1940	Fortes/Evans-Pritchard, African Political Systems
1944	Du Bois, The People of Alor
1944	Polanyi, The Great Transformation
1945	Róheim, The Eternal Ones of the Dream
1947	Strehlow, Aranda Traditions
1948	Griaule, Dieu d'eau
1948	Herskovits, Man and his Works
1949	Lévi-Strauss, Les Structures élémentaires de la parenté
1949	Murdock, Social Structure
1949	White, The Science of Culture
1951	Jensen, Mythos und Kult bei Naturvölkern
1951	Lewis, Life in a Mexican Village

1951	Nadel, The Foundations of Social Anthropology
1952	Kroeber/Kluckhohn, Culture
1954	Leach, Political Systems of Highland Burma
1955	Lévi-Strauss, Tristes Tropiques
1955	Steward, Theory of Culture Change
1956	Redfield, Peasant Society and Culture
1958	Métraux, Le Vaudou haïtien
1958	Middleton/Tait (Hg.), Tribes without Rulers
1958	Rouch, Les Maîtres fous
1959–63	Stanner, On Aboriginal Religion
1961	Mühlmann, Chiliasmus und Nativismus
1963	Gluckman, Order and Rebellion in Tribal Africa
1964	Lawrence, Road Belong Cargo
1966	Douglas, Purity and Danger
1966	Dumont, Homo Hierarchicus
1966	Powdermaker, Stranger and Friend
1967	Balandier, Antropologie politique
1968	Chagnon, Yanomamö
1968	Lee/DeVore (Hg.), Man the Hunter
1968	Rappaport, Pigs for the Ancestors
1969	Turner, The Ritual Process
1971	Pospíšil, Anthropology of Law
1972	Sahlins, Stone Age Economics
1973	Geertz, The Interpretation of Cultures
1982	Wolf, Europe and the People without History

Titelregister

Ethnienregister

Personenregister

Halbfette Ziffern verweisen auf einen ganzen Artikel

Sachregister

Wolfgang Reinhard
Kleine Geschichte des Kolonialismus

Mit dieser informativen, flüssig lesbaren Kompaktdarstellung des weltweiten Kolonialismus seit dem 15. Jahrhundert zieht Wolfgang Reinhard, Professor an der Universität Freiburg, Bilanz aus seiner jahrzehntelangen Beschäftigung mit der vielschichtigen Materie.

Kröners Taschenausgabe 475. ISBN 3-520-47501-4
1996. VIII, 376 Seiten, 21 Karten. Leinen

Sarah B. Pomeroy
Frauenleben im klassischen Altertum
Übersetzt von Norbert F. Mattheis

Eine wissenschaftlich fundierte und zugleich höchst lesbare Darstellung des öffentlichen wie privaten Lebens der Frauen in der Antike von 1200 v. bis 300 n. Chr. Berücksichtigt werden Frauen aller sozialer Schichten von der Königin und der Priesterin bis zur Sklavin und der Prostituierten.

Kröners Taschenausgabe 461. ISBN 3-520-46101-3
1985. XIX, 416 Seiten. Leinen

Jacob Burckhardt
Die Kultur der Renaissance in Italien
Herausgegeben von Konrad Hoffmann

Burckhardts Darstellung der italienischen Renaissance, die der Frage nach der Entstehung des modernen Menschen nachgeht, ist zum Modell der Kulturgeschichtsschreibung geworden, deren Gedankenführung und Sprache als vorbildlich gelten.

Kröners Taschenausgabe 53. ISBN 3-520-05311-X
11. Auflage 1988. Neudruck der Urausgabe.
XI, 508 Seiten. Leinen

Hadumod Bußmann, Renate Hof (Hg.)
Genus – zur Geschlechterdifferenz in den Kulturwissenschaften

Die aus der ›Frauenforschung‹ der 70er Jahre hervorgegangene Genus-Forschung (›Gender Studies‹) hat inzwischen alle Bereiche der Kulturwissenschaften erfasst und deren Perspektiven grundlegend verändert. Der neue Band gibt erstmals einen umfassenden und zugleich an Einzelbeispielen entwickelten Überblick in den einzelnen Disziplinen.

Kröners Taschenausgabe 492. ISBN 3-520-49201-6
1995. X, 470 Seiten, 12 Abbildungen. Leinen

Richard Beitl
Wörterbuch der deutschen Volkskunde

Ein in seiner Materialfülle einzigartiges Nachschlagewerk zum Volksleben im deutschen Sprachraum von den germanischen Anfängen bis in die 70er Jahre des 20. Jahrhunderts.

Kröners Taschenausgabe 127. ISBN 3-520-12703-2
3. Auflage 1974. VIII, 1005 Seiten. Leinen

Wörterbuch der Antike
Begründet von Hans Lamer. Fortgeführt von Paul Kroh

In rund 300 Stichwortartikeln mit sorgfältigen Literaturangaben vermittelt dieses bewährte Wörterbuch ein umfassendes Bild der antiken Kultur und ihres Fortwirkens bis zur Gegenwart. Neben den Zeugnissen des antiken Geistes, der Kunst und Geschichte ist auch der gesamte Bereich des antiken Alltagslebens einbezogen.

Kröners Taschenausgabe 96. ISBN 3-520-09610-2
10. Auflage 1995. XII, 832 Seiten. Leinen